2025
제7차 개정

1급 스포츠지도사

저자 장승규·이충환

지 식 닷 컴
cafe.daum.net/sports31

스마트폰에서 스캐닝

1급 스포츠지도사 2025
일급 스포츠지도사 시리즈 ❶

저자 장 승 규
발행 2025. 1. 20
인쇄 2025. 1. 20

발 행 인 : 손 현 숙
책임편집 : 정 해 동
편집진행 : 장인철·이해성·박찬호
발 행 사 : 지식닷컴
연 락 처 : 02-848-6865
카   페 : http://cafe.daum.net/sports31
인   쇄 : 금영문화사

국립중앙도서관
서지 정보

ISBN 979-11-91834-43-7   정가 **34,000**원

· 저작권법에 따라 무단으로 전재하거나 복제할 수 없습니다.
· 잘못된 책은 구입처에서 교환해 드립니다.

전 체 목 차

■ **합격하기 위한 마음가짐의 다짐**
- 제1장 1급 스포츠지도사 시험 간 보기 … 5
- 제2장 평균 70점 받도록 합격을 다짐한다. … 8

■ **과목 이론 학습**
- 제1과목 운동상해 … 13
- 제2과목 체육측정평가론 … 87
- 제3과목 트레이닝론 … 137
- 제4과목 건강교육론 … 195

■ **기출문제 풀어보기**
- 제1과목 운동 상해 … 250
- 제2과목 체육측정평가론 … 272
- 제3과목 트레이닝론 … 291
- 제4과목 건강교육론 … 311

시 리 즈 도 서 소 개

시리즈 ❷ 1급 스포츠영양학
- 도서명 : 스포츠영양학 2025
- 대상 : 1급 전문스포츠지도사
- 정가 : **18,000원**

시리즈 ❸ 1급 장애인스포츠론
- 도서명 : 장애인스포츠론 2025
- 대상 : 1급 장애인스포츠지도사
- 정가 : **22,000원**

머리말

스포츠지도사의 정상을 향한 도전

스포츠지도자 자격제도가 2015년부터 바뀌어 지도 대상의 구분, 직능별 세분화와 함께 등급이 1·2급으로 나누어져 10년이 지난 이제 정착 단계에 이르렀습니다. 이 책은 2급 스포츠지도사 자격소지자가 3년 이상 지도경력을 갖추었을 때 응시할 수 있는 1급 스포츠지도사 자격취득의 첫 단계인 필기시험 수험서입니다. 2급 스포츠지도사는 1급 스포츠지도사 자격취득을 위한 하나의 과정일 뿐입니다. 이 시험에 합격하여 스포츠지도사의 정상에서 각각의 담당 분야인 생활체육·전문체육·장애인체육의 위대한 지도자가 되십시오.

1급 생활 스포츠지도사 시험과목을 수록하여 책 내용 80% 정도만 이해하고, 기억할 수 있으면 평균 70점 이상 받아 합격할 수 있습니다. 아울러 1급 전문 스포츠지도사는 '**스포츠영양학**'을, 장애인 스포츠지도사는 '**장애인스포츠론**' 1과목을 추가로 구매해서 공부해야 합니다.

시험에 필요한 지식을 도표화·도식화 등을 통해 쉽게 이해하고, 오래 기억할 수 있도록 만들었으며, 2015년 처음 시행된 이후 작년까지 9년간 출제유형과 출제빈도를 분석하여 시험의 출제 경향을 쉽게 파악할 수 있습니다. 아울러 자격취득 이후에도 스포츠 지도에 필요한 이론과 원리를 함께 게재하여 실제 지도 지침서로도 활용할 수 있습니다.

객관식 4지선다형으로 출제되는 필기시험은 반복 학습과 더불어 자기 노트를 만들어 중요한 부분을 메모하면서 공부하는 방법이 매우 중요합니다. 아울러 책에 수록된 '객관식 시험에서 고득점 하기' 내용을 잘 이해하고, 활용하면 대부분 합격할 수 있습니다. 1급은 2급 필기 검정보다 합격률이 매우 높습니다.

많은 분께서 좋은 결과를 얻어 필기 검정의 합격은 물론 실기·구술검정 그리고 연수와 현장실습까지 무난히 마치어 위대한 1급 스포츠지도사가 되어 우리나라 스포츠 발전에 큰 역할을 해주십시오. 학습 도중에 이해가 어려운 부분이 있거나, 1급 스포츠지도사 자격제도 등에 대한 궁금 사항이 있으면 저자에게 전화·문자 메시지·카톡 채널 등을 이용하십시오.

2025년 1월 일

저자 장승규·이충환 드림

저자소개

장 승 규 박사

- 명지대학교 대학원 경영학박사
- 롯데제과주식회사 근무
- 한국능률협회 본부장 재직
- 한국경영컨설팅협동조합 이사장
- 명지대, 서울벤처대학원대학교 교수
- 현) 지식닷컴 집필인 대표
- 연락처) 010-6291-1131

이 충 환 부회장

- 공주대학교 대학원 체육학석사
- 대한체육회 평가위원
- 중앙대학교 평생교육원 겸임교수
- KBS 스포츠 해설위원
- 현) 한국스포츠코칭학회 부회장
- 현) 경기도 화성시 체육정책관
- 연락처) 010-3311-6677

공부를 시작하면서
합격하기 위한 마음가짐의 다짐

제1장 1급 스포츠지도사 시험 간 보기

간 보기란 음식을 조리할 때 적은 양을 시식하여 맛보는 것을 말한다. 여기서는 시험방법과 시험과목 등의 개략적 내용을 미리 알아보고, 학습 방향과 중요도 등을 인식하며 합격을 다짐하는 절차이다.

1. 자격시험 개요

가. 응시 대상

1) 생활 스포츠지도사
① **일반과정** : 2025년 필기시험일 현재 2급 생활 스포츠지도사 자격취득 후 3년 이상 지도경력자
② **특별과정**
  ㉠ 2025년 실기시험 시작일 현재 중등학교 체육 준교사로, 3년 이상 해당 종목 지도경력자
  ㉡ 2025년 실기시험 시작일 현재 축구·야구·농구·배구·골프 등 프로스포츠에서 3년 이상 선수 또는 정회원 경력자
  ㉢ 2025년 실기시험 시작일 현재 1급 전문 스포츠지도사 자격소지자
  ㉣ 2025년 필기시험일 현재 2급 전문 스포츠지도사 자격취득 후 3년 이상 지도경력자

2) 전문 스포츠지도사와 장애인 스포츠지도사
① **일반과정** : 2025년 필기시험일 현재 2급 전문 스포츠지도사 또는 장애인 스포츠지도사 자격취득 후 3년 이상 지도경력자
② **특별과정** : 국가대표선수로 올림픽, 아시안게임과 종목별 국제연맹과 아시아연맹 주최 대회에 참가한 경력이 있으며, 해당 종목의 2급 전문 스포츠지도사와 2급 장애인 스포츠지도사 자격소지자로 3년 이상 지도경력자

나. 자격취득 절차

1) 일반과정 자격취득 절차

| 하계 종목 | ❶ 필기 검정 | → | ❷ 실기·구술검정 | → | ❸ 실무연수 | → | ❹ 자격취득 |
| 동계 종목 | ❶ 실기·구술검정 | → | ❷ 필기 검정 | → | ❸ 실무연수 | → | ❹ 자격취득 |

2) 기타 사항
  ㉠ 전문 스포츠지도사는 실기·구술검정 없이 필기 검정 후 실무연수로 진행된다.
  ㉡ 특별과정 응시자는 실기·구술검정 없이 필기 검정 후 실무연수로 진행된다.
  ㉢ 동계 종목은 생활 스포츠지도사는 스키 1종목이고, 전문 스포츠지도사는 루지, 바이애슬론, 봅슬레이 스켈레톤, 스키 등 4개 종목, 장애인 스포츠지도사는 스노우보드, 알파인스키·바이애슬론·크로스컨트리 등 2개 종목이다.

다. 응시자 유의사항과 합격 기준

1) 응시자 유의사항

   ㉠ 동일 자격 등급에 한하여 연간 1인 1종목만 취득할 수 있다.
   ㉡ 필기 및 실기·구술검정 일정과 장소는 추후 체육지도자 홈페이지에 공지된다.
   ㉢ 필기 검정에 합격한 후 실기·구술검정에 응시하지 않거나, 불합격하였으면 다음 해에 시행되는 필기 검정에 한해 1회 면제된다.
   ㉣ 필기 검정에 합격한 해의 12월 31일부터 3년 이내에 연수 과정을 이수해야 한다.(병역 의무를 위해 군에 입대한 의무복무 기간은 미포함)

2) 합격 기준

   ㉠ 필기 검정 : 과목마다 100점 만점에 40점 이상이며, 전 과목 평균 60점 이상(과목당 20문제가 출제되고 1문제당 5점으로, 전 과목 8문제 이상, 4과목 합계 48문제 이상)이어야 한다.
   ㉡ 실기·구술검정 : 실기검정과 구술검정 각각 만점의 70% 이상 득점하여야 한다.
   ㉢ 실기검정에 합격한 사람만 구술검정에 응시하되, 자격 종목 및 현장 상황 등을 고려하여 자격검정 기관이 정한 바에 따라 변경할 수 있다.

2. 시험과목 간 보기

가. 필기시험 과목

구분	공통과목	전공과목
생활 스포츠지도사	운동상해, 체육측정평가론, 트레이닝론	건강교육론
전문 스포츠지도사		스포츠영양학
장애인 스포츠지도사		장애인스포츠론

나. 공통과목

1) 운동상해

- 운동상해란 스포츠 현장에서 자주 발생하는 각종 상해를 말한다. 스포츠 상해의 예방과 위험관리, 발생 기전, 스포츠 손상에 대한 관리와 스포츠 손상의 재활에 대해 학습하여 스포츠지도자로서의 역량을 갖추도록 한다.
- 인체의 의학적 용어를 많이 사용하고, 단어가 우리말, 한자어, 영어 등을 혼용해서 사용하며(사례 머리·頭部·head, 무릎·膝·knee), 아울러 같은 의미의 용어도 여러 가지로 표현되고 있어 운동생리학 기초가 약한 경우 생소한 느낌이 들고, 공부하기 까다로운 부분이 다소 포함되어 있다.

2) 체육측정평가론

- 체육측정평가론은 체육과 관련된 여러 요인을 객관적·과학적으로 입증하는 학문으로, 인체측정 등의 평가를 포함하며, 스포츠 형태와 규칙에 따른 기술검사는 물론 체력 수준 등을 다양한 방법으로 측정·평가하는 학문이다.
- 2개의 큰 단원으로 구분하는데 첫째는 통계이론으로, 통계학의 기초에 대한 이해가 필요하고, 둘째는 인체와 신체활동의 평가 기술이다. 통계학 기초이론은 체육 전공자에게 다소 생소한 부분이지만 이를 이해하고, 스포츠 현장에서 활용할 수 있어야 한다.

3) 트레이닝론
- 트레이닝론은 일반인에게는 체력 향상을 통한 건강한 삶의 영위, 선수에게는 경기력 향상을 위하여 계획적·조직적 훈련을 통해 체력과 기술력 등의 운동능력을 발전시키는 것을 목적으로 하는 학문이다.
- 트레이닝의 기초와 원리를 이해하고, 트레이닝의 기본인 심폐지구력, 근력, 유연성, 평형성, 민첩성과 스피드 그리고 협응력 상승을 위한 원리와 방법을 익히며, 훈련 자극에 대한 인체 기관의 생리적 발달과 적응 원리를 적용하여 실제 스포츠 현장에서 지도할 수 있는 능력을 배양시킨다.

다. 전공과목

1) 생활 스포츠지도사/건강교육론
- 건강교육론은 개인·집단·지역사회가 병들지 않고, 즐거운 삶을 유지하는데 필요한 신체적·정신적·사회적 균형을 이루고, 이를 끊임없이 유지할 수 있도록 계획된 건강에 대한 교육 과정을 말한다.
- 건강과 건강교육의 의미, 인간의 발육·발달에 따른 건강관리, 만성 질환의 예방과 치료를 위한 운동, 스트레스 대비 그리고 노화 방지와 장수를 위한 건강관리 등으로 구성되어 있으며, 개인별로 다소 차이가 있겠지만 다른 과목에 비해 공부해야 할 내용이 적은 편이고, 비교적 수월하다.

2) 전문 스포츠지도사/스포츠영양학
- 스포츠영양학은 건강과 영양 등을 스포츠 현장에 적용하는 학문으로, 운동선수는 물론 일반인에게도 건강을 위해 필요한 영양 섭취와 대사 및 에너지 사용 효율화를 추구하여 운동수행력 향상에 이바지하는 학문이다.
- 식품영양학과 인체의 대사 기전에 대한 기초가 약한 경우 생경한 느낌이 많이 들고, 2급 전문스포츠지도사 응시과목 중의 하나인 운동생리학에 대한 기초가 약하면 공부하기 까다로운 부분이 많다.

3) 장애인 스포츠지도사/장애인스포츠론
- 장애인스포츠론은 장애인 경기 종목이 여러 가지로 구분되어 있고, 종목별로 경기 방법·관련 장비 등 내용에 차이가 크다. 지도 종목 또는 관심 종목이 아니면 암기할 내용이 많아 번거로운 편이다.
- 2급 장애인 스포츠지도사 필수과목인 특수체육론을 공부하였으면 그 연장으로 볼 수 있다. 장애인스포츠의 조직, 비전 및 대회와 유형별·종목별 스포츠 특성, 스포츠의학과 트레이닝, 스포츠 장비 등으로 구성되어 있다.

제2장 평균 70점 이상 받도록 합격을 다짐한다!!

1. 객관식 시험에서 높은 점수 받는 법

가. 객관식 시험의 출제유형

1) 자격시험의 커트라인과 점수분포

㉠ 시험과목은 4개 과목으로, 4과목 모두 40점 이상 득점하고, 평균 60점 이상이면 합격한다. 즉 과락 있는 커트라인 60점의 절대평가 방식이다.
㉡ 스포츠지도사 자격시험을 포함한 절대평가 방식의 객관식 시험은 응시자의 70~80%가 커트라인 부근에 집중되는 정규분포를 이루는 경우가 대부분이다.
㉢ 1, 2문제를 더 맞추거나, 틀리면 합격과 불합격이 결정되는 중요한 변수로 작용한다.
㉣ 객관식 시험의 일반적 출제유형을 이해하고, 이를 대비하면 실력보다 5~10점을 더 받을 수 있다.
㉤ 아울러 과목별 출제빈도와 출제유형을 이해하고, 이를 고려하여 공부하면 쉽게 합격할 수 있다.

2) 객관식 시험의 출제유형

① **긴가민가형** : "긴가민가"란 참 또는 거짓이 분명치 않은 모양새를 나타내는 용어이다. 즉 바르게 설명된 것을 찾거나(긴가형), 틀린 것을 찾는(민가형) 유형의 문제를 말한다. "긴가형"은 '~에 대한 설명으로 옳은 것은?', '적합한 것은?' 등이며, "민가형"은 '옳지 않은 것은?', '틀린 것은?', '거리가 먼 것은?', '잘 못 설명된 것이 묶인 것은?' 등이 대부분이다. 대부분 객관식 시험의 70% 정도가 이 범주에 속한다. 스포츠지도사 필기시험에서는 이 중 "민가형"이 60~65%, "긴가형"이 35~40% 내외로, "민가형" 문제가 오히려 더 많이 출제된다.
② **숨바꼭질형** : 핵심 용어나 숫자를 숨겨놓고, 적절한 용어 또는 수치 찾거나, 혹은 적합한 현상을 찾는 유형이다. 요구하는 답을 정확하게 기억하지 못하면 헷갈리기 쉬운 지문이 제시되어 정답 찾기가 어려운 특징을 갖고 있다. ( ) 속에 적합한 용어 또는 숫자를 찾는 단일 형태의 유형과 (ㄱ), (ㄴ) 등 둘 이상의 지문을 보기로 제시하고 각각 적합한 용어 또는 숫자를 찾는 형태로 출제된다.
③ **기차놀이형** : 어떤 절차나 현상을 순서에 따라 바르게 나열한 것을 찾는 유형이다. 이 경우 한 가지만의 순서를 요구하기도 하고, 몇 가지 순서를 차례대로 바르게 연결된 것을 찾는 형태로도 출제되고 있다. 이 또한 정확히 기억하지 못하면 헷갈리기 쉬운 지문이 제시된다.
④ **잡동사니형** : 잡다한 것이 뒤섞인 유형이다. 핵심 용어 또는 수치를 비틀어 놓거나, 어떤 현상의 결과가 다른 요소에 미치는 영향을 찾거나, 서로 연관된 요소를 연결하는 등의 유형이다. 다른 형태에 비해 비교적 난이도가 높은 특징을 갖고 있다.

3) 객관식 시험에서 실력보다 10점 더 받는 법

① **별도 노트 정리** : 공부하다 보면 꼭 암기해야 할 사항이 있기 마련이다. 이때 별도 노트에 기록하여 과목별·단원별로 정리하는 것이 좋다. 문제를 풀면서도 이를 보완하고, 별도 노트 정리는 시험이 임박해서 반복 학습할 때 매우 유용하게 활용할 수 있다.
② **"왜요?"와 "그렇구나!"** : 학습자들로부터 "왜 그렇지요?"라는 유형의 질문을 자주 받는다. 필기시험은 객관식으로, 주어진 지문 4개 중에서 가장 가까운 답을 찾는 방식이므로 학습 내용에 대한 이해가 어렵거나, 생각이 다르더라도 "그렇구나!"라는 긍정적 마음으로 암기하는 것이 필요하다. 때에 따라서는 정답을 암기하는 것도 하나의 방법이다.
③ **"긴가인가?", "민가인가?"** : 스포츠지도사 필기시험에서는 "긴가형"보다는 "민가형" 문제가 더 많이 출제되고 있다. 주의해야 할 사항은 "민가형" 문제를 "긴가형"으로 착각하거나, 그 반대의 경우가 발생하므로 "민가형"에는 밑줄 쳐진 부분에 ○ 또는 X표 등으로 표시해 두면 헷갈리지 않는다.
[사례] 스포츠의학팀에 대한 설명으로 적절하지 않은 것은?)

④ **정답을 찾기 어렵거나 헷갈리는 문제** : 기억하기 쉽지 않거나, 정확한 답을 찾기 어렵거나, 헷갈리기는 문제도 많이 있다. 이 경우 4개의 지문 중에서 가장 정답과 거리가 멀다고 생각되는 지문을 순서대로 제외해 나가면 나머지에서 답을 찾기가 훨씬 수월해진다.
⑤ **단정적 문장의 지문** : 단정적 표현(사례) '반드시 ~해야 한다.', '~만 그렇다.' 등) 또는 이질적 성격의 지문이 있으면 "민가형" 문제이면 정답일 가능성이 크고, "긴가형"에서는 비교적 합리적 내용이거나, 단정적 표현이 포함되지 않은 지문이 정답일 가능성이 크다.
⑥ **마킹 실수** : 문제를 다 풀고 답안지에 마킹할 때 '1번 몇 번, 2번 몇 번'이라고 마음속으로 읽고, 하나씩 확인해야 한다. 마킹 실수는 큰 노력에도 불구하고 치명타를 입을 수 있다.
⑦ **선택과 집중** : 모든 과목을 높은 점수를 받을 수 있으면 좋겠지만 현실적으로 쉽지 않다. 그러므로 자신 있는 과목에서 높은 점수를 받으면 일부 부진한 과목에서 다소 점수가 낮더라도 합격할 수 있다. 특히 이 책에서는 기출 아이콘 표시(사례 기출 24-01)가 2개 이상 집중된 부분은 출제 가능성이 크므로 잘 기억해야 할 부분이다.

2. 이 책의 특장점

가. 이론편과 문제편의 유기적 학습
㉠ 책은 이론편과 문제편으로 크게 나누어져 있다.
㉡ 이론편은 학습해야 할 내용으로, 이론적 배경과 관련 용어해설, 기타 참고사항 등을 실어 이해하는데 편리하도록 만들었다. 아울러 이제까지 출제된 모든 문제의 출제유형을 분석하여 각 페이지 하단에 수록되었으며, 이를 문제편에서 쉽게 찾을 수 있도록 출제연도와 번호를 게재하여 쉽게 찾을 수 있고, 확인할 수 있다.
㉢ 문제편에는 시험이 시작된 2015년부터 2024년까지 출제된 모든 문제가 수록되어 있으며, 이제 출제될 수 있는 부분은 대부분 출제되었고, 앞으로는 재출제되거나, 비슷한 유형의 문제가 많을 것으로 예상되고 있다. 한편 모든 문제는 상세한 해설이 수록되어 있어 쉽게 기억할 수 있다.

나. 출제유형 분석과 출제빈도 분석
1) 출제유형 분석
① **출제유형 분석의 개요**
㉠ 출제유형을 예상하기는 결코 쉬운 일이 아니지만, 과거의 출제유형을 보면 전반적인 시험 환경을 연상할 수 있고, 결과적으로 학습 부분에 대해 복습 기회의 제공과 시험 환경을 연상할 수 있어, 학습 효과가 매우 크다.
㉡ 작년까지 10년간 출제 문제의 유형을 분석하였고, 소단원의 제목에 청색 글씨의 주석번호와 함께 페이지 하단에 주석번호 순서로 실려 있다.
㉢ 출제 문제 유형은 출제연도와 번호를 기재하여 문제편에서 찾기 쉽도록 조치하였다.

② **출제유형 분석의 활용**
㉠ 출제유형은 공부하는 내용이 실제 시험에서 출제되는 형태를 알 수 있고, 시험 환경을 추측하면서 공부할 수 있어 학습 효과를 더욱 높일 수 있다.

㉡ 페이지 하단에 기출문제 기호가 여러 줄로 되어있거나, 같은 줄에 기호가 둘 이상 표시되어 있으면 더 주의 깊게 공부해야 한다. 주석 번호가 같으면서 여러 줄로 나누어진 것은 같은 내용에서 출제 형태가 다르며, 같은 줄에 기출 기호가 2개 이상이 있으면 같거나 비슷한 유형의 문제가 여러 번 출제되었음을 뜻한다.

ⓒ 오답 찾기형 문제는 암기에 수월하도록 정답을 예로 들고 있지만, 이는 반드시 정답인 것은 아니고, 당해연도 출제 문제에 제시된 것으로, 다른 내용의 오답이 제시될 수 있음을 참고해야 한다.

2) 출제 빈도분석

ⓐ 각 과목은 각각 6~7개의 단원으로 구성되어 있고, 시험 때마다 20문제가 출제되지만, 단원별 출제빈도는 차이가 크다.
ⓑ 지난 10년간 출제 문제를 단원별로 분석하여 수록하였다.
ⓒ 출제빈도가 높은 단원은 다른 단원보다 학습 시간과 심도를 높이는 선택과 집중 학습이 필요하다.

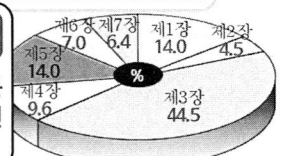

출제 빈도분석
과목별 앞부분에 누적출제 빈도를 분석하여 출제 다빈도 부분에 대한 선택과 집중 학습이 가능하다.

다. 책에서 사용한 기호 설명

기호	설명
기출 24-01 기출 24-03	1) 기출문제 출제유형으로, 앞 두 자리는 출제연도, 뒤쪽 두 자리는 문제번호이다. 출제연도와 번호를 적은 것은 문제를 쉽게 찾아볼 수 있도록 하여, 실제 출제 문제의 유형을 확인할 수 있게 하기 위함이다. 기출문제 출제유형은 본문 내용에서 주석번호가 표시되어 있고, 각 페이지 하단에 수록되어 있다. 2) 바탕이 회색인 것은 다른 과목에서 출제된 것으로, 기호 다음에 출제된 과목명이 표시되어 있으므로 문제를 확인하는데 편리하다.
보충설명 보충설명 사례	학습 내용에 대한 보충설명 또는 사례 설명이다. 위의 흑색 바탕 흰색 글씨 '보충설명'은 중요한 내용이므로 잘 기억해야 하고, 흰색 바탕은 본문 내용을 이해하는 데 도움 되는 설명이다. 보충설명은 본문 내용에 밑줄 ___이 쳐져 있다.
용어해설 용어해설	용어해설이다. 바탕과 글씨 색깔은 위의 참고와 같이 중요한 부분은 흑색 바탕에 흰색 글씨이고, 참고 수준의 내용은 흰색 바탕에 검은색 글씨이다.
암기	시험에 자주 출제되는 내용을 암기하기 쉽도록 요점을 정리한 것이다. 객관식 시험에서는 암기를 외워두면 높은 점수를 받는데, 매우 유용하다.
요점정리	본문 내용의 요점을 정리한 것이다. 객관식 4지선다형 시험은 요점정리만 잘 외워도 높은 점수를 받을 수 있다.

3. 효과적 학습법

1) 학습법의 이해
① **학습법의 의미** : 공부는 삶의 전 과정에서 지식이나 기술 등을 배우는 것을 말한다. 반면 학습은 특정 시험에서 좋은 성과를 얻기 위해 한정된 범위의 지식 습득 과정이다. 평가 기준이 정해져 있으므로 이에 적합하게 체계적이고, 반복적 학습이 필요한 것으로, 공부와 구분될 수 있다.
② **효과적 학습법의 의미**
ⓐ 1급 스포츠지도사 자격취득의 첫 단계인 필기시험을 목표로 하는 것으로, 필기시험을 먼저 합격해야 다음 단계인 실기·구술시험과 연수 과정 등을 거쳐 최종합격할 수 있는 기본적 시험이다.
ⓑ 합격을 위해 여러 자료와 기법을 사용하여 좋은 성과를 얻도록 하는 것이 효과적 학습법이다.

2) 학습 유의사항
① 학습 계획 수립
  ㉠ 학습을 시작하면서 시험일까지의 일정을 고려하여 학습 계획을 세워야 한다. 구체적 계획 없이 '시간 날 때 공부하겠다.' '열심히 하겠다.' 등은 학습 도중 여러 다른 일로 인해 학습 진도가 미뤄지는 경우가 허다하고, 결과적으로 합격하기 어렵게 된다.
  ㉡ 학습 계획을 수립해서 실천하면 전체적 윤곽 파악은 물론 학습 내용을 보다 구체화할 수 있다.
  ㉢ 과목별·단원별로 나누며, 날짜별, 주별로 목표를 설정하여, 실천하도록 한다.
  ㉣ 시간을 효율적으로 관리하기 위해 매일 일정 시간에 집중적으로 학습하는 것이 효과적이다.
② 학습 유의사항
  ㉠ 효율적 시간 관리 : 학습 기간 중 일정 시간 동안 집중적인 시간 확보가 꼭 필요하며, 학습 중에 짧은 휴식을 자주 갖는 것이 좋다.
  ㉡ 기출 문제 풀이 : 이전의 기출 문제를 풀어보면 문제의 출제유형을 파악하는 데 도움이 되고, 실제 시험 환경을 연상하거나 경험할 수 있어 훨씬 유리하다.
  ㉢ 복습과 반복 학습 : 주기적 복습과 반복 학습은 내용을 장기 기억으로 저장하기 때문에 유리하고, 마지막 단계에서는 요약 자료로 정리하는 것이 좋다.
  ㉣ 다양한 자료 활용 : 교재뿐 아니라 요약 자료, 참고 자료 등을 다양하게 학습하는 것이 좋다.
  ㉤ 휴식과 건강관리 : 학습 기간 중 충분한 수면과 규칙적 운동, 건강한 식단 유지가 필요하다.
③ 시련 극복
  ㉠ 자격시험 준비는 합격을 목표로 하지만 합격한다는 보장은 없다. 공부하는 동안 처음 마음가짐을 잃어버리고 방황하는 경우가 많고, 고비나 시련을 겪는 경우도 허다하다.
  ㉡ 때로는 힘들어 포기하고 싶을 때도, 시작을 후회한 적도 있게 마련이다.
  ㉢ 이를 극복하기 위해서는 학습을 시작할 때의 마음가짐을 기록해 두고, 시련이 있을 때 이를 확인하고, 마음을 다시 추스를 수 있도록 다짐을 기록해 두는 것이 좋다.

다. 권장 학습법
1) 공부하는 여러 가지 방법
  ㉠ 주관식 시험은 원리나 학설을 기반으로 논리적으로 전개하는 경우가 대부분이지만 객관식 시험은 주어진 지문에서 가장 적합한 또는 틀린 것을 찾는 것이다. 1급 스포츠지도사 필기 검정은 객관식으로, 사지선다형이다. 이런 시험에 적합한 공부 방법이 필요하다.
  ㉡ 공부하는 방법은 반복해서 암기하는 법, 책에 밑줄을 쳐가며 공부하는 법, 중요하다고 생각되는 것을 노트에 필기하여 공부하는 방법, 인터넷 강의를 수강하는 법, 내용을 한두 글자로 요약하여 암기하는 방법, 책을 과목별로 분철하여 공부하는 방법 등 매우 다양하므로 개인별로 적합한 학습법을 찾아야 한다.

2) 권장 학습법
① **기본 학습** : 단원별 내용을 파악하면서 중요하다고 생각되는 부분에 대해 표시를 한다. 완벽하게 암기하는 것보다 처음에는 전체적 흐름을 파악하는 것이 중요하다.
② **별도 노트 작성** : 기본 학습을 통해 새로운 지식을 습득하거나, 이미 알고 있는 내용이더라도 어떤 유형으로 출제될지 알기 위해 별도 노트를 만들어 기록하도록 해야 한다. 이는 시험이 임박했을 때 마지막 정리용으로도 활용할 수 있다.
③ **기출문제 풀이** : 이론 학습이 끝나면 기출문제를 푼다. 문제별로 해설이 되어있지만, 이해되지 않는 부분이 있으면 체크한 후 다시 꼼꼼히 살펴보거나, 과목 이론 학습 내용을 찾아 이해하도록 한다.
④ **반복 학습** : 위의 과정을 다시 반복한다. 시험과목에 대한 기본 소양이 있으면 2번 정도, 다소 부족하면 3번 정도만 반복하면 처음 목표한 70점보다 약간 부진하더라도 합격할 수 있다.

4. 합격 다짐

가. 마음가짐의 다짐

① 마음가짐의 다짐 필요성

　㉠ 목적을 달성하기 위해서는 능력, 시간 등의 환경적 요인과 함께 마음가짐이 중요한 역할을 한다.

　㉡ 2급 스포츠지도사로서 3년 이상의 지도경력을 갖추고, 이제 위대한 1급 스포츠지도사가 되기 위해서는 꼭 합격하겠다는 마음가짐의 다짐이 필요하다.

　㉢ 예상하지 못한 일로 학습이 미루어졌을 때는 반드시 그 다음 날에 이를 보충하도록 해야 한다.

② 합격 다짐의 기록

　㉠ 학습을 시작하면서 마음가짐을 글로 기록하는 것이 좋다. 마음속으로만 다짐은 잊혀지기 쉽다.

　㉡ 아래에 스스로를 응원하는 합격 다짐을 적어 두자. 고비나 시련이 있을 때 합격 다짐을 다시 한 번 확인하며 마음을 다잡을 수 있는데 도움이 된다.

　㉢ 합격 다짐은 보다 구체적으로 일자, 학습 시간 등을 세부적이고, 구체적인 목표 등을 기록해야 한다.

나. 합격하기 위한 마음가짐의 다짐

나는 1급 스포츠지도사 자격시험에 합격하기 위해 공부를 시작하면서 아래와 같이 다짐한다.　　2025. . .

제1과목

운동상해

세부목차

대분류	세부 분류
제1장 스포츠 손상의 예방 … 15	1. 스포츠 손상의 이해 … 15 2. 스포츠 손상의 예방과 치료 … 17 3. 스포츠의학팀 … 20
제2장 스포츠 손상의 위험관리 … 21	1. 환경 관련 스포츠 손상 … 21 2. 스포츠 보호 장비 … 24 3. 붕대 감기와 테이핑 … 25
제3장 스포츠 손상의 기전 … 28	1. 손상과 조직 반응 … 28 2. 손상의 구조 … 31
제4장 스포츠 손상의 관리 … 39	1. 스포츠 손상의 심리적 중재 … 39 2. 급성 치료와 응급처치 … 40 3. 경기장 밖 손상평가와 처치 … 47 4. 치료기기의 사용 … 49
제5장 스포츠 손상의 의학적 치료 … 51	1. 주요 부분 상해 … 51 2. 부가적 의학 상태 … 76
제6장 스포츠 손상의 재활 운동 … 80	1. 재활 운동의 원리 … 80 2. 재활 운동 프로그램의 실제 … 85

출제빈도분석

숫자는 당해연도 출제 문항 수를 나타낸다.

	누적출제 빈도(%)	합계	1회 '15	2회 '16	3회 '17	4회 '18	5회 '19	6회 '20	7회 '21	8회 '22	9회 '23	10회 '24
제1장 스포츠 손상의 예방	6.0	12	2	2	2	–	1	1	1	–	3	–
제2장 스포츠 손상의 위험관리	9.0	18	3	5	3	3	1	1	–	1	–	1
제3장 스포츠 손상의 기전	22.1	44	5	3	4	4	3	4	5	3	7	6
제4장 스포츠 손상의 관리 기술	14.1	28	3	1	4	5	3	3	2	2	3	2
제5장 스포츠 손상의 의학적 상태	38.2	76	6	5	6	6	9	4	10	14	6	10
제6장 스포츠 손상의 재활 운동	10.6	21	1	4	1	2	3	6	2	–	1	1
합계	100%	199	20	20	20	20	20	19[1]	20	20	20	20

주 1) 시험당 20문제가 출제되었지만, 연도별 합계가 20이 아님은 다른 과목에서 다룬 내용이 출제되어 그 과목 출제빈도분석에 포함되었거나, 다른 과목에서 출제된 내용이 포함되었기 때문이다.

주 2) '제5장 스포츠 손상의 의학적 상태'는 매회 거의 40% 정도 출제되는 출제 다빈도 부분이면서 아울러 많은 응시자가 어려워하는 부분이다. 상해별 검사방법은 처음 주창한 사람의 이름을 주로 사용하지만, 외국인 이름은 기억하기 쉽지 않고, 생소하여 애로를 겪는 경우가 많다. 이를 해결하기 위해 검사방법만 별도로 중복해서 설명하고 있다.

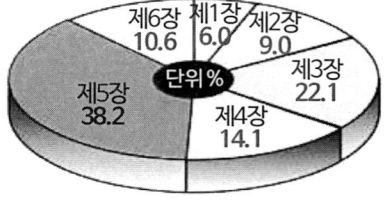

제1장 스포츠 손상의 예방

1. 스포츠 손상의 이해

가. 스포츠 손상의 개요

1) 스포츠 손상의 개념과 발생 원인

① 스포츠 손상의 의미 : 스포츠 활동에서 일어나는 모든 종류의 손상을 말하며, 인체의 근·골격계에 주로 발생한다.

② 스포츠 손상 사례
  ㉠ 조깅이나 달리기, 등산 등은 발목·무릎관절과 척추 손상
  ㉡ 골프·테니스·탁구 등에서 어깨·팔꿈치 등의 관절 손상 또는 염증 발생
  ㉢ 헬스클럽에서 과도한 운동으로 관절 등의 손상 등

③ 스포츠 손상의 발생 원인[1]
  ㉠ 신체 유연성 부족(스포츠 손상의 가장 큰 요인이다.)
  ㉡ 지나친 운동 또는 과사용·과훈련에 의해 발생
  ㉢ 잘못된 운동 습관
  ㉣ 적절한 보호 장비와 기구의 미사용 또는 오사용
  ㉤ 신체 간 접촉, 장비·기구 등과의 접촉
  ㉥ 낙상
  ㉦ 기후 등 환경 조건 변화에 대한 미대응 또는 부실 대응

2) 스포츠 손상의 형태

① 스포츠 손상의 호발 부위 : 근육, 건(힘줄), 인대, 뼈, 연골 등의 근·골격계의 손상이 대부분이다.

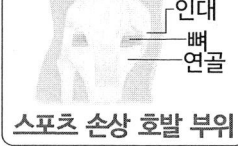

스포츠 손상 호발 부위

② 스포츠 손상의 호발 대상
  ㉠ 성인보다 인지력이 부족한 어린이·청소년이 손상 위험성이 높다.
  ㉡ 여성은 근·골격 구조가 남성보다 취약하며, 월경주기에 따른 에스트로겐 수치 변화로 인해 스포츠 손상에 취약하다.

③ 스포츠 손상의 발생 형태

구분	특성
염좌	뼈와 뼈 사이를 연결 조직인 인대가 늘어나거나 파열되는 경우
긴장	뼈와 근육을 연결하는 건이나 근육이 늘어나거나 파열되는 경우
골절	외력 작용이 강하여 뼈가 부분적 또는 완전히 이탈된 상태 ① 급성 골절 : 강력한 일회성 외력에 의해 발생 ② 피로 골절 : 적은 외력이 반복적·지속적으로 일어나 발생
탈구	뼈와 뼈가 만나는 부위인 관절이 빠지거나 이탈되는 경우

---

[1] 기출 23-01 보기에 제시된 내용 중 운동상해의 원인을 모두 고른 것을 찾는 유형으로, '과훈련과 신체 구조 이상' 등 2개가 포함된 것을 찾는 문제이다.

④ 스포츠 손상의 분류[1]

구분	내용	증상	사례
급성 손상	염좌, 골절, 탈구 등의 손상	통증, 부종 등 신체적 변화 발생	외상, 타박상
만성 손상	장기적 스트레스로 인해 발생한 손상	병변 부위의 통증, 부종 발생	피로 골절, 관절염 등

[용어해설] **부종** : 피부와 연부 조직이 붓고, 피부색이 변하거나, 푸석푸석한 느낌이 나타나며, 누르면 피부가 일시적으로 움푹 들어가기도 한다.

나. 스포츠 손상의 진단
1) 스포츠 손상 진단 절차

❶ 병력 청취 → ❷ 신체 검진 → ❸ 방사선 검사

2) 병력 청취와 신체 검진
① 병력 청취 : 손상 부위 중심으로, 건강에 대한 전반적 내용을 확인한다.
② 신체 검진
  ㉠ 신체 검진의 의미 : 육안을 통해 신체 검진 또는 손상 부위를 중심으로 진단하는 검사
  ㉡ 신체 검진 시 중요 항목 : 압통 범위와 최대 압통점, 부종 정도, 타박상과 상처 여부, 과거 병력과 약물 복용 여부, 관절운동 범위와 근력·관절의 안정성, 각 관절에 대한 특이 검사 등이다.

3) 방사선 검사
① 방사선 검사의 의미 : 병력 청취와 신체 검진을 통해 손상 부위의 임상 소견을 확인한 후 영상을 통한 검사방법을 말한다.
② X-ray 검사 : 뼈와 관절의 변화를 보는 1차적 방법이며, 비용 면에서 저렴하다. 골절의 양상·정도 파악에 유용하고, 초기의 피로 골절이나 연부 조직 손상은 특이 소견이 나타나지 않을 수 있으므로 이에 대한 주의가 필요하다.
③ 초음파검사[2]
  ㉠ 초음파검사의 개요 : 탐촉자를 이용하여 건, 인대, 근육 등 연부 조직의 병변을 신속하고 정확하게 검사하는 방법으로, 관절 내 병변에 대해 관절을 움직이며 검사할 수도 있는 장점이 있으나 골 병변에 대한 검사는 제한적이다.
  ㉡ 초음파검사의 원리 : 검사 부위에 밀착시켜 초음파를 통해 실시간 영상화하는 방식으로 검사가 진행된다. 초음파검사는 간편하고, 검사 시 환자가 편안하며, 인체에 해가 없어 영상 검사 중 가장 기초적인 검사법이다.
④ 컴퓨터 단층촬영(CT, computed tomography)
  ㉠ 영상 두께를 1~2mm까지 조절하여 횡단면 영상인 축상면 영상을 얻을 수 있고, 이에 대해 관상면·시상면 등의 2차원적 또는 3차원적 영상을 재구성하는 방법이다.
  ㉡ 골 구조가 복잡하게 얽힌 여러 관절에서 복합 골절 등의 골 변화를 평가하는 데 유용하다.
⑤ 자기공명영상(MRI, magnetic resonance imaging)
  ㉠ 조직의 물리·화학적 특성을 이용하여 정상적인 구조물과 비정상적인 구조물과의 차이를 보여주어 병변을 평가하는 방법이다.
  ㉡ 골·골수·연골·건·인대·근육·신경·혈관 등의 손상에 대한 정확한 평가가 가능하며, 영상의 대조도를 크게 해주는 조영제를 주입하여 더욱 정확한 검사가 가능하다.

1) [기출 23-13] [기출 21-14] 급성 손상과 만성 손상을 구분한 것 중 옳게 또는 잘못 설명된 것을 찾는 유형
2) [기출 15-13] 초음파검사 내용을 보기로 제시하고 어떤 방사선 검사인지를 묻는 유형

ⓖ 골 주사 검사(bone scan)
  ㉠ 스포츠 손상 중 피로 골절을 찾거나, 방사선 사진에서 불명확한 급성 골절 등을 발견하는 데 유용한 검사이다.
  ㉡ 증상이 발현되기 시작하여 48~72시간이면 양성으로 나타나 병변 조기 발견이 가능한 이점을 갖고 있다.
ⓗ 관절 내시경 검사
  ㉠ 피부의 작은 부위를 절개하여 관절경을 삽입한 후 관절 내의 병변에 대해 탐침기를 이용하여 정확하게 진단하는 검사방법
  ㉡ 상처와 출혈이 적어 입원 기간이 짧고, 재활에 유리하며, 진단과 치료를 동시에 시행할 수 있는 장점이 있다.

2. 스포츠 손상의 예방과 치료

가. 스포츠 손상의 예방

① 스포츠 손상 예방의 의미 : 스포츠 손상 대부분이 사전에 주의하면 예방할 수 있고, 손상 이후에도 효과적 치료와 재활 훈련을 통해 손상 이전의 신체활동 수준으로 회복할 수 있다.
② 스포츠 손상 예방의 구분

구분	내용
1차적 예방	미리 손상이 발생하지 않도록 방지하는 예방
2차적 예방	손상 회복 후 다시 재발하지 않도록 방지하는 예방

③ 스포츠 손상 예방의 필수사항 : 준비운동과 스트레칭, 정리운동
④ 스포츠 손상 예방 방법
  ㉠ 바른 자세와 정렬 유지
  ㉡ 준비운동과 정리운동의 철저한 시행
  ㉢ 적절한 기구 사용 또는 장비·시설의 좋은 상태 유지
  ㉣ 적절한 훈련프로그램
  ㉤ 심리적 안정
  ㉥ 보조기, 보호 장비 사용과 테이핑의 활용
  ㉦ 충분한 휴식과 영양 공급
  ㉧ 상해 위험 요인의 사전 제거

나. 준비운동과 정리운동, 스트레칭

보충설명 준비운동과 정리운동, 스트레칭 : 이 내용은 '제3과목 트레이닝'에서도 다루는 내용이고, 자주 출제되지만, 중복을 피해 '제1과목 운동상해'에만 게재되어 있다.

1) 준비운동

① 준비운동의 개념 : 운동을 시작하기 전 실시하는 워밍업으로, 운동에 들어가기 전 몸과 마음의 준비를 위해 필요하다.
② 준비운동의 효과1)
  ㉠ 근육으로 가는 혈류량 증가, 산화 혈색소 분해 촉진으로 근육의 산소운반 증가

---

1) [기출 19-17] 준비운동 효과와 관련하여 ( ) 속에 적합한 용어를 찾는 유형
   [기출 18-01] 준비운동 효과로 잘못된 것을 찾는 유형으로, '정적 스트레칭이 가장 효과적이다.'가 오답 찾기의 정답이다. 정적 스트레칭도 중요하지만 가장 효과적인 것은 아니기 때문이다.
   [기출 16-01] 준비운동의 효과를 보기로 들고, 무엇을 의미하는지 묻는 유형

- ⓒ 혈액순환 증가로 인한 혈관 저항 감소, 산소 유리 증가, 세포 대사 화학반응 촉진, 결합조직의 유연성 향상
- ⓓ 몸을 따뜻하게 하고, 대뇌 운동중추의 흥분 수준을 높여 격렬한 운동이나 정신적 압박에 대비하고, 심폐기능을 개선하는 효과
- ⓔ 운동 직후 나타나는 신체의 괴로움인 데드포인트를 극복하기 위한 과정

[용어해설] **데드포인트(dead point)** : 격렬한 운동을 할 때 시작 후 얼마 안 되어 매우 고통스럽게 되는 시기로, 이를 극복하면 세컨드윈드 상태가 된다. 세컨드윈드(second wind)란 운동하는 중에 고통이 줄어들고 운동을 계속하고 싶은 의욕이 생기는 상태를 말한다.

2) 정리운동
① 정리운동의 개념 : 본 운동 후에 시행하는 운동으로, cooling down이라고도 한다.
② 정리운동의 효과[1] : 혈액의 정맥 환류, 피로 유발 물질인 젖산 제거, 지연성 근육통 예방

3) 스트레칭
① 스트레칭의 개요
- ⓐ 스트레칭의 의미 : 근육, 건 인대 등에 탄력을 주고, 관절 가동범위를 증가시키는 과정으로, 신체를 운동 특성에 맞춰 적당하게 긴장시키거나 이완시켜 운동 효과를 높이고, 부상을 방지하는 데 필요하다. 근육에 통증이 약간 느껴질 만큼 천천히 뻗은 후 그 상태로 10~30초 정도를 유지하는 동작이다.
- ⓑ 스트레칭 효과 : 건·근육에 탄력을 주고, 운동에 따른 관절의 가동범위를 넓히며, 신체 유연성을 향상한다.

② 스트레칭 방법
- ⓐ 탄성 스트레칭(ballistic stretching) : 스트레칭 동작 마지막에 탄성을 이용하여 동작에 반동을 주는 스트레칭 방법이다. 근육을 한계점까지 늘리는 스트레칭으로, 관절 가동범위 전반에 걸쳐 많은 운동량을 갖는다.
- ⓑ 정적 스트레칭(static stretching) : 느린 상태의 일정한 속도로 스트레칭 동작을 수행하며, 가장 많이 사용되는 방법이다. 약 15초에서 30초 정도 근육을 최대로 늘린 상태로 자세를 유지하는 운동이다. 근육이 늘어날 때 장력을 향상하고, 힘줄 긴장도가 증가하면 골지 건기관을 자극하여 근방추 작용을 억제하여 근육을 이완시키는 자가 억제 기전을 적용한 것이다.
- ⓒ 고유감각 신경근 촉진(PNF) : 고유감각 신경근촉진은 관절 가동범위를 증가시켜, 유연성을 높이는 방법이다. 능동적 근 활동과 근육의 확대, 수축·이완이 동반된다. 개인이 혼자서는 할 수 없고, 전문가 또는 파트너가 필요하다.
- ⓓ 동적 스트레칭(dynamic stretching) : 빠른 동작으로 탄성 스트레칭과 유사하지만, 동작에 반동을 주지 않는다는 점이 다르다. 특히 동적 스트레칭은 스트레칭 후 수행될 스포츠나 운동 동작과 유사한 동작으로 수행된다.
- ⓔ 자가 근막 이완 (self myofascial release) : 인체의 신경 시스템과 근육조직을 둘러싸고 있는 근막 시스템의 개선을 위한 스트레칭이다.
- ⓕ 능동 스트레칭(active stretching) : 혼자 근육을 스스로 늘리는 스트레칭 방법이다. 누운 자세에서 다리를 잡고 위로 올리는 것은 수동 스트레칭이지만, 손으로 잡지 않고, 다리 힘만으로 올리면 능동 스트레칭이다.

---

[1] [기출 22-03] 제3과목 트레이닝론에서 출제) 준비운동과 정리운동 효과를 잘못 연결한 것을 찾는 유형으로, '정리운동'과 '피로물질의 합성 증가'가 잘못 연결된 오답 찾기의 정답이다.

ⓢ 수동 스트레칭(passive stretching) : 스트레칭하는 힘을 발생시키면서 하지 않는다. 보통 파트너나 특수한 기구 또는 외부의 요소에 의해 운동을 수행한다.

[용어해설] **골지(golgi) 건기관** : 골격근과 건의 이행부에 있는 콜라겐 섬유의 피막으로 덮인 구조를 가진 건의 감각기관이다. 이탈리아의 Golgi가 발견하여 이름을 붙였다. 관절 부하나 굽힘 방향 등을 감지하여 운동감각을 얻는 역할과 지나친 힘으로 건이나 인대가 손상되지 않도록 하는 안전장치 역할을 한다.

[용어해설] **근방추** : 골격근에 분포하여 근육의 길이 변화를 감지하는 감각수용기이다. 골격근의 수축·이완에 대한 정보 제공과 운동과 자세 제어에 관여한다. 길이 변화에 따른 근방추의 반응은 운동신경 세포를 활성화해 근육 신장에 대한 반사작용에 관여하여 근육의 수축을 조절한다. 골지 건기관과 함께 자기수용기로서 신체 부위의 위치에 대한 감각을 담당한다.

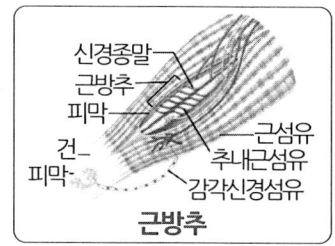

다. 스포츠 손상의 치료와 경기 전 신체검사

1) 스포츠 손상의 치료

구분	치료 방법
골절	깁스로 고정
탈구	• 비수술적 방안을 먼저 강구 • 어깨관절 등 반복되는 탈구는 수술을 통해 치료 • 무릎관절 탈구는 대부분 인대파열이 동반되므로 인대 봉합이나 재건 수술이 필요
염좌	인대 손상(염좌) 중에서 완전 파열을 뜻하는 3도 염좌는 부분적 수술이 필요
타박상	대부분 보존 치료가 가능

2) 경기 전 신체검사

① 경기 전 신체검사의 개요
  ㉠ 경기 전 신체검사는 심장, 혈관 등과 관련된 심혈관계 중심으로 진행된다.
  ㉡ 산소와 영양분을 가진 혈액을 신체 각 부분에 순환시키는 역할을 담당한다.

② 경기 전 심혈관 검사 항목[1]

구분	치료 방법
개인력	• 운동성 가슴 통증 • 특별한 이유 없이 실신한 병력 • 운동성 호흡곤란 및 피로 • 고혈압
가족력	• 가족 또는 친척 중 심장질환 유병자 또는 경험자 유무
신체검사	• 심장 잡음 • 혈압 • 선천성 마르판증후군 유병 여부 • 대동맥의 맥박이 잡힌 여부

---

1) [기출 15-01] 경기 전 심혈관 검사 항목이 아닌 것을 찾는 유형으로, 저혈압은 검사 항목이 아니다.

3) 끝 느낌 검사

① 끝 느낌(end-feel) 검사의 의미 : 관절을 가동할 때 마지막에 걸리는 느낌을 진찰하는 것으로, 질환과 상해 정도 파악을 위해 활용한다.
② 끝 느낌 검사 내용

구분	내용	발생 부위
부드러운(soft) 느낌	연부조직이 만났을 때 느낌	팔꿈치나 무릎 굽힘
단단한(firm) 〃	인대가 늘어나는 느낌	발목의 안쪽 번짐
딱딱한(hard) 〃	뼈와 뼈가 부딪치는 느낌	팔꿈치의 폄
조직 신장(tissue stretch) 〃	저항을 받으며 늘어나는 느낌	어깨관절 외회전
근육 신장(muscular stretch) 〃	조직 신장 느낌과 비슷하다.	무릎관절 신전 등
관절낭(capsular) 〃	인대 적응 미숙으로 동작 제한의 느낌	무릎관절과 중수지절관절 신전
스프링 블록(springy block) 〃	무릎관절이 단열 되는 느낌	무릎관절 이상
텅 빈(empty) 〃	느낌이나 저항이 없는 경우	급성 점액낭염·정신적 문제 시

3. 스포츠의학팀

가. 스포츠의학팀의 이해

① 스포츠의학의 의미 : 해부학·생리학·정신과학·생화학 등의 기초 분야와 임상 분야를 포함한 의학적 지식을 바탕으로 하여 스포츠와 인체의 관계를 연구하는 학문
② 스포츠의학팀 구성 목적 : 운동 효과를 평가·분석하며 훈련 방법의 개선점을 찾고, 스포츠 손상의 예방과 치료를 통해 선수들의 영양 관리는 물론 환경 변화에 대처하는 방안을 마련하는 목적이다.
③ 스포츠의학팀 구성[1]
  ㉠ 상황에 따라 다양하게 구성할 수 있다.
  ㉡ 일반적으로 의사와 선수 트레이너, 물리치료사, 간호사, 운동 생리학자, 운동 역학자, 스포츠 심리학자, 운동 영양학자, 코치 등으로 구성한다.
④ 스포츠의학팀의 구성원별 역할[2]

구분	내용
의사	정형외과 또는 재활의학과를 전공한 전문의로, 스포츠 손상에 대한 인식·평가 및 조치할 수 있는 의사
트레이너	스포츠 손상의 예방, 손상에 대한 인지와 평가, 응급처치, 치료 및 체계적 재활 계획 수립을 통한 선수들의 운동 복귀 지원
물리치료사	의사 지시로 전기치료, 수치료, 초음파 치료 등의 의료 장비를 이용한 치료 담당
운동 생리학자	스포츠지도사의 책임과 재활 운동 프로그램 및 컨디셔닝 기술, 신체 구조 분석, 운동 생리학적 검사 등 정보 제공
스포츠 심리학자	선수의 재활 훈련 과정에서 심리적 상담과 조언자 역할 수행

나. 스포츠 손상에 대한 확진

㉠ 스포츠 손상의 최종 확진은 손상 부위에 따른 전문의가 해야 한다.
㉡ '스포츠 손상의 최종 확진은 주치의가 한다.'라고 하면 이는 잘못된 것이다. 최종 확진은 주치의가 아니고, 손상 부위별 전문의가 해야 한다.

---

[1] 기출 20-02 스포츠의학팀에 대한 설명으로 틀린 것을 찾는 유형으로, '팀 주치의-트레이너-코치'가 정답이다. 손상 선수의 경기 복귀를 결정하는 의학팀 조합은 의사, 트레이너, 코치가 적절하기 때문이다.
[2] 기출 17-02 손상 선수의 경기 복귀를 결정하는 스포츠의학팀 구성원으로 가장 적절하게 묶인 것을 찾는 유형

제2장 스포츠 손상의 위험관리

1. 환경 관련 스포츠 손상

가. 체온과 환경

① 체온(body temperature)의 개념
  ㉠ 신체 내부 온도를 말하며, 신체 부위에 따라 약간의 차이가 있다.
  ㉡ 표준체온은 항문에서 6cm 이상 들어간 직장 온도이지만 측정하기 어려우므로 귓속 또는 겨드랑이에서 측정한다.
  ㉢ 코로나 팬데믹 이후 디지털 적외선 체온계를 이용 이마의 체표 온도계를 많이 사용하며, 체표 온도는 체내 온도보다 약간 낮으므로 이를 보정한 수치를 나타내고 있다.
  ㉣ 인체의 정상체온은 36.9℃이다.
  ㉤ 어린이는 성인보다 약간 높고, 노인은 약간 낮다.

② 인체의 체온 조절 기능
  ㉠ 인체 체온 조절 기능의 이해 : 체온은 항상 약간씩 변동하지만, 인체는 일정한 체온을 유지하려고 한다.
  ㉡ 겨울철 체온 조절 기능 : 습도가 높으면 체온은 상대적으로 낮아지고, 겨울에는 옷을 여러 벌 겹쳐 입고, 목도리, 모자 등을 착용하면 체온 유지에 도움이 된다.

나. 열 손상

1) 열 손상의 이해

① 열 손상(heat injury)의 개요 : 고온으로 인해 신체적 손상을 입은 상태로, 어린이는 성인보다 온도 조절 능력이 부족하여 체온 조절 실패에 의한 열 손상에 취약하다.
② 열 손상 발생 요인 : 화력, 온도, 습도, 체력, 수분 공급 정도
③ 폭염주의보와 폭염경보
  ㉠ 폭염주의보 : 낮 최고기온이 33℃ 이상인 상태가 2일 이상 지속할 때 발령
  ㉡ 폭염경보 : 낮 최고기온이 35℃ 이상인 상태가 2일 이상 지속할 때 발령
④ 열 손상의 구분

구분	내용
열 실신	과도한 열로 인해 기절하는 상태
열 발진	고온다습 환경에서 피부에 발생하는 작고 가려운 발진으로, 흔히 땀띠라 한다.
열 경련	힘든 운동과 매우 더울 때 많은 수분과 전해질 손실로 인해 발생하는 근육의 경직 현상
열 탈진	장시간 수분 손실(주로 땀)에 의한 수분 섭취의 불균형으로 인한 중증도 열 질환
열사병	체온 조절 실패로 인한 열 질환으로, 심각한 경우 사망할 수 있다.

2) 열 손상의 증상과 예방

① 열 손상의 증상[1]
  ㉠ 열 손상의 증상 : 피로감과 짜증, 무기력, 집중력 장애, 스트레스 등이 발생한다.
  ㉡ 열사병 증상 : 심부 체온이 40℃ 이상으로, 피부가 건조한 상태에서 뜨겁고 홍조를 띠며, 혈압이 상승한다.

---

[1] 기출 22-04 보기에 제시된 내용 중 열사병 증상을 모두 고른 것을 찾는 유형
기출 19-09 열사병 증상을 보기로 들고 질환명을 찾는 유형

② 열 손상의 예방
  ㉠ 운동 중 또는 운동 후 수분을 충분히 보충한다.
  ㉡ 직사광선이 강렬한 낮에 운동할 때 운동시간을 1시간 이내로 제한해야 한다.
  ㉢ 운동 전후 수분이 많이 함유된 수박, 오이 등을 먹는다.
  ㉣ 여름철 햇볕이 뜨거울 때 탈의 상태인 맨살 운동하는 것은 피해야 한다.

다. 한랭 손상

1) 저체온증(hypothermia)

① 저체온증의 개념
  ㉠ 심부 온도가 정상체온에서 2℃ 이상 낮은 35℃ 이하인 상태
  ㉡ 열 손실이 열 발생보다 높을 때 발생한다.
② 저체온증의 발생 요인
  ㉠ 일반 요인 : 비활동 또는 운동 부족, 피로, 에너지 고갈, 수면 부족 등
  ㉡ 트레이닝 요인 : 물에 빠지거나 비 또는 땀으로 옷이 젖은 상태에서 운동을 지속하는 경우, 쌀쌀한 날씨, 낮은 체지방량 등
③ 저체온증의 예방
  ㉠ 기온·날씨·고도 등을 확인하고 대비해야 한다.
  ㉡ 운동강도·운동시간·운동 경험·신체 피로도·영양 상태 등을 점검해야 한다.

2) 동상(frostbite, 凍傷)

  ㉠ 인체 온도가 0℃ 이하로 떨어지면 발생한다.
  ㉡ 코·귀·볼·손목과 같은 노출이 심한 부위와 손과 발에 발생한다.
  ㉢ 증상은 저린 감각, 이상 감각, 화끈거림, 쑤심 등이 나타난다.

3) 부동성 한랭 손상(nonfreezing cold injuries)

① 참호발(trench foot)[1]
  ㉠ 0~-15℃의 온도에서 12시간 이상 노출되거나, 장시간(3~4일 정도) 차고 습한 환경에서 생활할 때 발생하며, 하이킹·등산·탐험·여행 시에도 나타날 수 있다.
  ㉡ 저린 감각, 부종, 피부가 붉은색 또는 푸른색을 띠고, 쑤시며 통증이 있고, 감염 위험이 동반한다.

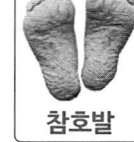

  ㉢ 참호발 예방을 위해서는 땀이 나면 양말을 자주 갈아 신고, 발 부위를 잘 말려야 한다.
  [보충설명] 참호발 : 장시간 차고 습한 환경에서 생활할 때 발생(✕ 장시간 덥고 습한 환경에서 생활할 때 발생)
  [보충설명] 참호발의 어원 : 군인들이 아주 추운 환경의 참호 속에서 발생한 것에서 유래되었다.(=참호족)
② 동창(pernio)
  ㉠ 피부 표면의 한랭 손상을 말한다.
  ㉡ -16℃ 이하의 차고 습한 환경에 1시간 이상 노출되면 발생한다.
  ㉢ 상처 부위에 홍반성 솟음이 나타나고, 부종·압통·가려움증·통증 등이 나타난다.
  [용어해설] 한랭(寒冷) : 차고 냉랭한 기운
  [용어해설] 홍반성 : 피부에 붉은색 얼룩이 나타나는 증상

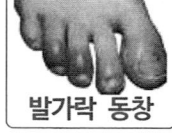

---

1) [기출 24-09] 환경 요인의 운동상해에 대한 설명으로 옳은 것을 보기에서 모두 찾는 유형(중복 게재)으로, '참호발은 장시간 덥고 습한 환경에 노출되었을 때 나타난다.'는 것은 장시간 춥고 습한 환경에 노출되었을 때 나타나므로 틀린 설명이다.

라. 고지 손상

1) 고산병

① 고산병(high altitude sickness)의 개념
  ㉠ 해발 약 2,400m 이상의 고지대에서 빠르게 이동할 때 인체의 적응이 미흡하여 발생한다.
  ㉡ 공기 중의 낮은 산소량에 인체가 적응하지 못하기 때문이다.
  ㉢ 두통, 수면 장애, 협응 장애, 어지럼증, 근육 약화, 피로, 가슴 답답함, 식욕 감퇴, 구역질과 구토, 갑작스러운 호흡곤란 증상 등이 나타난다.

② 고산병 예방[1]
  ㉠ 고지대에서는 인체가 환경에 순응하기 위해 점진적 활동이 필요하다.
  ㉡ 해발 2,400m 이상 고지대에서는 300m 높이에 올랐을 때 24시간 이상 휴식이 필요하다.
  ㉢ 고산병 증상이 나타나면 하산하거나 충분한 휴식 후 활동해야 한다.
  ㉣ 고지대 이동 시 흡연과 음주를 줄이거나 금해야 한다.
  ㉤ 탄수화물이 많이 함유된 음식물을 섭취해야 한다.

  보충설명 **고산병 예방의 중요 사항** : 탄수화물 함유 음식물 섭취(✗ 고지방 음식물 섭취)

마. 수중 손상

1) 수중 손상의 개요

① 수영 관련 손상
  ㉠ 귀와 눈 등에 많이 발생하는데, 외이도염과 녹농균, 포도상구균 등에 의해 감염이 발생하며, 눈에서 각막부종과 염소에 의한 각막염 등이 발생한다.
  ㉡ 수영장 물 살균용으로 사용하는 염소에 장시간 노출되면 각막 표층 세포의 손실이 일어날 수 있다.

② 잠수 관련 손상
  ㉠ 수중의 압력과 온도는 해수면과 차이가 있어 물속 깊이 잠수하면 산소와 질소 부분압력이 증가하며, 혈액에 산소와 질소가 필요 이상 과도하게 용해된다.
  ㉡ 산소중독, 질소중독을 일으킬 수 있으며, 대뇌 혈관의 수축으로 이상 감각·환청·환각·호흡곤란·현기증 등의 증상이 발생한다.

2) 수중운동과 수중 압력

① 수중운동의 효과[2]
  ㉠ 물의 저항으로 인해 운동 효과가 육상운동보다 탁월하다.
  ㉡ 심폐기능이 향상된다.
  ㉢ 부력으로 인해 운동하기가 수월하다.
  ㉣ 근 긴장도를 줄여주어 재활 운동에 적합하다.

② 관절염 환자의 수중운동[3]
  ㉠ 관절염 환자에게 적합한 수중운동 : 수중 걷기, 수중 에어로빅, 수영
  ㉡ 관절염 환자의 수중운동 시 적정 수온 : 28~30℃

---

1) 기출 24-09 환경 요인의 운동상해에 대한 설명으로 옳은 것을 보기에서 모두 찾는 유형(중복 게재)으로, '급성고산병 환자는 식욕 감퇴를 호소한다.'는 것은 옳은 설명이고, '고지방 식단으로 고산병 감소 및 예방을 기대할 수 있다'라는 것은 저지방 식단이 고산병 감소에 도움이 되므로 틀린 설명이다.
   기출 17-04 고지 손상의 증상과 처치에 대한 설명으로 옳은 것을 찾는 유형
2) 기출 20-07 재활 수중운동에 대한 설명으로 옳은 것을 찾는 유형
3) 기출 15-04 관절염 환자의 수중운동 시 적정 수온을 찾는 유형

③ 수중 압력[1]
　㉠ 수중 압력은 해수면과 차이가 있으며, 물속으로 깊이 내려가면 기압은 함께 상승한다.
　㉡ 수중 증가 기압은 체내 기체 부피를 감소시킨다.
　㉢ 수중 깊이가 깊어질수록 혈액에 산소와 질소가 많이 용해된다.

바. 기타 손상
1) 인조 잔디로 인한 손상
① 인조 잔디의 장점 : 천연 잔디보다 유지관리가 수월하며, 겨울철 또는 장마 등 기후 변화에 따른 관리가 수월하고, 설치비는 물론 관리 비용도 저렴하다.
② 인조 잔디 사용 시 유의 사항[2]
　㉠ 찰과상, 엄지발가락 과신전 손상인 터프토우의 위험 발생률이 높다.
　㉡ 인조 잔디 위에서 운동할 때는 찰과상 방지를 위해 팔꿈치·무릎 보호대를 착용하며, 견고한 신발 안창을 사용하면 터프토우의 발생 위험을 줄일 수 있다.
　　[용어해설] 터프토우(turf toe) : 엄지발가락의 과신전 손상으로, 발목 또는 발가락 관절에 염좌가 발생하는 손상

2) 웨이트트레이닝장의 안전 환경[3] : 벽면과 웨이트 기구 간의 거리를 15cm 이상 유지

2. 스포츠 보호 장비

가. 스포츠 보호 장비의 이해
① 스포츠 보호 장비 착용 목적 : 넘어짐, 부딪힘 등으로 인해 발생하는 스포츠 손상의 위해 방지
② 보호용 장비의 안전기준
　㉠ 신체적 접촉과 충돌이 많은 스포츠 경기는 안전사고의 예방과 사고를 줄이기 위해 올바른 장비와 안전기준의 철저한 준수가 필요하다.
　㉡ 스포츠 보호 장비는 ISO 안전기준에 따라 제작된 장비를 사용해야 한다.
　　[용어해설] ISO : international standardization organization, 국제표준화기구

나. 신체 부위별 보호 및 보조 장비
1) 머리 및 안면 보호 장비
① 헬멧 : 상해 위험성이 높은 야구, 스키, 보드, 아이스하키, 사이클 등은 머리 보호 장비 헬멧 착용
② 안면 보호대 : 경기 중 다른 선수와의 충돌이나 이동하는 물체와의 충돌에 대비한다.
③ 가슴 보호대 : 가슴 부위 손상방어용으로, 야구의 포수, 아이스하키의 골키퍼, 태권도 등 충돌 위험이 있는 스포츠 종목에서 필요하다.

2) 몸통과 가슴보호 용품
① 스포츠 브래지어[4]
　㉠ 스포츠 브래지어의 의미 : 쿠퍼 인대의 늘어남으로 인해 발생하는 여성의 유방 처짐 현상을 방지하기 위해 운동 시 착용하는 브래지어를 말한다.

---

1) [기출 16-04] 수중 압력과 기압과의 관계에 대해 ( ) 속에 적합한 용어를 선택한 것을 찾는 유형
2) [기출 16-03] 천연 잔디와 인조 잔디에서 발생하는 손상을 바르게 설명한 것을 찾는 유형
3) [기출 15-02] 웨이트트레이닝장의 벽면과 기구 간 적정 거리를 묻는 유형
4) [기출 17-06] 스포츠 브래지어 착용 목적을 바르게 설명한 것을 찾는 유형

ⓛ 스포츠 브래지어의 착용 효과 : 쿠퍼 인대가 늘어나 발생하는 유방 처짐 현상 방지와 운동 시 여성의 가슴 흔들림 현상의 불편 감소와 가슴 손상 예방과 땀 흡수 기능과 젖꼭지의 문지르짐 방지

> [용어해설] **쿠퍼 인대**(cooper's ligament) : 젖가슴 부위에 피부와 안쪽 근육의 연결 부위 인대이다. 쿠퍼 인대는 한번 변형되면 다시 복원되지 않는다.

② 기타 보호구1) : 목 보호구, 가슴 보호구, 불알 보호구, 치아 보호구, 엉덩이 보호구, 팔꿈치 보호대, 브레이스 등이 있다.

> [용어해설] **브레이스**(brace) : 교정 자세로 신체의 움직임을 유지하고 지탱해 주는 정형외과적 보조구

[보충설명] **각종 보호 장비**

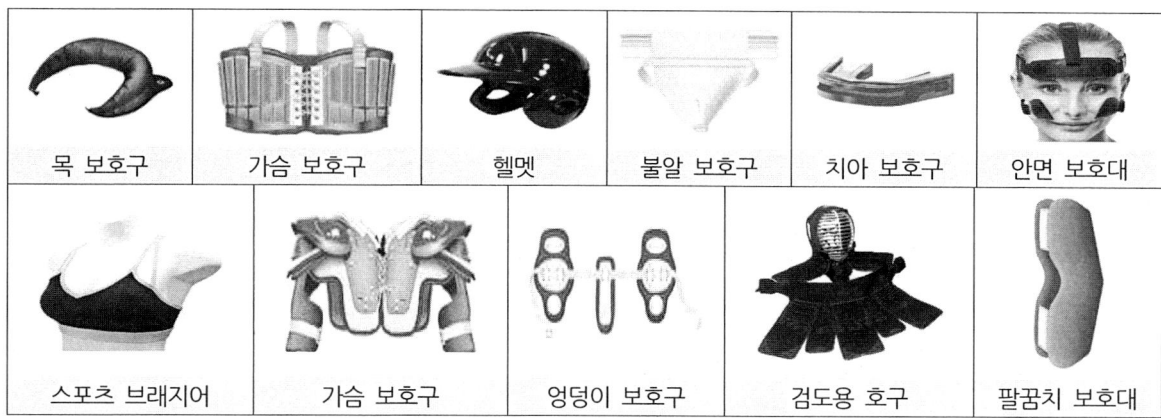

3) 목발

① 목발의 의미 : 고관절(엉덩이), 슬관절(무릎), 족관절(발목), 족부(다리) 등에 외상, 질병, 수술 등으로 인해 사용에 어려움을 겪는 환자가 겨드랑이에 기대어 걸을 때 사용하는 지팡이

② 목발 사용법
   ㉠ 목발을 양발로 선 자세에서 발끝 좌, 우로 15~20cm 정도 벌려서 세운다.
   ㉡ 손잡이 위치는 팔을 아래로 내렸을 때 손목 위치를 손잡이 높이와 같아지도록 한다.
   ㉢ 겨드랑이와 목발은 5~6cm(손가락 세 개) 정도의 간격으로 띄운다.
   ㉣ 목발을 잡을 때 팔을 팔꿈치에서 20~30도 정도 굽힌 상태에서 잡을 수 있도록 손잡이를 올리거나 내린다.
   ㉤ 목발 사용 시 겨드랑이가 아닌 손에 무게를 지탱하도록 해야 한다.

3. 붕대 감기와 테이핑

가. 붕대 감기

1) 붕대 감기의 이해

① 붕대 감기의 목적 : 외상이 발생했을 때 2차 감염 방지와 환자 보호를 목적으로 한다.

② 붕대 감기 유의사항
   ㉠ 가동범위와 원활한 혈액순환을 위해 근수축 범위 내에서 감아야 한다.
   ㉡ 견고하게 조금 감싸는 것보다 보통의 압박으로 많이 감는 것이 좋다.
   ㉢ 붕대 폭의 1/2 정도가 겹치게 감아야 사이사이의 벌어짐을 막을 수 있다.

---

1) [기출 16-05] 보호 장비에 대한 설명으로 잘못된 것을 찾는 유형으로, '무릎 재활용 브레이스는 무릎의 봉합수술 이전에 점진적 고정을 제어하는 장비이다.'가 오답 찾기의 정답이다. 브레이스(brace)는 신체 외부에 착용하여 교정 자세로 신체의 움직임을 유지하고 지탱해 주는 정형외과적 장치이기 때문이다.

② 붕대를 감은 후 혈액순환에 방해 여부를 확인해야 하며, 이는 감은 부위의 주변 피부 색깔이 변하는 정도를 파악하여 확인할 수 있다.

2) 고관절 붕대 감기 방법
㉠ 내회전 방지 붕대 감기(internal rotation wrap)
㉡ 외회전 방지 붕대 감기(external rotation wrap)

나. 테이핑
1) 테이핑의 개요
① 테이핑의 목적1) : 통증 완화, 부상 관절 보호, 손상된 근육과 건의 보조
② 테이프의 종류
㉠ 비신축성 접착테이프(C-테이프) : 비정상적이거나 과도한 관절의 움직임을 제한하며, 손상 부위의 드레싱 고정과 붕대 감기와 함께 적용해 붕대 고정을 목적으로 하고, 발목 염좌 발생 시 지나친 안쪽 번짐을 제한하기 위해 사용한다.
㉡ 신축성 접착테이프 : 근육을 지지·보강하며, 관절에 가해지는 스트레스를 줄여 상해 예방과 경기력 향상에 도움이 된다. 혈액순환에 큰 제약이 없이 정상적 근육의 수축 활동을 도울 수 있고, 접착 편리성 때문에 작은 신체 부위의 관절에 사용하기 편리하다.

2) 테이핑 절차2)
㉠ 손상 기전을 파악하고, 테이핑 적용 목적에 따른 방법을 결정한다.
㉡ 목적에 적합한 테이프의 크기와 종류를 결정한다.
㉢ 도구를 준비하고 테이핑 부위의 피부 상태를 점검한다.
㉣ 절차를 설명하고 테이핑 동안 자세의 유지, 알레르기 반응 등의 증상과 제거에 대해 주의 사항을 설명한다.
㉤ 고정 기준(앵커) 테이프를 만든다.
㉥ 테이프는 1/2 정도 겹치게 하고 먼 쪽에서 몸쪽으로 적용한다.
㉦ 같은 곳을 지속적으로 테이핑하는 것은 압박력을 높이기 때문에 피해야 한다.
㉧ 마지막으로 혈액순환이 원활하게 이루어지는지 확인한다.
[용어해설] 앵커(anchor) : 고정하기 위한 모양새의 테이핑으로, 기준 테이프를 말한다.

3) 부위별 고정 테이핑
① 발목 테이핑
㉠ 발목의 상처 부위에 거즈 패드를 댄다. 피부 손상을 방지하기 위하여 언더랩을 감아준다.
㉡ 테이핑 기준점을 만들기 위해 발목 복사뼈 위와 발등에 앵커를 댄다.
㉢ 발목 안쪽에서 바깥쪽으로 수직으로 지지한다.
㉣ 발등 바깥에서 뒤꿈치를 감아 안쪽으로 말굽 형태로 감아준다.
㉤ 수직과 수평을 한 번씩 번갈아 가며 감아준다.
㉥ 발뒤꿈치의 과도한 움직임을 제한하기 위해 기초 힐락(heel lock)을 실시한다.

---

1) 기출 18-16 테이핑의 목적이 아닌 것을 찾는 유형으로, 위의 목적이 아닌 것이 오답 찾기의 정답이다.
 기출 16-09 테이핑과 보조기구 사용 목적을 바르게 설명한 것을 찾는 유형
2) 기출 17-05 테이핑 방법이 잘못된 것을 찾는 유형으로, '모든 관절에 동일 종류 테이프 적용'이 정답이다.
 기출 15-06 발목 테이핑에서 가장 먼저 하는 테이핑을 묻는 유형으로, 정답은 기준(anchor) 테이핑이다.

ⓐ 일락을 이어서 이중으로 고정한다.(double heel lock)
　　ⓑ 발목의 낮은 쪽 굴곡을 제한하기 위해 8자 모양 감기를 한다.
　[용어해설] **언더 랩**(under lap) : 테이핑 때 상처 부위 위를 가리거나 거즈 등을 덮는 상태

> [보충설명] **발목 테이핑**
> 1) 발목 염좌의 테이핑 방향
>   ① 바깥쪽 발목 염좌 : 안쪽에서 바깥쪽으로 테이핑해야 하며
>   ② 안쪽 발목 염좌 : 바깥쪽에서 안쪽으로 테이핑해야 한다.
> 2) 발목 테이핑 유의사항
>   ① 발목 테이핑의 첫 번째 순서는 고정하는 앵커 테이핑이다.
>   ② 발목 안쪽 번짐. 염좌를 막아주는 대신 종아리뼈와 정강이뼈 사이를 벌어지게 하는 결과를 초래한다.
>   ③ 일정 시간이 지나면 테이핑은 느슨해지므로 예방 효과가 감소한다.
>   ④ 반드시 혈액순환을 점검해야 한다.

② 팔꿈치 테이핑
　㉠ 팔꿈치를 30° 정도 굴곡 시키고 언더 랩과 앵커를 한다.
　㉡ 팬 모양으로 테이핑을 시행한다.
　㉢ 위팔과 아래팔에 다시 앵커를 하여 팬을 고정한다.
　[용어해설] **팬**(fan) : 선풍기 날개 모양의 테이핑

③ 무릎 테이핑
　㉠ 무릎을 30° 정도 굽히고 무릎 뒤에 거즈 패드를 대고 언더 랩을 실시하며 앵커를 한다.
　㉡ 무릎 뒷면이 팬 모양으로 되도록 한다.
　㉢ 팬이 고정되도록 앵커 모양으로 되도록 한다.
　㉣ 십자인대를 보호하기 위해 테이프를 감는다.
　㉤ 뒤에서 볼 때 넓적다리가 빡빡하다고 느껴지면 부분적으로 절개해도 된다.

④ 아킬레스건 테이핑
　㉠ 엎드린 자세에서 아킬레스건에 힘을 뺀다.
　㉡ 언더 랩과 앵커를 시행한다.
　㉢ 팬을 만든다.
　㉣ 팬 모양으로 테이핑하고 앵커로 고정한다.
　㉤ X자 모양으로 팬을 만들어 테이핑한다.
　㉥ 팬을 앵커로 고정한다.
　㉦ 한 줄로 아킬레스건을 따라 테이핑한다.
　[용어해설] **아킬레스건** : 가자미근과 장딴지근의 힘줄이 모여 하나의 힘줄을 이룬 부위이다. 발꿈치뼈의 뒤쪽 위에 붙어서 형성된다. 아킬레스건에 대한 상세 설명은 '제5장 스포츠 손상의 의학적 상태'에 설명되어 있다.

⑤ 손목 테이핑
　㉠ 손목과 손에 앵커를 만든다.
　㉡ 손바닥에 팬을 만들어 테이핑한다.
　㉢ 손등에 팬을 만들어 테이핑한다.
　㉣ 팬을 고정하기 위해 앵커를 시행한다.

제3장 스포츠 손상의 기전

1. 손상과 조직 반응

가. 손상 치유 과정

1) 손상 치유 과정의 단계[1]

   [❶ 염증 반응 단계] → [❷ 섬유아세포 회복단계] → [❸ 성숙과 재형성 단계]

   [보충설명] **손상 치유 과정의 다른 방법** : 위의 손상 치유 과정을 학자에 따라 염증 단계→증식 단계→재형성 단계로도 표현되기도 한다. 같은 내용이다.

   [용어해설] **섬유아세포**(fibroblast) : 섬유성 결합조직의 중요한 성분을 이루는 세포 조직으로, 확대해서 보면 편평하고 길쭉한 외형이며, 흔히 불규칙한 돌기를 보이는 세포로, 섬유세포라고도 한다.

2) 염증 반응 단계[2]

   ㉠ 염증이란 인체에 해로운 물질을 파괴하고 희석하며 중화 또는 격리하는 과정으로, 손상조직을 치유하는 초기 단계이다.
   ㉡ 혈액 응고와 혈관수축이 일어나고, 부종·발열·발적·통증을 동반하며, 일부 기능이 손실된다.
   ㉢ 손상 직후 손상 부위에 화학적 매개체(히스타민, 사이토카인, 류코트리엔)가 방출된다.
   ㉣ 화학적 매개체는 혈장이나 세포, 손상된 조직에서 생성되어 혈관 확장, 투과성 증가, 섬유소분해 및 응고 기전의 활성화로 세포 손상이 일어난다.

   [용어해설] **발적**(redness, 發赤) : 모세혈관의 충혈에 의해 피부 및 점막이 연분홍색으로 변하는 현상

3) 섬유아세포 회복 단계(섬유조직-형성기)

   ㉠ 손상조직에 반흔 조직, 회복을 위한 증식과 재생 활동이 나타난다.
   ㉡ 반흔 조직이 나타나면 섬유 증식기이며, 손상 후 수일 내 시작되어 4~6주간 지속된다.
   ㉢ 염증 반응기에 나타났던 증상이나 신호들이 없어진다.
   ㉣ 특정 동작을 할 때 통증이나 압통을 느낄 수 있다.
   ㉤ 혈류량 증가와 함께 산소, 영양소의 공급이 함께 증가한다.
   ㉥ 섬유소 응고가 파괴되면서 섬유아세포, 콜라겐, 모세혈관으로 구성된 육아조직이 생성
   ㉦ 손상 6~7일이 지나면 섬유아세포는 반흔 조직에 무질서한 패턴의 콜라겐 섬유가 된다.

   [용어해설] **반흔**(scar) : 외상 치유 부위에 나타나는 변성 부분으로, 흉터(=지국)를 말한다.
   [용어해설] **콜라겐 섬유** : 힘줄, 피부, 머리카락 등에 들어있는 특수한 단백질 성분

4) 성숙 및 재형성 단계(성숙-재형성기)[3]

   ㉠ 손상 치유 과정 중 가장 오랜 시간이 걸린다.
   ㉡ 궁극적 목표는 손상 전 신체활동 단계로 복귀하는 것이다.
   ㉢ 반흔 조직을 구성하는 콜라겐 섬유의 재배열이나 재형성이 나타난다.
   ㉣ typeⅢ 콜라겐 섬유는 감소하고 typeⅠ 섬유는 증가한다.
   ㉤ 반흔 조직의 인장강도가 증가하고 모세혈관 수는 감소한다.

---

1) [기출 17-07] [기출 15-08] 손상의 치유단계 순서를 바르게 연결된 것을 찾는 유형
2) [기출 23-03] [기출 20-04] 염증 반응 단계 설명이 바르게 된 것을 찾는 유형
   [기출 18-11] 염증 반응 징후로 틀린 것을 찾는 유형으로, 근 비대는 오답 찾기의 정답이다.
3) [기출 15-19] 손상 치유 과정의 성숙 및 재형성 단계 내용을 보기로 제시하고 무엇이라 하는지 묻는 유형

ⓑ 콜라겐 섬유는 최대효율을 내기 위해 장력이 발생하는 방향에 맞춰 배열된다.
ⓢ 약 3주가 지난 후 단단하고 강하게 수축하는 반흔 조직으로 남는다.

나. 연부 조직의 치유

1) 연부(軟部) 조직의 개요
① 연부조직의 의미 : 인체에서 뼈 또는 관절을 둘러싸고 있는 연한 부위
② 연부조직의 구성

구분	내용
상피조직	피부, 혈관 내막
근육조직	골격근, 심장근, 내장근
결합조직	힘줄, 인대, 연골, 지방, 혈관
신경조직	뇌, 척수, 신경세포

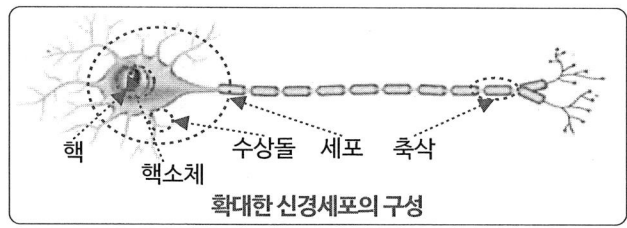
확대한 신경세포의 구성

③ 신경세포(neuron)의 구성1) : 핵, 핵소체, 세포체, 수상돌기, 축삭

2) 연부 조직의 치유
① 연골의 치유
  ㉠ 연골세포에 물리적 강한 충격, 반복적 충격이 가해지면 연골세포가 파괴된다.
  ㉡ 치유 과정이 1~2개월 정도로 긴 편이며, 초기 손상 시 재충격이 가해지지 않도록 자세의 변형과 근육의 균형을 유지하도록 유의해야 한다.
  ㉢ 연골 치유를 위해서는 손상부 위에 다른 자극이 가해지지 않도록 해야 한다.
  ㉣ 발목관절의 목말뼈와 무릎관절의 넙다리뼈 관절 융기에서 주로 나타난다.
② 인대의 치유
  ㉠ 인대 손상은 3일(72시간) 정도 지나면 부종이 줄고, 염증세포가 손상 부위에 활동한다.
  ㉡ 6주 정도 이후에 섬유아세포의 활성화가 시작되며, 파열된 인대 부위에 콜라겐 섬유가 무작위로 서로 엮여서 배열된다.
  ㉢ 손상된 인대의 콜라겐 섬유의 적절한 배치와 인대의 구조적 변형 및 기능의 손실 방지를 위해 적절한 강도의 스트레칭과 재활 운동이 필요하다.
  ㉣ 앞 목말 종아리 인대, 무릎관절의 안쪽 곁인대, 앞 십자인대, 팔꿈치 관절 안쪽 곁인대 등에 손상이 자주 발생한다.
③ 근육의 치유
  ㉠ 근육 손상은 연부 조직 손상 중 가장 많이 일어난다.
  ㉡ 손상 초기에 염증 단계인 출혈과 부종이 발생하며, 수일 내에 섬유아세포의 활성화로 인하여 반흔 조직이 형성된다.
  ㉢ 반흔 조직 형성 후 근육조직의 탄력과 인장력을 회복시키기 위해 적절한 강도에서 스트레칭과 신장성 근력운동이 필요하다.
  ㉣ 근육 염좌는 인대염좌보다 회복 기간이 길어 충분한 재활 기간이 필요하다.
  ㉤ 장딴지근, 햄스트링, 넙다리네갈래근, 어깨세모근 등에 흔히 발생한다.

---

1) 기출 21-18 신경세포의 구성요소가 아닌 것을 찾는 유형으로, 신경세포는 핵, 핵소체, 세포체, 수상돌기, 축삭 등으로 구성되어 있으므로 이에 해당하지 않는 것이 정답이다.

④ 힘줄의 치유[1]
  ㉠ 만성적 손상이 일어난다.
  ㉡ 연부조직 중에서 힘줄의 치유가 가장 어렵다.
  ㉢ 힘줄은 윤활 막에 둘러싸여 있고, 윤활 막의 염증(건초염)과 힘줄의 염(건염)증으로 구분하며, 윤활막성 염증은 치유에 많은 시간이 소요된다.
  ㉣ 염증 단계가 지나고 콜라겐이 생성되며 적절한 스트레칭이 시행되지 않으면 섬유증이 발생하여 주변 조직과 한 덩어리가 되어 기능 손실을 발생시킬 수 있다.
  ㉤ 손상 후 2주가 지난 후 적정 강도의 스트레칭이 필요하다.
  ㉥ 아킬레스 힘줄, 무릎힘줄, 팔꿈치 관절 가 쪽 위관절 융기염(테니스 엘보)이 자주 발생한다.

3) 연부조직 손상의 치유 속도를 빠르게 하는 방법
  ㉠ 염증 치료용 약물 복용
  ㉡ 치유 과정을 방해하거나 억제하지 않도록 유의
  ㉢ 충분한 영양 섭취

라. 통증
1) 통증의 개요
① 통증의 의미[2]
  ㉠ 통증 수용체를 지닌 신경에 대한 자극으로 인해 생기는 불쾌한 감각과 감정을 말한다.
  ㉡ 부위가 다소 국한되어 있고, 통증 부위에 따라 두통, 흉통, 복통, 요통 등이다.
  ㉢ 발생기전에 따라 체성 통증, 내장 통증, 신경인성 통증 등으로 나눈다.
  ㉣ 통증의 원인을 진단하기 위해서 통증의 부위와 양상, 강도, 빈도, 유발 요인, 동반 증상 등 다양한 정보가 필요하다.
  ㉤ 운동 재활프로그램의 진행 속도에 큰 영향을 미친다.
② 통증의 구분

구분	내용
만성	6개월 이상 통증이 반복, 지속하는 통증
아급성	1~3개월 동안 반복적으로 발생하는 통증
급성	손상 후 수일 내에 발생하는 통증

보충설명 통증의 구분
만성 → 아급성 → 급성

용어해설 아급성(亞急性, subacute) : 통증이나 염증의 급성과 만성의 중간 시기

2) 통증의 발생과 전달
① 통증 발생
  ㉠ 발생 부위는 물론 연관 있는 다른 신체 부위에서 발생하는 연관통으로 이어질 수 있다.
  ㉡ 피부와 근육, 인대, 힘줄, 관절 주머니, 뼈 등에서 발생하며, 내장 기관에서도 발생한다.
  ㉢ 통증 유발점은 근육이나 인대를 둘러싸고 있는 근막에 있으며, 원인은 근육세포의 손상으로 근막 내부에 압력이 높아진 것이다.

---

1) 기출 17-09 힘줄 치유에 관한 내용으로 틀린 것을 찾는 유형으로, '힘줄 손상은 쉽게 회복된다.'라는 것이 오답 찾기의 정답이다.
2) 기출 18-04 통증에 관한 설명으로 옳은 것을 찾는 유형

② 통증 전달 체계
- ㉠ 통증은 발생 부위에서 두뇌로 전달될 때 큰 신경 섬유인 A-α(알파), A-β(베타)와 작은 신경 섬유인 A-δ(델타), C를 통해 시냅스성 전달이 유발되므로, 자극 전달 속도는 큰 신경 섬유가 작은 신경 섬유보다 빠르다.
- ㉡ 관문조절이론에 의하면 통증을 억제하는 기관은 척수이다.

[용어해설] **시냅스**(synapse) : 신경의 축삭의 끝부분과 다른 세포의 접합부
[용어해설] **관문조절이론**(gate control theory) : 1965년 Melzack과 Wall이 주장한 이론으로, 통증 자극 강도를 척추에서 관문 효과를 통해 지각 수준을 낮춘다는 것을 설명하는 이론이다.

2. 손상의 구조

가. 기계적 손상

1) 기계적 손상의 이해
   - ㉠ 외력에 의해 인체 구조가 변화되거나 파괴된 상태를 말한다.
   - ㉡ 외력의 종류는 압축력, 장력, 전단력, 굽힘력, 비틀림 등이다.

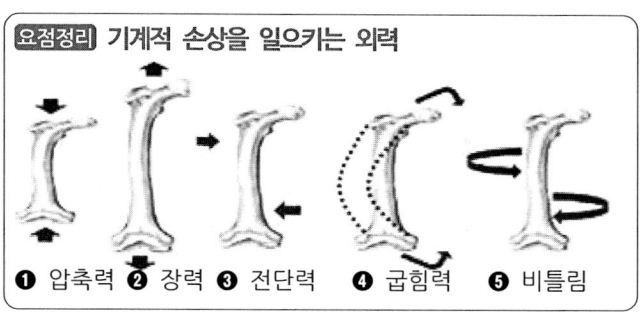
[요점정리] 기계적 손상을 일으키는 외력
❶ 압축력 ❷ 장력 ❸ 전단력 ❹ 굽힘력 ❺ 비틀림

2) 기계적 손상을 일으키는 외력
① 압축력
   - ㉠ 서로 마주 보는 방향으로 작용하는 힘으로 발생하는 상해
   - ㉡ 조직의 길이를 줄이고, 더는 힘을 흡수하지 못할 때 관절염, 골절, 타박상 등이 발생
   - ㉢ 반복적 점프 동작으로 인해서 척추 디스크의 손상을 유발
② 장력
   - ㉠ 서로 다른 방향으로 조직을 당기거나 늘리는 힘으로 발생하는 손상이다.
   - ㉡ 장력이 유발되는 스트레스나 기간에 의해 그 힘이 결정된다.
   - ㉢ 증가한 장력에 의해 근육이나 인대에 염좌가 발생하기도 한다.
   - ㉣ 인대염좌와 관련된 기계적 손상 중 가장 많이 발생한다.
③ 전단력 : 서로 평행을 유지하지만, 엇갈린 방향으로 작용하기 때문에 미끄럼 현상이 동반되며 증가한 전단력에 의해 찰과상, 피부 손상, 디스크 손상 등이 유발될 수 있다.
④ 굽힘력
   - ㉠ 2~3개의 힘이 반대쪽 끝부분에 작용하여 굽혀지는 손상이다.
   - ㉡ 굽혀진 면은 압축력, 볼록한 면은 장력이 발생하고, 정도가 심하면 뼈의 골절이 동반된다.
⑤ 비틀림
   - ㉠ 물체의 축의 위쪽과 아래쪽 끝이 반대 방향으로 비틀려 작용하는 손상이다.
   - ㉡ 긴 뼈의 나선형 골절이 유발된다.

---

1) [기출 24-03] 기계적 손상을 일으키는 외력에 대한 설명으로 틀린 것을 찾는 유형으로, 전단력의 설명이 잘못되었다.
   [기출 23-15] 외력에 의한 손상으로 뼈가 좌우로 흔들리는 그림을 보기로 제시한 후 무슨 손상인지 묻는 유형으로, 이는 외력이 상하로 작용한 결과로, 압축력이 정답이다.
   [기출 22-09] 물체의 상하로 힘이 작용하는 그림을 보기로 제시하고 무슨 외력인지 묻는 유형
   [기출 21-15] [기출 16-10] 기계적 손상 중 압축력 내용을 보기로 들고, 무엇인지 묻는 유형
   [기출 19-12] 인대염좌와 가장 관련이 많은 기계적 손상을 찾는 유형으로, 정답은 장력이다.
   [기출 15-07] 장력에 의한 손상을 찾는 유형으로, 정답은 근육 및 인대염좌이다.

나. 근육과 힘줄 손상

1) 근육 좌상(염좌)

① 근육과 힘줄, 인대의 구분

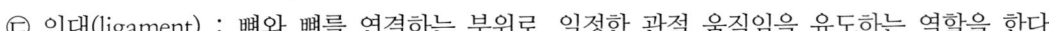
보충설명 근육과 힘줄, 인대
❶ 근육(筋, muscle)
❷ 힘줄(腱, tendon)
❸ 인대(ligament)

㉠ 근육(muscle) : 힘줄과 살을 말하며, 인체의 운동을 담당한다.
㉡ 힘줄(tendon) : 근육과 뼈를 연결하는 부위로, 근육 수축으로 힘을 만들면 이를 뼈에 전달하여 관절을 움직이게 한다.
㉢ 인대(ligament) : 뼈와 뼈를 연결하는 부위로, 일정한 관절 움직임을 유도하는 역할을 한다.

② 근육 좌상(염좌)의 의미[1]
㉠ 과도한 장력 또는 힘으로 근육의 과다 폄이 발생하여 나타나는 현상
㉡ 염좌는 근육에 발생하며, '힘줄(인대, 腱)에서 주로 발생한다.'라고 하면 잘못된 것이다.

③ 근육 좌상의 구분[2]

구분	내용
1도 좌상	근섬유가 신전 되거나 미세하게 찢어진 상태, 능동적 움직임 시 통증이 유발되지만, 전체적 관절 가동범위 내에서 움직임은 가능한 상태
2도 좌상	근섬유의 부분파열. 능동적 움직임 시 매우 심한 통증 발생. 근육이 움푹 들어가거나 함몰 현상이 동반될 수 있으며, 출혈로 부종 및 변색이 발생하고 통증으로 인해 관절 가동범위 감소
3도 좌상	근섬유의 완전한 파열. 때로는 힘줄염 또는 뼈와 만나는 지점에서의 파열이 일어난 상태로, 관절 가동범위가 완전히 제한되며 심한 통증이 유발되지만 신경 섬유 파열로 인해 빠르게 통증이 감소

④ 근육 좌상 호발 부위[3] : 넙다리 뒤 근육(슬와부근육군, hamstring), 넙다리네갈래근(대퇴사두근, quadriceps femoris) 등이다.

보충설명 근육 좌상 호발 부위 : 넙다리 뒤 근육과 넙다리네갈래근은 근육 좌상의 호발 부위이며, 동시에 H/Q ratio가 된다. H/Q ratio에 대한 자세한 내용은 아래 '8) 근육 불균형'에서 설명된다.

⑤ 근육 좌상 시 초기 처치 방법[4] : 냉찜질

2) 근 경련과 근 강직

① 근 경련[5]
ㅇ 강한 통증이 유발되는 불수의적 근수축을 말한다.
ㅇ 수분 손실로 인한 전해질 불균형으로 발생한다.
ㅇ 종아리·배·햄스트링 부위에서 빈번히 발생한다.

② 방위성 근 긴장 : 손상 발생 후 통증을 최소화하기 위하여 손상부 위의 주변 근육들이 부목의 역할을 할 수 있도록 불수의적 수축을 일으키면서 나타나는 증상을 말한다.

③ 근 강직 : 근·골격계 손상 때문에 발생하는 반사 반응으로 불수의적 수축과 이완이 발생하는 간헐성 경직과 일정 시간 동안 지속적인 긴장이 유발되는 긴장성 경직으로 나눈다.

용어해설 불수의적 : 자기 마음대로 되지 아니하는 행동을 일으키는 증상

---

1) 기출 22-20 염좌에 대한 설명으로 틀린 것을 찾는 유형으로, '힘줄에서 주로 발생한다.'가 오답 찾기의 정답이다. 근육에서 주로 발생한다.
2) 기출 17-12 근육 좌상의 구분에 대한 설명으로 옳은 것을 찾는 유형
3) 기출 15-09 근육 좌상의 호발 부위를 찾는 유형으로, 넙다리 뒤 근육, 넙다리네갈래근이 정답이다.
4) 기출 24-19 근육 좌상 발생 시 초기 처치 방법을 찾는 유형으로, 정답은 냉찜질이다.
5) 기출 21-16 고정으로 인한 조직 크기의 감소를 의미하는 용어를 찾는 유형으로, 정답은 위축이다.

3) 근육 통증(근무력증)
① 근육 통증의 의미 : 격렬한 운동 중 과도한 근육의 사용으로 인한 근육 통증을 말한다.
② 급성 근육 통증 : 운동 중 또는 운동 직후 발생하며 피로를 동반한다.
③ 지연성 근육 통증 : 손상 후 약 12시간 후에 발생하며, 3~4일 후에 사라진다. 근 장력, 부종, 강직 증가가 원인이며 신장성 수축으로 발생한다.

4) 근막통증 유발점
① 근막통증 유발점 : 골격근과 근막이 팽팽하고 민감성 높은 결절이다.
② 잠재적 통증 유발점 : 통증은 없지만 움직임 제한과 근육 약화를 유발한다.
③ 활동적 통증 유발점[1]
  ㉠ 안정 시에도 통증이 나타나며, 압력을 가하면 깜짝 놀랄 정도의 통증이 나타난다.
  ㉡ 실제 유발점이 아닌 다른 부위에서 통증을 느끼는 연관통이 발생할 수도 있다.
  ㉢ 자세를 유지하는 근육(장딴지 근육, 햄스트링, 넙다리네갈래근, 척주세움근)에서 발생한다.

5) 타박상
  ㉠ 압박이나 타격으로 모세혈관이나 혈관의 손상으로 인한 출혈이 발생한 상태로, 접촉 시 또는 움직일 때 통증이 크게 나타난다.
  ㉡ 피부가 변색하지만 몇 주 후 없어지며 손상 부위에 칼슘이 쌓여 움직임을 손상하는 골화 근염이 발생하기도 한다.
  ㉢ 넙다리네갈래근과 위팔두갈래근에서 흔히 발생한다.

6) 근 위축과 근수축
① 근 위축[2]
  ㉠ 근육을 오래 사용하지 않거나, 병적 변성으로 근육 크기가 줄어든 상태
  ㉡ 근육 고정, 배의 감소로 인해 근조직 손실이 나타난 상태
② 근수축 : 근육이 늘어나는 것에 저항하기 위해 비정상적으로 근육이 줄어든 상태

7) 힘줄염(건염)
  ㉠ 힘줄에 염증이 발생한 상태로, 특정 동작을 반복적으로 사용하는 과사용 시 발생한다.
  ㉡ 힘줄은 6~8% 이상 길이가 늘어나면 찢어지는데 주로 근건 접합부, 골건 접합부, 힘줄 중앙부에서 발생한다.
  ㉢ 움직일 때 통증과 함께 부종·발열 증상이 나타나며 휴식이 중요한 치료법이다.

8) 근육 불균형
① 근육 불균형의 의미[3]
  ㉠ 인체의 좌우 근육은 반드시 대칭되는 것이 아니고, 약간씩 차이가 있다.
  ㉡ 잘못된 생활 습관, 운동 방법 등으로 심각한 불균형이 일어나면 자세가 한쪽으로 기울거나, 짝다리, 골반 비틀림, 척추측만증 등을 유발할 수 있고, 스포츠 손상의 원인으로 작용한다.

---

1) 기출 24-10 통증 관련 설명으로 옳은 것을 보기에서 모두 고른 것을 찾는 유형으로, '연관통은 실제 문제가 있는 부위에서 다소 떨어진 곳에서 나타난다.'는 보기는 옳은 것에 포함된다. (중복 게재)
2) 기출 21-19 근 경련의 증상과 발생 원인을 보기로 제시하고, 무엇이라고 하는지 묻는 유형
3) 기출 20-19 근육 불균형에 대한 설명으로 잘못된 것을 찾는 유형으로, '근육 불균형은 기능장애를 예방한다.'가 오답 찾기의 정답이다.

② 근육 불균형의 영향
　㉠ 양쪽 다리의 근력 불균형은 스포츠 손상의 원인이 된다.
　㉡ 근육 길이의 불균형은 움직임 패턴과 자세에 영향을 미친다.
　㉢ H/Q ratio의 불균형은 스포츠 손상의 주된 원인이 된다.
　　용어해설 H/Q ratio : 넙다리네갈래근(quadriceps)과 뒤넙다리근(hamstring)의 근력 비율

다. 관절 손상

1) 관절의 이해
① 관절의 개념
　㉠ 뼈와 뼈가 연결되는 부분을 말하지만, 운동학에서는 가동관절(=활액 관절)을 주로 의미한다.
　㉡ 가동관절은 관절 안에 윤활액이 들어있으며 양쪽 뼈는 관절연골로 덮여 있고, 그 둘레는 관절 주머니로 덮여 있다.
　　용어해설 활액 : 관절액, 윤활액이라고도 하며, 담황색의 액체로, 관절의 역할을 지원한다.

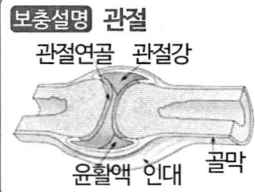

② 관절면의 구성 : 볼록(convex) 부분과 오목(concave) 부분으로 나눈다.

2) 관절운동 형상학
① 관절운동 형상학(arthrokinematics)의 개념
　㉠ 관절과 관절 사이에서 일어나는 운동을 말하며, 뼈의 운동 상태와 뼈와 뼈 사이의 상호작용을 포함한다.
　㉡ 예를 들면 어깨관절에서 상완골과 견갑골의 맞물린 상태와 회전 등을 분석한다.
② 관절운동 형상학의 종류[1]
　㉠ 구르기(roll) : 돌림 운동에서 관절면의 여러 점이 다른 관절면과 만나는 운동
　㉡ 미끄러짐(slide) : 관절의 한 점이 다른 관절면의 여러 점과 만나는 운동
　㉢ 회전(spin) : 한 관절면에 있는 한 점이 마주 보는 다른 관절면의 한 점에 대해 돌림 하는 운동

3) 관절 가동범위(ROM, range of motion)
① 관절 가동범위의 개념[2] : 손발을 움직일 때 측정한 관절운동 범위를 말하며, 최대각도가 운동 방향에 따라 각각 다르다.
② 관절 가동범위의 구분
　㉠ Joint Range : 관절 각도계로 각 관절의 동작을 측정하고, 이를 각도로 기록한다.
　㉡ Muscle Range : 근육의 기능적 진폭으로, 근육이 최대로 늘어났다가 다시 짧아질 수 있는 거리를 말한다.

---

1) 기출 24-05 관절운동 형상학의 종류가 아닌 것을 찾는 유형으로, 관절운동은 구르기, 미끄러짐, 회전 등이다. 굽힘은 오답 찾기의 정답이다.
2) 기출 18-20 관절 가동범위에 대한 설명으로 잘못된 것을 찾는 유형

③ 관절의 가동범위[1]

구분	가동범위	구분	가동범위
어깨 굽힘(굴곡)	170° ~ 180°	어깨 벌림(외전)	170° ~ 180°
엉덩이 벌림(외전)	45° ~ 50°	발목 발바닥 쪽 굽힘(족저굴곡)	~ 90°

④ 최대 관절 가동범위[2]
  ㉠ 관절의 가동범위는 관절의 모양과 운동 축에 의해 달라진다.
  ㉡ 같은 관절이라도 개인에 따라 차이가 있다.
  ㉢ 신체에서 가장 큰 관절 가동범위의 부위는 어깨 오목위팔관절(위팔 관절, glenohumeral joint)로 가동범위가 170~180°이다.
⑤ goniometer(각도계) : 관절의 움직임은 매우 다양하므로 이를 측정하기 위한 여러 종류의 각도계가 있고, 각 관절의 구조에 맞는 각도계를 사용해야 한다.

4) 관절의 중요 손상
① 인대염좌
  ㉠ 인대염좌의 의미 : 정상적인 관절 가동범위를 넘는 스트레스가 가해질 때 관절 주변의 인대에 손상이 발생한 상태
  ㉡ 인대염좌의 구분

구분	내용
1도 염좌	약간 늘어난 상태로 누르면 압통이 있으며 부종은 없거나 가벼운 상태
2도 염좌	약간의 불안정성 또는 찢어진 상태, 부종과 통증 및 관절 가동범위 제한
3도 염좌	인대파열과 불안정성 증가, 부종·통증이 크며 관절 아탈구 초래 가능

② 탈구와 아탈구
  ㉠ 탈구 : 외부 압력에 의해 관절에서 한 개 이상의 뼈가 이탈된 상태로, 도수치료 또는 수술을 통해 치료한다.
  ㉡ 아탈구 : 뼈가 부분적으로 정상 관절 배열상태를 벗어난 것으로, 어깨관절에서 자주 발생한다.
  [용어해설] 아탈구(subluxation) : 불완전 탈구, 일부가 연결되어 있지만 완전하지 못한 상태
③ 관절염(arthritis)
  ㉠ 관절에 지속적이고 반복적인 자극과 적절하지 않은 움직임 등으로 인해 관절이나 유리성 연골이 닳거나 손상되어 퇴행성 변형이 발생한 상태를 말한다.
  ㉡ 체중을 받치고 있는 무릎관절, 엉덩관절, 허리뼈 등에서 주로 발생한다.
  ㉢ 관절염 환자는 수중운동이 치료에 많은 도움을 준다.
④ 윤활낭염(bursitis)
  ㉠ 힘줄과 뼈, 피부와 뼈, 근육과 다른 근육 사이의 뼈 손상으로 인해 관절의 주변에 있는 윤활주머니에서 발생한다.
  ㉡ 움직임 강도가 너무 강하거나, 빈번하게 발생하면 윤활주머니에서 염증이 발생한다.
  ㉢ 팔꿈치 관절의 팔꿈치머리, 무릎뼈 앞, 어깨 봉우리 밑, 어깨 부리 밑돌기 밑, 아킬레스 힘줄 밑 등에서 주로 발생한다.

---

[1] 기출 23-17 누운 자세에서 손을 위로 향하게 하여 머리 위로 높이 올려 귀에 닿게 하는 운동의 그림을 보기로 제시하고, 관절 움직임을 무엇이라고 하는지 물은 유형으로, 정답은 굴곡이다.
[2] 기출 19-10 관절 가동범위가 가장 큰 부위 찾는 유형으로, 정답은 어깨 오목위팔관절이다.

라. 뼈 손상

1) 뼈의 이해

① 뼈의 개요
  ㉠ 인체 골격을 이루는 단단한 조직으로, 전신에 걸쳐 분포되어 있다.
  ㉡ 성인의 뼈 평균 수는 206개이다. 태어날 때 213개이지만 성장 중 합쳐서 줄어든다.

② 뼈의 분류
  ㉠ 형태에 따른 분류 : 긴 뼈, 짧은 뼈, 납작 뼈, 불규칙 뼈, 종자뼈
  ㉡ 성숙도에 따른 분류 : 미성숙 뼈, 성숙 뼈

③ 뼈의 기능[1]
  ㉠ 몸의 형태를 구조적으로 유지하고,
  ㉡ 장기 보호와 근육 작용의 지렛대 역할을 하며,
  ㉢ 생리적 조혈 기관으로 혈액세포를 생성하며,
  ㉣ 칼슘과 인 등을 저장한다.

2) 뼈 손상(골절, fracture)의 종류[2]

① 골절의 분류
  ㉠ 일반 골절

구분	내용
폐쇄 골절	골절된 뼈의 움직임이나 이동이 거의 없는 상태에서 골절
개방골절	골절된 뼈의 끝이 주변 조직을 침범한 상태로, 감염 위험성이 높고, 눈에 띄는 변형과 통증이 있으며 부종과 관절 가동이 제한된다.
피로 골절	근수축에 의한 과부하, 근 피로에 의한 스트레스, 지면 반발력 변화, 반복적인 스트레스 유발 동작 등이 원인이며, 관절 가동범위는 정상으로 나타나지만, 근력 검사를 통해 골절 상태를 파악할 수 있다.
분쇄골절	뼈가 여러 조각으로 분쇄된 것으로, 큰 외력 작용으로 일어난다.
생목 골절	뼈가 완전히 부러지지 않고 골간의 일부분만 골절되는 불완전한 골절로, 불완전골절·부전골절이라고도 하며, 청소년에게 잘 발생한다.
견연골절	근육이나 인대가 붙는 부분에서 갑작스러운 힘으로 뼈의 조각이 떨어져 나가는 골절이다. 고관절(골반), 주관절(팔꿈치), 족관절(발목) 등에서 주로 발생한다.
뼈 연골종	뼈 연골 부위에 괴사 또는 무균성 괴사가 원인이며, 주로 유소년 선수에게 발생한다. 연골의 파편은 관절 잠김이나 부종, 통증을 유발한다. 목말뼈 지붕, 넙다리뼈 융기, 무릎뼈 뒤쪽에서 주로 발생한다.

---

[1] 기출 19-18 뼈의 기능에 대한 설명으로 틀린 것을 찾는 유형으로, 뼈는 장기 보호, 칼슘 저장, 혈액세포 생성과 관련 등의 기능을 수행한다. '열(heat) 생산'은 오답 찾기의 정답이다.

[2] 기출 24-02 힘줄의 부착점에서 장력에 의해 뼛조각이 분리된 상태의 골절을 무엇이냐고 묻는 유형으로, 정답은 견연골절이다.
  기출 23-10 과훈련 또는 손상 이후 경기로의 빠른 복귀 등이 원인이 되어 발생하는 운동상해를 묻는 유형으로, 피로골절이 정답이다.
  기출 21-10 충격이 발생한 반대 지점에서 일어나는 골절을 무엇이냐고 묻는 유형으로, 정답은 반충 골절이다.
  기출 20-05 골절 구분을 바르게 설명한 것을 찾는 유형
  기출 16-08 피로 골절을 바르게 설명한 것을 찾는 유형

ⓒ 특수한 골절

구분	내용
충격 골절	높은 곳에서 떨어지면서 발생한 골절
찢김 골절	인대나 힘줄염의 부착점에서 뼈의 조각이 분리된 상태의 골절로서, 갑작스러운 비틀림이나 신장력에 의해 발생
안와골절	눈 부위의 타격으로 인해 눈구멍 벽에 발생한 골절
톱니상 골절	직접적인 타격으로 발생하며, 골절의 형태가 톱니의 형태를 띠는 골절
함몰골절	두개골의 편평한 부분에 발생한 골절로, 단단한 표면이나 물체와 부딪힐 때 발생
반충 골절	발생 부위가 충격점의 반대편에 발생하는 골절

② 골절 형태에 따른 분류[1]

구분	내용
선단 골절	뼈의 길이 방향으로 발생하며 뼈 몸통 부분에 발생하고, 점프나 높은 곳에서 뛰어내릴 때 충격으로 발생
분쇄 골절	3조각 이상으로 골절된 상태이며, 분리된 조각으로 인해 회복되는 데 어려움이 따르고 수술적 방법이 필요
가로 골절	선단 골절과 반대로 뼈의 방향과 직각 방향으로 골절이 발생
사선 골절	나선 골절과 유사하며, 뼈의 한쪽 끝은 고정된 상태에서 반대쪽 끝이 회전력이나 비틀어지는 힘을 받았을 때 발생
나선 골절	뼈가 S자 모양으로 분리되어 발생한 골절로, 스키처럼 발이 고정된 상태에서 활동하는 스포츠에서 주로 발생
평면 골절	머리 윗부분같이 평편한 뼈에 발생하는 골절

보충설명 골절 형태
❶ 선단골절 ❷ 분쇄골절 ❸ 가로골절 ❹ 사선골절 ❺ 나선골절

③ 골절 정도에 따른 분류

구분		내용	비고
완전 골절	단순골절	연부조직과 피부는 정상이고, 골편 수가 3편 미만	보충설명 그린스틱 골절
	매몰 골절	골절된 뼈의 한쪽 끝이 다른 뼈의 속에 박힌 골절	
	분쇄골절	골편 수가 3편 이상으로, 외력이 광범위하게 가해졌을 때 발생	
	압박골절	압박으로 단단한 간부가 해면성 조직으로 눌려 들어간 골절	
불완전 골절	그린스틱골절	소아에서 많이 일어나는 골절로, 골 피질 일부가 떨어져 나간 상태	
	균열 골절	골편의 전위가 없으면서 뼈에 금이 간 상태	
	관통 골절	총알이 신체를 관통했을 때의 골절	
	함몰골절	뼈 일부분이 푹 들어간 골절(주로 두개골에서 발생)	

마. 신경 손상

1) 신경 손상의 이해

① 신경 손상의 개념 : 신경 손상을 일으키는 물리적인 힘은 압축력과 장력이며, 이에 따라 감각기능이 영향을 받는 손상

---

1) 기출 23-14 골절 유형 중 S자 형태로 발생한 골절이 무엇인지 찾는 유형으로, 정답은 나선 골절이다.
　기출 22-08 뼈에서 세로로 골절된 그림을 보기로 제시하고, 무슨 골절인지 묻는 유형으로, 정답은 선단 골절이다.

② 신경 손상의 종류

구분	내용
신경마비	신경전도 자극 차단 현상이 나타나며, 압박이나 묵직한 타격으로 발생할 수 있고, 일시적이나 영구적으로 감각기능의 감소 또는 마비 현상이 발생
신경염	오랜 시간 지속적이고 반복적인 동작에 의한 자극이 원인이며, 가벼운 신경 손상이 나타날 수 있다. 신경세포가 죽으면 심각한 문제가 발생할 수 있으므로 회복을 위한 최적의 환경이 유지가 필요
연관통	실제 손상 부위가 아닌 신체의 다른 부위에 나타나는 통증

바. 근·골격의 부가적 손상

1) 부가적 근·골격 손상의 이해

① 부가적 근·골격 손상의 개요 : 비정상적이며 반복적인 스트레스를 받거나 반복적으로 미세 손상이 발생하면 뼈나 관절, 연부조직과 같은 신체조직에 손상이 발생한다.

② 미세 손상과 과사용 증후군[1]
  ㉠ 달리기, 점프, 던지기 같은 형태의 반복 운동과 직접적 연관된다.
  ㉡ 지속적, 반복적 스트레스는 뼈, 관절, 연부조직에 미세 손상을 발생시킨다.
  ㉢ 과도한 관절 범위로 가해지는 물리적 힘과 오랜 시간 과도하게 활동할 때 발생한다.
  ㉣ 아킬레스건염, 오스굿슐라터병, 장경인대 마찰 증후군, 무릎, 슬개골연화증 등에 빈번히 발생한다.

  [용어해설] **과사용(過使用)** : 지나치게 많이 사용하여 발생하는 상해

2) 자세 변위
  ㉠ 자세의 부정렬은 근육이나 연부조직, 뼈의 비대칭에 의한 영향으로 나타날 수 있다.
  ㉡ 자세 변위는 정상적 관절의 움직임을 변화시키고, 근육의 정상적인 길이를 변화시켜 변화된 동작과 운동감각을 갖게 한다.
  ㉢ 신체의 불균형은 효율적 힘의 사용을 방해하며, 신체 손상의 주요 원인이 된다.

---

[1] 기출 18-05 과사용 손상이 아닌 것을 찾는 유형으로, 뇌진탕, 골절 등은 과사용에 의한 상해가 아니다.

제4장 스포츠 손상의 관리

1. 스포츠 손상의 심리적 중재

가. 손상과 반응

1) 손상 선수의 반응
- ㉠ 손상을 입으면 손상 결과에 궁금해하면서도 앎이 부족한 경우가 대부분이고, 손상에 취약하다는 것을 부정하려는 경향이 강하다.
- ㉡ 자신감 저하와 자책감을 느끼며, 정서적·신체적·사회적 반응들에 대해 상실감을 경험한다.
- ㉢ 일시적 기분장애를 느끼지만, 일부 우울증을 동반하기도 한다.
- ㉣ 장기간 재활이 필요하거나 수술로 인해 팀 복귀가 불투명한 선수의 경우 통증에 대한 과장된 불평, 수면 장애, 피로감, 우울감 같은 증상을 나타내기도 한다.

2) 손상과 주변의 대응
- ㉠ 손상 직후 주변 사람들이 적극적으로 대처해야 한다.
- ㉡ 손상 부위를 정확히 파악하고 빠른 처치와 환자의 심리적 안정을 위한 노력이 필요하다.
- ㉢ 환자가 모든 상황이 잘될 것이라 믿음을 갖도록 대처해야 한다.
- ㉣ 지도자를 포함한 주변 사람들이 환자가 적절한 치료를 잘 받고 재활 운동을 통해 긍정적 대화와 심리적 안정을 가질 수 있도록 노력해야 한다.
- ㉤ 주변의 가족·동료·지인은 재활로 빨리 복귀를 할 수 있도록 지속적 관심과 지지가 필요하다.

나. 재활 과정의 심리적 접근

1) 정서적 연결과 협력
① 정서적 연결 : 손상자와 관련자 사이의 상호 신뢰와 이해를 말하는 것으로, 재활 효과를 높이기 위해 치료자는 물론 관련된 사람과 부상 선수와의 신뢰 형성이 필요하다.
② 협력 : 손상자를 가능한 한 빨리 팀으로 복귀시키기 위해 선수, 의사, 치료사가 함께 상호 협력하여 같은 목표로 공감대가 형성되도록 해야 한다.

2) 재활 단계에서 심리적 접근
① 재활 단계의 심리적 접근 원칙 : 손상 부위와 상태에 대한 정확한 설명으로 선수가 심리적 안정을 찾을 수 있도록 접근해야 한다.
② 재활 단계에서 심리적 안정을 위한 고려 사항
  - ㉠ 운동 프로그램 작성 및 계획 설명
  - ㉡ 손상 부위와 손상 정도에 대한 의학적 설명
  - ㉢ 손상 부위 치료 과정 및 재활 운동에 대한 소요 시간과 방법에 대한 설명

3) 심리적 재활프로그램
① 심리적 재활 매뉴얼의 이해
  - ㉠ 선수와 치료사 사이에 신체적·심리적 이완 요법으로, 손상 부위의 통증 유무 확인과 이완을 통해 통증을 없애도록 해야 한다.
  - ㉡ 손상 부위의 기능을 호전시키도록 해야 한다.

② 기타 심리적 재활프로그램
- ㉠ 명상 : 혼자보다는 여러 사람이 함께 조용하고 아늑한 장소에서 긍정적인 생각과 목표에 대해 생각하면서 명상 또는 사색의 기회를 얻도록 하는 것이 좋다.
- ㉡ 음악 감상 : 속도가 느리거나, 긍정적인 가사의 음악이 심리적 부담을 줄일 수 있다.
- ㉢ 그룹 운동 지도 : 본인과 비슷한 상황의 선수들과 함께 재활프로그램을 전개하면 동질감 형성과 심리적 불안감·외로움을 극복할 수 있으며 동기부여에도 효과가 크다.

2. 급성 치료와 응급처치

가. 응급처치

1) 응급처치(emergency treatment)의 이해

① 응급처치의 개요[1]
- ㉠ 예상치 못한 시간이나 장소에서 일어난 외상 또는 질병에 대해 긴급히 발생 장소에서 행하는 간단한 치료를 말한다.
- ㉡ 응급치료 후 필요하면 전문의의 진찰을 받아야 한다.
- ㉢ 응급처치의 범위는 심장 장애·실신·질식·호흡곤란·중독·토혈·각혈·하혈 등과 각종 외상을 포함한다.
- ㉣ 응급상황 발생 시 가장 먼저 시행해야 할 응급처치는 심혈관계 기능과 신경계 기능 유지이다.
- ㉤ 심혈관계 질환은 생명을 위협할 수 있다.

② 응급처치의 대상 파악
- ㉠ 응급상황의 형태
- ㉡ 손상 부위
- ㉢ 환자의 현재 상태
- ㉣ 응급조치 형태
- ㉤ 현재 응급상황이 발생한 정확한 위치

2) 응급상황 계획(emergency action plan)[2]

- ㉠ 응급상황이 발생할 경우를 대비하여 행동 계획을 수립하고, 정기적으로 검토하고, 훈련을 통해 응급상황 발생 시 쉽게 대처할 수 있도록 해야 한다.
- ㉡ 스포츠시설마다 상황에 적합한 대응 계획을 수립해야 한다.
- ㉢ 손상 입은 환자와 병원까지 동행할 수 있는 사람을 미리 정해 두어야 한다.

나. 경기장에서의 손상

1) 경기 중 손상

① 경기 중 손상 발생 시 조치[3] : 안정과 휴식, 손상 부위에 대한 압박, 냉찜질
② 경기 중 응급상황 발생 시 우선 응급조치의 목적[4] : 손상자의 심혈관계 기능 유지

---

1) **기출 21-06** 생명에 위협을 느낄 수 있는 응급상황이 아닌 것을 찾는 유형
2) **기출 18-06** 응급상황 계획에 대한 설명으로 틀린 것을 찾는 유형으로, '자동제세동기를 사용할 수 있는 사람은 의사 면허가 있어야 한다.'가 오답 찾기의 정답이다.
3) **기출 16-02** 운동 중 손상 시 조치 방법이 아닌 것을 찾는 유형으로, 안정과 휴식, 손상 부위에 대한 압박, 냉찜질 등이며, '더운 물수건 찜질'은 오답 찾기의 정답이다.
4) **기출 15-11** 운동 중 응급상황 발생 시 응급조치 목적을 바르게 설명한 것을 찾는 유형

2) 의식 확인[1]

① 의식 여부의 구분

구분	내용
의식 없는 환자	먼저 목뼈 부위를 안정시키고, 심폐소생술 후 응급조치를 요청
의식 있는 환자	활력 징후 체크, 근골격계 손상평가, 경기 지속 여부 결정

② 의식 없는 환자에 대한 조치[2]
- ㉠ 의식 상태와 무반응의 정도를 확인한다.
- ㉡ 목뼈 상태 확인과 기도개방·호흡·순환이 원활하도록 즉각 조치가 필요하다.
- ㉢ 목과 척추의 손상 가능성을 파악해야 한다.
- ㉣ 헬멧 등 보호장구를 착용했으면 손상 상태가 명확해질 때까지 탈착시키지 않는다.

3) 1차 검사와 2차 검사

① 1차 검사와 2차 검사의 구분[3]
- ㉠ 심한 출혈이나 쇼크, 무호흡, 기도 폐쇄 등의 경우 먼저 1차 검사를 한다.
- ㉡ 생명이 위협하지 않는 손상일 때 정확한 2차 검사를 한다.

  보충설명 2차 검사 : 활력 징후 확인 검사라고도 한다.

② 1차 검사(의식 없는 환자의 조치)[4]
- ㉠ 의식 상태와 무반응 정도 확인
- ㉡ 환자 목뼈 상태 확인
- ㉢ 의식이 없다면 순환, 기도개방, 호흡 순으로 즉각적인 조치
- ㉣ 심폐소생술 시행
- ㉤ 응급구조사가 올 때까지 의식 상태를 확인하면서 예의주시
- ㉥ 환자가 안정된 후에 2차 검사를 실시

③ 2차 검사[5]
- ㉠ 의식 수준 : 의식 확인, 구두지시에 대한 반응, 통증 자극에 반응 여부 확인
- ㉡ 심박 수 : 안정 시 성인 60~100회/분, 아동 80~100회/분 정상이다.
- ㉢ 호흡수 : 정상 성인의 호흡은 분당 12~20회, 아동은 15~30회가 정상이다.
- ㉣ 혈압 : 수축기 혈압 120mmHg, 이완기 혈압 80mm Hg가 정상이다.
- ㉤ 체온 : 정상체온은 36.8~37℃, 체온은 혀 밑, 겨드랑이, 귀 부위 측정
- ㉥ 피부색 : 정상 피부는 분홍색, 붉은색은 고체온, 하얀 피부는 쇼크, 청색 피부는 기도 폐쇄, 노란색은 간 기능 이상을 의미한다.
- ㉦ 동공 : 동공 수축은 중추신경의 이상, 동공 확장은 뇌 손상, 쇼크, 일사병, 뇌출혈을 의미한다.
- ㉧ 움직임 : 중추신경계 손상을 의미한다.
- ㉨ 기타 : 병력 확인, 손상 기전 확인 등이 필요하다.

---

1) **기출 17-13** 경기 중 사고로 의식 없는 환자의 조치로 옳은 것을 찾는 유형
2) **기출 20-06** 머리 및 목뼈 손상 환자의 조치로 잘못된 것을 찾는 유형으로, '헬멧 착용 시 제거하는 것'이 오답 찾기의 정답이다. 헬멧 착용자는 헬멧을 제거하지 말아야 한다.
3) **기출 23-11** 응급처치의 1차적 검사를 모두 고른 것을 찾는 유형으로, 1차적 검사는 심한 출혈과 쇼크 확인이다.
4) **기출 20-01** 운동 중 쓰러진 사람의 1차 응급 처리로 틀린 것을 찾는 유형으로, 기도 확보, 인공호흡, 가슴 압박 등이 필요하고, 혈압 측정은 오답 찾기의 정답이다.
5) **기출 22-11** 응급처치의 2차 검사에 해당하는 것을 모두 고른 것을 찾는 유형
   기출 16-13 2차 검사의 방법에 대한 설명으로 틀린 것을 찾는 유형으로, '동공이 축소되어 있다면 뇌 손상, 쇼크, 일사병, 출혈 등을 의미한다.'라는 것이 오답 찾기의 정답이다. 동공 수축은 중추신경의 억제, 동공 확장은 뇌 손상, 쇼크, 일사병, 출혈 등을 의미한다.

다. 응급처치의 실제

1) 응급처치 절차와 방법

① 응급처치 절차

| ❶ 상황에 대한 인식 | → | ❷ 응급처치 여부 결정 | → | ❸ 119 호출 | → | ❹ 응급처치 시행 |

② 응급처치 방법

구분	조치
의식 없는 경우	• 즉시 119 신고, 구조 요청 • 출혈, 신체 손상 등의 확인 • 출혈이 없으면 가슴 압박 시행 • 기도 확보 후 호흡 확인
의식 있는 경우	• 환자와 대화를 통한 상황 파악 • 외상, 출혈, 골절 등의 상태 확인 • 신분을 밝히고, 환자의 동의를 얻어 간단한 질문 • 꼭 필요하지 않으면 이동을 지양하는 것이 좋다.

2) 응급상황 발생 시 행동 요령

① 현장 조사 및 상황 파악
  ㉠ 현장의 안전성 확인과 응급상황 발생 원인 파악
  ㉡ 자신의 감정을 안정시킨 후 신중한 행동
  ㉢ 구조자의 안전과 안정을 도모
  ㉣ 불필요한 행동 금지
  ㉤ 자기 능력과 한계를 생각하고, 상식적 수준에서의 구조 활동
  ㉥ 주변 사람에게 도움 요청

② 응급처치 유의사항
  ㉠ 출혈, 구토물 등 확인 후 기본적 응급처치 시행
  ㉡ 환자의 의식이 있으면 안정을 되찾을 수 있도록 노력
  ㉢ 환자의 자세와 체온의 보존을 위한 노력
  ㉣ 2차 손상에 대한 유의

③ 환자 상태 확인 방법
  ㉠ 머리 부위의 출혈, 부종, 골절 여부의 확인
  ㉡ 양쪽 눈동자의 크기 확인
  ㉢ 얼굴의 색깔, 코와 귀의 출혈, 입에서 나는 냄새 확인
  ㉣ 호흡을 시켜 양쪽 가슴이 함께 움직이는지 확인
  ㉤ 쇄골, 어깨, 배, 골반의 손상과 통증 확인
  ㉥ 항문, 질, 요도의 출혈이나 실금 확인
  ㉦ 손가락, 발가락, 손, 발의 움직임과 감각 확인 후 색깔, 멍, 부종, 출혈 확인
  ㉧ 환자의 의료기록 또는 증표인 목걸이 팔찌 확인

3) 상황별 응급처치 방법

① 실신
  ㉠ 갑자기 의식을 잃은 상태
  ㉡ 고령자는 뇌졸중과 심장 장애가 원인인 경우가 대부분이다. 젊은이의 경우 혈압 저하로 인해 발생하고 있으며, 완전히 의식을 잃는 일이 거의 없으므로 잠시 눕혀 둔다.

ⓒ 반듯이 눕히고 한쪽 어깨 밑에 방석 등으로 머리를 받친 후 얼굴을 옆으로 돌려놓은 후 의사의 진찰을 기다리도록 한다.
　　　ⓔ 협심증은 가슴이 답답하거나 심리적 괴로움을 나타낸다.
　② 질식
　　　㉠ 목에 이물질이 걸려 호흡이 곤란한 기도 폐쇄 상태를 말한다.
　　　㉡ 목에 걸린 이물질을 제거하기 위해 복부 밀어 내기법(하임리히 수기법)을 사용한다. 환자의 뒤에 서서 상복부를 주먹으로 압박한 뒤 강하게 잡아당기는 식으로 반복한다.
　　　㉢ 연기를 마셨을 경우 공기가 잘 통하는 곳에 반듯이 눕혀 의복을 느슨하게 한다.
　　　㉣ 호흡이 정지되었을 때는 인공호흡을 실시한다.
　　　용어해설 하임리히 수기법(Heimlich maneuver) : 기도를 막고 있는 이물질 제거의 응급처치법으로, 자세한 내용은 아래의 '5) 하임리히 수기법' 참조
　③ 쇼크(shock)[1]
　　　㉠ 심한 타박상, 추락, 외상, 동통, 정신적 충격 등이 원인이 되어 일어나며, 활력이 현저히 감퇴한다.
　　　㉡ 심장 고동과 심음이 약해지며, 맥박이 고르지 못하고 혈압이 내려간다.
　　　㉢ 피부가 창백해지고, 체온도 내려 몸이 차가워지며 식은땀이 난다.
　　　㉣ 호흡도 고르지 못하며 운동 지각 반사가 쇠퇴한다.
　　　㉤ 하지를 머리보다 높게 하고 체온 유지에 유의하고, 강심제 주사 또는 수혈이 필요하다.
　④ 중독
　　　㉠ 독극물을 먹었을 때는 빨리 위 속의 독물을 씻어내는 것이 중요하다.
　　　㉡ 산류를 잘못 마셨으면 약한 알칼리 액으로 씻는다.
　　　㉢ 특수약물의 중독에는 의사의 진찰과 이에 대한 치료가 필요하다.
　　　㉣ 가스중독은 빨리 실외로 옮겨 산소를 흡입시키고, 필요하면 인공호흡을 한다.
　⑤ 토혈과 각혈
　　　㉠ 토혈은 위 또는 소화기의 출혈이고, 각혈은 폐·기관지 출혈이다.
　　　㉡ 지혈해야 하고, 출혈이 많으면 전문의의 치료를 받아야 한다.
　　　㉢ 우선 옆으로 눕혀 토사물을 제거하되 이때 기도가 막히지 않도록 주의하고 정도가 심할 경우 수혈을 준비한다.
　⑥ 하혈
　　　㉠ 입에서 위와 장, 항문에 이르는 소화기관 중 한 곳의 출혈을 말한다.
　　　㉡ 빈혈을 일으킬 수 있어 의사의 진단이 필요하며, 심하면 수혈해야 한다.
　⑦ 외상
　　　㉠ 외상은 위치에 따라 두부외상, 경부외상, 흉부외상, 복부 외상으로 구분한다.
　　　㉡ 외상 종류는 창상·열상·타박·골절 등이다.
　　　㉢ 교통사고로 인한 외상은 두부·흉부·복부 등에 주로 발생한다.
　　　㉣ 가해진 외력이 강하면 의식장애가 일어나며, 이 경우 전문의의 치료를 받아야 한다.
　　　㉤ 사고 후 의식이 뚜렷하다가 1~2시간 후 의식이 흐려지기도 한다.
　⑧ 사지 좌상 : 손발에 큰 상해를 당한 상태
　⑨ 전기상
　　　㉠ 200V 이상의 전류에 감전되면 인체는 심한 손상을 당한다.
　　　㉡ 손상은 통과 부위 횡단면에 반비례하여 커진다. 즉 손상 부위 크기가 적은 부분일수록 손상은 크게 나타난다.

---

1) **기출 24-16** 경기 중 사고로 의식 없는 환자의 조치로 옳은 것을 찾는 유형

ⓒ 전류에 의한 심장 장애도 발생할 수 있으며, 생명이 위험한 손상이다.
ⓔ 급한 경우 쇼크가 일어나므로 대응 치료가 필요하다.
⑩ 화상
  ㉠ 화재나 열탕에 의한 외상이 체표의 50% 이상에 이르면 생명이 위험하다.
  ㉡ 상처가 가벼울 경우 수포를 짜내고, 항생제·바셀린 연고를 바른 후 붕대를 감는다.
  ㉢ 화상 부위가 넓으면 전문의 치료가 필요하다.

4) PRICE법

① PRICE의 개요[1] : 상해시 대처하는 방법으로, protection(보호), rest(휴식), icing(냉각 처치), compression(압박), elevation(거상) 등이 필요하다.

요점정리 PRICE법
- P protection
- R rest
- I ice
- C compression
- E elevation

[보충설명] **PRICE법과 RICE법** : 때에 따라 protection(보호)을 빼고, RICE법이라고도 한다.
제6장 스포츠 손상과 재활 운동〉라. 재활 운동 프로그램의 단계 참조

② PRICE의 내용[2]
  ㉠ protection(보호) : 통증을 유발하는 자세나 움직임은 48시간 동안 하지 않아야 하고, 손상 부위 주변을 보조기나 부목 등을 이용하여 움직이지 않게 한다.
  ㉡ rest(휴식) : 손상 부위에 외부의 스트레스가 가해지지 않도록 하며 재활프로그램을 시행하기 위해 48~72시간 정도 휴식이 필요하다.
  ㉢ icing(냉각 처치) : 급성 손상에 대해 초기에 냉각 처치를 하는 것은 대사율과 조직의 산소요구량을 낮추고 손상 범위를 제한하며 혈종의 크기도 억제한다.
  ㉣ Compression(압박) : 냉각 처치 후 또는 냉각 처치와 동시에 탄력 붕대를 이용한 올바른 압박은 냉각 치료 효과를 증가시킬 수 있다.
  ㉤ elevation(거상) : 손상 부위를 심장보다 높게 들어 올리는 방법으로, 과다 출혈 방지와 부종 감소 등에 효과적이다.(=환부 올림)

5) 하임리히 수기법(Heimlich maneuver)

㉠ 기도가 이물질로 폐쇄되었을 때 이물질을 제거하는 응급처치법이다.
㉡ 환자의 뒤에서 오른손을 왼손으로 감싸고 명치 아래를 순간적인 압박을 가해 끌어올리는 방법으로, 기도를 막고 있는 이물질을 제거한다.
㉢ 창시자인 미국인 의사 Henry Heimlich 이름에서 따왔다.

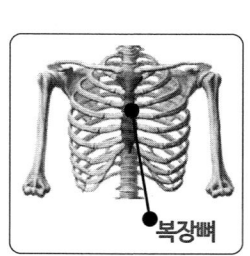
하임리히 수기법

6) 기도 폐쇄 응급처치법[3]

㉠ 의식이 없는 환자는 기도를 개방하고 호흡을 시도한다.
㉡ 복장뼈의 칼 돌기 바로 아래를 후상방으로 빠르고 강하게 압박한다.
㉢ 의식이 있고 기도가 막힌 사람은 기절하기 전에 서서 하임리히 수기법을 시행한다.
㉣ 이물질이 입 또는 목젖에 걸린 것이 보이면 손가락을 이용하여 제거한다.

[보충설명] **이물질이 목젖에 걸린 것이 보이면** : 손가락 이용 제거하고, 젓가락 등을 사용하지 않아야 한다.

---

1) 기출 18-15 PRICE 기법이 아닌 것을 찾는 유형으로, 온찜질이 오답 찾기의 정답이다.
2) 기출 23-20 응급처치의 압박에 관한 설명으로 틀린 것을 찾는 유형
3) 기출 16-11 기도 폐쇄 환자의 응급처치 방법으로 틀린 것을 찾는 유형

7) 심폐소생술(CPR, cardiopulmonary resuscitation)

① 심폐소생술의 의미[1]
  ㉠ 정지된 심장을 대신해 심장과 뇌에 산소가 포함된 혈액을 공급해 주는 응급처치를 말한다.
  ㉡ 심폐소생술은 흉부 압박을 주로 사용한다.
② 심정지와 뇌 손상
  ㉠ 심정지 발생 후 4~6분이 지나면 뇌에 혈액 공급이 끊기면서 급격한 뇌 손상이 진행된다.
  ㉡ 혈액 공급이 차단되는 시간이 길어질수록 뇌 손상은 점점 심각해져 사망에 이르거나, 살아나도 대부분이 의식을 회복하지 못하고 지속적인 치료를 받는 것은 물론 타인에게 의존해야 하는 삶을 사는 경우가 많다.
③ 목격자 심폐소생술
  ㉠ 심정지 후 6분 안에 응급조치를 받으면 생존율이 3배까지 높아지므로 주변 목격자가 시행해야 한다.
  ㉡ 심폐소생술에 대해 미리 숙지하고 응급상황 발생 시 적절히 대처해야 한다.
④ 심폐소생술 절차

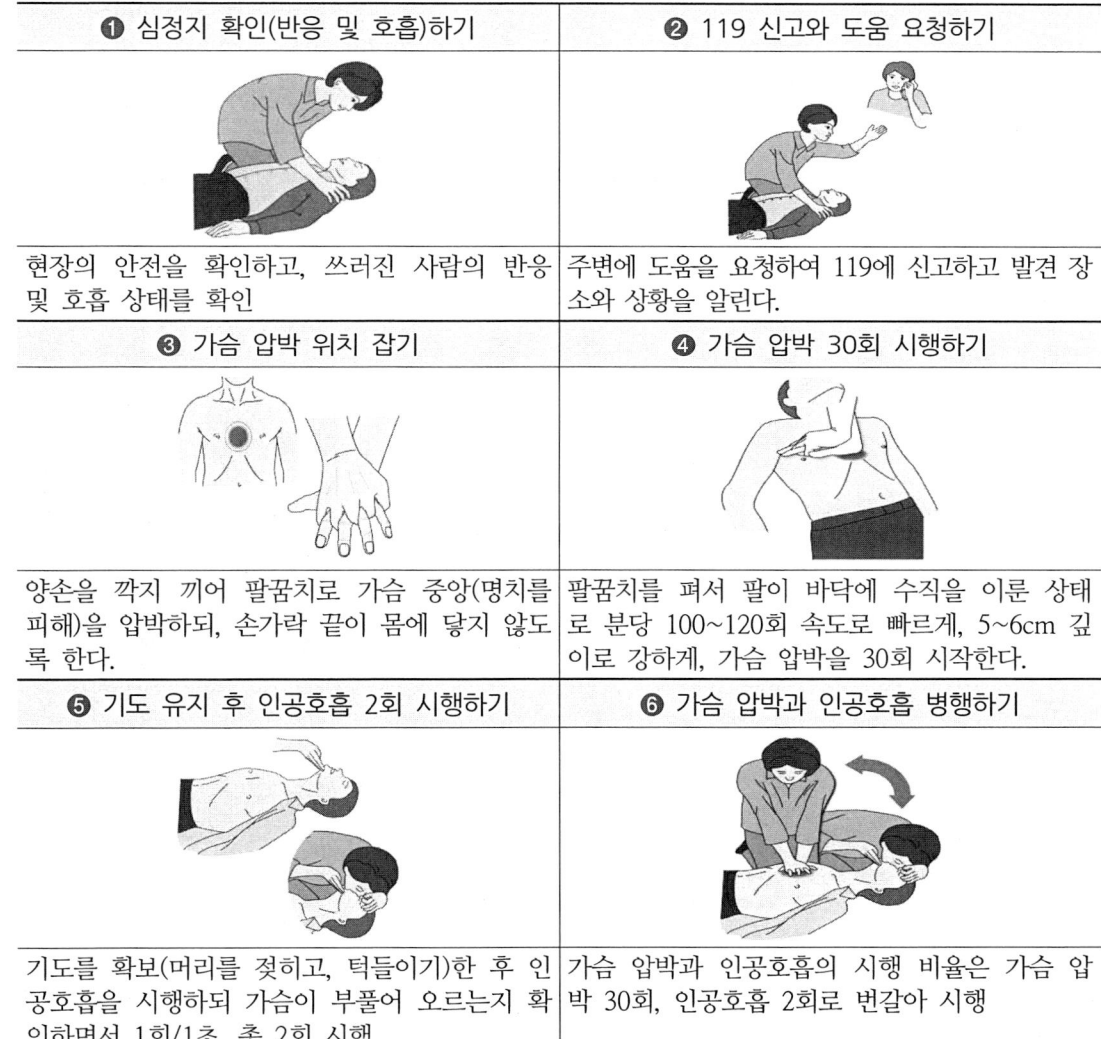

❶ 심정지 확인(반응 및 호흡)하기	❷ 119 신고와 도움 요청하기
현장의 안전을 확인하고, 쓰러진 사람의 반응 및 호흡 상태를 확인	주변에 도움을 요청하여 119에 신고하고 발견 장소와 상황을 알린다.
❸ 가슴 압박 위치 잡기	❹ 가슴 압박 30회 시행하기
양손을 깍지 끼어 팔꿈치로 가슴 중앙(명치를 피해)을 압박하되, 손가락 끝이 몸에 닿지 않도록 한다.	팔꿈치를 펴서 팔이 바닥에 수직을 이룬 상태로 분당 100~120회 속도로 빠르게, 5~6cm 깊이로 강하게, 가슴 압박을 30회 시작한다.
❺ 기도 유지 후 인공호흡 2회 시행하기	❻ 가슴 압박과 인공호흡 병행하기
기도를 확보(머리를 젖히고, 턱들이기)한 후 인공호흡을 시행하되 가슴이 부풀어 오르는지 확인하면서 1회/1초, 총 2회 시행	가슴 압박과 인공호흡의 시행 비율은 가슴 압박 30회, 인공호흡 2회로 번갈아 시행

---

1) 기출 19-13 CPR에 대한 설명으로 가장 옳은 것을 찾는 유형
   기출 18-14 심폐소생술에 대한 설명으로 틀린 것을 찾는 유형으로, 성인의 심폐소생술 때 흉부 압박은 30회 정도 시행하지만, 분당 몇 회 정도 압박해야 한다고 정해진 것은 없다. 문제는 분당 50회 시행해야 한다고 설명된 것이 오답 찾기의 정답이다.

8) 제세동기
① 제세동기의 개념
  ㉠ 심실세동이나 심실 빈맥으로 심정지가 되어있는 환자에게 전기충격을 가해 심장의 정상 리듬을 가져오게 해주는 도구이다.
  ㉡ 의학 지식이 부족한 일반인도 쉽게 사용할 수 있도록 만들어져 있다.
② 자동제세동기 사용 유의사항
  ㉠ 흔들림이 많은 장소에서 제세동기를 작동하면 기계가 리듬을 잘못 판단할 수 있다. 자동차가 운행 중이면 반드시 정차하여 작동해야 한다.
  ㉡ 제세동기 작동 시 감전의 우려가 있어 시행자와 환자 간의 접촉이 없음을 확인한다.
  ㉢ 기계 표면에 작동 방법에 대하여 그림과 글로 설명이 되어있으므로 당황하지 말고 내용을 참조하여 기계를 작동해야 한다.

9) 응급 장비의 구비
① 응급 장비 구비의 법적 사항 : 응급의료에 관한 법률에 따라 특정 시설은 자동제세동기 등 심폐소생술을 행할 수 있는 응급 장비를 갖추어야 한다.
② 응급 장비 구비 의무 시설 : 공공보건의료에 관한 법률에 따른 공공보건의료기관, 소방기본법에 따른 구급차, 항공법에 따른 항공기와 공항, 철도산업발전기본법에 따른 철도 객차, 선박법에 따른 총톤수 20t 이상의 선박, 그 밖에 대통령령으로 정하는 다중이용시설은 구비가 의무화되어 있다.

라. 손상 선수의 이동
1) 손상 선수의 이동 방법
① 손상 선수의 이동 방법 : 손상 선수의 이동 또는 수송은 추가 손상으로 인하여 상태가 악화하지 않도록 유의해야 한다.
② 들것 이용 운반 : 심각한 손상이 의심되면 부상자의 각 부위를 지지하며 들 것을 이용하여 운반하고, 사지에 손상을 입으면 부목을 함께 이용한다.
③ 보행 보조 : 부상자가 걸을 수 있으면 걷도록 하고, 걷기 불편하면 두 명이 부상자의 양쪽 옆에 서고 부상자는 보조자의 어깨 위에 양팔을 걸치고 보조자는 팔로 선수의 등을 감싼다.
④ 척추 손상 환자의 이동 유의사항
  ㉠ 적절한 교육을 받은 전문가에게 일임하는 것이 좋다.
  ㉡ 신체를 긴축으로 머리와 목을 일직선이 되도록 유지하여 이동한다.
  ㉢ 엎드린 자세를 취하고 있는 환자는 얼굴이 위로 향하도록 바로 눕혀 이동해야 한다.
  ㉣ 이동에 가담하는 사람은 보드 위치에 따라 부상 환자의 신체 부위를 각각 책임진다.

2) 부목(epenthesis, 副木)
① 부목의 의미 : 신체 손상이 일어난 부위를 고정하기 위한 교정 장치
② 부목 사용법[1]
  ㉠ 엉덩이 골절의 경우 하지의 모든 관절과 몸통에 부목을 실시한다.
  ㉡ 어깨뼈 주위 골절을 당했을 때 상지를 몸에 밀착시켜 삼각대와 붕대로 고정한다.
  ㉢ 상지와 팔꿈치 골절은 팔을 편 상태에서 부목을 대어 고정을 한다.
  ㉣ 골반 골절은 척추 보드로 부목하고 운반할 것을 권장한다.
  ㉤ 부목 후 지속적으로 손가락, 발가락 등의 색깔 변화와 혈액순환을 확인한다.
  ㉥ 이동을 위한 것으로 손상이 일어난 곳에서 실시해야 한다.

---

[1] 기출 21-08 부목 사용법의 보기에 제시된 내용 중 옳은 것을 모두 고른 것을 찾는 유형

3. 경기장 밖 손상평가와 처치

가. 손상평가

1) 손상평가의 구분
① 시합 전 평가 : 경기에 필요한 근력, 심폐지구력, 유연성, 순발력, 균형 기능 등을 시합 전에 검사하고 평가하는 절차
② 경기장에서의 초기 손상 대응 : 응급처치 및 손상 직후 평가
③ 경기장 밖에서 손상평가 : 적절한 치료를 위한 병원, 재활센터에서의 평가
④ 치유 과정의 평가 : 재활 운동 과정에서의 치유 상태에 대한 평가

2) 경기장 밖 손상평가 유의사항[1]
㉠ 손상평가 과정은 문진, 관찰과 시진, 촉진, 특수검사 등을 실시한다.
㉡ 관찰을 통해 환자에 대한 손상 상태를 얻는다.
㉢ 환자가 표현하는 것을 주관적 해석 없이 기록한다.
㉣ 촉진은 손상 부위와 주변, 대칭면 등에 시행한다.

나. 임상적 진단

1) 문진(history, 問診)
① 문진 방법
㉠ 부상자와 솔직한 질문과 대답이 필요하며, 정확하고 구체적인 문진을 위해 환자를 진정시킨 가운데 진행되어야 한다.
㉡ 문진은 간단해야 하며, 환자의 신체적 결함이나 불편함을 경청해야 하고, 주관적 해석 없이 환자의 표현을 정확하게 기록해야 한다.
② 문진 내용[2]
㉠ 손상 부위의 상태를 확인하고, 손상을 일으킨 원인을 파악한다.
㉡ 발생 시기와 발생 시의 느낌이나 소리와 통증의 종류를 파악한다.
㉢ 신체적 결함 또는 통증 부위와 위치를 파악한다.

2) 관찰과 시진
① 관찰과 시진 방법
㉠ 관찰은 보상작용, 근육의 방어, 표정 등을 살펴야 하고, 손상되지 않은 쪽과 비교해서 관찰해야 한다.
㉡ 시진(視診)은 눈으로 안색과 눈, 입, 코, 귀, 혀 등을 살펴보고 외부에 나타난 변화로 병상을 진단하는 일을 일컫는다.
② 관찰과 시진 내용
㉠ 손상 부위의 변형 여부와 사용 가능 여부
㉡ 정상적 보행 또는 기능 활용 여부
㉢ 신체의 좌우 대칭 또는 비대칭 여부
㉣ 염증과 근육의 위축 여부와 부어오르거나 발열 상태
㉤ 탈골이나 골절로 나타나는 비정상적인 돌출 부위 여부

---
1) 기출 17-15 경기장 밖 손상평가 유의사항으로 잘못된 것을 찾는 유형으로, '촉진은 손상된 환부에만 실시한다.'라는 것은 오답 찾기의 정답이다.
2) 기출 20-09 임상적 검사와 문진, 시진, 촉진, 특수검사 등의 내용을 바르게 설명한 것을 찾는 유형

3) 촉진(palpation)
① 촉진의 이해
　㉠ 촉진의 의미 : 환자 몸을 손으로 만져 진단하는 행위 또는 그 진찰법을 말하며, 체온, 부기, 압통, 맥박 등을 진찰한다.
　㉡ 촉진 내용 : 뼈와 관절의 촉진 시 비정상적 느낌과 연부조직의 촉진 시 떨림이나 긴장, 감각 저하에 대한 느낌 등을 촉진한다.
② 촉진 방법[1]
　㉠ 뼈와 인대, 근육과 힘줄 순서로 실시한다.
　㉡ 압력은 가볍게 시작해서 서서히 증가시킨다.
　㉢ 상처로부터 먼 곳에서부터 실시한다.
　㉣ 반대쪽 같은 부위에 대해서도 실시하여 비교한다.

다. 손상평가의 정보 기록
1) 손상평가 정보 기록 방법
　㉠ 손상평가를 통해 얻은 정보는 정확하고 완벽하게 기술해야 한다.
　㉡ 기록은 주로 SOAP 방식을 이용한다.

2) SOAP 방식
① SOAP 방식의 개요

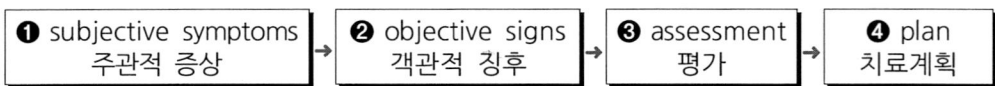

② SOAP 기록[2]
　㉠ SOAP 기록 방법

단계	내용
❶ 주관적 증상	① 부상자의 주관적 진술을 토대로 작성되며, 손상 시간·기전·부위에 관련된 환자의 주관적 느낌을 토대로 작성 ② 통증 형태와 과정, 불편한 정도를 확실히 하며, 기능 상실에 대한 우울감도 주목
❷ 객관적 징후	의료인의 육안적 검사와 촉진, 능동적·수동적 움직임과 관절의 안정성 및 특수검사에 대한 객관적 결과를 기록
❸ 평가	의사의 전문적 판단에 기인하며 의심되는 부위나 해부학적 구조에 의해 얻어진 정보 등을 기록
❹ 치료계획	① 처치했던 응급처치법과 치료와 관련된 소견을 치료계획에 포함 ② 추가 검진 또는 재검진 및 치료계획 등 치료와 관련된 소견 기록 ③ 평가로 얻은 정보를 정확하고 완벽하게 기술

---

[1] 기출 18-07 촉진 방법을 바르게 설명한 것을 찾는 유형
[2] 기출 23-06 기출 22-10 SOAP에서 객관적 기록에 해당하지 않는 것 또는 주관적 정보에 해당하는 것을 찾는 유형으로, 2번 모두 통증 정도가 정답 또는 오답 찾기의 정답이었다.
　기출 19-05 SOAP 내용 중 주관적 증상을 보기로 들고 어느 단계에 해당하는지 묻는 유형
　기출 18-12 SOAP 평가 항목 내용 설명으로 바르게 된 것을 찾는 유형
　기출 17-03 SOAP에 대한 설명으로 틀린 것을 찾는 유형으로, '보호자에게 손상 정도 보고'를 목적으로 작성하는 것이 아니므로 오답 찾기의 정답이다.
　기출 24-17 증상과 징후의 설명을 바르게 연결된 것을 찾는 유형으로, 증상은 주관성, 징후는 객관성을 갖고 있다.

ⓒ 증상과 징후의 비교 : 증상은 환자의 주관적 불편을 말하고, 징후는 전문가의 관찰 또는 객관적 자료를 기반으로 한다. 객관적 증상이 아닌 것을 찾는 문제가 나오면 정답은 통증이다. 통증은 주관적 증상이다.

4. 치료기기의 사용

가. 한랭치료

① 한랭치료의 의미
  ㉠ 환자의 몸 온도를 낮추는 치료 방법
  ㉡ 얼음찜질 등을 사용하며, 손상 초기 치료에 적합하다.

② 한랭치료의 방법

구분	특성
얼음 마사지	국소 손상 부위, 근육이나 건 또는 통증 유발 부위 등에 사용되며 5~10분 정도가 적합하다.
한랭과 침수요법	말단부위 치료로, 10~15분 손상 부위 침수로, 2~3회 반복이 좋다.
얼음찜질	찜질팩을 사용하며, 15~20분 정도가 적당하다.

③ 한랭치료의 특성 : 심부 조직의 온도는 한랭의 유형, 찜질 시간, 피하지방의 두께, 신체 부위 등에 따라 다르므로 각 조건에 적합하게 적용해야 한다.

④ 한랭치료의 효과
  ㉠ 염증 확산 방지와 열을 내리며, 출혈을 멈추게 한다.
  ㉡ 관절 강직도를 증가시키고, 대사율과 통증 인지를 감소시킨다.

⑤ 얼음찜질의 효과
  ㉠ 염좌, 타박상 등 급성 손상과 만성 염증의 통증과 부종 감소를 위해 실시한다.
  ㉡ 손상 부위 혈관의 수축을 촉진한다.

나. 온열치료

1) 온열치료

① 온열치료의 개념 : 물리치료의 한 방법으로, 뜨거운 열을 인체에 쏘아주는 방식의 치료법이다.

② 온열치료 방법

구분	특성
습열 찜질	습열 팩 또는 핫팩을 사용하며, 근육 이완을 목적으로 열을 전도하여 손상 부위를 치료
와류 욕	통증·근 경련·부종을 회복시키며, 물의 부력으로 국소 부위의 능동적 운동을 지원하며, 온열치료 방법으로 많이 사용
파라핀욕	만성 손상 치료에 효과적이며, 손, 손목, 팔꿈치, 발목, 발 등 신체 말단부위의 치료에 사용
교대 욕	차가운 물과 더운물을 교대로 오가며 실시하는 치료법으로, 혈관수축과 혈관 이완을 교대로 하면서 손상 부위의 부종이나 통증을 경감시키기 위해 사용

[용어해설] 와류 : 물의 회전운동에 의하여 주류와 반대 방향으로 소용돌이치는 흐름

2) 단파, 극초단파와 초음파 치료

① 단파 및 극초단파치료의 개념 : 온열치료와 비슷한 방법으로, 단파 또는 극초단파를 인체에 투열하는 방식이다.

② 초음파 치료
　㉠ 심부열 기기로, 초기에 조직 온도를 상승시키는 데 사용한다.
　㉡ 높은 주파수 영역의 에너지를 만들며, 분자 충돌을 발생하여 에너지를 만든다.
　㉢ 급성 상태에서는 치료를 짧게 자주 하고, 만성 상태에서는 길게 하는 것이 효과적이다.
　㉣ 밀도 높은 조직에 진동 파를 전달하는 능력이 좋으며, 열을 발생시켜 세포막의 투과성 변화를 통해 손상조직 치유에 도움을 준다.

제5장 스포츠 손상의 의학적 치료

1. 주요 부분 상해

가. 신경계 상해

1) 신경계의 이해

① 신경계의 개요
  ㉠ 신경계는 인체 안팎에서 일어나는 움직임을 빠르게 전달하여 그에 대한 반응을 생성하는 기관이다.
  ㉡ 뇌, 척수, 말초신경 등으로 구성되어 있다.
  ㉢ 신경계는 수많은 신경세포로 이루어져 있는데, 그 기본 단위는 뉴런이고, 신경세포체와 신경 돌기로 구성되어 있다.

② 신경계의 구성

구분			특성
중추신경	뇌		• 신체 모든 기능 조절의 중추 • 생각, 기억, 감정, 행동 조절
	척수		• 뇌와 말초신경 간의 신호전달 통로 • 반사행동의 중추
말초신경	감각신경		• 환경 탐색 • 인체 보호 • 균형과 조화
	운동신경	체성신경계	• 감각이나 운동 등을 의식적으로 제어
		자율신경계	• 근육·장기 등의 제어
		교감신경	• 활동 시 작용하며, 긴장·흥분 시 심장박동 가속화 등의 활동
		부교감신경	• 휴식 또는 수면 시 근육이나 장기 등의 제어와 유지

③ 신경계의 역할 구분[1]
  ㉠ 원심성 신경 : 뇌에서 발생한 신호를 말초신경을 통해 근육으로 전달하는 기능의 신경
  ㉡ 구심성 신경
    ⓐ 구심성 신경의 역할 : 말초의 조직과 기관에서 얻은 신호를 뇌로 전달하는 기능의 신경으로, 신경 충격을 통각 수용기에서 척수로 전달한다.
    ⓑ 구심성 신경의 구분
      • 구분 : A-알파(α) 신경, A-베타(β) 신경, A-델타(δ) 신경, C 신경
      • 크기 : A-알파(α)와 A-베타(β) 신경의 직경은 크고, A-델타(δ)와 C 신경은 직경이 작다.
      • 기타 : A-델타(δ)와 C 신경은 통각과 온각을 전달하는데 A-델타 신경은 빠르게 C 신경은 느리게 전달한다.

2) 뇌

① 뇌의 구성

대뇌 - 감각 분석, 기억 저장, 사고
간뇌 - 감각 통로, 수면, 갈증, 식욕, 체온 등의 조절
중간뇌 - 시각·청각의 통로, 대뇌 기능의 보조
교뇌 - 중간뇌, 연수 소뇌의 연결 통로
소뇌 - 감각 분석, 기억 저장, 사고
연수 - 호흡, 소화 조절과 생명 유지 기능

---

[1] 기출 24-10 통증 관련 설명으로 옳은 것을 보기에서 모두 고른 것을 찾는 유형으로, 'A-알파·A-베타 신경은 C 신경과 비교하면 직경이 넓은 편이다.'라는 보기는 옳은 것에 포함된다.(중복 게재)

② 뇌 신경(cranial nerves)[1]
　㉠ 뇌 신경의 개요 : 뇌에서 나오는 신경을 일컫는 용어로, 인체에는 12개의 뇌 신경이 있는데 이 중 10개가 간뇌에서 나오며, 나머지 2개(후각신경, 시각 신경)는 전뇌에서 나온다.
　㉡ 뇌의 신경별 역할

구분	명칭	역할	구분	명칭	역할
CN Ⅰ	후각신경	냄새 맡는 역할	CN Ⅶ	안면신경	표정 관리
CN Ⅱ	시신경	보는 역할	CN Ⅷ	청신경	듣는 역할과 평형 유지
CN Ⅲ	동안신경		CN Ⅸ	설인신경	감각과 운동 수행
CN Ⅳ	활차신경		CN Ⅹ	미주신경	운동 수행
CN Ⅴ	삼차신경	얼굴, 구강의 감각 전달	CN Ⅺ	부신경	
CN Ⅵ	외전신경		CN Ⅻ	설하 신경	혀 움직임 역할

　　용어해설 CN : 뇌 신경(cranial nerves)을 의미하고, 뒤에 번호를 붙여 구분한다.

나. 두부 상해

1) 두부(머리 부위) 상해의 개요

① 두부 상해의 의미
　㉠ 두부 상해는 스포츠 현장에서 가끔 발생하며, 생명과 직결되는 치명적 경우가 흔히 일어난다.
　㉡ 두부 상해가 발생하면 먼저 뇌 손상 또는 목뼈 등 다른 부위의 손상인지 판단해야 한다.
　㉢ 뇌 손상이 발생하면 의식불명·방향감각 상실·기억력 상실·균형감각 상실·인지능력 결함이 발생할 수 있다.
　㉣ 의식이 없으면 빠르게 응급처치하고, 환자를 병원으로 이송하여 상태를 정확하게 판단해야 한다.

② 두부 상해의 판단
　㉠ 병력 확인 : 질문에 대해 적절한 대답을 할 수 있는지 확인한다.
　　사례 현재 위치와 어떻게 다쳤는지, 목에 통증이 있는지, 손발을 움직일 수 있는지 물어본다.
　㉡ 관찰 : 시각적으로 확인할 수 있는 것들을 살펴본다.
　　사례
　　　• 눈을 뜰 수 있는지, 눈동자 움직임, 초점 등을 확인한다.
　　　• 머리 표피 부위의 출혈 여부를 확인한다.
　　　• 기본적 정보를 묻고 적절한 답을 할 수 있는지 확인한다.
　　　• 인지력은 정상인지 확인한다.
　　　• 조정 능력에 문제가 없는지 확인한다.
　　　• 귀에서 맑거나 담황색(뇌척수액)의 액체가 흐르는지 확인한다.
　㉢ 촉진 : 머리뼈의 골절 여부와 출혈을 확인하고, 물어진 부위나 변형된 부위를 확인한다.

2) 머리뼈 골절

① 머리뼈의 구성
　㉠ 뇌머리뼈, 얼굴 뼈, 혀의 뼈, 귓속뼈로 크게 네 부분으로 나눌 수 있다.
　㉡ 뇌머리뼈는 머리 덮개 뼈와 머리 바닥 뼈로 되어 있고, 뇌를 보호하는 역할을 한다.
　㉢ 얼굴 뼈는 얼굴을 구성하는 뼈로, 얼굴의 외형을 나타낸다.

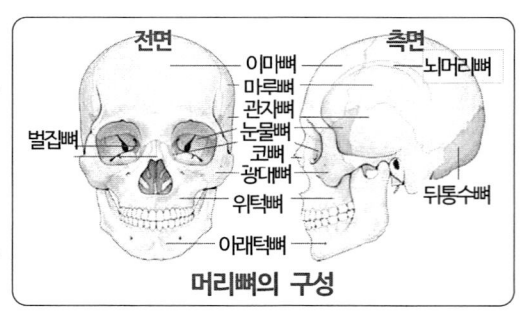

머리뼈의 구성

---

[1] 기출 21-07 뇌 신경의 기능이 바르게 연결된 것을 찾는 유형으로, 뇌의 신경별 역할을 기억해야 한다.

ⓔ 머리뼈는 28개로 구성되어 있고, 그중 얼굴 부위를 구성하고 있는 것은 22개이고, 한 개는 혀 밑에 있는 목뿔뼈이며, 나머지 여섯 개는 귓속에 있는 고실 뼈이다.
ⓜ 머리뼈는 뇌를 보호하는 역할을 하고 눈, 귀, 코, 입 등의 기관이 들어갈 공간을 마련한다.
② 머리뼈 골절1) : 생명과 직결되는 치명적 경우가 흔하다.
③ 머리뼈 골절 검사방법 : MRI 촬영

3) 뇌진탕

① 뇌진탕의 이해2)
  ㉠ 뇌진탕의 의미 : 외부 힘으로 신경 기능의 일시적 손상이다. 의식 상실·방향감각 장애·기억상실증·어지러움 등이 나타나며, 원인은 일시적 혈액 공급 장애와 관련된다.
  ㉡ 뇌진탕의 병인 : 머리에 직접적 충돌이 가해지거나 머리뼈 속에서 전단응력이 발생하고, 뇌피질과 중뇌 사이의 연결을 방해해서 발생한다.
  ㉢ 뇌진탕 단계

② 뇌진탕의 증상3)
  ㉠ 가벼운 손상 : 구역질, 두통, 방향감각 상실, 현기증 등이 나타난다.
  ㉡ 중대한 손상 : 시야 혼탁, 수면 장애, 이명, 의식불명 등이 나타난다.
③ 뇌진탕의 진단4) : 롬버그 검사, 균형 유지 실패점수 검사(=스포츠 뇌진탕, 신경 심리검사, CT, MRI 촬영
④ 뇌진탕의 치료 : 합병증이 발생하지 않게 관찰하면서 경과를 지켜보고, 증상 및 외상 정도에 따라 통원 또는 입원을 결정한다.
⑤ 뇌진탕의 관리5) : 될 수 있으면 활동을 자제하고, 증상이 완전히 없어지면 걷는 연습부터 시작하며, 머리 움직임 연습도 한다. 증상이 완전히 사라진 후 경기에 복귀해야 한다.
  보충설명 경기 중 뇌진탕 증상 선수 조치 : 증상이 완화되어도 경기에 복귀하지 말고 휴식을 취하도록 해야 한다.

4) 두부 상해 진단

① 롬버그(Romberg) 검사
  ㉠ 신체 조화운동 여부를 검사하는 방법으로, 바로 선 상태에서 뒷발이 앞발의 뒤꿈치에 닿게 한 후 두 눈을 감은 상태로 15~30초간 신체 균형을 잡도록 한다. 이때 눈을 감지 못하거나 균형을 잡지 못하고 비틀거리는 경우 양성이다.
  ㉡ 최근 음주 운전 확인에도 활용하고 있다.

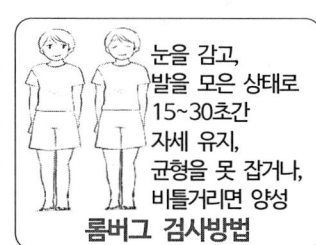

---

1) 기출 24-08 운동상해의 증상과 징후가 보기에서 바르게 연결된 것을 모두 찾는 유형(중복 게재)으로, 머리뼈는 여러 개로 구성되어 있다. 머리뼈 중 눈물뼈 골절은 눈의 얼룩과 출현이 나타날 수 있어 바르게 연결되었다.
2) 기출 16-14 경기 중 뇌진탕으로 의식을 잃은 선수가 1분 이내 의식이 회복되었을 때 뇌진탕 해당 단계를 찾는 유형으로, 1분 내 의식을 회복하면 2단계이다.
3) 기출 23-19 뇌진탕의 증상과 징후에 해당하지 않는 것을 찾는 유형으로, 오답 찾기의 정답은 피부 발진이다.
4) 기출 24-14 보기에서 뇌진탕 검사방법을 모두 고른 것을 찾는 유형으로, 뇌진탕 검사방법은 롬버그 검사, BESS(=스포츠 뇌진탕 측정검사), 신경 심리검사 등이 있다.
5) 기출 17-16 경기 중 급성 뇌진탕 증상을 보이는 선수의 조치 방법으로 옳은 것을 찾는 유형

② 균형 유지 실패점수 검사(BESS, balance error scoring system)
  ㉠ 외발 서기를 평지에서 1회, 10cm 두께의 스펀지 위에서 1회 등 전체 2회를 20초 동안 눈을 감은 상태에서 옆구리에 손을 대고 실시한다. 이때 5초 이상 바르게 선 자세를 유지하지 못하면 양성이다.
  ㉡ BESS를 스포츠 뇌진탕 측정검사라고도 한다.
③ 신경 심리검사 : 뇌진탕을 진단하기 위해 사용되는 검사로 지남력, 단기기억력, 집중력, 지연 기억력을 측정하는 뇌진탕 표준검사이다.
  [용어해설] **지남력(指南力)** : 자신이 놓인 상황을 시간적·공간적으로 바르게 파악하여 이것과 관계되는 주위 사람이나 대상을 인지하는 능력을 말하며, 방위 측정력이라고도 한다.

5) 뇌진탕 후 증후군
① 뇌진탕 후 증후군의 개요
  ㉠ 뇌진탕 후 일정 시간 동안 또는 일정 시간이 지난 후 의식이 혼미해져 이 상태가 장기간 지속하는 현상을 말한다.
  ㉡ 편두통, 기억장애, 집중력 결여, 불안감, 현기증, 피로, 시각장애 등의 증상이 뇌진탕을 당한 직후 또는 며칠 뒤에 나타나 몇 주에서 몇 개월까지 지속하기도 한다.
② 뇌진탕 후 증후군의 관리
  ㉠ 가벼운 뇌진탕에도 지속적인 주의가 필요하다.
  ㉡ 현장에서 표준 응급 관리 원칙에 따라 의학적 평가를 한다.
  ㉢ 응급처치 후 뇌진탕 평가를 시행한다.
  [보충설명] **뇌진탕 후 증후군과 2차 충격 증후군의 차이** : 뇌진탕 후 증후군은 뇌진탕이 발생한 다음에 나타나고, 2차 충격 증후군은 뇌진탕 후 다시 충격을 받았을 때 나타나는 증상이다.

6) 2차 충격 증후군
① 2차 충격 증후군의 개요 : 이전에 뇌진탕 또는 뇌타박상을 입었던 선수가 그 증상이 완전히 없어지기 전에 다시 머리 다쳤을 때 나타나는 증상
② 2차 충격 증후군의 증상[1]
  ㉠ 이전 손상 증상이 회복되기 전 발생한 손상이 주된 원인이다.
  ㉡ 작은 충격 또는 충격이 없더라도 발생할 수 있다.
  ㉢ 20세 미만의 운동선수에게 주로 발생한다.
  ㉣ 눈동자 움직임이 둔화하거나, 동공이 확장되거나, 혼수상태가 이어진다.

7) 신경학적 검사
① 신경학적 검사의 의미 : 두뇌와 신경 관련 조직의 질환을 진단하기 위하여 신경해부학, 신경생리학 등을 기준으로 하여 시행하는 검사를 말한다.
② 신경학적 검사의 종류
  ㉠ 대뇌 기능검사 : 대뇌의 인지기능을 검사한다.
  ㉡ 소뇌 기능검사 : 동적 평형성, 운동기능 수행 능력, 지각 기능 등을 검사한다.
  ㉢ 척추 및 말초신경 검사 : 척추 및 말초신경의 기능을 검사한다.
  ㉣ 기타 : 방사선학적 검사, 뇌파검사, 근전도검사, 혈류속도 측정, 뇌척수액 및 혈액검사 등

---

[1] [기출 24-08] 운동상해의 증상과 징후가 보기에서 바르게 연결된 것을 모두 찾는 유형(중복 게재)으로, 2차 충돌 증후군은 확장된 동공, 정지된 눈, 혼수상태 등이 나타날 수 있어 바르게 연결되었다.
[기출 22-13] 뇌진탕 후 증후군의 증상을 보기로 제시하고, 어떤 상해인지 묻는 유형

다. 어깨 상해
1) 어깨 상해의 이해
① 어깨 상해의 개요

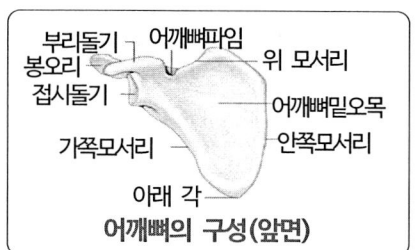
어깨뼈의 구성(앞면)

㉠ 어깨관절은 움직임이 자유롭고, 관절 가동범위가 인체 중 가장 넓어 안정성 유지를 위한 큰 노력이 필요하다.

㉡ 과도한 사용과 해부학적 구조를 벗어난 비정상적인 움직임은 손상을 일으킨다.

㉢ 어깨뼈는 3개의 오목(어깨뼈밑오목, 가시위오목, 가시아래오목)과 4개의 돌기(어깨뼈가시, 봉우리, 접시오목 부분, 부리돌기)로 구성된다.

② 어깨의 운동기능 : 굴곡, 신전, 외전, 내전, 내회전, 외회전, 수평 내전, 수평 외전 (8가지 기능)

㉠ 굴곡 : 서거나, 앉거나, 누운 자세에서 손을 중립 위로 향하게 하여 머리 위로 높이 올려 귀에 닿게 하는 운동으로, 관절 가동범위는 140~180도이다.

㉡ 신전 : 서거나, 앉거나, 누운 자세에서 손을 중립 위로 향하게 하여 가능한 높이에서 몸통의 뒤쪽으로 올리는 운동으로, 관절 가동범위는 45~60도이다.

㉢ 외전 : 서거나, 앉거나, 누운 자세에서 팔을 외측으로 벌려 머리 위로 올려 귀에 닿게 하는 운동으로, 관절 가동범위는 170~180도이다.

㉣ 내전 : 서거나, 앉거나, 누운 자세에서 옆으로 벌렸던 팔을 몸 옆에 내려놓은 후 중심선을 가로질러 안쪽으로 향한 최대운동으로, 관절 가동범위는 45~75도이다.

㉤ 내회전과 외회전 : 서거나, 앉거나, 바로 누운 자세로 팔꿈치를 펴서 팔을 안으로 돌린다. 밖으로 돌리면 외회전이다. 팔꿈치 관절을 90도 구부린 상태에서 팔꿈치를 몸에 부착하여 움직여지지 않도록 고정하고 팔을 최대로 안쪽 또는 외측으로 돌린다.

㉥ 수평 내전 : 바로 누운 자세 또는 선 자세에서 어깨관절을 90도 외전 후 팔을 앞으로 모은다.

㉦ 수평 외전 : 바로 누운 자세 또는 선 자세에서 어깨관절을 90도 내전 후 팔을 위로 벌린다.

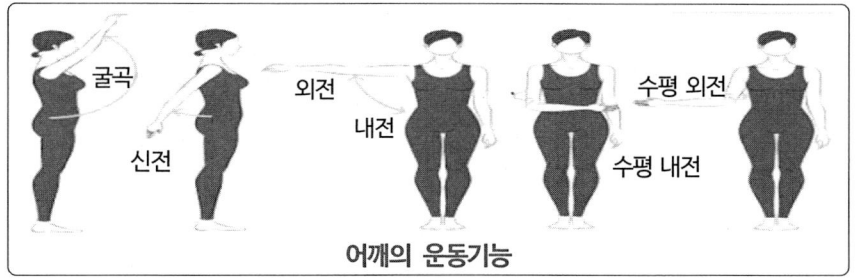
어깨의 운동기능

2) 탈구와 아탈구

[용어해설] **탈구와 아탈구** : 탈구는 관절면이 정상 위치에서 이탈한 상태이며, 아탈구는 관절면 일부가 접촉을 유지하지만 완전하지 못한 상태를 일컫는다.

① 탈구와 아탈구 호발 부위

㉠ 어깨관절은 모든 탈구의 50% 이상을 차지할 정도로 빈도가 높다.

㉡ 어깨관절은 가동성은 크고 안정성이 약하기 때문에 탈구가 잘 발생한다.

② 탈구와 아탈구의 병인 : 위팔뼈머리의 과도한 이동으로 순간적으로 발생하며, 빠졌던 위팔뼈 머리가 점차 정상적 위치로 돌아와 회복된다. 아탈구는 전방, 후방, 하방으로 발생할 수 있다.

③ 탈구와 아탈구의 증상

㉠ 전방 탈구 환자는 어깨세모근(삼각근)이 편평하게 보이고, 겨드랑이를 촉진하면 위팔뼈 머리의 돌출부가 만져진다.

㉡ 후방 탈구 환자는 어깨의 바깥돌림과 올림 동작을 하기에 불편함을 느낀다.

④ 탈구와 아탈구 검사방법
　㉠ Anterior Apprehension Test – 어깨관절 앞쪽 불안정 검사
　㉡ Posterior Relocation Test – 어깨관절 뒤쪽 불안정 검사
　㉢ Sulcus Sign Test – 어깨관절 아래쪽 불안정 검사
　㉣ Clunk test – 클런크 검사
　㉤ 재배치 검사(relocation test)
⑤ 탈구와 아탈구의 치료
　㉠ 초기 : 얼음찜질과 슬링(삼각건) 고정이 필요하다.
　㉡ 안정화 조치 후 : 어깨 돌림근띠(회전근개) 운동, 내전 운동을 시행한다.

3) 전방 탈구
① 전방 탈구의 정의 : 어깨뼈의 관절 부위가 앞 방향으로 탈구된 상태
② 전방 탈구의 재발 : 어깨관절의 전방 탈구는 재발성이 매우 높다.
③ 전방 탈구의 재발 요인
　㉠ 급성 외상성 전방 탈구의 가장 흔한 합병증이다.
　㉡ 처음 발생 시 나이가 어릴수록 재발 빈도가 높다.
　㉢ 완치 후 고정 기간이 짧을수록 재발 빈도가 높다.

4) 봉우리빗장인대 손상(AC ligament injury)

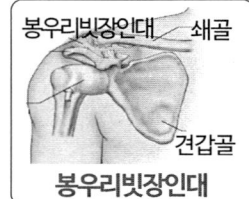

① AC의 정의 : 어깨뼈 봉우리와 빗장뼈를 연결하는 인대의 손상
② 봉우리빗장인대 손상의 병인 : 어깨 끝부분이 지면이나 물체에 직접 부딪히는 충돌에 의한 외상 또는 넘어지면서 팔꿈치를 편 상태로 손을 지면에 짚을 때 발생한다.
③ 봉우리빗장인대 손상의 증상과 징후

구분	특성
1도 손상	탈구는 없고 인대가 늘어난 상태로, 촉진 시 통증을 호소한다.
2도 손상	인대파열, 빗장뼈 끝부분이 약간 돌출된 상태로, 압통 느낌을 받는다.
3도 손상	봉우리빗장인대와 부리빗장인대 파열, 빗장뼈 끝부분 돌출되어 극심한 고통을 수반
4도 손상	탈구 및 파열로, 병원 치료가 필요하며 고정술을 시술해야 한다.

④ 봉우리빗장인대 손상의 검사방법 : 봉우리빗장인대 압박검사 및 견인검사
⑤ 봉우리빗장인대 손상의 치료 : 3도 손상은 2주간 암 슬링 고정, 4도 손상은 병원 치료와 고정술이 필요하다.

5) 오목 위팔 인대 손상(앞 관절 주머니 염좌, GH ligament sprain)
① 오목 위팔 인대 손상 병인 : 야구선수와 같이 과도한 수평 외전과 바깥 회전 또는 충돌로 발생한다.
② 오목 위팔 인대 손상의 증상과 징후 : 어깨 불안정성을 유발하고, 돌림근띠의 손상으로 진전될 수 있다.
③ 오목 위팔 인대 손상의 검사방법 : 앞쪽 불안정 검사(Anterior Apprehension Test)
④ 오목 위팔 인대 손상의 치료 : 2주 고정 후 통증 없으면 가동범위 확보와 돌림근띠 운동을 한다.

6) 어깨 충돌 증후군(impingement syndrome)

① 어깨 충돌 증후군의 병인 : 봉우리 밑 주머니의 아래에 있는 가시위근건, 위팔두갈래근의 긴갈래건, 봉우리 밑 주머니의 기계적 압박에 의한 것으로, 지속적으로 팔을 머리 위로 들어 올리는 동작을 반복하는 사람, 자세 부정렬에 따른 부적절한 움직임, 기능적인 문제와 선천적 기형, 봉우리 밑 공간의 퇴행적 변화와 같은 구조적 문제 등으로 발생한다.

② 어깨 충돌 증후군의 증상 및 징후 : 어깨 충돌 증후군은 어깨관절을 안쪽 돌림 한 상태에서 팔을 90도 이상 굽힘 동작을 했을 때 통증이 발생하며 평상시에는 증상이 없다가 팔을 머리 위로 들어 올리는 동작에서 증상이 나타난다.

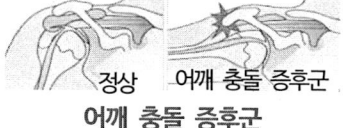

③ 어깨 충돌 증후군의 검사방법[1]
  ㉠ Empty can Test : 봉우리 밑 충돌 증후군, 가시위근 손상 검사
  ㉡ Neer Test : 가시위근과 위팔두갈래근 건의 충돌 확인
  ㉢ Kennedy Hawkins-Test : 위팔뼈의 큰 결절과 봉우리의 충돌 확인

④ 어깨 충돌 증후군의 치료
  ㉠ 팔을 머리 위로 들어 올릴 때 봉우리 밑 공간의 확보를 위한 어깨관절의 생체 역학적 회복에 중점을 두어야 한다.
  ㉡ 초기에는 통증 조절에 중점을 두고 통증이 조절된 후 돌림근띠 및 어깨 동적 안정화 근육 강화, 어깨 위팔 리듬을 발생시키는 근육의 강화에 중점을 두어 치료해야 한다.(안정성 확보 상태 가동성 운동 시행)

7) 돌림근띠(회전근개) 손상

① 회전근개 손상의 정의[2]
  ㉠ 회전근개는 어깨관절의 움직임과 결합 안정성 유지 역할을 한다.
  ㉡ 가시위근(극상근), 가시 아래 근(극하근), 작은원근(소원근), 어깨밑근(견갑하근) 등으로 구성되어 있다.
  ㉢ 어깨관절 안정화와 어깨 근육의 내전, 안쪽 회전, 바깥쪽 회전 등을 수행하며, 이의 손상이다.

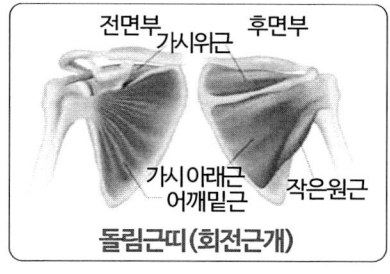

② 회전근개 손상의 병인
  ㉠ 돌림근띠의 압박과 반복적 충돌, 과신전, 과사용 때문에 자극과 염증의 발생으로 일어나며, 어깨관절의 불안정성을 가져온다.
  ㉡ 주로 가시위근의 충돌 증후군에 의한 염증 병변의 진전과 만성 손상에서 연속된 섬유증이 있으며, 어깨밑근은 과도한 가쪽 돌림과 반복적인 손상으로 인한 위팔뼈 작은 결절 손상이다.

③ 회전근개 손상의 증상 및 징후 : 어깨관절의 통증, 가시위근의 약화, 어깨 결림과 딸그락 소리, 안정 시 통증이 줄어들고 팔을 들어 올릴 때 증가한다.

④ 회전근개 손상의 검사방법
  ㉠ Empty can Test : 봉우리 밑 충돌 증후군, 가시위근 손상 검사
  ㉡ Drop arm Test : 가시위근 파열 여부 확인

⑤ 회전근개 손상의 치료 : 가벼운 손상은 물리치료나 운동 치료와 같은 보존 치료를 하고 3~6개월 이상 치료 후에도 호전되지 않거나 근력 약화가 있는 경우 수술적 치료가 필요하다.

---

1) [기출 24-15] 어깨 충돌 증후군 증상과 검사방법을 보기로 제시하고, 상해 명을 묻는 유형
2) [기출 24-01] 회전근개와 관련 없는 것을 고르는 유형으로, 대원근은 회전근개에 포함되지 않는다.

⑥ 돌림근띠의 강화 동작[1] : 오목위팔관절의 가쪽 돌림(외회전)과 안쪽 돌림(내회전) 동작을 말한다.
⑦ 슬리퍼 스트레칭(sleeper stretching)[2] : 슬리퍼 스트레칭은 어깨의 내회전 (안쪽 돌림)을 강화하기 위해 누운 상태에서 하는 운동이다. 어깨의 회전근개가 뻣뻣하면 어깨 긴장도가 높아지므로, 이를 이완하기 위한 스트레칭이다.

슬리퍼 스트레칭 자세

8) 관절 테두리 손상(SLAP, superior labral tear from anterior to posterior)
① 관절 테두리 손상의 병인 : 위팔두갈래근이 시작되는 위관절 테두리(상부 관절순)의 손상을 말한다. 견인 및 직접적 압박이 가장 흔한 손상 기전이며, 위쪽에서 10시에서 2시 사이의 관절 테두리 손상을 말한다. 무거운 물건을 갑자기 받거나 들 때, 야구에서 공을 던지고 마지막 끝에서 손상되기 쉽다.
② 관절 테두리 손상의 증상 및 징후 : 펑 소리와 갈림 현상 등을 느끼며 어깨의 앞면 깊은 곳에서 통증을 느끼고 팔을 어깨높이 이상에서 사용할 때 그 위치에서 통증이 심해진다.
③ 관절 테두리 손상의 검사방법[3]
  ㉠ O'brien Test : 어깨관절 테두리와 봉우리 빗장관절 손상 여부 확인
  ㉡ Grind Test : 어깨관절 테두리 손상 여부 확인
④ 관절 테두리 손상의 치료
  ㉠ 타입 1 : 퇴행성 변화와 너덜거림-매뉴얼 치료 및 작은 각도 운동
  ㉡ 타입 2 : 이두 장두건과 관절 테두리 사이의 찢어짐-매뉴얼 치료 및 작은 각도 운동
  ㉢ 타입 3 : 관절 테두리 상부 이탈-수술
  ㉣ 타입 4 : 관절 테두리 상부의 심각한 이탈-수술

9) 위팔두갈래근(상완이두근) 힘줄염과 힘줄 파열
① 상완이두근 힘줄염의 병인 : 위팔두갈래근의 긴 힘줄은 결절 사이 고랑을 통해 관절 테두리에 연결되는데, 위팔뼈의 가 쪽 회전 시 긴 힘줄과 결절이 충돌하여 염증을 발생시키며 보통 결절사이고랑을 연결해 주는 가로 인대의 파열과 동반되며 발생한다.
② 상완이두근 힘줄 파열의 병인[4] : 팔꿈치 관절의 과도한 단축 또는 신장성 수축이 원인으로, 손상 시 부위에서 딱 소리와 함께 통증이 나타난다.
③ 상완이두근 힘줄염의 증상 : 팔을 어깨높이 이상 들어 올리거나 앞쪽으로 움직일 때 통증이 크며 촉진 시 압통이 발생한다.
④ 상완이두근 힘줄염의 검사방법[5]
  ㉠ Yergason Test(예거슨 검사) : 위팔두갈래근 손상 여부를 확인
  ㉡ Speed Test : 위팔두갈래근힘줄염 손상 여부를 확인
⑤ 상완이두근 힘줄염의 치료
  ㉠ 전기에는 48~72시간 얼음찜질과 신전 동작을 금해야 한다.
  ㉡ 후기에는 위팔두갈래근 힘줄의 스트레칭과 앞 어깨세모근, 큰가슴근, 앞톱니근의 강화 운동이 필요하다.

---

1) 기출 18-18 돌림근띠(회전근개) 강화 방법으로 옳은 것을 모두 고르는 유형
2) 기출 19-14 슬리퍼 스트레칭으로 강화되는 어깨 움직임을 찾는 유형
3) 기출 21-20 위팔두갈래근 파열의 내용을 보기로 제시하고, 적합한 손상을 찾는 유형
4) 기출 20-13 증상과 검사방법이 바르게 연결된 것을 찾는 유형으로, 관절 테두리 손상은 O'brien test 또는 Grind test이다.
5) 기출 17-17 위팔두갈래근 불안정 검사방법으로 옳은 것을 찾는 유형

10) 위팔세갈래근(상완삼두근) 힘줄염

① 위팔세갈래근의 의미 : 위팔세갈래근은 위팔의 뒤쪽에 위치하며, 위팔의 뒷면에서 어깨와 아래팔을 잇는 커다란 방추 근육이다. 아래팔의 주요 폄근육으로, 긴 갈래는 어깨관절을 가로지르기 때문에 어깨세모근 및 부리위팔근과 함께 위팔뼈의 탈구를 방지한다.
② 위팔세갈래근의 증상 및 징후 : 무리한 사용으로, 근과 힘줄에 염증 발생
③ 위팔세갈래근의 검사방법 : 초음파·컴퓨터 단층(CT)·자기공명영상(MRI) 촬영

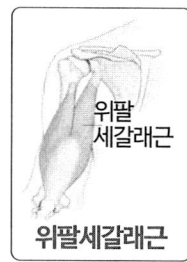

11) 견갑골(Scapular, 어깨뼈) 운동장애

① 견갑골 운동장애의 병인 : 어깨 부정렬, 하각 돌출, 부리돌기 통증, 운동 부전 움직임 오류 등과 어깨의 과사용, 과긴장이 많은 산업체 근로자, 컴퓨터 전문가, 연구원 등에게 자주 발생한다.
② 견갑골 운동장애의 증상 및 징후 : 어깨는 아픈데 정확히 어디인지 진단이나 처치를 내리지 못한다.
③ 견갑골 운동장애의 치료 : 어깨관절 안정화 운동

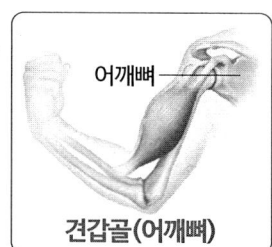

12) 내회전 결핍(GIRD, glenohumeral internal rotation deficit)

① GIRD의 병인 : 한쪽 어깨관절의 과도한 가쪽 회전운동으로 인한 양팔 간의 내회전이 30도 이상 차이가 발생하여 점차 회전근개 손상 및 어깨 불안정을 초래한다.
② GIRD의 치료 : 안쪽 회전 스트레치가 필요하다.

13) 흉곽 출구 증후군(가슴 문 증후군, TOS, thoracic outlet syndrome)

① 흉곽 출구 증후군(TOS)의 병인[1] : 빗장밑동맥과 신경얼기가 목갈비근(앞목갈비근과 중간 목갈비근 사이), 빗장뼈 아래(빗장뼈와 제1 갈비뼈 사이), 작은가슴근(소흉근 아래)을 지나며 상지로 가는 경로의 비정상적 압박으로 발생한다.
② 흉곽 출구 증후군(TOS)의 증상
  ㉠ 감각 이상, 통증, 찬 느낌 등의 감각 이상이 나타난다.
  ㉡ 손가락 혈액순환이 어려워 근력이 저하되고, 근육이 위축되는 등의 다양한 증상이 발생한다.
③ 흉곽 출구 증후군(TOS)의 검사방법
  ㉠ Allen Test(엘렌 검사) : 소흉근의 압박 확인
  ㉡ Adson Test : 목갈비근 사이의 상해 여부 확인
  ㉢ Military Brace Position Test : 빗장뼈와 제1 갈비뼈 사이 압박 확인
  ㉣ Roo test : 빗장뼈와 제1 갈비뼈 사이 압박 확인
④ 흉곽 출구 증후군(TOS)의 치료 : 매뉴얼 치료를 통한 공간 확보
⑤ 엘렌 검사(Allen's test)[2]
  ㉠ 엘렌 검사 목적 : 흉곽 출구 증후군 검사방법으로 사용하지만, 본래는 혈액 공급 동맥의 열림 여부를 검사하는 방법이다.
  ㉡ 엘렌 검사방법 : 노동맥과 자동맥의 혈액 공급을 검사하는 방법으로, 환자는 손을 강하게 쥐었다 피기를 3~4번 반복하고, 환자가 마지막으로 주먹을 쥔 상태에서 검사자는 각각의 동맥에 손가락으로 압박을 가하고 이때 환자는 주먹을 편다.

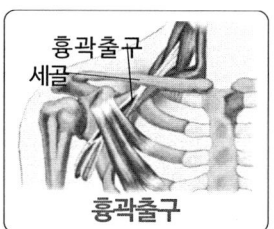

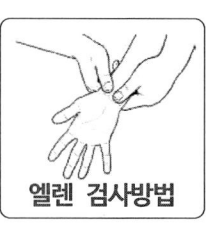

---

1) 기출 23-10 흉곽 출구 증후군(TOS)의 병인과 증상을 보기로 제시하고, 무슨 상해인지 묻는 유형
2) 기출 21-11 엘렌 검사방법을 보기로 제시하고, 무슨 검사방법인지 묻는 유형

14) 근막 발통점(myofascial trigger point) 손상
① 근막 발통점 손상의 의미
    ㉠ 근막이란 근육을 둘러싸고 있는 얇고 투명한 막으로, 어떤 원인으로 근막이 짧아지거나 뭉쳐서 통증이 생기고 이 통증이 다른 곳으로 번지는 질환이다.
    ㉡ 근막 발통점이란 통증을 유발하는 부위를 말한다.
    ㉢ 흔히 '담에 걸렸다'라고 한다.
② 근막 발통점 손상의 병인 : 정확한 원인은 알려지지 않지만, 잘못된 자세와 스트레스가 원인으로 추정하고 있다.
③ 근막 발통점 손상의 구분
    ㉠ 잠재성 발통점 : 움직임을 제한하거나 근육 약화를 초래한다.
    ㉡ 활동성 발통점 : 휴식 시에도 통증이 나타난다.
    ㉢ 급성 외상이나 반복적 미세외상은 발통점을 형성할 수 있다.

라. 상지 상해

1) 안쪽 위 관절 융기염(내측상과염 : 골프 엘보)
① 내측상과염의 병인[1] : 안쪽 위 관절 융기의 통증과 염증은 반복적 손목의 강한 굽힘과 팔꿈치의 과도한 밖 굽이(외반력) 동작에서 발생한다.
② 내측상과염의 증상 및 징후 : 안쪽 위 관절 융기 주변의 통증은 손목의 강한 굽힘이나 편 동안 발생하며 안쪽 위 관절 융기에 집중된다.
③ 내측상과염의 검사방법(golfer's elbow test) : 안쪽 위 관절 융기염 검사(내측상과염 검사)
④ 내측상과염의 처치 : 냉찜질과 슬링, 저온 요법과 초음파 치료, 진통제, 항염제 처방 등과 손목굽힘근 스트레칭이 좋다.

2) 가쪽 위 관절 융기염(외측상과염 : 테니스 엘보)
① 외측상과염의 병인[2] : 과사용이 주된 요인이며, 손목의 과도한 폄 상태에서의 충격(외반력, valgus torque)이 원인이다.
② 외측상과염의 증상 및 징후[3] : 팔꿈치 바깥쪽에 통증을 호소하며, 지속 사용은 통증을 증가시키고, 손과 손목 주변 근육의 약화를 유발하며 팔꿈치 관절의 가동범위가 줄어든다. 팔꿈치가 펴진 상태에서 손목의 손등 쪽 굽힘 시 저항을 받으면 통증이 나타난다.
③ 외측상과염의 검사방법[4] : 코센 검사(Cozen's test, Tennis Elbow Test라고도 한다.)
④ 외측상과염의 처치 : 냉찜질과 손목폄근 스트레칭, 팔꿈치 주변 근육 강화 운동이 필요하며, 약제 처방은 골프 엘보와 같다.

3) 자뼈 곁인대 염좌
① 자뼈 곁인대 염좌의 병인 : 팔꿈치에 밖 굽이(외반력) 동작이 주요 손상 원인이며, 머리 위에서 던지는 반복 동작에서 안쪽 곁인대(내측 옆쪽 인대)가 손상되는 경우가 많다. 야구의 경우 공을 던지기 위한 초기 가속 단계에서 발생하기 쉽다.

---

1) 기출 18-17 안쪽 위 관절 융기의 통증과 염증은 반복적 손목의 강한 굽힘과 팔꿈치의 과도한 밖 굽이(외반력) 동작에서 발생하는 상해를 찾는 유형으로, 정답은 골프 엘보다.
2) 기출 20-12 가쪽 위 관절 융기염(테니스 엘보)의 설명으로 틀린 것을 찾는 유형
3) 기출 16-20 테니스 엘보의 증상을 보기로 들고, 무엇인지 묻는 유형인데, 테니스 엘보를 찾으라는 것이 아니고, '가쪽 위관절 융기염'을 찾아야 한다.
4) 기출 19-11 증상과 검사방법을 바르게 연결한 것을 찾는 유형인데, 가쪽 위 관절 융기염은 코센 검사 즉 테니스 엘보 테스트가 정답이다.

② 자뼈 곁인대 염좌의 증상 및 징후 : 팔꿈치 자뼈 곁인대 위쪽에 통증을 호소하며, 팔꿈치 사용이 많을수록 팔을 완전히 펼수록 통증이 증가한다.
③ 자뼈 곁인대 염좌의 검사방법 : valgus test(바깥 굽은 검사), moving valgus test(가동 바깥 굽은 검사)
④ 자뼈 곁인대 염좌의 처치 : 대부분 수술이 필요 없고, 휴식과 비스테로이드성 항염제를 투약하고 증상이 호전되면 강화 운동을 한다.

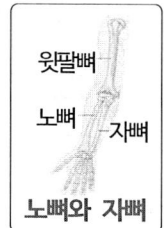
노뼈와 자뼈

4) 노뼈 곁인대 염좌
① 노뼈 곁인대 염좌의 병인 : 손목이 반복적으로 굽힘 동작으로 발생한다.
② 노뼈 곁인대 염좌의 증상 : 팔꿈치 안쪽위관절융기 부위의 염증성 통증을 유발한다.

5) 후방 충돌 증후군
① 후방 충돌 증후군의 병인
  ㉠ 배드민턴의 푸시 동작과 같이 팔꿈치를 순간적으로 펼 때 발생하며, 외반력에 의해 팔꿈치 돌기와 안쪽 관절 융기의 충돌로 나타난다.
  ㉡ 운반 각이 클수록 자주 발생한다.
② 후방 충돌 증후군의 검사방법 : Bounce home Test(반동 검사)

6) 어깨 위팔뼈작은머리 골연골염
외반력 발생 시 노뼈 머리와 상완의 작은 머리의 충돌로 작은 머리 골절인 골연골염이 발생한다.

7) 어깨 위팔뼈 리듬(glenohumeral rhythm)
① 어깨관절의 운동
  ㉠ 인체 관절 중 가장 자유로운 관절이 어깨관절이다. 자유로운 만큼 안정성이 저하되며, 안정성을 보완하고 움직임을 도와주는 것이 견갑골(날개뼈)이다.
  ㉡ 이 관절들이 팔의 굴곡, 굽힘, 외전, 벌림 시 관절 와상완 관절과 견갑골도 상방 회전이 일어나야 한다.
  ㉢ 어깨관절의 복합적 운동과 타이밍을 어깨 위팔뼈 리듬이라고 한다.
② 어깨 위팔뼈 리듬과 관련된 관절 : 흉쇄관절(SC joint), 견쇄관절(AC joint), 견흉관절(ST joint), 관절 와상완 관절(GH joint)
③ 어깨 위팔뼈 리듬 내용 : 위팔뼈가 90도 이상이면 상완골이 1도 상승하고, 견갑골도 1도씩 벌어진다.

마. 손과 손목 상해
1) 갈고리뼈(hamate, 유구골, 有鉤骨) 골절
① 갈고리뼈 골절의 개요[1]
  ㉠ 새끼손가락 쪽 손바닥에 부위에 갈고리뼈의 골절을 의미한다.
  ㉡ 라켓을 사용하는 골프, 야구, 테니스, 배드민턴 등의 운동 시 잘 발생하고, 주먹 쥔 상태에서 새끼손가락 쪽으로 책상이나 벽을 칠 때 발생할 수 있으며, 반복적 손상 또는 직접적 외상에 의해 발생한다.

갈고리뼈 위치

---

[1] 기출 21-01 갈고리뼈 골절 부위의 그림을 보기로 제시하고, 질환명을 찾는 유형

② 갈고리뼈 골절의 증상
   ㉠ 부위를 누르면 통증이 있으며, 부기가 생기기도 한다.
   ㉡ 손목관절 굽힘 시 압통을 느낀다.
③ 갈고리뼈 골절의 검사 : X-ray 검사는 종종 정상으로 판독되기도 하며, 손목굴 영상에서 보일 수 있다. CT에서 골절이 보인다.
④ 갈고리뼈 골절의 관리
   ㉠ 치료하지 않으면 부정유합이 될 수 있으며, 부정유합이 오래되면 다섯째 손가락 힘줄 파열이 올 수 있으므로, 초기 손을 보조기로 고정해야 한다.
   ㉡ 힘줄 파열의 위험과 불편함을 줄이기 위해 갈고리뼈 고리의 수술적 제거가 필요하다.

2) 삼각 섬유 연골 복합체(TFCC, triangular fibrocartilage complex) 손상

① 삼각 섬유 연골 복합체 손상 병인 : 넘어지며 손목을 편 상태로 바닥을 짚거나, 라켓 운동을 할 때 과도한 손목 사용과 손목이 비틀릴 때 발생한다.
② 삼각 섬유 연골 복합체 손상의 증상 및 징후 : 좌측 손목 부위의 통증과 손목의 폄과 회전 시 통증과 부종이 발생한다.
③ 삼각 섬유 연골 복합체 손상의 관리 : 4주간 고정하고 가동성을 확보하는 등척성 운동을 시행한다.

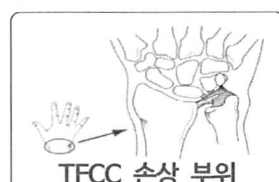
TFCC 손상 부위

3) 손목터널증후군(손목굴증후군)

① 손목터널증후군의 병인[1] : 손목굴을 통과하는 정중신경의 압박에 의한 증상으로, 지속적이고 반복적으로 손목의 굽힘 동작을 많이 하는 경우 발생하기 쉽다.

   보충설명 손목터널증후군 : 정중신경의 압박으로 나타나는 증상
   용어해설 정중(正中)신경 : 손바닥 쪽의 한가운데를 지나는 큰 신경

손목터널증후군

② 손목터널증후군의 증상 및 징후 : 손의 감각기능과 운동신경이 감소하며, 손목 지지띠의 염증으로 손목 통증이 나타난다.
③ 손목터널증후군의 검사방법 : Phalen test(팔렌 검사)
④ 팔렌(Phalen) 검사방법 : 손목터널증후군 검사방법으로, 양손을 90도로 꺾어 손등 또는 손바닥을 맞댄 후 약 40초~1분 동안 유지한다. 통증 여부와 통증 강도에 따라 적절한 조치가 필요하다.
⑤ 손목터널증후군의 관리 : 손목굽힘근 스트레칭과 손가락 벌림근 운동으로 강화할 수 있다.

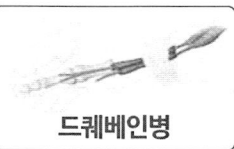
팔렌 검사방법

4) 드퀘베인병(De quervain's disease, 손목건초염)

① 드퀘베인병의 병인 : 엄지 폄근(노뼈)과 엄지 벌림근(자뼈)의 염증 발생으로, 망치질·야구나 골프의 반복적인 손목의 편위 동작 반복으로 발생할 수 있다.
② 드퀘베인병의 증상 및 징후 : 노뼈 붓돌기와 엄지 등 쪽으로 통증이 동반되며, 엄지의 폄·굽힘·벌림 등에서 통증이 나타난다.
③ 드퀘베인병의 검사방법[2] : Finkelstein test(핀켈스테인 검사)

드퀘베인병

---

1) 기출 22-06 손목터널증후군 검사방법을 그림과 설명의 보기를 제시하고, 무슨 검사인지 묻는 유형으로, 팔렌 검사는 양손을 90도로 꺾어 손등 또는 손바닥을 맞댄 후 약 40초~1분 동안 유지한다.
   기출 17-20 손목터널증후군에 대한 설명 중 그 원인을 (   )로 비워놓고 적합한 용어를 찾는 유형으로, 정답은 정중신경이다.
2) 기출 20-11 드퀘베인병의 증상과 검사방법을 보기로 들고, 대상 질환을 찾는 유형

④ 핀켈스테인(Finkelstein) 검사 : 드퀘베인병(손목건초염) 검사방법으로, 엄지를 손바닥 위에 올리고, 나머지 손가락을 접어서 엄지를 감싸거나, 손가락을 편 상태에서 굽힌 엄지를 손바닥에 얹어 놓는다. 다음 엄지는 가만히 두고 손가락 부분이 아래로 향하게 하였을 때 통증이 있으면 양성이다.

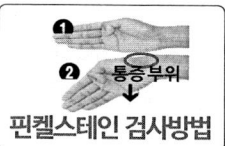

⑤ 드퀘베인병의 관리 : 얼음찜질과 고정을 하여 통증을 감소시킨 후 엄지 운동과 엄지 관절 견인과 가동범위 운동을 시행한다.

바. 척추 상해

1) 척추의 이해

① 척추의 개요
  ㉠ 척추는 목과 등, 허리, 엉덩이, 꼬리 부분에 이르기까지 주요 골격을 유지하도록 하는 뼈
  ㉡ 척추 안에는 뇌에서 나온 신경 다발로 척수가 있으며, 이는 중추신경계인 뇌와 말초신경계인 말초기관들을 잇는 역할을 한다.
  ㉢ 척수는 중요한 신경 통로로, 손상 시 여러 가지 종류의 마비가 일어나며, 척추로 보호되고 있다.

② 척추의 구성1) : 7개의 목뼈(경추), 12개의 가슴뼈(흉추 또는 등뼈), 5개의 허리뼈(요추), 5개의 엉치뼈(천추), 4개의 꼬리뼈(미추) 등 전체 33개의 척추뼈로 구성되어 있다.

③ 척수 신경
  ㉠ 척추는 척수 신경을 통해 뇌와 신체 각 부위 사이의 송수신 메시지 전달하는 매개 역할을 한다.
  ㉡ 척수 신경의 구성

구분	목신경	가슴신경	허리신경	엉치신경	꼬리신경	합계
수량	8	12	5	5	1	31

  ㉢ 척수 신경별 역할

구분	경추 분지 신경	흉추 분지 신경	요추 분지 신경
역할	상지 움직임	몸통 움직임	하지 움직임

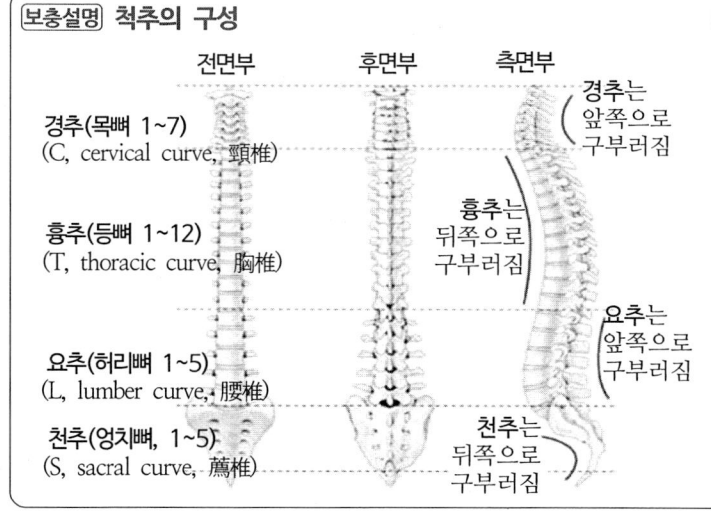

[보충설명] 척추 관련 용어의 이해
1) 척추(脊椎, spine) : 척주와 척수를 포함하여 골격 유지의 뼈 부위
2) 척주(脊柱, vertebral column) : 주요 골격을 유지하도록 하는 뼈, 흉추(등뼈) 12개로 구성
3) 척수(脊髓, spinal cord) : 척추 안의 신경 다발

[보충설명] 척추 순서 암기
1) 척추는 목뼈, 등뼈, 허리뼈, 엉치뼈 등의 순서는 쉽게 암기할 수 있지만, 시험에 경추·흉추·요추·천추 등으로 출제될 수 있으므로 외워두어야 한다.
2) 외우자! **경흉요천**이고, **CTLS**이다.

---

1) [기출 19-15] 척주의 설명이 옳은 것을 찾는 유형으로, 척주는 흉추(등뼈) 12개로 구성된다.

④ 근육 분절(myotome)[1]
  ㉠ 근육 분절의 개념 : 척수 신경의 지배를 받는 근육 집단을 일컫는다.
  ㉡ 척수 신경의 근육 분절

구분	C1, C2	C3	C4	C5	C6	C7	C8
근육 분절	목 굽힘	목 옆 굽힘	어깨뼈 올림	어깨 외전	팔꿈치 굽힘	팔꿈치 폄과 손목 굽힘	손가락 굽힘

구분	T1	L1, L2	L3	L4	L5	S1	S2
근육 분절	손가락 벌림	고관절 굽힘	무릎 폄	발목 배측 굴곡	엄지발가락 폄	발목 저측 굴곡	무릎 굽힘

2) 골관절염

① 골관절염의 원인 : 노화와 관절의 과사용으로 인해 퇴행성 병변이 늘어나고, 시간이 지남에 따라 골관절염으로 진행되기 쉽다.

② 골관절염의 증상

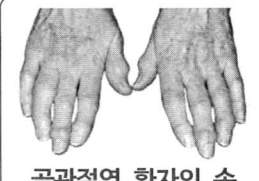
골관절염 환자의 손

  ㉠ 허리에 심한 통증과 허리를 움직일 때 통증이 동반되며, 허리 주변 온도가 올라가면 증상이 줄어든다.
  ㉡ 손가락 등 관절 부위에 발생한다.
  ㉢ 남성보다 여성이 훨씬 많이 발생한다.

③ 골관절염의 관리 : 병원 진료, 시멘트 주입, 골밀도 향상, 약 복용, 허리 주변 근육 강화, 안정화 운동 및 유연성 확보 운동이 필요하다.

④ 골관절염 예방을 위한 근육 강화 운동 효과[2] : 보행 기능이 향상되며, 관절 가동범위가 증가하고, 신체 균형감각이 향상된다.

3) 염좌

① 염좌의 원인
  ㉠ 물건을 들거나 옮길 때 허리 굽음과 뒤틀림이 대부분 원인이다.
  ㉡ 내재근 : 디스크 증상 – 돌림 운동에서 발생한다.
  ㉢ 외재근 : 기능 부전 – 과격한 굴곡, 신전 운동 시 발생한다.

② 염좌의 증상 : 가시돌기 바깥쪽에 통증이 발생하며, 특정 자세에서 통증이 더 심해지기 때문에 움직임이 제한된다.

③ 염좌의 관리 : 초기 RICE법을 통해 통증 완화를 한 후 척추 안정화 운동 및 통증이 없는 범위에서부터 허리 주변 근육 강화 운동을 시행한다.

용어해설 RICE법 : 휴식(Rest), 얼음찜질(Ice), 압박(Compression), 거상(Elevation) 등으로, '제6장 스포츠 손상과 재활 운동, 라. 재활 운동 프로그램의 단계' 참조

---

1) 기출 24-11 척수 신경의 근육 분절을 바르게 연결한 것을 찾는 유형으로, L2는 엉덩관절 굽힘으로 바르게 연결되었다.

4) 퇴행성 디스크

① 퇴행성 디스크의 원인 : 신체의 노화나 과사용으로 디스크 조직의 수분 함량이 감소하고 건조해지면서 충격 흡수 기능이 떨어지게 되는 질환으로, 반복적으로 무거운 물건을 나르는 육체노동자, 노화와 과사용, 신체의 부정렬, 좌업 생활자, 스트레스 및 심리적 요인도 작용한다.

② 퇴행성 디스크의 증상 : 아침에 강직이 심하며, 활동을 시작하면 완화된다.

③ 퇴행성 디스크의 관리 : 통증이 심해지면 뜨거운 찜질하는 것이 좋고, 스트레칭과 가벼운 운동을 통해 통증을 완화할 수 있다.

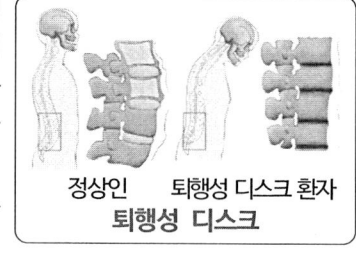

5) 척추옆굽음증(척추측만증)

① 척추측만증의 원인 : 80% 이상은 원인을 알 수 없는 특발성이며, 운동 부족이나 잘못된 자세, 한쪽 운동 때문에 나타난다. 청소년기에 주로 나타나며 남자보다 여자에게 많다.

② 척추측만증의 증상 : 특별한 증상이 없는 경우가 많고, 근육통이나 허리 통증을 느끼기도 한다.

③ 척추측만증의 검사방법 : Adam's forward bend Test(애덤스 테스트)

④ 척추측만증의 관리[1]
  ㉠ 올바른 자세를 유지하는 것이 중요하며, 운동 시에도 바른 자세를 유지하도록 한다.
  ㉡ 증상이 심하면 병원 진료 후 보조기 설치 또는 수술치료가 가능하다.

6) 추간판 탈출증(수핵 탈출증, 디스크 탈출증)

① 추간판 탈출증의 원인
  ㉠ 척추뼈와 척추뼈 사이에 존재하는 추간판(디스크)이 어떤 원인에 의해 손상되면서 추간판 내부의 수핵이 탈출하여 주변을 지나는 척추신경을 압박함으로써 다양한 신경학적 이상 증상을 유발하는 질환이다.
  ㉡ 디스크라고 하며, 요추에 가해지는 스트레스나 외상, 노화나 과도한 사용, 잘못된 신체의 정렬(척추전만증, 후만증, 측만증, 골반 변위, 양발의 길이 차이) 등이 있다.

② 추간판 탈출증의 증상[2]
  ㉠ 요통(허리와 엉덩이 부위가 아픈 통증)과 하지 방사통(허리디스크 환자의 디스크가 탈출해 하체로 연결되는 신경을 압박하는 증상)이 나타난다.
  ㉡ 아침에 일어나면 통증이 심하고, 몸체를 앞으로 숙이면 통증이 증가한다.
  ㉢ 20~50대 사이에 주로 발생한다.
  ㉣ 요추(허리뼈) 4~5 사이, 요추 5~천추 1 사이에서 주로 발생한다.
  ㉤ 섬유 테의 퇴행 또는 파열을 유발한다.

③ 추간판 탈출증의 관리
  ㉠ 초기에는 얼음찜질과 전기 자극을 통한 통증 완화법이 도움이 되며
  ㉡ 도수치료 및 견인요법을 사용한다.
  ㉢ 통증이 조절되면 척추 안정화 운동 및 허리 주변 근육을 강화한다.

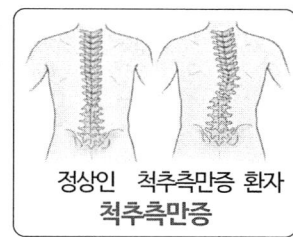

---

1) 기출 20-08 척추측만증 환자의 자세에 대한 설명으로 옳은 것을 찾는 유형
2) 기출 22-18 보기로 추간판 탈출증 증상을 설명하고 어떤 상해인지 묻는 유형

④ 추간판 탈출증의 검사방법1)
　㉠ Kernig Test : 추간판 탈출증 검사
　㉡ SLR Test(하지 직거상 검사) : 고관절, 좌골 신경증, 천장관절 검사
　㉢ Brudzinski Test : 압박력을 더한 추간판 탈출증 검사
　㉣ Milgram Test : 추간판 허리 신경 압박검사

> **보충설명** **커닝(Kerning) 검사**
> ① 추간판 탈출증 검사방법이다.
> ② 척수를 스트레칭하여 통증을 재현시키는 방법으로, 누운 자세에서 무릎과 고관절은 90도 굴곡 시킨 후 무릎을 신전시킬 때 통증이 있으면 양성이다.

커닝 검사방법

> **보충설명** **하지 직거상(SLR, straight leg raise) 검사**
> ① 추간판 탈출증 검사방법이다.
> ② 바로 누운 자세에서 한쪽 다리를 쭉 뻗은 채 천천히 들어 올릴 때 각도 30도~70도 정도에서 허리와 엉덩이, 다리에 통증이나 저린 느낌이 나타나면 양성이다.

하지 직거상 검사

7) 척추관협착증

① 척추관협착증의 원인2)
　㉠ 척수 신경이나 신경근이 지나가는 통로인 척추관이 좁아져 신경이 눌리는 질환
　㉡ 선천적으로 좁거나, 후천적인 골 증식, 노화로 인한 인대와 관절의 퇴행성 변화로 척추관이 좁아져 발생한다.

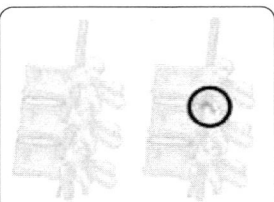
정상인　척추관협착증 환자
척추관협착증

② 척추관협착증의 증상
　㉠ 걸으면 다리가 저리고 아프다가 쪼그려 앉으면 증상이 호전되는 전형적인 증상이 나타난다.
　㉡ 간헐적 파행과 조금만 걸어도 다리가 저리고, 당기는 현상이 나타난다.

③ 척추관협착증의 관리
　㉠ 경증은 척추 주변의 근육, 복부와 엉덩관절의 폄근육을 강화해 척추관이 좁아지는 것을 막고 운동을 통해 더 이상의 진전을 막을 수는 있으나 근본적 치료는 불가능하다.
　㉡ 운동요법과 보존요법으로 호전되지 않으면 수술(척추궁 절제술)이 필요하다.

④ 척추관협착증 검사방법 : 슬럼프 검사(Slump test)

> **보충설명** **슬럼프(Slump) 검사**
> ① 척추관협착증 검사방법이다.
> ② 검사자를 의자에 앉힌 후 턱을 들어주고 경추 폄 상태에서 흉추와 요추 부분에 힘을 빼고 앞으로 굽히고 턱을 몸통 쪽으로 당겨주며 목뼈를 천천히 굽힌 상태에서 무릎관절 폄 상태를 확인한다. 검사 도중 통증이 있으면 양성으로 판단한다.

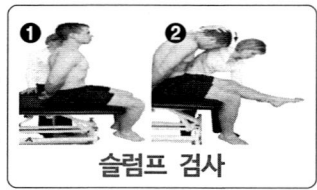
슬럼프 검사

---

1) 기출 18-19 추간판 탈출증 검사방법으로 적합한 것을 찾는 유형
2) 기출 23-05 기출 15-14 척추관협착증 증상 또는 내용을 보기로 들고 어떤 질환인지 찾는 유형

8) 척추분리증과 척추전방전위증

① 척추분리증과 척추전방전위증의 원인

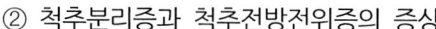

   ㉠ 척추분리증은 추체 분리를 의미하며, 주로 L4-L5의 돌기 사이 관절의 인대파열이 원인의 대부분이다.
   ㉡ 척추전방전위증은 척추분절의 과도한 움직임으로 발생하여 주로 L5가 S1 위로 미끄러지는 것이 가장 흔하다. 척주의 과도한 폄 동작(테니스 서브, 배구 스파이크, 배드민턴 스매싱, 수영의 접영 등)과 선천적으로 약하거나 피로 골절로 인해 나타난다.

② 척추분리증과 척추전방전위증의 증상
   ㉠ 허리 하부를 가로지르는 지속적 통증이 있으며 특히 분리가 있는 곳에 압력이 가해질 때 통증이 증가한다.
   ㉡ 통증이 증가하면 강직(뻣뻣함)을 호소하고, 허리를 과도하게 펼 때 신경학적 증상도 나타난다.

③ 척추분리증과 척추전방전위증의 검사방법 : Backward Bending Test(후방 폄 검사)

④ 척추분리증과 척추전방전위증의 관리 : 허리의 과도한 폄 자세를 피하고, 오랜 시간 앉아 근육이 피로하지 않도록 하고 허리 주변 근육의 균형이 유지될 수 있도록 안정화 운동과 강화 운동을 시행한다.

사. 골반 상해

1) 골반

① 골반의 이해
   ㉠ 골반은 2개의 볼기뼈(무명골)와 엉치뼈(천골) 및 꼬리뼈(미골)로 구성된다.
   ㉡ 척추와 양쪽 다리를 이어주는 골격으로 척추를 통해 아래로 내려오는 체중을 다리에 전달하여 걷기에 중요한 역할을 한다.
   ㉢ 내장과 방광, 내부 생식기관이 위치하는 공간을 제공하며 외부의 힘과 충격으로부터 내부 장기를 보호한다.

② 골반의 구성
   ㉠ 볼기뼈는 부위에 따라서 궁둥뼈(좌골), 엉덩뼈(장골), 두덩뼈(치골)로 구분되며 좌우 대칭형으로 2개가 존재한다.
   ㉡ 엉치뼈(천골)는 척추에서 허리뼈 이하 부위에 위치하면서 척추와 골반의 연결 고리 역할을 한다.
   ㉢ 꼬리뼈(미골)는 엉치뼈 하부에 존재한다.
   ㉣ 엉치 엉덩관절(천장관절)은 엉치뼈와 볼기뼈(무명골) 사이에 존재하는 관절
   ㉤ 두덩결합(치골 결합)은 골반의 앞면을 구성하는 골조직으로, 좌우 양쪽 두덩뼈가 모여 골반 중앙의 두덩결합을 형성한다.

2) 궁둥신경통(좌골신경통, 엉덩이 신경통)

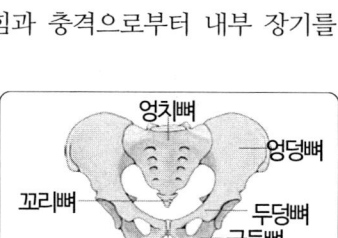

① 궁둥신경통의 원인 : 만성적인 요통을 수반하는 좌골신경의 염증 상태로, 추간판 돌출, 궁둥구멍근의 긴장으로 인한 말초 신경근 압박을 수반한다.

② 궁둥신경통의 증상 : 즉각적 또는 점진적으로 넓적다리 뒤쪽(엉덩이나 다리)에 날카롭게 쏘는 것 같은 증상과 저림 또는 방사통이 나타나며, 무감각인 경우도 있다.

③ 궁둥신경통의 검사 : 토마스 검사

④ 궁둥신경통의 관리 : 급성기에는 안정이 필요하며, 긴장된 궁둥구멍근 스트레칭이 증상을 호전시킬 수 있다. 허리, 엉덩이 근육을 강화하여 골반의 정렬을 바르게 한다.

② 장경 인대 마찰 증후군 증상 : 주로 무릎이 30도 굴곡 시 외측 넓적다리 위에 발생한다.
③ 장경 인대 마찰 증후군 관리 : 대퇴근막장근과 넓적다리부 근육의 이완이 필요하다.

6) 뒤넙다리근(햄스트링, hamstring) 좌상
① 뒤넙다리근 좌상의 정의 : 다리의 뒷부분에 위치하여 골반과 무릎관절에 연결된 근육 좌상이다.
② 뒤넙다리근 좌상의 원인
　㉠ 뒤넙다리근의 저하된 기능과 신장성 수축으로 인해 손상되며, 유연성 부족, 근육의 피로, 부적절한 자세, 다리 길이 차이, 힘의 불균형 등이 원인이다.
　㉡ 태권도의 발차기·런지·빠른 방향 전환 등에서 자주 나타난다.
③ 뒤넙다리근 좌상의 증상 : 근육이 부풀어 오르고 모세혈관의 출혈, 손상 부위의 통증과 운동기능 상실이 있으며 변색이 나타난다.
④ 뒤넙다리근 좌상의 정도에 따른 구분
　㉠ 1도 좌상 : 움직일 때 바늘로 찌르는 느낌을 받는 통증
　㉡ 2도 좌상 : 극심한 통증과 기능 상실
　㉢ 3도 좌상 : 심한 출혈과 부종, 기능 상실과 장애 동반
⑤ 뒤넙다리근 좌상의 관리 : 손상 초기는 휴식, 압박, 얼음찜질 등을 실시하고, 통증과 염증이 가라앉으면 가벼운 스트레칭을 하고 항상 유연성 향상을 위한 운동을 병행한다.
⑥ 뒤넙다리근 좌상의 발생 부위[1] : 넙다리두갈래근, 반막모양근, 반 힘줄 모양근

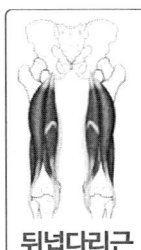
뒤넙다리근

7) 넙다리네갈래근 좌상
① 넙다리네갈래근의 구성 : 넙다리곧은근, 가쪽넓은근, 안쪽넓은근, 중간넓은근 등의 4갈래로 갈라진 특징을 갖고 있다.
② 넙다리네갈래근 좌상의 정의[2]
　㉠ 신체의 큰 근육 중 하나인 다리 앞부분에 위치하여 강한 힘을 내는 근육이며, 이 근육에 발생한 좌상을 말한다.
　㉡ 접촉성 운동 시 충돌에 의한 타박상으로, 엉덩관절이 초기 펴질 때와 함께 무릎 굽힘 상태에서 갑작스럽고 강한 수축 때문에 발생하며, 근 힘줄 연결부에서 주로 발생한다.
③ 넙다리네갈래근 좌상의 증상 : 통증과 부종이 발생하고, 움직임이 제한되며 피부 변색이 나타난다.
④ 넙다리네갈래근 좌상의 관리 : 근육파열의 경우 움직임을 제한하기 위해 고정해 주고, 가벼운 좌상의 경우 2~3일의 휴식과 얼음찜질이 좋다.
⑤ 넙다리네갈래근 좌상의 검사방법 : 토마스 검사

넙다리네갈래근

8) 넙다리 돌기 윤활 주머니 염(대전자윤활낭염, trochanteric bursitis)
① 대전자윤활낭염의 정의
　㉠ 엉덩관절 통증 원인이 되는 윤활 주머니는 관절 주위에서 근육, 힘줄, 피부와 같은 뼈와 연한 조직 사이의 쿠션 역할을 해주는 요소이다.
　㉡ 엉덩관절 주위에는 14~21개 정도가 관절 주변으로 마찰이나 압력을 분산시키는 역할을 담당한다.

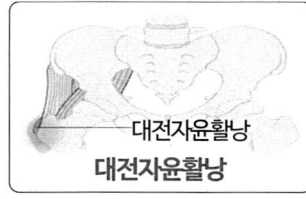
대전자윤활낭
대전자윤활낭

② 대전자윤활낭염의 증상
　㉠ 넙다리뼈 큰 돌기에서 자주 발병하는 질환이다.
　㉡ 모음근, 벌림근 사이의 불균형과 넓은 골반이 원인이다.
　㉢ Q 각 차이로 인해 남성보다 여성의 발병 빈도가 높다.

---

[1] 기출 22-12 hamstring 상해에 해당하지 않는 근육을 찾는 유형으로, 가자미근이 오답 찾기의 정답이다.
[2] 기출 24-06 넙다리네갈래근 좌상을 보기로 제시하면서 어떤 상해인지 묻는 유형

③ 대전자윤활낭염의 검사방법 : 넙다리근막긴장근(대퇴근막장근, tensor fasciae latae)과 엉덩이 정강근막대(장경대, iliotibial tract)의 긴장도 평가를 위한 운동 손상평가 방법을 활용한다.

9) 이소성 골화증(heterotopic ossification)
① 이소성 골화증의 원인
  ㉠ 특정 부위에 칼슘이 뭉쳐 불필요한 뼈가 생기는 질환
  ㉡ 척추 손상, 타박상, 염좌 등으로 인해 발생한다.
  [용어해설] **이소성**(異所性) : 원래 존재하지 않는 장소에 발생한 경우를 말한다. 딴 곳이라는 의미를 나타낸다.
② 이소성 골화증의 증상[1]
  ㉠ 산소 전달이 부족한 결합조직, 연부조직의 미세한 손상 등으로 인해 결합조직이나 연부조직에 골화 현상이 나타난다.
  ㉡ 넙다리네갈래근(대퇴사두근) 또는 위팔두갈래근(상완이두근) 등에 잘 발생한다.
③ 이소성 골화증의 검사방법 : 엑스선 검사, 방사성 동위원소 검사, 피검사

아. 무릎 상해

1) 무릎 상해의 개요
무릎관절은 매우 복잡하며, 스포츠 상황에서 외부 스트레스가 무릎에 많이 가해지므로 손상이 많이 발생한다.

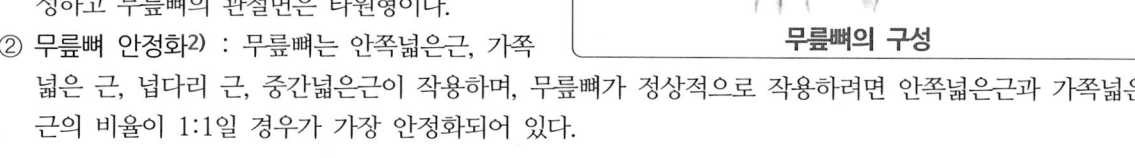

무릎뼈의 구성

2) 무릎뼈(patella, 슬개골)
① 무릎뼈의 의미 : 인체에서 가장 큰 삼각형 종자골이며, 넙다리뼈와 만나 넙다리 무릎관절을 형성하고 무릎뼈의 관절면은 타원형이다.
② 무릎뼈 안정화[2] : 무릎뼈는 안쪽넓은근, 가쪽넓은 근, 넙다리 근, 중간넓은근이 작용하며, 무릎뼈가 정상적으로 작용하려면 안쪽넓은근과 가쪽넓은근의 비율이 1:1일 경우가 가장 안정화되어 있다.

3) 무릎 안쪽 곁인대(MCL, medial collateral ligament) 염좌
① 무릎 안쪽 곁인대 염좌의 손상 기전 : 많이 손상되는 조직 중의 하나이며, 약 65%는 넙적다리뼈 쪽(근위부)에서 발생한다. 외반력에 의해 발생하며, 정강이뼈의 가쪽 회전 때문에 손상된다. 축구에서 인사이드 패스, 커팅, 지면에 고정된 발의 반대 방향으로 급작스러운 방향 전환 시 나타날 수 있으며, 수술보다는 보존 치료를 하는 것이 좋다.
② 무릎 안쪽 곁인대 염좌의 손상분류
  ㉠ 1도 손상 : 인대가 일부 찢어지거나 늘어난 상태로, 압통이 있지만, 외반 검사 동안 관절은 안정된 상태이다.
  ㉡ 2도 손상 : 인대의 미세 파열과 심각한 파열로 나누며, 통증과 관절의 약화 또는 불안정을 느낄 수 있다. 무릎을 30도 굽힌 상태에서 외반 검사를 하면 느슨함이 증가한다.
  ㉢ 3도 손상 : 인대의 완전한 손상으로, 부종이 발생하고, 심한 통증 이후 무딘 아픔과 운동 범위 감소가 나타난다.
③ 무릎 안쪽 곁인대 염좌 검사방법 : valgus stress test(바깥 굽음 검사)

---
1) [기출 16-07] 이소성 골화증 증상을 보기로 제시하고 무엇인지를 묻는 유형
2) [기출 16-06] 무릎뼈 안정화 내용을 (   ) 속에 비워놓고 적합한 용어를 찾는 유형으로, 무릎뼈 안정화는 중간넓은근, 안쪽넓은근, 가쪽넓은근 등이 작용하며, 안쪽넓은근과 가쪽넓은근의 비율이 1:1일 때 안정적이다.

4) 무릎 가쪽 곁인대(LCL, lateral collateral ligament) 염좌
① 무릎 가쪽 곁인대 염좌의 손상 기전 : 내반력 또는 정강뼈가 안쪽 회전 상태에서 일어난다.
　　용어해설　내반력 : 앞에서 볼 때 무릎관절이 안쪽으로 꺾이게 하는 힘
② 무릎 가쪽 곁인대 염좌의 증상 : 통증과 압통이 있으며, 붓기와 관절의 불안정성 발생한다.
③ 무릎 가쪽 곁인대 염좌의 검사방법 : varus stress test(안쪽 굽음 검사)

5) 무릎 앞 십자인대(ACL, anterior collateral ligament, 전방십자인대) 염좌
① 무릎 앞 십자인대 염좌의 개요[1]
　㉠ 무릎에서 가장 잘 손상되는 부분이며, 넙다리뼈가 고정되어 있을 때 정강뼈가 앞쪽으로 전이되는 것을 막아주며, 발이 지면에 고정되어 정강뼈가 고정되어 있으면 넙다리뼈가 뒤로 전이되는 것을 막아준다.
　㉡ 여성이 남성보다 손상 확률이 높은데 이는 남녀 간에 Q-angle 크기가 다르기 때문이다.
　㉢ 십자인대는 앞과 뒤 2개로 구성되어 있고, 앞 십자인대의 운동상해 발생 빈도가 높다.

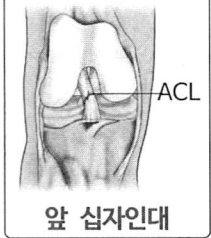
앞 십자인대

　　보충설명　**Q 각(Q-angle)**
　　① 골반에서부터 슬개골 중심을 이은 선과 슬개골 중심과 경골 결절을 이은 선 사이의 각이다.
　　② 무릎 질환과 손상에 대한 위험성을 예측하는 지표로 사용된다. 정상적인 Q 각은 남성 10~15도, 여성 15~20도 정도이다.
　　③ 고관절 벌림근의 쇠약이나 고관절이 불안정하면 환 측 다리로 섰을 때 반대 측 골반이 아래로 떨어지며 상체는 환 측으로 기울어지게 되는데 이는 비정상이다.

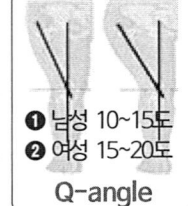
❶ 남성 10~15도
❷ 여성 15~20도
Q-angle

② 무릎 앞 십자인대 염좌의 손상 기전 : 굽힘, 바깥 굽음, 정강뼈의 가쪽 회전에서 발생하며, 외반력의 작용 시에 나타난다. 심한 경우 MCL 염좌를 동반한다. 축구에서 페인팅 동작이나 점프 후 착지, 갑자기 감속할 때 손상이 발생할 가능성이 크다.
③ 무릎 앞 십자인대 염좌의 증상과 징후 : 무릎을 뻗을 수 없는 통증이 동반되며, 다리에 힘이 들어가지 않는다. 분리될 것 같은 느낌을 호소하며 관절에서 급속한 붓기가 나타난다.
④ 무릎 앞 십자인대 염좌 검사방법[2]
　㉠ Lachman Test(라크만 검사) : 앞 십자인대 파열 여부 확인 검사로, 7mm 이상이면 양성이다.
　㉡ Anterior Drawer Test(전방 전위 검사, 90도 굽힌 앞당김 검사) : 앞 십자인대 손상 여부 확인 검사로, 90도 굽힘에서 앞당김 검사를 말하며, 7mm 이상이면 양성이다.
　㉢ Pivot Shift Test(축 이동 검사) : 손상 기전과 같은 힘을 적용하여 불안감 호소 시 양성이다.

6) 무릎 뒤 십자인대(PCL, posterior collateral ligament) 염좌
① 무릎 뒤 십자인대 염좌의 손상 기전 : 흔치 않지만, 앞쪽에서 태클 형태의 가격이나, 전반슬 형태의 충격 때문에 무릎이 뒤로 젖혀지는 경우 발생한다.
② 무릎 뒤 십자인대 염좌의 증상 : 다리오금 부위에 압통이 발생하고, 무릎 불안정, 흔들림, 불안감을 호소한다.
③ 무릎 뒤 십자인대 염좌의 검사방법[3]
　㉠ Posterior Drawer Test(후방전위 검사) : 불안정 및 불안감 호소 시 양성이다.
　㉡ Posterior Sag Test(뒤처짐 검사) : 한쪽 경골을 조이면서 뒤처짐을 검사한다.

---
[1] 기출 18-08 ACL 손상에서 남녀 간 빈도 차이를 유발하는 요인을 찾는 유형으로, 정답 Q-angle 차이에 기인한다.
[2] 기출 22-02 기출 17-11 ACL 손상 검사방법으로 적합한 것을 찾는 유형
[3] 기출 24-20 무릎 상해에 대한 설명으로 틀린 것을 찾는 유형으로, '예거슨 검사는 무릎 상해 평가 중 하나이다'가 오답 찾기의 정답이다. 예거슨 검사는 위팔두갈래근 손상 여부를 위한 검사이기 때문이다.

7) 무릎 반달 연골 손상

① 반달 연골의 구성[1] : 반달 연골은 내측과 외측으로 구분하는데, 내측 반달 연골이 외측보다 크다.

  용어해설 **반달 연골** : 무릎관절 사이에 있는 연골 조직이다. 무릎의 원활한 움직임을 돕는 쿠션 역할을 한다.

반달 연골

② 무릎 반달 연골의 손상 기전[2] : 압박력, 회전력, 과신전 등으로 발생하며, 주로 무릎을 펴거나 굽히는 동안 체중 부하와 함께 회전력이 발생하며 손상된다.

③ 무릎 반달 연골의 증상과 징후[3]
  ㉠ 찢어지는 느낌으로 무릎에 전반적 통증이 있고, 며칠 후 부종이 나타나며 무릎을 완전히 굽힐 시 통증을 느낀다.
  ㉡ 무릎에 힘이 빠지는 느낌과 오래 서 있기 힘든 느낌을 받는다.
  ㉢ 반달연골 손상은 관절에 부하가 증가한다.

④ 무릎 반달연골의 검사방법[4]
  ㉠ Mcmurray test(맥머레이 검사)
  ㉡ Apley compression test(애플리 압박검사)
  ㉢ Apley distraction test(애플리 신연검사)

  보충설명 **맥머레이(Mcmurray) 검사**
  1) 검사 내용 : 무릎 반달연골 검사방법이다.
  2) 검사방법
    ① 뼈마디와 슬관절을 완전히 구부리게 한 후 외측 또는 안쪽으로 돌리면서 무릎을 서서히 편다.
    ② 어느 각도에서 딸깍 소리와 함께 통증을 호소한다.

  맥머레이 검사방법

8) 무릎뼈 연골연화증

① 무릎뼈 연골연화증의 손상 기전 : 넙다리뼈와 무릎뼈의 충돌로 무릎뼈 연골이 약화 또는 퇴행적 변화이다.
② 무릎뼈 연골연화증의 증상과 징후 : 빈번한 부종과 삐걱거리는 느낌이 발생하고, 걷기·뛰기·계단 오르기 등을 할 때 통증을 느낀다.
③ 무릎뼈 연골연화증의 관리(보존 치료)
  ㉠ 통증 발생 시 2주간 휴식을 취하며 항염증제나 무릎 보호대를 착용하고, 2주간 비체중 운동을 시행한다.
  ㉡ 등척성 운동을 위주로 하며, 무릎에 충격이 가해지는 운동은 피한다.

9) 무릎뼈-넙다리뼈 스트레스 증후군(쓸개 넓적다리 통증 증후군)

① 쓸개 넓적다리 통증 증후군의 손상 기전 : 넙다리뼈 고랑 안으로 지나는 무릎뼈가 가쪽으로 편향되며 나타난다. 증가한 Q 각, 발의 과도한 회내, 안쪽넓은근의 약화, 엉덩관절 벌림근의 약화, 하지의 바깥쪽 근육군의 긴장이 원인이다.
② 쓸개 넓적다리 통증 증후군의 증상과 징후 : 무릎 가운데 부분의 무딘 통증과 걷기, 뛰기, 계단 오르기, 스쿼트 운동 시 무릎뼈 가쪽 측면에 압통을 느낀다.

---

1) 기출 19-08 반달 연골에 대한 설명을 보기로 제시하고, 손상 부위를 찾는 유형
2) 기출 19-08 반달 연골에 대한 설명을 보기로 제시하고, 손상 부위를 찾는 유형
3) 기출 21-05 반달 연골 손상 징후와 검사방법을 보기로 제시하고, 어느 부위 손상인지 찾는 유형
4) 기출 23-08 반달연골 손상의 검사방법을 찾는 유형으로, 반달연골 손상은 맥머레이 검사이다.

③ 쓸개 넓적다리 통증 증후군의 관리 : 안쪽넓은근(내측광근)에 집중된 근력운동과 후대퇴근의 스트레칭이 중요하다.

10) 오스굿슐라터병과 라르센요한슨병

① 오스굿슐라터병과 라르센요한슨병의 병인
  ㉠ 오스굿슐라터병 : 무릎힘줄이 정강 거친 면을 당기는 질환
  ㉡ 라르센요한슨병 : 무릎뼈의 하단에서 발생하며, 무릎힘줄에 미치는 과도한 반복적 부하로 부종과 통증이 발생한다.
② 오스굿슐라터병과 라르센요한슨병의 증상과 징후 : 정강 거친 면 위에 압통이 나타나며 무릎을 꿇거나 점핑, 러닝 시에 심한 통증을 호소하고, 부종과 혈종이 나타나며, 뼈 겉돌기가 점차적으로 변성된다.
③ 오스굿슐라터병과 라르센요한슨병의 관리 : 자극적 운동을 6개월에서 1년 정도 피하고, 넙다리네갈래근과 뒤넙다리근의 등척 운동과 함께 활동 전후에 얼음찜질한다.

11) 무릎뼈힘줄염

① 무릎뼈힘줄염의 병인[1]
  ㉠ 넙다리네갈래근의 강하고 반복적인 무릎을 펴는 힘으로 발생한다.
  ㉡ 심할 경우 무릎힘줄이 완전하게 찢어지기도 한다.
  ㉢ Jumper's knee라고도 한다.

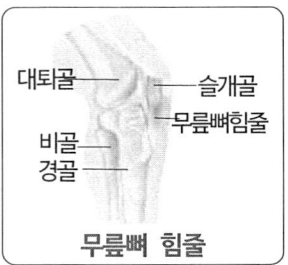

② 무릎뼈힘줄염의 증상 : 무릎뼈 아래쪽 통증을 유발한다. 1단계는 운동 후 통증이 나타나고, 2단계는 운동 중과 후, 3단계는 운동 중과 이후에 지속적 통증과 함께 파열로 진행된다.
③ 무릎뼈힘줄염의 검사 : Patellar Tendon Compression Test(무릎힘줄 압박검사)
④ 무릎뼈힘줄염의 관리 : 염증에 대한 처치는 얼음찜질, 초음파 열 치료가 있고, 심부 수평 마사지와 고정용 끈을 활용해 보호하며 갑작스러운 폭발적 동작과 플라이 오 메트릭 운동을 피한다. 넙다리네갈래근의 이완과 뒤넙다리근의 강화가 도움이 된다.

12) 열린 사슬 운동과 닫힌 사슬 운동[2]

① 열린·닫힌 사슬 운동의 개념 : 인체를 움직이는 운동 사슬은 크게 신경 사슬, 근육 사슬, 관절 사슬이 서로 협응할 때 운동 동작이 만들어진다. 사슬 운동은 열린 사슬 운동과 닫힌 사슬 운동으로 구분한다.
② 열린 사슬 운동(OKC, open kinetic chain exercise)
  ㉠ 열린 사슬 운동의 개념 : 몸통에서 먼 분절이 고정되어 있지 않아 자유롭게 움직이는 상태에서 하는 운동을 말하며, 체중의 지지가 거의 없다. 신체의 축은 고정되어 있고, 움직이는 관절 축은 하나 또는 한 개의 분절만 작용한다. 근육이나 부위를 독자적으로 강화할 수 있어 관절 가동범위가 감소하거나 특정 부위의 기능이 약화된 환자의 근력 강화에 주로 사용된다.
  ㉡ 열린 사슬 운동의 종류 : 덤벨 컬, 푸쉬다운, 벤치 프레스, 레그 컬, 레그 익스텐션
③ 닫힌 사슬 운동(CKC, close kinetic chain exercise)
  ㉠ 닫힌 사슬 운동의 개념 : 신체의 심장에서 먼 쪽(몸통에서 먼 부분을 일컫는 용어로, 손과 발을 의미한다.)을 어떤 기구의 지면이나 땅바닥에 닿아 고정해 심장에서 먼 쪽이 움직이지 못하는 상태에서 실시하는 운동으로, 여러 관절 축으로 움직이며, 두 개 이상의 분절이 동시에 작동한다. 대표적인 것이 푸시업, 런지 등이다.

---

1) 기출 22-19 무릎뼈힘줄염 증상을 보기로 제시하고, 상해 명을 묻는 유형
2) 기출 22-03 보기에서 닫힌 사슬 운동을 모두 고른 것을 찾는 유형으로, 런지와 푸시업이 정답이다.
  기출 19-02 열린 사슬 운동에 해당하는 것을 찾는 유형
  기출 18-09 열린 사슬 운동과 닫힌 사슬 운동에 관한 설명으로 옳은 것을 찾는 유형

ⓒ 닫힌 사슬 운동의 종류 : 팔굽혀펴기, 턱걸이, 딥스, 데드리프트, 런지 등
ⓒ 기타 : 관절에 작용하는 전단력이 향상되면 관절 인대에 무리가 되므로 십자인대 손상 또는 수술 후 재활 운동 시 닫힌 사슬 운동을 먼저 시작해야 한다.

자. 발과 발목 상해

1) 뒤침 발목 염좌(내번 염좌), 앞 목말 종아리 인대(ATFL, anterior talofibular ligament) 손상

① 앞 목말 종아리 인대 손상의 병인1)
  ㉠ 달리기나 점프 동작을 자주 할 때 발생하고, 발목이 발바닥 굽힘·뒤침·안쪽 번짐이 동시에 발생할 때 손상된다.
  ㉡ 보통 발꿈치 종아리 인대와 같이 손상된다.
  ㉢ '발목을 삐끗했다'라는 생활형 족부질환이다.

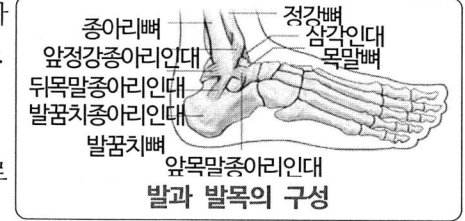
발과 발목의 구성

② 앞 목말 종아리 인대 손상의 증상 : 가쪽 복사뼈 주변으로 압통과 부종이 생기며, 체중을 싣기 어려워진다.
③ 앞 목말 종아리 인대 손상의 검사 : Anterior drawer Test(앞당김 검사), 목말뼈 기울기 검사(talar tilt test)
④ 앞 목말 종아리 인대 손상의 치료 : 경도 손상 시에는 보존 치료를 하고, 관절 주변 근육 강화 운동과 균형감각, 고유감각 활성화 운동이 효과적이다.
⑤ 앞 목말 종아리 인대 손상의 예방 유의 사항
  ㉠ 발목 안쪽 번짐 염좌를 막아주는 대신 종아리뼈와 정강이뼈 사이를 벌어지게 하는 결과를 초래할 수 있다.
  ㉡ 시간이 지나면 테이핑이 느슨해져서 발목 염좌 예방 효과가 줄어든다.
  ㉢ 이 경우 혈액의 순환 상태를 반드시 점검해야 한다.

2) 엎침 발목 염좌(외번 염좌)

① 외번 염좌의 병인
  ㉠ 전체 발목 손상의 5~10% 정도로 잘 발생하지 않는다.
  ㉡ 발목 안쪽 삼각 인대의 손상으로, 종아리뼈의 골절이 먼저 일어난 후 발생한다.
② 외번 염좌의 증상 : 발과 하지에 심한 통증이 나타나고, 발에 체중을 싣기 어렵다.
③ 외번 염좌의 치료 : 완전 파열이 아니면 보존 치료를 하며 발목 주변 근육 강화 운동을 한다.

> **보충설명** 발목의 엎침(pronation)과 뒤침(supination)2)
> 발목을 구성하는 뼈는 정강뼈, 종아리뼈, 목말뼈가 있으며, 이 뼈 사이의 관절은 목말 종아리 관절이라고 한다. 발목 움직임은 엎침과 뒤침으로 구분하는데, 걸을 때 발꿈치가 닿는 동작에서 발목은 엎침이 일어나고 중간 디딤기를 지나 발가락이 떼질 때 발목은 뒤침이 일어난다. 엎침은 발등 굽힘/가쪽 들림/모음이 합쳐진 동작이고 뒤침은 발바닥 쪽 굽힘/안쪽 들림/벌림이 합쳐진 동작이다.

---

1) 기출 23-16 발목 안쪽 번짐(내번)으로 인해 주로 손상되는 가쪽 발목 인대를 찾는 유형으로 정답은 ATFL이다.
   기출 22-05 앞 목발 종아리 인대 검사방법을 보기에서 모두 고른 것을 찾는 유형으로, ATFL 손상 검사방법은 Anterior drawer Test(앞당김 검사), 목말뼈 기울기 검사(talar tilt test)가 정답이다.
   기출 18-13 앞 목말 종아리 인대의 손상 기전으로 옳은 것을 찾는 유형

2) 기출 24-13 발목 안쪽번짐 염좌의 손상 기전을 바르게 설명한 것을 찾는 유형으로, 발목 엎침은 발등 굽힘/가쪽 들림/모음이 합쳐진 동작이고, 뒤침은 발바닥 쪽 굽힘/안쪽 들림/벌림이 합쳐진 동작이다.

3) 아킬레스건 파열 또는 염좌

① 아킬레스건 파열 또는 염좌의 병인1)
  ㉠ 과도한 신장력이 발생하는 달리기 또는 점핑과 같은 동작을 무리하게 진행하면 발생한다.
  용어해설 **신장력** : 길이 또는 압력이 늘어나는 힘
  ㉡ 아킬레스건은 혈관분포가 적어 퇴행성 변화가 많이 일어나는데, 점핑이나 발목의 갑작스러운 발바닥 굽힘 후 발생하며, 발꿈치뼈의 2~6cm 위에서 파열 또는 염좌가 발생한다.
  ㉢ 장딴지근과 가자미근의 유연성이 감소하면 증상이 악화한다.

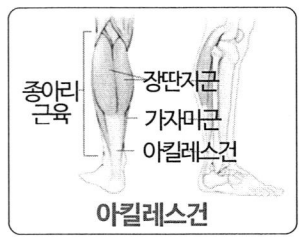

② 아킬레스건 파열 또는 염좌의 증상 : 하퇴 뒷부분을 강하게 얻어맞는 기분이 들며, 발바닥 굽힘 시 통증이 있고 운동에 많은 제약이 따른다.

③ 아킬레스건 파열 또는 염좌의 검사방법2)
  ㉠ Thompson Test(톰슨 검사)를 사용한다.
  ㉡ 장딴지근을 압박하면서 발목관절의 발바닥 굽힘이 일어나지 않으면 아킬레스건 파열이다.

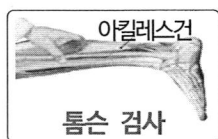

4) 경골과 비골의 피로 골절

① 경골과 비골 피로 골절의 병인 : 반복적으로 점프를 많이 하는 선수들에게 주로 발생하는 증상으로, 과도한 훈련 등으로 인해 경골에 과부하가 일어났을 때 발생한다.

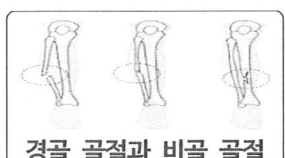

  용어해설 **경골과 비골** : 경골(정강이뼈)은 안쪽에 있는 굵은 뼈이며, 비골은 하퇴의 외측에 있는 가는 뼈
② 경골과 비골 피로 골절의 증상 : 운동을 하면 통증이 증가하고, 휴식 시 통증이 감소한다.
③ 경골과 비골 피로 골절의 검사 : Squeeze Test(압축검사)와 Bump Test(충격 검사)
④ 경골과 비골 피로 골절의 치료 : 일주일 이상 충분한 휴식이 필요하다.

5) 혈전정맥염(thrombophlebitis)

① 혈전정맥염의 병인
  ㉠ 정맥에 생기는 염증성 질환으로, 정맥 밸브 손상, 정맥류 기능, 약화, 혈전 등으로 발생하며, 드물게 종양이나 섬유화 등에 의해 정맥이 외부에서 압박을 받을 때도 발생한다.

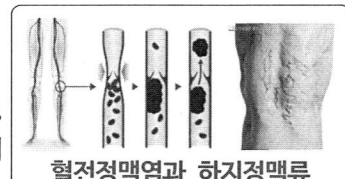

  ㉡ 정맥 부위 전체에서 발생하지만, 좌식 생활자의 종아리 부위에 많이 발생하며, 이를 하지정맥류(varicose vein)라 한다.
② 혈전정맥염의 증상 : 염증 부위에 통증과 발적이 나타나고, 만지면 딱딱한 것이 만져지지만 부종은 없다. 심부정맥에 생기면 다리에 부종이 나타나고, 발등을 구부리면 장딴지 근육에 통증을 느낀다.
③ 혈전정맥염의 검사방법3) : 호만 검사(Homan test)
④ 호만(Homan) 검사방법 : 바로 누운 상태에서 환자의 다리 중 질환이 의심되는 쪽 무릎을 구부린 후 환자의 발을 잡고 발등 쪽으로 빠르게 꺾는다. 환자가 종아리 통증, 오금 통증 여부를 확인한다. 통증이 있으면 양성으로 판단하고, 심부정맥혈전증을 의심할 수 있다.
⑤ 혈전정맥염 위험군 : 과체중 또는 비만, 흡연자, 임산부, 피임약 복용, 당뇨병 질환자, HIV 질환자, 직업상 좌식 생활자, 가족력 등

---

1) 기출 21-02 아킬레스건 염좌의 증상을 보기로 제시하고, 무슨 질환인지 묻는 유형
2) 기출 23-04 기출 22-15 기출 17-14 아킬레스건 파열검사 방법을 보기로 제시하고, 무슨 검사인지 찾는 유형으로, 아킬레스건 파열검사 방법은 톰슨 검사이다.
3) 기출 24-18 호만 검사에 대한 설명으로 옳은 것을 찾는 유형으로, 호만 검사는 혈전정맥증 검사이다.

6) 원위 경비 인대 염좌(인대결합 염좌, syndesmotic ankle sprain)

① 원위 경비 인대염좌의 병인[1]
  ㉠ 발목 외회전 또는 배측 굴곡 상태에서 외전되며 다치는 상태로, 단순 발목 염좌보다는 대부분 스포츠 손상이 원인이다.
  ㉡ 높은(고도) 발목(high ankle) 염좌라고도 한다.
  ㉢ 뼈 사이 막 염좌가 함께 발생할 수 있다.
  ㉣ 앞 정강 종아리 인대(전경비 인대) 염좌가 동반 발생할 수 있다.
② 원위 경비 인대염좌의 증상 : 부상 이후 체중 부하가 안 되거나, 통증을 많이 호소하고, 전방 경골 인대(AITFL)의 압통과 발목의 부종을 느낀다.
③ 원위 경비 인대염좌의 검사방법 : Squeeze test 또는 dorsiflexion-external rotation test

7) 족저근막염(발바닥근막염, plantar fasciitis)

① 족저근막염의 병인
  ㉠ 평발이거나 너무 오목하게 굴곡진 경우
  ㉡ 과체중이거나 하이힐을 많이 신어 발의 형태가 바뀐 경우
  ㉢ 평소 걷기나 운동을 잘 하지 않는 경우
② 족저근막염의 증상[2]
  ㉠ 발꿈치뼈와 발가락뼈를 이어주는 족저근막은 발의 아치를 유지하고 발바닥 충격 흡수 역할을 한다.
  ㉡ 발바닥 근육을 감싸고 있는 막에 생긴 염증을 말한다.
  ㉢ 남자보다 여자에게서 2배 정도 더 많이 발생한다.
③ 족저근막염의 치료 : 체외충격파 치료 또는 수술이 권장되고, 교정기구(실리콘 뒤꿈치 패드나 뒤꿈치 컵)를 이용한다. 아킬레스건과 족저근막 스트레칭을 자주 해주는 것이 효과적이다.

8) 발허리뼈(중족골, 발등뼈, metatarsal bone) 등의 골절

① 발뼈의 개요 : 발의 뼈는 목발뼈, 발꿈치뼈, 발목뼈, 발허리뼈, 발가락뼈 등으로 구성되어 있다.
② 발허리뼈 등의 골절 원인 : 급격한 운동 중 넘어졌거나, 충돌하거나, 무거운 물건이 발등에 떨어졌거나, 피로 골절이 원인이다.
③ 발허리뼈 등의 골절 검사[3] : 몰턴 검사(Morton's test)

9) 존스 골절

① 존스 골절의 개요
  ㉠ 발의 다섯 번째 발등뼈의 기저부와 골간부에 골절이 일어난다.
  ㉡ 5번째 발등뼈는 가장 작은 발가락에 연결되는 발 바깥쪽의 긴 뼈이다.
② 존스 골절의 증상[4] : 5번째 발가락의 기저부에 통증과 부기가 있고, 보행에 지장을 초래하며, 타박상으로 인해 발생한다.

---

1) 기출 24-12 원위 경비 인대염좌에 대한 설명으로 틀린 것을 찾는 유형으로, '발바닥 쪽 굽힘과 목말뼈의 안쪽돌림에 의해 발생하는 염좌'라고 설명된 내용이 오답 찾기의 정답이다. 이는 발바닥 근막증이기 때문이다.
2) 기출 21-03 족저근막염에 대한 설명이 바르게 된 것을 찾는 유형
3) 기출 21-12 발허리뼈의 골절 검사방법을 묻는 유형으로, 발허리뼈 골절 검사방법은 몰턴 검사이다.
4) 기출 22-07 존스 골절 발생 부위를 찾는 유형으로, 다섯 번째 발허리뼈 기저부가 정답이다.

10) 무지외반증

① 무지외반증 개요[1]

　ⓐ 엄지발가락이 두 번째 발가락 쪽으로 과도하게 휘고 엄지발가락과 관절을 이루는 발등뼈는 반대로 안쪽으로 치우친 변형이다.
　ⓑ 발의 수평면에서의 변형을 의미하는 용어이지만 실제로는 발가락이 발등 쪽으로 휘거나 회전(엄지발가락 축을 중심으로 안쪽으로 회전)하는 변형을 동반한 삼차원적인 변형이다.
　ⓒ 선천적 요인과 후천적 요인이 복합적으로 작용할 수 있고, 굽 높은 하이힐을 자주 신는 여성에게 잘 발생한다.

② 무지외반증 검사 : 외형적 소견과 방사선 검사

11) 발가락뼈 변형[2]

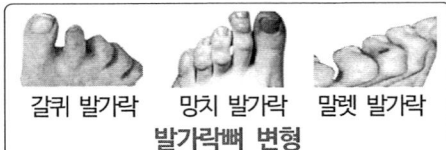

　ⓐ 갈퀴 발가락 : 발가락 관절이 과도하게 젖혀지거나 불완전 탈구 등으로 발가락뼈 사이 관절이 굽힘 변형되어 갈퀴 모양을 하고 있다.
　ⓑ 망치 발가락 : 발가락이 망치처럼 구부러져 붙여진 이름으로, 발가락 끝과 등이 신발에 닿아서 굳은살 또는 티눈이 생긴 발가락
　ⓒ 말렛 발가락 : 발등에서 먼 쪽의 발가락뼈의 굽힘 변형
　ⓓ 터프 발가락 : 엄지발가락이 엎질러져 골절 또는 염좌가 발생한 것으로, 축구·체조 등에서 흔히 발생한다. 잔디 발가락이라고도 한다.

12) 기타 손상

① 만성 불안정성 발목 : 인대의 만성 손상으로, 주변 보강 운동 및 근 신경 통합 운동이 필요하다.
② 정강이 통증 : 등산, 마라톤, 장시간 보행 등 과도한 발등 굽힘으로 인해 발생한다.
③ 가쪽 복사뼈 건열 골절 : 심하게 삐면 인대가 복사뼈 접합 부위를 당겨 찢긴 골절을 유발한다.
④ 목말뼈 지붕 연골 염 : 목말뼈 지붕과 정강이뼈의 충돌과 목말뼈 가쪽과 가쪽 복사뼈의 충돌로 발생하며, 발목 불안정성과 발목인대의 파열이 있는 경우에 발생한다.
⑤ 발꿈치뼈 찢김 골절 : 아킬레스건의 반복적 자극으로 발꿈치뼈 찢김 골절이 발생한다.

2. 부가적 의학 상태

가. 뇌전증

① 뇌전증(epilepsy, 간질)의 이해[3]
　ⓐ 뇌 조직의 기능적 장애로 인해 발작적으로 신경 기능장애를 일으켜, 돌발적 의식 상실·경련·정신장애·감각 장애 등을 일으키는 질환으로, 최근 뇌전증으로 불리고 있다.
　ⓑ 흔치 않은 질병으로, 예전에는 유전병이나 불치병으로 단정해 치료가 어려웠지만, 최근에는 약물 치료와 뇌수술로 80% 이상 치유가 가능하다.
　ⓒ 원인과 시기에 대해 알고 있으면 종목 선택 시 참고해야 하며, 가급적 접촉 운동을 피해야 한다.

---

1) 기출 22-16 무지외반증 증상을 보기로 들고, 무슨 상해인지 묻는 유형
2) 기출 22-17 발가락이 갈퀴 모양으로 변형된 그림을 보기로 제시하고, 무슨 발가락 변형인지 묻는 유형
3) 기출 24-04 뇌전증(=간질) 증상을 보기로 제시하고, 무슨 질환인지 묻는 유형

② 뇌전증의 바른 조치법[1]
  ㉠ 발작하는 동안 몸을 고정하지 않도록 해야 한다.
  ㉡ 주변에 상처를 입힐 수 있는 물체는 치워두어야 한다.

나. 과훈련 증후군

1) 과훈련 증후군(over training syndrome)의 이해

① 과훈련 증후군의 개념[2] : 훈련이 과하여 만성피로가 나타나는 현상으로, 운동수행력과 협응력 감소, 근력 생성 감소, 집중력 감소와 심리적 상실감, 혈압 증가, 심박수 증가, 체중감소, 스트레스, 만성피로, 식욕부진 등이 나타난다.

② 과훈련 증후군의 발병 원인
  ㉠ 훈련 후 불충분한 회복으로 인해 과부하 훈련 상황이 지속하면 단기간에 과훈련 상태나 지나친 상태에 이르게 되어 경기력(활동력)이 빠르게 저하된다.
  ㉡ 초기에 선수가 휴식이나 피로 해소 시간을 가지면 증세가 사라지고 오히려 초적응 현상이 나타나는데, 이를 트레이닝 과정에서 나타나는 초과 보상작용이라고 한다.
  ㉢ 계속 훈련을 수행함에 따라 운동능력이 떨어지고, 이를 보완하기 위해 더 많은 훈련이 이루어지는데 이러한 악순환이 과훈련 증후군으로 나타나게 한다.

③ 과훈련 증후군의 증상
  ㉠ 운동수행 능력의 정체 또는 감소 현상이 나타난다.
  ㉡ 근골격계의 손상을 초래하고, 국소적인 염증 반응을 일으킨다.
  ㉢ 식욕부진, 근육통, 수면 장애와 같은 만성피로 증세와 신경과민 반응 출현, 불면증, 안정 시 심박수 증가, 최대산소섭취량의 감소, 혈압 상승 현상 등이 나타난다.
  ㉣ 고강도 운동 시 혈중젖산 농도가 증가한다.

2) 과훈련 증후군의 예방과 치료

① 과훈련 증후군의 예방
  ㉠ 훈련 양과 휴식 양이 올바르게 균형을 이루어야 한다.
  ㉡ 지도자가 과훈련 현상에 대해 정확하게 파악해야 한다.
  ㉢ 프로그램을 구성할 때 충분한 휴식 시간을 구성하며, 훈련 과정에서 적정한 수분과 탄수화물 섭취, 마사지, 수치료, 이완 등을 활용되도록 해야 한다.
  ㉣ 단기간 과훈련 현상이 나타나면 완전 휴식이 필요하며, 48~72시간 이내에서 가능한 많은 수면을 통한 회복 방법을 권장해야 한다.

② 과훈련 증후군의 치료
  ㉠ 과훈련 증후군 증상이 나타나면 즉각 운동을 쉬고 치료를 받아야 한다.
  ㉡ 정신력으로 이를 극복하고자 하는 강박 관념을 탈피해야 한다.
  ㉢ 정도가 심하다고 판단되면 의사의 진단을 받아야 한다.

다. 기타 손상

1) 코피
  ㉠ 자주 생기는 증상으로 얼굴의 코 주위 부위에 충돌이 일어나면 발생한다.
  ㉡ 코피는 의학적으로 큰 문제가 되지 않으며, 지압으로 멈출 수 있다.

---

1) 기출 15-17 운동 중 발작이 일어난 선수의 조치 사항으로 옳은 것을 찾는 유형
2) 기출 21-04 과훈련 증후군에 대한 설명으로 틀린 것을 찾는 유형

ⓒ 경기 중 코피가 나면 경기를 중단하고, 병력 확인을 위해 병원으로 이송한다.
ⓔ 주변에 혈흔이 남아있다면 감염을 막기 위해 깨끗이 소독해야 한다.

2) 피부 손상
ⓐ 스포츠 손상에서는 찰과상과 열상으로 인해 감염과 합병증이 발생한다.
ⓑ 상처가 발생하면 출혈을 막고 소독함으로써 감염을 예방해야 한다.

3) 물집
① 물집의 이해
  ⓐ 피부가 운동장비나 신발 등과 반복적으로 마찰하면 표피 아래에 액체가 증가하면서 부풀어 올라 화끈거림 현상이 나타난다.
  ⓑ 예방법은 몸에 맞는 장비의 선택과 마찰 부위에 파우더 도포, 마찰 방지 테이프 사용, 비정상적 마찰 발생 시 얼음찜질이 도움이 된다.
  ⓒ 물집이 생기면 소독된 도구로 터트려서 물을 빼고, 주변을 잘 소독한 후 거즈를 붙이는 것이 빠른 회복에 도움이 된다.
② 물집이 생겨 터졌을 때 처치 방법[1])
  ⓐ 24시간 동안 물집이 발생한 부위를 그대로 둔다.
  ⓑ 감염이 일어나지 않도록 환부를 씻은 후 소독한다.
  ⓒ 터진 물집 부위의 감염 상태를 지속적으로 관찰한다.
③ 발가락 물집 방지[2]) : 발가락 물집이 생기는 손상을 방지하기 위하여 운동화는 발 크기보다 1.2~1.8cm 정도 큰 것이 적합하다.

> **보충설명 관절운동[3])**
> 관절운동은 운동역학에서 다루는 내용으로, 출제 범위에 포함되지 않지만, 관련 용어가 운동상해와 트레이닝론에서 자주 사용되고 있으므로 게재한다.
> 1) 전후면(관상면)에서 일어나는 운동
>   • 굴곡(flexion, 굽힘) : 관절을 형성하는 두 분절 사이의 각이 감소할 때 발생하는 굽힘 운동
>   • 신전(extension, 폄) : 굴곡의 반대 운동으로 두 분절 사이의 각이 증가할 때 발생하는 운동
> 2) 좌우면(시상면)에서 일어나는 운동
>   • 외전 : 중심선으로부터 인체 분절이 멀어지는 운동
>   • 내전 : 인체 분절이 중심선에 가까워지는 운동
> 3) 수평면에서 일어나는 운동
>   • 회내 : 아래팔과 손이 안쪽으로 회전하는 운동
>   • 회외 : 회내의 반대 동작, 아래팔과 손이 외측으로 회전하는 운동

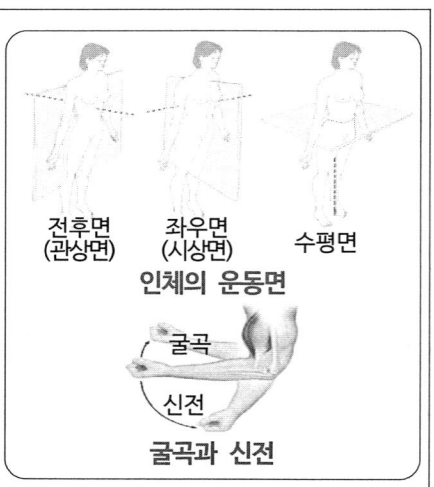

인체의 운동면

굴곡과 신전

---

1) 기출 15-15 경기 중 물집이 생겨 터졌을 때 조치 방법으로 틀린 것을 찾는 유형
2) 기출 19-01 기출 15-05 발가락 물집 방지 방법으로 적합한 것을 찾는 유형으로, 운동화는 발 크기보다 1.2~1.8cm 정도 큰 것이 적합하다.
3) 기출 23-12 제3과목 트레이닝론에서 출제) 해부학적 면에 따른 움직임과 운동 종목이 순서대로 바르게 제시된 것을 찾는 유형

[보충설명] **인체의 주요 골격**

인체의 주요 골격은 운동생리학에서 다루는 것으로, 시험에 출제되지 않는다. 다만 손상과 관련되어 주요 골격 손상에 대한 문제가 가끔 출제되고 있으므로 알고 있어야 한다.

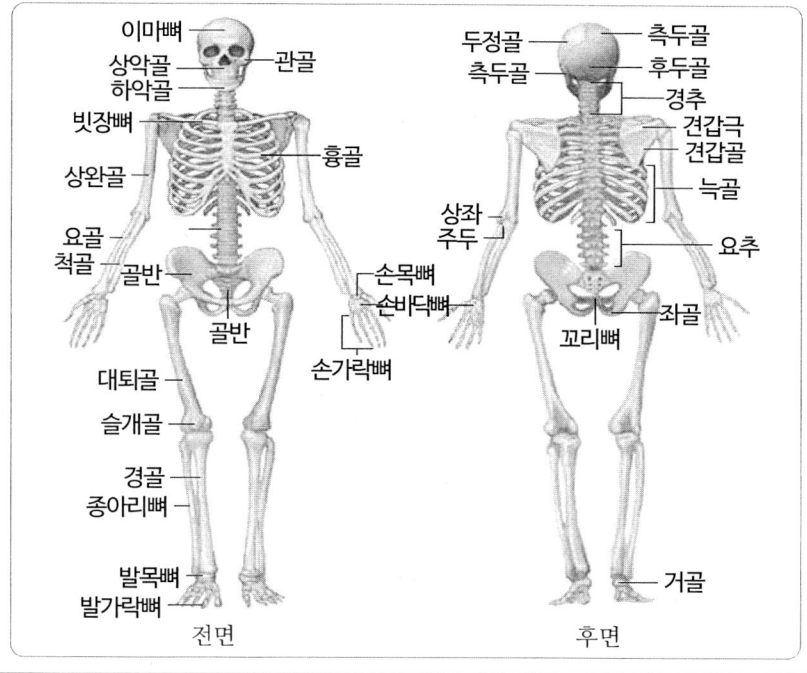

제6장 스포츠 손상의 재활 운동

1. 재활 운동의 원리

가. 재활 운동 프로그램
1) 재활 운동 프로그램의 이해
① 재활 운동 프로그램의 구성 원칙
  ㉠ 재활을 위한 객관적 평가를 기반으로 목표를 설정하고 실행한다.
  ㉡ 최종 목표는 손상 전 수준으로 회복하는 것이다.
  ㉢ 재활 운동 중 지속적 평가가 이루어져야 한다.
  ㉣ 단순 동작에서 복잡한 동작으로, 점증 부하의 방식으로 시행한다.
  ㉤ 재활 운동이 늦어지면 장기간 치료해야 하므로 빠른 재활 운동을 권장한다.
② 재활 운동 프로그램 시행에 가장 큰 영향을 미치는 요인 : 통증

2) 재활 운동 프로그램의 목표
① 재활 운동 프로그램의 단기적 목표[1]
  ㉠ 통증, 염증, 부종 등의 경감
  ㉡ 손상 부위의 기능적 회복
  ㉢ 관절 가동범위의 회복
  ㉣ 근력, 지구력, 파워 등의 신체기능이 손상 이전의 상태로 회복
  ㉤ 재발 방지 방안 강구
② 재활 운동 프로그램의 장기적 목표
  ㉠ 일반인은 정상적 일상생활의 영위
  ㉡ 운동선수는 스포츠 현장에 안전한 복귀

나. 재활 운동 프로그램의 구성
1) 재활 운동 프로그램 구성요소
① 재활 운동 프로그램 구성 내용 : 유연성, 근력, 근지구력, 파워, 코어 안정성, 심폐 능력, 고유수용감각, 균형, 스피드, 민첩성, 협응력, 운동 종목에 맞는 기술 등이다.
② 재활 운동 프로그램 진행 제한요인 : 뼈 골절, 손상 인대, 관절 이상

2) 재활 운동 프로그램 구성요소별 내용
① 유연성
  ㉠ 관절의 최대범위 내에서 통증 없이 움직임을 수행할 수 있는 능력이 필요하다.
  ㉡ 정상적인 관절 가동범위와 연부조직의 신장성에 의해 결정된다.
② 근력
  ㉠ 외부 자극에 대해 힘을 만들어 낼 수 있는 수축성 조직의 능력이 필요하다.
  ㉡ 조직의 손상이나 고정으로 인해 장기간 사용되지 않아 약화한 근육은 외적 자극(저항)을 이용한 근력운동이 필요하고 구심성, 편심성, 정적 운동을 모두 적절히 적용해야 한다.

---
[1] 기출 21-17 재활 운동의 단기목표로 적합한 것을 찾는 유형으로, 정답은 부종 및 통증 조절이다.

③ 근지구력 : 신체의 수축성 조직이 외부적 자극에 대해 오랜 시간 근 활동을 반복적으로 수행할 수 있는 능력이 필요하다.
④ 파워 : 최대한 짧은 시간에 신체가 큰 힘을 발생시킬 수 있는 능력으로, 근력과 속도가 결합한 개념이다.
⑤ 코어 안정성 : 허리-골반-엉덩이 등의 골격근을 안정적으로 유지하는 신체 능력을 말한다.
  ㉠ 정적 안정성 : 자세와 균형을 유지하는 능력이 필요하다.
  ㉡ 동적 안정성 : 근력, 지구력, 유연성 및 심폐 트레이닝과 같은 기능적 움직임이 있을 때 신체가 안정적으로 기능할 수 있도록 조절하는 능력이 필요하다.
⑥ 심폐 능력
  ㉠ 오랜 시간 지속적으로 운동을 수행하는 동안 심장, 혈관, 폐가 필요한 조직으로 영양분과 산소를 효율적으로 전달하고 대사적 노폐물을 신속하게 제거하는 능력이 필요하다.
  ㉡ 재활 운동 시 심폐 능력을 유지하는 것은 손상조직의 회복에 필수 요소이다.
⑦ 고유수용감각[1]
  ㉠ 신체의 위치를 의식적·무의식적으로 알 수 있는 능력이 필요하다.
  ㉡ 공간에서 위치를 결정하고, 움직임과 동작을 감지하므로 관절 안정성에 기여한다.
⑧ 균형
  ㉠ 신체가 중심을 잃지 않고 무게 중심을 유지하는 능력이 필요하다.
  ㉡ 스포츠 상황에서 필수적인 균형감 회복은 선수의 재활프로그램에 중요하다.
⑨ 스피드
  ㉠ 짧은 시간 내 원하는 목표지점, 방향에 대해 신속하게 움직이는 능력이 필요하다.
  ㉡ 재활 후 경기 복귀를 위해서는 상대적으로 근건 단위에 스트레스 지수가 높은 스피드 훈련에 대해 평가하고 적응시키는 것은 필수적이다.
⑩ 민첩성
  ㉠ 내, 외부의 정보를 바탕으로 빠르고 정확하게 원하는 방향으로 힘의 손실 없이 신체의 방향을 바꾸는 능력이 필요하다.
  ㉡ 민첩성을 요구하는 동작에서 상해가 많이 일어나므로 재손상 예방을 위하여 민첩성 훈련에 대해 평가하고 적응시키는 것이 중요하다.
⑪ 협응력
  ㉠ 근육 내와 근육 간의 협력하는 능력이 필요하다.
  ㉡ 스포츠는 기능적인 움직임이 필요하며, 이때 근육 간의 적절한 시기와 함께 협응력은 중요한 요소이다.
  ㉢ 재활프로그램 구성 시 적절하게 근육 내·근육 간의 협응력을 재교육해야 한다.
⑫ 운동 종목에 필요한 기술[2]
  ㉠ 재활 훈련 마지막은 해당 스포츠 상황과 관련된 기술 훈련이 궁극적 목표이다.
  ㉡ 기술 훈련은 관절의 가동범위와 연부조직의 유연성, 근력, 근지구력, 파워, 신경근 효율성 및 균형감각이 최적화되도록 해야 한다.
  ㉢ 선수가 재부상 없이 안전하게 경기에 참여하기 위해서는 위의 모든 요소가 집합된 기술 훈련을 알맞게 해야 한다.

---

1) 기출 16-16 재활 운동 프로그램 구성요소의 고유수용감각 내용을 보기로 제시하고 무엇인지 묻는 유형
2) 기출 20-17 재활 운동 프로그램의 내용이 아닌 것을 찾는 유형

다. 재활 운동 프로그램의 원리

① 과부하(overload)의 원리

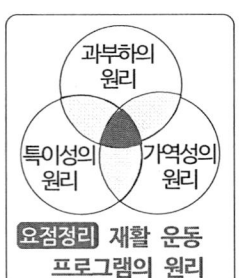

ㄱ. 근력 향상을 위해서는 현재 근력 수준 이상의 부하가 있어야 한다.
ㄴ. 일정 수준의 부하는 이미 일정한 부하에 적응되어 더 이상의 근력 향상을 기대할 수 없다.
ㄷ. 목표 수준의 근력 향상을 위해서는 점진적으로 부하를 증가시켜야 한다.
ㄹ. 개인의 체력 수준, 나이, 성별, 영양 상태를 고려하여 적용해야 한다.

② 특이성(SAID, specific adaptation to imposed demand)의 원리

ㄱ. 신체는 부과된 요구에 대해서만 특별한 적응을 한다.
ㄴ. 근력운동은 근력을, 심폐 운동은 심폐지구력을 향상시킨다.

③ 가역성(reversibility)의 원리

ㄱ. 운동을 계속하다 일정 기간 하지 않으면 2~3주 안에 근육과 심폐기능이 저하된다.
ㄴ. 운동 손상 후 가능한 한 이른 시일 내 재활 운동을 하는 것이 좋다.
ㄷ. 일반적 비활동(부동화)으로 발생하는 문제
- 근 위축과 근섬유 형태의 변형 : 근육 무게의 감소가 빠르게 진행되고 특히 지근섬유(type Ⅰ)에 많은 위축이 발생한다.
- 감소한 신경근의 효율성 : 운동신경 동원과 자극에 대한 효율성이 낮아진다.
- 관절 부동화 : 관절 내 윤활 작용의 감소로 관절이 효율적으로 기능을 하지 못하게 되고 영양 공급이 제대로 이루어지지 않아 관절 퇴화를 촉진한다.
- 뼈와 인대 부동화 : 인대와 뼈는 적당한 스트레스를 받을 때 강해지는 데 자극이 없어지거나 줄어들면 인대와 뼈도 약해진다.
- 심폐계 부동화 : 안정 시 심박수는 부동화가 지속하는 동안 하루 평균 0.5회씩 증가하고 일회박출량, 최대산소섭취량, 폐활량 등은 감소한다.

[용어해설] **부동화**(不動化) : 다른 부위로 이동할 수 없게 되는 현상
[용어해설] **신경근**(神經筋) : 신경을 둘러싸고 있는 근육

라. 재활 운동 프로그램의 단계

1) 재활 운동 프로그램의 단계 순서[1]

❶ 부종의 최소화 → ❷ 통증 조절 → ❸ 관절 가동범위 회복 → ❹ 근력, 근지구력 파워 회복 → ❺ 신경근 조절 회복 → ❻ 밸런스 회복 → ❼ 심폐지구력 유지·향상 → ❽ 기능 진전의 통합 접근

2) 부종의 최소화

① 부종의 이해

ㄱ. 부종 발생 원인 : 출혈, 윤활액 생산, 염증성 부산물의 축적 등 많은 요인에 의해 나타난다.
ㄴ. 부종 최소화 방법 : 부종이 조절되지 않으면 회복 과정이 지연되므로 RICE 원리를 적용한다.

② RICE 기법

❶ 휴식(Rest) → ❷ 얼음찜질(Ice) → ❸ 압박(Compression) → ❹ 거상(Elevation)

[보충설명] **얼음찜질의 역할** : 부기 감소, 통증 완화, 상처를 입은 핏줄을 가늘게 하고 상처의 내출혈을 줄여준다.
[용어해설] **거상** : 지혈과 회복을 위해 부상 부위를 심장보다 높은 곳에 위치시켜야 한다.(=환부 올림)

---

[1] 기출 15-18 재활 운동 프로그램의 단계를 순서대로 바르게 나열한 것을 찾는 유형

3) 통증 조절
- ㉠ 통증 정도는 부상의 심각성, 통증에 대한 개인의 반응과 지각, 손상 기전에 의해 결정된다.
- ㉡ 급성통증은 부상 직후 RICE 기법을 사용함으로써 조절할 수 있고, 약물요법·냉찜질·온찜질·소도구를 이용한 스트레칭 및 통증 조절 매뉴얼을 사용해야 한다.
- ㉢ 오랜 기간 지속하는 통증은 근력을 약화하고, 유연성이 감소하므로 빠른 통증 조절은 재활 치료에서 가장 중요하다.

4) 관절 가동범위의 회복
① 관절 가동범위의 의미
- ㉠ 관절 또는 구조물 손상은 인체 동작의 일부 기능을 상실하게 만드는데 동작과 기능 저하는 인대나 윤활 주머니 구축 또는 근건 단위의 가동범위에 영향을 준다.
- ㉡ 완전한 관절 가동범위 회복을 위해서는 근육-건, 근막, 관절의 원래 기능을 회복시키는 것이 필요하며, 스트레칭과 관절 가동화 기법을 통해 가능하다.

② 관절 가동범위 회복의 방법
- ㉠ 스트레칭 : 정적 스트레칭과 PNF 등의 스트레칭 기법을 활용한다.
- ㉡ 관절 가동화 기법 : 윤활 주머니 또는 인대의 문제 때문에 보조적 움직임이 제한되면 관절 가동화 기법을 사용한다.

③ 관절 가동범위의 제한요인[1] : 뼈 골절, 손상 인대, 관절 이상 등이다.

5) 근력, 지구력, 파워의 회복
① 근력, 지구력, 파워 회복의 의미
- ㉠ 손상된 조직의 기능 회복하기 위해서 근력, 지구력, 파워의 회복은 중요한 요소이다.
- ㉡ 초기 손상은 등척성 운동 이후 등장성, 등속성, 플라이오 메트릭 운동 순으로 진행한다.
- ㉢ 운동 목표는 손상된 조직이 다른 정상적 조직과 비슷한 수준에서 관절 가동범위로 동작을 완전하게 수행할 수 있도록 한다.

② 등척성 운동(isometric exercise)[2]
- ㉠ 관절이 일정 기간 부동화되었을 때 재활 초기에 통상적으로 사용한다.
- ㉡ 재활프로그램 초기에 주로 사용되는 가장 안전한 운동 방법이다.
- ㉢ 정적 근력을 향상하고, 근 위축을 감소시키는 역할을 한다.
- ㉣ 근력 향상은 관절이 운동하는 각도에만 나타난다.
- ㉤ 저항 트레이닝이 부상을 악화시킬 수 있는 경우에 사용한다.
- ㉥ 근수축 시 근육 길이의 변화가 없다.

③ 등장성 운동(isotonic exercise)[3]
- ㉠ 근육의 길이가 변화하는 동안 힘을 생성시키는 동작을 말한다.
- ㉡ 근육의 길이가 짧아지면서 힘을 생성하는 구심성 수축과 근육의 길이가 길어지며 힘을 생성하는 원심성 수축으로 구분한다.
- ㉢ 구심성(동시성) 수축 운동을 먼저 시행하고, 적응되면 원심성(편심성) 수축 운동을 하는 것이 안전하고 효율적이다.

---

1) 기출 20-20 관절 가동범위 제한요인이 아닌 것을 찾는 유형
2) 기출 24-07 재활 운동 방법 중 등척성 운동의 사례를 보기로 제시하고 무슨 운동인지 찾는 유형
　 기출 19-16 기출 18-10 등척성 운동을 바르게 설명한 것 또는 틀린 것을 찾는 유형
3) 기출 20-18 등장성 운동의 특징을 보기로 들고, 내용이 무엇인지를 찾는 유형

④ 등속성 운동(isokinetic exercise)[1]
  ㉠ 특별히 고안된 장비를 사용해야 하며, 설정된 속도에서 움직임이 일어나고 동작의 범위에 걸쳐 최대 저항이 제공될 수 있도록 한다.
  ㉡ 일정한 각속도로 근수축이 일어나며, 전체 운동 범위에서 최대 근수축을 유도할 수 있다.
  ㉢ 재활프로그램의 마지막 단계에 사용되며 선수의 복귀 판단 기준으로 많이 사용한다.
⑤ 플라이오메트릭(plyometrics exercise)
  ㉠ 신경계의 반응을 이용하여 근육의 폭발적인 반사 형태로 동작의 힘과 스피드를 향상하기 위해 신경계의 활성화를 강조하는 운동 방법으로, 신장적 근육 활동으로 근육을 신장시킨 후 즉시 단축성 수축한다.
  ㉡ 재활 후반부에 시행되며, 스포츠 동작과 유사한 동작을 접목하는 것이 좋다.

6) 등속성 운동 검사

① 등속성 운동 검사의 개요 : 신경·근골격계 손상으로 인하여 근력 약화가 생긴 환자를 대상으로 객관적인 근육 상태를 정확하게 평가할 수 있고, 그에 적절한 운동 처방과 치료도 함께 시행하는 검사방법이다.
② 등속성 운동 검사의 특징
  ㉠ 운동 범위 내에서 해당 근육군의 최대 근수축을 유도할 수 있다.
  ㉡ 각속도를 선택할 때 피험자의 병리학적 상황과 근력과 심장 기능을 고려한다.
  ㉢ 검사 후 통증 등이 있으면 얼음찜질 등의 응급처치가 가능하다.

7) 신경근 조절 회복

① 신경근 조절 회복의 의미
  ㉠ 신경근 조절을 회복하는 것은 다치기 전에 가지고 있던 감각 정보와 패턴들을 감지하는 기능을 되찾고, 의식적·무의식적인 조절을 잘하도록 만들어 다시 손상을 입지 않기 위해 중요하다.
  ㉡ 닫힌 운동 사슬과 같은 기능적 경향이 있는 강화 운동이 신경근 조절을 회복하는 데 필요하다.
② 신경근 훈련(RNT, rece neuromuscular training)[2]
  ㉠ 관절 간의 협응력을 향상시킨다.
  ㉡ 무릎의 전방십자인대(ACL) 손상 예방에 효과가 있다.
  ㉢ 고유수용감각으로부터 신경 자극의 분절 내 전달 기능을 향상시킨다.

8) 밸런스 회복과 심폐 체력 향상

① 밸런스 회복
  ㉠ 근육 힘, 기계적 수용기로부터 전달되는 신경적 감각 정보, 생화학적 정보의 통합과 관련된다.
  ㉡ 균형감각과 자세 안정성의 결여는 다시 부상을 발생시킬 수 있다.
  ㉢ 힘을 발생시키고 안정된 자세를 유지하며, 다시 다치지 않기 위해 재활프로그램에 밸런스 운동이 적절하게 이루어져야 한다.
② 심폐 체력 유지와 향상
  ㉠ 부상으로 선수가 운동하지 못하면 심폐지구력은 급속도로 감소하기 때문에 재활프로그램에서는 심폐지구력이 저하되지 않도록 적절한 운동형태와 강도를 설정하여 시행하여야 한다.
  ㉡ 부상 선수의 복귀를 위해 심폐지구력을 향상하는 방법 중 에르고미터가 적합하다.

---

[1] 기출 23-02 기출 20-14 등속성 운동의 설명으로 옳은 것을 모두 고르거나, 잘못된 것을 찾는 유형
[2] 기출 20-16 신경근 훈련의 설명으로 틀린 것을 찾는 유형

9) 통합적 접근
ⓐ 재활 훈련 목적은 정상적인 기능을 회복하는 것으로, 복귀를 위해 기능적 진전을 이루기 위해 움직임 패턴에 대한 가동성에서부터 안전성까지의 기능적 운동 프로그램이 진행되어야 한다.
ⓑ 가동성 운동은 관절 가동범위, 조직의 길이와 근육 유연성에 초점을 두고, 안정성 운동은 움직임의 기본적 순서에 초점을 두고 진행하여야 한다.
ⓒ 복귀하기 전에 자신의 종목에서 요구되는 모든 기술을 경험하고 습득할 수 있도록 설계되어야 하며 선수가 복귀할 때 경험하는 불안과 염려를 최소화해야 한다.

2. 재활 운동 프로그램

가. 재활 운동 프로그램의 이해
① 재활 운동 프로그램의 절차

❶ 초기 단계(급성단계) → **❷ 중간 단계(회복단계)** → **❸ 진행된 단계(기능단계)** → **❹ 스포츠 복귀**

② 재활 운동 프로그램의 주요 내용
ⓐ 객관적 평가를 기반으로 목표를 설정한다.
ⓑ 장기적인 목표는 손상 전 수준으로 회복하는 것이다.
ⓒ 신체적 및 정신적으로 완전히 회복한 후 스포츠 현장으로 복귀한다.

나. 재활 운동 프로그램의 단계별 과정
① 초기 단계(급성단계)[1]
ⓐ 염증 반응을 가라앉히고 통증을 줄이는 데 초점을 맞춘다.
ⓑ 근력과 가동성 확보가 중요하지만, 안정이 필요하면 가동성보다 고정을 우선해야 한다.
ⓒ 다친 부위를 제외한 분절은 전체 심폐 체력과 프로그램과 결합하여 운동하여야 한다.
ⓓ 큰 움직임의 운동은 위험부담이 있으므로 등척성 운동을 이용해 근수축을 실시하고, 가벼운 스트레칭과 관절 가동범위 확보를 위한 운동을 시작해야 한다.

② 중간 단계(회복단계)
ⓐ 손상 치유가 끝날 때 시작된다.
ⓑ 관절 가동범위 회복, 연부조직의 유연성, 근력 및 근지구력을 향상하게 시키고, 고유수용감각을 회복하는 것이 중요하다.
ⓒ 손상 부위가 보호된 상태에서 운동을 시행하고 다양한 면(좌우면, 전후면, 상하면)에서 운동으로 진행되어야 한다.
ⓓ 능동적인 운동이 주가 되어야 하며, 코어 안정성 운동이 중시되어야 한다.

③ 진행 단계(기능단계)
ⓐ 관절 가동범위가 정상이고, 통증이 없으며 점진적 운동 프로그램을 할 수 있을 때 시작한다.
ⓑ 신경근 조절, 종목별 특성에 맞는 평면적 운동을 향상하고, 재손상을 유발할 수 있는 잘못된 행동이나 습관들을 고치는 것에 초점을 두어야 한다.
ⓒ 유연성과 근력의 강화, 고유수용감각을 포함한 운동 프로그램들이 잘 구성되어야 하고, 종목별 특성에 적합한 활동의 진전이 성공적 복귀를 위해 중요하다.
ⓓ 플라이오메트릭 근력운동 등을 통해 근 파워와 순발력을 향상시킨다.
ⓔ 복귀 기준에 도달했을 때 기능단계가 종료된다.

---

1) **기출 16·17** 재활 운동 프로그램 단계에서 염증 반응을 가라앉히고 통증을 줄이는 데 초점을 맞춘 단계가 무엇인지 찾는 유형

다. 스포츠로의 복귀

1) 재활 운동 프로그램의 완료

① 스포츠로의 복귀 유의 사항[1]
- ㉠ 빠른 복귀도 중요하지만, 안전한 복귀가 더 중요하다.
- ㉡ 신체적 준비는 물론 심리적 자신감을 가져야 한다.
- ㉢ 종목에 맞는 기술을 회복하고, 기능적 재훈련이 가능해야 한다.
- ㉣ 체력이 회복되고 향상되어야 한다.
- ㉤ 손상 부위가 나빠지지 않아야 하고, 새로운 손상에 대한 잠재 가능성도 예방할 수 있어야 하며, 근력을 회복해 효율적인 경기력이 가능해야 한다.
- ㉥ 재손상 예방을 위한 장비의 수정, 보조기, 보정기구가 제공되어야 한다.
- ㉦ 좋은 유연성을 갖고 고유수용감각과 신경근계 협응이 충분해야 한다.
- ㉧ 선수와 가족, 코치 등과의 계속 의사소통이 이루어져야 한다.

② 손상 후 복귀 전 심리 훈련[2]
- ㉠ 심각한 손상 및 질병 치료와 재활 과정의 선수에게 효과적이다.
- ㉡ 선수들이 자신들의 손상에 긍정적으로 반응하는 데 도움이 된다.
- ㉢ 심각한 정서불안을 보이는 선수는 전문 심리학자에게 위탁해야 한다.

③ 재활 운동 프로그램의 완료 기준(복귀 기준)[3]
- ㉠ 연부 조직의 치유
- ㉡ 통증의 회복
- ㉢ 유연성과 고유감각 회복
- ㉣ 관절 가동범위의 회복
- ㉤ 심혈관계 단련도
- ㉥ 심리적 안정 상태

2) 재활 운동 프로그램 유의 사항
- ㉠ 재활프로그램 진행 시 통증이 증가하거나 부종이 생기거나 관절 가동범위가 감소하면 프로그램을 재평가해야 한다.
- ㉡ 선수의 움직임이 대칭적인지, 조절 능력이 좋은지, 자신감을 가지고 움직임을 편하게 하는지 등을 관찰해야 한다.

---

1) 기출 19-20 재활 운동 후 스포츠 현장 복귀 기준으로 틀린 것을 찾는 유형
2) 기출 16-18 재활 운동 프로그램의 심리 훈련 내용으로 잘못된 것을 찾는 유형
3) 기출 21-13 재활 운동 후 스포츠 복귀 기준을 보기에서 모두 고른 것을 찾는 유형

제2과목
체육측정평가론

세부목차

대분류	세부 분류
제1장 체육측정평가의 이해 … 89	1. 체육측정평가의 개요 … 89 2. 체육측정평가의 유형 … 90
제2장 측정치 해석 … 92	1. 통계의 기초 … 92 2. 통계의 기술 … 93
제3장 검사 조건 … 101	1. 측정 도구 … 101 2. 타당도 … 101 3. 신뢰도 … 103 4. 객관도와 실용도 … 105
제4장 인체 계측 … 106	1. 인체의 측정과 평가 … 106 2. 체형의 측정과 평가 … 111
제5장 체력 측정 … 114	1. 체력의 이해 … 114 2. 체력 검사의 실제 … 115
제6장 신체 구성 … 124	1. 신체 구성의 이해 … 124 2. 신체 구성의 측정 … 126
제7장 신체활동과 운동기능검사 … 132	1. 신체활동의 이해 … 132 2. 신체활동 검사 … 133 3. 운동기능검사 … 134

출제빈도분석

숫자는 당해연도 출제 문항 수를 나타낸다.

	누적출제 빈도(%)	합계	1회 '15	2회 '16	3회 '17	4회 '18	5회 '19	6회 '20	7회 '21	8회 '22	9회 '23	10회 '24
제1장 체육측정평가의 이해	13.4	27	3	3	2	4	2	4	3	3	2	1
제2장 측정치 해석	23.9	48	3	3	5	5	2	5	5	5	7	8
제3장 검사의 조건	14.9	30	2	3	3	3	6	5	2	1	1	4
제4장 인체 계측	12.9	26	4	2	1	3	4	-	2	4	4	2
제5장 체력 측정	16.9	34	3	5	4	2	3	3	4	3	4	3
제6장 신체 구성	10.0	20	2	2	2	3	1	1	3	3[1]	1	2[1]
제7장 신체활동과 운동기능검사	8.0	16	3	2	3	-	2	2	1	2	1	-
합계	100%	202	20	20	20	20	20	20	20	21	20	21

주 1) 시험당 20문제가 출제되었지만, 연도별 합계가 20이 아님은 다른 과목에서 다른 내용이 출제되어 그 과목 출제빈도분석에 포함되었거나, 다른 과목에서 출제된 내용이 포함되었기 때문이다.

주 2) '제2장 측정치 해석'에서 가장 많이 출제되었고, 다음은 제3장, 제5장 순으로 출제빈도가 높다.

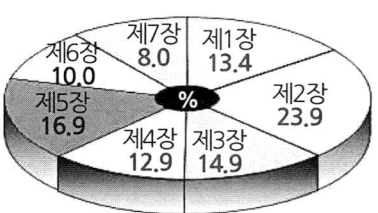

제1장 체육측정평가의 이해

1. 체육측정평가의 개요

1) 체육측정평가의 이해

① 체육측정평가 관련 용어의 개념[1]

구분	설명
측정	행동·사건 등의 증거를 수집하여 계량화하거나 정보를 얻는 활동
검사	일정 조건을 정한 후 대상을 관찰하고 평가하는 방법
평가	측정보다 넓은 개념으로, 질적·양적 측정과 결과에 따른 가치판단도 포함
진단	현재 상태를 여러 방법을 통해 밝히는 과정
준거	측정 결과를 평가하는 기준
규준	비교하고자 하는 집단의 검사점수 분포

> [보충설명] **사실 판단과 가치판단**
> 1) 사실 판단 : 존재하는 사실에 대해 객관적으로 측정할 수 있고, 이를 근거로 판단할 수 있는 개념
>   [사례] 농구선수는 일반인보다 키가 크다.(측정 가능)
> 2) 가치판단 : 특정 사실에 대해 개인의 견해를 기준으로 하여 주관적으로 판단하는 개념
>   [사례] 대통령은 정치를 잘하고 있다.(개인의 주관에 따라 다르다.)

② 측정의 개념[2] : 일정한 규칙에 따라 특정 대상의 특성에 가치를 부여하여 수치화하는 과정으로, 어떤 사물이나 행동, 사건의 증거를 수집하여 수량으로 표시하며, 자료를 수집하는 활동을 포함한다.

③ 측정과 평가의 상호 관련성
  ㉠ 서로 밀접한 연관성을 가진 것으로, 측정은 검사 또는 조사를 통해 점수를 획득하는 과정을 말한다.
  ㉡ 측정이 양적 측정일 경우 평가는 수치로 나타나며, 질적 측정일 경우 우수·보통·미흡 등과 같이 수치적이지 않고, 개념적 상태로 표기된다.
  ㉢ 평가는 측정 결과의 점수를 근거로 한 의사 결정을 지칭하지만, 때에 따라서는 측정을 포함하는 개념으로 사용하기도 한다.

④ 체육측정평가의 개념[3]
  ㉠ 과학적 방법으로, 체육의 여러 요인을 측정과 평가를 통해 객관적으로 입증하는 학문으로, 인체 측정 등의 평가를 포함한다.
  ㉡ 스포츠 형태와 규칙에 따른 기술검사와 체력 수준 등을 다양한 방법으로 측정하고, 평가하는 학문

⑥ 체육측정평가의 목적[4]
  ㉠ 동기부여 : 동기부여를 위한 실행
  ㉡ 성취도 상승 : 정해진 기간 운동수행 정도를 파악하고, 성과를 높이고자 함

---

1) [기출 22-16] 측정에 대한 설명으로 틀린 것을 찾는 유형으로, '측정은 질적 판단 과정' 오답 찾기의 정답이다.
   [기출 22-01] 준거와 평가에 대한 설명으로 틀린 것을 찾는 유형
   [기출 21-07] [기출 20-03] 측정과 평가에 대한 설명으로 틀린 것을 찾는 유형
   [기출 16-17] 진단의 개념을 보기로 들고, 무엇인지를 묻는 유형
2) [기출 18-03] 측정의 설명으로 틀린 것을 찾는 유형으로, 측정은 가치판단이 작용하지 않아야 한다.
   [기출 16-05] 측정의 설명을 바르게 한 것을 찾는 유형
3) [기출 19-11] 측정평가에 관한 개념이 바르게 묶인 것을 찾는 유형
4) [기출 23-01] 체육측정평가의 목적이 아닌 것을 찾는 유형으로, 심리상태 확인이 오답 찾기의 정답이다.
   [기출 18-08] 진단평가의 목적을 옳게 설명한 것을 찾는 유형
   [기출 15-01] 측정과 평가의 목적이 아닌 것을 묻는 유형으로, 신뢰도 향상은 오답 찾기의 정답이다.

ⓒ 향상 : 운동 기술의 수준 향상
ⓔ 진단 : 운동수행 시의 취약점 진단
ⓜ 처방 : 평가 후 적절한 처방
ⓗ 분류 : 객관적 검사 후 적절한 점수 부여 또는 분류
ⓢ 예측 : 운동수행 능력에 대한 예측
ⓞ 평가 : 측정 진단 프로그램에 대한 평가

2) 체육측정평가 관련 학회
① 국제인체측정학회(ISAK) : 1986년에 스코틀랜드에서 설립되어 학회지 발간, 인체측정 전문가 양성, 측정 관련 기준 등을 설정하는 국제기관이다.
② 한국체육측정평가학회 : 1998년 설립되어 학회지 발간, 인체측정 전문가 양성, 워크숍 등을 진행하고 있다.

2. 체육측정평가의 유형

가. 측정평가 영역
1) **측정평가 영역의 분류** : 인지적 영역, 정의적 영역, 심동적 영역으로 분류한다.
2) **측정평가 영역별 내용**

구분	내용
인지적 영역	지식, 이해력, 적응력, 분석적·종합적 평가
정의적 영역	수용, 반응, 가치화, 조직화, 특성화
심동적 영역	반사운동, 기초운동, 운동 지각 능력, 신체적 능력, 숙련된 운동기능, 동작적 의사소통

보충설명 측정평가 영역 중 체육학에서의 우선 영역 : 교육학, 심리학 등에서는 인지적, 정의적 영역을 주로 다루지만, 체육학에서는 심동적 영역을 우선으로 한다.

나. 측정평가의 유형
1) **측정평가 시기에 따른 구분**[1]

구분	내용
진단평가	학습 또는 훈련이 진행되기 전에 학습자와 훈련자의 위상 또는 수준을 구분하기 위한 평가
형성평가	학습 또는 훈련 과정에 영향을 미치는 요인을 찾아내어 보다 효과적으로 목표를 달성할 방안을 찾기 위한 평가
종합평가	학습 또는 훈련 과정이 끝난 시점에 실시하는 평가로, 목표 달성 정도를 측정하기 위함이다. 총괄평가라고도 한다.

보충설명 측정평가 시기에 따른 구분 : 이 내용은 거의 매회 출제되었다.

---

[1] 기출 24-01 형성평가와 총괄평가를 보기에 제시하면서, 일부를 ( )로 비워놓고, 적합한 용어를 찾는 유형
 기출 21-01 형성평가 내용을 보기로 제시하고, 적합한 용어를 찾는 유형
 기출 20-01 훈련 시작 전 측정하는 평가가 무엇인지 묻는 유형
 기출 18-07 총괄평가의 설명으로 옳은 것을 찾는 유형
 기출 17-02 훈련 기간 중간에 측정하여 프로그램에 반영하는 평가가 무엇인지 묻는 유형
 기출 15-02 평가 시기와 관련된 평가 방법이 아닌 것을 찾는 유형

2) 측정평가 방법에 따른 구분[1]

구분	내용
절대평가	• 성취도를 평가하기 위하여 절대적 기준에 따라 평가 • 스포츠지도사 필기시험은 과목당 40점 이상 평균 60점 이상을 취득하면 합격이다. • 상대평가보다 자신의 목표에 집중할 수 있도록 만든다.
상대평가	• 기준 없이 서열로 평가하는 방법으로, 개인별 차이 판별에 유리 • 10명이 합격하면 우수자 서열로 10등까지 합격시킨다. • 선발적 교육관에 기초한 평가 방법이다. • 절대평가보다 피평가자의 경쟁심을 강하게 유발한다. • 검사 결과를 같은 집단의 점수분포에 근거한다.

보충설명 측정평가 방법에 따른 구분 : 자주 출제되고 있는 출제 다빈도 부분이다.

3) 규준지향평가와 준거 지향평가

① 규준지향 평가와 준거 지향평가의 비교[2]

구분	내용
규준지향평가	• 대상자 점수를 규준에 의해 비교 • 동일 집단 내에서 대상자의 상대적 위치를 알아보는 데 유용하다. • 절대평가 방법으로 평가한다.
준거 지향평가	• 대상자 점수를 준거에 비교 • 특정 기술이나 체력 등의 수준을 알아보는 데 유용하다. • 상대평가 방법으로 평가한다.

② 준거 지향평가의 기준설정 방법[3]

구분	내용
판단적 기준설정	기준설정 근거를 전문가의 판단에 의존하는 방법
경험적 기준설정	기준설정을 경험적 자료를 주로 활용하는 방법
혼합적 기준설정	전문가 판단과 경험적 자료를 함께 사용 설정하는 방법

4) 결과 중심 측정과 과정 중심 측정

구분	내용
결과 중심 측정	검사 도구를 사용하여 그 결과를 동일 집단과 비교함으로써 교육 활동 등을 시작해야 하는 시점을 파악하는 사정
과정 중심 측정	대상자가 환경 적응 과정을 관찰하여 자료를 수집하는 사정으로, 대상자의 능력이나 특수한 요구사항을 파악하기 위함

---

1) 기출 23-03 절대평가의 설명으로 틀린 것을 찾는 유형으로, '개인 성적을 집단 전체 성적과 비교한다.'가 오답 찾기의 정답으로, 이는 상대평가이다.
   기출 21-03 보기로 제시된 내용 중 상대평가에 대한 설명을 모두 고른 것을 찾는 유형
   기출 15-03 검사 결과 같은 집단의 점수분포에 근거하는 평가를 무엇이라 하는지 묻는 유형
   기출 20-02 기출 20-19 기출 18-08 상대평가·절대평가의 설명으로 옳은 것 또는 틀린 것을 찾는 유형
   기출 17-04 선발방법을 보기로 제시하고, 절대평가인지 상대평가인지를 묻는 유형
2) 기출 20-06 신체 구성의 준거 측정방법이 아닌 것 즉 규준지향 측정을 찾는 유형
   기출 19-13 규준지향 평가가 아닌 것을 찾는 유형
   기출 16-06 준거 지향평가의 설명으로 틀린 것을 찾는 유형
3) 기출 22-08 준거 지향평가에서 기준을 설정하는 방법을 보기로 제시하고, 적절한 방법을 찾는 유형으로, 기준설정 방법은 판단적·경험적·혼합적 기준설정이 있고, 보기는 경험적 기준설정이 설명되어 있다.

제2장 측정치 해석

1. 통계의 기초

가. 통계의 이해
① 통계의 일반적 개념
  ㉠ 집단으로부터 얻은 점수·빈도 등의 자료를 통해 집단의 특성을 이해하는 방법이다.
  ㉡ 점수 또는 빈도의 의미를 파악하고, 관련된 사실과 현상을 정확하고 간결하게 기술·설명·예측하는 수단이다.
  ㉢ 어떤 현상을 요약·기술하는 기능과 관찰된 결과를 토대로 관찰되지 않은 현상에 대한 결론을 유추할 수 있는 기능을 수행한다.
② 통계학의 의의 : 불확실한 상황에서 합리적인 의사 결정을 위한 방법론을 연구하는 학문
③ 통계의 목적
  ㉠ 방대한 자료를 쉽게 이해할 수 있도록 간편한 형태로 정리하며,
  ㉡ 의사 결정을 할 수 있도록 객관적인 근거를 제공하고,
  ㉢ 측정 자료로부터 신뢰성 있는 예측을 얻을 수 있도록 한다.

나. 통계의 구성요소

1) 변인
① 변인의 개념 : 측정 대상의 속성이나 능력을 말하며, 다른 변인과 구분되는 독립적 개념으로, 상수와 반대의 개념이며, 요인 또는 인자와 같은 의미이다.
  [용어해설] 변인(variable, 變因) : 현상과 관련된 자료의 속성이나 특징을 말하며, 변수라고도 한다.
② 변인의 분류[1]
  ㉠ 질적 변인과 양적 변인
    • 질적 변인 : 질적 속성을 가진 변인([사례] 수강자의 성별, 나이 등)
    • 양적 변인 : 양적 속성을 가진 변인([사례] 신장, 몸무게 등)
  ㉡ 독립 변인과 종속 변인
    • 독립 변인 : 종속 변인에 영향을 주는 변인
    • 종속 변인 : 독립 변인에 영향을 받는 변인
    • 사례 : 트레이닝 방법이 중년 남성의 심폐기능에 미치는 영향을 조사할 때 트레이닝 방법은 독립 변인, 최대산소 섭취 능력으로 측정하는 심폐기능은 종속 변인이다.
  ㉢ 연속 변인과 불연속 변인
    • 연속 변인 : 키, 체중 등과 같이 변인의 값이 무한히 세분될 수 있다.
    • 불연속 변인 : 성별 등과 같이 변인이 한정되어 있다.

2) 전집과 표본
① 전집의 의미 : 한정된 집단의 전체 구성원 또는 전체의 사례
② 표본의 의미 : 전집 일부를 추출하여 실제 조사하는 대상
③ 모수치와 통계치 : 전집에서 나온 결과는 모수 치(parameter, 母數値)이고, 표본에서 얻은 결과는 통계치(statistics, 統計値)이다.

---

[1] [기출 18-10] 연속 변인이 아닌 것을 찾는 유형으로, 남녀 성별은 불연속 변인이므로, 오답 찾기의 정답이다.

다. 측정

1) 측정의 이해
① 측정의 의미 : 일반적 사물이나 현상을 규명하기 위해 정해진 규칙에 따라 수량화하는 과정
② 체육측정의 의미 : 신체활동의 제반 문제를 해결하기 위한 목적으로, 속성이나 특징을 질적·양적으로 분류하여 비교할 수 있도록 구체적 정보를 제공하는 과정이다.

2) 측정척도
① 측정척도의 개념[1] : 특정 사물의 특성을 분류 혹은 측정하기 위해 사용하는 도구
② 측정척도의 구분[2]

구분	내용
명목척도	범주에 수치를 부여하는 방법으로, 숫자는 단순히 순서만 나타낸다. (사례) 스포츠 종목을 분류할 때 개인종목은 1, 단체종목은 2로 분류)
서열척도	범주 간 비교가 가능하도록 서열을 부여하는 방법으로, 사칙연산이 불가능하다. (사례) 중요한 것, 보통, 중요하지 않은 것 등으로 구분)
등간척도	각 범주 사이에 일정한 거리의 척도 (사례) 나이를 구분하는 방법 등으로 사용한다) 숫자는 더하고, 빼고는 하지만 곱하기, 나누기는 의미가 없다.
비율척도	범주 사이에 일정한 비율을 적용하는 척도 (사례) 소득수준 조사)로, 절대영점의 속성이 있으며, 숫자는 가감승제의 사칙연산이 가능하다.

[보충설명] 거의 매회 출제되었다고 할 만큼 출제 다빈도 부분이다.

[용어해설] 절대영점 : 0점은 없음을 의미한다. 그러나 오전 0시라고 하면 시간이 없다는 뜻이 아니고, 어제와 오늘의 분기점을 나타내는 시간으로, 이는 상대영점이라고 한다. 절대영점은 아무것도 없는 것을 말한다.

③ 변인별 사용 척도

구분	사용 척도	수리적 계산	사례	
연속자료 (질적 자료)	명분척도	불가능	축구선수의 등 번호	
	서열척도	크기와 대소 구분	체력 등급, 성적 순위	[보충설명] % fat : 비만도 표시 기호로, 퍼센트 팻으로 읽는다.
비연속 자료 (양적 자료)	등간척도	크기와 대소 구분, 가감 가능	지능지수(IQ), 온도	
	비율척도	크기와 대소 구분, 가감승제 가능	체중, % fat	

2. 통계의 기술

가. 집중 경향치

1) 집중 경향치의 이해
① 집중 경향치의 개념
  ㉠ 수집된 자료의 통계가 중심을 향하고자 하는 성격을 나타내는 값

---

1) [기출 23-19] 척도에 해당하지 않는 것을 찾는 유형으로, 척도는 특정 사물의 분류 또는 수량화를 하는 것이다. 순위는 해당하지 않으므로 오답 찾기의 정답이다.
2) [기출 24-02] 보기에 등간척도 설명을 제시하고, 무슨 척도인지 묻는 유형
  [기출 23-07] 사칙연산이 불가능한 척도를 찾는 유형으로, 서열척도는 사칙연산이 불가능하다.
  [기출 21-02] 비율척도와 서열척도를 보기로 제시하며 ( )로 비워놓고, 적합한 척도 이름을 찾는 유형
  [기출 21-16] 척도에 따른 예시의 설명으로 틀린 것을 찾는 유형
  [기출 20-07] [기출 19-06] 측정척도에 대한 설명의 연결이 잘못된 것을 찾는 유형
  [기출 18-09] 비율척도의 설명이 바르게 된 것을 찾는 유형
  [기출 17-07] 측정척도의 설명이 바르게 된 것을 찾는 유형
  [기출 15-06] 절대영점의 속성을 지닌 척도를 찾는 유형으로, 정답은 비율척도이다.

ⓒ 중심 성향의 값이 자료집단을 대표하는 값으로 간주할 수 있다.

[보충설명] 집중 경향치 : 대표 경향치, 대표치 등으로도 표시된다.

② 집중 경향치의 산출 목적[1] : 집단 전체의 특성을 하나의 점수로 요약하기 위함이다.
③ 집중 경향을 나타내는 중심치의 구분[2]
　㉠ 최빈치, 중앙치, 평균치 등으로 구분한다.
　㉡ 정규분포에서는 최빈치, 중앙치, 평균치 등이 모두 같다.
　㉢ 최빈치는 가장 많이 나타나는 값이고, 중앙치는 자료를 크기로 나열했을 때 가운데에 위치한다.
　㉣ 체육측정평가에서는 평균치를 가장 많이 사용한다.

2) 최빈치(Mo, mode)[3]
　㉠ 집중 경향치의 한 방법으로, 수집 자료 중 빈도수가 가장 많이 나타나는 통계치
　㉡ 일정한 급간으로 묶은 자료에서는 가장 빈도가 많은 급간의 중간 점이 최빈치가 된다.
　㉢ 최빈치는 쉽게 분포의 경향을 쉽게 알 수 있는 장점과 표집에 따른 변화가 크며, 자료를 묶느냐에 따라 변화가 커서 다른 집중 경향치 중에 가장 안정성이 적다는 단점이 있다.

3) 중앙치(Mdn, median)
① 중앙치의 개념[4]
　㉠ 수집된 자료를 크기 순서대로 나열했을 때 가장 중앙에 위치하는 값
　㉡ 극단치의 영향을 최소화할 수 있는 대표치이다.
② 중앙치 계산 공식

공식	중앙치$(Mdn) = LL + i\left(\dfrac{\dfrac{N}{2} - Fe}{f}\right)$	LL : 중앙치가 들어있는 급 간의 하한계 i : 급 간의 크기 N : 총사례 수 Fe : 중앙치가 들어있는 급 간 바로 아랫급 간의 누계 빈도 f : 중앙치가 들어있는 급 간의 빈도

4) 평균치($\overline{X}$, mean)
① 평균치($\overline{X}$)의 개념[5]
　㉠ 한 집단에 속해 있는 개인의 점수 합계를 사례 수로 나눈 값이다.
　㉡ 평균치는 대부분의 연구에서 가장 많이 사용하고 있는 집중 경향치로, 표집에 따른 변화가 가장 적고 안정성 있는 대표치를 얻을 수 있다.
　㉢ 집중 경향치 중에서 자료 입력에 오류가 있으면 가장 큰 영향을 받는다.

[보충설명] $\overline{X}$: 평균치를 나타내며, 엑스 바(X bar)라고 읽는다.

---

1) [기출 17-03] 집중 경향치를 산출하는 목적이 바르게 설명된 것을 찾는 유형
2) [기출 15-04] 보기에 수치 5개를 들고, 평균, 최빈치, 중앙치를 묻는 유형
3) [기출 18-11] 평균치, 중앙치, 최빈치의 설명에 대해 (　) 속에 적합한 것을 찾는 유형
4) [기출 24-11] 집중 경향치에 대한 설명으로 보기에서 옳은 것을 모두 고른 것을 찾는 유형으로, '정규분포를 할 때는 최빈치, 중앙치, 평균치는 같고, 중앙치는 자료를 크기 순서로 나열하면 가운데에 위치한다.'를 선택해야 한다.
　[기출 23-16] 9명의 턱걸이 검사 결과 중앙치를 찾는 유형으로, 중앙치는 크기대로 나열했을 때 가장 중앙에 위치한다.
　[기출 20-18] [기출 16-07] 극단치의 영향을 최소화하기 위한 대푯값을 찾는 유형으로, 정답은 중앙치이다.
5) [기출 19-01] 집중 경향치 중 자료 입력 오류가 발생하면 큰 영향을 받는 것이 무엇인지 묻는 유형으로, 정답은 평균치이다.

② 평균치 계산 공식

| 공식 | 평균치($\bar{X}$) = $\frac{\Sigma X}{N}$ Σ : 전체 사례 수, X : 측정치(개인별 점수), N : 총화 또는 합계 |

5) 극단치(outlier)
㉠ 자료 분석 결과를 왜곡시키거나, 자료 분석의 적절성을 위협하는 변수 또는 사례
㉡ 극단치의 영향을 최소화할 수 있는 대푯값은 중앙치이다.

> **요점정리 집중 경향치의 요약**
> 1) 최빈치 : 수집된 자료에서 빈도가 가장 큰 값
> 2) 중앙치 : 수집된 자료를 크기 순서대로 나열했을 때 가장 중앙에 위치하는 값
> 3) 평균치 : 수집된 자료의 총합을 사례 수로 나눈 값
> 4) 극단치 : 수집된 자료 중 자료 분석 결과를 왜곡시키거나, 적절성을 위협하는 값

나. 분산도
1) 분산도의 이해
① 분산(variance)의 의미 : 변수의 흩어진 정도를 계산하는 지표를 말한다.
② 분산도의 개념[1]
㉠ 집중 경향치는 측정값의 크기만 설명하고, 측정값의 변화를 알 수 없으므로 분포의 특징을 설명하기 위해서는 집중 경향치와 함께 분산도가 제시되어야 한다.
㉡ 분산도는 점수분포의 분산 정도를 나타내는 것으로, 측정 결과 얻은 분산도 값은 척도상의 거리를 의미한다.
㉢ 분산도의 측정치는 범위, 사분편차, 평균편차, 변량, 표준편차 등이 있다.
보충설명 분산도의 다른 용어 : 변산도 또는 산포도라고도 한다.

2) 범위(R, range)[2]
㉠ 수집 자료의 통계치들이 나타내는 최대 변화폭으로, 자료의 최대치와 최소치의 차이
㉡ 범위는 계산하기 쉬운 장점이 있지만, 분산도를 설명하는 통계치로는 적합하지 않다.
㉢ 범위는 단순히 '최댓값-최솟값'으로 나타내지만 정확하게는 'R=(최댓값-최솟값)+1'이다.
보충설명 범위 공식에서 +1을 하는 이유 : 1을 더하는 이유는 최곳값 상한계에서 최솟값 하한계까지의 거리가 범위이기 때문이다.

3) 사분위편차(Q, quartile deviation)
① 사분위편차의 개념[3]
㉠ 자료집단의 통계치를 작은 값에서 큰 값의 순서대로 나열했을 때 1/4번째의 자룟값과 3/4번째에 해당하는 자룟값의 차이를 2로 나눈 값이다.
㉡ 자료집단 내 존재하는 극단치의 값에 따라 범위가 큰 차이로 나타날 수 있지만, 사분편차는 극단치의 값에 미치는 영향이 미약하다.

---

1) [기출 17-06] 대상자들로부터 측정된 운동기능에 대한 퍼짐. 정도를 파악하는 것을 지칭하는 용어를 찾는 유형
2) [기출 21-15] 팔굽혀펴기의 점수분포를 제시하고, 범위를 찾는 유형으로, 범위 공식은 r=최댓값-최솟값+1이다.
3) [기출 24-20] 사분위편차에 대한 설명을 보기로 제시하고, 무엇이라고 하는지 묻는 유형

② 사분위편차 공식

| 공식 | 사분위편차(Q)=$\dfrac{Q_3 - Q_1}{2}$ | Q_3 : 75%에 해당하는 점수(P_{75}), Q_1 : 25%에 해당하는 점수(P_{25}) |

4) 평균편차(MD, mean deviation)
① 평균편차의 특성
　㉠ 평균의 속성은 각 측정치(X)에서 평균값($\overline{X}$)을 빼고 모두 더하면 0이 된다. 즉 $\Sigma(X-\overline{X})=0$이고, 각 측정치와 평균값 차이의 제곱 합은 최소가 된다. 그러므로 $\Sigma(X-\overline{X})^2$=최소이다.
　㉡ 평균으로부터 각 측정치의 차이(편차)는 양수와 음수로 나누어져 합하면 0이 되지만 평균을 기준으로 한 값은 다른 어떤 값을 기준으로 한 평균편차의 값보다 적지 않다.
　㉢ 평균이 각 측정치 차이 제곱의 합을 최소로 하므로 평균편차보다 표준편차나 변량이 더 유용하다.
② 평균편차 계산 공식

| 공식 | 평균편차(MD)= $\Sigma \dfrac{(X-\overline{X})}{N}$ |

5) 변량(σ^2, s^2, V, variance)
① 변량의 의미
　㉠ 한 분포의 산술평균으로부터 각 점수까지의 거리를 말한다.
　㉡ 변량은 편차($x=X-\overline{X}$) 제곱의 평균이다.
　㉢ 변량은 전체를 대상으로 하는 전집변량과 표본을 대상으로 하는 표본변량으로 구분한다.
　㉣ 변량의 기호는 전집변량은 σ^2로, 표본변량은 s^2로 표기한다.
② 변량의 공식

| 공식 | 전집변량(σ^2)= $\dfrac{\Sigma(X-\mu)^2}{N} = \dfrac{\Sigma X^2}{N}$ | μ : 전집의 평균치, X : 개개인의 점수, N : 전집의 사례 수 |
| | 표본변량(s^2)= $\dfrac{\Sigma(X-\overline{X})^2}{n-1} = \dfrac{\Sigma X^2}{n-1}$ | $\overline{X}$: 표본의 평균치, n : 표본의 전체 사례 수, n-1 : 자유도 |

> [보충설명] **통계 기호 읽는 법**
> ① Σ : 시그마(sigma)-그리스어로, 대문자 표기이다.
> ② σ : 시그마(sigma)-Σ의 소문자 표기이다.
> ③ μ : 뮤(mu)

6) 표준편차(SD, standard deviation)
① 표준편차의 의미[1]
　㉠ 측정치가 집단의 평균치로부터 떨어져 있는 편차를 기초로 하여 분포의 변산 정도를 나타낸다.
　㉡ 분산도에서 통계적으로 가장 신뢰할 수 있는 지수이다.
　㉢ 변량의 제곱근이나 편차 제곱의 평균 제곱근으로 표시한다.
　㉣ 표준편차의 기호는 SD, s, σ로 표시한다.
② 표준편차 공식

| 공식 | 표준편차(SD)= $\sqrt{s^2} = \sqrt{\dfrac{\Sigma(x-\overline{x})^2}{n-1}}$ |

---

[1] 기출 24-12 A, B 집단의 턱걸이 평균과 표준편차를 보기로 제시하고, 이의 설명으로 적합한 것을 찾는 유형

③ 표준편차의 특징[1]
  ㉠ 단일표본이 정상 분포를 이룬다고 가정할 때 일정한 관계를 맺는 것으로, 표준편차를 알면 일정한 점수와 이에 포함되는 빈도와의 관계를 알 수 있다.
  ㉡ 이는 경험적 법칙으로, 정상 분포나 약간의 비대칭적 분포에서도 유용한 자료를 제공한다.
  ㉢ 표준편차는 측정치가 동간 혹은 비율척도일 때 계산할 수 있다.
  ㉣ 표준오차(standard error)라고도 한다.
④ 표준편차의 경험적 법칙[2]
  ㉠ 측정치의 약 68%가 평균의 1 표준편차 사이에 포함된다.($X±1\sigma$)
  ㉡ 측정치의 약 95%가 평균의 2 표준편차 사이에 포함된다.($X±2\sigma$)
  ㉢ 측정치의 약 99%가 평균의 3 표준편차 사이에 포함된다.($X±3\sigma$)

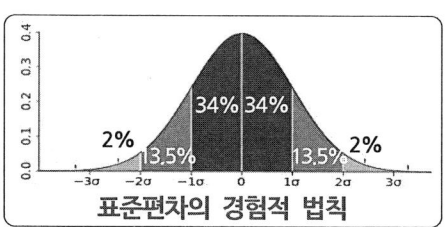

⑤ 분포의 유형[3]

구분	설명
정상 분포	좌우 대칭이 되는 종 모양을 이룬다.
정적 분포	왼쪽 빈도가 높고, 오른쪽 빈도가 낮다.
부적 분포	왼쪽 빈도가 낮고, 오른쪽 빈도가 높다.

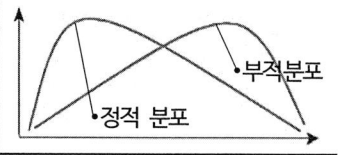

보충설명 정적 분포와 부적 분포 : 정적 분포는 중앙치를 기준으로 낮은 점수에 많이 분포되어 있고, 부적 분포는 그 반대이다. 정상 분포의 형태는 위 '표준편차의 경험적 법칙'과 같다.

다. 표준점수, 백분위 점수, T 점수
1) 표준점수(Z, standard score)
① 표준점수의 개념[4]
  ㉠ 단위가 서로 다른 검사에서 얻은 점수를 비교할 때 사용되는 변환 점수를 말한다.
  ㉡ 예를 들면 높이뛰기, 100m 달리기, 윗몸일으키기 등 3종목을 검사하여 종합적인 체력 검사를 비교할 때 표준점수로 전환한 후 이를 합계해서 평가한다.

---

1) 기출 24-10 표준편차 방법을 활용한 검사 결과를 보기로 제시하고, 이에 대한 해석이 옳은 것을 찾는 유형
  기출 23-12 분산을 바르게 설명한 것을 찾는 유형으로, '표준편차는 측정치가 동간 혹은 비율척도일 때 계산할 수 있다.'가 정답이다.
  기출 22-10 표준편차에 대한 설명을 보기로 제시하고, 무엇이라고 하는지 묻는 유형으로, 제시된 답안은 표준편차가 아니고, 표준오차라고 되어있다. 표준편차를 표준오차라고도 한다.
  기출 22-11 체력 검사 결과를 수치로 제시하고, 이의 해석으로 옳지 않은 것을 찾는 유형
  기출 20-10 종목별 체력 측정 결과를 보기로 제시하고 능력 차이가 가장 큰 것을 고르는 유형
  기출 19-12 특정 선수의 3종목 체력 점수를 평균치, 표준편차, T 점수 등을 보기로 들고, 이에 대한 해석으로 틀린 것을 찾는 유형
  기출 19-14 선수들 개인 차이를 나타내는 지수로 적합한 것을 찾는 유형으로, 정답은 표준편차이다.
2) 기출 24-08 보기로 팀 선수의 100m 달리기 정보를 게시하고, 보기에 대한 해석이 바르게 된 것을 찾는 유형
3) 기출 22-04 운동기능검사 결과 그래프를 제시하고, 내용 일부를 ( )로 비워놓고 적절한 용어로 옳은 것을 찾는 유형
4) 기출 23-08 '집단 내에서 상대적 위치를 나타내는 점수'가 무엇인지 묻는 유형으로, 정답은 표준점수이다.
  기출 20-13 3가지 체력 검사 후 종합적 체력 상태 평가 시 활용하는 방법으로 적합한 것을 찾는 유형으로, 정답은 표준점수로 변환하여 합산하는 방법이다.
  기출 19-15 표준점수의 특징을 바르게 설명한 것을 찾는 유형
  기출 18-13 3가지 항목의 체력 검사 결과를 보기로 들고, 바르게 설명한 것을 찾는 유형
  기출 17-05 집단 내 상대적 위치를 나타내는 점수를 통칭하는 명칭을 찾는 유형으로, 정답은 표준점수이다.
  기출 16-08 단위가 서로 다른 검사에서 얻은 점수를 비교할 때 사용되는 변환 점수를 바르게 설명한 것을 찾는 유형

ⓒ 한 집단 내에서의 상대적인 위치를 나타내는 점수를 통칭하는 용어로도 사용한다.
ⓔ 전체의 점수분포에서 각 점수의 상대적 위치를 나타내는 가장 대표적인 값이며, 평균의 편차를 분포의 표준편차로 나눈 값이다.

② 표준점수 분포의 특성[1]
  ㉠ 원점수 분포 모양을 그대로 유지한다.
  ㉡ 평균치는 항상 0이다.
  ㉢ 변량과 표준편차는 항상 1이다.

③ 표준점수의 공식

공식 | 표준점수$(Z) = \dfrac{X - \mu}{\sigma}$ | X : 원점수, μ : 평균치, σ : 표준편차

2) 백분위 점수(百分位點數, percentile rank)

① 백분위 점수의 개념[2] : 한 집단의 점수분포에서 특정 점수의 백분위란 그 점수 미만에 놓여 있는 사례의 전체 사례에 대한 백분율을 말한다.

② 백분위 점수의 공식

공식 | 백분위 점수$(P_x) = 100/N(Cf_a + \dfrac{X - LL}{i} f_0)$ | P_x : 백분위 점수
Cf_a : 백분위 점수 X가 들어있는 바로 전급까지의 누적 빈도수
X : 주어진 백분위 점수
LL : 주어진 백분위 점수 X가 들어있는 급 간 하한계
i : 급 간의 크기
f_0 : 주어진 백분위 점수가 들어있는 급 간의 빈도

3) T 점수(percentile rank)

① T 점수의 개념
  ㉠ 원점수 분포를 평균 50, 표준편차 10으로 하는 점수 분포로 변환시켜 놓은 환산 점수이다.
  ㉡ Z 점수, 구분 점수와 함께 표준편차를 단위로 하므로, 등간성이 확보되어 표준점수 상의 차이가 원점수 상의 차이에 비례하므로 성취의 상대적 수준을 정교하게 비교할 수 있다.
  ㉢ 평균을 50, 표준편차를 10으로 했으므로 (-)의 부호와 소수점이 나오는 Z 점수보다 편리하다.

  용어해설 등간성 : 같은 간격이나 같은 단위

② T 점수의 계산
  ㉠ 원점수의 평균과 표준편차를 계산한다.
  ㉡ 각 점수의 편차를 계산한다.
  ㉢ 얻어진 각 편차를 표준편차로 나누어서 Z 점수를 산출한다.
  ㉣ T 점수를 구하려면 Z 점수를 10으로 곱하고 다음에 50을 더한다.

③ T 점수 계산 공식

공식 | T 점수$(T) = 10(\dfrac{X - \overline{X}}{\delta}) + 50$ | X : 원점수, $\overline{X}$: 평균치, σ : 표준편차

---

1) 기출 19-15 표준점수의 특징을 바르게 설명한 것을 찾는 유형
2) 기출 23-18 A, B반의 윗몸일으키기 결과를 나타낸 그래프를 보기로 제시하고, 평균, 분산, 백분위에 대한 설명으로 바르게 된 것을 찾는 유형

4) 정상 분포(y, normal distribution)

① 정상 분포의 개념
  ㉠ 각 분포는 평균치와 표준편차에 의해 결정된다.
  ㉡ 신체적, 심리적 특성은 대부분 정상적으로 분포되어 있다.

② 정상 분포의 공식

공식	정상 분포(y)= $\dfrac{N}{\sigma\sqrt{2\pi}} e^{-(x-\mu)^2/2\sigma^2}$	y : 특정한 값에 대응하는 X 곡선상의 높이 π : 원주율(3.14159) e : 상수로서의 2.7189(자연 대수의 기초) N : 한 분포의 전체 사례 수 μ : 한 분포의 평균

[보충설명] **정상 분포의 공식** : 프랑스 수학자 De Moiver가 발표하였다.

5) 확률(probability)

① 확률의 개념[1]
  ㉠ 표집 결과인 통계치를 활용하여 전집의 모수치를 추정하는 근거로 이용하는 이론이다.
  ㉡ 확률은 소수 형태로 표시되는데, 소수 값이 1에 가까울수록 특정 사건이 발생 확률도 커진다.

② 확률 공식

공식	확률 P(x) = 1/N	P : 확률, N : 전체 사례 수

③ 확률의 2가지 원칙
  ㉠ 가법 정리의 원칙 : 각각의 사례가 나타날 가능성이 같고, 한 사례가 나타나면 다른 사례는 나타나지 않는 조건에서, 나타날 가능성이 있는 몇 가지 사례 중 어느 사례가 나타나도 무방한 확률은 이 사례가 각각 나타날 확률을 합한 것이다.
  ㉡ 승법 정리의 원칙 : 각각의 사례가 나타날 가능성이 같고, 어느 한 사례가 나타나면 다른 사례는 나타나지 않는 조건에서, 어느 특정한 사례와 다른 특정한 사례가 반드시 나타날 확률은 두 사례가 각각 나타날 확률을 합한 것이다.

라. 상관관계

1) 상관관계의 이해

① 상관관계(correlation) 관련 용어의 정의[2]
  ㉠ 상관관계(correlation) : 둘 또는 여러 변수끼리의 관련성 정도를 말한다.
  ㉡ 상관계수(r, coefficient of correlation) : 둘 또는 여러 변인 사이의 관련 정도를 수량으로 표시한 통계치
  ㉢ 상관분석(correlation analysis) : 둘 또는 여러 변수끼리의 관련성 정도 파악에 중점을 두는 분석

> [보충설명] **상관분석의 쉬운 설명**
> 사람의 손 크기와 발 크기는 상호 관련 가능성이 크고, 손 크기와 머리카락 수는 관련성이 거의 없다. 이처럼 두 변수 또는 여러 변수의 상호 관련성을 분석하는 것이 상관분석이다.

② 상관계수의 개요[3]
  ㉠ 상관계수의 범위는 1.0에서 +1.0 사이이다. 상관관계는 −1.0(완전 부적 상관관계)〈r〈+1(완전 정적 상관관계)로 나타내며, −1.00~+1.00 사이의 값을 갖는다.

---

1) [기출 22-12] 보기에 제시된 2가지 검사 결과의 적확 확률을 찾는 유형
2) [기출 24-15] 상관계수 r에 대한 설명으로 옳은 것을 찾는 유형
3) [기출 20-14] 준거 검사와 현장검사 간 상관계수를 보기로 들고, 가장 관련성이 큰 것을 찾는 유형
   [기출 16-09] 가장 높은 상관계수를 찾는 유형으로, 상관계수는 절댓값이 큰 것이 높은 상관관계를 갖는다.

ⓒ 부호에 상관없이 숫자의 절댓값이 클수록 관련성이 더 크다. 즉 상관계수 부호는 관계의 방향을 나타내며, 계수의 절댓값은 관계의 정도를 표현한다.
ⓒ r이 0이면 두 변수가 서로 독립적으로, 인과관계가 없다.
ⓔ 상관계수는 신뢰도와 타당도 등을 계산할 때 사용된다.

2) 상관계수의 해석

① 상관계수의 개념[1]
  ㉠ 상관계수는 둘 이상 변인이 변하는 방향과 정도를 수치로 표시한 것이다.
  ㉡ 크기의 구분은 가능하지만, 계수 간 가감승제는 의미가 없다.
  ㉢ 상관계수의 해석은 상황에 따라 이론적 가정, 실용적 의미, 상관계수에 영향을 미치는 조건 등 여러 가지를 종합적으로 고려되어야 한다.
  ㉣ 관련 정도를 나타내는 결정계수는 r^2이다.

② 상관계수 해석 기준[2]

구분	해석 기준	구분	해석 기준	구분	해석 기준
.90 ~ 1.00	아주 높은 상관관계	.70 ~ .90	높은 상관관계	.50 ~ .70	보통 상관관계
.30 ~ .50	낮은 상관관계	.00 ~ .30	아주 낮은 상관관계		

[보충설명] 상관계수 해석 기준 : 위의 해석 기준은 특별한 용도 등이 명시되지 않으면 적용한다.

③ 상관 도표

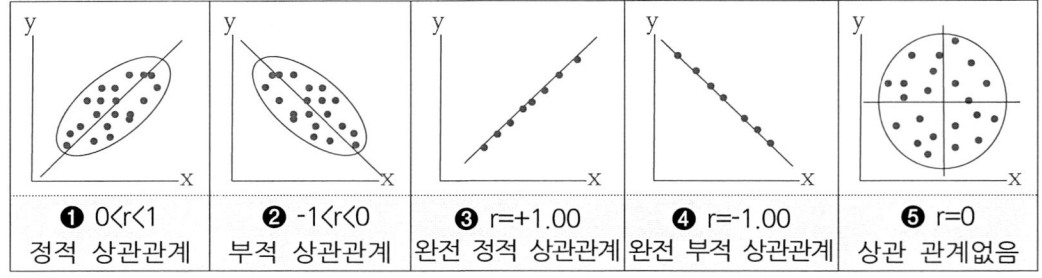

❶ 0<r<1 정적 상관관계
❷ -1<r<0 부적 상관관계
❸ r=+1.00 완전 정적 상관관계
❹ r=-1.00 완전 부적 상관관계
❺ r=0 상관 관계없음

> [보충설명] **상관관계 요약**
> 1) 상관계수의 부등식
>   ① 상관계수 r은 항상 부등식 $-1 \leq r \leq 1$을 만족시키며, 양(+)의 상관관계가 있을 때는 r>0, 음(-)의 상관관계가 있을 때 r<0이다. 무상관일 때는 r=0이 된다.
>   ② 상관계수 -1이 가장 작은 상관이고 +1이 가장 높은 상관이다.
> 2) 정적 상관과 부적 상관
>   ① 정적 상관 : 두 변인이 동시적으로 증가하는 관계를 맺으므로, $r \leq 1$이다.
>   ② 부적 상관 : 한 변인이 증가하면 다른 변인의 값이 적어질 때의 관계이므로 $-1 \leq r$이다.
> 3) 적률 상관계수
>   ① 직선적 가정에서 두 변인 간의 상관 정도를 나타내는 가장 대표적인 계수
>   ② 상관계수 r은 상관의 정도와 상관의 방향에 따라서 $-1.0 \leq r \leq +1.0$의 값을 갖는다.

---

1) [기출 17-08] 상관계수에 대한 설명으로 잘못된 것을 찾는 유형
2) [기출 22-18] [기출 19-C7] 상관분석 결과를 보기로 제시하고, 바르게 설명된 것을 찾는 유형
  [기출 21-08] 상관 도표를 보기로 제시하고, 이에 대한 설명이 잘못된 것을 찾는 유형
  [기출 18-12] 상관계수 r가 -.85일 때의 해석으로 틀린 것을 찾는 유형

제3장 검사의 조건

1. 측정 도구

가. 우수한 측정 도구
① 우수한 측정 도구의 필요성 : 우수한 자료를 수집하려면 우수한 데이터를 도출할 수 있는 우수한 측정 도구가 필요하다.
② 우수한 측정 도구의 조건
  ㉠ 모집단으로부터 과학적 방법으로 모집단의 속성을 대표할 수 있는 우수한 표본을 추출해야 한다.
  ㉡ 구성이나 변인들에 대한 표본 속성을 숫자 형태로 정확하게 측정해야 한다.

나. 측정방법
① 측정 절차 : 측정 계획 수립 → 측정 목적에 관한 정의 → 측정 문항 작성 및 수정 → 예비 측정 → 측정 → 신뢰도, 타당도 분석 → 결과 보고
② 검사지 개발[1]
  ㉠ 검사지를 개발할 때 타당성, 신뢰성, 적절성, 객관성, 변별력, 난이도 등을 고려해야 한다.
  ㉡ 객관성과 실용성을 합쳐 적절성이라고도 한다.

2. 타당도

가. 타당도의 이해
1) 타당도(validity)의 개요
① 타당도의 해석[2]
  ㉠ 측정하고자 하는 것을 측정 도구가 실제로 정확 또는 적합하게 측정하는지에 대한 정도를 말한다.
  ㉡ 측정 도구가 측정 목적과 적합한 것인지가 중요하며, 측정이 측정 목적과 상관관계가 높을수록 타당도가 높다는 것을 의미한다.

  보충설명 타당도의 해석 : 1,000m 달리기는 지구력 측정에는 적절하지만, 스피드 측정에는 적합하지 않다.

② 타당도 검사방법
  ㉠ 같은 종류의 측정도 평가할 때 반드시 같다고 할 수 없으므로 측정 결과에 대한 상관관계를 평가해야 하고, 측정 목적에 대한 양적, 질적 조건과의 상관관계를 평가해야 한다.
  ㉡ 측정 목적이 정확하게 구분될 수 있도록 2개 이상의 집단으로 구분하고, 집단을 구분하는 이유를 명확하게 설명될 수 있어야 한다.

> **보충설명** 타당도와 신뢰도
> 어떤 이론을 기초로 한 검사나 조사를 위하는 측정의 가치를 따질 때 쓰는 두 가지 기준이다. 모든 검사나 조사를 통해 얻은 데이터가 전부 의미 있는 것은 아니며, 일부는 불필요한 자료도 있을 수 있다. 이는 그 검사 내적인 문제 때문일 수 있다. 그렇다면 어떤 검사나 조사에서 활용된 측정방법에 문제가 있는지 없는지를 판단하는 것이 바로 타당도와 신뢰도이다. 신뢰도에 대한 설명은 타당도 다음에 나온다.

---

1) [기출 21-12] [기출 20-16] 검사지 개발에서 고려해야 할 사항이 아닌 것을 찾는 유형으로, 타당성과 신뢰성, 적절성 이외인 것이 오답 찾기의 정답이다.
2) [기출 17-13] 측정 도구의 타당도에 대한 설명이 바르게 된 것을 찾는 유형

나. 타당도의 분류

1) 구성 타당도
① 구성 타당도의 개념
　㉠ 개념 타당도 또는 구인 타당도라고도 한다.
　㉡ 측정 결과가 실제 측정하고자 했던 개념과 얼마나 유사한지를 파악하는 타당도이다.
② 구성 타당도의 구분[1]
　㉠ 수렴 타당도 : 같은 개념을 측정하기 위한 서로 다른 측정방법을 동원하여 양쪽의 결과가 유사한지 확인하는 방법
　㉡ 판별 타당도(=변별 타당도, 확산 타당도) : 같은 측정방법을 사용하여 다른 개념에 대해 측정하여 양쪽의 결과가 유의하게 달라지는지 확인하는 방법으로, 새로 개발된 검사를 타당도가 높다고 알려진 기존 검사와 비교하여 검증할 때 사용한다.

2) 내용 타당도
① 내용 타당도의 개념[2]
　㉠ 측정 도구가 구성개념의 모든 면을 포괄하면서 대표할 수 있는지 확인하는 방법
　㉡ 논리적 사고에 입각한 주관적인 타당도이다.
　㉢ 단순히 내용 분석이나 논리적 사고를 통하여 평가하는 것이기 때문에 수량적으로 표시되지 않는다.
② 내용 타당도의 구분
　㉠ 안면 타당도(=액면 타당도) : 특정 검사에 대한 사람들의 반응을 기초로 검사 목적 혹은 주제가 검사에 잘 반영되어 있는지 확인하는 방법으로, 전문가가 아닌 응답자들의 시각에서 확인한다.
　㉡ 표면 타당도 : 전문가 관점에서 측정하고자 하는 개념을 정확 또는 적합 여부를 판단한다.

3) 준거 지향 타당도
① 준거 지향 타당도의 개념[3]
　㉠ 검사 도구에 의해 측정된 점수와 어떤 준거(사례) 다른 검사점수 등)와의 상관 정도를 말한다.
　㉡ 두 검사점수 간의 상관계수로 타당도를 추정할 수 있고, 타당성이 인정되는 검사점수와 실제 측정치의 일치 정도이다.
　㉢ 검사에서 측정된 점수로 미래의 준거 행동을 예측하는 정도이다.
　용어해설 규준과 준거 : 규준은 비교하고자 하는 집단의 검사 점수분포이고, 준거는 사물의 정도나 성격 등을 알기 위한 근거나 기준
② 타당도 확보를 위한 준거 검사와 현장검사[4] : 기존의 타당도가 이미 확인된 준거 검사와 새로 검사하는 현장검사가 서로 상관관계가 높으면 두 검사가 같은 것을 측정하는 것으로, 현장검사의 타당도가 있다고 판단한다.

---

1) [기출 24-16] '새로 개발된 검사를 타당도가 높다고 알려진 기존 검사와 비교하여 검증하는 타당도를 무슨 타당도'라고 하는지 묻는 유형으로, 정답은 판별 타당도이다.
2) [기출 21-04] 내용 타당도 내용을 보기로 제시하고 무엇이냐고 묻는 유형
　[기출 18-15] 내용 타당도의 설명이 바르게 된 것을 찾는 유형
3) [기출 20-09] 준거 타당도에 대한 설명으로 틀린 것을 찾는 유형
　[기출 19-09] 신뢰도와 타당도의 설명으로 틀린 것을 찾는 유형
　[기출 18-14] 타당도와 신뢰도의 내용을 보기로 설명하고, ( ) 속의 적합한 용어를 선택하는 유형
　[기출 16-03] 새로운 검사방법 개발 시 검증된 검사방법과의 관련성을 비교하여 산출되는 타당도를 찾는 유형
4) [기출 20-11] 준거 검사와 현장검사의 연결이 잘못된 것을 찾는 유형

③ 준거 지향 타당도의 일치도[1]
  ㉠ 준거 지향 타당도의 일치도(=합치도)는 비교되는 대상이 서로 어긋나지 않고, 같거나 들어맞는 정도를 말한다.
  ㉡ 일치도 계수(p)는 2번 반복한 검사 유관 표에서 (A+D)/100으로 나타낸다.

공식 | 일치도 계수(p) = (A+D)/100

일치도 계수 유관표		1차 검사	
		합격	불합격
2차 검사	합격	A	B
	불합격	C	D

4) 규준지향 타당도
① 규준지향 타당도의 개념 : 평가의 목적과 범위를 정확하게 정의하고, 적절한 집단을 공정하게 측정하고 있는지를 나타내는 타당도이다.
② 규준지향 타당도의 종류[2] : 구인 타당도, 내용 타당도, 예측 타당도, 공인 타당도, 논리 타당도
  용어해설 구인(構因) : 측정하기 어려운 인간의 특성이나 현상을 이론적으로 개념화한 것이다.

5) 결과 타당도
① 결과 타당도의 의미
  ㉠ 검사나 평가를 시행한 후 나타난 결과에 대한 타당도
  ㉡ 평가 결과와 평가 목적의 상호 부합성을 판단하는 타당도
② 결과 타당도 고려 사항
  ㉠ 평가 결과 활용의 부정적 영향이나 예기치 못한 영향이 무엇이 있는지 점검한다.
  ㉡ 평가 결과가 평가 목적과 일치 여부를 확인한다.

보충설명 타당도 분류 방법
타당도는 학자에 따라 약간씩 다르게 분류해 왔는데, 최근에는 내용 타당도·준거 타당도·구인 타당도로 구분하는 것이 일반적이다. 그러나 아직도 일부 책에서는 표면 타당도, 기준-관련 타당도, 개념 타당도 등으로 구분하기도 한다.

3. 신뢰도

가. 신뢰도의 이해

1) 신뢰도의 개요
① 신뢰도의 개념[3]
  ㉠ 측정자, 피검자, 측정 도구 등이 같은 조건에서 2회 이상 측정하였을 때 같은 결과를 얻을 수 있는 정도를 나타낸다.
  ㉡ 여러 차례 반복 측정하여 얻은 평균값에 상관분석을 적용하여 신뢰도를 평가할 수 있다.
  ㉢ 안정성, 일관성, 예측 가능성 등으로 표현되며, 측정치 오차와 관련이 있다.

---

1) 기출 24-09 준거 지향검사의 신뢰도 추정을 위한 일치도 계수(p)를 찾는 유형으로, 일치도 계수(p)는 (A+D)/100의 공식을 적용해야 한다.
2) 기출 23-11 보기에서 규준지향 타당도를 모두 고른 것을 찾는 유형으로, 구인 타당도, 내용 타당도, 예측 타당도, 공인 타당도, 논리 타당도 등이 규준지향 타당도이다.
3) 기출 24-14 신뢰도 설명으로 옳은 것을 고른 것을 찾는 유형으로, '신뢰도는 측정의 안정성, 일관성, 예측 가능성 등으로 표현할 수 있다'가 정답이다.
  기출 17-12 검사점수의 신뢰도와 가장 관련이 깊은 용어를 찾는 유형으로, 정답은 측정 오차이다.
  기출 16-20 신뢰도에 대한 설명으로 틀린 것을 찾는 유형
  기출 15-09 신뢰도에 영향을 미치는 요인이 아닌 것을 찾는 유형으로, 검사집단의 동질성 정도, 피험자의 수, 피험자의 특성 등은 바로 설명이고, 측정자의 판단은 오답 찾기의 정답이다.

> **보충설명** 신뢰도
> 키와 몸무게는 측정자, 측정 횟수 등과 관계없이 비슷한 측정치가 나오지만, 평형성 검사와 같은 운동능력 검사에서는 측정 횟수에 따라 측정치에 상당한 차이가 나타날 수 있고, 이는 신뢰도가 낮다는 것을 의미한다.

② 신뢰도에 영향을 미치는 요인 : 검사집단의 동질성 정도, 피험자의 수, 피험자의 특성

2) 측정 오차

① 측정 오차의 개념
  ㉠ 측정 도구를 사용하여 얻는 값은 측정값이라고 하며, 측정값은 도구에 따라 참값과 가깝지만, 참값은 아니다.
  ㉡ 측정값에서 참값을 뺀 값을 측정 오차라고 한다.
② 측정 오차의 구분[1]
  ㉠ 체계적 오차 : 일정한 방향성을 갖춘 측정 오차
  ㉡ 비체계적 오차(=무작위 오차) : 모든 대상에서 같은 원인으로 방향성 없이 발생하는 오차

3) 신뢰도 계수

① 신뢰도 계수의 의미[2]
  ㉠ 검사 신뢰도의 정도를 나타내는 지수를 말한다.
  ㉡ 신뢰도 계수의 범위는 0~1이다. 0에 가까울수록 신뢰도가 낮고, 1에 가까우면 신뢰도가 높다.
  ㉢ 신뢰도 계수는 결과의 일관성을 나타낸다.
② 신뢰도 계수의 분류

신뢰도 계수	0.95-0.99	0.90-0.94	0.80-0.89	0.70-0.79	0.7 미만
신뢰도	매우 높음	높음	약간 높음	낮음	매우 낮음

나. 신뢰도 측정

1) 신뢰도 측정의 이해
  ㉠ 내적 일관성 측정, 검사-재검사 신뢰도 측정, 복수 양식 측정법, 반분법 등이 있다.
  ㉡ 내적 일관성을 제외한 다른 신뢰도 측정방법들은 주로 측정 도구를 개발할 때 사용하며, 일반적으로 상당한 시간과 경제 비용이 소요되므로, 통계학에서 실제로 자주 사용하지 않는다.

2) 신뢰도 측정방법

① 내적 일관성 신뢰도 측정[3]
  ㉠ 내적 일관성 신뢰도 측정은 통계학에서 자주 사용하는 방법으로, 하나의 측정 도구 내 문항들 서로 간에 밀접한 연관성이 있는지, 내적 일관성 유무를 파악함으로써 측정 문항의 신뢰도를 추정하는 방법이다.
  ㉡ <u>크론바흐 알파</u>라는 통계량을 사용하며, 도출한 통계량이 0.70 이상이면 측정 문항 간에 내적 일관성이 있는 것으로 간주한다.
  > **용어해설** **크론바흐 알파**(Cronbach α) : 내적 일관성 신뢰도를 추정하는 통계지수를 말하며, 이를 처음 제시한 크론바흐의 이름에서 유래되었다.

---

1) **기출 24-07** 측정 오차 중 비체계적 오차를 보기로 제시하면서 무엇이라고 하는지 묻는 유형
2) **기출 22-06** 신뢰도에 대한 설명으로 틀린 것을 찾는 유형으로, 신뢰도 계수의 범위는 0~1이지만 '신뢰도 계수의 범위는 0에서 10이다.'라는 보기가 제시되어 오답 찾기의 정답이다.
3) **기출 19-10** 심판 판정 일관성 정도를 측정하는 지수가 무엇인지 묻는 유형으로, 정답은 크론바흐 알파 지수이다.

② 검사-재검사 신뢰도 측정[1]
　㉠ 같은 검사를 같은 집단에 두 번 실시해 얻은 점수 간의 상관계수를 사용하여 추정하는 신뢰도이다.
　㉡ 같은 검사 문항을 사용하기 때문에 문항 구성에 따른 측정오차는 일어나지 않지만, 검사 시행에 나타날 수 있는 이월 효과의 가능성이 있다. 즉 첫 번째 검사 시행이 두 번째 검사에 영향을 미칠 수 있다.
　㉢ 검사-재검사 신뢰도는 검사 도구에 대한 응답자의 반응이 얼마나 안정적인가를 알기 위해 사용한다.
　㉣ 검사-재검사 신뢰도가 1일 경우 신뢰성이 완벽한 것이며, 수치가 1에 가까울수록 안정적인 것을 의미한다.
③ 반분 검사 신뢰도 측정 : 한번 시행한 검사점수를 두 부분으로 나누어 두 부분 검사점수에 대한 측정의 유사성을 추정하는 방법이다.
④ 동형 검사 신뢰도 측정[2] : 같은 집단에 대해서 다른 두 가지에 각각 다른 검사를 시행하여 얻은 점수 간의 상관관계를 측정하는 방법이다.

> **요점정리** **타당도와 신뢰도 요약**
> 1) 타당도 : 검사 도구가 측정하고자 하는 어떤 속성이나 능력을 얼마나 정확하게 측정하는가의 정도를 나타낸다.
> 2) 신뢰도 : 검사 도구의 일관성과 안정성을 나타낸다.
> 3) 신뢰도와 관련이 많은 것 : 측정 오차

4. 객관도와 실용도

가. 객관도

① 객관도의 개념[3]
　㉠ 채점의 일관성 정도를 의미하며, 채점자(=평가자) 신뢰도라고도 한다.
　㉡ 평가자 내 또는 평가자 간의 반복측정 결과에 대한 일치 정도이다.
　㉢ 평가자가 주관적으로 점수를 부여하는 상황이므로, 검사, 선발 등에서 매우 중요하다.
② 객관도의 구분
　㉠ 채점자 간 객관도 : 같은 문항에 대해 여러 사람의 채점 결과가 일치하는 정도를 말한다.
　㉡ 채점자 내 객관도 : 같은 채점자가 같은 문항에 대해 여러 번 채점한 결과의 일치 정도를 말한다.
③ 객관도를 높이는 방법[4] : 채점 기준의 구체화, 측정 절차의 명료화, 평가 내용에 대한 자세한 설명

나. 실용도

① 실용도의 개념 : 측정 도구의 실용적 가치 정도, 측정 도구가 경비와 시간을 적게 들여서 측정 목표를 충실히 달성하는지를 나타낸다.
② 실용도를 높이는 방법
　㉠ 실시가 쉬울수록 실용도가 높다.
　㉡ 실시 시간이 검사 내용에 적절해야 한다.
　㉢ 채점이 쉬워야 한다.

---

1) 기출 20-08 검사-재검사 신뢰도 측정 산출 결과를 보기로 들고, 가장 신뢰도가 높은 종목을 찾는 유형
　기출 18-16 검사-재검사 신뢰도 측정방법을 보기로 들고 적합한 용어를 찾는 유형
2) 기출 23-10 기출 21-17 동형 검사 신뢰도 내용을 보기로 제시하고, 무엇을 설명하는지 묻는 유형
3) 기출 24-13 기출 15-07 객관도 내용을 보기로 들고, 적합한 용어를 찾는 유형
　기출 17-14 같은 대상자에 대해 두 명 이상의 검사자가 각각 측정한 점수들이 일치하는 정도를 나타내는 것을 묻는 유형으로, 정답은 객관도이다.
4) 기출 16-04 객관도를 높이는 방법이 아닌 것을 찾는 유형

제4장 인체 계측

1. 인체의 측정과 평가

가. 인체 계측

1) 인체 계측의 이해
① 인체 계측의 개념[1]
  ㉠ 신체의 전부 또는 일부분을 체계적으로 측정하기 위한 일련의 표준화된 영역
  ㉡ 신체의 크기, 비율, 형태를 규명하는 수단
  ㉢ 건강과 관련된 수명과의 관계 규명 등에 활용한다.
② 인체 계측의 목적 : 개인의 건강 및 발육 상태, 개인이나 특정 집단의 특성 파악, 신체 부위들의 비율 파악 등이다.
③ 인체 계측의 역사
  ㉠ 1912 국제인류선사학회에서 인체측정의 통일화를 결정
  ㉡ 1928 Martin(독일)에 의해 인체측정방법 통일
  ㉢ 1986 국제인체측정학회 설립, 인체측정 표준화, 도구, 방법 등을 채택

2) 인체 계측의 방법
① 인체 계측의 방법
  ㉠ 피검자의 표준 자세와 국제 공인 측정 도구가 필요
  ㉡ 신속·정확한 측정을 위해 인체조직과 기관에 대한 이해가 필요
  ㉢ 골격의 돌기, 뼈끝, 베인 자국 등을 계측 점으로 활용
  ㉣ 일반적으로 신체 중량, 길이, 폭, 깊이, 둘레 등을 측정
  ㉤ 측정 부위는 정해져 있지 않고, 목적과 필요에 따라 부위 선택이 가능
② 인체 계측 절차
  ㉠ 측정 부위를 선택한 후 측정 도구를 준비하고, 측정 카드를 제작
  ㉡ 측정 카드는 컴퓨터 입력·처리가 가능하도록 체계화되어야 한다.
  ㉢ 신상 사항(성명, 생년월일, 성별)과 측정일 기재
③ 인체 계측 정확도를 높이기 위한 고려 사항[2] : 측정 시 자세, 측정의 일관성, 공인된 측정 도구 사용
④ 인체 계측 측정자의 숙련 정보 지표[3] : 숙련된 측정자의 숙련도는 정밀도, 신뢰도, 정확도 등으로 나타난다.
⑤ 인체 계측 도구[4]
  ㉠ 일반적인 계측 도구 : 체중계, 신장계, 줄자
  ㉡ 캘리퍼(calliper, 활동계, 피하 지방측정기) : 원통형, 구형 등 곡면을 갖는 인체 또는 물체의 안지름, 바깥지름을 측정하는 도구

---

1) [기출 19-02] 인체 계측으로 얻을 수 있는 자료를 모두 고른 것을 찾는 유형
2) [기출 23-06] 인체 계측의 정확도를 높이는 요인을 찾는 유형으로, 대상자의 표준 자세가 정답이다.
   [기출 21-10] 인체 계측의 정확도를 높이기 위한 고려 사항으로 틀린 것을 찾는 유형으로, 안정 시 심박수는 오답 찾기의 정답이다.
3) [기출 23-15] 인체 계측에서 측정자의 숙련도를 나타내는 지표가 아닌 것을 찾는 유형으로, 정밀도·신뢰도·정확도는 측정자의 숙련과 연관이 있다. 실용도가 오답 찾기의 정답이다.
4) [기출 23-13] '시간에 따른 속도의 변화 측정' 등을 보기로 들고, 어떤 인체 계측기를 사용해야 하는지 묻는 유형으로, 정답은 가속도계이다.

ⓒ 고니오미터(goniometer) : 관절 가동범위의 각도 측정 도구로, 최근 레이저를 사용하는 전자식도 개발되어 있다.
ⓓ 촉각계 : 지각신경 감각의 인지능력을 측정하기 위한 도구로, 피부 위의 두 점을 동시에 자극하여 그 자극이 하나가 아니라 둘임을 느낄 수 있는 최단 거리를 재는 컴퍼스 모양의 기구
ⓔ 보수계(passometer) : 만보계로 알려져 있으며, 걸음걸이 수 측정 도구
ⓕ 가속도계((accelerometer) : 인체 움직임의 가속도를 측정하는 도구
ⓖ 심박 수 측정기 : 심장 박동수를 측정하는 도구로, 최근 핸드폰에서 측정할 수 있다.

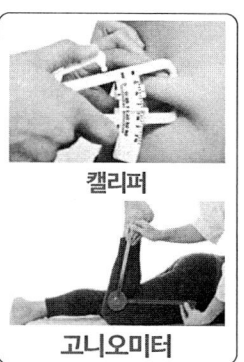

⑤ 인체 계측 유의사항[1)
  ㉠ 피하지방 측정 시 캘리퍼를 표시 지점에 위치시킨 후 약 4초 후 측정한다.
  ㉡ 피하지방 측정 시 캘리퍼는 표시 지점에서 직각(90도)이 되도록 잡아야 한다.
  ㉢ 둘레 측정 시 교차기법으로 측정 지점을 조절한다.
  ㉣ 너비를 측정할 때 캘리퍼에 압력이 주어진 상태에서 측정하지 않아야 한다.

2) 인체 계측 종류

① 인체 계측의 종류별 용도

구분	용도	구분	용도
체중	인체 충실도 지표	너비	인체 외적인 폭과 두께 발육 지표
길이	인체 발육·발달 지표	둘레	인체 외적인 폭과 영양 상태 지표
피부 두겹	피하지방의 정도		

보충설명 너비와 둘레 : 너비는 특정 부위의 가로로 건너지른 거리이며, 둘레는 바깥 언저리 길이이다.

② 인체 계측에 사용되는 변인[2) : 체중, 길이, 둘레, 너비, 피부 두겹 두께
용어해설 변인(variable) : 관심 있는 현상과 관련된 자료의 속성이나 특징, 변수라고도 한다.

나. 인체 계측의 실제[3)

1) 체중

① 체중 계측의 의미 : 신체 크기를 반영하는 기준으로, 성장·발달·체력 연구 등에 많이 이용되며, 비만과 영양 상태 파악하는 필수 요소이다. 무게라고 표현되기도 한다.
② 체중 계측의 방법 : 일반적으로 선 자세에서 측정하고, 측정 도구는 체중계를 사용하며, 천평성 저울과 수평 접시저울 등을 사용한다.

2) 길이

① 길이 계측 대상 : 신장, 앉은키, 넙다리, 종아리, 양팔, 어깨-팔꿈치, 팔꿈치-손목, 손, 팔꿈치-손
② 신장
  ㉠ 적용 : 신체의 길이와 뼈의 길이를 계측하는 주요 지표로 활용되며, 질병과 영양 상태를 평가하는데 적용한다.

---

1) 기출 15-14 인체측정 시 유의 사항으로 틀린 것을 찾는 유형으로, '캘리퍼 사용 시 압력을 가하여 측정한다.'라는 것이 오답 찾기의 정답이다.
2) 기출 18-17 인체측정에 사용되는 변인을 보기로 들고 해당하는 것을 모두 고른 것을 찾는 유형
   기출 16-01 인체측정 요인에 대한 설명으로 틀린 것을 찾는 유형
3) 기출 22-17 인체 계측 부위별 측정 도구가 잘못 연결된 것을 찾는 유형으로, 가슴너비는 촉각계를 사용해야 하지만, 피지후계로 연결되어 있는 것이 오답 찾기의 정답이다.

ⓒ 계측 방법 : 선 자세 측정, 누운 자세 측정, 양팔 길이 측정 등이다.
　　ⓒ 계측 도구 : 스튜디오 미터계, 마틴식 인체 계측기 등을 사용한다.
　　② 계측 유의사항 : 척추 사이의 섬유질 판이 중력에 의해 주는 경우가 있어 신장 크기가 시간에 따라 1~2cm 정도 변화하므로 오전에 측정하는 것이 정확하다.
③ 앉은키
　　㉠ 계측 범위 : 엉덩이에서 머리 마루 뼈까지의 길이이며, 신장에서 앉은키를 빼면 다리의 길이가 된다.
　　ⓒ 계측 도구 : 측정 테이블, 인체 계측기, 줄자 등을 사용한다.
　　ⓒ 계측 유의사항 : 피검자의 다리가 바닥에 닿지 않을 정도를 측정 대가 높아야 한다.
④ 넙다리
　　㉠ 계측 범위 : 엉덩이와 무릎 사이의 길이를 측정한다.
　　ⓒ 계측 도구 : 활동계 또는 줄자를 사용한다.
　　ⓒ 계측 방법 : 줄자를 이용하는 직접 계측 방법과 다리 길이에서 정강이뼈 길이와 발 높이를 뺀 값으로 간접 측정방법이 있다.
⑤ 종아리
　　㉠ 계측 범위 : 다리 일부분으로, 무릎관절에서 복사뼈 끝 부위까지이며, 계측할 때 왼발을 오른발 무릎 위에 올려놓은 상태로 계측한다.
　　ⓒ 계측 도구 : 활동계 또는 줄자를 사용한다.
⑥ 양팔 길이
　　㉠ 계측 범위 : 어깨높이로 양팔을 벌렸을 때 양손의 끝 길이로, 키와 상관관계가 높다.
　　ⓒ 계측 도구 : 줄자를 사용한다.
⑦ 어깨-팔꿈치 길이
　　㉠ 계측 범위 : 팔꿈치를 꾸부려 위팔과 아래팔이 직각이 되도록 한 상태에서 어깨와 팔꿈치의 길이를 잰다.
　　ⓒ 계측 도구 : 활동계를 사용한다.
　　ⓒ 적용 : 산업 현장의 작업 공간 설계에 유용하며, 생체역할의 동작 분석에 적용한다.
⑧ 팔꿈치-손목 길이
　　㉠ 계측 범위 : 팔꿈치를 꾸부려 위팔과 아래팔이 직각이 되도록 한 상태에서 팔꿈치와 손목의 길이를 잰다.
　　ⓒ 계측 도구 : 활동계를 사용한다.
⑨ 손길이
　　㉠ 계측 범위 : 왼손 팔꿈치를 굽혀 아래팔이 지면과 수평이 되도록 하고, 손바닥을 위로 향하여 손가락을 뻗은 상태에서 손의 길이를 잰다.
　　ⓒ 계측 도구 : 활동계를 사용한다.
⑩ 팔꿈치-손길이
　　㉠ 계측 범위 : 팔꿈치를 꾸부려 위팔과 아래팔이 직각이 되도록 한 상태에서 팔꿈치와 손끝까지의 길이를 잰다.
　　ⓒ 계측 도구 : 활동계를 사용한다.

3) 너비
① 너비 계측 대상 : 어깨너비, 가슴너비, 가슴 깊이, 엉덩이 너비, 무릎 너비, 발목 너비, 팔꿈치 너비, 손목 너비 등이다.

② 어깨너비
　㉠ 적용 : 골격 지표로 체형 및 성별 체격 차이 평가에 적용한다.
　㉡ 계측 범위 : 양팔을 붙여 앞쪽으로 향하게 하고, 뒤편에서 계측한다.
　㉢ 계측 도구 : 활동계를 사용한다.
③ 가슴너비
　㉠ 적용 : 어린이와 청소년의 성장 지표로 활용할 수 있으며, 산업 현장 작업 공간 크기 설정, 의류 디자인 등에 적용하며, 운동수행과 폐 기능 평가에 적용한다.
　㉡ 계측 범위 : 양팔을 붙인 상태에서 앞쪽으로 향하게 하고, 뒤편에서 어깨 둥지 양쪽의 바깥 부위까지 계측한다.
　㉢ 계측 도구 : 촉각계를 사용한다.
④ 가슴 깊이[1]
　㉠ 계측 범위 : 촉각계 한쪽 끝을 네 번째 목갈뼈 결합 부위의 중앙선 복장뼈 위에서부터 동일 선상의 척추 돌기까지 길이를 잰다.
　㉡ 계측 도구 : 촉각계를 사용한다.
⑤ 엉덩뼈 너비
　㉠ 적용 : 골격 크기 지표로, 골반 크기 평가에 적용한다.
　㉡ 계측 범위 : 팔짱을 끼고 가슴 위에 둔 상태에서 엉덩뼈 양쪽 끝 사이를 계측한다.
　㉢ 계측 도구 : 활동계를 사용한다.

4) 둘레

① 둘레 계측의 이해
　㉠ 둘레 계측의 의미 : 어린이들의 성장 상태 평가와 지방 및 영양 상태의 지표를 제공하며, 지방·근육·뼈의 단면적에 관한 정보를 제공한다.
　㉡ 계측 도구 : 줄자를 사용한다.
　㉢ 계측 대상 : 머리둘레, 목, 물레, 어깨 둘레, 가슴둘레, 허리둘레, 배 둘레, 엉덩이둘레, 넙다리 둘레, 종아리 둘레, 발목 둘레, 위팔 둘레, 손목 둘레
② 머리둘레
　㉠ 뇌 크기와 밀접하게 관련되므로 유아 인체측정의 기본 요소이다.
　㉡ 뇌 무게는 36개월 이후 약 30% 증가한다.
③ 목둘레 : 성장과 운동수행, 비만과 노화 등의 임상의학과 인체공학에 적용된다.
④ 어깨 둘레
　㉠ 어깨와 몸통 위쪽 근육 발달 자료로 사용되고 있다.
　㉡ 삼각근의 제지방량과 비례하므로 근력 훈련량에 따라 변한다.
　㉢ 인체공학 및 체육학 연구에 적용된다.
⑤ 가슴둘레 : 유아와 어린이들의 영상 상태를 평가하는 지표로 사용된다.
⑥ 허리둘레
　㉠ 배 부위 내장지방 조직을 나타내며, 제지방량과 깊은 관련이 있다.
　㉡ 엉덩이·허벅지 둘레와 비교하여 허리둘레가 클수록 남성형 지방분포 형태를 나타내며, 인슐린 의존 당뇨병과 같은 질환에 걸릴 위험이 크다.
　㉢ 일반적으로 사용하는 비만 지수인 체질량 지수(몸무게/체중^2)와 상관성이 높다.
⑦ 배 둘레 : 허리둘레와 함께 배 부위 내장지방 조직을 평가하는 지표로 활용한다.

---

1) 기출 18-18 가슴 깊이 측정에 사용되는 계측 도구를 선택하는 유형으로, 정답은 촉각계이다.

⑧ 엉덩이둘레 : 외형적인 골반 크기의 측정으로, 하지의 체지방 척도이며, 허리둘레와 함께 피하 지방 분포도의 지표이다. 허리/엉덩이둘레 비율은 여자가 남자보다 낮다.
⑨ 넙다리 둘레
  ㉠ 신체 밀도 평가에 이용되며, 지방과 제지방량 평가 지표이다.
  ㉡ 최대, 중간, 최소의 세 부위에서 측정할 수 있다.
  ㉢ 무릎 바로 위에서 측정된 넙다리 둘레는 질병과 상해로 인한 근육 측정의 지표가 된다.
⑩ 종아리 둘레
  ㉠ 종아리 부위의 근육과 지방조직을 평가하는 데 이용한다.
  ㉡ 성인과 노인의 신체 구성을 예측하는 정보를 제공한다.
⑪ 발목 둘레 : 골격 크기의 지표로, 의류, 신발, 양말을 디자인하는데 적용된다.
⑫ 위팔 둘레
  ㉠ 에너지 저장과 단백질량의 지표로 이용된다.
  ㉡ 팔 근육과 지방조직의 면적을 산출하기 위하여 피하지방과 함께 사용된다.
  ㉢ 위팔 둘레 값이 적으면 단백질 부족에 의한 에너지 결핍을 의미한다.
⑬ 손목 둘레 : 성장과 유전자 증후군의 지표로 이용된다.

5) 피부 두겹 두께
① 피부 두겹[1] 두께의 의미
  ㉠ 피부 바로 아래 위치한 피하지방의 정도를 나타내는 지표이다.
  ㉡ 체지방을 평가하기 위한 아주 간단하게 측정할 수 있는 장점을 갖고 있다.
  ㉢ 개인, 집단, 연령에 따라 차이가 있고, 총지방량에 영향을 미친다.
  ㉣ 피부 두겹 두께의 계측 대상 : 외팔 등 쪽 부위, 위 두 갈래 근 부위, 어깨뼈 아래 끝 부위, 겨드랑이 중앙, 가슴, 배 부위, 엉덩뼈 윗부위, 넙다리 종아리 부위 등이다.
  ㉤ 측정 도구로는 캘리퍼 도구를 가장 많이 활용한다.
  ㉥ 측정 부위나 측정방법에 따른 오차가 크기 때문에 숙련된 측정자가 필요하다.
  [용어해설] 피부 두겹(skin fold) : 피부와 피하지방조직의 이중 층을 말한다.
② 위팔 등 쪽 부위 피부 두겹 두께 : 다른 부위의 피부 두께보다 측정이 쉬우므로 흔히 사용되고 있으며, 지방분포 형태 연구에 적용된다.
③ 위 두 갈래 근 부위 피부 두겹 두께 : 다른 피부 두겹 두께와 결합하여 총지방량의 예측 인자를 측정할 수 있고, 외팔 등 쪽 부위 피부 두겹 두께와 함께 근육과 뼈의 횡단 면적을 산출하는데 적용된다.
④ 어깨뼈 아래 끝 피부 두겹 두께 : 몸통 뒷부위의 피하지방 측정으로 영양 상태를 나타내는 지표이다.
⑤ 겨드랑이 중앙 피부 두겹 두께 : 총지방량과 지방분포 형태의 자료로 활용된다.
⑥ 가슴 피부 두겹 두께 : 수중 체중법으로 산출된 신체 밀도와 상관이 높고, 인체측정으로부터 신체 밀도를 추정하기 위한 회귀방정식 자료로 활용된다.
⑦ 배 부위 피부 두겹 두께 : 총지방량을 추정하기 위한 회귀방정식에 적용되고 있으며, 체중이 감소하면 많이 감소한다.
⑧ 엉덩뼈 윗부위 피부 두겹 두께 : 다른 피부 두겹 두께와 함께 체지방량을 추정하기 위한 지표로 활용되며, 질병 위험에 영향을 미치는 부위별 피하지방 분포 형태 연구에 적용되고 있다.
⑨ 넙다리 피부 두겹 두께 : 다른 피부 두겹 두께와 함께 체지방량을 추정하기 위한 지표로 활용되며, 질병 위험에 영향을 미치는 부위별 피하지방 분포 형태 연구에 적용된다.
⑩ 종아리 피부 두겹 두께 : 다른 피부 두겹 두께와 함께 체지방량을 추정하기 위한 지표로 활용되며, 질병 위험에 영향을 미치는 부위별 피하지방 분포 형태 연구에 적용된다.

---

[1] 기출 19-19 피하지방 측정의 설명이 바르게 된 것이 모두 묶인 것을 찾는 유형

2. 체형의 측정과 평가

가. 체형 측정의 개요

1) 체형 측정의 개념
① 체형과 체형 측정의 의미[1]
  ㉠ 체형의 의미 : 유전적 체질, 체격, 성격, 운동 여부, 영양 상태, 종족, 문화의 차이, 질병 등의 환경적 영향을 받아 형성된 신체의 형태적 유형을 의미한다.
  ㉡ 체형 측정의 의미 : 신체의 형태와 신체적 특성을 측정하여 자료를 산출하는 활동

② 체형 관련 용어의 정의
  ㉠ 체형(體刑, form) : 신체의 외적인 모습, 외형(body shape)
  ㉡ 체형(體型, somatotype, body type) : 신체 외형과 각 부위를 측정하여 전체 정보를 계량화한 것으로, 유전적 체질, 소질 및 영양, 질병 등이 환경의 영향을 받아 형성된 신체의 형태적 유형
  ㉢ 자세(姿勢, posture) : 외형으로 본 자태, 자연스러운 신체의 외형, 정적인 자세 정렬 상태에서 가장 잘 묘사되며, 척추 정렬 상태, 각 관절의 위치, 근육 간의 균형 상태 등
  ㉣ 체격(體格, physique) : 골격, 근육, 피하지방 등 신체 구조

③ 체형 측정방법 : 인체측정은 인체 측정기를 사용하거나 사진 촬영 기술을 이용하며, 형상 측정을 위해서는 형상 측정기 또는 모아레 간접 촬영 기술을 활용한다.

  용어해설 **모아레**(moire) : 등고선 무늬가 표시된 진단기를 통해 디지털카메라로 촬영하는 검사방법으로, 정밀 진단을 통해 치료 과정과 호전 정도를 안전하고 면밀하게 파악할 수 있다. 모아레의 본래 의미는 물결무늬를 나타내는 프랑스어이다.

2) 체형 측정의 분류
① 체형 구조와 체형 기능성
  ㉠ 체형 구조 : 표준 자세에서 움직이지 않는 상태로 신체 부위의 길이, 무게, 부피, 둘레 등을 측정
  ㉡ 체형 기능성 : 움직이는 자세에서 관절의 운동이나 동작 범위 등의 동적 특성과 각 부위의 관성과 특성을 측정

나. 체형평가

1) 셀던(Sheldon)의 체형평가
① 셀던의 체형 유형 요소[2]

구분	내용	비고
내배엽형	태생기 내배엽에서 발생하는 소화기관의 발달이 뚜렷하고, 근육의 발달은 미약한 형태	내배엽 (비만형) / 중배엽 (근육형) / 외배엽 (세장형)
중배엽형	근육 발달이 현저하여 전신이 균형 있게 발달하고, 건강하게 보이는 형태로, 스포츠에 이상적인 체형	
외배엽형	외배엽성인 피부와 신경계통이 발달했지만, 근육이 빈약하고, 상대적으로 팔다리가 길고 마른 체형	

요점정리 **스포츠에 이상적 체형** : 중배엽이다. 내배엽은 뚱보, 외배엽은 멸치로 기억하자. 출제 다빈도 부분이다.

보충설명 **체형평가의 출제 경향** : 체형평가 방법은 셀던을 비롯하여 히스와 카터, 켄달, 시가우드, 크레치머 등 여러 방법이 있어 헷갈리지만, 시험에는 셀던과 히스와 카터의 평가 방법이 대부분 출제된다.

---

1) 기출 19-08 인체측정 부위 중 체형 측정에 포함되지 않는 것을 찾는 유형으로, 인체 계측에 해당하는 사항은 체형 측정이 아니다.
2) 기출 24-05 체형 유형 요소를 보기로 제시하면서 일부 ( )로 비워놓고, 적합한 용어를 찾는 유형
  기출 23-04 기출 22-05 기출 19-20 기출 16-02 셀던의 체형 유형 요소에서 근육과 골격이 우세하며, 스포츠에 적합한 형을 찾거나, 설명에 부합하는 유형을 찾는 형태로, 중배엽형은 스포츠에 적합한 이상적인 체형이다.
  기출 17-10 기출 15-12 셀던의 체형 유형 요소가 아닌 것을 찾는 유형

② 체형 삼각도
  ㉠ 체형 삼각도의 개요 : 3요소를 7점 척도로 평가한 후 3개의 숫자(첫 숫자는 내배엽, 둘째 숫자는 중배엽, 셋째 숫자는 외배엽)로 조합하여 표시한다. 전체 343가지 체형이 존재
  ㉡ 체형 삼각도 모형 : 옆 그림 참조
③ 사진 촬영법 이용 체형평가 : 신장을 체중의 세제곱근으로 나눈 값

| 공식 | 신장·체중비 = 신장/$\sqrt[3]{체중}$ |

④ 셀던 체형평가 방법의 모순 : 주관성이 강하고, 척도가 임의적이며, 체형 불변의 가정 등의 모순을 갖고 있다.

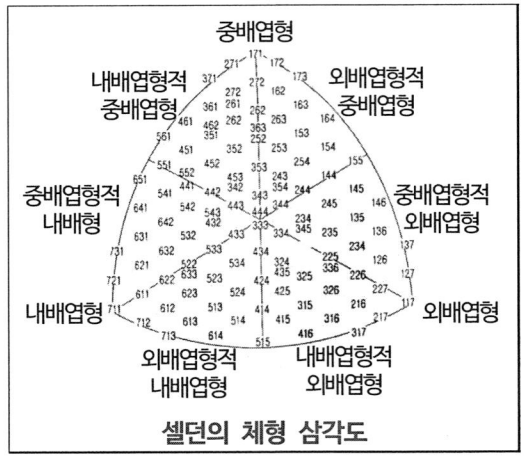
셀던의 체형 삼각도

2) 셀던의 신체 둘레법

① 셀던의 신체 둘레법 개념
  ㉠ 셀던의 체형평가 방법의 모순에 대한 비판이 일자 셀던이 새롭게 개발한 검사방법
  ㉡ 주관성을 일부 배제하였지만, 여전히 여러 문제를 내포하고 있다고 간주하고 있다.
  ㉢ 몸통 지수법이라고도 한다.
② 신체 둘레법의 평가 방법[1]
  ㉠ 표준체형 사진을 이용하여 면적계를 사용 몸통 지수(몸통을 가슴 부위와 허리 부위로 분리한 후 면적계로 측정)를 계산한다.
  ㉡ 피험자의 최대, 최소 신장과 체중 값을 평가한다.
  ㉢ HWR과 몸통 지수의 도표를 적용한다.
  ㉣ 최대신장에 대비하여 할당된 체형도표를 적용한다.
  ㉤ 몸통 지수, 최대신장, 폰더럴 지수를 결합한 체형도표를 적용한다.

> 보충설명 HWR(hip to waist ratio, 허리-엉덩이 비율)
> 1) 공식 : Waist/Hip
> 2) 판단 기준 : 여성 0.85 이상, 남성 0.9 이상이면 비만으로 진단

> 용어해설 폰더럴 지수(Ponderal Index) : 신장을 체중의 세제곱근으로 나눈 값으로, 몸무게 지수를 나타낸다.
> (폰더럴 지수 공식=신장/$\sqrt[3]{체중}$)

3) 히스(Heath)와 카터(Carter)의 체형분류

① 히스와 카터 체형분류의 개념[2]
  ㉠ 현재 국제체력검사표준화위원회에서 채택되어 운영되고 있으며, 가장 보편적인 체형분류 방법이다.
  ㉡ 평가 방법은 인체 계측과 사진 촬영법을 통해 측정한다.

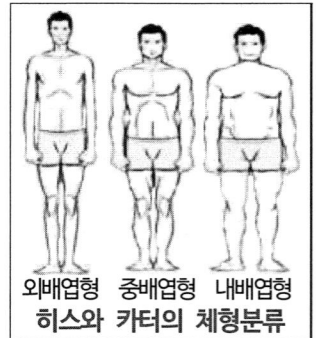
외배엽형 중배엽형 내배엽형
히스와 카터의 체형분류

---

1) 기출 22-03 HWR 공식이 바르게 된 것을 찾는 유형으로, 정답은 waist/hip이다.
   기출 15-17 HWR의 설명이 바르게 된 것을 찾는 유형
2) 기출 22-13 Heath-Carter의 체형평가에 대한 설명이 바르게 된 것을 찾는 유형으로, 평가 방법은 인체 계측과 사진 촬영법을 사용한다.

② 분류 : 신장, 체중, 피하지방(상완 배부, 견갑골 하부, 전장골릉 상부, 하퇴배부), 상완 골단폭, 대퇴 골단폭, 상완 굴위, 하퇴체대위 등 10개 항목에서 내배엽, 중배엽, 외배엽의 지수를 산출하여 13개 체형으로 분류하였다.

③ 히스와 카터의 체형 3요소[1]
   ㉠ 제1요소(내배엽) : 3 부위 피하지방(위팔 등 쪽 부위, 어깨뼈 아래 끝 부위, 엉덩뼈 윗부위)의 합으로 산출한다.
   ㉡ 제2요소(중배엽) : 팔·다리 관절돌기의 너비, 구부린 위팔 둘레, 종아리 중앙부위의 둘레를 이용하여 계산한다.
   ㉢ 제3요소(외배엽) : 폰더럴 지수를 계산한다.

4) 켄달(Kendall)의 체형분류
① 켄달의 체형분류 개념 : 시상면(측면)을 기준으로 근육 상태를 기준으로 4가지로 분류하였다.
② 분류

구분	내용
❶ 이상 체형 normal	체중이 고르게 분산, 각 관절이 안정
❷ 후만/전만 체형 kyphosis/lordosis	• 흉추 과신전 체형 : 후만 체형 • 요추 과신전 체형 : 전만 체형
❸ 편평 등 체형 flat back	척추가 일직선인 체형
❹ 굽은 등 체형 sway back	배와 골반이 앞으로 나온 체형으로, 엉덩이 근육이 약하고, 무게 중심이 전방화

5) 시가우드(Sigaud)의 체형분류
① 시가우드의 체형분류 개념 : 체형의 외적 형태를 중심으로 분류
② 분류
   ㉠ 소화기형 : 복부가 발달하여 피하지방이 많고, 가슴은 넓고 짧으며, 팔·다리가 짧다.
   ㉡ 호흡기형 : 가슴·목·얼굴이 발달하였고, 근육 발달이 약하여 사지와 허리가 가늘다.
   ㉢ 근육형 : 근육이 발달하였고, 어깨가 넓으며 복부 근육이 발달하여 균형이 잡혔고, 팔·다리가 길다.
   ㉣ 두뇌형 : 몸체가 짧으며, 상대적으로 머리가 크다. 얼굴은 역삼각형으로 이마가 튀어나오고, 사지가 짧은 편이다.

6) 크레치머(Kretschmer)의 체형분류
① 크레치머의 체형분류 개념 : 체형의 외형을 보고 체형과 기질·성격 등의 연관 관계를 기초로 분류
② 분류
   ㉠ 비만형 : 어깨가 좁고, 몸통이 굵은 체형으로, 명랑하며 사교적이고, 외향적 기질을 갖는다.
   ㉡ 세장형 : 키가 크고 뼈나 근육 발달이 미흡한 체형으로, 성격은 내성적이다.
   ㉢ 투사형 : 어깨가 넓고, 근육과 골격이 발달한 형태로, 성격이 평소 온화한 편이지만 가끔 분노가 폭발하는 경우가 많다.

---

[1] 기출 24-03 기출 21-09 Heath-Carter의 체형 측정 항목이 아닌 것을 찾는 유형으로, 대퇴 길이(24-03)와 허리둘레(21-09)는 포함되지 않는다.
기출 15-10 Heath-Carter의 체형 측정방법 중 내배엽(1요소) 평가의 계측 요소를 찾는 유형

제5장 체력 측정

1. 체력의 이해

가. 체력의 개념

1) 체력의 정의
① 체력의 정의에 대한 다양한 견해
  ㉠ 근육을 움직여 과제를 수행하는 신체의 적응력으로, 주어진 조건에서 작업을 만족스럽게 수행하는 능력을 말한다.(세계보건기구 WTO, 1967)
  ㉡ 신체 움직임을 수행할 수 있는 유기체로, 신체의 양호한 조건 및 기능(Updyke, 1970)
  ㉢ 여가를 즐길 수 있는 에너지와 위험한 상황에 대처할 수 있는 능력(Clarke, 1971)
  ㉣ 신체 기관, 운동, 문화적 환경 등 3요소가 결합한 질적 행동(Council of Europe, 1988)
② 체력의 일반적 의미 : 생리적·화학적·물리적 힘 등의 3요소가 조화된 신체의 다양한 능력

2) 체력 검사
① 체력 검사의 의미 : 신체의 일반적 건강 상태와 체력을 조사하는 활동
② 체력 검사의 목적[1] : 현재의 체력 수준의 진단, 안전 및 유효 기준의 제공. 운동 목표의 성취도 평가, 교육 및 동기유발, 운동 프로그램의 평가
③ 체력 검사에서 가장 먼저 시행하는 항목[2] : 신체 조성

> **보충설명** 체력 검사의 기초 항목 : 제3과목 트레이닝론에서 2021년 문제 19번에 체력 검사에서 가장 먼저 시행되는 항목이 무엇인지 묻는 유형으로 출제되었고, 정답은 신체 조성이다.

3) 국민 체력 100 사업
① 사업의 개요 : 국민의 체력 및 건강 증진을 목적으로, 체력 상태를 과학적 방법으로 측정·평가하여 운동 상담 및 처방하는 체육 복지서비스로, 국민체육진흥공단이 주관한다.
② 성인 검사 항목 : 신체 조성, 심폐지구력(오래 걷기, 건강달리기, 수영 등), 근력/근지구력{짐 옮기기, 웨이트 트레이닝(헬스), 자전거 타기 등}, 신체 조성(정상 체중 유지, 근육 및 뼈 질량 증가 등) 유연성(스트레칭, 요가, 필라테스 등)
③ 노인 검사 항목 : 신체 조성, 심폐지구력(오래 걷기, 계단 오르기 등), 근력/근지구력(자전거 타기, 장보기 등), 평형성 및 민첩성(낙상 예방, 버스에서 타고 내리기, 건널목 건너기, 에스컬레이터 타기 등), 유연성(옷 입기, 안전띠 매기, 등 밀기 등)

4) 노인 체력 검사(SFT, senior fitness test)
① 노인 체력 검사의 개념 : 노인의 정상적인 일상 활동을 하는 데 필요한 신체기능을 측정하고 평가하는 검사로, 미국에서 개발되었지만, 전 세계적으로 활용되고 있다.
② 노인 체력 검사 항목[3] : 의자에서 일어섰다 앉기, 아령 들기, 6분 걷기, 2분 제자리 걷기, 의자에 앉아 손 뻗기, 등 뒤로 두 손 모으기, 의자에 앉았다가 일어나 2.44m 왕복 걷기

---

1) 기출 16-13 체력 검사의 목적이 아닌 것을 찾는 유형으로, 오답 찾기의 정답은 위에 포함되지 않는 '검사 도구의 개발'이다.
2) 기출 21-09 제3과목 트레이닝론 출제) 체력 검사에서 가장 먼저 시행되는 것을 묻는 유형으로, 정답은 '신체 조성'이다.
3) 기출 20-15 SFT에서 체력요인과 측정 항목의 연결이 잘못된 것을 찾는 유형

나. 체력의 구성

1) 체력의 구분[1]

구분	내용
건강 관련 체력	유산소 능력(심폐지구력), 신체 구성, 유연성, 근력, 근지구력
운동 수행 관련 체력	순발력, 속도, 민첩성, 반응시간, 협응성, 평형성

보충설명 건강 체력과 운동 체력 : 제4과목 건강교육론에서도 다루어지고, 같은 유형으로 출제되기도 한다.

2) 건강 관련 체력요인[2]

구분	내용
유산소 능력	주어진 시간 내 중강도에서부터 고강도 신체활동을 실행할 수 있는 능력
신체 구성	체중은 체지방과 제지방으로 구분
유연성	근육과 관절의 가동범위를 통하여 움직일 수 있는 능력
근력	짧은 시간 고강도의 힘을 발휘하기 위한 근육의 능력
지구력	주어진 시간에 저강도와 중강도에서 반복적으로 힘을 유지하기 위한 능력

보충설명 건강 관련 체력요인 : 미국체육학회(AAHPERD, American Alliance for Health, Physical Education, Recreation and Dance)가 1988년 정의하였다.

3) 운동수행 능력 관련 체력요인

구분	내용
순발력	운동을 수행하는 능력이나 속도
속도	단시간 내의 움직임 수행 능력
민첩성	스피드와 정확성을 동반한 공간에서 신체 위치 변경 능력
반응시간	자극과 반응 사이의 경과 시간
협응성	과제 수행 시 시각 등 감각기관을 함께 정확하게 사용할 수 있는 능력
평형성	정지하거나 움직이는 상태에서 균형을 유지하는 능력

2. 체력 검사의 실제

가. 근력

1) 근력(muscular strength, 筋力)의 이해

① 근력의 개념[3] : 한 번의 최대한 노력으로 생성되는 힘의 양으로, 근수축에 의해 발생하는 물리적 운동에너지이며, 모든 신체활동은 근력에 의해 일어난다. 악력과 배근력 등으로 근력을 측정할 수 있다.

② 근력의 특성
　㉠ 작업 능력을 높이며, 상해 위험을 줄이고, 잘못된 자세와 운동 부족, 요통 등을 예방한다.

---

[1] 기출 24-17 체력에 대한 설명으로 틀린 것을 찾는 유형으로, 건강 관련 체력으로 '민첩성과 평형성'이 포함되어 오답 찾기의 정답이다.
　기출 23-17 보기에서 건강 관련 체력 요소를 모두 고른 것을 찾는 유형
　기출 15-11 건강 관련 체력 요소가 아닌 것을 찾는 유형
[2] 기출 23-05 기출 19-03 체력요인에 대한 설명으로 틀린 것을 찾는 유형
　기출 15-11 건강 관련 체력 요소가 아닌 것을 찾는 유형
[3] 기출 23-02 근력의 개념을 보기로 들면서 일부 ( )로 비워두고, 적절한 용어를 선택하는 유형으로, '근력은 근수축에 의해 발휘하는 힘을 말하며, 악력과 배근력 등으로 측정한다.'라는 것을 기억해야 한다.

ⓒ 운동수행 능력을 향상시킨다.
　　ⓓ 긴급 상황에서 생명 보호를 위해 근력과 근지구력이 모두 필요하다.
③ 근력 사용 운동의 분류
　　㉠ 등장성(isotonic) 운동 : 웨이트 트레이닝과 미용체조와 같이 저항이 올라가고 내려가는 운동으로, 근육이 짧아지거나 늘어나는 동작으로 실행된다.
　　㉡ 등척성(isometric) 운동 : 움직이지 않는 목표물에 발휘되는 힘으로, 근력과 근지구력을 향상하는 데 효과가 있다.
　　㉢ 등속성(isokinetic) 운동 : 충분한 가동범위에서 일정한 운동 속도를 유지하는 기구를 이용하여 실행하는 등장성 단축성 근수축 운동이다.
　　[보충설명] **근력 사용 운동의 분류** : 근력을 사용한 운동인 등장성·등척성·등속성 운동에 대해서는 제3과목 트레이닝에서 자세히 설명되어 있다.
④ 등장성, 등척성, 등속성 운동의 장단점

구분	장점	단점
등장성 운동	· 스포츠 기술에서 사용되는 동작을 효과적으로 모방할 수 있다. · 동작 협응력을 향상시킨다. · 근력 증대를 촉진한다.	· 최대 가동범위에서 근력을 수축시키지 못한다. · 특별한 장비나 기구가 필요하다. · 통증을 유발할 수 있다.
등척성 운동	· 모든 장소에서 실행할 수 있다. · 비용이 저렴하고, 장비가 필요 없다. · 움직이지 않은 관절을 재활시킬 수 있다.	· 오직 한 가지 자세에서 근력을 증강 시킨다. · 근 비대 효과가 작다. · 스포츠 기술과 관련이 적고, 변형이 어렵다.
등속성 운동	· 최대 가동범위에서 근력을 증대시킨다. · 재활과 평가에 가치가 있다. · 안전하고, 통증을 덜 유발한다.	· 특별한 장비 사용이 필요하다. · 스포츠에서 나타나는 자연스러운 가속을 되풀이할 수 없다. · 사용 방법이 복잡하고 모든 근육군을 운동시킬 수 없다.

⑤ 근력의 분류

분류		장점
정적 근력		물건을 밀거나 끌어당기거나 잡을 때와 같이 서서히 근섬유를 수축시켜 힘을 발휘할 때의 근력
동적 근력	순발력	순간적으로 근육을 수축시켜 강하게 힘을 발휘할 때의 근력으로, 흔히 파워라고 한다.
	근지구력	근수축을 지속시킬 수 있는 능력

　　[보충설명] **근력과 근지구력의 차이** : 근력은 한 번의 최대 노력으로 생성되는 힘의 양을 말하며, 근지구력은 운동을 오랫동안 할 수 있는 능력이다.

2) 등장성 근력 측정
① 등장성 근력 측정방법 : 1RM법(1 Repetition Maximum)
　　[용어해설] **1RM** : 1회 최대로 들어 올릴 수 있는 중량
② 등장성 근력 측정 순서
　　㉠ leg press, seated arm press, bench press 등의 중량 장비를 사용한다.
　　㉡ 2~3회 들어 올릴 수 있는 중량이 얼마인지를 평가한다. 무거운 중량보다는 가벼운 중량에서 시작하는 것이 좋다. 10회 이상 중량을 들 때 휴식을 취한 후 다음 날 다시 시행한다.
　　㉢ 중량을 선택한 후 정확한 자세로 leg press를 실행한다. 10회까지 실행할 수 있을 만큼 여러 번 실행한다.
　　㉣ leg press의 1RM을 결정하기 위해 '반복 횟수와 피로에 따라 예상된 1RM 표를 이용한다.

ⓜ seated arm press를 위해 위 절차를 반복한다.
ⓑ 결과에 따라 leg press와 seated arm press의 1RM 점수를 기록한다.
ⓢ 마지막으로 '중량에 따른 근력 평가표'에 의해 상체 근력과 하체 근력의 중량 등급을 결정한다.

용어해설 press : 밀착 상태의 운동을 말하며, 레그 프레스는 누운 상태에서 다리운동, 암 프레스는 팔운동, 벤치 프레스는 등을 눕힌 상태에서 가슴 위로 바벨을 들어 올리는 운동이다.

3) 등척성 근력 측정
① 등척성 근력 측정방법 : 악력
② 등척성 근력 측정 요령
  ㉠ 악력은 팔의 정적 근력을 측정하기 위한 검사로서, 아래팔 굽힘근과 손 근육을 평가한다.
  ㉡ 보통 18~30세 성인에게 적절하고, 이후에는 근조직이 감소하기 때문에 연간 0.5~1%의 조정이 필요하다.
  ㉢ 악력은 아래팔 근의 파워와 관련이 있지만, 근지구력과는 관련이 없다.
③ 등척성 근력 측정 순서
  ㉠ 악력계를 손 크기에 맞춰 조절한다.
  ㉡ 신호와 함께 손가락으로 악력계를 최대로 잡아당긴다.
  ㉢ 팔을 구부리거나 펼 수 있지만, 손, 팔꿈치, 팔이 몸에 닿지 않아야 한다.
  ㉣ 오른손과 왼손 모두 2회씩 실행하고, 높은 수치를 0.1kg 단위로 기록한다.
  ㉤ 악력 평가 기준표를 참조하여 남성은 우수 체력, 적절 체력, 경계 체력으로 구분하고, 여성은 우수 체력, 적절 체력, 경계 체력, 낮은 체력으로 구분한다.

나. 근지구력
1) 근지구력(muscle endurance)의 개요
① 근지구력의 개념
  ㉠ 근 운동을 일정 강도로 오랫동안 지속시킬 수 있는 능력
  ㉡ 정적 운동은 시간으로 평가하고, 동적 운동은 반복 횟수로 평가한다.
② 근지구력의 구분 : 정적 근지구력과 동적 근지구력

2) 근지구력의 측정[1]
① 턱걸이 : 체중을 이용하여 철봉에서 양팔과 어깨의 힘으로 팔의 근지구력을 측정하기 위한 검사로, 10세부터 일반 성인에게 적합하다.
② 팔굽혀펴기
  ㉠ 팔 폄근 동작의 근지구력을 평가하는 것으로, 바닥 또는 의자를 이용한다.
  ㉡ 체중이 부하 되므로 팔 근력에 비해 체중이 높으면 실적이 저조해진다.
③ 윗몸일으키기
  ㉠ 복근의 근지구력을 측정하기 위한 검사이다.
  ㉡ 측정시간을 1분 등으로 제한하는 방법과 시간을 정하지 않고 최대 반복 횟수를 측정하는 방법
④ 평행봉에서 팔굽혀펴기
  ㉠ 어깨와 팔의 근지구력을 측정하는 검사이다.
  ㉡ 남성을 대상으로 한다.

---

[1] 기출 22-02 근지구력 측정방법으로 옳은 것으로만 묶인 것을 찾는 유형으로, 턱걸이, 팔굽혀펴기, 윗몸일으키기, 평행봉에서 팔굽혀펴기, 손 짚고, 다리 펴서 일어나기 등이 근지구력 측정방법이다.
기출 18-01 근지구력 측정방법으로 옳은 것을 찾는 유형

⑤ 손 짚고, 다리 펴서 일어나기
  ㉠ 정해진 동작을 빠르게 반복함으로써 근지구력을 측정한다.
  ㉡ 4단계(바로 선 단계→바닥에 손 짚고 앉기→다리 펴기→바닥에 손 짚고 앉기→바로 서기)를 1분 동안 연속적으로 반복하여 실행한다.
  ㉢ 남녀 모두를 대상으로 할 수 있다.
  ㉣ 같은 방법으로 10초로 한정하여 실시하면 민첩성을 평가할 수 있다.
⑥ 등속성 근 기능과 등속성 근지구력 측정 : Cybex, Biodex, Kin-com 등의 장비를 사용해서 측정한다.

다. 순발력

1) 순발력의 개요[1]
  ㉠ 근육의 수축과 이완으로 신체가 활동하며, 근육의 순간적 수축이 강할수록 신체활동 능력은 우수하다.
  ㉡ 제한된 짧은 시간에 많은 양의 운동을 할 수 있는 능력을 순발력 또는 파워라고 한다.
  ㉢ 운동수행에 꼭 필요한 체력요인 중의 하나로, 단위시간 내에 이루어지는 행동이며, 힘과 속도를 곱하기로 계산하여 나타낸다.
  ㉣ 높이뛰기, 멀리뛰기, 멀리 던지기 등의 육상, 씨름, 레슬링, 유도 등 근육의 힘과 스피드와 관련된 순발력은 매우 중요하다.
  ㉤ 순발력 계산 공식

공식	$P = F \times V = F \times (D/T) = FD/T = 작업량/시간 = 작업률$	P : 순발력, F : 힘, V : 속도 D : 거리, T : 시간

  [용어해설] **순발력** : 제한된 짧은 시간에 많은 양의 운동을 할 수 있는 능력

2) 순발력 측정
① 순발력 측정의 의미 : 순발력은 근력을 기초로 하지만 힘, 속도, 거리, 시간 등에 의해 작용한다.
② 순발력 측정방법[2] : 제자리높이뛰기(=서전트 점프, 수직 점프), 제자리멀리뛰기, 계단 뛰기, 메디신 볼 던지기, 수직 높이뛰기, 수직 발 뻗기 검사 등이 있다.

라. 민첩성

1) 민첩성의 개요[3]
  ㉠ 신체의 일부 또는 전부를 빠르게 움직이거나 방향을 전환할 수 있는 능력
  ㉡ 신체 움직임은 중추신경계가 자극을 감지하고, 이를 통합화한 후 말초신경계로 자극이 보내져 발생하므로 신경전달 속도에 의해 결정된다.

  [용어해설] **민첩성** : 신체의 일부 또는 전부를 빠르게 움직이거나 방향을 전환하는 능력

2) 민첩성 측정[4]
  ㉠ 신경전달과 근수축 속도를 평가하기 때문에 첨단장비와 전문적 기술이 요구된다.
  ㉡ 전신반응, 선택반응, 손 반응, 발 반응, tapping & stepping, 부메랑 달리기, 왕복달리기, 지그재그 달리기, jump step, burpee test, sidestep test 등으로 측정

---

1) [기출 17-18] 순발력에 대한 설명이 바르게 된 것을 찾는 유형
2) [기출 24-18] [기출 20-20] 순발력 측정방법을 보기에서 모두 고른 것을 찾는 유형
3) [기출 16-12] 민첩성의 설명으로 옳은 것을 찾는 유형
4) [기출 21-14] 제시된 보기 중에서 민첩성 측정방법을 모두 고른 것을 찾는 유형
   [기출 17-19] 민첩성(체력요인)과 검사방법이 바르게 연결된 것을 찾는 유형

마. 유연성

1) 유연성의 개요[1]
- ㉠ 관절 가동범위를 측정하는 것으로, 관절과 연골의 형태, 근육, 건, 인대, 관절과 교차하는 근막의 길이와 신전에 따라 결정된다.
- ㉡ 운동 동작의 범위 또는 관절의 가동범위를 말한다.
- ㉢ 관절의 상해 또는 질병은 관절의 가동성을 감소시킬 수 있다.
- ㉣ 유연성은 나이, 성, 인종 등 여러 환경 요인에 영향을 받는다.
- ㉤ 요통의 예방과 최적의 운동수행에 필요하다.
- ㉥ 선수들의 운동수행 능력을 향상하는 데 꼭 필요하다.

[용어해설] **신전** : 관절운동의 하나로, 관절을 바로 펴는 운동(↔굴곡)

2) 유연성 측정
① 유연성 측정방법[2]

구분	장단점
거리법	거리 측정 용이, 개인적 특성에 따른 객관적 평가가 부족하다.
각도법	거리법의 단점을 보완할 수 있지만, 측정의 전문성이 요구된다.
지수법	각도법의 평가치를 비율로 표시하여 타당도를 판정하는 방법이다.

② 유연성 측정 종류[3]
- ㉠ 앉아서 윗몸 앞으로 굽히기 : 고관절 유연성 측정
- ㉡ 등 뒤로 손잡기 : 가슴과 팔의 유연성 측정
- ㉢ 윗몸 앞으로 굽히기 : 선 자세에서 윗몸을 앞으로 굽힐 수 있는 정도를 측정
- ㉣ 엎드려 상체 젖히기 : 등을 뒤로 젖혀 상체의 유연성을 측정
- ㉤ 뒷짐 지고 몸통 뒤로 젖히기 : 척추의 유연성을 측정

바. 평형성

1) 평형성의 이해
① 평형성의 의미 : 신체의 균형을 유지하는 능력을 말한다. 일상생활은 물론 낙상 위험의 안전성과 운동수행과 관련된 체력 요소다.
② 평형성의 구분
- ㉠ 평형성은 정적 평형성과 동적 평형성으로 구분한다.
- ㉡ 정적 평형성은 직립 유지 능력이다.
- ㉢ 동적 평형성은 운동 동작 중의 자세, 폼 유지, 넘어지지 않는 것, 한계에 다다른 균형 상태에서의 복원력 등이다.

---

1) [기출 16-15] 유연성 설명으로 틀린 것을 찾는 유형으로, 오답 찾기의 정답은 평형성에 대한 설명이 포함되어 있었다.
2) [기출 18-02] 유연성(체력요인)과 검사방법이 바르게 연결된 것을 찾는 유형
3) [기출 21-05] 보기로 제시된 내용 중 유연성 검사방법을 모두 고른 것을 찾는 유형

2) 평형성 측정방법[1]

구분		내용
정적 평형성	기구 미사용	한 발로 서서 균형 잡기, 좌우 찍기
	기구 사용	막대 위 균형 잡기, 볼 균형 잡기, 의자 또는 패드 밟고 균형 잡기, 짐볼 위 앉아 균형 잡기
동적 평형성	기구 미사용	직선 보행 검사
	기구 사용	평형대 걷기, 스케이트 · 인라인스케이트 타기

사. 심폐지구력

1) 심폐지구력의 개요[2]
㉠ 운동 지속 능력으로, 운동 수행에 작용하는 근육 활동을 뒷받침하는 에너지 생산 원이다.
㉡ 건강과 밀접하게 관련되어 있으며, 운동 수행 능력과도 관련되는 중요한 체력 요소다.
㉢ 호흡·순환 기능을 측정할 수 있으며. 규칙적인 운동이 심폐지구력을 향상시킨다.

[용어해설] **심폐지구력** : 운동을 장시간 지속할 수 있는 능력

2) 심폐지구력의 측정방법[3]
㉠ 최대산소섭취량(드레드 밀, 자전거 엘르고 미터를 이용) 측정
㉡ Harvard step test
㉢ 발판에서 오르고 내리는 운동
㉣ 빨리 걷기(남자 1,500m, 여자 1,000m)
㉤ 오래달리기(20m 왕복, 800m, 1,000m, 1,500m)
㉥ 5분 달리기
㉦ 12분 달리기

3) 하버드 스텝 테스트(HST, Havard step test)
① 하버드 스텝 테스트 개요
㉠ 하버드대학 피로연구소가 개발한 심폐지구력 측정방법이다.
㉡ 운동 지속시간과 심박수를 측정하여 체력을 대략 추정하는 검사방법이다.
㉢ 체력 지수를 활용하며, 운동 지속시간과 회복기 맥박수를 측정한다.
㉣ 장시간 지속하면 유산소 운동으로도 적합하다.

[용어해설] **체력 지수**(PEI, physical efficiency index) : 체력 효율지수를 말한다.

---

1) [기출 22-20] 평형성 측정방법으로 틀린 것을 찾는 유형으로, 운항지휘실 검사는 오답 찾기의 정답이다.
   [기출 15-15] 동적 평형성 측정 검사방법을 바르게 설명한 것을 찾는 유형

2) [기출 22-14] 민첩성, 근력, 순발력, 심폐지구력의 검사방법이 바르게 연결된 것을 찾는 유형으로, 심폐지구력은 20m 왕복 오래달리기 이외는 모두 잘못 연결되어 있다.
   [기출 17-17] 장시간 지속하는 능력과 가장 관계가 깊은 체력요인을 찾는 유형

3) [기출 24-19] 심폐지구력 측정에 관한 설명으로 옳은 것을 찾는 유형으로, 대표적 방법이 최대산소섭취량 측정이다.
   [기출 23-20] 심폐지구력 검사에 해당하지 않는 것을 찾는 유형으로, 검사방법은 최대산소섭취량, Harvard step test, 빨리 걷기, 오래달리기 등이다. 서전트 점프 검사는 순발력 검사방법으로, 오답 찾기의 정답이다.
   [기출 21-11] 체력요인과 측정방법을 연결한 것이 바르게 된 것을 찾는 유형
   [기출 17-20] 심폐지구력 측정방법을 모두 고른 것을 찾는 유형
   [기출 15-13] 심폐지구력 검사방법이 아닌 것을 찾는 유형으로, '도징런검사'는 심폐지구력 검사방법이 아니므로, 오답 찾기의 정답이다. 도징이란 축구에서 상대방을 동작 등으로 속여 달아나는 동작 기술이다.

② 하버드 스텝 테스트의 방법1)
  ㉠ 50cm 높이의 계단을 5분간 오르내리는 운동을 1분간 30회의 속도로 실시한 후
  ㉡ 1분~1분 30초, 2분~2분 30초, 3분~3분 30초까지 3회의 맥박수를 측정하여 아래 공식의 체력 지수를 산출한다.
  ㉢ 간이 하버드 스텝 테스트는 하버드 스텝 테스트와 같은 방법으로 실시하지만, 운동 직후 1분에서 1분 30초까지의 맥박수를 한 번 측정 후 지수를 산출한다.

공식	체력 지수(PEI) = $\dfrac{\text{운동지속시간(초)}}{2 \times 3회의 맥박수 합계} \times 100$
	간이 하버드 스텝 테스트 지수 = $\dfrac{\text{운동지속시간(초)}}{5.5 \times 30초간의 맥박수} \times 100$

③ 하버드 스텝 테스트 평가표

구분	체력 지수	심박수	구분	체력 지수	심박수
매우 우수	90 이상	167 이하	우수	80~89	168~188
평균보다 높음	65~79	189~232	평균보다 낮음	55~64	233~272
매우 낮은 체력	54 이하	273 이상			

4) 호흡 기능검사

① 호흡 기능의 의미
  ㉠ 호흡의 3 기능 : 순환기를, 폐포 기능, 폐순환 기능 등이다.
  ㉡ 호흡 기능검사의 내용 : 폐활량, 분당 최대환기량, 최대산소섭취량, 최대 확산계수

② 호흡 기능검사의 분류

구분	내용
기본 분획	1회 호흡량, 흡기 예비량, 호기 예비량, 잔기량
특수 분획	총폐용량, 흡기 용량, 폐활량, 기능적 잔기량, 최대환기량

③ 1회 호흡량(TV, tidal volume)
  ㉠ 1회 호흡량 : 호흡을 한번 들어 마신 후 내뱉는 공기의 양, 정신 남성은 약 500cc
  ㉡ 분당 환기량 : 1분 동안 폐에 들어갔다 나오는 공기의 양으로, 1회 호흡량×분간 호흡수
④ 흡기 예비량(IRV, inspiratory reserve volume) : 정상 흡기 후 다시 최대한 들이마실 수 있는 공기의 양, 약 3,000cc
⑤ 호기 예비량(ERV, expiratory reserve volume) : 정상 호기 후 다시 최대한 내뱉을 수 있는 공기의 양, 약 1,500cc
⑥ 잔기량(RV, residual volume) : 최대한 호흡을 내뱉은 후 남아있는 공기의 양, 약 1,000cc
⑦ 총폐용량(TLC, total lung capacity) : 최대한 호기 상태에서 최대한 흡입할 수 있는 공기의 양과 잔기량의 합계
⑧ 흡기 용량(IC, inspiratory capacity) : 안정 호기 상태에서 최대들이 마실 수 있는 공기의 양
⑨ 폐활량(VC, viral capacity)
  ㉠ 흡기 예비량, 1회 호흡량, 호기 예비량 등의 합계
  ㉡ 폐 표면적의 크기를 나타내는 지표로 활용된다.
  ㉢ 최대 흡기 후 의도적으로 폐에서 호출되는 최대 가스양, 호기 폐활량을 말한다.
  ㉣ 폐활량 예측치에 대한 측정치의 비율인 폐활량 비를 산출할 수 있다.
  ㉤ 폐활량 비 산출 공식 : 폐활량 비(%)=(폐활량 측정치/폐활량 예측치)×100

---

1) 기출 20-04 하버드 스텝 검사 결과를 보기로 제시하고, PEI를 비교하여 우수한 사람을 찾는 유형
   기출 16-14 보기로 HST(하버드 스텝 테스트) 내용을 제시하고, 어떤 검사방법을 묻는 유형

⑩ 기능적 잔기량(FRC, functional residual capacity) : 정상 호기 상태에서 폐 속에 남아있는 공기의 양을 말한다.
⑪ 최대환기량(MEV, VEmax, maximal expiratory volume)
  ㉠ 1분 동안 수의적으로 최대한 빠르고 깊게 호흡할 때의 최대호흡량.
  ㉡ 최대 환기 능력(MBC, maximal breathing capacity)이라고도 한다.
  ㉢ 동적 환기 능력을 나타내므로 산소섭취 능력과 관련이 있다.
⑫ 호흡수(RR, respiratory rate)
  ㉠ 흉곽 움직임의 관찰, 촉진을 통해 1분 동안 측정
  ㉡ 과격한 운동 시 분당 40~60회 정도
  ㉢ 40회 이상이면 환기량이나 산소섭취 능력이 저하되어 호흡의 효율성이 떨어진다.
⑬ 호흡기 검사 관련 공식

공식	• 총폐용량(TLC) = 폐활량(VC)+잔기량(RV) 　　　　　　　= 흡기 용량(IC)+기능적 잔기량(FRC) 　　　　　　　= 흡기 예비량(IRV)+1회 호흡량(TV)+호기 예비량(ERV)+잔기량(RV) • 폐활량(VC) = 흡기 예비량(IRV)+1회 호흡량(TV)+호기 예비량(ERV) • 흡기 용량(IC) = 흡기 예비량(IRV)+1회 호흡량(TV) • 기능적 잔기량(FRC) = 호기 예비량(ERV)+잔기량(RV)

5) 순환 기능의 검사

① 심박수(HR, heart rate)
  ㉠ 실행한 운동에서 나타난 상대적 자극의 지표이다.
  ㉡ 신체활동 강도의 지침은 예비 심박수 또는 최대심박수의 비율에 근거한다.
  ㉢ 심혈관 체력을 유지, 향상하기를 위해서 운동 시 예비 심박수의 40~86%, 최대심박수의 55~90%로 실행해야 한다.(미국대학스포츠의학회 지침)
② 예비 심박수(HRR, heart rate reserve)
  ㉠ 격렬한 신체활동의 최대심박수와 안정 시 최저심박수 차이를 의미한다.
  ㉡ 최대심박수와 안정 시 심박수를 모두 평가해야 한다.
③ 최대심박수(HRmax, maximal heart rate)
  ㉠ 최대운동 부하에서 얻는 가장 높은 심박수이다.
  ㉡ 완전 탈진 상태에서 운동할 때 심전도를 이용하여 측정할 수 있다.
  ㉢ 아래 공식을 이용하여 간편하게 측정할 수 있다.

공식	최대심박수 = 220 - 나이

④ 운동자각도(RPE, rating of perceived exertion)[1]
  ㉠ 운동자각도의 의미
    • 운동강도를 스스로 지각적 판단에 의한 결정을 말하며, 자각 인지도라고도 한다.
    • 운동 대상자의 힘든 정도를 파악하는 데 주로 사용한다.
    • Gunnar Borg가 개발한 Borg Scale을 사용한다.
    • 척도 범위(RPE 지수)는 6~20까지로 구성한다.
    • 최대산소섭취량, 젖산 역치, 심폐 체력과 높은 상관성을 갖고 있다.

---

[1] 기출 23-18 제3과목 트레이닝론에서 출제) 운동 강도를 설정하는 방법으로 운동자각도법의 내용을 보기로 제시하고, 무슨 방법인지 묻는 유형

ⓒ 운동자각도의 Borg Scale

RPE지수	심박수	호흡	훈련강도	심장박동정도(%)	운동 타입
6	40~69	의식하지 못한다.	1	50~60%	준비운동
7					
8	80	아주 가볍다.			
9					
10	80~100	숨이 깊어지지만, 여전히 편안하게 대화를 할 수 있는 정도	2	60~70%	가벼운 근력 회복 운동
11					
12	100~129				
13		대화를 이어가기엔 숨쉬기가 다소 힘들어지는 것이 느껴진다.	3	70~80%	유산소 운동
14	130~139				
15	140~149	숨쉬기가 힘들어지기 시작한다.	4	80~90%	무산소 운동
16	150~159				
17	160~169	숨이 거칠어지고 불편하다.	5	80~90%	최대 산소섭취가 필요한 운동
18	170~179				
19	180~189	극도로 힘이 든다.			
20	190 이상	최대치의 노력이 필요하다.			

⑤ 최대산소섭취량($\dot{V}O_2max$, maximal oxygen uptake)
  ㉠ 단위 시간당 산소섭취 능력을 측정하는 것으로, 전신 지구력을 평가할 때 이용한다.
  ㉡ 최대운동부하검사, 최대하 운동부하 검사, 필드 검사 등으로 최대산소섭취량을 평가한다.
⑥ 체중당 최대산소섭취량($\dot{V}O_2max/kg$) : 신체 크기에 따라 측정값이 다르므로 체격 조건이 다른 개개인의 심폐지구력을 비교하면 최대산소섭취량을 체중 또는 체표면적을 나누어 비교한다.
⑦ 최대산소 맥 : 분당 산소섭취량을 단위 분당 심박수로 나눈 값이다.
⑧ 무산소성 역치
  ㉠ 운동강도와 관계에서 혈중젖산 농도가 급증하는 시점을 무산소성 역치 또는 염기성 역치라고 한다.
  ㉡ 훈련된 운동선수들은 일반인에 비해 높은 강도의 운동에서도 유산소성 대사에 의한 에너지가 공급될 수 있으므로 무산소성 역치가 높은 수준에 머물게 된다.
⑨ MET(metabolite equivalent of task, 태스크 대사율) 측정[1)
  ㉠ MET의 의미 : 유산소 운동의 강도를 측정할 때 사용하며, 휴식 때 필요한 에너지 또는 필요로 하는 산소의 양을 나타낸다. 1 MET는 휴식 시 체중 1kg당 1분 동안 사용할 수 있는 산소량이다. 이를 공식화하면 1 MET=3.5㎖/분/kg이다.
  ㉡ MET 측정 시 사용되는 에너지 단위 : Kcal
  ㉢ MET의 분류

METs	1.1~2.9	3.0~5.9	6.0 METs 이상
구분	저강도 운동	중강도 운동	고강도 운동

  보충설명 MET 분류 출처 : 미국대학스포츠의학회(ACSM)의 운동강도 분류 기준이다.

---

1) 기출 21-18 미국대학스포츠의학회(ACSM)의 운동강도 분류에서 중강도 기준으로 적합한 것을 찾는 유형
  기출 19-04 유산소 운동강도를 측정하는 방법으로 옳지 않은 것을 찾는 유형으로, 1RM법이 정답이다. 1RM법은 근력 측정에 사용하는 방법이다.
  기출 19-05 METs의 중강도에 해당하는 종목을 찾는 유형
  기출 16-16 MET 설명을 보기로 제시하고, MET 단위로 옳은 것을 찾는 유형

제6장 신체 구성

> **보충설명** 신체 구성과 신체 조성
> 신체 구성과 신체 조성은 비슷한 의미이다. 영어로는 composition을 같이 사용한다. 이 과목에서는 '신체 구성'을 주로 사용하지만, 전문 스포츠지도사 응시자는 스포츠영양학에서 '신체 조성'을 주로 사용한다. 엄밀하게 따지면 전자는 현재 상태 파악을 목적으로 하고, 후자는 바람직한 신체로 개선하는 의미를 포함하고 있다.

1. 신체 구성의 이해

가. 신체 구성의 개요

1) 신체 구성의 개념

① 신체 구성(body composition)의 의미[1]
  ㉠ 신체는 뼈, 근육, 지방과 수분 등으로 구성되어 있다.
  ㉡ 신체 구성을 크게 나누면 근육과 뼈를 포함하는 제지방과 체지방으로 나눈다.
  ㉢ 신체 구성요소를 측정하기 위한 여러 가지 방법들이 연구·개발되어 있다.

  용어해설 제지방(FFM, fat free mass, lean body mass) : 신체에서 체지방을 제외한 단백질, 무기질, 수분과 기타 화학물질의 합계를 말한다. 여기서 제(除)는 제외한다는 뜻이다.

  용어해설 체지방(FM, fat mass, human body fat) : 체중에서 제지방을 제외한 값으로, 지방이라고도 한다.

② 신체 구성의 특성
  ㉠ 신체 구성요소는 연령에 따라 변화한다.
  ㉡ 신체 구성요소는 유전, 신체활동, 식이 습관에 의해 영향을 받는다.
  ㉢ 신체 구성요소의 변화는 사회·환경적 요소에 의해 영향을 받는다.
  ㉣ 체지방률이 낮을수록 바람직한 신체 구성인 것으로 평가한다.
  ㉤ 체지방률은 운동능력이 뛰어난 남성이 여성보다 낮게 나타난다.

2) 신체 구성의 평가

① 신체 구성 평가의 의미
  ㉠ 신체 구성을 평가하여 일반인에게는 고혈압, 당뇨병, 고지혈증, 관상동맥증 등의 만성 질환의 위험 요인인 과체중과 비만 관련 자료를 얻을 수 있으며,
  ㉡ 운동선수에게는 경기력 향상과 체중 관리의 기준이 된다.

② 신체 구성 평가의 목적[2]
  ㉠ 성장과 발달, 성숙 정도 파악
  ㉡ 건강관리와 노화에 따른 변화 파악
  ㉢ 체지방량을 통한 건강위험 유무 확인
  ㉣ 운동의 효과 확인

③ 신체 구성 평가 방법 : 표준 체중법, 체질량 지수법, 허리/엉덩이둘레 비율 측정법, 피부 두께 측정법, 생체전기저항법, 이중에너지 방사선 흡수 개척법 등이 각각의 특성을 갖고 사용되고 있다.

---

1) 기출 17-11 기출 15-18 신체 구성에 대한 설명이 바르게 된 것 또는 틀린 것을 찾는 유형
2) 기출 23-14 신체 구성 평가 이유 설명으로 틀린 것을 찾는 유형으로, 신체 구성 평가 목적은 성장과 발달, 성숙 정도 파악, 건강관리와 노화에 따른 변화 파악, 체지방량을 통한 건강위험 유무 확인, 운동 효과 확인 등이다. 오답 찾기의 정답은 신체 자세 판별이다.

나. 신체 구성의 모형

1) Wang의 신체 구성 모형(5단계 모형)

① Wang의 신체 구성 모형의 개요

단계	구성요소
Ⅰ 원자 단계	산소, 탄소, 수소, 질소, 다른 원소
Ⅱ 분자 단계	수분, 단백질, 무기질, 글리코겐, 지질
Ⅲ 세포 단계	세포와 세포 외 용액, 고형물
Ⅳ 조직 단계	골격근, 내장, 골격, 지방
Ⅴ 전신 단계	

[보충설명] **Wang의 신체 구성 모형** : Wang의 모형은 1992년 개발되었다.

② Ⅰ단계(원자 단계)
  ㉠ 체중을 기본적인 화학원소로 분류하였다.
  ㉡ 자연은 106개의 원소가 있고, 약 50개의 원소가 체내에 존재하며, 모든 원소의 측정이 가능하다.
  ㉢ 4개 원소(산소, 수소, 탄소 질소)가 체중의 95% 이상을 차지한다.
  ㉣ 4개 원소+소금, 칼륨, 인, 염화물, 마그네슘, 황 등을 합하면 99.5% 정도이다.

③ Ⅱ단계(분자 단계)
  ㉠ 체중을 수분, 지질, 단백질 그리고 무기질로 분류한다. 공식은 아래와 같다.

  | 공식 | 체중=수분+단백질+무기질+지방 |

  ㉡ 성인은 300~500g 정도의 탄수화물이 간과 골격근에 저장되어 있고, 대부분의 무기질은 뼛속에 저장되어 있다.

④ Ⅲ단계(세포 단계)
  ㉠ 체중은 세포와 세포 외 물질(세포 외용액과 고형물)로 분류할 수 있다.
  ㉡ 체세포량은 세포 내 용액과 세포 내 고형물로서, 대사적으로 체내의 활동적 구성요소이다.
  ㉢ 4개 원소(산소, 수소, 탄소 질소)가 체중의 95% 이상을 차지한다.
  ㉣ 현재 체세포 내 고형물을 측정할 방법은 개발되지 않은 상태이다.
  ㉤ 세포 외 고형물은 뼈 무기질과 결합조직이며, 지방세포는 체세포 양의 구성요소이다.
  ㉥ 지질을 저장하고 체지방량을 형성한다.
  ㉦ 체중은 아래와 같이 표시할 수 있다.

  | 공식 | 체중=세포량+세포 외 용액+세포 외 고형물+지방량 |

⑤ Ⅳ단계(조직 단계)
  ㉠ 체중에 대한 특별한 조직의 분포를 나타낸다.
  ㉡ 기본조직으로서, 골격근, 지방, 뼈 혈액, 내장과 두뇌를 포함한다.
  ㉢ 골근격과 지방, 뼈 조직은 X-ray, 인체측정법 등 전통적 방법으로 계측한다.

⑥ Ⅴ단계(전신 단계)
  ㉠ 체중은 신체 크기, 형태, 체격 관점에서 평가하며, 신체의 크기와 외형을 평가하는 기본 도구이다.
  ㉡ 신체 질량지수(BMI, body mass index)와 피부 두겹 두께가 인체측정 기본 지수이다.
  ㉢ 전신의 특성을 나타내는 체표면적과 신체 밀도는 중요한 측정 요소이다.
  ㉣ 체중과 체표면적은 신체 밀도의 평가와 함께 상대적 체지방량을 평가하는 데 이용한다.

2) 신체 구성요소 모형

① 신체 구성요소 모형의 의미 : 신체 구성을 요소별로 분류하는 전통적 방법이다.

보충설명 요소 모형의 다른 표현 : 요소 모형을 구획 모형이라고도 한다.

② 신체 구성의 요소[1]

단계	구성요소
2요소 모형	체중=지방량+제지방량
3요소 모형	체중=수분량+제지방량+체지방량
4요소 모형	체중=수분량+뼈 무기 질량+체지방량+나머지 요소

2. 신체 구성의 측정

가. 신체 구성 검사법

1) 일반 인체측정법[2]

㉠ 건강 검진 등에서 인체를 측정하는 방법으로, 간단하게 측정하고, 소요 비용이 저렴하다.

㉡ 둘레와 뼈의 지름 등을 측정하여 체지방과 제지방 질량을 예측한다.

㉢ 목과 복부 둘레, 엉덩이, 어깨, 팔꿈치, 손목 등 뼈의 지름 등 포함한다.

2) 표준 체중법

① 표준 체중법의 의미 : 신장을 이용하여 표준체중과 본인의 실제 체중을 비교하여 신체 상태를 판단하는 방법

② 표준 체중법의 적용 : 성인은 브로카법을 사용하여 표준체중을 산출한다.

보충설명 브로카(Broca)법 : 다음에 나오는 '나. 신체 구성의 실용 검사법> 3) 비만 측정'에서 확인해야 한다.

3) 신체 질량지수(BMI, body mass index) 측정

① 신체 질량지수의 의미 : 신장과 체중의 비율을 사용하여 인체의 질량을 표시하는 지수로, 규준지향 측정이다.

② BMI 공식[3]

공식 $BMI = 몸무게(kg)/신장(m)^2$

③ BMI를 통한 비만 진단 기준[4]

분류	BMI(kg/m²)	분류	BMI(kg/m²)	분류	BMI(kg/m²)
저체중	<18.5	정상 체중	18.5~22.9	과체중	23~24.9
비만 I	25~29.9	비만 II	30~39.9	심각한 비만(비만 III)	≥40

---

1) **기출 22-09** 신체 구성의 2요소 모형 일부를 ( )로 비워놓고 적절한 용어를 찾는 유형으로, 2요소 모형은 체중=체지방+제지방량이다.
   기출 16-10 3요소 모형의 구성요소를 바르게 설명한 것을 찾는 유형

2) **기출 24-20** 전문스포츠지도사 과목인 스포츠영양학에서 출제) 보기의 신체 구성 측정방법이 무엇인지 묻는 유형으로, 보기는 일반적 인체 측정법을 제시하고 있다.
   기출 19-16 수중 체중 측정법의 변인이 아닌 것을 찾는 유형으로, '측정 전 식사량'이 오답 찾기의 정답이다.

3) **기출 21-20** 특정 선수의 체중과 신장을 제시하고, 다른 선수의 평균 BMI를 제시하고, 특정 선수의 BMI 계산과 다른 선수 평균과 비교한 것을 바르게 설명한 것을 찾는 유형

4) **기출 20-17** 신장과 체중을 제시하고 BMI를 계산한 후 진단 기준 분류 해당 사항을 찾는 유형으로, 공식과 진단 기준을 기억해야 한다.
   기출 18-05 BMI 22.0일 때의 진단 기준이 옳은 것을 찾는 유형

> [보충설명] **BMI를 통한 비만 진단 기준** : 위 비만 진단 기준은 대한비만학회가 2000년에 발표한 아시아-태평양지역의 진단 기준이며, 세계보건기구(WHO) 진단 기준은 BMI 30kg/m² 이상(서양인 기준)이다.

4) 수중 체중 측정법

① 신체 밀도(density)의 개요
  ㉠ 일반적으로 밀도는 부피 당 질량을 말한다.
  ㉡ 신체 밀도측정방법 : 수중 체중 측정법, 공기·헬륨 대체법 등을 사용한다.
② 수중 체중 측정방법[1]
  ㉠ 측정방법 : 공기 중 체중을 측정한 후 아르키메데스의 원리를 적용하여 물 밀도와 수중 체중을 측정한다.
  ㉡ 수중 체중 측정법의 변인 : 체중, 수중 체중, 물 밀도, 위장 등의 가스양
  ㉢ 인체측정의 가장 이상적인 방법이다.

> [보충설명] **아르키메데스의 원리** : 유체 속에서 물체가 받는 부력은 그 물체가 차지하는 부피만큼 해당하는 유체의 무게와 같다는 원리로, 부력의 원리라고도 한다.

③ 수중 체중 측정법의 원리[2]
  ㉠ 지방의 밀도는 물과 제 지방조직의 밀도보다 낮음을 이용한다.
  ㉡ 폐잔기량은 간접방법을 이용하되 키·성별·나이 등을 고려해서 산출한다.
  ㉢ 신체 밀도 추정 공식에는 공기 중 체중 값, 물밀, 수중 체중 값 등이 포함된다.
  ㉣ 아래 공식은 성인 대상이고, 어린이에게 적용 시 지방량이 높게 평가될 수 있다.
④ 수중 체중 측정법의 공식

공식	신체 밀도 $D=[M_A/\{(M_A-M_W)/DW\}-RV+VGI]$	M_A: 공기 중 체중 M_W : 물에 완전히 잠겼을 때 체중 DW: 특정 온도의 물 밀도 VGI: 위장 등의 가스양
	신체 밀도를 측정하여 체지방률로 환산하는 공식 · 체지방률=(4.570/신체 밀도)-4.142 · 체지방률=(4.950/신체 밀도)-4.500	

5) 체지방률 측정법

① 체지방률 측정의 의미
  ㉠ 체중에서 체지방이 차지하는 비율(%)로, 지방저장률이라고도 하고, 단위는 % fat이다.
  ㉡ 인체는 이를 직접 측정할 수 없으므로 위의 수중 측정법, 피부 두겹 두께 측정, 생체전기저항 측정 등으로 추정한다.
② 체지방률 측정방법[3]
  ㉠ 수중 측정법 : 위의 신체 밀도측정의 수중 체중 측정법으로 한다.

---

1) [기출 22-18] 전문스포츠지도사 과목인 스포츠영양학에서 출제) 아르키메데스 원리를 응용한 신체 측정방법이 무엇인지 묻는 유형으로, 수중 체중 측정법이 정답이다.
  [기출 19-16] 수중 체중 측정법의 변인이 아닌 것을 찾는 유형으로, '측정 전 식사량'이 오답 찾기의 정답이다.
2) [기출 21-19] 수중 체중 측정법에 대한 설명으로 틀린 것을 찾는 유형
3) [기출 24-06] 신체 구성 측정방법으로 옳은 것을 모두 고른 것을 찾는 유형으로, 옳은 답으로 제시된 보기는 '피부 두겹법, 수중 체중법, 이중에너지 X선 흡수법' 등이다.
  [기출 21-06] [기출 17-09] 체지방률 측정방법이 아닌 것을 찾는 유형
  [기출 18-04] 체지방률 측정에서 경제성이 높은 방법을 찾는 유형으로, 정답은 피부 두겹 두께 측정법이다.
  [기출 18-06] 체지방량 계산이 바른 찾는 유형으로, 체지방량은 체중에서 체지방률을 곱해서 계산한다.

ⓒ 피부 두겹 두께 측정법 : % fat의 산출을 간편하게 하는 방법으로서, 인체 특정 부위의 피부 두겹 두께를 측정하여 추정식에 대입하여 얻는 방식으로, 쉽게 측정할 수 있어 경제적이므로 많이 사용되고 있다.

ⓒ 생체 전기저항 측정법 : 인체의 수분이 많은 근육에는 전류가 잘 흐르고, 수분이 적은 지방에는 전류가 잘 흐르지 않는다는 원리를 이용하여 측정하는 방법이다.

ⓔ 이중 X선 흡수계측법(DXA, dual X-ray absorptiometry) : 생체 전기 저항법의 한 종류로, 저·고에너지인 이중 광전자를 몸에 투과시켜 측정한다.

ⓜ 수중 측정법 또는 피부 두겹 두께로부터 체밀도를 구하여 아래 Brozek 공식에 따라 추정

| 공식 | 체지방률(%)=$(\frac{4.570}{체밀도} - 4.142) \times 100$ |

③ 체지방량 계산 : 체중에서 체지방률을 곱하면 체지방량이 된다. 예를 들면 체중 70kg인 사람의 체지방률이 20%이면 체지방량은 14kg이다.

6) 총수분량 측정법

① 총수분량 측정의 개요

ⓐ 수분은 신체에서 가장 많은 구성요소로, 여성은 체중의 55~65%, 성인 남성(체중 70kg)은 38~45kg 정도이며, 질병 또는 과도비만으로 인해 쉽게 변할 수 있다.

ⓑ 대부분 제지방 조직에 저장되어 있어 제지방량 평가 수단이 된다.

ⓒ 2개의 동위원소를 희석하여 측정한다.

② 총수분량의 측정 공식

공식	1) 측정 공식 : $C_1V_1 = C_2V_2$	* C_1V_1: 희석 전 동위원소 추적자 부피 및 농도 C_2V_2: 희석 후 추적자 부피 및 농도
	2) 부피 계산 공식 : $V_2 = C_1V_1/C_2$	* C_2V_1: 희석 전 동위원소 추적자의 농도
	3) 총수분량 산출 공식 : TBW=A-E/C	* TBW: 총수분량, A: 조정된 동위 원소량, E: 배출된 동위 원소량 C: 혈청, 소변, 침 속에서의 동위원소 농도
	4) 제지방량 산출 공식 : FFM=TBW/0.732 FM=체중-FFM	

7) 신체 칼륨 측정법

① 신체 칼륨 측정의 의미

ⓐ 칼륨은 세포와 근육조직에 저장되므로 칼륨 농도로 제지방량을 평가할 수 있다.

ⓑ 칼륨 측정은 방사성 칼륨 동위원소에서 발생하는 칼륨 40(40K)의 양을 측정한다.

ⓒ 40K의 농도는 감마 방사선 물질을 측정하는 전신 계산기를 이용하여 측정한다.

ⓓ 신체 칼륨양은 남자는 68.1mEq/kg(2.66g/kg), 여자는 64.2mEq/kg(2.51g/kg)으로 보고되고 있다.(Forbes, 1983)

② 신체 칼륨 측정 공식

| 공식 | 체지방률(%)=$(\frac{4.570}{체밀도} - 4.142) \times 100$ |

8) 생체전기저항법(BIA, bioeletrical impedance analysis)

① 생체전기저항법의 개념[1]
  ㉠ 인체에 미세한 전류를 흘려 저항을 측정하는 방법
  ㉡ 인체에 전류를 흘리면 전기는 전도성이 높은 신체 수분을 따라 흐르고, 인체의 저항은 신체 수분의 과다에 따라 달라지는 것을 이용한다.

BIA 측정방법

② 생체전기저항법의 추정 공식

공식	생체 전기저항값을 이용한 신체 밀도 추정식
	· 성인 남자=1.1554-0.0841(Wt×Z/Ht^2)
	· 성인 여자=1.1113-0.0556(Wt×Z/Ht^2)

 보충설명 생체전기저항법의 추정 공식 : Segal(1965)의 연구 결과이다.

③ 생체전기저항법 사용 유의사항[2] : 체수분 분포가 비교적 고른 오전 시간이 적합하고, 공복 상태로, 샤워와 운동을 하기 전에 측정하며, 측정 전 용변을 보도록 한다.

9) 이중 X선 흡수계측법(DXA, dual X-ray absorptiometry)

㉠ 뼈 무기질과 부드러운 조직을 측정하기 위함이다.
㉡ 전신 혹은 특별 부위의 뼈 무기질과 지방을 평가한다.
㉢ 저·고에너지인 이중 광전자를 몸에 투과시켜 측정한다.
㉣ 생체 전기 저항법의 한 종류이다.

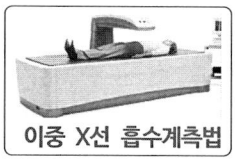
이중 X선 흡수계측법

10) 피하 지방법

① 피하 지방법의 개요
  ㉠ 피하지방 측정으로 신체 밀도를 산출한 후 체지방을 추정한다.
  ㉡ 피하지방 분포를 평가하는 데 유용하다.
② 피하 지방법 측정 도구 : lange caliper, harpenden caliper

11) 초음파법

㉠ 초음파는 밀도가 다른 생체조직에 닿으면 반사하는 특성이 있다. 이를 이용하여 피하지방 측정은 1962년 Whittinghan이 시작하였고, 인체에 해가 없다.
㉡ 피하지방 측정 기구보다 장비가 고가이면서 크기가 큰 단점을 갖고 있다.

12) 컴퓨터 단층촬영법

㉠ 전신 지방량을 추정할 때 사용한다.
㉡ 대형 설비가 필요하고, 시간과 경비가 많이 소요된다.
㉢ 방사선 방출로 인해 인체에 영향을 미친다.

13) 자기공명영상법

㉠ 강력한 자기를 응용한 단층 영상법이다.
㉡ 선명한 단층 상을 얻을 수 있으며, 해로운 방사선을 이용하지 않는다.
㉢ 설비가 고가이며, 검사 비용, 검사 기간이 긴 단점을 갖고 있다.

---

1) 기출 15-16 생체전기저항법 내용을 보기로 제시하고, 바르게 표현된 것을 찾는 유형
2) 기출 24-04 신체활동 측정에 관한 설명으로 틀린 것을 찾는 유형으로, '생체전기저항법은 주관적 측정 도구이다'가 오답 찾기의 정답이다. 생체전기저항법은 객관적 도구에 해당한다.
   기출 22-15 생체전기저항법을 사용 측정할 때 주의 사항으로 적합한 것을 찾는 유형으로, 측정 전 소변을 보는 것이 정답이다.

14) 크레아틴법

① 크레아틴법의 개요 : 소변 속 크레아틴양을 측정한 후 아래 공식을 이용하여 제지방량을 추정한다.
② 크레아틴법의 추정 공식

> 공식   FFM(kg)=7.38+0.02908Cr(mg/day)

> 용어해설 FFM(fat free mass) : 제지방체중으로, 체중과 체지방 중량의 차이를 말한다.

나. 신체 구성의 실용 검사법

1) **실용 검사법의 개요** : 표준검사법은 대부분 고가의 장비 사용, 검사 시간·비용 등의 문제가 수반되기 때문에 현장에서 간단하게 검사하는 방법이 활용되고 있다.

2) **실용 검사법의 종류**

구분	내용
수중 체중, 가스 이동	신체 밀도를 평가하여 체지방률로 환산
신체 총 ^{40}K 계산	신체 칼륨을 평가하여 제지방량으로 환산
동위원소 희석	총수분량을 평가하여 제지방량으로 환산
중성자 활동	칼슘과 질소 동위원소를 이용하여 제지방과 무기질 평가
전신 전기전도율과 생체전기저항	제지방량 평가(제지방이 지방보다 전도율이 높다)
비뇨기의 크레아티닌 분비	근육량 평가
광자흡수 측정	뼈 무기질 평가
핵자기 공명	방사능을 이온화하지 않은 지방, 근육, 뼈의 평가
컴퓨터 단층촬영	뼈, 근육, 지방의 평가
초음파	지방, 근육, 뼈의 평가
X선 촬영	지방, 근육, 뼈의 평가
인체 측정학	지방과 제지방량 예측의 평가

3) **비만 측정**

① 비만의 의미
  ㉠ 과다한 체지방 상태로, 남자는 체지방이 체중의 25% 이상, 여자는 체중의 30% 이상이면 비만이다.
  ㉡ 음식으로 섭취하는 열량이 소비하는 열량보다 많을 때 비만이 발생한다.
  ㉢ 과식과 운동 부족 같은 생활 습관이 비만을 일으키는 원인이다.

② 비만 측정방법[1]
  ㉠ 신체 질량 지수법

> 공식   BMI = 몸무게(kg)/신장(m)^2

  ㉡ 기구 사용법 : 캘리퍼를 사용하여 피부 주름의 두께 측정해서 진단
  ㉢ 이상 체중법 : {키(cm)−100}×0.9를 이상 체중으로 간주하고 현 체중을 백분율로 표시

---

[1] 기출 16-11 비만 측정방법이 아닌 것을 찾는 유형으로, 오답 찾기의 정답은 테너-화이트하우스 3 (Tanner-Whitehouse 3)이다.
　　기출 22-01 제3과목 트레이닝론에서 출제) 복부 비만을 측정할 수 있는 항목을 찾는 유형으로, 허리-엉덩이둘레 비율(WHR)이다.

㉢ 브로카(Broca) 지수 이용법
  - 간편하게 키(cm)에서 100을 뺀 값이 표준체중(kg)으로 적용하며, 여러 모순과 결점이 있지만 간편하게 사용할 수 있어 많이 활용되고 있다.

    | 간편 적용공식 | Broca 지수 이용비만도 = 키(cm)-100 |

  - 상세하게 적용하기 위해서는 아래 공식을 적용한다.

    | 공식 | · 키 160cm 이상 : {키(cm)-100}×0.9
· 키 150cm 이상~160cm 미만 : {키(cm)-150}/2+50
· 키 150cm 미만 : 키(cm)-100
· 비만도(%)={(현재 체중-표준체중)/표준체중}×100 |

㉣ 허리-엉덩이둘레 비율(HWR, hip to waist ratio) : 복부 비만을 측정할 때 주로 사용한다. 허리둘레/엉덩이둘레 값이 여성 0.85 이상, 남성 0.9 이상이면 비만으로 진단한다.

[보충설명] 신체 질량 지수법(BMI)을 통한 진단 기준 : '제6장>2. 신체 측정의 구성'에 상세히 설명되어 있다.
[보충설명] 브로카 지수 : 브로카에 의해 제창되었으며, 여러 모순과 결점이 많지만 간편하므로 널리 이용되고 있다.
[보충설명] HWR : '제4장 인체 계측>2. 체형의 측정과 평가'에 자세히 설명되어 있다.

제7장 신체활동과 운동기능검사

1. 신체활동의 이해

가. 신체활동의 개요
① 신체활동과 관련된 용어의 정의[1]
- ㉠ 신체활동 : 골격근의 에너지 소비가 필요한 신체의 움직임으로, 직업 활동·가사 활동·이동과 놀이 등의 여가 활동을 포함한다.
- ㉡ 운동 : 체력 향상을 목적으로 계획적이고, 반복적인 신체활동을 말한다.
- ㉢ 체육 : 운동경기·야외 운동 등 신체활동을 통해 건전한 신체와 정신을 기르고 여가를 선용하는 활동이다.

② 신체활동의 중요성
- ㉠ 현대사회는 신체활동 기회가 줄어들고 있으며, 신체활동의 부족은 비만과 만성 질환 등 성인병의 주요 원인이 되고, 신체활동 부족으로 인해 심혈관계 질환, 고혈압, 제2형 당뇨, 골다공증, 일부의 암의 발생 요인이 증가한다.
- ㉡ 걷기, 자전거 타기, 스포츠 참여와 같은 규칙적 신체활동은 건강 효과가 있어서 심혈관질환, 당뇨병, 대장과 유방암, 우울증을 감소시킬 수 있고, 엉덩이와 척추의 골절 위험을 줄이고 체중 관리를 돕는다.

나. 신체활동의 지침

1) 신체활동의 기본 지침
- ㉠ 규칙적인 신체활동은 건강 증진·체력 향상과 만성 질환을 예방한다.
- ㉡ 신체활동은 여가 중 운동, 이동을 위한 걷기나 자전거 타기, 직업 활동, 집안일 등을 포함하며, 전반적으로 활동적인 습관을 들이는 것이 중요하다.
- ㉢ 권장 신체활동은 기본적 수준으로, 건강을 위해 활동을 늘리거나 강도를 높여야 한다.
- ㉣ 움직이지 않고 앉아서 보내는 여가 시간(컴퓨터나 스마트폰 사용, 텔레비전 시청 포함)을 하루 2시간 이내로 줄이도록 해야 한다.

2) 신체활동의 집단별 지침
① 노인 : 만성 질환으로 인해 제시한 신체활동을 수행하기 어려울 때는 체력이나 신체조건 등 각자의 상황에 맞는 신체활동을 하도록 해야 한다.
② 어린이 : 가정이나 학교에서 하는 스포츠 활동이나 체육수업 등의 운동, 이동을 위한 걷기나 자전거 타기 등을 포함하며 활동적 습관을 들이도록 해야 한다.
③ 청소년 : 다양한 신체활동에 참여하도록 적합한 신체활동을 제시하고, 적극적으로 활동하도록 격려해야 한다.

3) 신체활동의 자기 보고
① 신체활동 자기 보고의 의미 : 건강 증진과 체력 향상을 목적으로 스스로 신체 활동량을 측정하고, 향후 계획을 수립하기 위한 자기 스스로 만든 보고서를 말한다.

---

1) 기출 15-20 신체활동에 대한 설명으로 틀린 것을 찾는 유형

② 신체활동 자기 보고의 내용[1]
  ㉠ 자기보고는 특정 시간에 특정 활동에서 수행된 행동 특성의 정보를 기록한다.
  ㉡ 수행된 활동의 특성을 기록하여 신체활동 에너지 소비의 추정치로 환산한다.
  ㉢ 자기보고 방법 중 회상 질문지는 소요 비용이 저렴하여 매우 효과적이다.

4) 미국스포츠의학회와 미국심장협회의 신체활동 권고사항
  ㉠ 18~65세의 건강한 성인은 일주일에 5일, 최소 30분 정도의 중강도 이상의 신체활동을 하거나 일주일에 3일, 20분 이상의 고강도 신체활동이 필요하다.
  ㉡ 중강도 운동은 최소한 10분 이상을 지속적으로 수행하여 하루 총 누적 시간이 최소 30분 이상이 되도록 운동해야 한다.
  ㉢ 성인은 1주일에 최소 2일 이상 근력 혹은 근지구력 향상이나 유지를 위한 운동을 해야 한다.

2. 신체활동 검사

가. 신체활동 검사의 이해
1) 신체활동 검사의 개요
① 신체활동 검사의 의미 : 유아부터 노인까지 생애주기 대상에 따른 정상적인 성장발육, 건강 증진, 재능발달을 위해 종합적인 신체활동 역량을 진단하는 것을 말한다.
② 신체활동 검사의 효과
  ㉠ 발달단계별 신체활동에 대한 진단
  ㉡ 비만 예방
  ㉢ 건강한 생활 습관 형성
  ㉣ PAPS의 선행관리
  [용어해설] PAPS(physical activity promotion system) : 학생들의 비만과 체력 저하를 방지하고자 개발된 건강 체력 관리 프로그램
③ 신체활동 검사방법[2]
  ㉠ 주어진 기술을 정해진 시간 또는 이른 시간 수행 여부
  ㉡ 기술 수행과 빠른 움직임, 방향 전환 등을 평가
  ㉢ 신체활동 검사방법은 농구의 드리블 검사가 대표적인 방법이다.

2) 신체활동 검사의 항목

구분	내용
기본 신체활동	이동성, 안정성, 조작성
건강 체력	신체 조성, 근력, 근지구력, 유연성
신체활동 양	수면시간, 영상 시청 시간, 운동시간, 걸음 수 등 일상생활에 나타나는 신체활동 양
신체활동 태도	선호도, 즐거움, 자신감

나. 신체 활동량 측정
1) 신체 활동량 측정의 이해
① 신체 활동량의 의미[3] : 직업과 관련된 활동량과 운동량, 취미활동을 모두 합한 것으로, 신체를 사용한 활동의 합계를 말한다.

---

1) 기출 15-19 신체활동의 자기 보고에 관한 설명으로 틀린 것을 찾는 유형
2) 기출 22-07 신체활동 검사방법을 보기로 설명하고, 어떤 검사인지 묻는 유형
3) 기출 20-05 신체 활동량의 측정방법을 보기로 들고, 무슨 측정법인지 묻는 유형
  기출 19-17 기출 17-16 기출 16-19 신체 활동량 측정방법에 대한 설명으로 틀린 것 또는 옳은 것을 찾는 유형

② 신체 활동량 측정의 의미 : 운동을 포함하여 일상생활에서 나타나는 신체 활동량을 측정
③ 신체 활동량 측정 요소[1]
　㉠ 신체 활동량 측정 요소는 활동 빈도, 활동 강도, 활동 시간, 활동 유형 등이다.
　㉡ 이는 운동 프로그램의 FITT 즉 frequency(운동빈도), intensity(운동강도), time(운동시간), type(운동유형) 등과 같다.

2) 신체 활동량 측정방법
① 신체 활동량 측정 설문지 조사법(IPAQ)
　㉠ WHO가 개인의 신체활동 수준을 알 수 있도록 개발한 것이다. 우리나라는 물론 국제적으로 사용하고 있다.
　㉡ 신체 활동량 측정을 위해 설문을 통해 기록하는 방법이다. 계산이 복잡하지만, 신체 활동량을 측정할 수 있다.
　보충설명 IPAQ : international physical activity questionnaire and actigraph accelerator
② 간접측정법
　㉠ 신체 활동량 측정을 위해 에너지 소비량, 산소 소비량, 이산화탄소 생성량 등을 측정하기 위하여 호흡 가스 분석법을 사용한다.
　㉡ 산소 소비량 및 이산화탄소 생성량을 측정한다.
③ 신체 활동량 측정기 사용[2]
　㉠ 신체 활동량을 측정 기구가 개발되어 몸에 부착하여 객관적인 신체 활동량을 측정할 수 있지만, 아직 실용화되어 있지 않다.(웨어러블 기기)
　㉡ 만보계는 걸음 수 계산기로, 다양한 환경에서 사용할 수 있다.
　㉢ 심전도·심박수는 모니터를 통해 신체활동을 측정할 수 있다.
　㉣ 가속도계는 생활 현장과 실험실에서 각각 사용할 수 있다.
　㉤ 이중표식수 방법에 따라 신체 활동량을 측정할 수 있다.
　㉥ 신체활동 측정 설문지(IPAQ)를 사용하여 간접 추정할 수 있다.

3. 운동기능검사

가. 운동기능검사의 이해
1) 운동기능검사(examination of movement)의 개요
① 운동기능검사의 의미
　㉠ 근·근육계가 운동에 관여하는 신경·뼈 및 관절이 바르게 기능하여 이루어지는데, 이들 가운데 어느 한 가지가 동작 장애 여부에 대한 검사이다.
　㉡ 운동기능검사는 시진, 불수의 운동과 수의 운동(운동 속도, 강도, 범위, 근 이완도, 연합운동, 공조 운동) 등의 검사를 말한다.
② 운동기능검사의 목적[3]
　㉠ 연습 및 훈련의 성취 수준 평가
　㉡ 훈련 대상자의 동기유발
　㉢ 수준에 따른 대상자 분류

---

[1] 기출 23-09 보기로 제시된 내용 중 신체 활동량 측정 요소만 묶인 것을 찾는 유형으로, 정답은 FITT와 같다.
[2] 기출 22-19 보기로 가속도계, 자기보고 기록지, 만보계, 심박수 모니터링법 등을 제시하고 무엇을 측정하는 도구인지 묻는 유형으로, 이는 신체 활동량을 측정하기 위해 사용하는 도구들이다.
　기출 20-12 신체 활동량의 객관적 측정 도구를 찾는 유형으로, 정답은 가속도계이다.
　기출 18-20 인체 계측 도구가 아닌 것을 찾는 유형으로, 오답 찾기의 정답은 신체활동 설문지이었다.
　기출 16-18 신체 활동량 측정 도구가 아닌 것을 찾는 유형으로, 정답은 에르고미터이고, 심폐지구력 측정 도구이다.
[3] 기출 17-01 운동기능검사의 목적이 아닌 것을 찾는 유형

③ 올바른 운동기능검사[1]
　㉠ 해당 종목의 핵심 내용을 포함한다.
　㉡ 검사자가 바뀌어도 같은 결과가 나타난다.
　㉢ 운동기능 수준에 따라 대상자들이 잘 구분된다.
④ 운동기능검사의 특성
　㉠ 해당 종목의 핵심 내용을 포함하고 있다.
　㉡ 검사자가 바뀌어도 같은 결과가 나타난다.
　㉢ 운동기능 수준에 따라 대상자들을 구분할 수 있다.

2) 운동기능검사의 실제[2]

① 거리 측정
　㉠ 점프와 던지기 등을 측정할 수 있다.
　㉡ 힘과 정확성 측정은 필드 경기에 적용되지 않지만, 운동기능이 아닌 협응력과 순발력 등을 포함한 기능에 적용할 수 있다.
② 실행 횟수 측정 : 제한 시간에 실행한 운동 횟수를 측정할 수 있다.
③ 속도 측정
　㉠ 속도 측정의 개요 : 속도를 측정할 때는 스피드와 투사각도, 투사체의 거리를 고려해야 하며, 속도는 거리에 시간을 나누어서 결정하고, m/sec의 단위를 사용한다.
　㉡ 속도 측정의 방법 : 탄도 높이를 측정하기 위해 줄을 이용하며, 궤도 높이를 측정하기 위해 투사체의 수직 각도를 이용한다.
④ 정확성 측정
　㉠ 기능검사에서 가장 많이 측정하는 구성요소이다.
　㉡ 여러 유형의 목표물을 이용하여 측정할 수 있다.
⑤ 폼 측정 : 대조표 또는 검사목록이나 평가 척도를 이용하여 측정한다.
⑥ 신체 움직임 측정
　㉠ 주어진 기술을 정해진 시간에 빨리 수행하는 검사이다.
　㉡ 기술과 빠른 움직임, 방향 전환 등을 평가한다.
　㉢ 농구 드리블 검사가 대표적 평가 방법이다.

나. 종목별 운동기능검사

1) 축구[3]

① 맥도날드(McDonald) 검사 : 대상은 고교·대학생 대상의 축구 기술 평가 검사로, 검사방법은 벽에 높이 3.5m 너비 9m의 골대를 그린 후 2.7m 밖에서 킥하며, 킥 종류나 컨트롤 방법에 제한이 없고, 4회 실시하며, 이 중 3회의 좋은 기록을 합산 점수 계산한다.
② 존슨(Johnson) 검사 : 대상은 남자 대학생 대상의 축구 기술 평가 검사로, 검사방법은 벽에 높이 2.4m 너비 7.2m의 골대를 그린 후 4.5m 밖에서 킥하며, 30초 동안에 연속적으로 킥하며, 3회 실시하여 성공 횟수를 합산 점수 계산한다.

---

1) 기출 17-15 바람직한 운동기능검사가 아닌 것을 찾는 유형
2) 기출 21-13 운동기능검사 측정 요인이 아닌 것을 찾는 유형으로, 온도가 오답 찾기의 정답이다.
3) 기출 19-18 축구선수의 운동기능검사방법의 타당성이 낮은 것을 찾는 유형으로, 패싱·드리블·드로우인 검사 등은 옳은 답이지만, 서브 검사는 오답 찾기의 정답이다.

2) 농구
① 레이리히(Leilich) 검사 : 대상은 체육 전공 여대생 대상의 농구 기술검사로, 검사 항목은 드리블 슛, 30초 동안 슛하기, 핸드 체스트 패스 등이다.
② 존슨(Johnson) 검사 : 대상은 남자 고교생 대상으로 농구 기술검사로, 검사 항목은 빠른 슛, 정확하게 던지기, 드리블 등이다.
③ 코녹스(Knox) 검사 : 대상은 남자 고교생 대상의 농구 기술검사로, 검사 항목은 빠른 드리블, 빠른 패스, 드리블 슛, 패니 컵 등이다.

3) 배구[1]
① 브라디(Brady) 검사 : 목적은 배구 게임 능력 측정검사이며, 능력별 분류 기술 향상, 등급별 기술 확보이고, 검사방법 : 3.5m 높이의 벽에 15cm의 정사각형 목표지역을 설정하고 볼을 선진 후 튀어나오는 볼을 1분 동안 토스하여 목표지점에 맞추는 횟수를 점수로 기록한다.
② 브룸바흐(Brumbach) 검사 : 대상은 중·고·대학생 대상이며, 검사방법은 상대 코드 깊숙한 지점에 낮게 서브하는 능력 평가 등이다.
③ 러셀-랜지(Russel-Lange) 검사 : 대상은 여고생 1학년 대상이며, 검사 항목은 언더핸드 토스와 서브 등이다.
④ 프렌치-쿠퍼(French-Cooper) 검사 : 러셀-랜지(Russel-Lange) 검사를 발전시킨 방법으로, 15초 동안 반복 토스와 10개의 서브 중 좋은 5개 서브 점수를 합산하여 계산한다.
⑤ 아아페르드(Aahperd) 검사 : 검사방법은 브라디 검사와 비슷한 방법이며, 검사 항목은 서브, 패스, 세트업 등이다.

4) 야구
① 아아페르드(Aahperd) 검사 : 남녀 청소년 대상으로, 검사 항목(7개 항목)은 오버핸드 던지기, 언더핸드 던지기, 빠르게 던지기, 평고 난방(수비 연습용 타구), 주루, 필드 땅볼 받아 던지기, 멀리 던지기 등이다.

5) 배드민턴
① 푸래(Poole) 서브 검사 : 셔틀콕을 상대 코트 후방에 서브하는 능력을 측정하는 검사로, 코트 후방에 각각 40cm의 5개 라인을 그리고, 끝에서부터 5~1점으로 정한 후 12번의 서브를 시행한 점수 합산한다.
② 푸레(Poole) 클리어 능력 측정검사 : 포핸드와 백핸드의 클리어 능력 측정검사이다.
③ 프렌치(French) 검사 : 대상은 중·고교생이며, 검사방법은 낮고, 짧으며, 정확하게 서브할 수 있는 능력 측정검사이다.

6) 수영
① 헤윗(Jewitt) 검사 : 대상은 고교생, 대학생으로, 검사 항목은 15분 수영하기, 잠수 25m 가기, 20m 혹은 50m 자유형, 평형, 배영, 50m 글라이드-릴렉세이션 검사 등이다.
② 고교생 수영 기술검사 : 고교생이 대상이며, 검사 항목은 50m 자유형, 25m 수구 공 밀며 수영하기, 25m 글라이드-릴렉세이션 검사 등이다.

---

[1] 기출 15-08 배구 운동기능검사의 타당성이 낮은 것을 찾는 유형으로, 발리·서브·수직 토스 검사는 옳은 답이지만, 서비스 스피드 검사는 오답 찾기의 정답이다.

제3과목 트레이닝론

세부목차

대분류	세부 분류
제1장 트레이닝의 기초 … 139	1. 트레이닝의 이해 … 139 2. 체력과 경기력 … 143
제2장 트레이닝의 원리 … 145	1. 트레이닝의 생리적 영향 … 145 2. 트레이닝 계획 … 147
제3장 체력 트레이닝 … 148	1. 심폐지구력 트레이닝 … 148 2. 근 기능 트레이닝 … 154 3. 유연성 트레이닝 … 167 4. 평형성 트레이닝 … 171 5. 민첩성과 스피드 트레이닝 … 172 6. 협응력 트레이닝 … 174
제4장 트레이닝 프로그램의 구성 … 175	1. 트레이닝의 주기화 … 175 2. 트레이닝 주기화의 실제 … 176
제5장 환경 적응 트레이닝 … 177	1. 고지 환경과 트레이닝 … 177 2. 기온과 트레이닝 … 181 3. 수중 환경과 트레이닝 … 184
제6장 성장 발달과 트레이닝 … 186	1. 발달단계의 특성 … 186 2. 연대별 트레이닝 … 186 3. 여성의 트레이닝 … 189
제7장 운동 피로의 해소 … 191	1. 운동성 피로 … 191 2. 과훈련 … 192

출제빈도분석

숫자는 당해연도 출제 문항 수를 나타낸다.

	누적출제빈도(%)	합계	1회 '15	2회 '16	3회 '17	4회 '18	5회 '19	6회 '20	7회 '21	8회 '22	9회 '23	10회 '24
제1장 트레이닝의 기초	14.7	29	2	5	4	3	2	3	2	1	4	3
제2장 트레이닝의 원리	5.6	11	1	1	1	1	1	1	1	1	2	1
제3장 체력 트레이닝	43.0	85	10	6	7	9	12	9	9	8	5	10
제4장 트레이닝 프로그램의 구성	8.1	16	3	2	2	2	1	2	1	2	-	1
제5장 환경 적응 트레이닝	14.7	29	2	3	3	3	2	3	4	2	4	3
제6장 성장 발달과 트레이닝	7.1	14	1	2	1	1	1	1	2	2	2^2	1
제7장 운동 피로의 해소	6.8	13	1	1	2	1	1	2	-	2	2	1
합계	100	197	20	20	20	20	20	21	19	18	19	20

주 1) 시험당 20문제가 출제되었지만, 연도별 합계가 20이 아님은 다른 과목에서 다른 내용이 출제되어 그 과목 출제빈도분석에 포함되었거나, 다른 과목에서 출제된 내용이 포함되었기 때문이다.

주 2) '제3장 체력 트레이닝'에서 43.0%가 출제되어 50% 가까운 출제빈도를 나타내고, 다음은 '제1장'과 '제5장'의 출제빈도가 높은 편이다.

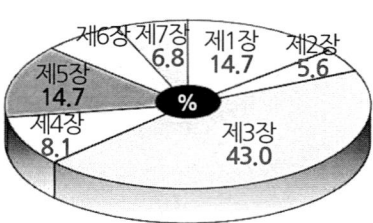

제1장 트레이닝의 기초

1. 트레이닝의 이해

가. 트레이닝(training)의 개념

1) 트레이닝의 개요

① 트레이닝의 의미[1]
  ㉠ 신체의 계획적 훈련을 통하여 체력과 기술을 포함한 운동능력을 향상은 물론 체력과 경기력을 향상하며, 다양한 훈련 자극에 대한 인체의 생리적 발달과 적응을 유도하는 과정이다.
  ㉡ 트레이닝은 많은 시간이 필요하므로 지겹고 고통을 동반하는 흔하지만, 이 과정을 거치므로 목적을 달성할 수 있다.

② 트레이닝의 목적[2] : 체력 향상과 부상 예방, 건강 유지, 기술력·전술력 향상, 심리 강화

2) 트레이닝 방법

① 트레이닝 기본 지침
  ㉠ 근력 발달에 앞서 유연성을 발달시킨다.
  ㉡ 힘줄(건)과 인대를 먼저 발달시킨다.
  ㉢ 신체의 중심부에서 시작하여 사지의 순서로 발달시킨다.
  ㉣ 근력운동 기간 중 충분한 휴식으로 부상을 예방한다.

② 트레이닝의 요소[3]

구분	질적 요소	양적 요소
내용	운동 강도, 운동 형태	운동 시간, 운동 빈도

③ 트레이닝 효과가 인체에 영향을 미치는 요인 : 유전, 성숙도, 체력 수준

나. 트레이닝 지도자

1) 트레이닝 지도자의 개요

① 트레이닝 지도자의 의미 : 대상 또는 목적에 따라 과학적 근거를 기반으로 적절한 운동 프로그램을 작성하고, 이를 효과적으로 지도·운영하기 위한 지식과 기능을 갖춘 전문가

② 지도 대상과 트레이닝 지도자의 주요 활동

구분	스포츠 경기 분야	건강관리 분야
지도 대상	스포츠 선수	전 연령층 중 트레이닝을 받고자 하는 사람
주요 활동	경기력 향상을 위한 체력단련, 기술 개발, 상해 예방, 컨디션 조절 등	건강과 체력 증진, 생활의 질 개선, 신체활동 기능의 향상 등

③ 트레이닝 지도자에 대한 호칭
  ㉠ 스포츠 경기 분야 : 트레이닝 코치(, 스트렝스 코치(=근력 트레이너), 스트렝스 앤드 컨디셔닝 코치, 피지컬 코치, 피트니스 코치
  ㉡ 건강관리 분야 : 인스트럭터, 트레이너, 피트니스 인스트럭터, 퍼스널 트레이너

---

1) [기출 15-01] 트레이닝의 개념 설명으로, 틀린 것을 찾는 유형으로, '합리적이고 계획적인 운동 자극을 통해 인간 행동을 무한대로 발달시키고자 하는 과정이다.'가 오답 찾기의 정답이다.
2) [기출 24-08] 트레이닝의 목적이 아닌 것을 찾는 유형으로, '인슐린 저항성 증가'가 오답 찾기의 정답이다.
   [기출 23-01] [기출 20-01] 트레이닝의 목적을 보기에서 모두 고른 것을 찾는 유형
3) [기출 23-02] [기출 20-04] 제시된 보기에서 트레이닝을 질적 요소와 양적 요소로 바르게 구분된 것을 찾는 유형

2) 트레이닝 지도자의 역할과 자질

① 트레이닝 지도자의 역할
- ㉠ 트레이닝 프로그램의 계획과 운영 및 관리
- ㉡ 교육적 지도와 측정 및 평가
- ㉢ 환경 정비와 조직 운영
- ㉣ 건강관리와 응급처치

② 트레이닝 지도자의 자질
- ㉠ 인간성 : 트레이닝의 다양한 지식과 기능이 있어도 참가자와 신뢰 관계가 형성되지 않으면 지도자의 임무를 수행하기 어렵다. 신뢰 관계 형성을 위해서는 인간성이 매우 중요하다.
- ㉡ 직업관 : 과학적 근거를 바탕으로 한 안전한 상태에서 효과적으로 지도해야 할 의무가 있다. 수익을 우선으로 생각하는 이익 지상주의에 함몰되는 우를 범하지 않아야 한다.
- ㉢ 가치관 : 보편타당한 가치관을 갖고 지도해야 한다.

③ 트레이닝 지도자에게 요구되는 능력
- ㉠ 전문 지식 : 지도 분야에 대한 전문적 지식을 갖추고, 과학적 근거를 중시하며, 학문적 소양을 길러야 한다.
- ㉡ 실기 수행 능력 : 시범을 보여야 할 때가 많으므로 실기 수행 능력을 갖추어야 한다.
- ㉢ 커뮤니케이션 능력 : 참가자로부터 신뢰를 받을 수 있도록 커뮤니케이션 능력을 길러 전문 지식을 잘 전달할 수 있어야 한다.
- ㉣ 지도 능력 : 지도 분야에 대한 앎이 많고, 시범을 잘하더라도 참가자 수준과 능력에 따라 적절한 지도가 이루어질 수 있는 능력을 갖추어야 한다.
- ㉤ 코디네이팅 능력 : 참가자의 성격이나 행동은 매우 다양하므로 이를 잘 조절할 수 있는 코디네이팅 능력이 요구된다.
- ㉥ 정보의 수집과 분석 능력 : 지도에 필요한 지식과 정보를 적절하게 수집할 수 있는 능력을 갖추어야 한다.
- ㉦ 조직 장악 능력 : 조직을 잘 운영하고, 참가자의 특성에 따라 잘 지도할 수 있는 능력을 갖추어야 한다.
- ㉧ 자기관리 능력 : 자신에 대한 건강관리와 모범적 생활을 할 수 있도록 노력해야 한다.

3) 트레이닝 지도자의 윤리

① 규범과 규칙 준수 : 사회적 질서와 규범, 규칙 등을 잘 지켜 직업윤리에 반하는 행위를 하지 않아야 한다.

② 트레이닝 지도자의 행동
- ㉠ 마음가짐 : 평소 건전한 생각과 가치관을 실현할 수 있는 마음가짐을 갖추어야 한다.
- ㉡ 말과 행동 : 품위 있는 언어를 사용하고, 오해를 살만한 행동을 금해야 한다.
- ㉢ 직업윤리 : 사회인으로서 적절한 직업윤리를 갖추어야 한다.
- ㉣ 비밀엄수 : 직무상 알게 된 참가자의 개인정보는 반드시 보호해야 하며, 조직의 비밀을 누설하지 않아야 한다.

③ 허레스먼트의 방지
- ㉠ 허레스먼트의 의미 : 불쾌한 언행, 괴롭힘 또는 압력 등으로 상대가 불편함을 느끼는 상태
- ㉡ 허레스먼트의 종류
  - 모럴 허레스먼트 : 언행을 통해 상대에게 무안을 주거나 괴롭히는 상태
  - 파워 허레스먼트 : 직무상 우위를 이용하여 상대에게 불쾌함을 느끼게 하는 상태

- 섹슈얼 허레스먼트 : 언행이 상대의 성적 수치심을 자극하거나 불쾌감을 초래하는 상태로, 특히 조심해야 한다.

용어해설 허레스먼트(harassment)의 뜻 : 인종 차별적 괴롭힘, 성희롱 등을 뜻한다.

다. 트레이닝의 구분

1) 트레이닝의 체계

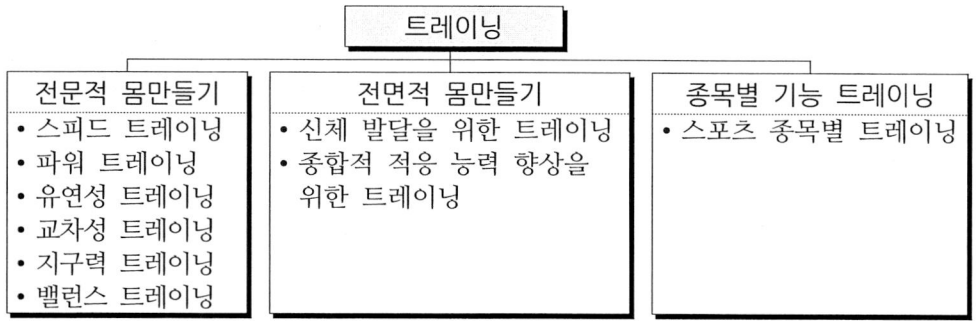

2) 트레이닝의 종류

① 크로스(cross) 트레이닝 : 스포츠 효과를 상승시킬 목적으로 다른 종목 운동을 복합적으로 실시하는 트레이닝(사례 축구선수가 빨리 달리기 트레이닝의 경우)
② 스타빌리티(stability) 트레이닝 : 트레이닝 중 머리·몸통·팔다리의 바른 자세를 파악하고, 이의 안정과 회복을 중심으로 하는 트레이닝
③ 메디신볼(medicine ball) 엑서사이즈 : 공 속에 모래 등을 넣어 무겁게 만들고, 이를 이용하는 트레이닝으로, 근력 회복 또는 재활을 목적으로 하는 트레이닝
④ 밸런스 볼(balance ball) 엑서사이즈 : 앉을 정도로 크기의 비닐로 만든 볼을 사용하여 균형을 잡는 것은 물론 선수의 컨디션 강화에도 활용하는 트레이닝
⑤ 민첩성(agility) 트레이닝 : 단일 또는 연속적인 전환 속도를 향상하고, 자세를 흩트리지 않고, 좋은 밸런스를 향상하는 트레이닝
⑥ 스프린트 어시스티드(sprint assisted) 트레이닝 : 혼자 전력 질주케 하여 스프린트의 능력 개선 및 향상을 위한 트레이닝
⑦ 레지스티드(resisted) 트레이닝 : 언덕을 오르거나 중량물을 밀거나 당겨 부하 또는 저항을 받은 상태에서 달리는 트레이닝
⑧ 웨이트(weight) 트레이닝 : 중량물·유압·공기압 등의 저항에 대응하며 근육을 수축시켜 근력·파워·근지구력을 향상하고, 근 비대를 만드는 트레이닝
⑨ 서킷(circuit) 트레이닝 : 6~12개의 운동 종목으로 프로그램을 만들어, 근력·파워·전신 지구력 등 다른 체력 요소를 동시에 향상하여 전반적 체력 향상을 도모하는 트레이닝
⑩ 인터벌(interval) 트레이닝[1] : 높은 강도의 운동 사이에 불완전 휴식을 넣어 일련의 운동을 반복하는 방법으로, 체력 수준에 따라 세트 수를 조절할 수 있고, 마라톤, 크로스컨트리, 스키 등 유산소 지구력 향상을 위한 트레이닝으로 적합하다.
⑪ 에어로빅스(aerobics) 트레이닝 : 유산소 운동을 중심으로 한 건강 증진 목적의 트레이닝으로 대표적이며, 모든 운동의 기본이 된다.

---

1) 기출 23-04 인터벌 트레이닝의 설명으로 틀린 것을 찾는 유형으로, 저강도 운동이 오답 찾기의 정답이다.
기출 20-20 체력 수준에 따라 세트 수 조절, 운동과 짧은 회복을 반복 구성, 운동시간과 회복 시간의 조절에 따라 유/무산소성 능력 향상 등 인터벌 트레이닝의 설명을 보기로 들고, 무엇이라고 하는지 묻는 유형

⑫ 파트렉(fartlek) 트레이닝1) : 언덕이 많은 지형을 이용하여 스스로 페이스를 조절하면서 장시간 실시하는 트레이닝으로, 육상 장거리 연습에 특히 필요하다.
⑬ 레피티션(repetition) 트레이닝 : 높은 강도의 트레이닝을 충분한 휴식을 취하면서 반복적으로 실시하는 트레이닝으로, 반복 트레이닝이라고도 한다.
⑭ 스플릿 루틴(split routine) 트레이닝 : 고강도 근력 트레이닝을 매일 하기 위해 요일별로 트레이닝 부위를 다르게 구성하는 트레이닝
⑮ 모델(model) 트레이닝2) : 트레이닝 과정을 3 등분하여 초반에는 짧은 거리 반복 달리기, 중반에는 실제 거리보다 긴 거리 지속 달리기로 하고, 마지막에 실제 거리를 반복 달리게 하는 방법
⑯ 반복(repetition) 트레이닝3) : 높은 강도의 운동을 충분한 휴식을 취하면서 반복적으로 실시하는 트레이닝으로, 선수의 의지력 향상에 효과적이다.

3) 플라이오메트릭스
① 플라이오메트릭스(plyometrics)의 개념4)
　㉠ 일반 근력 트레이닝을 스피드 근력과 파워에 연결되도록 하는 트레이닝 방법
　㉡ 신장-단축 사이클을 부드럽고 효율적으로 되돌리는 능력을 개선하고, 점프력·순발력과 파워를 높임으로 운동능력을 향상시킨다.
　㉢ 양보다 질을 중요시하는 트레이닝 방법이다.
　용어해설 플라이오메트릭스의 어원 : '플라이오'는 그리스어로 '보다 많은'의 의미이고, '매트릭스'는 '측정'을 뜻한다. 직역하면 '측정 불가의 큰 증가'라는 의미이다.
② 플라이오메트릭스의 장점 : 운동 효과가 높고, 짧은 시간 폭발적 힘을 내는 파워가 증가하므로 파워 트레이닝의 좋은 방법이다. 근신경계를 효율적으로 사용하여 운동수행에 높은 효과가 나타나고, 근육 간 협응력 향상과 순발력이 향상된다.
③ 플라이오메트릭스의 특성5)
　㉠ 근육의 신장 반사를 이용한 트레이닝 방법으로, 파워와 스피드 향상에 유용하다.
　㉡ 숙련자에게 적합하고, 바운드(bound), 홉(hop), 점프(jump) 동작이 활용된다.
　㉢ 플라이오메트릭스 트레이닝은 양보다 질이 중요하다.
　용어해설 신장 반사 : 골격근을 지속적으로 신장하면 그 신장에 저항하듯 신장한 근육에 반사적으로 수축이 일어나 긴장이 고조되는 현상
④ 플라이오메트릭스의 신전 단축 주기(SSC, stretch-shortening cycle)6)
　㉠ 1단계/신장성 단계 : 근육이 빠르게 이완하여 직렬 탄성 요소가 탄성 에너지를 저장하고, 근방추를 자극한다.
　㉡ 2단계/이행 단계 : 신장성 단계와 단축성 단계의 중간 단계이다.
　㉢ 3단계/ 단축성 단계 : 인체의 반응 단계로 주동근 섬유의 수축이 일어난다.
　보충설명 플라이오메트릭스 SSC 단계 : 신장성 단계 → 이행 단계 → 단축성 단계로, '**신이단**'으로 외워야 한다.

---

1) **기출 17-08** 보기에 파트렉 트레이닝 내용을 들고, 트레이닝 종류가 무엇인지 묻는 유형
2) **기출 19-12** 모델 트레이닝 설명을 보기로 들고, 무엇이라 하는지 묻는 유형
3) **기출 24-09** 반복 트레이닝 내용을 보기로 제시하고, 무엇이라 하는지 묻는 유형
4) **기출 21-01** 플라이오메트릭스 내용을 보기로 제시하면서 신장성, 단축성에 해당하는 내용을 ( )로 비워놓고, 적합한 용어를 찾는 유형으로, '플라이오메트릭스는 신장과 단축성 사이클로 지속한다.'는 것을 기억해야 한다.
　기출 19-13 **기출 16-07** 플라이오메트릭스의 설명으로 옳은 것을 찾는 유형
5) **기출 17-12** 플라이오메트릭스의 특성이 아닌 것을 찾는 유형으로, 플라이오메트릭스는 '운동 숙련자보다 초보자에게 더 적합한 트레이닝 방법이다.'라는 것이 오답 찾기의 정답이다. 플라이오메트릭스는 숙련자에게 적합하다.
6) **기출 23-11** 플라이오메트릭스의 신전 단축 주기(SSC)에 대한 설명으로 틀린 것을 찾는 유형으로, SSC는 신장성 단계 → 이행 단계 → 단축성 단계로 이루어지는 것을 기억해야 한다. 즉 '**신이단**'이다.

[용어해설] **근방추** : 골격근에 분포하여 근육의 길이 변화를 감지하는 감각수용기로, 골격근의 수축·이완에 대한 정보를 제공함으로써 정교한 운동과 자세 제어에 관여한다.

2. 체력과 경기력

가. 체력

1) 체력의 이해
① 체력의 의미 : 인간이 활동하는 신체적, 정신적 능력을 말한다.
② 체력의 구성

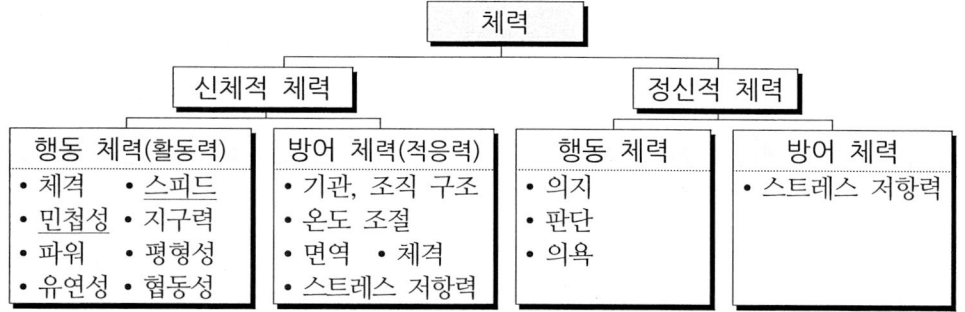

[보충설명] **스피드와 민첩성의 비교** : 스피드는 신체를 재빨리 이동시키는 능력이고, 민첩성은 신체의 방향을 재빨리 전환할 수 있는 능력을 말한다.

2) 건강 관련 체력과 운동 기술 관련 체력
① 건강 관련 체력과 운동 기술 관련 체력의 구분[1]
  ㉠ 건강 관련 체력 : 근력, 근지구력, 심폐지구력, 유연성, 신체 조성
  ㉡ 운동 기술 관련 체력 : 민첩성, 평형성, 협응력, 순발력, 반응시간
② 건강 관련 체력과 운동 기술 관련 체력의 관계
  ㉠ 근력과 근지구력 : 웨이트 트레이닝, FITT, 스피드, 강도
  ㉡ 심폐지구력 : 웨이트 트레이닝
  ㉢ 유연성 : 관절 가동범위를 늘리는 웨이트 트레이닝
  ㉣ 신체 조성 : 신체 조성의 긍정적 변화

3) 체력과 운동수행력, 경기력의 요소
① 체력의 3요소 : 근력, 지구력, 유연성
② 운동수행력의 3요소[2] : 근력, 스피드, 지구력
③ 경기력의 3요소 : 체력, 정신력, 기술

---

1) [기출 22-02] 농구 경기에서 링을 맞고 튀어 오른 공을 강하게 점프하여 리바운드할 수 있는 능력을 무엇이라고 하는지 묻는 유형으로, 정답은 순발력이다.
  [기출 18-19] [기출 16-04] 제시된 보기 중 건강 관련 체력 요소를 찾는 유형
  [기출 17-06] 운동 기술 관련 체력요인이 아닌 것을 찾는 유형
2) [기출 16-01] 운동수행력 3요소가 바르게 조합된 것을 찾는 유형

4) 스포츠 기술의 연속성에 따른 분류
① 연속성(주기적) 기술[1] : 반복적 동작을 연속적으로 수행하며, 동작의 리듬이 중요하다. (사례 : 수영, 육상 등)
② 비연속성(비주기적) 기술 : 동작의 성과를 강조하는 것으로, 특정 한두 가지 기술의 집중적 트레이닝이 필요하다.(사례 : 테니스 서브, 골프 스윙 등)
③ 연쇄성 기술 : 비연속성 기술 수행 후 다음 기술로 변환되는 과정을 말한다. (사례 :야구에서 볼을 캐치 후 송구 등)

나. 경기력

1) 경기력(athletic performance)의 이해
① 경기력의 의미 : 개인 또는 팀이 경기를 운영하는 능력
② 경기력의 요인
　㉠ 경기력의 내·외적 요인

구분	내용
내적 요인	생리, 심리, 생체역학, 해부학, 사회학적 요인
외적 요인	환경, 영양, 약물, 장비와 시설 등의 요인

　㉡ 상호작용 : 내·외적 요인이 상호작용을 통해 경기력에 영향(향상 또는 저하)을 미친다.

2) 경기력 향상 테이퍼링
① 테이퍼링의 의미[2] : 지구력이 필요한 운동선수가 중요한 경기를 앞두고, 경기에서 최고의 경기력을 발휘하기 위해 훈련량을 점차 줄여나가는 훈련 방법 또는 과정을 말한다.
　용어해설 **테이퍼링(tapering)** : 본래 의미는 '폭이 점점 가늘어지는 현상'을 말한다. 여기서는 운동선수가 경기력 향상을 목적으로 경기일 며칠 전부터 훈련량을 점차 줄여가는 과정을 말한다.
② 테이퍼링이 인체에 미치는 영향[3]
　㉠ 고갈된 글리코겐을 재합성할 수 있는 시간 확보
　㉡ 근 손상의 회복을 촉진하여 경기 당일에 최상의 경기력을 발휘할 수 있다.
　용어해설 **글리코겐(glycogen)** : 포도당으로 만들어진 동질 다당으로, 간과 근육세포에서 보조적인 단기 에너지 저장 용도로 쓰인다.

---

1) 기출 16-02 주기적 기술로 이루어지는 종목을 찾는 유형
2) 기출 17-17 테이퍼링 내용을 보기로 제시하고 무엇을 설명하는 내용인지 묻는 유형
　기출 15-03 테이퍼링에 대한 설명으로 잘못된 것을 찾는 유형
3) 기출 24-15 '고갈된 근육 글리코겐 재합성을 위한 시간 제공' 등을 보기로 제시하고 무엇인지 묻는 유형으로, 정답은 테이퍼링이다.

제2장 트레이닝의 원리

1. 트레이닝의 생리적 영향

가. 트레이닝과 신체

1) 트레이닝 관련 신체 기관
- ㉠ 근골격계, 근육계, 신경계, 호흡계 등이 트레이닝과 관련된 신체 기관이다.
- ㉡ 내분비계나 소화계도 트레이닝과 관련이 있다.
- ㉢ 신체의 많은 기관과 계통이 복잡하게 연계되어 인간의 운동을 뒷받침한다.

2) 트레이닝이 신체 기관에 미치는 영향
① 근골격계에 미치는 영향
- ㉠ 트레이닝은 뼈와 관절에 강한 부하나 충격을 주므로, 뼈 형상이나 관절이 충분히 발달하지 못한 성장기에는 과도한 트레이닝을 피해야 한다.
- ㉡ 적절한 트레이닝은 뼈와 관절에 적정한 압력과 충격을 주어 뼈와 관절의 성장을 촉진한다.
- ㉢ 뼈와 관절은 근육과 연계되어 복잡하거나 섬세한 움직임도 수행한다.

② 근육계에 미치는 영향
- ㉠ 근력은 근육의 단면적에 비례하며, 트레이닝을 통해 근육을 장기적으로 사용하면 근육섬유가 굵어져서 근육이 비대해지고, 발휘되는 힘이 더 강해지고, 근육은 사용하지 않으면 위축된다.
- ㉡ 근육 수축 시 에너지가 필요한데 이 임무를 수행하는 것은 근육에 비축된 아데노신삼3인산이고, 이는 음식물 섭취에 따라 형성된다.

[용어해설] **아데노신삼3인산**(ATP, Adenosine triphosphate) : 인체에서 중요한 화합물 중 하나로 RNA의 기본 단위일 뿐만 아니라 수많은 물질대사에 이용되고, 에너지 대사에 가장 많이 사용되는 화합물이다.

③ 신경계의 운동 컨트롤
- ㉠ 트레이닝을 통해 운동은 서서히 숙련되고, 익숙해진다. 이는 신경회로가 구축되어 신경전달이 원활하기 때문이다.
- ㉡ 인간의 모든 동작은 근육의 활동이며, 이는 신경에 의해 제어된다.
- ㉢ 트레이닝은 근육 자체에도 영향을 미치면서 신경 컨트롤 능력을 높이게 되어 운동수행 능력을 향상시킨다.
- ㉣ 불수의 운동의 기전과 관련된다.

④ 호흡계에 미치는 영향
- ㉠ 최대산소섭취량($\dot{V}O_2max$)의 증대
- ㉡ 심박수 감소

[용어해설] **최대산소섭취량** : maximal oxygen consumption이며, 'V'는 볼륨, 'O_2'는 산소, 'max'는 최대치를 말한다. 통상적으로 최대산소섭취량을 표기할 때 'V' 위에 '·'을 찍는다.

나. 트레이닝의 원리와 원칙

1) 트레이닝의 원리
① 과부하의 원리[1]
- ㉠ 트레이닝에 의한 근육량은 운동 강도가 일상생활 수준 이상일 때 증가한다.
- ㉡ 저항성 트레이닝 시 평소 실시해 온 중량보다 더 높은 부하를 적용하면 근 비대와 근력을 강화할 수 있다.

---

[1] 기출 17-01 과부하의 원리를 보기로 들고, 무엇이라고 하는지 묻는 유형

ⓒ 체력 또는 근력의 향상 정도에 맞도록 점진적으로 운동 강도를 높여야 한다.

[보충설명] **과부하의 원리** : 트레이닝을 과도하게 하라는 의미가 아니고, 과도한 운동을 삼가라는 의미이다.

② 점증 부하의 원리[1]
ⓐ 트레이닝의 질과 양을 점진적으로 증가해 나가는 것을 의미한다.
ⓑ 신체의 기관 발달, 변화 또는 기능개선이 트레이닝을 통해 서서히 이루어질 수 있도록 적용한다.
ⓒ 일정 기간 적응 기간을 두고 점진적으로 부하를 늘리는 것이 바람직하다.
ⓓ 같은 부하의 지속적 적용은 훈련 효과의 정체를 초래할 수 있다.
ⓔ 일정 기간 운동 기술의 발전이 이루어지지 않으면 정체되어 <u>고원 현상</u>이 일어난다.

[용어해설] **고원 현상** : 어느 수준까지 증가하던 학습 효과가 더는 발전하지 않고 정체되는 현상을 말한다.

③ 특이성의 원리[2]
ⓐ 트레이닝의 종류·강도·양·빈도 등을 선택하여 종목별 트레이닝 조건에 적합하도록 내용을 결정하는 원리를 말한다.
ⓑ 최적 효과를 위해 목적에 적합한 트레이닝 방법을 선택해야 한다.
ⓒ 스포츠 종목별 특성과 사용되는 에너지 체계를 고려하여 트레이닝 계획을 수립해야 한다.

[보충설명] **특이성의 원리** : 같은 의미로 특수성의 원리라고도 하며, 시험에서 각각 출제될 수 있다.

2) 트레이닝의 원칙

① 반복성의 원칙
ⓐ 체력 또는 기능은 단번에 향상되는 것이 아니다.
ⓑ 트레이닝을 반복하므로 적절한 능력을 습득할 수 있으며, 효과도 크게 나타난다.

② 의식성의 원칙
ⓐ 트레이닝 효과를 위해 창의적 생각과 의식적 몰입이 중요하다.
ⓑ 트레이닝을 위해 무엇이 필요한지를 스스로 이해하고 적극적으로 실천해야 한다.

③ 전면성의 원리 : 신체의 특정 부위보다는 신체 전체의 밸런스를 생각하며 트레이닝을 진행해야 한다.

④ 개별성의 원리[3] : 체력은 개인별 차이가 있으므로 개인의 상태(목적, 나이, 성별, 체력 수준, 신체 능력)에 맞춰 프로그램을 수립해야 한다.

⑤ 가역성의 원리[4] : 트레이닝 빈도가 높으면 신체 능력이나 경기 성적에 효과가 나타나지만, 트레이닝을 중단하면 신체는 원래 수준으로 돌아간다. 이 특성을 가역성이라 한다.

[보충설명] **트레이닝 원리에 대한 다른 이론[5]**
1) 전제 : 앞에서 설명한 트레이닝의 3 원리와 5원칙을 학자에 따라서는 트레이닝의 8원칙으로 설명하기도 한다.
2) 3원리와 5원칙
  ⓐ 3원리 : 과부하의 원리, 특이성의 원리, 가역성의 원리
  ⓑ 5원칙 : 점진성의 원칙, 개별성의 원칙, 반복성의 원칙, 전면성의 원칙, 의식성의 원칙
3) 특이 사항 : 과부하의 원리에도 점진적 운동 강도를 높이는 개념이 포함되어 있으므로, 3 원리에서 점증 부하의 원리를 빼고, 특이성의 원리를 포함하기도 한다.

---

1) [기출 24-03] 점증 부하의 원리를 보기로 제시하고, 트레이닝의 원리 중 어느 것에 해당하는지 찾는 유형
   [기출 21-02] 트레이닝 원리에 대한 설명을 보기로 제시하고 옳은 것을 고른 것을 찾는 유형
   [기출 15-11] 점증 부하의 원리 설명으로 틀린 것을 찾는 유형
2) [기출 23-16] [기출 18-03] [기출 16-03] 특이성의 원리를 보기로 들고, 무슨 원리에 해당하는지 찾는 유형
3) [기출 23-03] [기출 20-03] 개별성의 원리를 보기로 들고, 무엇이라 하는지 묻는 유형
   [기출 22-10] 트레이닝의 원리 중 개별성과 특이성에 대한 설명을 보기로 제시하고, 원리의 설명을 바르게 연결한 것을 찾는 유형
4) [기출 19-04] 가역성의 원리 내용을 보기로 들고, 무엇이라 하는지 묻는 유형
5) [기출 21-20] 트레이닝 원리 내용을 보기 2개로 제시하고, 각각에 해당하는 원리를 바르게 나열한 것을 찾는 유형

2. 트레이닝 계획

가. 트레이닝 절차

❶ 트레이닝 처방 → ❷ 트레이닝 계획 → ❸ 트레이닝 실행 → ❹ 트레이닝 평가

나. 트레이닝 처방

1) 트레이닝 처방의 개념
㉠ 트레이닝을 계획적으로 설정하는 활동
㉡ 트레이닝 내용(체력·기술·전술·의지·이론 등)을 계획하고, 각각의 밸런스를 유지하도록 구성하며, 체력이나 기능의 현 상태를 객관적으로 파악한 후 구체적 처방 방안 수립하는 활동을 말한다.

2) 트레이닝의 강도와 양
① 트레이닝 조건 : 트레이닝의 목적·나이·성별·체력 수준·운동능력 등의 배경을 파악하고, 반영해야 한다.
② 트레이닝 강도 : 트레이닝으로 얻을 수 있는 최대치에 대한 비율, 시간 등을 파악하고 반영해야 한다.
③ 트레이닝의 양
㉠ 근력 트레이닝 : 반복 횟수, 세트 수 등을 결정해야 한다.
㉡ 지구력 트레이닝 : 지속시간, 거리, 세트 수 등을 결정해야 한다.
㉢ 트레이닝 강도와 유관하며, 강도가 높으면 양은 적고, 강도가 낮으면 양은 많아진다.
④ 트레이닝 빈도 : 트레이닝의 시행 횟수를 결정해야 한다.
⑤ 트레이닝의 기간 설정
㉠ 트레이닝 기간 설정은 가역성의 원칙에 바탕을 둔다.
㉡ 환경 변화에 인체가 적응하는 기간은 일반적으로 수개월이 소요되며, 적응되면 신체 능력은 향상이 되지 않기 때문에 새로운 자극이 필요하다.
㉢ 인체는 트레이닝을 시작한 다음 2~3개월에 반응이 나타난다. 더 이상의 효과를 원해서는 패턴을 바꾸거나, 새로운 프로그램을 적용해야 한다.

제3장 체력 트레이닝

1. 심폐지구력 트레이닝

가. 심폐지구력 트레이닝의 이해

1) 심폐지구력의 개요
① 심폐지구력의 의미 : 호흡계와 순환계가 오랜 시간 동안 계속되는 운동이나 일에도 견딜 수 있는 능력
② 심폐지구력의 구분
  ㉠ 유산소 지구력(전신 지구력) : 저강도에서 장시간 운동을 지속하는 능력으로, 호흡·순환계의 기능과 관련성이 높다. 에너지 공급은 주로 산소계에 의존한다.
  ㉡ 무산소 지구력(스피드 지구력) : 장시간 최대속도를 유지하는 능력 또는 반복 동작의 최대속도를 유지하는 능력으로, 에너지 공급은 주로 젖산계에 의존한다.

2) 유산소 운동의 심폐지구력 트레이닝 효과
① 순환계의 효과[1]
  ㉠ 순환계 효과 요약

구분	변화 내용	구분	변화 내용
심장	비대	심박출량	증가
최대산소섭취량	증가(트레이닝 시작 0.5~1년 정도 경과 후)	정맥 회귀량	증가
		혈압	변화 없음
안정 시 심박수	저하	혈액량	증가
최대하 운동 시 심박수	저하	모세혈관 밀도	증가
최대심박수	변화가 없거나 약간 저하	근육 산화 능력	향상
동정맥 산소 차	증가	모세혈관 밀도	증가
1회 박출량	증가	전부하	증가

  ㉡ 심박출량 증가 : 심박출량은 1회 수축으로 박출되는 양과 1분 동안에 수축하는 횟수를 곱하여 계산하며, 단위는 ㎖로 나타낸다.

  공식 심박출량(㎖) = 1회 박출량(㎖) × 1분간 수축 횟수

  ㉢ 인슐린 저항성 증가
   보충설명 **인슐린 저항성과 감수성** : 제4과목 건강교육론〉제3장 만성 질환과 운동〉2. 대사성 질환과 운동〉나. 대사증후군에서 자세한 내용을 확인할 수 있다.
  ㉣ 혈장량 증가 : 알부민이 증가하고, 항이뇨호르몬과 알도스테론의 분비가 증가하여 혈장량이 증가
   보충설명 **심폐지구력 트레이닝에 따른 순환계의 적응 현상 요약** : 동정맥의 산소 차 증가, 심장 근수축력 증가, 최대산소섭취량 증가, 정맥 회귀량 증가, 이완기 말 용적 증가 등이며, 출제 다빈도 부분이다. 아울러 건강에 좋을 것으로 판단되는 것은 증가하고, 나쁠 것으로 판단되는 것은 감소한다. 기억하면 된다.

---

[1] 기출 24-07 지구력 트레이닝이 최대산소섭취량을 증가시키는 요인이 아닌 것을 찾는 유형으로, '전부하(preload) 감소'가 오답 찾기의 정답이다. 전부하 증가가 최대산소섭취량 증가의 요인이기 때문이다.
 기출 24-18 장기간 유산소 트레이닝 효과로 혈장량 증가의 원인을 보기에서 모두 고른 것을 찾는 유형
 기출 22-09 장기간 유산소 트레이닝의 효과가 아닌 것을 찾는 유형으로, 인슐린 저항성 감소가 오답 찾기의 정답이다.
 기출 20-11   기출 17-03 심폐지구력 트레이닝의 심혈관계 효과로 바르게 설명된 것을 찾는 유형
 기출 20-14 심박수와 1회 박출량을 보기로 들고, 심박출량 계산이 바르게 된 것을 찾는 유형
 기출 19-02 지구력, 스피드, 근력 중 지구력이 가장 필요한 종목을 찾는 유형
 기출 18-16 심폐지구력 트레이닝이 순환계 적응 현상의 설명으로 틀린 것을 찾는 유형

② 호흡계의 변화
   ㉠ 단기적 변화 : 운동 중 산소공급을 위해 폐에서의 가스교환이 촉진되고, 환기량이 증가하며, 호흡수가 증가한다.
   ㉡ 장기적 변화 : 계속적 유산소 지구력 향상 트레이닝은 폐 용량이 증대하여 1회 박출량은 증가하고, 심박수는 감소한다.
③ 골격계의 변화[1]
   ㉠ 유산소 지구력 향상 트레이닝은 단기적으로 골밀도를 증가시키지만, 장기적으로는 변화하지 않는다.
   ㉡ 단기적 생리적 현상은 모세혈관 밀도 증가, 마이오글로빈 농도 증가, 미토콘드리아 수 증가, 지근섬유 수 등이 증가한다.
④ 대사의 변화
   ㉠ 에너지 공급 : 유산소 운동 때 에너지 공급은 주로 산소계가 담당하며, 당질과 지방이 에너지원으로 이용된다. 운동강도가 높아지면 에너지원으로서 당질만 이용하면서 아울러 젖산계가 동원된다. 지속적인 유산소 지구력 향상 트레이닝을 하면 근육의 당질인 글리코겐 저장량이 많아지고, 중성지방 농도도 증가하므로 지방 이용 능력이 높아지며, 근육 중 미토콘드리아 함유량이 증가하며, 산화 기구가 강화된다.
   ㉡ 유산소 역치 : 운동강도가 중간 이하일 때는 근육에 산소가 잘 공급되어 유산소 대사로 대응할 수 있고, 생성되는 젖산보다 더 많이 제거되므로 젖산은 축적되지 않는다.
   ㉢ 운동강도가 높아지면 유산소 대사로는 젖산 생성을 따라갈 수 없으므로 혈액 속에 젖산이 축소된다. 유산소 지구력 향상 트레이닝을 지속적으로 실시하면 무산소 대사(젖산계)가 중심이 된다.
⑤ 체성분의 변화 : 단기적으로는 큰 변화를 일으키지 않고, 장기적으로 체지방량이 감소한다.
⑥ 내분비계의 변화 : 단기적으로 인슐린 감수성이 향상되고, 글루코스의 체내 흡수가 촉진된다. 장기적으로 인슐린 감수성을 증가시키며, 노화에 따른 인슐린 감수성 저하를 억제할 수 있다.

> **보충설명 대사와 유산소 역치**
> 1) 대사(代謝, metabolism) : 섭취한 영양분을 몸에서 분해하고, 합성하여 생체 성분이나 생명 활동에 쓰는 물질이나 에너지를 생성하고 필요하지 않은 물질을 몸 밖으로 내보내는 활동을 말한다.
> 2) 유산소 역치(aerobic threshold) : 에너지원이 지방과 탄수화물에서 탄수화물만으로 이행되는 지점
> 3) 역치(threshold)의 의미[2]
>   ㉠ 자극에 따라 반응이 일어날 때 자극 강도가 일정한 크기가 되지 않으면 반응이 나타나지 않는다. 이 최소 자극의 강도를 역치라고 한다.
>   ㉡ 역치가 낮다는 것은 약한 자극에도 반응이 쉽게 일어나는 것이며, 반대로 역치가 높다는 것은 강한 자극이 아니면 반응이 일어나지 않는다는 것을 의미한다.
>   ㉢ 역치 발생 : 환기량(유·무산소), 혈중젖산 농도, 이산화탄소 생성량

3) 무산소 운동의 심폐지구력 트레이닝 효과
① 고강도 트레이닝에 따른 내성 향상 : 젖산계가 주요 에너지 공급 기구가 되어 파워를 높은 수준으로 유지한다.
② 무산소 대사의 향상 : 무산소 지구력 향상 트레이닝은 젖산계가 관여하고 있으므로 유산소 대사에 영향을 미치지 않는다.
③ 신경계의 적응력 향상 : 운동 효율이 향상되어 원활한 동작 수행을 할 수 있다. 이는 운동 기술이 향상된 것으로 운동 자극에 대한 신경계의 적응력 향상에 기인한다.

---

1) 기출 18-17 심폐지구력 트레이닝이 골근격계에 미치는 영향을 보기에서 모두 고른 것을 찾는 유형
2) 기출 22-05 역치의 개념을 그래프로 설명한 후 해당하지 않은 것을 찾는 유형으로, 산소섭취량은 역치의 개념이 성립하지 않으므로 오답 찾기의 정답이다.

> [보충설명] **유산소성 운동과 무산소성 운동**
> 1) 유산소성 운동 : 운동 중 산소공급을 통해 지방과 탄수화물을 에너지로 바꾸어 소모하면서 하는 운동
> 2) 무산소성 운동 : 해당(解糖) 과정을 통해 에너지를 얻기 때문에 산소가 필요하지 않다. 짧은 시간 운동으로, 단거리 달리기, 투척, 도약, 씨름 등이 이에 속한다.

4) 운동강도와 에너지 대사 시스템
① 운동강도와 에너지 대사 시스템의 변화 : 인체가 사용하는 에너지 대사 시스템은 운동강도에 따라 바뀐다.
② 운동강도와 에너지 대사 시스템

운동강도		주요 에너지 대사 시스템
매우 높음	90~100%	산화적 대사 시스템(oxidative metabolism)
높음	75~90	젖산계(LA, lactic acid)
보통	30~75	ATP-PC, 해당 작용(glycolysis)
낮음	20~35	산화적 대사 시스템(oxidative metabolism)

5) 장기간 심폐지구력 트레이닝 효과
① 장기간 심폐지구력 트레이닝 효과[1]
  ㉠ 근섬유의 모세혈관 밀도 증가
  ㉡ 근섬유의 미토콘드리아 밀도 증가
  ㉢ 환기 역치 시점이 느리게 나타남
  ㉣ 혈중 수소 이온 농도의 항상성 조절 능력 향상
② 심폐지구력 트레이닝 시 최대산소섭취량 증가 요인[2] : 최대심박출량 증가, 동정맥 산소 차 증가, 근육 혈류량 증가, 후부하(afterload) 증가
③ 심폐지구력 트레이닝 시 대사의 변화[3]
  ㉠ 최대하 운동에 따라 지방의 대사 능력 향상과 포도당 사용량 감소
  ㉡ 베타산화 효소 증가
  ㉢ 미토콘드리아 수 감소
  > [용어해설] **베타산화** : 탄소 원자가 연속적으로 산화됨으로써 지방산이 아세틸-CoA로 분해되는 과정을 말한다.

> [보충설명] **최대하 운동**(submaximal exercise)**과 최대운동**(maximal exercise)
> 1) 구분 : 운동강도에 영향을 미치는 요인으로, 동적 항정 상태를 유지하는 것이 최대하 운동이고, 운동의 강도가 높아져 동적 항정 상태가 깨지는 것이 최대운동이다.
> 2) 항정 상태 : 인체 대사가 동적 평형을 이루는 상태를 말한다.
> 3) 사례 : 마라톤 선수가 페이스를 잘 유지해 동적 항정 상태에서 달린다면 최대하 운동이지만, 강도를 높여 무리하면 동적 항정 상태가 깨어지고 최대운동으로 바뀐다.

---

1) [기출 19-06] 장기간 심폐지구력 트레이닝의 효과가 아닌 것을 찾는 유형
2) [기출 21-06] 심폐지구력 트레이닝이 최대산소섭취량 증가 요인으로 틀린 것을 찾는 유형
3) [기출 21-07] 장기간 마라톤 트레이닝을 한 선수의 근육 변화에 대한 설명으로 틀린 것을 찾는 유형

나. 심폐지구력 트레이닝 방법

1) 심폐지구력 트레이닝의 이해
① 심폐지구력 트레이닝의 개념
　㉠ 트레이닝의 4요소인 방법, 빈도, 시간, 강도의 적절한 결합이 필요하다.
　㉡ 일반적으로 장기적 트레이닝 계획이 수립되어야 한다.
　㉢ 훈련자 또는 선수의 신체적·심리적·성장 단계 등을 고려해야 한다.
② 심폐지구력 트레이닝 방법
　㉠ 일반적 방법은 달리기, 수영, 자전거를 타기, 각종 트레이닝 머신 이용 등이다.
　㉡ 종목별 경기의 동작 패턴에 가까운 트레이닝 방법이 선택되어야 한다.

2) 트레이닝 빈도
① 유산소 심폐지구력 향상 트레이닝
　㉠ 장거리 저속달리기(LSD, long slow distance)가 주된 방법이다.
　㉡ 저강도 유산소 지구력 향상 트레이닝은 매일 실시할 수 있다.
　㉢ 트레이닝 빈도 증가는 단기적 운동수행 능력 향상에는 도움이 되지만 장기적으로는 오버 트레이닝과 심리적 번 아웃을 초래할 수 있다.
　㉣ 트레이닝 빈도는 기간 나누기, 발육단계, 훈련자의 특성 등을 고려해서 판단한다.
　㉤ 인터벌 트레이닝 등 고강도 트레이닝은 무산소 영역을 포함하여 운동수행 능력을 향상시킨다.
　㉥ 고강도 트레이닝은 근육의 과부하 현상이 나타날 수 있고, 심리적 부담이 크므로 1주일에 2~3회가 적절하다.
　㉦ 초보자 및 컨디션이 좋지 않은 훈련자는 저강도 트레이닝부터 시작하여 점진적으로 강도를 높여야 한다.
　㉧ 건강·다이어트가 목적일 경우 고강도보다 저강도 트레이닝이 유리하다.
　[용어해설] **번 아웃**(burn-out) : 의욕적으로 트레이닝에 몰두하던 사람이 극도의 신체적·정신적 피로감을 호소하며 무기력해지는 현상
② 무산소 심폐지구력 향상 트레이닝[1]
　㉠ 고강도 트레이닝에 적응할 수 있는 내성을 높이는 것을 목표로 해야 한다.
　㉡ 가능한 한 고강도 트레이닝이 필요하다.
　㉢ 중·단거리 달리기, 레슬링 등 스피드 지구력이 필요한 훈련자에게 필요하다.
　㉣ 고강도이므로 근육 손상과 심리적 부담이 크다.
　㉤ 1주일 2~3회 이내의 빈도가 적합하다.
　㉥ 컨디션이 좋지 않은 사람은 유산소 트레이닝, 레지스턴스 트레이닝 등을 먼저 시행하는 것이 좋다.
　㉦ 건강·다이어트가 목적일 경우 불필요하다.
　[용어해설] **레지스턴스 트레이닝** : 근력 향상을 목적으로 진행되는 트레이닝

3) 트레이닝 시간
　㉠ 유산소 트레이닝은 1회당 시간은 길지만, 휴식 시간이 짧아 전체 트레이닝 시간을 길지 않다.
　㉡ 무산소 트레이닝은 1회당 시간을 짧지만, 휴식을 충분히 취해가면서 여러 세트 반복하기 때문에 전체 트레이닝 시간은 길어진다.

---

1) **기출 15-02** 단거리 달리기 선수의 트레이닝 방법으로 잘못된 것을 찾는 유형으로, '유산소성 시스템을 향상하는 훈련을 적용해야 한다.'라는 것이 오답 찾기의 정답이다. 단거리 육상은 무산소성 운동 시스템을 적용한다.

4) 트레이닝 강도
① 일반적 사항
  ㉠ 효과적 트레이닝을 위해서는 적절한 트레이닝 강도 설정이 중요하다.
  ㉡ 강도가 낮으면 신체에 과부하를 줄 수 없어 효과가 나타나지 않는다.
  ㉢ 강도가 높으면 트레이닝양을 수행하기 어렵다.
② 유산소 심폐지구력 향상 트레이닝 강도
  ㉠ 트레이닝 강도 결정 방법은 운동부하 검사를 시행하여 측정한 최대산소섭취량을 이용해야 한다.
  ㉡ 혈중젖산 농도로부터 AT를 추정하여 강도를 설정한다.
  ㉢ 심박수, 운동자각도(REP, rate of perceived exertion), 운동 속도 등으로 설정한다.
  ㉣ 위 ㉢ 방법에서 심박수는 산소 소비량과 상관관계가 있으므로 널리 이용되며, <u>카르보넨법</u>을 주로 사용한다.

> **보충설명** **카르보넨 공식**(the karvonen formula)
> 목표 심박수=(추정 최고심박수−안정 시 심박수)×운동강도+안정 시 심박수
> *추정 최고심박수=220−나이

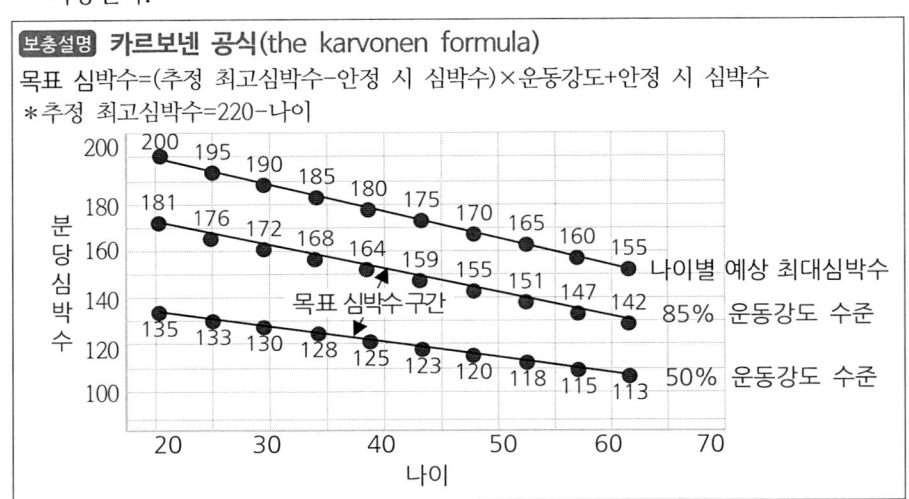

③ 무산소 심폐지구력 향상 트레이닝 강도[1]
  ㉠ 트레이닝 전후의 혈중젖산 농도를 측정해야 하지만 비용과 시간이 많이 소요된다.
  ㉡ 운동 속도로 목표를 정하고, 일정 거리 또는 시간의 최대운동을 한다.
④ 심폐지구력 운동강도 설정 방법
  ㉠ %HRR(heart rate reserve) : 여유 심박수의 백분율
  ㉡ %HRmax(maximal heart rate) : 1회 최대로 들어 올릴 수 있는 중량의 백분율
  ㉢ RPE(rating of perceived exertion) : 운동자각도 이용 방법

다. 심폐지구력 트레이닝의 실제
1) 건강 증진 목적 트레이닝
  ㉠ 유산소 심폐지구력 향상 트레이닝이 효과적이고, 안정적이다.
  ㉡ 유산소 트레이닝은 대사증후군 예방을 위한 지방 연소 효과가 높고, 무산소 트레이닝은 대사증후군 예방 효과가 상대적으로 미약하다.
  ㉢ 시작할 때 체력·체중·체지방률 등을 고려하여 방법을 선택해야 한다.
  ㉣ 시작 때 체중·체지방률이 높으면 수영·걷기 등의 방법이 좋다.
  ㉤ 체력이 향상되면 점진적으로 트레이닝양을 증가시킨다.
  ㉥ 유산소 트레이닝은 계속 시행하는 것이 효과가 높으므로 트레이닝을 즐기기 위한 노력과 동료와 함께하는 방법 등의 환경조성이 필요하다.

---

1) 기출 21-05 기출 18-06 심폐지구력 운동강도 설정 방법이 아닌 것을 찾는 유형

2) 지구력 향상이 필요한 사람의 트레이닝

㉠ 기록이 중요한 달리기, 트라이애슬론, 자전거경기 등 한계에 도전하는 종목은 저강도 유산소 트레이닝을 통해 체지방률을 낮추면서 종목별 특유의 기술을 잘 수행할 수 있도록 해야 한다.
㉡ 경험과 체력 향상에 따라 강도를 높여 나가는 점진적 트레이닝이 필요하다.
㉢ 고강도 트레이닝은 육체적·심리적 고통이 따르므로 트레이닝에 재미를 더할 방법 또는 그룹을 형성하여 시행하면 효과가 높다.

3) 나이별 심폐지구력 트레이닝

① 초등학생을 위한 심폐지구력 트레이닝
  ㉠ 초등학생 때 트레이닝을 과도하게 하면 적절한 신체 발육을 방해하고, 심리적 번 아웃을 발생시킬 수 있다.
  ㉡ 게임성 운동을 통해 흥미를 느끼게 하는 것이 효과적이다.
  ㉢ 무산소 트레이닝은 될 수 있으면 피하는 것이 좋다.
② 중·고등학생을 위한 심폐지구력 트레이닝
  ㉠ 발육차가 큰 시기로 발육이 충분할 때 유산소 트레이닝을 시작해야 한다.
  ㉡ 발육이 충분치 않으면 무산소 트레이닝이 적합하다.
  ㉢ 운동선수가 되려면 장기적 계획을 세워 점진적으로 강도를 높여야 한다.
  ㉣ 여학생의 체력 감소를 목적으로 무리한 감량으로 인해 생리 불순 현상을 초래할 수 있고, 이는 여성 기능의 발육 부진과 골다공증의 원인이 될 수 있다.
③ 고령자를 위한 심폐지구력 트레이닝
  ㉠ 나이가 들면 유산소 능력과 근력이 저하되므로 이의 방지를 위해 저강도 유산소 심폐지구력 향상 트레이닝과 레지스턴스 트레이닝이 효과적이다.
  ㉡ 시작 때 운동 습관이 없는 고령자의 경우 걷기, 수중 걷기, 체중을 이용한 저항 트레이닝 등이 효과적이다.

4) 전문 선수의 경기력 향상을 위한 심폐지구력 트레이닝

① 로우파워(low power) 종목 선수를 위한 심폐지구력 트레이닝
  ㉠ 유산소 트레이닝을 중심으로 한다.
  ㉡ 레이스보다 강도가 낮은 유산소 트레이닝은 체지방률을 낮추어 적합한 신체 유지에 도움이 된다.
  ㉢ 저강도 트레이닝은 강도가 부족하며 충분한 운동수행 능력을 확보하기 어렵다.
  ㉣ 지속적 트레이닝이 필요하며 주 1회 이상 실시해야 한다.
② 미들파워(middle power) 종목 선수를 위한 심폐지구력 트레이닝
  ㉠ 무산소 지구력이 필요한 중거리달리기, 레슬링 등의 종목 선수는 레피티션 트레이닝이 필요하다.
  ㉡ 1회당 지속시간은 경기 시간 등에 따라 설정하고, 짧은 시간(30초~1분 30초 정도) 전력을 다해 시행한다.
  ㉢ 충분한 휴식 시간 후 반복해서 트레이닝한다.
  ㉣ 근육에 미치는 영향이 크고, 심리적 부하가 크다.
  ㉤ 1주일에 2~3회 정도가 적합하다.
  ㉥ 경기할 때 유산소 대사가 이용되므로 유산소 트레이닝도 필요하다.
③ 미들파워(middle power) 구기 종목(축구, 농구, 배구 등) 선수를 위한 심폐지구력 트레이닝
  ㉠ 축구, 농구, 배구 등의 구기 종목은 유산소 대사로 회복을 도모하면서 무산소 대사를 발휘하는 경기 종목이다.
  ㉡ 무산소 트레이닝과 유산소 트레이닝을 경기 특성에 맞춰 균형 있게 실시해야 한다.

④ 하이파워(high power) 구기 종목(야구, 럭비 등) 선수를 위한 심폐지구력 트레이닝
  ㉠ 야구, 럭비, 미식축구 등은 경기 중 무산소 대사가 이루어지지만, 유산소 대사를 통해 운동 중 에너지의 재합성이 필요하다.
  ㉡ 기초 트레이닝을 시행하면서 유산소 트레이닝을 경기 특성에 맞춰 실시해야 한다.

2. 근 기능 트레이닝

가. 근 기능 트레이닝의 이해

1) 근력(strength)과 근 기능

① 근력 관련 용어의 정의[1]
  ㉠ 근력 : 저항에 대응하기 위해 근육 수축으로 인해 발생하는 힘
  ㉡ 근육 : 인체의 골격을 이루는 뼈에 붙어 인체의 움직임과 운동을 가능하게 해주는 기관
  ㉢ 근력 트레이닝 : 최대근력을 향상하는 신체 훈련법으로, 웨이트 트레이닝, 저항성 트레이닝이라고도 한다.

② 근력 트레이닝의 구분
  ㉠ 근력 트레이닝, 근지구력 트레이닝, 근파워 트레이닝으로 구분한다.
  ㉡ 근력과 근지구력은 건강 유지와 증진에 매우 중요하다.

> **보충설명** 근력 트레이닝 동작 용어
>
> 근력 트레이닝에 사용하는 동작 용어가 일상에서 많이 사용하지 않아 생소하게 느끼는 경우가 허다하다. 동작 용어는 직접 출제되지는 않지만, 트레이닝론을 공부하는 데 필요한 부분이다.
> ① 스탠딩(standing) : (몸을) 일으킨다.
>   몸을 바로 세운 상태에서 신체 부위를 움직이는 운동을 할 때 사용한다.
> ② 시팅(seating) : 앉는다.
>   웨이트 보조기구인 벤치 등에 앉은 자세에서 운동할 때 사용한다.
> ③ 라잉(lying) : (몸을) 눕힌다.
>   발, 엉덩이, 어깨 등 3개 부분이 기구나 바닥에 닿은 상태에서 운동할 때 사용한다.
> ④ 스쿼드(squat) : 웅크리고 앉는다.
>   서 있는 자세에서 상체를 앞으로 기울여 무릎을 구부렸다, 폈다가 하는 운동이다.
> ⑤ 벤트(bent) : 상체를 앞으로 구부린다.
>   척추를 최대한 신전시켜 상체를 구부리는 자세의 운동이다.
> ⑥ 싯업(sit up) : 상체를 일으킨다.
>   윗몸 일으키는 운동이다.
> ⑦ 프레스(press) : 올린다.
>   역기 등 중량물을 바닥에서 위로 들어 올리는 운동이다.
> ⑧ 풀(pull) : (몸을) 당긴다.
>   중량물 기구를 몸통 위쪽으로 당기는 운동이다.
> ⑨ 레이즈(raise) : (가구를) 올린다.
>   중량물을 당겨 밑에서 위로 올리는 운동이다.
> ⑩ 익스텐션(extension) : (몸을) 편다.
>   관절을 구부린 상태에서 원래 상태로 돌아가는 운동이다.
> ⑪ 로잉(rowing) : (허리를) 편다.
>   줄을 이용하여 허리를 구부렸다 펴는 동작이다. 카누 등에서 노를 젓는 동작과 같다.
> ⑫ 컬(curl) : (몸을) 구부려 올린다.
>   관절 아래 부위의 분절을 위로 올리는 동작이다. 팔과 다리를 올리면 각각 암컬, 레그컬이다.
> ⑬ 킥(kick) : (공을) 찬다.
>   하지 대퇴부를 위로 올리는 동작이다.
> ⑭ 트위스트(twist) : (몸을) 비튼다.
>   관절을 중심으로 내·외선, 좌우 방향으로 회전하는 동작이다.

---

[1] 기출 20-13 기출 17-09 근력에 대한 설명으로 틀린 것을 찾는 유형

2) 근력의 이해

① 근력의 일반적 사항
  ㉠ 근력은 30세 정도까지 증가하고, 그 후 떨어지기 시작하여 노년기에 감소한다.
  ㉡ 규칙적 운동은 근력을 30~50% 정도 늘릴 수 있고, 노년기 근력 감소를 줄일 수 있다.
  ㉢ 평균적으로 여자는 남자의 2/3 정도, 왼팔은 오른팔의 90% 정도의 근력을 가진다.

② 근력의 특성
  ㉠ 근력은 힘과 속도로 설명되며, 둘 중 하나가 증가하면 근력도 향상한다.
  ㉡ 운동단위의 활성화가 근파워 향상에 중요하다.
  ㉢ 운동 시 주동근과 길항근의 협응은 근파워에 긍정적인 영향을 미친다.
  ㉣ 십자형교 수가 많을수록 근력이 높다.
  ㉤ 속근이 지근보다 단위 면적당 최대근력이 높다.
  ㉥ 운동단위가 클수록 근력이 높다.
  용어해설 **십자형교**(cross-bridge) : 마이오신 근원 세사의 양 끝에는 작은 단백질 돌기가 있어 액틴세사를 향해 뻗쳐 있다.

③ 최대근력[1]
  ㉠ 근육이 수의적 수축으로 발휘할 수 있는 최대능력을 말한다.
  ㉡ 근육의 횡단 면적 증가는 최대근력 향상의 중요한 요인이다.
  ㉢ 최대근력은 근섬유의 조성 비율에 영향을 받는다.
  ㉣ 최대근력은 신경계의 강화에 의해서도 향상될 수 있다.
  ㉤ 신장성 트레이닝의 최대근력은 1RM의 110~160%가 적절하다.

④ 근력 형성에 영향을 미치는 요인[2] : 근섬유 비율, 근육 횡단 면적, 운동단위 수

⑤ ACSM 권장 근력 훈련[3]
  ㉠ 상급자의 근력 훈련은 80~100% 1RM의 강도를 권장한다.
  ㉡ 초급자의 근 비대 훈련은 70~85% 1RM의 강도를 권장한다.
  ㉢ 상급자의 속도 향상을 위한 근파워 훈련은 30~60% RM의 강도를 권장한다.
  ㉣ 초급자의 근지구력 훈련은 70~85% 1RM의 강도를 권장한다.
  용어해설 **ACSM** : America college of sports medicine, 미국대학스포츠의학회

나. 근력 트레이닝의 구분

1) 등척성·등장성·등속성 운동의 구분

① **등척성 운동**(isometric exercise) : 정적 수축 운동으로, 움직이지 않는 상태에서 장력이 변하여 근육을 자극하는 운동(**사례** 철봉 매달리기)으로, 근력이 약한 부위의 근육 강화에 도움이 된다.
  보충설명 **등척성·등장성·등속성 운동** : '제2과목 체육측정평가론 제5장 체력의 측정 2. 체력 검사의 실제'에서 다루어진 부분이다.
  용어해설 **등척성**(等尺性) : 한자어로 같을 등, 자 척(길이) 즉 근육의 길이가 일정하다는 의미

② **등장성 운동**(isotonic exercise) : 동적 수축 운동으로, 장력은 변하지 않으면서 근육의 길이가 변하는 수축 운동(**사례** 웨이트 트레이닝)으로, 근육 크기와 지구력 증가에 효과적이지만 기구를 이용해야 하는 불편과 아울러 기구 사용의 위험성이 뒤따른다.
  용어해설 **등장성**(等張性) : 일정한 추를 매달고 근육을 수축시키면 근육은 그 추를 끌어올려 길이를 단축하지만, 근육을 당기고 있는 힘은 항상 같다는 의미

---

1) **기출 16-12** 신장성 최대근력 트레이닝으로 적정한 것을 찾는 유형
2) **기출 19-15** 근력 형성에 영향을 미치는 요인이 아닌 것을 찾는 유형으로, 체지방이 오답 찾기의 정답이다.
3) **기출 19-10** ACSM 권장 근력 훈련 내용의 설명으로 틀린 것을 찾는 유형으로, ACSM은 초급자의 근지구력 훈련은 70~85% 1RM의 강도를 권장하고 있다.

③ 등속성 운동(isokinetic exercise) : 운동을 할 때 부하는 일정하지만, 운동하는 관절의 각도에 따라 근육의 길이가 변한다. 등속성 운동과 등장성 운동의 원칙이 함께 결합한 것으로, 근력, 순발력, 근지구력 향상 운동이다.

> [용어해설] **등속성**(等速性) : 관절의 각도가 일정한 가운데 최대한 속도로 수축한다. 의미

2) 근력 트레이닝의 개요
① 근력 트레이닝의 기본 원칙[1)]
  ㉠ 근력 트레이닝 기간 중 충분한 휴식기를 가져 부상을 예방해야 한다.
  ㉡ 근력 트레이닝에 앞서 유연성 발달과 힘줄(건)과 인대를 발달시킨다.
  ㉢ 큰 근육군부터 작은 근육군 순으로 실시해야 한다. 이는 작은 근육군이 큰 근육군에 비해 쉽게 피로해지므로 이를 방지하기 위함이다.
  ㉣ 몸 중심부인 코어근육의 중요성을 인식해야 한다.

> [용어해설] **코어근육** : 인체의 중심부인 척추, 골반, 복부를 지탱하는 근육이다. 등, 복부, 엉덩이, 골반에 걸친 근육을 통칭한다. 코어근육을 강화하면 나이가 들어도 좋은 자세를 유지할 수 있다.

② 일반인의 근력 트레이닝 효과
  ㉠ 생활 습관병의 예방과 치료
  ㉡ 체형 개선
  ㉢ 안정 시 에너지 소비량 증가
  ㉣ 올바른 자세 유지와 근·골격계 상해 예방
  ㉤ 힘든 노동에 대한 부담 경감과 안정성 확보
  ㉥ 고령자 생활의 질 개선
③ 선수의 근력 트레이닝 효과 : 경기 수행 능력 향상, 운동 상해 예방

3) 저항성 트레이닝
① 저항성 트레이닝의 개념
  ㉠ 근육 발달을 통해 근력과 근지구력을 향상하기 위한 트레이닝으로, 흔히 웨이트 트레이닝이라고도 한다.
  ㉡ 헬스, 웨이트 트레이닝과 같이 중량을 들어 올리는 운동과 탄성을 이용하는 고무밴드 운동, 팔굽혀펴기와 같이 체중을 이용한 운동을 모두 포함한다.
  ㉢ 근력, 순발력, 근 비대와 근지구력 향상을 목적으로 외부저항에 대해 근육을 수축시키는 모든 운동이 포함된다.
② 저항성 트레이닝 방법 : 덤벨, 바벨, 케틀벨, 탄성 밴드 등의 기구와 체중 이용 등 다양하다.
③ 저항성 트레이닝의 효과[2)]
  ㉠ 운동단위의 동기화가 향상된다.
  ㉡ 근섬유의 길이는 늘어나지 않지만, 횡단 면적이 증가하여 근력을 강화한다.
  ㉢ 운동 신경원의 격발 비율을 향상한다.

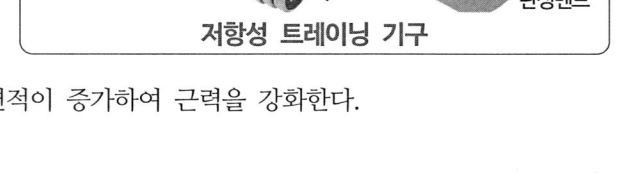

저항성 트레이닝 기구

---

1) 기출 17-05 보기에 제시된 내용 중 근력 트레이닝의 기본 원칙을 모두 고른 것을 찾는 유형
   기출 16-10 근력 트레이닝의 기본 원칙이 아닌 것을 찾는 유형으로, 작은 근육군이 큰 근육군에 비해 쉽게 피로해지므로 이를 방지하기 위하여 큰 근육군부터 작은 근육군 순으로 실시해야 한다.

2) 기출 23-19 기출 23-09 저항성 트레이닝의 효과에 대한 설명으로 옳은 것 또는 틀린 것을 찾는 유형
   기출 19-18 저항성 트레이닝의 효과가 아닌 것을 찾는 유형으로, 근섬유의 횡단 면적 감소가 오답 찾기의 정답이다. 저항성 트레이닝은 근섬유의 면적을 증가시킨다.

② 액틴과 마이오신 필라멘트가 증가하여 힘줄과 인대의 강도가 향상된다.
　　⑩ 항산화 능력이 향상된다.
　　⑭ 뼈의 무기질 함량이 증가한다.
　　용어해설 **액틴과 마이오신 필라멘트** : 근육을 구성하는 가는 필라멘트로, 근육의 주요 구조 단백질을 말한다.
④ 장기간 저항성 트레이닝의 효과[1]
　　㉠ 장기간 저항성 트레이닝은 근력이 향상되는데, 이는 근신경계 활성화와 근섬유의 횡단 면적이 증가하기 때문이다.
　　㉡ mTOR 단백질 활성화로 근육 단백질의 합성이 증가한다.
　　용어해설 **mTOR** : mechanistic Target of Rapamycin의 약어로, 인산화 효소이다. 단백질합성, 대사 조절이나 세포 분화 등 많은 세포 활동에 관여한다.

다. 근력 트레이닝에 따른 인체의 작용
1) 근력 트레이닝과 근육 수축
① 신장성 수축 : 근육이 신장하면서(길어지면서) 장력이 유지되는 수축을 말한다.
② 단축성 수축 : 근육이 단축하면서(짧아지면서) 장력을 발생시키는 수축으로, 턱걸이에서 올라가는 동작일 때 이두근에서 발생하는 수축이 대표적인 사례이다.
③ 등장성 수축 : 근육의 길이가 변화하면서 근력을 발생시키는 수축으로, 웨이트 트레이닝의 동작에서 사용한다.
④ 등척성 수축[2] : 근섬유 길이가 변화하지 않으면서 근력을 발생시키는 수축으로, 철봉에 매달려 버티기나 줄다리기에서 줄을 당기며 버틸 때 사용한다.
⑤ 등속성 수축[3] : 운동 속도가 일정하게 유지되는 상황에서 근력이 발생하는 수축으로, 정해진 속도로 최대근력의 운동이 가능하다.

2) 근력 트레이닝과 근섬유
① 근섬유의 의미 : 근육을 구성하는 기본 단위로, 여러 개의 근원섬유로 이루어진다.
② 근섬유의 생화학적 특성 : 지근섬유가 기본적으로 많이 존재하고, 속근섬유보다 피로에 대한 저항성이 크며, 미토콘드리아 및 모세혈관의 수와 밀도가 높다.
③ 운동에 따른 근섬유의 동원 : 근섬유는 운동 강도에 따라 지근섬유부터 속근섬유까지 순차적으로 운동단위를 동원하면서 근수축을 일으킨다.
④ 운동강도와 관련된 근섬유의 동원[4]

운동강도	저강도 운동	중강도 운동	고강도 운동
동원섬유	ST 섬유	ST 섬유→FTa 섬유	ST 섬유→FTa 섬유→FTb 섬유

---

1) [기출 24-06] 장기적 저항성 트레이닝 효과에 대한 설명으로 틀린 것을 찾는 유형으로, 'Type Ⅱx 근섬유 증가'가 오답 찾기의 정답이다.
2) [기출 19-05] 저항성 트레이닝에서 근섬유 길이의 변화 없는 수축을 무엇이라 하는지 묻는 유형으로, 정답은 등척성 수축이다.
3) [기출 22-11] 보기에 제시된 내용 중 등속성 근수축에 대한 설명으로 바르게 된 것을 모두 찾는 유형
　　[기출 19-11] 등속성 수축의 설명으로 바르게 된 것을 찾는 유형
4) [기출 16-05] 운동 강도 증가에 따른 근섬유의 동원 순서가 바르게 된 것을 찾는 유형

보충설명 지근섬유(type Ⅰ)와 속근섬유(type Ⅱ)[1]

	지근섬유(ST, slow-twitch fiber, 적근)	속근섬유(FT, fast-twitch fiber, 백근)	
속도	느린 근수축과 이완	빠른 근수축과 이완	
형태	그림에서 검은색으로 나타난 부분이 실제로는 붉은색이므로 적근이라고 한다.	그림에서 흰색으로 나타난 부분이 백색이므로 백근이라고 한다.	
용도	마라톤 등 지구력에 필요	역도 등 순간적이고, 강력한 힘에 필요	
특성	• 미오글로빈 함량이 많아 붉은색(적근) • ATP-PCr과 근 글리코겐의 저장량이 높다. • 산소를 태워 에너지를 생성하는 능력이 발달 • 모세혈관 밀도가 낮다. • 유산소성 대사 능력이 높다. • 운동수행 시 피로에 강하다.	• 미오글로빈 함량이 적어 흰색(백근) • ATP-PCr과 근 글리코겐의 저장량이 낮다. • 미토콘드리아 밀도가 낮음 • 운동수행 시 쉽게 피로를 느낀다.	
구분		type Ⅱa	type Ⅱx
		지근(type Ⅰ)과 속근(type Ⅱx)의 중간 형태로, 훈련 형태에 따라 양쪽으로 변화하는 근섬유	속근(type Ⅱ)의 특성이 있다.
적용	유산소 운동	무산소 운동	

암기 **지근섬유와 속근섬유** : 운동생리학의 기본 소양이 부족하면 헷갈리기 쉽다. **'지적속백'**으로 외우자! 지근섬유는 적근이며, type Ⅰ이고, 속근섬유는 백근이며, type Ⅱ이다.

3) 근력 트레이닝의 생리적 현상

① 근력 트레이닝에 따른 근육의 변화
  ㉠ 비대(hypertrophy) : 근섬유의 횡단 면적 증가
  ㉡ 증식(hyperplasia) : 근육세포 수량의 증가
  ㉢ 위축(atrophy) : 근육세포의 크기와 수량의 감소
  ㉣ 화생(metaplasia) : 근육세포 모양의 변경

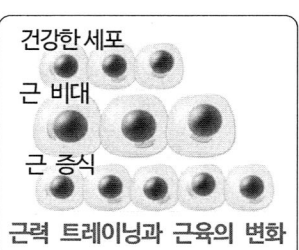
근력 트레이닝과 근육의 변화

② 근력 트레이닝의 생리적 현상[2]
  ㉠ 근력 트레이닝의 생리적 현상 : 근 신경계의 활성화, 근섬유 단면적 증가, 근육 내 결합조직의 증가
  ㉡ 근력 트레이닝 중단 시 나타나는 현상 : 마이오신 감소로 인하여 근감소증, 근육 통증 등이 유발될 수 있다.

③ 장기간 근력 트레이닝 효과[3]
  ㉠ 제지방량과 안정 시 대사율이 증가한다.
  ㉡ 생리학적으로 액틴과 마이오신, 근육세포 핵, 근육 내 항산화 효소 등이 증가한다.

④ 장기간 유산소성 운동에 따른 골격근의 적응 현상[4] : 미토콘드리아 수 증가, 모세혈관 밀도 증가, 혈류량 증가

---

1) **기출 24-05** 지근섬유의 특징을 보기에서 모두 고른 것을 찾는 유형으로, '미토콘드리아 밀도가 낮다.'는 속근섬유의 특징이다. 그러므로 이를 제외한 'ATPase 활성도 낮음, 모세혈관 밀도 높음, 무산소 해당 능력 낮음'을 선택해야 한다.
2) **기출 20-18** 근력 트레이닝 중단 시 나타나는 현상을 찾는 유형
   기출 17-02 근력 트레이닝 이후 나타나는 생리적 현상이 아닌 것을 찾는 유형
3) **기출 22-06** **기출 21-08** 장기간 근력 트레이닝을 했을 때의 효과를 보기로 제시하고, 모두 선택된 것을 찾는 유형
4) **기출 23-06** 장기간 유산소 운동 효과가 아닌 것을 찾는 유형으로, 미토콘드리아 수와 모세혈관 밀도, 혈류량 등은 증가시키지만 속근섬유 비율 증가와는 관련이 없으므로 오답 찾기의 정답이다.

4) 인원질 과정(ATP-PCr 시스템)

① 인원질 과정의 이해
  ㉠ 인체의 골격근 안에는 크레아틴과 인산기가 결합하여 만들어진 크레아틴인산(PCr)이 저장되어 있으며, 크레아틴 키나아제 효소가 작용하면 PCr은 인산기와 크레아틴으로 분해되면서 에너지를 발생시킨다.
  ㉡ 에너지를 이용하여 ATP를 재합성 시키는 과정을 ATP-PCr 시스템 또는 인원질 과정이라고 한다.
  [용어해설] ATP(adenosine triphosphate) : 아데노신 3인산(ATP)은 아데노신(아데닌+리보스)에 3개의 인산 분자가 결합한 상태로, 끝에 붙은 2개의 인산은 높은 에너지로 결합하여 있다.

② 에너지 발생 과정

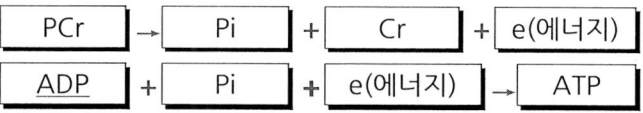

  [용어해설] ADP(adenosine diphosphate) : 아데노신 2인산을 말한다.

③ 인원질 과정 이후의 대사 저장[1] : 아데노신 2인산(ADP), 무기인산(Pi), 수소(H+) 등을 근육에 저장
④ 공액 반응 : ATP와 PCr은 서로 연결되어 에너지를 생성하여 재합성 시키며 크레아틴 키나아제를 통해 이 과정은 더욱 유도되는데 이렇게 연결되어 에너지원을 생성하는 것을 공액 반응이라고 한다.

5) 지구성 운동의 에너지 시스템

① 지구성 운동 시 동원되는 에너지 시스템[2]

  ATP-PCr → 무산소성 해당 과정 → 유산소성(산화) 시스템

② 지구성 운동의 에너지 시스템의 특성[3]

	❶ ATP-PCr 시스템	❷ 무산소성 해당 과정	❸ 유산소성 (산화) 시스템
산소 사용	무산소성	무산소성	유산소성
ATP 생산 소요 시간	매우 빠름	빠름	느림
에너지 공급원	화학적 연료 : PC	탄수화물	지방, 탄수화물, 단백질
ATP 생산능력	극히 한정된 ATP 생산	한정된 ATP 생산	거의 무한정 ATP 생산
운동 형태	고강도, 단시간 운동	1분 이내 짧은 운동	지구성, 장시간 운동

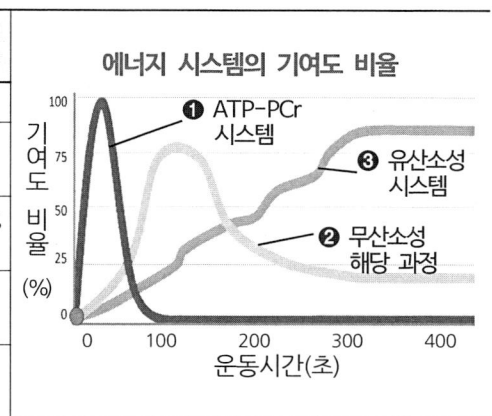

6) 근육통과 지연성 근육통

① 근육통(myalgia) : 근육 통증을 의미하며, 다양한 질병이나 장애에서 나타날 수 있는 증상이고, 발생의 가장 많은 원인은 과훈련이다.

---

1) [기출 21-16] 400m 달리기 이후 근육에 저장되지 않는 것을 찾는 유형
2) [기출 23-14] 지구성 운동 시 동원되는 에너지 시스템의 순서가 옳은 것을 찾는 유형으로, 'ATP-PCr→해당 과정→산화적 인산화' 과정을 거치는 것을 기억해야 한다.
3) [기출 24-20] 에너지 시스템의 도표를 보기로 제시하면서, 각각의 시스템을 찾는 유형

② 지연성 근육통(DOMS, delayed onset muscle soreness)[1]
  ㉠ 잘못된 동작으로 인해 발생하는 근육 손상으로, 웨이트 트레이닝 등의 강도 높은 운동을 한 후 24~48시간이 지난 후 나타난다.
  ㉡ 근섬유의 미세한 손상이 누적되어 조직에 염증 반응이 나타나는 것으로, 2~3일 정도 휴식을 취하면 감소한다.
  ㉢ 웨이트 트레이닝의 초보자에게 나타나며, 특히 신장성 운동에서 쉽게 발생한다.

라. 근력 트레이닝의 실제
1) 근력 트레이닝의 구성
① 근력 트레이닝의 구성요소 : 엑서사이즈, 부하, 횟수, 세트 수, 세트 사이의 휴식 시간, 동작 스피드, 트레이닝 빈도, 기간 나누기, 트레이닝 기술 등이다.
② 참가자 특성 : 트레이닝 참가자의 특성과 목적에 따라 적절한 조정이 필요하다.
③ 부하 수단[4]

구분	내용
프리 웨이트	• 바벨이나 덤벨 등 자유롭게 트레이닝을 시행 • 초보자에게 수월
머신 웨이트	• 고정된 장비를 사용 • 숙련자에게 적합
기타	• 자신의 체중 또는 파트너의 힘을 이용하는 법

④ 프리 웨이트와 트레이닝 머신 사용의 특징[3]

구분	프리 웨이트	트레이닝 머신
안전성	주의 필요	높다.
보조	많은 엑서사이즈가 필요	불필요
동작 습득	어려운 종목이 많다.	쉽다.
종목 수	많다.	적다.
동작 궤도	자유	대부분 일정하다.
부하 방향	중력 방향	여러 방향
중력과 관성 통제 능력	기르기 쉽다.	기르기 어렵다.
코디네이션	기르기 쉽다.	기르기 어렵다.
성취감	높다.	낮다.

＊도구 선택 시 양쪽의 특징을 고려하여 결정해야 한다.

2) 엑서사이즈
① 엑서사이즈(exercise)의 의미 : 연습·운동 등의 의미로 사용되며, 머신 엑서사이즈 등을 포함하여 건강한 신체를 만들기 위한 여러 가지 트레이닝 방법의 총칭을 말한다.

---

1) 기출 18-11 지연성 근육통에 대한 설명으로 틀린 것을 찾는 유형으로, '신장성 운동보다 단축성 운동에서 쉽게 발생한다.'가 오답 찾기의 정답이다. 지연성 근육통은 신장성 운동에서 쉽게 발생한다.
   기출 17-20 지연성 근육통 내용을 보기로 제시하고 무엇이라고 하는지 묻는 유형
   기출 15-14 DOMS의 설명이 바르게 된 것을 찾는 유형
2) 기출 22-12 이마 면에서 이루어지는 동작을 찾는 유형으로, 사이드 런지가 정답이다.
3) 기출 18-09 프리 웨이트와 머신 웨이트에 대한 설명으로 틀린 것을 찾는 유형

② 엑서사이즈의 분류

구분	내용
목적에 따른 분류	주요 엑서사이즈, 보조 엑서사이즈, 전문 엑서사이즈
동원 관절에 따른 분류	다관절 엑서사이즈, 단관절 엑서사이즈
사용 근육 크기에 따른 분류	대근육 엑서사이즈, 소근육 엑서사이즈
동원 근육에 따른 분류	복합적 엑서사이즈, 국소적 엑서사이즈
체중 부하에 따른 분류	과부하, 부분 부하, 전 부하

③ 엑서사이즈 선택 고려 사항

구분	내용
트레이닝 목적	• 동작과 부위, 체력 요소에 적합한 엑서사이즈 선택 • 특정 근육 발달, 특정 동작 관련 근력 향상에 대한 구분
경험과 체력 수준	• 초보자는 난도가 낮고, 자세 습득이 쉬운 엑서사이즈 선택
근력 밸런스	• 상반신과 하반신, 좌우 등에 대한 밸런스 유지 • 강한 부위와 약한 부위에 대한 배려

3) 부하 설정

① 퍼센트법

㉠ 퍼센트법의 의미 : 최대 들어 올리기 무게를 지표로 하는 방법으로, 최대 들어 올리기 무게를 100%로 하고, 이에 대한 비율(%)을 기준으로 부하를 결정하는 방법이다.

㉡ 1RM법의 순서

	부하 기준	반복 회수	비고
1세트	50~60%	8~10회	*최대 들어 올리기 무게를 들어 올리기 전 워밍업을 3세트 실시한다. *4세트째 들어 올리지 못한 경우에는 다음 세트에서 4세트째의 중량보다 2.5~5kg 정도 가벼운 중량으로 1회 들어 올리기를 실시한다.
2세트	75~80%	3~5회	
3세트	85~90%	1회	
4세트	100%	1회	
5세트	100회-2.5~5kg	1회	

[용어해설] RM(repetition maximum, 최대반복횟수) : 반복할 수 있는 최대한의 횟수

[보충설명] RM 앞 숫자 : '2RM'으로 표기하였을 때 '2회 반복할 수 있는 최대부하'라는 의미이다.

㉢ 1RM에 대한 비율과 반복 횟수의 관계

%1RM	반복 회수	%1RM	반복 회수	%1RM	반복 회수	
100%	1회	85%	6회	67%	15회	*엑서사이즈 또는 트레이닝 경험 등에 따라 오차가 발생할 수 있다. *반복 회수로 1RM을 추정하는 방법으로, 5~10RM 정도의 부하 결정 *최대반복횟수 측정 : 반복이 어려워지면 자세를 풀기 전 측정 종료
95	2회	80	8회	65	18회	
93	3회	77	9회	63	20회	
90	4회	75	10회	60	20회 이상	
87	5회	70	12회			

② RM법[1]

㉠ 1RM의 의미 : 반복할 수 있는 최대반복횟수를 기준으로 부하를 설정하는 방법

㉡ 1RM의 활용

• 1RM을 직접 측정하기가 어렵고, 위험하므로 보통은 아래의 간접 추정식을 사용한다.

---

1) [기출 19-07] [기출 15-19] 특정 선수의 신체조건 등을 보기로 들고, 간접 추정식을 이용한 1RM을 산출하는 유형

- 간접 추정식

공식	$1RM = W_0 + W_1 \rightarrow W_1 = W_0 \times 0.025 \times R$	W_0 : 충분한 준비운동 후 무겁다고 생각되는 중량으로, 7~8회 반복할 수 있는 무게 W_1 : $W_0 \times 0.025 \times R$ R : 실제로 반복한 횟수

- 1RM 활용 사례

  50kg 중량을 7~8회 반복할 수 있는 근력을 가진 사람이 10회 반복했을 때 1RM은 62.5kg이다.
  $W_1 = 50kg(W_0) \times 0.025 \times 10(R) = 12.5kg$, $1RM = 50(W_0) + 12.5(W_1) = 62.5kg$

③ 운동자각도(RPE, rating of perceived exertion)법[1]

  ㉠ 운동자각도의 의미 : 체중을 부하로 사용할 때 트레이닝 머신의 부하 크기를 수치화하기가 어렵다. 트레이닝 중 감각에 의한 운동자각도를 기준으로 부하를 설정하면 효과적이다.

  ㉡ 근력 트레이닝의 운동자각도

강도(%)	자각도	강도(%)	자각도	강도(%)	자각도
50 이하	매우 가볍다.	70	약간 무겁다.	90	매우 무겁다.
55	~가볍다.	75	~무겁다.	95	~상당히 무겁다.
60	가볍다.	80	무겁다.	100	상당히 무겁다.
65	~약간 가볍다.	85	~매우 무겁다.		

  보충설명 운동자각도의 상세 설명 : '제2과목 체육측정평가론> 제5장 체력 측정> 2. 체력 검사의 실제'에 운동자각도에 관한 자세한 설명이 되어있다.

4) 엑서사이즈 종류와 목적에 따른 트레이닝 조건

강도(%)	주요 엑서사이즈		보조 엑서사이즈		전문 엑서사이즈
목적	근 비대	근력 향상	부위별 근력 향상	상해 예방	개선하고 싶은 동작의 특성을 고려하여 결정
부하	6~12RM	1~6RM	8~10RM	15~20RM	
	70~85%	85~100%	75~80%	60~65%	
반복 횟수	8~12회(최대반복)	1~5회(최대반복×)	8~10회	15~20회	
휴식 시간	30~90초	2~5분	1~2분	1~2분	

5) 세트 구성

① 일반적 세트 구성 방법[2]

구분	내용
싱글 세트법	각 엑서사이즈에 대해 1세트마다 휴식을 취하면서 시행하는 방법
멀티 세트법	1 엑서사이즈 당 휴식을 취하면서 여러 세트 연속하는 방법
서킷 세트법	8~10종목의 엑서사이즈를 휴식 없이 1세트씩 실시하여 이를 여러 차례 반복 순환하는 방법
드롭 세트법	특정 중량으로 최대반복 횟수까지 운동을 수행한 후 부하를 5~10% 낮추어 휴식 없이 최대반복 횟수까지 시행하는 방법

---

1) 기출 23-18 운동강도를 설정하는 방법으로 운동자각도법의 내용을 보기로 제시하고, 무슨 방법인지 묻는 유형
2) 기출 22-13 드롭 세트법 설명을 보기로 제시하고, 무엇이라고 묻는 유형

② 경험자 대상 특수한 세트 구성 방법[1]

구분	내용

슈퍼 세트법	• 개념 : 두 가지 운동으로, 서로 다른 <u>주동근과 길항근</u>을 자극하는 운동 방법
	• 사례
	  ㉠ 가슴 : 바벨 컬(barbell curl) + 트라이셉스 익스텐션(triceps extension)
	  ㉡ 다리 : 레그 익스텐션(leg extension)+레그 컬(leg curl)

컴파운드 세트법
(복합 세트법)
	• 개념 : 한 부위에 두 가지 운동을 연속적으로 해주는 방법
	• 사례
	  ㉠ 가슴 : 벤치 프레스(bench press) + 덤벨(dumbbell)
	  ㉡ 등 : 랫 풀 다운(lat pull-down) + 시티드 로우(seated row)
	  ㉢ 어깨 : 숄더 프레스(shoulder press) + 사이드 레이즈(side raise)
	  ㉣ 다리 : 레그 프레스(leg press) + 스쿼트(squat)

트라이 세트법	• 개념 : 같은 근육의 엑서사이즈를 3가지 연속 시행하면서, 여러 번 반복하는 방법 • 사례 : 벤치 프레스(bench press) 인클라인 벤치 프레스(incline bench press)+ 덤벨 플라이(dumbbell fly)
자이언트 세트법	• 개념 : 같은 근육의 엑서사이즈를 4가지 연속 시행하면서, 여러 번 반복하는 방법 • 사례 : 트렁크 컬(trunk curl)+덤벨 사이드 벤드(dumbbell side bend))+트렁크 트위스트(trunk twist)+레그 레이즈(leg raise)

보충설명 슈퍼 세트법과 컴파운드 세트법의 비교
1) 슈퍼 세트법 : 서로 다른 근육을 사용하여 각각의 근육을 자극하는 방법
2) 컴파운드 세트법 : 같은 근육을 사용하여 각각 다른 운동으로 근육을 자극하는 방법

용어해설 **주동근**(主動筋, agonistic muscle)**과 길항근**(拮抗筋, antagonist muscle) : 사지 관절을 구부리고 펼 때 운동 주도권을 갖는 근육군이 주동근이고, 길항근은 주동근의 상반 작용을 하는 근육군

6) 세트별 조건 설정 방법

구분	내용
중량고정법	워밍업 하는 동안 모든 세트를 같은 중량으로 하는 방법
피라미드법	세트별 부하가 늘면 횟수를 줄이고, 부하가 줄면 횟수를 늘리는 방법
웨이트리덕션법	근 비대를 위해 목표 반복 횟수를 6~12회로 설정하고, 세트별로 반복할 수 없을 때까지 실시하는 방법

7) 특수한 트레이닝

구분	내용
멀티파운디지법	특정한 무게를 최대 반복한 후에 무게를 줄이고, 휴식 없이 반복적으로 계속 하는 방법
플레이이그조스법	다관절 엑서사이즈에서 주동근에 더 많은 자극을 주기 위해 주동근을 미리 피곤하게 하는 방법
강제반복법	반복할 수 없게 된 시점에서 보조자의 힘을 빌려 몇 차례 더 반복하는 방법

---

1) **기출 23-13** 트레이닝 부위와 복합세트(compound set) 운동 종목이 순서대로 바르게 연결된 것을 찾는 유형
   기출 19-14 복합 세트법과 슈퍼 세트법의 설명을 보기로 들고, 무엇이라 하는지 묻는 유형

8) 동작 스피드

① 동작 스피드의 구분

구분	내용
스피드 리프팅	웨이트를 가능한 한 빨리 들어 올리는 방법
슬로 리프팅	모든 가동범위에 걸쳐 가속을 붙이지 않고 동작하는 방법

② 트레이닝 목적에 따른 동작 스피드의 기준
- ㉠ 초보자의 자세 습득 목적 : 웨이트 올림 동작은 3 카운트, 내림 동작도 3 카운트를 기준으로 일정한 스피드로 실시하되 가능한 한 천천히 진행해야 한다.
- ㉡ 근 비대가 목적 : 웨이트 올림 동작은 2 카운트, 내림 동작은 2~3 카운트를 기준으로 일정한 스피드로 실시하되 가능한 한 천천히 진행해야 한다.
- ㉢ 근력과 파워 향상이 목적 : 올림 동작은 신속하게, 내림 동작은 1~2 카운트의 일정 스피도로 실시해야 한다.

9) 트레이닝 빈도

① 트레이닝 빈도의 의미 : 일정 기간 내 실시하는 트레이닝의 횟수를 말하며, 근력 트레이닝의 빈도는 근육의 피로도 등의 상태와 트레이닝 후 회복 필요 시간 등에 따라 결정한다.

② 트레이닝 빈도 결정 고려 사항 : 트레이닝의 강도와 양, 근육통의 유무, 초회복, 부위별 회복 시간 차이, 이외의 신체활동, 수면, 식사 스트레스 등

> [용어해설] **초회복**(超回復, super compensation) : 근력 트레이닝에서 어느 기간은 증강 추세가 감소하다가 어느 시점에 이르면 근력이 저하되는 하강기가 나타난다. 하강기 중도에 트레이닝을 중지하면 어느 시점에 이르러 근력이 트레이닝 기간 중의 최고 근력 치보다 높아지는 경우가 발생한다. 이를 초회복이라고 한다.

마. 근파워 트레이닝

1) 근파워 트레이닝의 이해

① 근파워 트레이닝의 의미[1]
- ㉠ 일상생활과 스포츠에서 중요한 역할을 하는 체력 요소로, 짧은 시간 내 동원되는 운동단위의 증가와 속근섬유의 동원력을 향상하기 위한 트레이닝 방법이다.
- ㉡ 물리학에서는 '단위시간 당 작업량'으로 정의하고, '힘×스피드'로 표시한다.
- ㉢ 파워의 요소인 힘(force)은 질량×가속도(이 경우 스피드가 빠져 있어 파워와 구분한다.)이다.
- ㉣ 파워를 구성하는 힘과 스피드는 상반된 기능이 포함된 능력이다.
- ㉤ 플라이오메트릭스 트레이닝이 효과적이다.

② 파워(power)와 순발력 : 순간적인 큰 힘을 말하는 것으로, 폭발적인 근력을 발휘할 수 있는 능력이 순발력이고, 이를 파워라고도 한다.

2) 파워 계산

① 병진운동의 파워[2]
- ㉠ 힘(force) : 힘(N)=질량(kg)×가속도(m/sec^2)

---

1) [기출 24-10] 파워 트레이닝에 대한 설명으로 잘못된 것을 찾는 유형으로, '속근섬유보다 지근섬유 동원율 증가'가 오답 찾기의 정답이다. 파워 트레이닝은 속근섬유의 동원력 향상을 위한 트레이닝 방법이다.
[기출 15-17] 근파워 트레이닝에 대한 설명이 바르게 된 것을 찾는 유형
2) [기출 21-09] A, B 선수의 스쿼트 실시 내용을 보기로 제시하고, 각 선수의 파워 계산이 바르게 된 것을 찾는 유형

ⓒ 파워(power) : 파워(W)=일량(J)×거리(m)
　　　　　　　　　　　　=힘(N)×거리(m)÷시간(sec)
　　　　　　　　　　　　=힘(N)×스피드(m/sec²)

　[용어해설] **병진운동** : 운동은 병진운동과 회전운동이 동시에 일어나지만 둘을 나눌 수 있다. 병진운동은 같은 변위로 평행이동하는 운동이다.

② 회전운동의 파워
　ⓐ 토크(torque) : 토크(N·m)=힘(N)×모멘트 팔의 길이(m)
　ⓑ 파워(power) : 일량(J)=토크(N·m)×각변위(rad)
　　　　　　　　　　파워(W)=일량(J)÷시간(sec)
　　　　　　　　　　　　　=토크(N·m)×각변위(rad)÷시간(sec)
　　　　　　　　　　　　　=토크(N·m)×각속도(rad/sec)

　[용어해설] **회전운동** : 무게 중심을 기준으로 원을 그리면서 회전하는 운동
　[용어해설] **토크** : 물체 회전의 원인이 되는 물리량을 말하며, 단위는 N·m(뉴턴 미터)을 사용한다.

③ 다관절 운동의 파워
　ⓐ 대부분 운동이 하나의 관절보다 여러 관절(다관절)의 협응으로 이루어진다.
　ⓑ 역학적 파워에서 최대근력이란 단관절 운동에 의한 등척성 근 활동의 최대근력인데, 이는 다관절 운동에 의한 등장성 근 활동의 최대근력(1RM)과 다르다.
　ⓒ 다관절 운동에서 발생하는 최대 파워 크기는 근 활동과 운동 형태에 따라 다르다.

> [보충설명] **파워 계산**
> 1) 가정 : 무게 50kg을 1m 들어 올릴 때 A는 1초가 소요되고, B는 0.5초가 소요된다고 가정했을 때 A와 B의 힘과 일량은 같지만, 스피드는 B가 우수하다.
> 2) 계산
> • A의 파워 : 50kg×9.8m/sec²(중력가속도)×1m/1초=490W
> • B의 파워 : 50kg×9.8m/sec²(중력가속도)×1m/0.5초=980W

3) 힘을 내는 속도

① 단시간 빠른 힘을 내는 능력
　ⓐ 파워 향상에 중요한 역할인 힘을 내는 속도가 작용한다.
　ⓑ 스포츠 상황에서 단시간의 RFD에서 빠르게 힘을 내는 능력이 필요하다.

　[용어해설] **RFD**(rate of force development) : 단위시간 당 근력 증가율

② 힘을 내는 속도 향상과 근력 트레이닝
　ⓐ 고부하·저속 근력 트레이닝에서는 최대근력은 향상되지만, RFD는 개선되지 않는다.
　ⓑ 저부하·고속 근력 트레이닝은 스타트 근력과 RFD를 향상할 수 있다.

③ 파워 측정
　ⓐ 등속성 근력 측정기를 사용해서 파워를 측정한다.
　ⓑ 일반적으로 수직뛰기, 제자리멀리뛰기, 공 던지기 등으로 측정할 수 있으며, 1RM법 또는 마르가리아-칼라멘 테스트를 사용하기도 한다.
　ⓒ 최근에 리니어 포지션 트랜스듀서라는 파워 측정기가 보급되고 있다.

　[용어해설] **마르가리아-칼라멘**(Magaria-Kalamen) **테스트** : 선수가 계단을 뛰어 올라가도록 하여 하체의 피크 파워를 측정하는 방법이다.

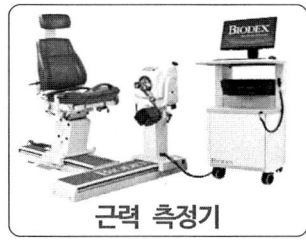

근력 측정기

4) 파워 트레이닝의 종류
① 퀵리프트
   ⊙ 근력 트레이닝의 동작 후반 감속 국면을 최소한으로 하고, 고부하·고속 리프팅의 안전한 수행이 가능한 엑서사이즈를 말한다.
   ⊙ 다른 트레이닝에 비해 파워 출력이 높지만, 높은 수준의 기술이 필요하다.
② 스쿼트 점프계 엑서사이즈
   ⊙ 시작부터 종반까지 지속적으로 가속하고 실제로 신체를 투사하기 때문에 다리의 파워 향상에 적합한 엑서사이즈이다.
   ⊙ 고도의 기술이 필요하지 않지만, 부하 설정과 참가자 수준에 따라 동작 종반에 감속하는 경우 위험이 따른다.
③ 고속 근력 트레이닝
   ⊙ 가속 때문에 관성을 억제하고, 가동범위 전반에 걸쳐 근육 활동 시간을 증가시키기 때문에 중간 정도의 속도에서 실시되며, 신장성 근 활동에서 단축성 근 활동으로 가는 국면에 사용한다.
   ⊙ 고속으로 들어 올리기 동작을 하는 근력 트레이닝을 원칙으로 한다.

5) 고강도 트레이닝에 따른 인체의 반응
① 고강도 트레이닝 시 인체의 반응[1] : 체온 증가, 동맥혈압 증가, 심박출량 증가
② 고강도 트레이닝 후 근력 저하의 원인[2]
   ⊙ 수소(H^+) 증가로 십자교(cross-bridge) 형성 감소
   ⊙ 근형질세망(SR)에서 칼슘(Ca^{2+}) 분비 감소
   ⊙ 무기 인산염(Pi) 생성 증가

6) 등장성 파워 향상 트레이닝의 설계 지침[3]
   ⊙ 운동 종목의 수는 2~5종목으로 정하고
   ⊙ 수행 속도(리듬)는 역동적이고 빠르게 진행해야 하며
   ⊙ 트레이닝 단위당 세트 수는 3~6세트가 적합하다.

사. 근지구력 트레이닝
1) 근지구력(muscle endurance)의 이해
① 근지구력의 의미[4]
   ⊙ 일정한 운동을 장시간 계속할 수 있는 능력
   ⊙ 운동강도, 운동량, 운동시간 등은 내용에 따라 결정된다.
② 근지구력의 구분
   ⊙ 전신 지구력 : 일정 운동의 강도(중량이나 스피드)를 바꾸지 않고, 일정 시간 또는 횟수 동안 지속할 수 있는 능력을 말한다. 인체의 심폐기능을 포함하여 근 기능, 영양 상태, 내분비 기능, 대사 기능, 신경 기능, 해독 배설 기능 등과 관련이 있다.

---

1) 기출 18-20 고강도 트레이닝 시 나타나는 인체의 반응으로 틀린 것을 찾는 유형
2) 기출 24-11 고강도 트레이닝 후 근력 저하의 원인으로 틀린 것을 찾는 유형으로, '칼륨과 트로포마이오신 결합 증가'가 오답 찾기의 정답이다. 칼륨과 트로포마이오신이 결합하여 근수축을 촉진하는 역할을 하기 때문이다.
3) 기출 16-13 등장성 파워 트레이닝 설계 지침으로 틀린 것을 찾는 유형으로, '세트당 반복 횟수는 탈진 시까지'가 오답 찾기의 정답이다.
4) 기출 21-10 근지구력 트레이닝 방법으로 적합하지 않은 것을 찾는 유형

ⓒ 정적 근지구력 : 일정 중량물을 근 활동에 따라 일정한 상태로 유지할 수 있는 지구력으로, 역도 등이 대표적으로 필요한 종목이다.
　　ⓒ 동적 근지구력 : 일정 중량물을 근 활동에 따라 일정 방향으로 일정 거리를, 일정한 리듬으로 반복하여 이동시키는 능력으로, 그 반복 횟수를 측정치로 한다.

2) 근지구력 트레이닝의 원리
① 대사적 요소 : 산소를 공급하는 혈액 속 헤모글로빈과 미오글로빈의 양에 의해 일어나며, 근 세포 내에서 에너지를 생산하는 미토콘드리아의 농도가 증가한다.
② 근섬유의 구성 : 지근섬유는 미토콘드리아·산화효소·미오글로빈 등은 에너지를 지속적으로 이용할 수 있는 능력을 보유하여 근지구력 향상에 유리한 근섬유이다.

3) 근지구력 트레이닝 필요 종목과 트레이닝 유의사항
① 근지구력 트레이닝이 필요한 운동 종목
　　㉠ 단시간 근지구력이 필요한 종목 : 역도·레슬링·유도와 같이 무거운 부하로 짧은 시간 근수축을 반복하는 운동
　　㉡ 장시간 근지구력이 필요한 종목 : 장거리 육상, 장거리 사이클 등은 비교적 가벼운 부하로 장시간 근수축을 반복하는 운동은 최대근력이 강할수록 근지구력 발달에 유리하다.
② 근지구력 트레이닝 유의사항[1]
　　㉠ 준비운동과 정리운동을 반드시 실시한다.
　　㉡ 정확한 자세로 실시하고, 적합한 부하를 설정한다.
　　㉢ 올바른 호흡으로 운동의 효과를 높인다.
　　㉣ 장기적 근지구력 향상을 위해서는 점증 부하의 원리를 적용해야 한다.

3. 유연성 트레이닝

가. 유연성 트레이닝의 이해

1) 유연성 트레이닝의 개념
① 유연성 트레이닝의 의미 : 단관절 또는 다관절에서 운동할 수 있는 생리적 가동범위를 최대한 활용하여 근육을 유연하게 사용하는 활동을 말한다.
　　보충설명 **유연성의 일반적 의미** : 근육의 질, 관절 상태와 늘어나는 정도를 나타내기도 하며, 다양한 대상과 움직임을 나타낼 때도 사용된다.
② 유연성 트레이닝의 구분 : 정적 유연성 트레이닝과 동적 유연성 트레이닝으로 구분한다.
③ 유연성 트레이닝의 기대 효과[2]
　　㉠ 신체적 효과 : 관절 가동범위 증가, 통증 및 상해 감소, 운동수행력 향상, 자세 개선
　　㉡ 심리적 효과 : 스트레스 해소, 자기만족도 증가

---

1) 기출 15-18 특정 선수의 트레이닝 프로그램을 보기로 들고, 잘못된 것을 찾는 유형으로, 장기적으로 근지구력을 향상하는 것은 점증 부하의 원리를 적용해야 하는 것을 기억해야 한다.
2) 기출 24-01 유연성 트레이닝의 기대 효과가 아닌 것을 찾는 유형으로, '근육과 힘줄의 신장성 감소'는 근력 트레이닝의 효과로 오답 찾기의 정답이다.

2) 준비·정리운동과 스트레칭(stretching)

① 준비운동[1]
  ㉠ 준비운동의 의미 : 주운동 효과를 높일 수 있도록 심신의 상태를 만드는 데 있다.
  ㉡ 준비운동의 효과 : 관절 가동범위 증가, 근육 탄성 증가, 활동근으로 유입되는 혈액 증가, 에너지 대사에 필요한 효소 활성 증가
② 정리운동
  ㉠ 정리운동의 의미 : 주운동에서 고조된 활동상태를 가능한 한 빨리 정상 상태로 복구시키기 위하여 행하여지는 일련의 운동
  ㉡ 정리운동의 효과 : 혈액의 정맥 환류 촉진, 피로 유발 물질인 젖산 제거, 지연성 근육통 예방
③ 스트레칭
  ㉠ 스트레칭의 의미 : 신체 부위의 근육·건·인대 등을 늘려주는(신전시키는) 운동
  ㉡ 스트레칭의 효과 : 관절 가동범위 증가, 유연성 유지 및 향상, 상해 예방을 목적으로, 건의 길이가 늘어나 장력이 변하여 유연성을 향상시킨다.
  ㉢ 스트레칭의 원리 : 근육의 길이를 확장하여 보통 때보다 근육을 늘여주는 것이며, 유연성의 향상을 위해 근육을 정상의 길이보다 약 10% 이상 늘려야 한다.

나. 정적 유연성 트레이닝

1) 정적 유연성 트레이닝의 이해

① 정적(Static) 유연성 트레이닝의 의미 : 움직이지 않는 자세 즉 근육의 움직임 없이, 서서히 부드럽게 실시하여 근육 신전 반응을 통한 근육을 이완시키는 트레이닝을 말한다.
② 정적 유연성 트레이닝의 방법[2]
  ㉠ 목적 근육을 가동할 수 있는 최대범위까지 천천히 펴준다.
  ㉡ 펼 때 반동이 일어나지 않아야 한다.
  ㉢ 시작할 때 숨을 내쉬고, 가동범위에 도달하면 자세를 유지하면서 숨을 들여 마신다.
  ㉣ 한 자세는 30~60초가 적당하다.
③ 정적 스트레칭의 기전[3] : 느린 상태의 일정한 속도로 스트레칭 동작을 수행한다. 근육이 늘어날 때 장력이 늘어나고, 힘줄 긴장도가 증가하면 <u>골지 건기관</u>을 자극하여 근방추 작용을 억제하여 근육을 이완시키는 자가 억제 기전을 적용한 것이다.
  [용어해설] 골지(Golgi) **건기관과 근방추** : '제1과목, 제1장 스포츠 손상의 예방, 2. 스포츠 손상의 예방과 치료' 참조

2) 정적 유연성 트레이닝의 특성

① 정적 유연성 트레이닝의 특성[4]
  ㉠ 통증이 느껴지지 않는 범위 내에서 스트레칭 자세를 유지한다.
  ㉡ 근육을 충분히 이완시킨다.
  ㉢ 최대근력 발휘에는 도움이 되지 않는다.

---

1) [기출 24-04] 준비운동과 정리운동의 효과가 바르게 연결된 것을 찾는 유형
   [기출 22-03] 준비운동과 정리운동 효과가 아닌 것을 찾는 유형
   [기출 20-17] 준비운동 효과가 아닌 것을 찾는 유형으로, '소화기관으로의 혈류량 증가'가 오답 찾기의 정답이다.
   [기출 19-01] 준비운동과 정리운동이 신체에 미치는 영향이 아닌 것을 찾는 유형으로, '정리운동은 젖산의 축적에 도움을 준다.'가 오답 찾기의 정답이다. 운동은 신체에 적산을 축적하며, 축적된 젖산은 피곤 또는 통증의 원인으로 작용한다. 정리운동은 이를 방지하는 데 도움이 된다.
2) [기출 20-05] 정적 유연성 트레이닝에 대한 설명으로 틀린 것을 찾는 유형
3) [기출 22-14] 정적 스트레칭의 기전을 보기로 제시하면서 일부 ( )로 비워놓고, 적절한 용어를 찾는 유형
4) [기출 21-03] 정적 스트레칭의 특성을 보기로 제시하고, 무엇이라 하는지 묻는 유형

② 정적 유연성 트레이닝의 유의사항
　㉠ 신장 반사가 일어나지 않는 범위에서 통증이 없을 때까지 스트레칭한다.
　㉡ 두뇌가 근육이 펴지는 느낌을 의식하도록 한다.
　㉢ 1세트당 10~30초 정도 펴면서 필요에 따라 시간과 세트 수를 연장한다.
　㉣ 실시 전 준비 상황을 고려한다.
　㉤ 스포츠 종목의 특성에 맞춰 시행한다.

다. 동적 유연성 트레이닝
1) 동적 유연성 트레이닝의 이해
① 동적(dynamic) 유연성 트레이닝의 의미 : 움직이면서 스트레칭을 통해 유연성을 향상하는 트레이닝 방법이다.
② 동적 유연성 트레이닝의 특성[1]
　㉠ 스포츠 종목에 요구되는 특별한 동작을 반영하여 실시한다.
　㉡ 가동범위는 통증을 느끼지 않는 범위에서 점진적으로 증가시킨다.
　㉢ 근육과 건의 탄력성과 협응력을 향상할 수 있다.
　㉣ 지나친 반동은 상해를 유발할 수 있다.

2) 동적 유연성 트레이닝의 구분
① 탄성(ballistic) 스트레칭 : 스트레칭 동작의 마지막에서 탄성을 이용하여 동작에 반동을 주는 방법이다.
② 동적(dynamic) 스트레칭 : 탄성 스트레칭과 다르게 마지막 동작에 반동을 주지 않는다.
③ 탄성 스트레칭의 특성
　㉠ 근육을 한계점까지 늘리는 스트레칭으로, 관절 가동범위 전반에 많은 운동량을 갖는다.
　㉡ 빠른 속도로 행하므로 운동할 때 부과되는 힘뿐 아니라 강도 조절이 어렵다.
　㉢ 근육과 연부조직에 손상을 일으킬 수 있고, 해당 부위의 근육 수축을 촉진하기도 한다.
④ 동적 스트레칭의 특성[2]
　㉠ 동적 스트레칭은 기능적 움직임을 기반으로 한다.
　㉡ 스트레칭 후 수행될 스포츠나 운동 동작과 유사한 동작으로 한다.
　㉢ 특정 종목의 특이한 동작을 연상하면서 시행한다.
　㉣ 가동범위와 스피드는 통증을 느끼지 않는 범위에서 점진적으로 늘려간다.
　㉤ 동작을 분석하고, 목적으로 하는 관절과 움직임을 설정한다.
　㉥ 빠른 리듬으로 실시하면 조직 손상의 위험이 있으므로 운동 속도를 잘 조절해야 한다.
　㉦ 반동을 이용하지 않고, 동작 범위에서 특이 동작과 관련지어 실시한다.

라. 고유감각 신경근촉진 트레이닝
1) 고유감각 신경근촉진 트레이닝의 이해
> **보충설명** PNF 트레이닝의 목적 : PNF는 치료 목적으로도 활용되고 있어 '제1과목 운동상해'에도 포함되어야 할 내용이지만, 중복을 피하고자 '제3과목 트레이닝론'에서만 다룬다.

① 고유감각 신경근(PNF, proprioceptive neuromuscular facilitation) 촉진 트레이닝의 개념
　㉠ 최대 잠재 능력에 도달하기 위한 최대 요구를 적용하는 데 중점을 둔다.

---

1) 기출 18-10 기출 17-10 동적 유연성 트레이닝 내용을 보기로 들고, 무엇이라 하는지 묻는 유형
2) 기출 16-08 동적 스트레칭 내용을 보기로 들고, 무엇이라고 하는지 묻는 유형
　 기출 15-08 동적 스트레칭 유의사항으로 잘못된 것을 찾는 유형

ⓒ 능동적인 근 활동을 동반하며, 근육을 늘리거나 수축시키는 활동을 포함한다.
ⓒ 관절 가동범위를 향상하며, 유연성을 향상하는 효과적인 트레이닝 방법이다.
② 개인이 혼자 할 수 없으며, 전문가의 지도 또는 파트너가 필요하다.
◎ 치료 목적으로도 사용하고 있으며, 기능 활동의 개선과 근골격계 기능 부전 혹은 중추신경계 말초신경계의 재활 과정에서 폭넓게 사용된다.

② PNF의 원리[1]
  ㉠ 인체는 완전히 개발되지 못한 잠재 능력이 있다는 것을 전제로 한다.
  ㉡ 정상인의 운동기능은 머리에서 점차 아래 방향으로, 근위에서 원위로 진행된다.
  ㉢ 초기의 운동 형태는 반사운동에 좌우되지만, 점차 신경계의 성숙에 따라 운동 형태는 자세 반사 기전에 의해 조절되게 된다.
  ㉣ 기능적인 능력을 가동하여 접근한다.
  ㉤ 정상 발달 기전의 순서를 따라 운동 연합 형태를 회복시켜야 한다.
  ㉥ 리듬 있는 동작의 균형과 길항근의 상호작용이 치료 목표이다.
  ㉦ 운동 조절력은 운동 습득에 연관되고, 운동 습득은 시각, 촉각, 청각 자극으로 강화된다.
  ㉧ 발달시키려는 목적에 따라 자극 빈도, 동작의 반복 정도를 결정한다.
  ㉨ 많은 반복에 따라 정교한 움직임을 얻도록 한다.
  ㉩ 목표 지향적인 동작을 촉진 기술과 함께 보행 및 일상생활 동작 습득을 촉진한다.

③ PNF의 방법
  ㉠ 근육의 신경 지배 원리를 이용하여 근수축과 신전 능력을 향상하는 방법
  ㉡ 근육을 최대한으로 신전시킨 후 보조자의 도움을 받아 등척성 수축을 하는 방법
  ㉢ 골지 건기관을 자극하여 관절운동 범위를 증가시키는 방법

2) PNF의 신장-단축 사이클

① PNF의 신장-단축 사이클(SSC, stretch-shorting cycle)의 이해
  ㉠ SSC는 달리기·뛰기·던지기·차기 등의 스포츠 활동은 물론 걷기·들어 올리기·일어서기 등 일상생활에서도 자주 이용된다.
  ㉡ 동작을 시작할 때 순간적 힘을 발휘하거나, 동작이 끝날 때까지 힘을 계속 발휘할 수 있다.
  ㉢ 신장성 근육 활동 후 짧은 시간 등척성 근육 활동을 거쳐 다시 단축성 근육 활동으로 이어진다.
  ㉣ 폭발적 파워를 발휘하기 위해 신장 반사, 예비 긴장, 골지 건기관 반사의 억제, 탄성 에너지의 축적과 재이용 등이 일어난다.

② 신장-단축 사이클(SSC)의 메커니즘
  ㉠ 신장성 단계 → 이행 단계 → 단축성 단계로 이루어진다.
  ㉡ 신장성 단계에서는 근방추가 자극되고, 단축성 단계에서는 주동근이 수축한다.

---

[1] 기출 19-09 PNF 스트레칭 내용을 보기로 들고, 무엇이라고 하는지 묻는 유형
기출 15-12 PNF의 원리 설명 중 잘못된 것을 찾는 유형

3) PNF의 운동패턴

① PNF 대각선 패턴의 의미
- ㉠ PNF는 일정한 운동패턴을 갖고 있는데, 대표적인 것이 대각선 패턴이다.
- ㉡ 대각선으로 이루어지는 2가지 동작이 머리와 목, 상부와 하부 몸통, 사지 등 신체의 주요 부분에 존재한다.
- ㉢ 대각선 패턴은 굽힘-폄, 모음-벌림, 안쪽돌림-가쪽 돌림의 운동 요소를 갖는다.

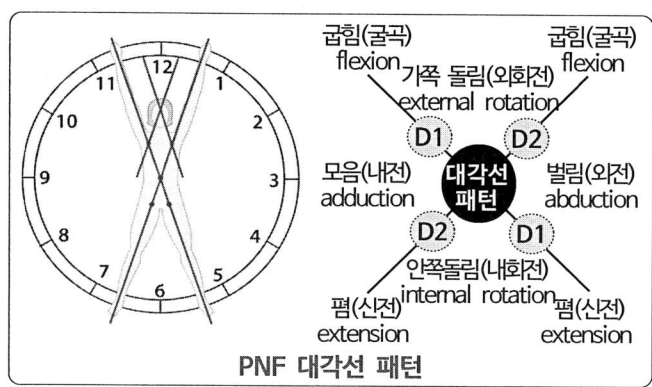

② PNF 대각선 패턴의 구분[1]

관절	D1 굽힘	D1 폄	D2 굽힘	D2 폄
어깨관절	굽힘-모음-가쪽 돌림	폄-벌림-안쪽돌림	굽힘-벌림-가쪽 돌림	폄-모음-안쪽돌림
어깨뼈	올림, 벌림, 위쪽돌림	내림, 모음, 아래쪽돌림	올림, 벌림, 위쪽돌림	내림, 모음, 아래쪽돌림
팔꿈 관절	굽힘 또는 폄			
아래팔	뒤침	엎침	뒤침	엎침
손목	굽힘, 노쪽 치우침	폄, 자쪽 치우침	굽힘, 노쪽 치우침	폄, 자쪽 치우침
손가락과 엄지	굽힘, 모음	폄, 벌림	폄, 벌림	굽힘, 모음
엉덩관절	굽힘-모음-가쪽 돌림	폄-벌림-안쪽돌림	굽힘-벌림-안쪽돌림	폄-모음-가쪽돌림
무릎관절	굽힘이나 폄			
발목관절	발등 굽힘, 안쪽번짐	발바닥 굽힘, 가쪽번짐	발바닥 굽힘, 가쪽번짐	발등굽힘, 안쪽번짐
발가락	폄	굽힘	폄	굽힘

4. 평형성 트레이닝

가. 평형성 트레이닝의 이해

1) 평형성의 개념

① 평형성의 의미[2]
- ㉠ 신체를 일정한 자세로 유지하는 능력(=밸런스 능력)
- ㉡ 스포츠 상황에서 기능적 동작과 최적의 힘을 발휘하는 핵심이며, 동작의 밸런스나 아름다움, 균형, 능률, 안전 등에 중요한 역할을 하는 능력을 말한다.
- ㉢ 최적의 근육 관계, 관절 역학, 신경근의 효율성이 필요로 하는 역동적이고 통합된 과정이다.

② 평형성의 구분
- ㉠ 정적 평형성 : 직립 유지의 능력을 말한다.
- ㉡ 동적 평형성 : 운동 동작 중의 자세, 폼의 유지, 넘어지지 않는 것, 한계에 다다른 균형 상태에서의 복원력 등을 말한다.

---

1) 기출 23-12 PNF 패턴 중 D2 폄(신전)에 관한 엉덩관절 움직임 조합에 포함되는 것을 모두 보기에서 고른 것을 찾는 유형
2) 기출 15-13 평형성 트레이닝에 대한 설명으로 틀린 것을 찾는 유형으로, '언덕 오르기, 내리막 달리기 등의 방법이 있다.'가 오답 찾기의 정답이다. 언덕 오르기 등은 평형성 트레이닝과 관련이 없다.

2) 평형성 트레이닝의 효과와 도구
① 평형성 트레이닝의 효과
ㄱ. 신체 밸런스 유지와 불균형 개선
ㄴ. 근육과 신경 감각을 우수하게 유지
ㄷ. 사고 및 부상의 예방
ㄹ. 운동수행력 향상
② 평형성 트레이닝 도구[1] : 폼 패드, 밸런스 보드, 워블 보드, 하프 폼 롤러
③ 동적 평형성 유지에 영향을 주는 요소 : 속도, 지구력, 유연성, 근력 등의 신체 능력

나. 평형성 트레이닝의 실제
1) 평형성 트레이닝 종류와 진행 원칙
① 평형성 트레이닝의 방법 : 한 발로 뛰어올라 균형 잡기, 한 발로 서서 균형 잡기, 발끝 세워 걷기, 뒤로 걷기, 줄 따라 걷기, 뜀틀 운동, 평균대 운동, 매트 운동, 철봉 운동, 수영, 스키, 스케이팅 등
② 평형성 트레이닝의 진행 원칙[2]
ㄱ. 단순한 동작부터 시작하여 복잡한 동작으로 진행
ㄴ. 눈을 뜬 동작으로 시작하여 눈을 감은 동작으로 진행
ㄷ. 안정된 지면에서 시작하여 불안정한 지면으로 진행

> **평형성 트레이닝 진행 원칙**
> ❶ 단순 동작 → 복잡 동작
> ❷ 눈 뜨고 → 눈 감고
> ❸ 안정 지면 → 불안정 지면

2) OPT 모델의 평형성 트레이닝
① OPT 모델의 의미 : NASM이 개발한 것으로, 트레이닝을 과학적 원리에 기반한 프로그램이다.
   [용어해설] **OPT 모델** : optimum performance training model로, 직역하면 최적의 성능 훈련 모델이다.
   [용어해설] **NASM** : National Academy of Sports Medicines, 미국대학스포츠의학회
② OPT 모델의 구성 : 안정화 단계 → 근력 단계 → 파워 단계로 구성한다.

5. 민첩성과 스피드 트레이닝

가. 민첩성과 스피드의 개념
1) 민첩성(agility)과 스피드(speed)의 구분
① 민첩성[3] : 가속과 감속, 방향 전환 등의 움직임을 재빠르게 행하는 동작 능력
② 스피드[4] : 일정 거리를 빠른 속도로 이동하는 능력으로, 속근 운동단위를 많이 활용하고, 가속력 향상을 위해 근파워 트레이닝이 필요하다.

2) 민첩성과 스피드 향상 요인
ㄱ. 기초근력, 최대근력, 파워 등과 같은 신체적 기본 요소의 향상이 필요하다.
ㄴ. 동작 중인 신체의 무게 중심을 관리하는 능력 향상과 가·감속, 방향 전환을 가능하게 하는 올바른 동작의 습득이 필요하다.
ㄷ. 특정 자극에 대해 빠르게 반응하면서 이를 실행하는 능력이 필요하다.

---

1) [기출 18-14] 평형성 트레이닝 도구가 아닌 것을 찾는 유형
2) [기출 24-02] 평형성 트레이닝 진행 원칙을 보기에서 옳은 것을 모두 찾는 유형으로, 보기에서 '불안정한 지면부터 시작하여 안정된 지면으로 진행'이 잘못된 것으로 이를 포함하지 않은 것이 정답이다.
3) [기출 17-07] 민첩성 내용을 보기로 들고 적합한 용어를 찾는 유형
   [기출 19-17] 보기에 민첩성과 순발력 내용을 보기로 들고, 적합한 용어를 찾는 유형
4) [기출 20-06] 스피드에 대한 설명으로 틀린 것을 찾는 유형

나. 민첩성과 스피드 향상 트레이닝

1) 민첩성과 스피드 향상 훈련 방법
① 민첩성과 스피드를 향상 훈련 방법 : 스포츠 상황에서 발생하는 여러 동작을 요소별로 나누고, 요소별로 개선한 후 다시 결합하는 형태의 점진적·단계적 트레이닝이 필요하다.
② 민첩성과 스피드 향상 트레이닝 절차

용어해설 RFD : rate of force development, 힘을 내는 속도
용어해설 SSC : stretch-shortening cycle, 신장-단축 사이클

2) 민첩성 트레이닝
① 민첩성(agility)의 구분
　㉠ 폐쇄형 민첩성(closed skill agility) : 수평 방향(앞, 뒤, 옆쪽 이동) 민첩성을 말한다.
　㉡ 개방형 민첩성(open skill agility) : 축구 등의 구기 종목에서 미리 동작이 구성되지 않는 경우의 민첩성을 말하며, 종목별 특성과 필요조건에 따라 향상해야 한다.
② 민첩성 향상 요인
　㉠ 감속, 스타트, 방향 전환 등의 트레이닝이 필요하다.
　㉡ 민첩성은 신경전달 및 근수축 속도에 의해 좌우된다.
③ 민첩성 트레이닝 프로그램[1]
　㉠ 스포츠 상황에서 이용되는 복잡한 동작을 단순 동작으로 분해하고, 분해된 동작을 향상한 후 이를 다시 통합하여 숙련도를 상승시켜야 한다.
　㉡ 관련 종목의 신체 동작 필요성을 분석하여 이를 향상하도록 해야 한다.
　㉢ 기초근력과 기본적 동작 기술의 구축되지 않으면 효과가 없다.
　㉣ 민첩성 검사방법은 10m 왕복달리기, 사이드 스텝 검사 등이 있다.

3) 스피드 트레이닝
① 스피드와 관련된 동작 테크닉 : 스타트, 가속, 최대속력
② 스피드 향상의 필요 요소
　㉠ 스트라이드 빈도와 길이 향상
　㉡ 발 착지에 의한 추진 스피드 높이기
　㉢ 착지 시 감속 파워를 최소화하기
　㉣ 접지 시간 단축으로 스트라이드 빈도 증가
　㉤ 신체 무게 중심 밑에서 착지
③ 스피드 향상을 위한 트레이닝 방법
　㉠ 무산소성 운동능력을 향상하는 훈련이 필요하다.
　㉡ 몸통의 중립 유지와 근육의 힘을 이용하여 짧은 시간에 최대속도로 운동을 한다.
　㉢ 근 신경계 및 대사 과정과 관련성이 높으며, 운동단위 구성 및 동원 능력 향상과 관련이 있다.
　㉣ 근력 및 파워, 스피드, 민첩성 트레이닝과 병행되어야 한다.

---

[1] 기출 21-04 체력요인별 트레이닝 방법으로 적절하지 않은 것을 찾는 유형으로, 민첩성 트레이닝에 케틀벨 스윙을 연결해 놓아 오답 찾기의 정답이다. 케틀벨은 근력 향상용 운동기구이다.
　기출 15-06 민첩성 트레이닝 방법 설명으로 잘못된 것을 찾는 유형으로, 축구 드리블 검사 등은 협응력 검사방법이다.

6. 협응력 트레이닝

1) 협응력(coordination) 트레이닝의 이해
① 협응력의 개념[1]
　㉠ 신체 운동능력은 각각의 특징에 따라 하나의 독립된 개체로 분류되지 않고, 신체의 전반적인 능력과 각 요소의 협응에 따라 결정된다.
　㉡ 신체의 근육·관절·신경계·운동계 등이 결합한 움직임의 상호조정 능력을 의미한다.
　㉢ 정확성과 효율성이 필요한 운동기능이다.
　㉣ 신체의 움직임을 수행하고자 하는 동작의 목적에 따라서 형성되는 신체와 사지의 상대적인 움직임 형태이다.
　㉤ 시각과 손, 발의 상호작용을 이용한 다양한 난이도의 움직임 또는 기술이 빠르고, 효율적이고, 정확하게 수행하는 능력을 말한다.
② 협응력 향상 요소 : 최대근력, 근지구력, 유산소 지구력, 속도 지구력, 최대속도 등이 상호 작용하여 발생한다.
③ 협응력 측정방법 : 소프트볼 반복 던지기, 축구공 드리블 검사 등으로 측정한다.

2) 협응력 트레이닝의 실제
　㉠ 달리기, 높이뛰기, 던지기 종목의 협응력은 어릴 때부터 지속적으로 연습해야 한다.
　㉡ 협응력 향상의 신체적 나이는 여자는 8~11세, 남자는 8~13세가 적절한 시기이다.
　㉢ 협응력에 대한 기본적인 운동은 이후에 운동 종목에서 사용하게 되는 특정 기술 향상의 기초가 된다.
　㉣ 협응력이 향상되면 훌륭한 기술 수행과 훈련 과제를 빠르게 수행할 수 있다.
　㉤ 협응력 향상과 관련이 많은 트레이닝 : 스피드 트레이닝, 민첩성 트레이닝, 평형성 트레이닝

---

[1] 기출 16-09 협응력 내용을 보기로 들고, 무슨 요인인지 묻는 유형
　기출 20-19 경기 중 공의 속도와 방향을 인지하여 반응하는 것을 보기로 들고, 이때 필요한 체력 기능을 찾는 유형

제4장 트레이닝 프로그램의 구성

1. 트레이닝의 주기화

가. 트레이닝 주기화의 이해

1) 트레이닝 계획의 체계화
- ㉠ 트레이닝 목적은 최적 시기에 최상의 경기력 정점 달성이고, 이를 위해서는 계획의 체계화가 필요하다. 계획의 체계화를 트레이닝 주기화라고 한다.
- ㉡ 체계적 트레이닝은 장기간에 걸쳐 시행되며, 트레이닝 기간 많은 어려움을 겪게 된다.

2) 트레이닝 주기화
① 트레이닝 주기화(periodization)의 개념
- ㉠ 경기에서 최고의 운동수행 능력을 발휘하기 위하여 트레이닝 프로그램을 체계적으로 조직화하는 활동으로, 프로그램을 과학적으로 조직화하여 선수의 트레이닝 적응을 최적화하는 과정이다.
- ㉡ 일정 기간을 관리하기 쉬운 더 작은 단위의 기간으로 나누어 주요 시합에서 최고의 경기력을 발휘하도록 조직화하는 과정이다.
- ㉢ 트레이닝 주기화는 적응 이론을 바탕으로 적용한 것이다.

② 트레이닝 주기화 목적 : 최적 시기에서 최고 경기력을 발휘할 수 있도록 하기 위함이다.

③ 트레이닝 주기화 유의사항 : 필요로 하는 경기력은 복합적 요인들로 구성되며, 요인의 총화인 경기력이 최적의 시기에 최고 정점에 도달하기 위해서는 단계적 발달의 접근이 요구된다.

④ 트레이닝 주기화의 구분
- ㉠ 트레이닝 주기화는 소요 기간에 따라 단주기, 중주기, 장주기로 구분한다.
- ㉡ 트레이닝 주기화는 수행 내용에 따라 단계에 따라 여러 의견이 혼용되고 있다.

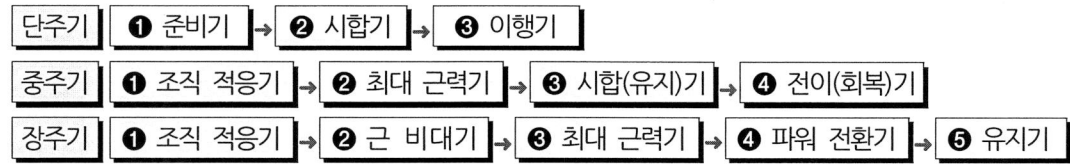

나. 트레이닝 프로그램의 주기화

1) 트레이닝 프로그램의 단계
① 트레이닝 단계(training phase) : 연간 트레이닝 프로그램은 분화된 목표에 따라 몇 단계로 나눈다.
② 트레이닝 세션(session) : 1 트레이닝의 최소 단위(=워크아웃)
③ 데이(day) : 몇 개의 세션으로 구성된 1일 단위 훈련량
④ 마이크로(micro) 사이클 : 1주일 단위의 훈련량(*연간은 52 마이크로 사이클)
⑤ 메조(mezzo) 사이클 : 단기 계획의 트레이닝양으로 통상 1~2개월에 해당한다. 트레이닝 효과는 2~3개월이 소요되므로 메조 사이클은 중요한 단위이다.
⑥ 매크로(macro) 사이클 : 중기 계획으로 메조 사이클의 2~3주기에서 1년 단위의 양

2) 트레이닝의 단계별 순서
① 트레이닝과 부하량
- ㉠ 트레이닝의 부하는 훈련 초기부터 경기력의 정점에 도달할 때까지 지속적으로 증가하여야 한다.
- ㉡ 일정한 부하는 신체적, 심리적 적응을 유도하지 못하며 이는 경기력의 정체를 의미한다.

ⓒ 트레이닝 부하는 증가시키지만, 트레이닝 부하 요소인 강도와 양은 상황에 적절하게 변화시킬 수 있다.
② 트레이닝의 단계별 순서[1]
㉠ 근 비대기 트레이닝은 트레이닝 국면에서 최대 근력기 이전에 실시한다.
㉡ 최대 근력기 트레이닝은 고강도 운동 부하로 자극이 가해져야 중추신경계 적응력과 속근섬유 동원 능력을 향상할 수 있다.
㉢ 최대 근력기에서 증가한 근력을 각 종목에 맞는 파워로 전환하는 방법은 플라이오메트릭 트레이닝이 대표적이다.

2. 트레이닝의 주기화의 실제

가. 트레이닝 프로그램의 실제

1) 1일 트레이닝 계획
① 1일 트레이닝 계획의 의미 : 트레이닝의 주기화 프로그램의 최소단위
② 1일 트레이닝 계획의 구성

❶ 도입 단계 → ❷ 준비 단계 → ❸ 주훈련 단계 → ❹ 정리 단계

③ 단계별 내용[2]
㉠ 도입 단계 : 당일 훈련에 대한 목표, 내용 등을 소개 또는 확인하는 단계로서 동기유발이 중요한 의미가 있다.
㉡ 준비 단계(warm-up) : 운동 상해를 예방하며, 근 신경의 협응력과 관절의 가동범위 증가와 적응력을 상승시키고, 심박수 증가로 혈류량이 증가하며, 근육의 유연성과 자극에 대한 저항력이 향상된다. 중점 사항은 자율신경계를 활성화하여 생리적·심리적 안정 상태를 동적 상태로 전환하며, 혈류량·체온이 증가하고, 심폐기능이 항진됨으로써 신체는 동적 상태로 전환된다.
㉢ 주훈련 단계 : 과격한 운동 배제와 격렬한 경쟁을 피하며, 충분한 수분을 섭취해야 하고, 아울러 동기부여와 재미를 고려한 프로그램으로 구성해야 하고, 훈련 내용은 다음과 같다.

❶ 기술, 전술훈련 → ❷ 스피드·협응력 훈련 → ❸ 근력 훈련 → ❹ 지구력훈련

㉣ 정리 단계(cool-down) : 준비 단계와 반대로 정리운동은 트레이닝 후 시행한다. 항진된 자율신경 기능을 서서히 감소시키고 근육을 이완시키며, 대사 노폐물을 제거하여 신체의 동적 상태를 정적 상태로 복구하는 데 중점을 둔다. 운동 후 정리운동을 하지 않으면 혈액순환 속도가 급속히 줄어들어 근육의 체액 흡수가 불가능하여 근육통 발생 우려, 심박수와 혈액순환의 속도를 서서히 감소시킨다. 정리운동이 인체에 미치는 영향은 운동 후 젖산 제거를 돕고, 운동으로 유발되는 근육통을 완화하며, 골격근에 집중된 혈액을 전신으로 보내고, 운동 후 유발될 수 있는 현기증을 감소시킨다.

[용어해설] 항진 : 신체기능이 높아진 상태

2) 단주기(micro cycle) 트레이닝 계획
① 단주기 트레이닝 계획의 개요
㉠ 일반적으로 1주간의 훈련계획을 의미한다.
㉡ 단주기 훈련 안에는 최대 6~7개의 일일 훈련이 계획된다.
㉢ 스포츠 종목에 따라 트레이닝 강도, 양, 방법 등에 많은 차이를 보인다.
㉣ 한편 어떤 장주기 훈련에 속해 있는가에 따라 그 양상이 달라진다.

---
1) 기출 22-15 트레이닝의 주기화에 대한 설명을 보기에 제시하고, 바르게 된 것을 모두 찾는 유형
2) 기출 18-07 기출 16-19 정리운동이 인체에 미치는 영향이 아닌 것을 찾는 유형

② 단주기 트레이닝 내용
  ㉠ 종목에 따라 다르지만, 일반적 순서는 일일 훈련의 구성 순서와 거의 비슷하다.
  ㉡ 주간 훈련의 전반부는 주로 기술 훈련에 중점을 두고 중반부는 스피드, 무산소 지구력, 근력에 중점을 두며, 후반부에는 근지구력이나 심폐지구력 훈련에 중점을 둔다.
③ 단주기 트레이닝 계획 고려 사항
  ㉠ 주간 계획의 목표와 주훈련 사항
  ㉡ 트레이닝 형태와 부하

3) 장주기(macro cycle) 트레이닝 계획
  ㉠ 보통 2~6개의 단주기 훈련으로 구성된다.
  ㉡ 연간 트레이닝 중 준비기 국면에서의 장주기 훈련은 4~6개의 단주기 훈련으로 구성된다.
  ㉢ 시합기 국면에서의 장주기 훈련은 2~4개의 단주기 훈련으로 구성된다.

나. 연간 트레이닝 계획
1) 연간(annual) 트레이닝 계획의 개요
① 연간 트레이닝 계획의 단계

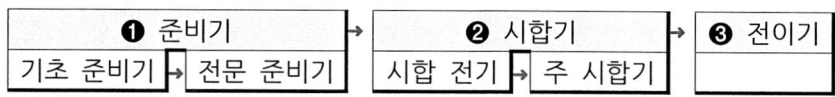

② 경기력 정점에 따른 분류
  ㉠ 경기력의 정점이 한 번 있는 경우(mono-cycle), 두 번 있는 경우(bi-cycle), 세 번 있는 경우(tri-cycle)로 분류할 수 있다.
  ㉡ 각각은 그 구성면에서 차이가 있다.

2) 준비기
① 준비기의 이해
  ㉠ 시합기에 대비하여 체력, 기술, 심리적 기능의 기반을 형성하는 시기로, 이때 트레이닝이 충실하지 못하면 시합기의 성공을 기대하기 어렵다.
  ㉡ 기간은 3~6개월 정도가 필요하다.
② 기초 준비기
  ㉠ 기초체력의 양성에 목적을 둔다.
  ㉡ 경기 종목의 특성에 따라 차이는 있지만 주로 유산소 지구력훈련과 신체 각 부위의 전반적인 근력 훈련에 중점을 두어야 한다.
  ㉢ 초기에는 트레이닝 강도와 양이 모두 낮은 수준에서 출발하지만, 점차 트레이닝의 양이 증가한다.
  ㉣ 트레이닝 부하는 주로 트레이닝의 양에 의존한다.
③ 전문 준비기
  ㉠ 기초 준비기와 시합기를 연결하는 시기로, 기초 준비기보다 보다 전문적인 체력을 기르는 데 목적을 둔다.
  ㉡ 트레이닝의 70~80%가 경기 기술과 직결되는 내용으로 구성된다.
  ㉢ 전문 체력뿐 아니라 기술과 전술의 습득이 높은 수준에 이르도록 하여 체력과 기술이 연계되도록 하는 것이 중요하다.
  ㉣ 트레이닝양이 높은 수준으로 지속하지만, 후반부에 이르러 트레이닝의 양은 감소하고 대신에 트레이닝 강도가 증가하기 시작한다.

3) 시합기
① 시합기의 개요
- ㉠ 경기력을 결정하는 모든 요인이 완성되어 실제 경기에서 충분히 발휘되어야 하는 트레이닝 국면이다.
- ㉡ 이 시기의 트레이닝은 양보다 질을 중요시해야 한다.

② 시합 전기
- ㉠ 비공식 경기, 연습경기 등을 통해 준비기 훈련의 결과를 평가하고 주시합기에 대비해 부족한 점을 보완하기도 한다.
- ㉡ 트레이닝양은 급격히 낮아지고 강도는 급격히 증가한다.
- ㉢ 지구성 종목의 훈련은 트레이닝양이 준비기보다 약간 낮은 수준으로 유지된다.

③ 주 시합기
- ㉠ 경기에 참여하기 시작하는 시기
- ㉡ 과보상을 이용해야 하며, 경기 전 단주기 훈련은 반드시 자율적 방법으로 계획해야 한다.
- ㉢ 트레이닝양은 지구성 종목을 제외하고 현저히 감소하고, 트레이닝 강도는 더욱 상승한다.

④ 부하 감소기(unloading phase)
- ㉠ 주 시합기 중에서도 연중 가장 중요한 경기의 전 단계이다.
- ㉡ 경기력 정점을 효율적으로 끌어내기 위해 최대한 과보상을 이용해야 한다.
- ㉢ 트레이닝의 강도와 양을 동시에 낮추어야 한다.
- ㉣ 그동안 강도 있는 트레이닝에 의한 신체적, 심리적 피로를 해소하고, 체내에 에너지원을 보충하는 효과를 얻을 수 있다.
- ㉤ 이 기간이 2주를 초과해서는 안 되는 점에 유의하여야 한다.

⑤ 특수 준비기 : 경기 전 3~4일 정도의 기간으로 전술적인 점검과 심리적 준비 기간

4) 전이기
① 전이기의 개요[1]
- ㉠ 연중 모든 경기가 종료된 후부터 다음 해의 준비기 훈련에 들어가기 전까지의 기간으로, 연간 훈련 및 경기로 인한 신체적 정신적 피로를 해소하고 다음 해의 트레이닝을 준비한다.
- ㉡ 시합기 동안 사용하지 않은 근육을 발달시키도록 운동을 한다.
- ㉢ 운동 부하, 반복 횟수, 세트 수를 자유롭게 정해 실시한다.
- ㉣ 트레이닝양과 강도는 최저 수준으로 낮추되 훈련을 중지해서는 안 된다.
- ㉤ 가능한 한 4주 이내의 기간을 정한다.

보충설명 전이기 : 전이기를 다음 해의 트레이닝 준비 기간에 해당하므로 회복기라고도 한다.

② 전이기의 과업
- ㉠ 이 시기는 지나간 경기나 훈련 결과를 분석하고 그것을 새로운 프로그램을 만드는 데 이용하는 모델링의 기간이기도 하다.
- ㉡ 통상 4주 이내의 기간을 권장한다.

---

[1] 기출 24-13 전이기 내용을 보기로 제시하고, 트레이닝 주기화의 어느 단계에 해당하는지 묻는 유형
기출 21-13 보기에 제시된 내용은 트레이닝 주기화의 어느 단계를 설명하는지 묻는 유형
기출 16-11 연간 트레이닝 계획 중 전이기 내용을 보기로 들고, 무엇이냐고 묻는 유형

제5장 환경 적응 트레이닝

1. 고지 환경과 트레이닝

가. 고지 환경의 이해

1) 고지 환경의 특성

① 고지 환경 : 해발 2,000m를 넘는 고지에서는 기압이 평지의 3/4 이하로 줄고, 대기의 산소 분압이 낮아 호흡이 곤란하여 숨쉬기가 어렵다.
② 온도 : 고도가 150m 상승하면 기온은 1℃씩 감소한다.
  [보충설명] 온도의 변화 : 해수면에서 15℃인 온도는 에베레스트산 정상에서는 영하 40℃ 정도이다.
③ 저체온증 : 고지대에서는 풍속 냉각에 의한 질병과 저체온증 등의 이상이 나타날 수 있다.
④ 고산병[1]
  ㉠ 고산병의 발생 : 해발 2,400m 이상의 고지대에서는 공기 중 산소량이 적기 때문에 인체가 순화되며, 시간이 충분히 지나지 않았을 때 이동하면 발생한다.
  ㉡ 고산병의 증상 : 두통, 수면 장애, 협응의 손실, 어지럼증, 근육 약화, 피로, 가슴 답답함, 식욕 감퇴, 구역질과 구토, 갑작스러운 호흡곤란 등의 증상이 나타난다.

2) 고지 환경에서의 인체의 반응

① 고지 환경에서의 인체의 반응 : 고지대는 저기압 상태로 산소공급이 제한되기 때문에 생리적으로 다양한 급·만성 반응이 발생하고, 인체 헤모글로빈의 산소포화도가 낮아진다.
② 고지 환경에서의 인체 급성 반응[2]
  ㉠ 세포 내 미토콘드리아 밀도가 증가하며 산화효소가 증가한다.
  ㉡ 산에 대한 완충 능력이 감소한다.
  ㉢ 산소 분압 감소에 따른 최대산소섭취량이 감소한다.
  ㉣ 최대하 운동 중 평지보다 심박출량이 증가한다.
  ㉤ 심박수가 증가하며, 유산소성 능력이 저하된다.
  ㉥ 최대하 운동 중 젖산 생성 비율이 증가한다.
③ 고지 환경에서의 심폐기능 반응
  ㉠ 동정맥 산소 차 감소
  ㉡ 동맥혈 산소함량 감소
  ㉢ 헤모글로빈 산소포화도 감소
  ㉣ 호흡근 피로도 증가
④ 고지 환경에서의 인체의 만성 적응[3]
  ㉠ 폐 환기량과 적혈구 생성
  ㉡ 모세혈관 밀도 증가
  ㉢ 마이오글로빈 생성 증가
  ㉣ 산화효소 등이 증가

---

[1] 기출 20-10 고지 환경에 대한 특성으로 옳은 것을 모두 고른 것을 찾는 유형
[2] 기출 23-17 기출 21-11 고지 환경에서 장시간 노출되었을 때 인체의 반응으로 보기에서 모두 고른 것을 찾는 유형
[3] 기출 18-12 고지 환경의 생리적 반응으로 틀린 것을 찾는 유형으로, 폐 환기량 감소가 오답 찾기의 정답이다.

나. 고지 환경에서의 트레이닝

1) 고지 환경에서의 트레이닝(highland training)의 개요

① 고지 환경의 특성
- ㉠ 기압 변화와 호흡 반응 : 고지 환경에서는 기압이 낮아지므로, 호흡에 영향을 미친다. 고지에서는 폐포의 산소 분압이 낮아지므로 혈액 내에서 헤모글로빈과 결합하는 산소의 양이 감소한다.
- ㉡ 산소분압의 요인 : 대기압력과 산소의 농도가 낮아진다.
- ㉢ 생리적 반응 : 고지에서는 산소분압이 감소하여 말초 부위의 화학수용체가 감지하고 뇌에 전달하여 환기량 조절 중추에 의해 환기량이 증가한다. 시간 경과에 따른 환기량 증가는 말초 화학수용체의 민감도를 상승시킨다.

② 고지 트레이닝의 목적[1]
- ㉠ 지구력 향상을 목적으로 하며, 심폐지구력을 높여줄 뿐 아니라 고소 적응 효과도 얻을 수 있고, 평지 부하의 상대적 감소가 가능하다.
- ㉡ 고지 트레이닝 방법은 고지에서 시행하지만, 평지의 실내 저압실에서도 가능하다.
- ㉢ 육상 장거리 선수들이 고지 훈련을 많이 하고 있다.
- ㉣ 고지대에 체류하고, 훈련은 저지대에서 시행하는 방법을 많이 이용하고 있다.
- ㉤ 고지 트레이닝은 통상 해발 2,000m 이상 고지에서 시행하는 훈련을 일컫는다.

[보충설명] **우리나라의 저압 트레이닝센터** : 현재 경희대학교에 국내 유일하게 저압·저산소 트레이닝센터가 있다. 약 20명이 동시에 이용할 수 있는 규모이다.

2) 고지 환경이 인체에 미치는 영향

① 심혈관과 호흡기계의 변화[2]
- ㉠ 적혈구와 헤모글로빈 증가 : 산소가 부족한 고지대에서는 산소공급이 어려우므로 인체는 산소를 나르는 헤모글로빈과 적혈구를 증가시켜 많은 산소를 나르게 하여 저산소 환경에 인체가 적응하게 된다. 이때 인체는 호르몬(에리스로포이에틴)이 분비되면서 적혈구와 헤모글로빈이 증가하고, 헤모글로빈의 산소포화도는 감소한다.
- ㉡ 혈압 변화 : 고지 환경에서는 수축기 혈압과 확장기혈압이 평지보다 낮게 난다.
- ㉢ 최대산소섭취량 감소 : 고지 환경에서는 산소분압이 낮아져 최대산소섭취량이 감소한다.
- ㉣ 고지대에 체류하고, 훈련은 저지대에서 시행하는 방법을 많이 이용하고 있다.
- ㉤ 호흡수 증가 : 호흡수(폐환기)가 증가하며, 최대운동 시 심박출량도 감소한다.

② 면역기능 변화 : 고지적응훈련을 통해 면역기능을 향상시킬 수 있다.

3) 고지 트레이닝의 효과[3]
- ㉠ 혈구 생성 호르몬 활성화가 이루어져 적혈구 수가 증가한다.
- ㉡ 헤모글로빈 농도가 증가함에 따라 혈액의 산소운반 능력이 향상된다.
- ㉢ 혈액의 산소운반능력 개선을 통해 심폐지구력을 향상시킨다.
- ㉣ 고지 트레이닝의 중추 이론이 작용한다.

[보충설명] **고지 트레이닝의 중추 이론**(central theory) : 혈액의 산소운반능력 개선을 통해 심폐지구력을 향상시킨다는 이론이다.

---

1) [기출 22-17] 고지 트레이닝에 대한 설명으로 틀린 것을 찾는 유형으로, '고지 트레이닝은 통상 해발 2,000m 이상 고지에서 시행하는 훈련을 일컫는다.'라는 것을 기억해야 한다.
   [기출 15-16] 고지 트레이닝에 대한 설명이 바르게 된 것을 찾는 유형
2) [기출 24-12] 고지 환경에서의 변화가 아닌 것을 찾는 유형으로, '스프린트 경기력 감소'가 오답 찾기의 정답이다.
3) [기출 17-11] 고지 트레이닝 효과가 아닌 것을 찾는 유형으로, 탈수 방지는 오답 찾기의 정답이다.

2. 기온과 트레이닝

가. 체온 조절의 기전

1) 체온 조절의 중추

① 체온 조절 중추의 개념[1]
  ㉠ 체온 조절 중추는 뇌의 시상하부에 위치하며, 체온을 인식하고, 적절한 반응으로 인체 온도를 일정하게 유지하는 역할을 한다.
  ㉡ 뇌는 온도 조절 기능이 있어 체온을 36.4~37.0℃의 일정한 온도를 유지한다.
  ㉢ 더울 때는 땀샘을 자극하여 땀을 내고 혈관을 이완시키며, 추운 환경에서는 혈관수축으로 발한을 약화한다.
  ㉣ 피부 속에 교감신경의 지배를 받는 모근이 있어 순간적으로 오싹하게 만들거나, 소름이 돋는 역할을 한다.

  [용어해설] **시상하부** : 시상 밑에 위치하였기에 시상하부라고 하며, 뇌 전체 부피의 1% 이하에 불과하지만, 항상성 유지를 위한 중추로 작용한다.

② 체온 변화에 따른 생리적 현상[2] : 발한량 증가, 혈관 확장, 시상하부가 체온을 감지한다.

2) 열 생산과 열 손실에 영향을 미치는 요인

① 열 생산과 열 손실이 미치는 영향의 개념 : 인간의 체온은 환경의 온도 변화에 상관없이 일정한 범위를 유지하므로 건강한 개인은 춥거나 더울 때 각각 조절할 수 있다.
② 열 생산 : 기초대사, 근육운동, 갑상샘 호르몬(티록신), 교감신경 자극 등에 의해 열이 생산된다.
③ 열 손실[3]
  ㉠ 복사 : 인체 내부에서 열을 생산하거나, 손실이 일어날 때 원래의 에너지 준위에서 벗어나 다른 에너지 준위로 바뀌는 적외선 형태이다. 전체 열 손실의 약 60% 정도로, 물리적 접촉이 일어나지 않는다.
  ㉡ 전도 : 열이 매개체를 통해 손실되는 현상이다.
  ㉢ 대류 : 유체의 움직임에 의해 열이 손실되는 현상이다. 자전거를 탈 때 속도가 빠르면 대류에 의해 열 손실이 많이 일어난다.
  ㉣ 증발 : 액체가 기체로 바뀌면서 열 손실이 일어난다. 인체가 더우면 땀을 증발시키며 열 손실이 발생한다.

3) 열 스트레스

① 열 스트레스의 의미 : 고온에서 일정 대사율로 작업할 때 환경에 적응하기 위한 생리적 반응을 말한다.
② 열 스트레스 발생 인자
  ㉠ 내적 인자 : 신진대사 열, 열 적응 정도, 신체 온도
  ㉡ 외적 인자 : 대기 온도, 복사열, 공기 온도, 습도

---

1) [기출 16-15] 체온 조절의 중추 이론 설명이 바르게 된 것을 찾는 유형
2) [기출 18-18] 체온 상승 시 항상성 유지를 위한 생리적 반응이 아닌 것을 찾는 유형으로, '골격근의 불수의적 떨림 현상'이 오답 찾기의 정답이다.
3) [기출 21-15] 열 손실 방법 중 대류 관련 내용을 보기로 제시하면서 ( )를 두어 적합한 용어를 찾는 유형

③ 열 스트레스 지표[1]
  ㉠ 열 스트레스 지표의 개념 : 고온 환경에서 작업 또는 운동 시 열로 인한 스트레스를 지표화로 나타낸 것이다.
  ㉡ 열 스트레스 지표 적용 온도 : 건구 온도, 습구 온도, 복사 온도
  [용어해설] **건구 온도** : 공기에 직접 드러낸 온도계로 잰 온도로, 현재 기온과 같다.
  습구 온도 : 온도계 온도 감지 부위를 소량의 얇은 물 또는 얼음으로 싸고 직사 일광이 닿지 않게 공기 중에 노출하여 측정한 온도
  복사 온도 : 물체로부터 방출되는 복사의 밀도 또는 양을 측정한 온도

나. 고온 트레이닝

1) 온도와 트레이닝의 관계

① 온도와 트레이닝의 관계
  ㉠ 체온 조절은 시상하부, 감각기, 호흡기 등을 연결하는 신경계 작용으로 일어난다.
  ㉡ 시상하부는 온도 감지기의 역할 외에도 외부의 정보를 통합하고, 혈관의 수축과 이완, 떨림과 발한 등의 반응을 관장한다.
  ㉢ 체온은 열 생산과 열 소비 사이의 균형에 의해 조절되는데 열 생산은 체내에서 생산되는 대사열과 외부에서 유입되는 환경 열에 의해 결정된다.

② 열전달 경로
  ㉠ 전도 : 분자의 이동 없이 열이 전달되는 것으로, 고체, 액체, 기체에서 모두 전도되며, 일반적인 열전달 경로이다.
  ㉡ 대류 : 액체, 기체 등의 유체에 의해 열이 전달된다.
  ㉢ 복사 : 매개체 없이 전달되는 형태로, 모든 물체를 열을 방출한다.
  ㉣ 증발 : 기화를 통해 열을 전달하는 방법

2) 고온에서의 트레이닝

① 고온 트레이닝 때의 인체 반응
  ㉠ 고온 환경에서도 정상적 체온을 유지하기 위한 인체의 조절 작용이 작동한다.
  ㉡ 높은 외부 온도는 복사와 전도를 통한 열 손실을 저해하므로 발한과 호흡을 통한 수분의 증발 때문에 체온 조절 기능을 수행한다.
  ㉢ 고온에서의 트레이닝을 지속하면 열경련, 열 탈진, 열사병 등의 증세가 발생한다.
  ㉣ 체력 수준이 높은 선수는 상대적으로 열 손상의 위험성이 낮다.
  [용어해설] **발한(發汗)** : 환경 적응을 위해 몸의 온도를 조절하기 위해 땀을 배출하는 현상

② 고온 환경에서의 트레이닝 효과[2]
  ㉠ 유산소 운동의 수행력 향상
  ㉡ 발한 능력 향상
  ㉢ 혈장량 증가
  [용어해설] **혈장** : 혈장은 혈액에 포함된 혈액의 액체 부분으로, 혈액세포의 이동을 돕는 액체이다. 수분, 단백질, 미네랄, 비타민, 호르몬 등이 포함되어 있으며, 혈액 총 부피의 55% 정도이다.

---

[1] [기출 23-07] 열 손실 중 물리적 접촉이 없는 손실을 보기로 제시하고, 무엇인지 묻는 유형으로, 정답은 복사이다.
[기출 22-20] 열 스트레스 관련 지표에 포함되지 않는 것을 찾는 유형으로, 피부 온도는 열 스트레스 적용 온도가 아니므로 오답 찾기의 정답이다.
[2] [기출 24-14] 고온 환경에서의 트레이닝 효과를 보기에서 모두 고른 것을 찾는 유형으로, '발한 능력 증가'와 '혈장량 증가'가 정답이다.

③ 열 손상의 종류[1]

구분	내용
열 실신	과도한 열로 인해 기절하는 상태
열 발진	고온다습 환경에서 피부에 발생하는 작고 가려운 발진으로, 흔히 땀띠라 한다.
열경련	힘든 운동 또는 매우 더울 때 많은 양의 수분과 전해질 손실로 인해 발생하는 근육의 경직 현상
열 탈진	장시간 수분 손실(땀)에 의한 수분 섭취의 불균형으로 인한 중증도 열 질환
열사병	체온 조절의 실패로 인한 열 질환으로, 심각한 경우 사망할 수 있다.

④ 열 손상의 증상[2]
  ㉠ 열 손상의 증상 : 피로감과 짜증, 무기력, 집중력 장애, 스트레스 등이 발생한다.
  ㉡ 열사병의 증상 : 열사병 발병 직전에 두통, 어지러움, 구역질, 경련, 시력 장애, 의식 저하 등이 나타나고, 심부 체온이 40℃ 이상으로, 피부가 뜨겁고 붉어지며, 혈압이 상승한다.

  보충설명 열 손상의 증상 : 열 손상에 대한 증상은 '제1과목 운동상해, 제2장 스포츠 손상의 위험관리'에서도 다루어진 내용이다.

⑤ 열 손상의 예방
  ㉠ 운동 중 또는 운동 후 수분 또는 이온 음료 등을 충분히 보충한다.
  ㉡ 직사광선이 강렬한 낮에 운동할 때 운동시간을 1시간 이내로 제한해야 한다.
  ㉢ 운동 전후 수분이 많이 함유된 수박, 오이 등을 먹는다.
  ㉣ 여름철 햇볕이 뜨거울 때 탈의 상태인 맨살 운동하는 것은 피해야 한다.

⑥ 열 순응(heat acclimatization)[3]
  ㉠ 열 순응의 의미 : 열 스트레스에 반복 노출되면 열 발산 능력이 점진적으로 향상되는 현상
  ㉡ 열 순응에 대한 인체 반응 : 발한시점의 조기화와 발한율이 증가하며, 전해질 손실을 최소화하여 균형이 유지되고, 열 충격으로 인한 단백질 생성이 증가한다.
  ㉢ 열 순응에 따른 생리적 변화 : 최대하 운동 시 심부 온도가 순응 전보다 낮아지고, 같은 최대하 운동 시 심박수가 낮아지며, 열사병 예방에 도움이 되고, 땀에 의해 염분 손실이 감소하고, 혈장량과 세포에 열 충격 단백질이 증가한다.

⑦ 땀[4]
  ㉠ 땀의 의미 : 체온 조절을 위해 땀샘에서 분비되는 액체이다. 구성성분은 99%가 물이고 나머지 나트륨, 염소, 칼륨, 질소 함유물, 젖산, 요소 등이다.
  ㉡ 땀의 기능 : 체온을 조절하는 역할을 한다. 체온이 상승하면 체온 조절 중추인 시상하부를 통해 교감신경을 자극하여 땀 분비가 일어난다. 땀이 증발하면서 피부 표면을 냉각시켜 체온이 감소한다.
  ㉢ 땀 증발의 영향 요인 : 환경 온도, 신체 주위의 대류, 상대 습도, 노출 피부 표면적

---

1) 기출 24-09 (제1과목 운동상해에서 출제) 환경 요인의 운동상해에 대한 설명으로 옳은 것을 보기에서 모두 찾는 유형(중복 게재)으로, '열사병은 열 질환 중 심각한 응급상태에 해당한다.'는 것은 옳은 설명으로 정답이다.
   기출 21-18 열사병의 증상을 보기로 제시하고, 무슨 질환인지 묻는 유형

2) 기출 23-10 열 손상에 관한 설명으로 틀린 것을 찾는 유형으로, '열 손상은 실무율의 법칙이 작용한다.'는 것이 오답 찾기의 정답이다. 여기서 실무율(all or none law)은 어떤 자극을 받았을 때 일정 크기 이상의 자극을 가해야 하며, 자극을 느낄 수 있는 일정 크기 이상의 자극이 주어지면 반응의 크기는 한 최댓값을 유지하며 더 커지지 않고 일정한 값을 갖는다는 법칙이다. 인체 흥분성 기관 또는 세포에 적용되는 것으로, 열 손상과 관련이 없다.

3) 기출 20-08 기출 16-14 열 순응의 인체 반응을 바르게 설명한 것을 찾는 유형
   기출 19-20 열 순응에 대한 인체의 반응을 모두 고른 것을 찾는 유형
   기출 17-15 열 순응에 따른 생리적 변화의 설명으로 틀린 것을 찾는 유형으로, '고온 환경에서 같은 최대하 운동 시 심박수가 높다.'라는 것은 오답 찾기의 정답이다.

4) 기출 19-19 땀 증발에 영향을 미치는 요인을 모두 고른 것을 찾는 유형

다. 저온 트레이닝

1) 저온 트레이닝 시의 현상
- ㉠ 떨림이나 비떨림성 온도 조절 및 말초혈관 수축 등의 방법으로 체온을 조절한다.
- ㉡ 말초혈관 수축은 피부 소동맥 주위의 평활근에 대한 교감신경의 작용으로 일어나며 혈관이 수축하여 피부로 가는 혈액량을 감소시켜 불필요한 열 손실을 방지한다.
- ㉢ 피부의 대사율도 피부 온도의 저하에 따라 감소하므로 산소 소비량도 감소하고, 불필요한 열 손실을 방지한다.

2) 저온 순응
① 저온 순응의 인체 현상 : 피부 온도 감소, 대사적 열 생성 증가, 말초혈관 확장으로 체온을 유지한다.
② 저온 순응에서의 운동 시 순발력 저하의 원인
- ㉠ 근육 온도의 저하로 인해 근육세포 내 수분 점도가 증가하기 때문이다.
- ㉡ 근육 내 화학 반응속도 감소로 인해 최대 근육 수축의 도달시간 증가하기 때문이다.
- ㉢ 교차결합과 액틴의 움직임에 대한 물리적 저항 증대하기 때문이다.

3. 수중환경과 트레이닝

가. 수중환경의 특성과 적응

1) 수중환경의 특성[1)]
- ㉠ 기체 용적은 압력과 절대온도에 따라 변화하므로 수중환경에서는 <u>보일-샤를의 법칙</u>에 따라 인체 내의 기체 용적에 변화가 일어난다.
- ㉡ 잠수는 인체가 해수면보다 기압이 높은 고압력 환경에 노출된 것으로, 대기 중에서 섭취한 공기는 잠수하는 동안 압축되어 상승하면서 팽창한다.
- ㉢ 수중환경은 압력과 온도가 수면과 차이가 나타난다.
- ㉣ 수중은 일반적인 대기 상태보다 열전도율이 높고, 열 손실이 빠르다.
- ㉤ <u>대사율이 낮은 사람은 수중환경에서 저체온증의 위험이 따른다.</u>

  [보충설명] 보일-샤를의 법칙 : '온도가 일정할 때 기체의 압력은 부피에 반비례한다.'라는 보일의 법칙과 '압력이 일정할 때 기체의 부피는 온도의 증가에 비례한다.'라는 샤를의 법칙을 조합하여 만든 법칙으로, 온도·압력·부피가 동시에 변화할 때 이들 사이의 관계를 나타낸다.

  [용어해설] 대사율 : 음식물을 섭취했을 때 소화기관을 통해 에너지 형태로 전환시키는 속도

2) 트레이닝과 관련된 물의 특성
① 부력[2)] : 몸을 뜨게 만드는 힘으로, 중력과 반대 방향으로 작용하므로 수중 몸무게를 감소시킨다.
② 수온과 수압
- ㉠ 수온은 물의 온도이며, 수압은 물이 인체에 미치는 압력이다.
- ㉡ 수면이 깊어질수록 수온은 내려가고, <u>수압</u>은 커진다.

  [보충설명] 수압과 기압 : 수압은 일반적으로 물 깊이 10cm일 때 1기압으로 간주한다.

③ 저항성 : 호흡근에 작용하여 호흡 기능을 저하하며, 신체의 체액 순환을 촉진하는 작용을 한다.

---

1) **기출 24-19** 수중환경의 특성으로 보기에 제시된 내용이 바르게 설명된 것을 찾는 유형으로, 바른 설명은 '수중환경은 대기보다 열전도율이 높다'와 '대사율이 낮은 사람은 더 빠른 저체온증의 위험이 있다'가 바르게 설명된 정답이다.
2) **기출 21-17** 부력을 설명하는 내용을 보기로 제시하면서 (   ) 속에 적합한 용어를 찾는 유형

3) 수중환경에서의 인체 반응[1]

㉠ 지상에서 느끼는 인체의 중력이 줄어든다.(물 깊이가 30㎝ 깊어짐에 따라 22mmHg의 압력이 증가한다.)
㉡ 수온과 체온의 차이로 인해 소변 배출량이 늘어난다.
㉢ 심부 혈액량이 증가하며, 심박출량과 일회박출량이 증가한다.

나. 수중 트레이닝의 실제

1) 수중 트레이닝의 개요

① 수중 트레이닝의 개념 : 노약자, 임산부, 장애인은 물론 일반인의 스트레스 해소 또는 질환 치료와 건강 증진, 재활을 위해 물속에서 진행되는 트레이닝을 말한다.
② 수중 트레이닝의 효과[2]
　㉠ 수압에 의해 호흡근이 단련되기 때문에 심폐지구력이 향상된다.
　㉡ 물의 저항이나 부력을 이용하여 전신에 무리 없이 부하를 줄 수 있다.
　㉢ 수중에서는 부력으로 인해 체중이 보통 때의 1/10 정도에 해당하므로 관절에 부담을 느끼지 않는 상태로 근육을 자극할 수 있다.
　㉣ 지상보다 관절 등의 가동 영역이 넓어지기 때문에 유연성 있는 근육을 만들 수 있다.
　㉤ 수중 부력을 이용하여 부상 중인 선수들의 재활 트레이닝에 효과적이다.
　㉥ 수중 트레이닝은 혈액순환을 촉진하며, 아울러 심혈관계 기능을 개선한다.

2) 수중 트레이닝의 구분

① 선수 트레이닝
　㉠ 수중에서는 체중이 감소하므로 근력 향상에 도움이 된다.
　㉡ 적절한 기구를 사용하면 코어 트레이닝이 가능하다.
　용어해설 코어 트레이닝 : 복부 및 등 하부의 근육을 강화하는 것을 목적으로 하는 트레이닝
② 수중 재활 트레이닝 : 장애인, 노인, 관절질환자, 재활이 필요한 선수가 주요 대상이며, 필요로 하는 프로그램과 적절한 기구를 사용한다.
③ 임신 여성의 수중 트레이닝 효과[3]
　㉠ 고체온증 예방
　㉡ 출산 후 회복 촉진
　㉢ 임신성 당뇨병 예방

3) 수중 트레이닝의 위험 요소

① 산소중독 : 조직 내의 산소와 이산화탄소가 과다 보유에 따른 대뇌 혈관이 수축하여 감각 이상, 환각, 환청, 근육경련, 호흡곤란 등을 유발할 수 있다.
② 잠수병 : 질소의 기포화로 순환 장애를 일으켜 조직 손상을 입힐 수 있다.
③ 공기 색전 : 기체 용적의 팽창에 따른 폐포의 파열이 발생할 수 있다.
④ 질소중독 : 잠수에 따른 질소의 체내 용해량의 증가가 일어날 수 있다.
⑤ 자발성 기흉 : 해수면의 급격한 상승으로 호기량 감소에 따른 폐포 파열의 위험성이 있다.
⑥ 고막 손상 : 고막 손상을 일으킬 가능성이 있다.

---

1) 기출 16-16 입수 시 인체의 반응으로 틀린 것을 찾는 유형으로, '총 혈관 저항의 증가'는 오답 찾기의 정답이다.
2) 기출 15-15 수중 트레이닝 효과 설명으로 틀린 것을 찾는 유형으로, '수중 트레이닝은 심혈관계 기능을 개선하지 않는다는 것'이 오답 찾기의 정답이다.
3) 기출 20-09 임신 여성의 수중 트레이닝 효과가 아닌 것을 찾는 유형으로, 수분 손실 예방은 오답 찾기의 정답이다.

제6장 성장 발달과 트레이닝

1. 발달단계의 특성

가. 신체 발달의 이해

1) 신체 발달의 개념
- ㉠ 형태적으로 양과 크기의 증대, 신체기능 면에서의 양적·질적 증대, 분화·숙련으로 구분한다.
- ㉡ 형태 면의 양, 크기의 증대를 발육이라 한다.
- ㉢ 트레이닝과 관련된 연대의 구분

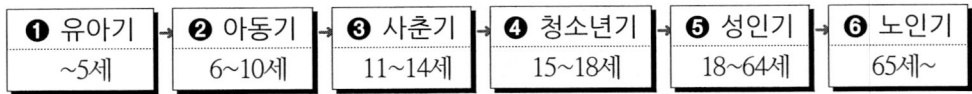

❶ 유아기 ~5세 → ❷ 아동기 6~10세 → ❸ 사춘기 11~14세 → ❹ 청소년기 15~18세 → ❺ 성인기 18~64세 → ❻ 노인기 65세~

2) 신체 발달의 형태 구분[1]
① 일반형 : 골격과 근육 등의 발달이 일어난다.
② 생식형 : 성(性)과 성장 호르몬 등과 관련된 발달이 일어나고, 제2차 성징기(남자는 13세 경, 여자는 11세 경까지) 무렵에 발달이 활발해지며, 근력 트레이닝은 제2차 성징기 이후에 시행해야 성과가 크게 나타난다. 2차 성징기 종료 전까지는 뼈 연골 부위가 약하므로 강한 부하가 걸리면 뼈 손상의 위험성이 높다.
③ 신경형 : 뇌수, 척수 등의 발달
④ 림프형 : 흉선 및 각 부위의 림프절 발달
⑤ 스캐몬의 신체 발달 곡선
   - ㉠ 연령에 따르는 심신의 발달과 변화를 곡선으로 나타낸 도표로, 가로축을 나이, 세로축을 발달량으로 표시한다.
   - ㉡ 정신발달과 신체 발달, 남녀 간 차이, 신체 각 부분의 발달 양상 등이 다양하게 나타난다.
   - [인명] 스캐몬(R. E. Scammon) : 미국의 해부학 교수로, 신체 발달의 형태 구분과 신체 발달 곡선으로 유명하다.

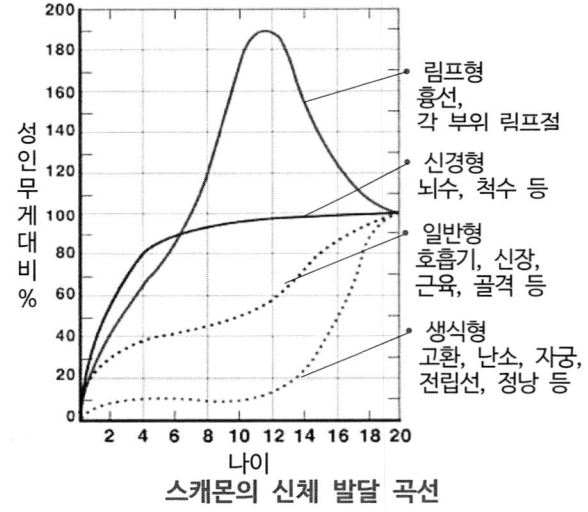

스캐몬의 신체 발달 곡선

2. 연대별 트레이닝

가. 아동기의 트레이닝

1) 아동기의 이해
① 아동기의 정의 : 일반적으로 6~10살 정도의 나이로, 초등학교 1~4학년까지의 아동을 말하며, 성장이 계속되고, 신체적 체계가 안정되는 시기이다.(미국스포츠의학회 정의)
② 아동기의 신체와 운동 관련 특성
   - ㉠ 운동 기술, 근육의 협응이 활발해지고, 정교화되어 운동 속도·정확성·안정성 등이 발달하기 시작한다.
   - ㉡ 스포츠 참여는 운동 효과 이외 친구와 관계 형성과 게임 규칙 준수, 상호협력 방법 등을 배우는 시기이다.

---
[1] 기출 23-05 제4과목 건강교육론에서 출제) 신체 발달 형태의 4가지 유형에 대한 설명으로 틀린 것을 찾는 유형

ⓒ 자신의 운동 기술과 역량을 동료와 비교하여 평가하기 때문에 아동의 자아존중감과 성격 발달과도 밀접한 관련성을 지닌다.
ⓔ 운동에 적합한 환경과 기회를 제공하여 자아존중감을 느끼게 하는 것이 중요하다.
ⓟ 트레이닝 방법은 기본적인 체력 중심으로 하는 것이 바람직하다.

③ 아동기의 생리적 특성[1]
ⓘ 성인보다 최대심박출량이 낮다.
ⓛ 성인보다 체온 조절 능력이 낮다.
ⓒ 성인보다 혈중 <u>헤모글로빈</u> 농도와 근육 글리코겐 농도가 낮다.
ⓔ 성인보다 최대하 운동 시 분당 호흡수가 높다.
ⓟ 성인보다 체중당 체표면적이 높다.

용어해설 **헤모글로빈** : 적혈구 속에 다량으로 들어있는 색소 단백질로, 체내 산소를 운반하는 역할을 담당한다. 아동기는 성인기보다 헤모글로빈 농도가 낮다.

④ 아동기와 청소년기의 체온 조절 특성[2] : 아동기와 청소년기는 체중 당 표면적이 성인보다 크므로 체온 조절이 상대적으로 수월하다.
⑤ 성인과 비교한 아동기의 체온 조절 능력[3]
ⓘ 성인보다 추위나 더위에 대한 적응력이 부족하다.
ⓛ 발한율이 낮고, 수중에서 체온 저하가 빠르다.

2) 아동기의 트레이닝

① 아동기의 근력 트레이닝 특성[4]
ⓘ 아동기의 발달단계를 고려하여 근력 트레이닝 프로그램을 계획해야 한다.
ⓛ 아동기의 근력 향상은 근 비대보다 근 신경 활성에 의한 것이다.
ⓒ 아동기의 신체 능력을 고려하여 훈련 양을 점증적으로 증가시켜야 한다.
ⓔ 아동기의 근력 트레이닝은 성인보다 근 비대 효과가 작다.

② 아동기의 유산소성 트레이닝 효과[5]
ⓘ 비만 위험성 감소
ⓛ 심폐지구력 향상
ⓒ 제Ⅱ형 당뇨병 유발위험 저감

③ 아동기의 저항성 트레이닝 효과[6]
ⓘ 근력 향상
ⓛ 골밀도 증가
ⓒ 운동단위 동원의 증가
ⓔ 성장판 활동 활성화

---

1) 기출 24-16 성인과 비교하여 아동기에 높게 나타나는 것을 찾는 유형으로, 정답은 '체중 당 체표면적'이다.
   기출 18-04 아동기의 생리적 특성으로, 틀린 것을 찾는 유형으로, '혈중 헤모글로빈 농도가 높다'가 오답 찾기의 정답이다.
2) 기출 16-18 아동, 청소년기의 체온 조절 특성을 바르게 설명한 것을 찾는 유형
3) 기출 21-12 성인과 비교해 아동기의 체온 조절 능력에 대한 설명으로 바르게 된 것을 찾는 유형
4) 기출 17-16 아동기의 근력 트레이닝 특성으로, 틀린 것을 찾는 유형으로, '근 비대 효과가 크다.'라는 것이 오답 찾기의 정답이다.
5) 기출 20-07 아동기 유산소성 트레이닝 효과가 아닌 것을 찾는 유형으로, '성장판 골화 촉진'이 오답 찾기의 정답이다.
6) 기출 21-14 아동기 저항성 운동 효과가 아닌 것을 찾는 유형으로, '성장판 골화 촉진'이 오답 찾기의 정답이다.

나. 사춘기와 청소년기의 트레이닝

1) 사춘기
① 사춘기의 특성
    ㉠ 일반적으로 11~14살 정도의 나이로, 초등학교 5학년부터 중학교 2학년까지의 학생이다.
    ㉡ 신체 성장과 함께 2차적 성징이 나타나며, 생식기능이 완성되기 시작한다.
② 사춘기의 신체와 운동 관련 특성
    ㉠ 신체 내적으로 내분비계의 활동이 강화되며, 남성과 여성의 차이가 크게 나타난다.
    ㉡ 신장과 체중이 급격하게 증가한다.

2) 청소년기
① 청소년기의 특성
    ㉠ 아동기에서 성인기에 이르는 과도기이며, 신체적·정서적·도덕적·사회적 발달이 활발하게 이루어지는 시기이다.
    ㉡ 급격한 신체적, 생리적 변화가 일어난다.
    ㉢ 자기 정체성에 대하여 혼란을 느끼는 경우가 많고, 정신적으로 불안정하기 쉬운 시기이다.
② 청소년기의 신체 발달 특성[1]
    ㉠ 성장과 함께 신체는 물론 폐의 크기도 증가한다.
    ㉡ 지방세포는 성장 발달에 따라 크기와 수가 증가한다.
    ㉢ 근골격계의 발달로 근육량이 증가한다.
    ㉣ 신경계가 발달함에 따라 균형성, 민첩성 및 협응성이 향상된다.
    ㉤ 집중력이 성인보다 낮으므로 운동 중 부상을 예방할 수 있도록 안전에 유의해야 한다.
③ 청소년기의 신체와 운동 관련 특성 : 신체의 균형적 발달을 위해 적합한 운동이 필요하다.

3) 아동·청소년 선수의 트레이닝 방법[2]
    ㉠ 종목에 필요한 체력, 기술보다 기초체력 향상에 초점을 맞추어야 한다.
    ㉡ 준비운동 → 본 운동 → 정리운동의 순서로 운동과 휴식이 병행되어야 한다.
    ㉢ 단순한 움직임에서 복잡한 움직임으로 전이되도록 전개되어야 한다.
    ㉣ 연령집단에 따라 성장과 발달을 고려하여 훈련프로그램을 계획해야 한다.

다. 노인기의 트레이닝

1) 노인기의 특성과 트레이닝 효과
① 노인기의 특성
    ㉠ 노인기는 신체의 모든 기능이 저하된다.
    ㉡ 노화 진행 속도는 개인별로 차이가 크다.
② 노인기의 트레이닝 효과
    ㉠ 노화 진행 속도는 트레이닝을 통해 지연 또는 개선할 수 있다.
    ㉡ 뇌졸중, 심근경색 등 심혈관계 질환의 예방과 낙상으로 인한 골절 방지에 효과가 크다.

---

1) **기출 16-17** 청소년기의 신체 발달 특성으로 잘못된 것을 찾는 유형으로, '근육량의 증가는 주로 근섬유 수의 증가에 기인한다.'가 오답 찾기의 정답이다. 청소년기의 근육량 증가는 주로 근골격계의 발달에 기인하기 때문이다.
2) **기출 15-07** 아동·청소년 선수의 트레이닝 방법으로 잘못된 것을 찾는 유형으로, '종목에 필요한 체력, 기술 및 전술의 전문성에 초점을 맞추어서 훈련받아야 한다.'가 오답 찾기의 정답이다.

③ 노인기 트레이닝 유의사항[1]
  ㉠ 노인기에는 외형상 건강하게 보이더라도 허혈성 심장병 등 잠재적 질환이 있을 개연성이 높으므로 이를 고려하여 지도해야 한다.
  ㉡ 비만, 고혈압, 당뇨병, 고지질혈증 등 심혈관계 질환의 위험인자를 갖고 있을 가능성이 크므로 트레이닝 참가 전 건강 검진을 받아야 한다.
  ㉢ 심혈관계 질환 위험성 유무를 확인하기 위해 운동부하 검사를 해야 한다.

2) 골다공증 예방 트레이닝
① 골다공증 예방 트레이닝의 목적
  ㉠ 저하된 근골격계 기능개선
  ㉡ 여성은 폐경 후 에스트로겐 저하에 따라 골밀도의 급격한 감소를 예방
  ㉢ 생활 장애의 발생 예방 또는 장애 진행의 지연
② 골다공증 예방 트레이닝 프로그램
  ㉠ 중량물을 이용한 근육 부하는 뼈 형성 촉진과 골밀도를 증가시킨다.
  ㉡ 빠른 속도로 걷거나, 오르막길 또는 계단을 빠른 걸음으로 걷는 등의 파워워킹이 권장된다.
  ㉢ 줄넘기, 스쿼드 점프, 박스 점프 등도 도움이 된다.

3) 낙상 예방 트레이닝
① 낙상 예방 트레이닝의 목적
  ㉠ 노인은 감각계, 신경계, 근골격계 등의 퇴행성 변화로 인해 균형감각을 잃기 쉬우므로 낙상, 전도 등의 위험 예방
  ㉡ 일어서기, 발돋움, 발 뻗치기 등 기립 자세에서 동적 밸런스 유지가 필요
② 낙상 예방 트레이닝 프로그램 : 밸런스 매트 사용 트레이닝, 고무공 찌부러뜨리기, 파트너 밸런스 게임

3. 여성의 트레이닝

가. 임산부 트레이닝

1) 임산부 트레이닝의 이해
① 임산부 트레이닝에 대한 여러 견해 : 임산부 트레이닝은 조산과 저체중아 출산 등의 원인이 되어 역효과가 있다는 견해와 건강한 임산부는 운동을 제한할 필요가 없다는 견해도 있다.
② 출산 전 적절한 트레이닝의 효과
  ㉠ 유산소 능력 강화
  ㉡ 출산 후 회복 촉진
  ㉢ 정신적 건강 유지와 불안과 스트레스 해소
  ㉣ 건강한 생활 습관 유지
  ㉤ 임신 전의 체중·체력 회복
  ㉥ 출산 시간 단축과 통증 경감
  ㉦ 체중증가의 억제
  ㉧ 임신 중 배 부위 통증 감소

---

[1] 기출 22-18 생애주기별 트레이닝에 대한 설명으로 틀린 것을 찾는 유형으로, '노인은 사전 운동 검사 없이 고강도 운동을 시행할 수 있다'라는 것이 오답 찾기의 정답이다.

2) 미국산부인과학회(ACOG)의 임신과 출산 후 운동 지침

㉠ 임신 중 중강도 운동을 주 3회 이상 정기적으로 시행하는 것을 권장한다.
㉡ 임신 제1기(~3개월) 이후에는 누워서 운동하면 심박출량이 감소하므로 피하는 것이 좋다. 장기간 움직이지 않고 서 있는 자세도 피한다.
㉢ 임신 중에는 유산소 운동에 필요한 산소가 감소하므로 운동강도 설정에 유의해야 한다.
㉣ 임신 제3기에는 태아의 형태학적 변화가 일어나므로 유의해야 하고, 배 부위를 압박할 수 있는 운동은 피해야 한다.
㉤ 임신 중에는 1일 300kcal 이상의 추가 열량이 필요하므로 충분한 식사를 해야 한다.
㉥ 임신 중에는 충분한 수분 공급과 적절한 환경에서 운동하고 열 발산이 늘어나도록 한다.
㉦ 임신의 생리학적 및 형태학적 변화는 출산 후 4~6주까지 계속된다.

[용어해설] **ACOG** : American College of Obstetricians and Gynecologists, 미국산부인과학회

나. 여성 선수의 3 징후

① 여성 선수 3 징후(female athlete triad)의 개념[1]
　㉠ 체지방 감소로 인해 식이장애를 초래할 수 있으며,
　㉡ 이는 식욕부진 또는 대식증을 유발하고, 이에 따라 무월경이 발생하며,
　㉢ 무월경 여성은 골밀도 감소와 골다공증 발생률이 월등히 높으며, 이에 따라 척추전만증과 요통, 스트레스 골절 등을 유발할 수 있다.

[보충설명] **여성 운동선수의 3 징후** : 섭식장애, 무월경, 골밀도 감소와 골다공증

② 여성 선수 3 징후 대상 : 체조, 발레, 다이빙, 피겨스케이팅 등 체형이 중요한 요소로 작용하는 종목 선수들이나 체급별 경기 종목에 참여하는 여성 선수에게 많이 나타난다.

③ 여성 선수 3 징후의 치료
　㉠ 운동량 조절 : 일반 체중의 80% 이하의 선수는 운동시간을 10~12% 정도 축소하는 것이 필요하다.
　㉡ 영양 섭취 : 섭식장애의 경우 영양소 섭취를 늘리며 특히 칼슘과 단백질을 충분히 섭취해야 한다.

---

[1] [기출 23-05] [기출 19-03] 여성 선수의 3 징후에 포함되지 않는 것을 찾는 유형으로, 3 징후는 '섭식장애, 무월경, 골밀도 감소' 등이다. '체지방 증가', '수면 장애 발생' 등은 오답 찾기의 정답이다.
[기출 22-07] 여성 선수의 골밀도 감소 원인을 모두 고른 것은 찾는 유형

제7장 운동 피로의 해소

1. 운동성 피로

가. 운동성 피로의 이해

1) 피로의 개념
㉠ 반복적 신체적·정신적 행동 또는 작업의 결과로, 심신 기능 저하와 능률적 작업 수행이 어려운 상태 또는 몸이 지쳐 힘든 상태를 말한다.
㉡ 피로는 개인의 건강 상태, 나이, 작업조건, 작업량, 직업 종류에 따라 차이를 나타낸다.

2) 피로의 구분
① 피로의 종류

구분			내용
생리적 피로	신체적 피로		근육의 과다 사용으로 발생한 피로
	정신적 피로	신경 피로	감각기관 과사용에 따른 피로
		심리적 피로	근심, 불안, 욕구불만
병적 피로	휴식을 취함에도 불구하고 계속되는 피로(질병의 원인)		

② 신경 피로와 근 피로[1]
㉠ 신경 피로 : 직업과 관련되며, 심리적 피로는 감성과 관련되어 있다.
㉡ 근 피로 : 근육을 많이 사용하여 근육의 수축과 이완이 불안정한 상태로, 신체적으로 수소이온과 무기 인산염이 증가하고 젖산 제거율이 낮아진다.

3) 피로 유발 원인
① 운동성 피로의 유발 원인[2] : 글리코겐 고갈, 크레아틴인산 감소, 고체온, 탈수
② 피로 유발의 일반적 요인
㉠ 질환에 의한 원인 정신질환 : 우울증, 불안증, 신체장애
㉡ 약물 복용 부작용 : 최면제, 항고혈압제, 항우울제, 신경안정제, 약물 남용, 금단 증상
㉢ 내분비 및 대사 질환 : 글리코겐 고갈, 크레아틴인산 감소, 갑상샘 기능 저하, 당뇨, 뇌하수체 기능 부전, 부갑상선 기능 항진증, 고칼슘혈증, 에디슨씨병, 만성 신부전증, 간 기능 부전증, 고체온증, 탈수
㉣ 악성 종양 및 혈액 질환 : 숨겨진 악성 종양(췌장암, 대장암 등), 심한 빈혈
㉤ 감염질환 : 결핵, 간염, 심내막염, 기생충 질환, HIV 감염, 거대세포 감염증/전염단핵구증
㉥ 심장 및 폐 질환 : 만성 울혈성 심부전증, 만성 폐쇄성 호흡기질환
㉦ 교원성 질환 : 류마토이드 관절염, 정신성 홍반성 낭창, 다발성 경화증
㉧ 수면 장애 : 수면 무호흡증, 발작성 수면
㉨ 기타 : 위·식도 역류, 알레르기성 비염, 비만, 심한 체력 저하
㉩ 원인 불명 : 만성피로 증후군/특발성 만성피로, 섬유 근육통 증후군

[용어해설] **HIV 감염** : 인간 면역 결핍 바이러스를 말하며, 에이즈(AIDS) 바이러스이다.
[용어해설] **교원성 질환** : 류마토이드 질환으로, 관절과 관절 주위의 연골, 뼈, 근육, 인대 등에 발생하는 병적인 상태를 말한다. 류마토이드이란 흔히 류마티스라고 혼용되고 있다.

---

1) [기출 20-12] 근 피로의 원인이 아닌 것을 찾는 유형으로, 오답 찾기의 정답은 자유 유리기 감소이다.
2) [기출 22-16] 운동성 피로의 발생 원인이 아닌 것을 찾는 유형으로, '수소이온 생성 감소'는 오답 찾기의 정답이다.

나. 피로 해소

1) 피로 해소의 개념
- ㉠ 적절한 휴식과 영양 공급을 통해 신진대사를 원활히 함으로써 피로 증상이 제거되는 상태를 말한다.
- ㉡ 흔히 피로 회복이라고 하지만 보다 적절한 용어는 피로 해소가 옳은 표현이다.

2) 피로 해소 방법
① 휴식과 안정[1]
- ㉠ 충분한 수면, 영양 공급, 정신적·육체적 휴식을 취한다.
- ㉡ 가벼운 유산소성 정리운동은 피로 해소에 효과적이다.
- ㉢ 수분 및 전해질 섭취가 피로 해소에 도움이 된다.
- ㉣ 지방질이 높은 음식보다 고탄수화물이 많은 음식을 섭취하는 것이 효과적이다.
- ㉤ 냉온욕 또는 냉요법(체온을 낮추는 방법), 마사지, 스트레칭 등은 피로 해소를 촉진할 수 있다.

② 의학적 치료[2]
- ㉠ 의사 처방에 따른 약물 투약
- ㉡ 대기압보다 높은 기압환경을 조성하여 고농도 산소를 흡입시키는 고압 산소요법 활용
- ㉢ 체온을 낮추기 위한 냉요법 사용
- ㉣ 마사지를 통한 지연성 근육 통증 완화

2. 과훈련

가. 과훈련 진단

1) 과훈련(over training)의 이해
① 과훈련의 단계

❶ 과부하 자극 → ❷ 급성 피로 → ❸ 과 이탈 → ❹ 과훈련

② 과훈련의 발생 원인 : 훈련 양이 너무 많거나, 훈련을 빨리 진행할 때 또는 심리적 불안정 상태에서의 훈련 시 발생한다.

③ 과훈련 관련 용어의 의미
- ㉠ 급성 피로 : 훈련 도중 피로감을 느끼는 상태를 말한다.
- ㉡ 과 이탈 : 과훈련이 단기적으로 나타날 때를 말하며, 며칠간의 휴식이나 단기적 휴식으로 회복할 수 있다.
- ㉢ 과훈련 : 반복적인 신체적·정신적 작업의 결과로 심신의 기능 저하와 능률적인 작업 수행이 어려운 상태 또는 몸이 지쳐 힘든 상태를 말한다.

---

1) [기출 17-19] 피로 해소의 방법으로 잘못된 것을 찾는 유형으로, '고지방 섭취가 고탄수화물보다 효과적이다.'라는 것이 오답 찾기의 정답이다. 지방질이 높은 음식 섭취보다 고탄수화물이 많은 음식을 섭취하는 것이 피로 해소의 효과적 방법이다.

2) [기출 23-20] [기출 22-19] 피로 해소의 방법으로 잘못된 것을 찾는 유형으로, 23년은 '저압 산소요법'이, 22년은 '충분한 수면은 이화 호르몬 분비를 촉진한다.'라는 것은 오답 찾기의 정답이다.

2) 과훈련의 신체적 변화

① 과훈련의 단계별 변화

구분	상태
1단계/운동수행력 영향 없음	무기력 또는 긴장으로 인한 신경 기능 약화
2단계/운동수행력 약간 변화	운동단위 동원 변화, 교감신경계 활성, 시상하부 조직의 변화
3단계/운동수행력 감퇴	운동 협응력 감퇴, 흥분 수축 결합 변화, 근 글리코겐 감소, 안정 시 심박수와 혈압 증가, 면역기능 감퇴, 호르몬 농도 변화
4단계/운동수행력 감퇴 심화	힘 생성 감소, 해당 능력 감소(대사 과정 감소), 질환 감염 발생 증가, 정서 및 수면 장애 발생

② 과훈련이 신체 미치는 영향[1] : 운동 중 심박수와 혈중 코티졸이 증가하고, 감염 위험성이 높아진다.

3) 과훈련과 과훈련 증후군

① 과훈련의 증상[2] : 운동수행력과 협응력 감소, 근력 생성 감소, 집중력 감소와 심리적 상실감, 혈압 증가, 심박수 증가, 체중감소, 스트레스, 만성피로, 식욕부진 등이 나타난다.

② 과훈련 증후군(over training syndrome)[3]
  ㉠ 과훈련 증후군의 개념 : 훈련이 과하여 만성피로에 의해 나타나는 현상의 질병
  ㉡ 과훈련 증후군 발생 과정
  - 훈련 후 충분치 못한 회복 상태에서 훈련 상황이 지속하면 단기간에 과훈련 상태가 되며, 경기력(활동력)이 빠르게 저하된다.
  - 초기에 선수가 휴식이나 피로 해소 시간을 가지면 증세가 사라지고 오히려 초적응 현상이 나타나는데, 이를 트레이닝 과정에서 나타나기도 하는데 이는 초과 보상작용이라고 한다.
  - 계속 훈련을 수행함에 따라 운동능력이 떨어지고, 이를 보완하기 위해 더 많은 훈련이 이루어지는데 이러한 악순환이 과훈련 증후군으로 발전한다.
  ㉢ 과훈련 증후군의 증상
  - 운동수행 능력의 정체 또는 감소 현상이 나타난다.
  - 근골격계의 손상을 초래하고, 국소적인 염증 반응을 일으킨다.
  - 식욕부진, 근육통, 수면 장애와 같은 만성피로 증세와 신경과민 반응 출현, 불면증, 안정 시 심박수 증가, 최대산소섭취량의 감소, 혈압 상승 현상 등이 나타난다.
  - 고강도 운동 시 혈중젖산 농도가 증가한다.

③ 과훈련 증후군의 생체적 반응[4]
  ㉠ 코르티솔의 분비 증가로 면역기능이 저하되어 기도 감염위험률이 증가한다.
  ㉡ 성 기능 호르몬인 테스토스테론이 감소한다.
  ㉢ 크레아틴 인산염이 증가한다.

용어해설 **코르티솔**(cortisol) : 스트레스를 만드는 호르몬으로, 과훈련 증후군의 발생 원인이 된다.

---

1) 기출 24-17 과훈련에 따라 신체적 변화 중 증가하지 않는 것을 찾는 유형으로, '체중'이 오답 찾기의 정답이다. 과훈련이 지속되면 체중이 감소할 수 있기 때문이다.
2) 기출 19-16 기출 18-05 기출 16-20 기출 15-20 과훈련의 증상이 아닌 것을 찾는 유형으로, '안정 시 심박수와 수축기 혈압의 감소'가 오답 찾기의 정답이다. 과훈련은 심박수와 혈압을 증가시키기 때문이다.
3) 기출 17-18 과훈련 증후군의 설명으로 틀린 것을 찾는 유형으로, '고강도 운동 시 혈중젖산 농도가 감소한다.'라는 오답 찾기의 정답이다.
4) 기출 20-15 과훈련으로 인한 생체적 반응을 보기로 들고, 이를 무엇이라고 묻는 유형

나. 과훈련 예방

1) 과훈련 예방의 이해
- ㉠ 훈련 양과 휴식 양이 올바르게 균형을 이루어야 한다.
- ㉡ 지도자가 과훈련 현상에 대해 정확하게 파악해야 한다.
- ㉢ 프로그램을 구성할 때 충분한 휴식 시간을 구성하며, 훈련 과정에서 적정한 수분과 탄수화물 섭취, 마사지, 수치료, 이완 등을 활용되도록 해야 한다.
- ㉣ 지도자와 전문가의 지도와 자문이 필요하며, 지도자는 선수의 컨디션과 과거와 현재 진행 중인 훈련 상황을 상세하게 전문가에게 전달해야 한다.
- ㉤ 단기간 과훈련 현상이 나타나면 완전 휴식이 필요하며, 48~72시간 이내에서 가능한 많은 수면을 통한 회복 방법을 권장해야 한다.
- ㉥ 단기간에 회복되지 않으면 수 주 또는 수개월의 치료 기간이 소요되는데 휴식, 적절한 식이요법, 수분 섭취와 심리학적 치료도 병행해야 한다.

2) 과훈련 예방 방법
① 과훈련 예방 방법[1]
- ㉠ 주당 10% 이상의 훈련 강도를 증가시키지 않는다.
- ㉡ 주 1회 이상 수동적 휴식을 취한다.
- ㉢ 훈련 주기화를 통해 운동 부하를 관리한다.

② 과훈련 예방을 위한 자세
- ㉠ 훈련 목적을 정확하게 파악해야 한다.
- ㉡ 훈련은 목표 달성이 목적이 아니고, 재미를 위해 즐기도록 해야 한다.
- ㉢ 스포츠 선수 또는 비만을 개선하는 목적이 아니라면 건강을 유지하는 정도의 훈련이 적당하다. 주 3~5회, 1회에 1시간 이내에서 훈련하도록 한다.
- ㉣ 고강도 훈련 다음에는 충분한 휴식을 취하거나 운동 강도를 줄여야 한다.
- ㉤ 운동 종목을 바꿔본다.
- ㉥ 몸의 경고 증상을 놓치지 않아야 한다.
- ㉦ 과훈련 증후군 증상이 나타나면 즉각 운동을 쉬고 치료를 받아야 한다. 정신력으로 이를 극복하고자 하는 강박 관념을 탈피해야 한다.
- ㉧ 의사의 권고를 받아들여야 한다.
- ㉨ 건강 검진을 받듯 정기적으로 스포츠 검진을 받아 건강 수준에 맞는 운동 처방을 받는 것이 좋다.

---

[1] 기출 23-08 보기에 제시된 내용 중 과훈련 예방 방법을 모두 고른 것을 찾는 유형

제4과목
건강교육론

세부목차

대분류	세부 분류
제1장 건강교육의 이해 … 197	1. 건강과 건강교육 … 195 2. 건강교육의 기초 … 199 3. 감염병 예방 … 201
제2장 건강과 발육·발달 … 203	1. 건강과 생활주기 … 203 2. 운동 발달과 특징 … 205
제3장 만성 질환과 운동 … 210	1. 심혈관계 질환과 운동 … 210 2. 대사성 질환과 운동 … 216 3. 근골격계 질환과 운동 … 223 4. 신경계 질환과 운동 … 229 5. 호흡계 질환과 운동 … 232
제4장 스트레스와 건강관리 … 235	1. 스트레스의 이해 … 235 2. 스트레스의 증상과 관리 … 237 3. 운동과 정신건강 … 238
제5장 건강과 장수 … 239	1. 노화와 건강 … 239 2. 건강과 기호품 … 245

출제빈도분석

※ 숫자는 당해연도 출제 문항 수를 나타낸다.

	누적출제 빈도(%)	합계	1회 '15	2회 '16	3회 '17	4회 '18	5회 '19	6회 '20	7회 '21	8회 '22	9회 '23	10회 '24
제1장 건강교육의 이해	11.6	23	3	1	1	5	2	1	2	3	2	3
제2장 건강과 발육·발달	12.6	25	4	3	3	2	1	3	4	2	–	3
제3장 만성 질환과 운동	49.5	98	10	9	11	8	12	11	7	10	13	7
제4장 스트레스와 건강관리	8.6	17	1	2	2	2	1	2	3	2	1	1
제5장 건강과 장수	17.7	35	2	5	2	3	3	2	4	6	2	6
합계	100	198	20	20	19	20	19	19	20	23	18	20

주 1) 시험당 20문제가 출제되었지만, 연도별 합계가 20이 아님은 다른 과목에서 다른 내용이 출제되어 그 과목 출제빈도분석에 포함되었거나, 다른 과목에서 출제된 내용이 포함되었기 때문이다.

주 2) 건강교육론은 다른 과목에 비해 학습해야 할 분량이 상대적으로 적고, 내용이 비교적 수월한 편이다. 건강교육론에서 높은 점수를 받아야 다른 과목이 다소 부진하더라도 쉽게 합격할 수 있다.

주 3) 제3장에서 49.5%가 출제되어 거의 50%에 해당하고, 다음은 제5장과 제1장에서 많이 출제되었다.

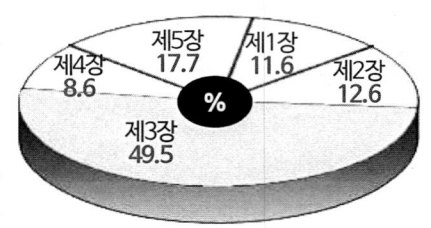

제1장 건강교육의 이해

1. 건강과 건강교육

가. 건강의 이해
① 건강의 개념[1]
  ㉠ 로크(영국 철학자, 1632~1704) : 건강한 정신은 건강한 신체에서 비롯된다.
  ㉡ 건강의 일반적 정의 : 건강이란 질병이 없고, 허약하지 않으며, 즐거운 삶을 유지하는 데 필요한 신체적·정신적·사회적 균형을 유지한 상태(도덕적·지식적 요소 포함)를 전 생애에 걸쳐 끊임없이 지속하는 과정이다.

② 보건 대헌장[2]
  ㉠ 신체에 병이 없고 허약하지 않으며, 신체적·정신적·사회적으로 완전히 행복한 상태
  ㉡ 모든 사람의 건강은 평화와 안전을 달성하는 기초가 된다.
  ㉢ 개인의 건강 유지·증진이 세계의 평화로 이어진다.
  ㉣ 사회적 건강을 파악하고, 개인과 사회의 유기적 관계를 고려해야 한다.

  보충설명 보건 대헌장(Magna Carta for Health) : WHO의 세계보건회의에서 1964년에 채택되었고, 여기서 '건강'이란 위에 나오는 보건대 헌장으로 정의하였다.

③ 건강 증진에 관한 오타와 헌장
  ㉠ 채택 : 1986년 캐나다 오타와에서 개최된 제1회 건강 증진(health promotion) 국제회의
  ㉡ 주요 내용 : 건강 증진이란 사람들이 스스로의 건강을 관리하고, 개선하는 과정
  ㉢ 실천 방안 : 건강정책의 구축, 건강을 돕는 환경 정비, 지역 활동 강화, 개인 능력의 향상, 건강 서비스 방향 전환(치료를 포함한 건강 생활을 영위할 수 있도록 지원)

④ WHO 선정 건강의 영역[3]
  ㉠ 신체적 건강 : 특정 지역에서, 특정 연령집단이 신체적·형태적·기능적으로 충분히 생활할 수 있는 상태로, 형태적 면에서 성장·노화 과정을, 기능적 면에서 적응·제어적 기능을 수행한다.
  ㉡ 정신적 건강 : 자신이 선택한 가치를 갖고, 이성적 판단에 따라서 자기 행위를 통제하며, 감정 중에서 자기를 평가할 수 있는 조건을 충족한다.
  ㉢ 사회적 건강 : 개인이 소속 사회의 일원으로서 역할을 하며, 건전한 사회생활을 영위한다.

④ 웰니스의 개념[4]
  ㉠ 세계보건기구(WHO)가 국제적으로 제시한 '건강'에 대한 정의를 보다 심화시켜 광범위한 관점에서 접근한 새로운 건강 관을 의미하며, 1961년 미국 의학자 헐버트 던(Dunn) 박사의 제창으로 웰니스라는 개념이 만들어졌다.
  ㉡ 생활과학으로서 운동을 일상생활에 적절하게 도입해 건강하게 하루하루의 삶을 보낸다는 의미에서 제창된 개념이다.
  ㉢ 웰니스의 주요 요소는 신체적 건강, 정신적 건강, 환경적 건강, 사회적 건강 등이다.

  요점정리 웰니스(wellness)의 주요 요소 : 신체적 건강, 정신적 건강, 환경적 건강, 사회적 건강 등이며, 이는 다음 페이지에 나오는 건강의 구성요소와 같다.

---

1) **기출 15-03** 건강에 대한 설명으로 가장 적합한 것을 찾는 유형
2) **기출 20-01** WHO가 정의한 건강 영역이 아닌 것을 찾는 유형으로, 감성적 영역이 오답 찾기의 정답이다.
   기출 18-01 보건 대헌장에 나오는 내용을 보기로 제시하고 무엇이라고 하는지 묻는 유형
3) **기출 24-01** **기출 16-01** 건강의 구성요소가 아닌 것을 찾는 유형으로, 24-01은 '유전적 건강'이 16-01은 '철학적 건강'이 오답 찾기의 정답이다.
   기출 15-04 사회적 건강 내용을 제시하고, 무엇이냐고 묻는 유형
4) **기출 21-01** 웰니스의 개념에 포함되지 않는 것을 찾는 유형으로, '정치적 건강'이 오답 찾기의 정답이다.

⑤ 건강에 대한 인식 변화

과거	수동적 건강
	질병 방지와 병에 걸릴 조건을 개선으로 건강 유지

→

현재	적극적 건강
	능동적 건강 증진과 항상 건강 상태 유지

3) 건강관리

① 건강관리의 목적

대상	내용
개인	• 건강의 유지와 증진 • 생활의 규칙화 • 체력 향상 • 적응기제의 향상 • 질병 예방
공동체	• 건강 유지와 증진 • 보건 행사 계획 • 보건 활동의 추진 • 환경의 정비개선

② 건강관리의 내용
  ㉠ 집단 건강 상태 파악 : 수면 상태, 영양 섭취, 피로, 자각증상 등의 파악과 대책 수립
  ㉡ 환자와 질병 예방 대책 : 성인병 등의 질병 예방을 위해 혈당과 혈압 등의 정기적 검사와 정신적 건강을 위해 평소 카운셀러와 면접 상담
  ㉢ 체력 관리 : 노동력 확보를 통한 체력 저하 방지 노력이 필요하며, 현대사회는 기계화 등으로, 신체활동이 저하되는 환경이 조성되어 있으므로 스포츠의 규칙적 참여를 도모한다.
  ㉣ 기타 : 건강교육, 건강상담, 환경위생 대책, 후생시설 관리, 외부와의 연결 교류가 필요하다.

나. 운동과 체력, 건강의 관계

1) 관련 용어의 개념

구분	내용
체력	신체활동의 기초가 되는 능력
운동	신체를 단련하고, 체력을 증진해 건강을 유지하기 위한 행동
건강	신체적·정신적·사회적으로 완전히 행복한 상태

2) 체력의 구분

① 체력 요소별 구분

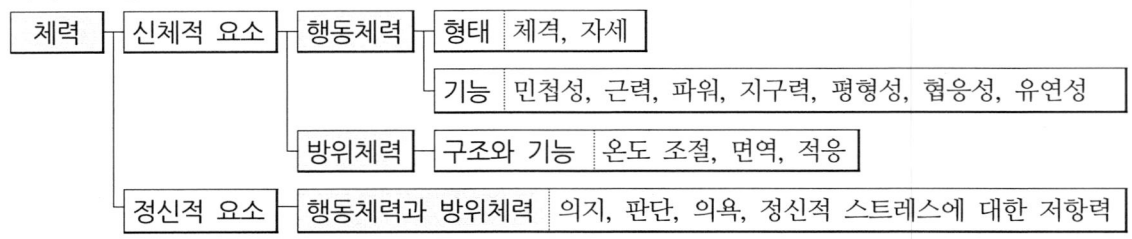

② 행동성 체력과 방위성 체력[1]

구분		내용
행동성 체력	건강 체력	근력, 근지구력, 심폐지구력, 유연성, 신체 조성
	운동 체력	순발력, 민첩성, 평형성, 협응성, 스피드, 반응시간
방위성 체력		환경 변화에 따른 인체의 반응과 적응 능력을 위한 체력

보충설명 건강 체력과 운동 체력 : '제2과목 체육측정평가론'에서도 다루어지고, 같은 유형으로 출제되기도 한다.

---

1) 기출 23-01 운동 체력 요소가 아닌 것을 찾는 유형으로, 유연성은 건강 체력 요소로 오답 찾기의 정답이다.
   기출 21-02 건강 체력 요소가 바로 묶인 것을 찾는 유형으로, 건강 체력 요소는 근력, 근지구력, 심폐지구력, 유연성, 신체 조성 등이다.
   기출 19-19 건강 체력 관련 요인이 아닌 것을 찾는 유형으로, '협응성'은 오답 찾기의 정답이다.

③ 행동체력과 운동능력의 관계[1]

구분	내용
운동 발현 능력	근력, 순발력
운동 지속 능력	근지구력, 심폐지구력
운동 조절 능력	민첩성, 평형성, 협응성, 유연성

3) 운동의 필요성과 운동부족증
① 운동의 필요성
  ㉠ 건강을 위협하는 요인은 잘못된 생활 습관에 기인한다.
  ㉡ 적절한 운동은 건강을 위협하는 각종 질병이나 사고를 예방할 수 있다.
② 운동이 정신건강에 미치는 영향
  ㉠ 스트레스와 우울감·불안감의 감소
  ㉡ 자아존중감과 인지기능 향상
③ 운동부족증(hypokinetics)[2]
  ㉠ 현대인의 신체활동 감소에 의한 운동 부족은 체력 저하와 성인병의 원인이 되고
  ㉡ 심장 기능 저하, 혈관 탄력성 저하, 심폐기능 저하, 근력 및 골격의 쇠퇴 등으로 신체기능의 약화를 가져와
  ㉢ 건강에 악영향을 주는 원인이 된다.

  [보충설명] **운동부족증** : Wilhelm Rabb와 Hans Kraus의 연구 결과이다.

2. 건강교육의 기초

가. 건강교육의 이해
① 건강교육의 개념[3]
  ㉠ 개인·집단·지역사회에 대해 질병 관련 지식과 건강 상태를 유지할 수 있도록 하고, 건강에 대한 지식·태도·행위를 바람직한 방향으로 유도하는 교육 과정
  ㉡ 건강 유지와 증진을 위한 개인의 능력을 함양하고, 건강한 삶을 유지할 수 있도록 지원한다.
  ㉢ 운동은 정신건강에 많은 긍정적인 영향을 미칠 수 있다.
② 건강교육의 분류 : 건강 저해 요인에 대한 교육과 건강한 생활양식에 대한 교육으로 구분한다.
③ 건강교육의 목적 : 건강 문제를 해결하기 위한 서비스에 적극적으로 참여하여 건강한 삶의 영위하고, 건강 증진을 위한 행동과 노력으로 건강 유지를 지원한다.

---

1) [기출 23-15] 제3과목 트레이닝론에서 출제) 건강 체력 요소와 운동 체력 요소가 바르게 연결된 것을 찾는 유형의 문제로, 신체 구성은 운동 체력 요소의 민첩성과 연관되어 있다.
2) [기출 22-02] 보기에 제시된 질환 중 운동 부족이 발병 원인으로 작용하는 질환을 모두 고른 것을 찾는 유형
   [기출 19-05] 운동부족증 내용을 보기로 제시하고 무엇이라 하는지 묻는 유형
3) [기출 24-20] 건강교육에 대한 설명으로 틀린 것을 찾는 유형으로, '지역사회 집단보다 개인의 건강 유지, 증진 및 재활을 목표로 한다.'가 오답 찾기의 정답이다.
   [기출 22-01] [기출 18-06] 건강교육에 대한 설명으로 틀린 것을 찾는 유형으로, '건강교육 프로그램은 개인, 집단, 지역에 따라 같이 적용되어야 한다.'라는 것이 오답 찾기의 정답이다.

나. 생애주기별 건강교육

1) 생애주기별 건강관리 주안점

생애주기	주안점
유아기	놀이와 운동의 기본동작을 포함하여 다양한 종목의 운동패턴 경험 필요
아동기	다양한 신체활동을 통해 신체적·정신적으로 건강한 습관 배양이 필요
청소년기	육체적으로 왕성하게 성장하는 시기로, 체력 증진이 필요
성인기	건강 유지 단계로, 신체활동의 지속적 유지가 필요
노인기	행동과 기능 저하가 진행되는 단계로, 신체활동의 지속적 유지 필요

2) 생애주기별 건강교육 주안점[1]

생애주기	주안점
아동기	• 감각 및 신체 인식 기르기　• 건강하고 안전한 생활 습관 기르기 • 기본 운동능력 기르기　• 건강한 정신건강 기르기
청소년기	• 건강한 생활의 관심과 이해　• 건강에 대한 지식의 학습 • 필요한 습관을 익히며　• 바른 태도를 보이도록 학습
청소년기 이후	• 건강의 중요성에 대한 인식과 공중 보건 의식 계발 • 건강에 대한 지도적 책임감을 인식 • 건강관리와 개선 문제 등의 연구

다. 건강과 생활양식

1) 건강을 위한 생활 습관과 규칙적 운동

① 건강을 위한 바람직한 생활 습관[2]
　㉠ 규칙적 운동
　㉡ 스트레스 관리
　㉢ 적절한 체중 유지
　㉣ 매일 6~8시간의 숙면
　㉤ 안전한 성생활

② 규칙적 운동의 효과[3]
　㉠ <u>환기 역치점 증가</u>
　㉡ 안정 시 심박수 감소
　㉢ 최대산소섭취량 증가
　㉣ 동일부하 시 젖산 감소

　용어해설 **환기 역치** : 환기량이 산소섭취량의 증가량에 비례하지 않고 급격히 늘어나는 지점

---

1) 기출 18-05 생애주기별 건강교육 주안점을 보기로 제시하고, 잘못된 것을 찾는 유형으로, '성인기에는 신체활동은 고려하지 않아도 된다.'라는 지문이 오답 찾기의 정답이다.
2) 기출 24-02 올바른 생활 습관에 포함되지 않는 것을 찾는 유형으로, 좌식생활이 오답 찾기의 정답이다.
　기출 18-02 기출 17-01 보기로 제시된 내용 중 건강을 위한 올바른 생활 습관을 모두 고른 것을 찾는 유형
　기출 15-01 건강 증진을 위한 효과적 방법이 아닌 것을 찾는 유형으로, '6시간 이하의 숙면'이 오답 찾기의 정답이다. 건강을 위해서는 매일 6~8시간의 숙면이 필요하다.
3) 기출 24-08 규칙적 운동의 효과가 아닌 것을 찾는 유형으로, '환기 역치점 감소'가 오답 찾기의 정답이다.

2) 건강에 영향을 주는 요인

① 유전 : 부모로부터 받은 천성과 자질이며, 인간의 특성과 건강 상태를 결정하는 기본 요소이다.
② 환경 : 의식주를 비롯하여 언어, 관습, 전통, 종교, 문화 등과 같이 생활에 영향을 미치는 모든 요소로 물리적·생물학적·정신적 환경 등을 말한다.
③ 성장과 발달 : 개인의 능률적 삶을 영위하기 위해 능력을 키우는 행동으로, 신체적 성장과 지적, 정서적, 사회적 성숙까지 포함한다. 성장과 발달을 위해 일상생활에서 건전한 경험과 계획된 생활, 균형 있는 식사 등이 필요하다.
④ 상호작용 : 개인과 환경 사이에서 영속적 상호작용이므로, 자신의 건강과 삶을 효과적으로 영위하기 위해서는 자신과 환경의 상호작용이 중요하다.
⑤ 의사 결정 : 스스로 조정할 수 있는 요소 중의 하나로, 자신의 결정과 선택은 자신의 능률적 삶과 건강에 직접적 영향을 미친다.

3) 현대사회와 건강

① 현대사회의 건강 저해 요인
　㉠ 인구 과밀화로 인한 사회 병리적 현상이 확산한다.
　㉡ 사회 발전에 따른 환경오염의 위험이 증대한다.
　㉢ 경쟁 사회 구조에서 오는 정신적 스트레스가 많다.
　㉣ 약물에 대한 올바른 지식 부족에 따른 약물 남용 및 의존성, 중독문제 등이 대두된다.
　㉤ 신종 바이러스에 의한 질병이 발생한다.
　㉥ 영양 과다와 신체활동 기회 축소로 인한 비만이 발생한다.
② 현대인의 건강을 위협하는 요인 : 운동(신체활동) 부족, 식생활 불균형, 과도한 스트레스

4) 건강 관련 매슬로우의 욕구 단계 이론[1]

❶ 생리적 욕구 → ❷ 안전 욕구 → ❸ 소속 욕구 → ❹ 존경 욕구 → ❺ 자아실현 욕구

[인명] **매슬로우(Abraham Maslow)** : 미국의 심리학자이며, 시카고 대학교와 위스콘신 대학교에서 심리학을 전공하였으며, 1943년에 "인간의 동기에 관한 연구"라는 논문에서 욕구 단계 이론을 제시하였다.

3. 감염병 예방

가. 감염병 예방의 이해

1) 감염병의 개요

① 감염병의 정의
　㉠ 세균, 스피로헤타, 리케차, 바이러스, 진균, 기생충과 같은 전염성 병원체에 의해 감염되어 발병하는 질환
　㉡ 병원체에 의한 감염은 음식의 섭취, 호흡에 의한 병원체의 흡입, 다른 사람과의 접촉 등 다양한 경로를 통해 발생한다.
② 감염병의 역사
　㉠ 감염병은 유사 이전부터 최근에 이르기까지 병 대부분을 차지하고 있다.
　㉡ 감염병 발생은 의학 발달의 계기가 되었다.
　㉢ 최근 코로나 창궐을 비롯하여 페스트, 천연두, 콜레라 등과 같이 인류는 감염병에 의한 엄청난 고난과 사회적 제약을 겪은 경험이 있다.

---

1) 기출 18-07 매슬로우의 욕구 단계 이론에 포함되지 않는 욕구를 찾는 유형으로, '자기비판의 욕구'가 오답 찾기의 정답이다.

2) 감염병의 분류

① 발현 여부에 따른 분류
- ㉠ 신흥 감염병 : 현재까지 발생 경험이 없었지만, 공중 위생상 문제가 되는 감염병으로, 코로나를 비롯하여 AIDS, 병원성 대장균 O-157, 에볼라출혈열, 중증급성호흡기증후군(SARS) 등이다.
- ㉡ 재흥 감염병 : 과거에 있던 감염병이 다시 유행하거나, 문제가 될 소지가 있는 감염병으로, 콜레라, 결핵, 말라리아, 뎅기열, 광견병, 백일해 등이다.

② 감염경로에 따른 분류
- ㉠ 공기감염 : 감염자가 배출한 병원체가 침방울로 변해 공중 부양할 때 흡입하여 감염된다. 홍역, 수두, 결핵 등이다.
- ㉡ 비말감염 : 감염자가 배출한 작은 방울(지름 약 5㎛ 이상)을 흡입하여 감염된다. 코로나, 콜레라, 인플루엔자, 풍진 등이다.
- ㉢ 접촉감염 : 감염자와 직접 접촉으로 감염된다. 성병, 옴, 내성균 감염 등이다.
- ㉣ 혈액 감염 : 주사, 수혈 등으로 혈액 중 병원체에 의해 감염된다. HIV, B형·C형 간염 등이다.
- ㉤ 입안 감염 : 입을 통해 소화관으로 침입하여 감염된다. A형간염, 병원성 대장균 O-157, 살모넬라 등이다.
- ㉥ 모체감염 : 엄마가 태아 신생아에게 감염되며, 수직감염이라도 한다. 풍진, 바이러스 등의 태내 감염과 B형간염, HIV 등은 모유로 감염된다.

나. 법정전염병

① 법정전염병의 개념
- ㉠ 병의 예방과 전염 방지, 치료 등을 목적으로 법령으로 정한 전염병
- ㉡ 법령 근거 : 전염병 예방법

② 법정전염병의 분류
- ㉠ 제1군 : 전염 속도가 빠르고 국민건강에 미치는 위해 정도가 너무 커서 발생 또는 유행 즉시 방역 대책을 수립하여야 하는 전염병
- ㉡ 제2군 : 예방접종을 통하여 예방 또는 관리할 수 있어 국가 예방 접종사업의 대상이 되는 전염병
- ㉢ 제3군 : 간헐적으로 유행할 가능성이 있어 지속적으로 그 발생을 감시하고 방역 대책의 수립이 필요한 전염병
- ㉣ 제4군 : 국내에서 새로 발생한 신종 전염병 증후군, 재출현 전염병 또는 국내 유입이 우려되는 해외 유행 전염병으로서, 방역 대책의 긴급한 수립이 필요하다고 인정되어 보건복지부령이 정하는 전염병
- ㉤ 기생충 감염병 : 기생충 감염으로 발생하는 감염병 중 질병관리청장이 고시하는 감염병
- ㉥ WHO 감시 대상 감염병 : WHO가 국제공중보건의 비상사태에 대비하기 위하여 감시 대상으로 정한 질환으로서 질병관리청장이 고시하는 감염병
- ㉦ 생물테러 감염병 : 고의 또는 테러 등을 목적으로 이용된 병원체에 의하여 발생한 감염병 중 질병관리청장이 고시하는 감염병
- ㉧ 성매개감염병 : 성 접촉을 통하여 전파되는 감염병 중 질병관리청장이 고시하는 감염병
- ㉨ 인수 공통감염병 : 동물과 사람 간에 서로 전파되는 병원체에 의하여 발생하는 감염병 중 질병관리청장이 고시하는 감염병
- ㉩ 의료 관련 감염병 : 환자나 임산부 등이 의료행위를 적용받는 과정에서 발생한 감염병으로서 감시활동이 필요하여 질병관리청장이 고시하는 감염병

[보충설명] **법정전염병의 분류** : 법정전염병에 대해서는 아직 출제된 일은 없다.

제2장 건강과 발육·발달

1. 건강과 생애주기

가. 발육과 발달

1) 발육과 발달 관련 용어의 개념[1]
① 발달 : 변화 과정의 개념으로, 형태적으로 작은 것에서 큰 것으로, 기능적으로 미숙함에서 성숙함으로 이행되는 과정
② 발육 : 신체적 성장의 개념이며, 성장·발달 등의 동의어로 혼용하기도 한다.
③ 성장 : 환경 영향을 적게 받으며, 특별한 자극 없이도 일어나는 양적인 변화이다. 점진적이고 상승적 특성을 나타낼 때 사용한다.
④ 성숙 : 몸이나 마음이 완전히 자라나는 현상을 말하며, 유전적 기제에 의해서 나타나는 신체적, 심리적 기능의 변화를 의미한다.
   보충설명 **성장과 성숙** : 성장은 신체의 양적 증가, 성숙은 신체적·심리적 기능의 변화를 말한다.

2) 인체의 발육·발달 원리[2]
㉠ 두부에서 미부로 발달하며, 중심에서 말초로 발달한다.
㉡ 유아기 행동 반사는 초보적 반사에서 능숙한 반사로 변화한다.
㉢ 발달은 연속적이며, 단순한 것과 복잡한 것이 교차하며 성장한다.
㉣ 유아기에는 발달이 매우 빠르게 진행되고, 아동기 이후 점차 속도가 느려진다.
   용어해설 **두부(頭部)와 미부(尾部)** : 머리와 꼬리 부분을 지칭하는 것으로, 꼬리는 손발을 나타낸다.

3) 건강과 생애주기

구분	내용
태아기	• 수태에서 출생까지의 단계로, 모체의 보호에 의존하는 시기
유아기	• 출생에서 만 5세까지의 단계 • 유아 초기 : 유치(乳齒)가 형성되지 않은 이유(離乳)까지의 시기 • 유아 전기 : 만 1세~만 2세까지, 이유식으로 인해 음식에 익숙해지고, 새로운 운동기능이 급속하게 발생하지만, 대체로 불안정한 시기 • 유아 후기 : 만 2세~만 5세까지로, 이동 및 조작 동작(걷기, 달리기, 뛰기, 던지기)의 기능이 발달하고, 문자의 이해와 대화를 시작하는 시기
아동기	• 초등학교 재학 시기로, 개인에 따라 조숙과 만숙의 차이가 존재 • 아동기 후반에 이르면 제2차 성징이 나타나며, 여자는 초조를 경험 • 아동 후기에 이르면 아동기의 발육·발달 현상은 종료
사춘기	• 남자 11~16세, 여자는 10세~15세의 시기 • 성호르몬의 분비가 왕성해지면서 제2차 성징이 발현 • 신체 발육·발달이 촉진되는 시기
청년기	• 사춘기 이후 20세에 이르는 시기 • 제2차 성징이 완성되어 남자는 남성 호르몬이, 여자는 여성호르몬의 활동이 분주해지며, 성 기능은 성인 수준에 도달 • 신체적, 정신적 측면에서 여러 문제가 대두

---

1) 기출 22-04 성장, 성숙, 발달, 발육의 의미 설명으로 잘못 연결된 것을 찾는 유형
   기출 18-08 성장과 성숙, 골 연령에 대해 각각 ( )로 비워놓고, 적합한 용어를 찾는 유형
2) 기출 22-03 기출 20-11 신체의 발육·발달의 원리 설명으로 옳은 것 또는 틀린 것을 찾는 유형

성년기	• 청년기 이후 60세에 이르는 시기 • 심신의 속성 변화가 거의 없고, 정상 상태 또는 정체 상태 유지 • 기능적·심리적·생리적으로 완성된 수준에 도달
노년기	• 60세 이후의 시기로, 행동의 기능 저하, 전신적 위축, 색소 침착, 혈관의 탄력 감퇴 등의 증상이 발현 • 성 기능이 급격히 감퇴하는 시기 • 여자는 노년기로 접어들기 이전에 폐경이 일어나고, 이를 갱년기라 하며, 보통 2, 3년간 계속

4) 기능 분류에 따른 나이 구분

구분	내용
생물학적 나이	신체 구조와 기능의 변화를 불러오는 나이(=신체적 나이)
심리적 나이	시간 경과에 따라 정신적 구조나 정신 기능의 변화에 따른 나이
사회적 나이	사회적 역할 변화에 따른 나이
자각 기준 나이	스스로 주관적 판단을 통해 지각하는 나이
골 나이	뼈 성숙도를 말하며, 건강을 나이와의 관계로 표현할 때 사용

[용어해설] 생물학적 나이 : 역(曆)연령이라고도 한다.
[용어해설] 골(骨) 나이 : 뼈 나이 즉 bone age를 말하며, 키·성 성숙도·초경 나이 등과 관련이 많다. 아동기의 성장과 성숙과 관련하여 이를 평가하는 방법으로도 활용된다.

나. 아동의 성장과 발달

1) 아동기 성장의 특성

㉠ 아동기는 성장 잠재력이 높다.
㉡ 아동기 성장은 성인 건강에도 큰 영향을 미친다.
㉢ 아동의 생리적 기능 회복은 어른에 비해 빠르다.

2) 아동기의 신체 발달

① 골격계 발달
㉠ 뼈의 수는 출생 시 270개로부터 14세 전후 350개로 증가하고, 그 후로 골화가 진행되면서 감소하여 성인이 되면 약 206개가 된다.
㉡ 골격 발달 과정에서 여자는 6세까지는 남아보다 약 1년가량 앞서고, 8세에서는 1.5년 정도 앞서고, 16세에 발달은 절정에 달한다.
㉢ 남자는 12~13세 이후부터 점차 여자의 발달을 뒤쫓아 17세 전후 여자와 같은 정도가 되며, 20세 전후로 발달이 멈춘다.

② 체중과 근육의 발달[1]
㉠ 3, 4세에 계속 증가하고 5, 6세에 근섬유의 굵기가 커지고, 근력이 강화되면서 신체 활동량도 증가한다.
㉡ 유아의 체중은 성인의 1/3 정도, 근력은 성인의 1/6에 불과하다. 이는 신경 기능의 불완전으로 인해 근력을 최대한으로 발휘할 수 없기 때문이다.
㉢ 근육이 성장하면 세포가 늘어나면서 골격 성장과 함께 근 길이도 증가한다.
㉣ 소아기에는 남아와 여아의 몸무게가 비슷하다.
㉤ 청소년기에는 성별 차이가 뚜렷하게 나타나는데, 남자의 경우 17세 전후에 근육의 무게가 체중의 54%, 여자는 평균 13세의 체중에서 근육 무게가 약 45% 정도에 이른다.

---

[1] 기출 21-04 아동기의 성장과 발달의 설명으로 바르게 된 것을 찾는 유형

③ 내분비계 발달
  ㉠ 성장과 관련이 있는 내분비샘은 뇌하수체, 갑상샘, 부신선, 성선 등이다.
  ㉡ 뇌하수체는 호르몬을 분비하며, 인체의 발육·발달과 관련이 깊은 성장 호르몬을 분비한다.
  ㉢ 성장 호르몬은 출생부터 성장기에 많은 양이 분비되며, 어른이 되면 분비량이 점차 줄어든다.
  ㉣ 호르몬의 작용은 신체 각 부위의 발달과 증식에 기여한다.
  ㉤ 세포는 단백질합성을 촉진하고, 세포 성분의 양을 증가시켜 세포의 비대와 분열 촉진작용을 한다.
  ㉥ 성선에서는 몇 가지 성호르몬을 분비하는데, 여성은 난소에서 에스트로겐과 프로게스테론을 분비하고, 남자는 고환에서 테스토스테론을 분비한다.
  ㉦ 에스트로겐은 여성의 유방이나 음모의 발달을 돕고, 프로게스테론은 자궁이 임신을 준비하는 역할을 담당한다.
  ㉧ 남성 고환에서 분비되는 테스토스테론은 단백 동화작용과 함께 제2차 성장 발달과 정자 생산을 증가시키는 작용을 한다.
  ㉨ 사춘기 이전까지는 남녀 모두 비슷한 양의 남성·여성호르몬을 분비하지만, 사춘기 이후가 되면 각각의 호르몬 양에서 차이를 보인다.
④ 두뇌 발달
  ㉠ 태어날 때의 두뇌 무게는 어른 두뇌 무게의 약 25%에 불과하지만 1년 동안 어른 두뇌의 60%, 5살 정도에 이르면 어른 두뇌의 90%까지 발달한다.
  ㉡ 두뇌의 신경 단위세포는 출생 시에 천억 개로서 어느 정도 그 수가 다 완성되지만 이후 지속적으로 크기와 신경교세포가 증가하여 뇌의 무게가 증가하게 된다.
  ㉢ 출생 후 1년간 각각의 신경세포는 자신 이외에 다른 신경세포와 10,000~100,000 이상의 연결 부위를 형성한다.
  ㉣ 세포의 현상은 생후 2년 정도나 그 이후까지 급속하게 이루어지고, 4~5세경에 이르면서 발달 속도가 완만해진다.
⑤ 호흡계의 발달[1] : 호흡계인 폐와 산소섭취량 등은 아동기는 물론 청년기까지 남녀 모두 지속적으로 증가한다.
⑥ 성인과 비교한 아동의 생리적 특성[2] : 호흡수가 많고, 분당 환기량과 심박출량은 적거나 낮고, 호흡교환율은 높은 편이다.

2. 운동 발달과 특징

가. 유아·아동기의 운동기능 발달

1) 갤러휴의 운동기능 발달단계[3]

  ❶ 반사 운동단계 → ❷ 초보 운동단계 → ❸ 기초 운동단계 → ❹ 전문 운동단계

  보충설명 갤러휴의 운동 발달 모형 : 유아체육론에서 중요히 다루는 이론이다. 운동 기능 발달단계가 4단계로 구성되어 있다는 것을 기억하면 된다.

  인명 갤러휴(Frank Gallahue) : 미국 유아 체육 분야의 권위자로, 인디애나대학교에서 체육학 박사 학위를 취득하였고, 인디애나대학교, 퍼듀대학교 등에서 교수로 활동하였다.

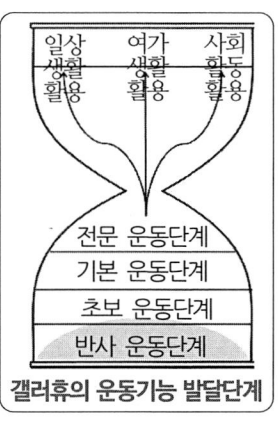

갤러휴의 운동기능 발달단계

---

1) 기출 24-16 아동기 성장과 발달의 특징을 바르게 설명한 것을 찾는 유형으로, '최대산소섭취량은 아동기와 청년기에 걸쳐 남녀 모두 증가한다.'가 정답이다.
2) 기출 21-06 기출 20-05 기출 16-02 성인과 비교한 아동의 생리학적 특성에 대한 설명으로 틀린 것을 찾거나, 바르게 설명된 것을 찾는 유형

2) 단계별 기능

① 반사 운동단계 : 갓난아이 시기에 나타난다.
② 초보 운동단계 : 유아 초기에 나타난다.
③ 기초 운동단계
　㉠ 2~7세 정도의 시기로, 기본적 안정성, 이동 운동, 조작 운동을 배우는 시기
　㉡ 이 시기의 운동기능이 초등학교부터 성인기까지 연속성을 갖는다.
④ 전문 운동단계
　㉠ 7세 정도에 나타나기 시작한다.
　㉡ 볼을 다루기 시작하며, 스포츠 스타에 대한 인식과 스포츠 스타를 좋아하기 시작한다.
　㉢ 다양한 스포츠 활동을 즐기면서 새로운 기능을 배우게 된다.

3) 피아제의 인지발달 이론

① 인지발달 이론의 개념
　㉠ 스위스 심리학자 피아제(Jean Piaget, 1896~1980)가 주장한 이론이다.
　㉡ 인지하고, 지식을 동원하여 문제를 해결하고, 현상을 이해하는 과정을 설명한다.
　㉢ 인지발달은 동화, 조절, 평형화의 요소로 구성된다고 하였다.

> **보충설명** 피아제의 인지발달 이론 : 유아 체육에서는 중요하게 다루는 이론이지만 건강교육론에서는 감각운동기→전조작기→구체적 조작기→형식적 조작기로 진전되는 사항을 암기하고, 단계별 나이를 기억하면 된다.
>
> **인명** 피아제((Jean Piaget) : 스위스의 심리학자로, 인지발달과 관련한 세계적 권위자이다.

② 피아제의 인지발달 이론 단계[1]

나이	단계	특징	비고
출생~2세	감각운동기	• 환경을 탐색하고 환경을 이해하기 위해 영아기에는 감각운동능력을 사용하기 시작한다. • 출생 시 영아들은 세상에 적응하기 위한 선천적 반사만 갖고 있다.	
2~7세	전조작기	• 지각운동 시기로, 사물과 사건의 관계를 인식하는 사고 능력이 발달하기 시작하지만 자기중심적이다. • 게임을 할 때 일반적 규칙이나 전략을 사용할 수 있지만 완전하지는 못하다.	
7~11세	구체적 조작기	• 성격이 형성되는 시기로, 공상과 현실을 구분할 수 있다. • 인지 조작(논리적 사고의 구성요소인 정신적 활동)을 사용한다. • 문제해결 능력이 향상되며, 연속성, 가역성, 도덕성, 조직 등에 대한 사고를 습득한다.	
11세 이상	형식적 조작기	• 청소년기의 인지 조작은 그들이 조작에 대한 조작을 허용하는 방식으로 재조직화된다. • 사고는 체계적이고 추상적이다. • 일부의 경우 형식적 조작기를 거치지 않기도 한다.	

> **보충설명** 조작의 의미 : 물체를 만지거나, 다루는 행동

---

3) 기출 22-05 갤러휴의 운동기능 발달단계가 순서대로 연결된 것을 찾는 유형
1) 기출 24-13 피아제의 인지발달 이론 중 구체적 조작기의 내용을 보기로 들고, 어느 단계인지 묻는 유형
　 기출 21-03 피아제의 인지발달 이론 중 전조작기의 내용을 보기로 들고, 어느 단계인지 묻는 유형

나. 생애주기별 운동 특성

1) 유아기의 운동 특성[1]
   ㉠ 연속성을 갖는다.
   ㉡ 개인에 따라 차이가 크다.
   ㉢ 대체로 순서에 따라 진행되며, 일정한 규칙에 따른다.
   ㉣ 인지적 영역의 발달과 관련이 있다.

2) 아동기의 운동 특성
① 아동기의 운동 특성[2]
   ㉠ 신체적으로 평형성, 속도성, 정확성이 미흡하며, 근 기능의 유지와 발달이 중요한 시기이다.
   ㉡ 운동 발달에 있어 속도, 정확성, 안전성, 호응성, 역량 등이 발달할 수 있어 새로운 형태의 운동 학습이 가능하다.
   ㉢ 아동기의 운동 목적은 지속적 활동을 통한 모든 신체의 기능적 향상(신경, 근육, 호흡, 순환 기능 등)을 도모하고 발달 과정에 적합한 운동능력을 향상하는 것이다.
② 아동기의 운동 형태
   ㉠ 아동기 운동 형태는 다양한 동작을 습득할 수 있는 던지기, 받기, 차기 등의 신체활동과 달리기, 걷기, 자전거를 타기, 계단 오르내리기 등 전신 이용 유산소 운동이 적합하다.
   ㉡ 고강도 유산소 운동을 적어도 주당 3회 이상 실시하고, 점진적으로 증가한다.
   ㉢ 운동시간은 집중할 수 있는 시간에 여러 번 반복 시행하는 것이 좋다.
   ㉣ 구기 종목 등 단체 운동은 정해진 규칙에 따라 진행해야 하며, 주 1~2회 정도 실시하다가 점차 늘리도록 해야 한다.
③ 아동기의 운동 프로그램 구성 고려 사항[3] : 신체 조성, 안정성 운동, 조작 운동, 이동 운동
④ 아동기의 운동 지도 고려 사항[4]
   ㉠ 장시간 운동은 집중력과 학습 효과가 저하된다.
   ㉡ 체력 향상보다는 즐기는 운동 위주로 진행하는 것이 효과적이다.
   ㉢ 과도한 운동은 골 손상 유발과 성장판의 조기 종결을 일으킬 수 있다.
   ㉣ 적절한 온도 및 습도가 유지되는 환경에서 실시해야 한다.
   ㉤ 근·골격 강화 운동이 필요하며, 운동량은 점진적으로 늘려야 한다.
   ㉥ 고강도의 유산소 운동을 적어도 주당 3회 이상 실시한다.
   ㉦ 적당한 힘, 유연성, 지구력 향상을 위해 전반적인 건강과 체력에 집중한다.
⑤ 비만 아동의 운동 지도 고려 사항[5]
   ㉠ 저·중강도 위주의 유산소성 운동을 규칙적으로 실시한다.
   ㉡ 제지방량 증가를 위한 적절한 저항운동을 포함한다.

---

1) 기출 16-20 유아기의 운동 관련 특성 설명으로 틀린 것을 찾는 유형으로, 유아기 운동 관련 특성은 '인지적 영역의 발달과는 관련 없다.'라는 것이 오답 찾기의 정답이다.
2) 기출 24-19 아동 운동 프로그램 구성 시 고려 사항이 아닌 것을 찾는 유형으로, '기분 상태'가 오답 찾기의 정답이다.
3) 기출 21-05 아동기 운동 특성으로 잘못된 것을 찾는 유형으로, '아동기 특정 종목의 운동을 집중하는 것'은 오답 찾기의 정답이다.
4) 기출 20-03 기출 18-03 아동기의 운동 고려 사항으로 틀린 것을 찾는 유형으로, '골 강화 운동은 피해야 한다.'가 오답 찾기의 정답이다.
   기출 19-09 아동 운동 프로그램 고려 사항을 바르게 설명한 것을 찾는 유형
5) 기출 17-04 비만 아동의 운동에 대한 설명으로 틀린 것을 찾는 유형

ⓒ 무릎 통증이 있으면 달리기, 줄넘기 등 체중 부하 운동을 피해야 한다.
　　　ⓔ 부상 방지를 위해 준비운동 및 보조운동을 반드시 시행한다.
　　　ⓜ 신체활동 빈도 및 시간을 점진적으로 증가시켜야 한다.
　⑥ 유아·아동기의 운동과 건강관리 유의사항[1]
　　　㉠ 특정 운동 종목에 치우치지 않아야 한다.
　　　㉡ 적합하지 않거나, 과도한 운동을 강요하지 않아야 한다.
　　　㉢ 과격한 운동을 하면 신장·체중 등의 발육이 오히려 늦어질 수 있다.
　　　㉣ 칼로리를 과다 섭취하지 않도록 해야 한다.
　　　㉤ 아동기 성장 발달은 성인 건강에 중요한 역할을 한다.

3) 청소년기의 운동 특성[2]
　　　㉠ 2차 성징(=성적 징후)이 나타나면서 외모가 남녀 간 뚜렷하게 구별할 수 있다.
　　　㉡ 개인차가 존재한다.
　　　㉢ 남자의 경우 신장 변화 속도가 최고인 시기이다.
　　　㉣ 여성의 경우 생리가 시작되며, 성징이 나타난다.
　　　㉤ 인지적 영역의 발달과 함께 진행된다.

4) 갱년기의 운동 특성
① 갱년기의 개념
　　　㉠ 50세 전후의 시기로, 심리적·신체적 변화를 겪고, 사회나 가정생활에서 소외감을 느끼는 경우가 많다.
　　　㉡ 여성은 폐경 이후 1년 정도까지를 말한다.
② 갱년기 운동 관련 특성
　　　㉠ 인체 호르몬 감소로 심리적·신체적 변화가 나타난다.
　　　㉡ 남성은 정자 감소와 정력 감퇴 등의 현상이 나타난다.
　　　㉢ 여성은 생리 불규칙 또는 폐경이 진행되고, 이는 여성호르몬 결핍증상으로 안면 홍조, 빠른 맥박, 발한 등이 나타난다.
　　　㉣ 갱년기 증상을 완화하기 위해서는 지속적 운동이 필요하다.
③ 갱년기 여성의 특성[3]
　　　㉠ 여성은 갱년기에 난소의 노화로 인해 폐경이 진행된다.
　　　㉡ 폐경으로 인해 우울증, 안면 홍조 등의 증상이 나타난다.
　　　㉢ 에스트로겐 수치가 떨어지고, 골 질량이 감소하는 현상이 발생한다.

5) 노인기 운동과 건강 관련 특성
① 노인기 운동 특성[4]
　　　㉠ 체력의 저하로, 신체활동의 감소와 신체의 퇴행적 현상이 진행된다.

---

1) 기출 16-03 아동기의 건강관리 유의사항을 옳게 설명한 것을 찾는 유형
　 기출 15-06 아동기의 운동 및 건강관리 유의사항으로 틀린 것을 찾는 유형으로, '칼로리의 과다 섭취는 무방하다.'라는 것이 오답 찾기의 정답이다.
2) 기출 17-03 청소년기의 발달 특성에 대한 설명으로 틀린 것을 찾는 유형으로, '급격한 신경 발달이 시작되는 시기'가 오답 찾기의 정답이다. 급격한 신경 발달은 아동기의 운동 관련 특성에 해당한다.
3) 기출 15-20 갱년기 여성의 특성으로 잘못된 것을 찾는 유형으로, '폐경기에는 테스토스테론 수치가 떨어지면서 골 질량이 감소한다.'라는 것은 에스트로겐 수치가 감소하는 것이므로 오답 찾기의 정답이다.
4) 기출 17-02 노인기의 특성을 보기로 들고, 생애주기 어디에 해당하는지 묻는 유형

ⓒ 중추·말초신경계가 퇴화하며, 신경전달 속도 감소로 운동기능이 저하된다.
　　　ⓒ 근육세포가 약화하여 근육량 및 근력이 감소한다.
　　　ⓔ 골 질량 감소가 나타난다.
　② 노인기 건강 관련 특성[1]
　　　㉠ 근력이 감소한다.
　　　ⓒ 골 질량이 감소한다.
　　　ⓒ 체력이 저하하여 신체활동의 감소와 퇴행 현상을 유발할 수 있다.
　③ 노인기 운동 효과
　　　㉠ 면역기능이 향상된다.
　　　ⓒ 근감소증 발병이 감소한다.
　　　ⓒ 암 발생 위험이 감소한다.
　　　ⓔ 골다공증 발생 위험이 감소한다.

다. 여성의 운동 특성

1) 여성의 운동 특성[2]
　　㉠ 아동기에는 여·남아 사이에 뼈 크기, 질량, 구조적 차이가 거의 없다.
　　ⓒ 청소년기 소녀들은 소년들보다 2년 정도 빨리 뼈의 골화 현상이 나타난다.
　　ⓒ 여성은 근육세포와 근육량 및 근력이 남성에 비해 약하다.
　　ⓔ 여성은 남성보다 최대심박수와 백혈구 수가 적고, 호흡 순환 기능이 약하다.
　　ⓜ 여성호르몬이 여성을 남성보다 빠르게 성장판을 닫으므로, 신장이 남성에 비해 작다.

2) 여성의 운동 관련 3 징후
① 여성의 운동 관련 3 징후(female athlete triad)의 의미
　　㉠ 체지방 감소로 인해 식이장애를 초래할 수 있으며,
　　ⓒ 이는 식욕부진 또는 대식증을 유발하고, 이에 따라 무월경이 발생하며,
　　ⓒ 무월경 여성은 골밀도 감소와 골다공증 발생률이 월등히 높으며, 이에 따라 척추전만증과 요통, 스트레스 골절 등을 유발할 수 있다.
　　　보충설명 여성의 운동 관련 3 징후 : 섭식장애, 무월경, 골밀도 감소와 골다공증
② 여성의 운동 관련 3 징후 대상 종목 : 체조, 발레, 다이빙, 피겨스케이팅 등 체형이 중요한 요소로 작용하는 종목과 체급별 경기 종목에 참여하는 여성에게 많이 나타난다.
③ 여성 선수 3 징후의 치료
　　㉠ 운동량 조절 : 일반 체중의 80% 이하의 선수는 운동시간을 10~12% 정도 축소하는 것이 필요하다.
　　ⓒ 영양 섭취 : 섭식장애의 경우 영양소 섭취를 늘리며 특히 칼슘과 단백질을 충분히 섭취해야 한다.

---

1) 기출 15-14 노인기의 건강 관련 특성이 아닌 것을 찾는 유형으로, 위 사항이 해당하지 않는 것이 오답 찾기의 정답이다.
2) 기출 15-16 여성의 운동능력에 관한 설명으로 틀린 것을 찾는 유형으로, '호흡 순환기를, 최대심박수, 백혈구 수는 성 차이가 거의 없다.'라는 것이 오답 찾기의 정답이다.

제3장 만성 질환과 운동

1. 심혈관계 질환과 운동

가. 심혈관계 질환의 이해

1) 심혈관계의 개념
① 심혈관계의 정의 : 심장, 혈관과 관련된 신체 기관을 일컬으며, 호흡계를 포함해 순환기계라고도 한다.
② 심혈관계의 구성 : 심장, 혈액, 혈관, 림프계 등을 포함한다.
③ 심혈관계의 역할 : 혈액을 신체 각 부분에 순환시키는 역할을 한다.

2) 심혈관계 질환의 개념
① 심혈관계의 질환의 종류 : 심장과 주요 동맥에 발생하는 질환으로, 고혈압, 허혈성 심장질환, 관상동맥질환, 협심증, 심근경색증, 동맥경화증, 뇌혈관질환, 뇌졸중, 부정맥 등이다.
② 심혈관계 질환의 특성
  ㉠ 노화에 따라 심장근육 증가 → 근 긴장도·탄력성 감소 → 최대심박출량·심장박동 수 감소 등이 일어난다.
  ㉡ 말초혈관에서 정맥으로 혈액의 귀환량이 감소한다.
  ㉢ 위치 변화에 대한 적응력이 느려 직립성 저혈압이 발생하기도 한다.
  ㉣ 심장 펌프작용 감소, 정맥의 경화 → 하지 부종, 정맥류, 직장 정맥의 약화
  ㉤ 심혈관계 질환은 국가사망률로 따져 매년 3위 안에 들어가는 질병이다.
③ 심혈관계 질환의 위험인자
  ㉠ 남자의 경우 45세 이상, 여자는 55세 이상
  ㉡ 흡연(현재 흡연 중 또는 흡연 경험)
  ㉢ 고혈압(혈압이 140/90 이상이거나 혈압약을 복용하고 있는 사람)
  ㉣ HDL(고밀도지단백)-콜레스테롤이 35mg/dL 미만으로 낮은 경우
  ㉤ 직계가족 중에 남자의 경우 55세 미만(여자는 65세 미만)에 관상동맥질환을 앓은 경우
  ㉥ 당뇨
  ㉦ 말초혈관 질환 또는 무증상 관상동맥질환의 유병자
  ㉧ 서구화된 생활 습관
  ㉨ 중심성 비만

3) 심혈관계 질환자의 운동
① 심혈관계 질환자의 운동 유의사항[1]
  ㉠ 운동자각도(RPE)에 의한 심박수를 이용하여 운동강도를 조절한다.
  ㉡ 몸 상태가 좋지 않을 때는 운동 강도와 양을 줄이거나 중단한다.
  ㉢ 고온·다습·저온 환경에서는 될 수 있으면 운동을 피한다.
  ㉣ 목표 심박수를 확인하고 운동강도를 적절히 조절한다.
  ㉤ 허혈 역치가 나타나는 환자에게는 허혈 역치보다 낮은 수준의 심박수와 운동량을 적용해야 한다.
  [용어해설] **운동자각도**(RPE, rating of perceived exertion) : 자신의 체력과 컨디션에 맞는 적절한 운동강도를 정해 목표 심박수를 계산하고, 이를 운동에 적용하는 방법이다. 자세한 내용은 '제2과목 체육측정평가론〉 제5장 체력 측정'에서 확인할 수 있다.
② 규칙적 운동과 심혈관계의 영향[2] : 지속적 운동은 심혈관계의 수축기 혈압을 감소시킨다.

---
[1] 기출 21-07 기출 17-06 심혈관계 질환자의 운동 유의사항 설명으로 틀린 것을 찾는 유형

보충설명 **운동과 심박출량**

1) 심박출량 : 심장의 수축 운동 때문에 1분 동안 박출되는 혈액량으로, 심박수와 1회 박출량으로 산정할 수 있다.
2) 심장의 구성과 역할
   ① 심장은 좌우 2개로, 크게 혈액을 받아들이는 심방과 혈액을 폐와 온몸으로 보내는 심실로 구성되어 있다.
   ② 좌심실은 온몸으로 혈액을 보내고, 우심실은 폐로 혈액을 보낸다.
   ③ 심장의 수축(내보냄)과 이완(받아들임) 작용으로 혈액을 순환한다.
3) 운동과 심박출량[1]
   ① 장시간 유산소 운동은 인체의 심박출량을 증가한다.
   ② 심박출량에 영향을 미치는 요인은 좌심실의 수축력이 향상되거나, 좌심실의 이완기 말 용적이 증가하거나, 말초혈관의 저항이 감소하기 때문이다.

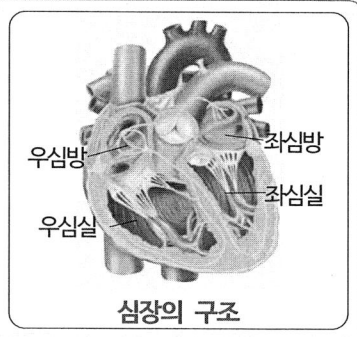
심장의 구조

나. 고혈압

1) 혈압의 이해

① 혈압의 개념 : 혈액이 혈관 속을 흐르고 있을 때 혈관 벽에 미치는 압력
② 심장박동 : 심장의 수축과 이완의 박동으로 혈액이 몸을 순환하고 있다.
③ 고혈압 진단[2]

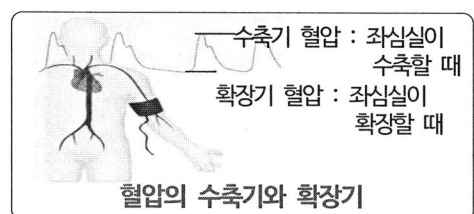
혈압의 수축기와 확장기

(단위 : mmHg)

		수축기	구분	확장기
정상 혈압		<120	그리고	<80
주의 혈압		120~129	그리고	<80
고혈압 전 단계		130~139	또는	80~89
고혈압	1기	140~159	또는	90~99
	2기	≥160	또는	≥100
수축기 단독 고혈압		≥140	그리고	<90

※ 자료출처 : 대한고혈압학회, 2022

용어해설 **mmHg** : 혈압 단위이다. '밀리미터 에이치지'라고 읽는다. 1mm는 1m의 1/1,000이고, Hg(hydrargyrum)는 수은을 말한다.
보충설명 **혈압의 해석** : 120mmHg라 함은 120mm 높이의 수은기둥이 혈관을 누르는 압력을 의미한다.
용어해설 **수축기 혈압** : SBP(systolic blood pressure)
용어해설 **확장기 혈압** : DBP(diastolic blood pressure)
보충설명 **평균 혈압** : MBP(mean blood pressure), 계산 공식 = (SBP+2DBP)/3

2) 고혈압의 개요

① 고혈압 진단
   ㉠ 혈액이 혈관 벽에 가하는 힘을 혈압이라고 한다.
   ㉡ 여러 번 측정한 혈압의 평균치를 기준으로, 수축기 혈압 140~159mmHg 이상이거나, 확장기 혈압 90~99mmHg이면 고혈압 1기이고, 그 이상이면 고혈압 2기이다. 정상치는 80~120mmHg이다.
② 고혈압 발병 원인
   ㉠ 본태성(=1차성) 고혈압 : 원인 불명이며, 발병자의 90~95%를 차지한다.
   ㉡ 이차성 고혈압 : 심장병, 신장 질환, 내분비 질환, 임신중독증 등의 합병증으로 발생하며, 발병자의 5~10% 차지하고 있다.
③ 고혈압 환자의 혈압을 감소시키는 요인 : 안정 시 심박수 감소, 말초 저항 감소, 혈관 탄력성 증가 등이 고혈압 환자의 혈압을 감소시키는 요인으로 작용한다.

---

2) 기출 19-18 규칙적 운동이 심혈관계에 미치는 영향을 바르게 설명한 것을 찾는 유형
1) 기출 18-09 장시간 운동 후 심박출량 증가 관련 현상 설명으로 틀린 것을 찾는 유형으로, '좌심실 수축기 말(ESV) 용적 증가'가 오답 찾기의 정답이다.
2) 기출 24-14 혈압이 165/105mmHg인 성인의 고혈압 단계를 찾는 유형으로, 정답은 고혈압 2기이다.

3) 고혈압 질환자의 치료와 예방

① 생활 습관 개선
  ㉠ 혈압의 규칙적 측정 및 변화 관찰, 혈압약의 복용, 식습관 개선, 저염식이(소금양을 적게 하여 만든 치료용 음식), 저지방식이(지방질 양을 적게 하여 만든 치료용 음식), 긴장과 스트레스 회피, 규칙적 유산소 운동, 체중 조절, 금연, 절주 등이 필요
  ㉡ 칼륨 섭취량을 늘리고, 나트륨 섭취량을 줄여야 한다.
  [용어해설] **칼륨**(potassium, K) : 나트륨과 같이 체액의 주요 전해질로, 체내의 수분량과 산·알칼리의 균형을 조절한다. 칼륨은 거의 모든 식품에 들어있으나 채소류와 과일류에 다량 함유되어 있다.

② 약물치료 : 안지오텐신 전환효소 저해제, 안지오텐신 Ⅱ 수용체 차단제, 베타(β) 차단제, 칼슘 채널 차단제, 이뇨제 등의 복용
  [용어해설] **안지오텐신**(angiotensin) : 혈액에 존재하는 폴리펩티드로, 동맥혈관 평활근에 작용하여 혈관수축과 혈압 상승 작용을 함과 동시에 부신피질에 작용하여 알도스테론을 분비하는 작용을 한다.
  [용어해설] **β(베타) 차단제** : 고혈압, 협심증, 부정맥 등에 심장박동과 혈압을 저하하기 위해 사용하는 약물이다. 복용하면 운동 후 회복기에 기립성저혈압이 발현할 수 있다.

③ 고혈압 질환자의 올바른 생활 습관1)

❶ 정상 체중 유지   ❷ 식이요법   ❸ 염분 섭취 줄이기   ❹ 절주와 금연

④ 고혈압 질환자의 치료 방법 : 혈압약 복용, 식습관 개선, 저염식이, 저지방식이, 유산소 운동, 체중 조절, 금연 절주, 칼륨 섭취, 나트륨 섭취 지양

4) 고혈압 질환자의 운동 프로그램

① 고혈압 질환자의 운동 방법2)
  ㉠ 몸 전체의 관절과 근육들을 상당 시간 반복 움직(걷기, 조깅, 자전거 타기, 수영, 체조, 줄넘기, 테니스, 배구, 에어로빅 등)이는 유산소 운동이 적합하다.
  ㉡ 무거운 것을 들어 올리는 것과 같은 등척성 운동(무산소 운동)은 일시적으로 혈압을 상승시킬 수 있으므로 주의가 필요하다.
  ㉢ 아령, 역기 등의 근력운동으로는 혈압을 낮추기 어려우므로 유산소 운동과 병행해야 한다.
  ㉣ 주 2~3회, 1회 10~15회 반복하고, 무거운 무게보다는 가벼운 것으로 여러 번 반복하는 것이 좋다.
  ㉤ 운동 중 어지럼증이나 운동실조 증상이 나타나면 운동을 중단한다.
  [용어해설] **운동실조** : 감각신경과 운동신경과의 협응이 불완전한 상태

② 고혈압 질환자의 운동 강도
  ㉠ 운동 시 심박수가 빨라지므로, 목표 심박수는 최대심박수의 50~60% 정도가 적합
  ㉡ 최대심박수는 "220-나이" 식으로 간단하게 계산할 수 있다.
  ㉢ 운동 횟수 : 일주일에 3~5회 정도 규칙적으로 실시하는 것이 좋다.

---

1) [기출 20-04] [기출 18-04] [기출 16-17] 고혈압 질환자의 예방 및 치료 방법으로 틀린 것을 찾는 유형으로, '중·저강도의 지속적 유산소 운동보다 고강도의 저항성 운동을 권장한다.'가 오답 찾기의 정답이다.
2) [기출 23-07] 고혈압 질환자의 운동에 관한 설명이 바르게 된 것을 찾는 유형으로, '운동 중 어지럼증이나 운동실조 증상이 나타나면 운동을 중단한다.'가 옳은 답이다.

③ 고혈압 질환자의 운동시간[1]
   ㉠ 처음 운동을 시작할 때는 10~20분 정도로 시작하며, 서서히 연장하여 30~50분 정도 운동을 지속해야 한다.
   ㉡ 운동 전후 5분 정도 준비운동과 마무리 운동을 필요하고, 운동은 지속적으로 해야 한다.
   ㉢ 유산소 운동으로 최소한 하루 150kcal를 소모해야 하며, 낮은 강도의 운동을 하는 경우 운동시간을 추가하는 것이 좋다.

나. 심부전

① 심부전(CHF, congestive heart failure)의 개요[2]
   ㉠ 심장의 펌프 기능이 떨어지면 심장에 들어오는 혈액을 내보낼 수 없으므로 심장이 커지고, 혈액 순환이 원활하지 못해 체액이 연약한 폐 조직으로 스며들어 폐부종이 발생한다.
   ㉡ 심부전은 움직일 때 숨찬 증상이 먼저 나타난다.
② 심부전의 발병 원인 : 관상동맥질환, 고혈압, 심방세동, 심장 판막 질환, 심장근육질환 등이다.
   [용어해설] 심방세동 : 심방이 수축하지 못하고 떨고만 있는 상태
③ 심부전의 증상 : 호흡곤란, 발목 부종, 야뇨, 만성피로, 불면증, 소화 불량과 복수가 찬다.
④ 심부전의 원인 질환 : 관상동맥질환, 고혈압, 심방세동, 심장 판막 질환, 심장근육질환과 기타 갑상선 질환, 빈혈, 콩팥 질환 등이다.
⑤ 심부전 질환자의 치료 및 예방
   ㉠ 저염식, 금연, 금주, 규칙적 유산소 운동, 고혈압, 당뇨, 및 고지혈증의 치료는 모든 심부전 환자에게 시행되어야 하는 기본적 치료이다.
   ㉡ 활동이 가능한 안정된 심부전 환자는 적당한 휴식과 함께 1주일에 3~4회 정도 운동하고, 운동은 걷기, 조깅, 자전거 타기 등을 권장한다.
   ㉢ 과도한 음주, 과도한 스트레스, 지속적인 빠른 맥박수는 이 자체가 심부전을 초래할 수 있으므로 평소 이를 피하는 생활 습관을 갖도록 해야 한다.
⑥ 심부전 질환자의 운동 프로그램[3]
   ㉠ 걷기, 조깅, 자전거 타기, 수영, 체조, 줄넘기, 테니스, 배구, 에어로빅 등의 유산소 운동이 필요하다.
   ㉡ 운동 시작 전 10~15분 정도의 준비운동이 필요하고, 하루 20~30분, 1주일에 3~4회 운동이 적합하다.
   ㉢ 운동자각도 11~14 정도가 적합하며, 격렬한 운동은 피해야 한다.
   ㉣ 운동 중 가슴이 조여드는 느낌의 흉통, 어지러움, 호흡곤란 등이 나타나면 운동을 중지하고, 의사의 상담이 필요하다.
⑦ 심부전 질환자의 운동 유의사항

❶ 운동은 1일 20~30분 1주일에 3~4회

❷ 운동 시작 전 10~15분 준비운동

❸ 걷기, 조깅, 자전거 등 유산소 운동

❹ 격렬한 운동은 피해야

---

1) [기출 19-10] 고혈압 질환자의 운동과 식이요법으로, 보기 중 바르게 설명된 것이 묶인 것을 찾는 유형
2) [기출 23-09] 심부전과 류마토이드 관절염 증상을 보기로 제시하면서 일부 ( )로 비워놓고, 적합한 용어를 찾는 유형
3) [기출 22-06] 심부전 질환자의 운동 지침으로 바르게 설명된 것을 찾는 유형

다. 관상동맥질환

1) **관상동맥질환의 개요** : 심장근육에 산소와 영양분을 공급하는 혈관인 관상동맥(심장 동맥)에 이상이 생겨 발생하는 질환을 포괄적으로 관상동맥질환이라고 한다.

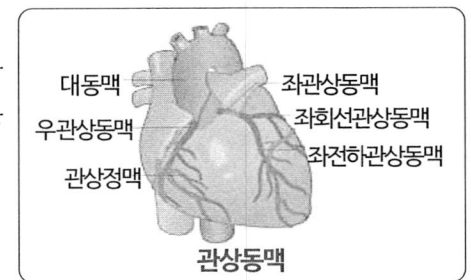

2) **관상동맥질환의 구분**
① 협심증
  ㉠ 동맥경화에 의해 관상동맥의 내부 지름이 좁아져 심장근육에 필요한 만큼의 혈액이 공급되지 않는 질환이다.
  ㉡ 운동할 때처럼 심장이 많은 영양분과 산소가 필요할 때 좁아진 혈관으로 충분한 혈액이 심장근육에 공급되지 못해서 심장 기능 이상이 발생한다.
  ㉢ 가슴이 저미는 등의 가슴 통증이 발생하며 심장 기능이 저하될 수 있다.
② 심근경색[1]
  ㉠ 심장에 산소와 영양을 공급하는 혈액을 공급하는 관상동맥(심장 동맥)이 막혀 심근이 괴사하는 질환이다.
  ㉡ 동맥경화에 의해 좁아진 심장 동맥벽에 눌어붙어 쌓여 있던 기름 찌꺼기가 터지면서 혈액과 만나 혈전(피떡)을 형성하고, 혈전은 혈액의 흐름을 완전히 막아 심장근육이 썩으면서 가슴 통증이 발생한다.

3) **관상동맥질환의 위험인자**
① 관상동맥질환의 위험인자[2]
  ㉠ 흡연
  ㉡ 고혈압
  ㉢ 고지혈증 : 혈중 콜레스테롤 수치가 높은 상태
  ㉣ 당뇨병 : 혈당 조절이 원활하지 않은 상태
  ㉤ 비만 : 과다한 체중이나 비정상적인 체지방 함량
  ㉥ 신체활동 부족 : 움직임이 적거나 운동을 거의 하지 않는 상태
  ㉦ 유전적인 요인 : 가족 중 관상동맥질환을 앓은 사람이 있는 경우
  ㉧ 스트레스 : 지속적인 정신적 혹은 감정적인 스트레스 상태
  ㉨ 나이 : 나이가 들수록 관상동맥질환 발병 위험이 증가
  ㉩ 성별 : 남성들이 여성들보다 더 높은 관상동맥질환 위험이 따른다.
② 콜레스테롤 지수 : HDL-C 수치가 40㎎/㎗ 이하일 경우
  [용어해설] HDL-C : 고밀도지단백콜레스테롤(HDL-C, 흔히 말하는 좋은 콜레스테롤)을 말하며, 저밀도지단백 콜레스테롤(LDL-C, 흔히 말하는 나쁜 콜레스테롤) 등에 대한 설명은 다음에 나오는 보충설명 콜레스테롤에서 설명된다.
③ 기타 : 엉덩이-허리둘레 비율 증가는 관상동맥질환의 발병 위험을 증가시킨다.

---

1) [기출 17-07] 심근경색 질환자의 특징을 보기로 들고, 무엇이냐고 묻는 유형
  [기출 15-10] 심근경색 증상을 설명하고 질환명을 묻는 유형
2) [기출 23-08] [기출 15-02] 관상동맥질환의 위험인자를 찾는 유형
  [기출 16-15] 관상동맥질환의 위험인자가 아닌 것을 찾는 유형으로, '규칙적 운동'이 오답 찾기의 정답이다.
  [기출 20-13] 관상동맥질환의 위험 요인을 보기에서 모두 고른 것을 찾는 유형

4) 관상동맥 질환자의 치료와 예방
① 관상동맥질환의 치료 : 금연, 고혈압 관리, 당뇨병 조절, 저염식이, 저지방식이, 규칙적 운동이 필요
② 관상동맥질환의 예방과 관리[1)]
  ㉠ 안전하고 효과적인 운동을 습관화하도록 권장한다.
  ㉡ 규칙적인 운동과 정기적인 혈압 측정이 필요하다.
  ㉢ 사전 평가 결과를 토대로 운동 프로그램을 계획한다.
③ 관상동맥 질환자의 운동 프로그램[2)]
  ㉠ 걷기, 체조 등 가벼운 운동 위주로 시작해야 하며, 운동 강도는 본인이 체력을 고려하여 천천히 수준을 올리고(점증적 증가), 하루 20~30분, 1주에 3~4회 정도의 간격이 적당하다.
  ㉡ 운동 전후 준비운동과 정리운동을 적절히 시행해야 한다.
  ㉢ 하중을 들어 올리는 근력운동은 혈압 상승과 순간적 심장의 부담을 증가시킬 수 있어, 주의가 필요하다.
④ 관상동맥 질환자의 운동 효과[3)] : 체중과 혈압, 저밀도 지단백질 콜레스테롤(LDL-C)이 감소하며, 부교감 신경 활성도 증가와 심근 산소요구량이 감소한다.

라. 동맥경화증
① 동맥경화증의 진단
  ㉠ 혈관에 기름이 끼고, 벽이 딱딱해지는 질환으로, 혈관에 콜레스테롤이 침착하고, 세포 증식이 일어나서 죽처럼 물컹한 죽종이 형성된다.
  ㉡ 혈관은 거칠어지고 벽은 두꺼워지면서 혈액이 흐르는 내부 지름이 좁아져 혈액순환에 장애가 생긴다.
  ㉢ 심장에 피 공급 혈관, 뇌에 피를 공급하는 혈관, 콩팥에 피를 공급하는 혈관 및 말초혈관에 발생하여 허혈성 심장질환, 뇌졸중, 신부전, 사지 허혈성 동맥 질환을 일으킨다.
  ㉣ 동맥경화증을 죽상경화증이라고도 한다.
② 동맥경화증의 발병 원인 : 콜레스테롤과 지방 섭취 과다, 가족적 소인, 스트레스, 비만, 흡연, 과음, 폐경, 운동 부족, 고지혈증, 당뇨병, 고혈압 등
③ 동맥경화증의 치료 및 예방 방법[4)] : 금연, 고혈압 관리, 당뇨병 조절, 저염식이, 저지방식이, 규칙적 운동 등

마. 뇌혈관질환
① 뇌혈관질환(뇌졸중, stroke, cerebral infarction)의 개념 : 뇌혈관 장애 질환의 총칭이며, 갑자기 뇌혈관에 순환 장애가 일어나 의식이 없어지고, 신체가 마비되는 뇌혈관질환으로, 뇌졸중은 치사율이 매우 높다.
② 뇌혈관질환의 구분
  ㉠ 허혈성 뇌졸중(뇌경색) : 뇌에 혈액을 공급하는 뇌혈관이 동맥경화나 혈전으로 막혀 혈류의 장애가 생기는 질병
  ㉡ 출혈성 뇌졸중(뇌출혈) : 뇌혈관에 출혈이 생기고 그 출혈로 인한 혈액 공급이 차단되는 질병

---

1) 기출 17-20 관상동맥질환의 예방과 관리로 적합하지 않은 것을 찾는 유형으로, '시작 단계에서 고강도 운동을 할 수 있다.'가 오답 찾기의 정답이다. 시작 단계에서 고강도 운동을 하지 않고, 강도를 점증적으로 늘려나가는 것이 옳은 방법이다.
2) 기출 19-06 관상동맥 질환자의 운동 유의사항으로 틀린 것을 찾는 유형으로, 운동강도는 점증적이어야 한다.
3) 기출 22-07 관상동맥 질환자의 운동 효과로 틀린 것을 찾는 유형
4) 기출 16-12 동맥경화증의 예방 및 치료 방법으로 틀린 것을 찾는 유형

③ 뇌혈관질환의 발병 원인 : 고혈압의 방치, 심장질환(고혈압·당뇨·심장질환·동맥경화증) 환자, 가족 중 뇌졸중 환자가 있는 경우, 당뇨병 환자, 뇌동맥류와 뇌동정맥 기형의 파열
  [용어해설] **뇌동맥류** : 선천적으로 뇌혈관 일부가 약화하여 그 부위가 꽈리 모양으로 불거져 나와 있는 질환
  [용어해설] **뇌동정맥 기형** : 뇌동맥이 모세혈관을 거치지 않고 바로 뇌정맥과 연결된 선천성 기형

④ 뇌졸중의 증상

❶ 편측 마비 　❷ 언어, 의식장애　 ❸ 시각장애　 ❹ 어지름 　❺ 심한 두통

⑤ 뇌혈관질환의 치료 및 예방
  ㉠ 뇌졸중 초기에는 장애로 인해 답답함 때문에 환자가 짜증을 내지만 대처해야겠다는 의지와 희망을 품을 수 있도록 도와야 한다.
  ㉡ 환자 스스로 병에 적응하게 되고 병에 대처해야 한다는 것을 깨닫게 해야 한다.
  ㉢ 심한 우울증이나 좌절을 보이는 경우 정신과 치료를 받아야 한다.

2. 대사성 질환과 운동

가. 대사성 질환의 개요

① 대사(metabolism, 代謝)성 질환의 개념 : 생체가 영양분을 섭취하여 몸 안에서 분해·합성하여 생명 활동에 쓰는 물질이나 에너지를 생성하고, 불필요한 물질을 몸 밖으로 내보는 작용을 말한다.
② **대사성 질환의 정의** : 생체 내 대사 과정에서 장애에 의해 발생하는 질환의 총칭으로, 운동 부족, 과잉영양 등 생활 습관이 원인이 되며, 비만·당뇨·고혈압·고지혈증·심장병 등이 주요 질환이다.
  [보충설명] **대사성 질환과 심혈관계 질환** : 고혈압, 고지혈증 등은 대사성 질환이면서 동시에 심혈관계 질환이다.
③ 대사성 질환의 발병 원인
  ㉠ 미네랄 부족으로 인한 인체 대사 과정의 불균형
  ㉡ 식습관, 생활 습관으로 인한 지질의 불균형
  ㉢ 과도한 스트레스에 따른 내분비계의 불균형

나. 대사증후군

1) 대사증후군의 개요

① **대사증후군의 정의**[1] : 뇌 심혈관질환 및 당뇨병의 위험을 높이는 체지방 증가, 혈압 상승, 혈당 상승, 혈중지질 이상 등의 질환이 묶인 포괄적 질병으로, 심혈관질환 위험을 두 배 이상 높이며, 당뇨병 발병이 10배 이상 증가한다.
  [보충설명] **대사증후군** : 1988년 Dr. Reaven에 의해 심혈관계 질환 위험인자들이 복합적으로 나타나는 경우를 일컬어 '증후군(syndrome) X'라고 소개되었다.
② 대사증후군의 발병 원인 : 인슐린 저항성이 원인으로 작용한다고 추정하고 있다.
③ 대사증후군의 증상 : 거의 무증상이지만 대사증후군의 각 구성요소에 따른 증상이 나타날 수 있다. 즉 고혈당이 심할 경우 당뇨병 또는 죽상경화증의 증상이 나타날 수 있다.

---

[1] 기출 17-16 대사증후군 내용을 보기로 들고 무슨 질환인지 묻는 유형

④ 대사증후군의 병인 질환

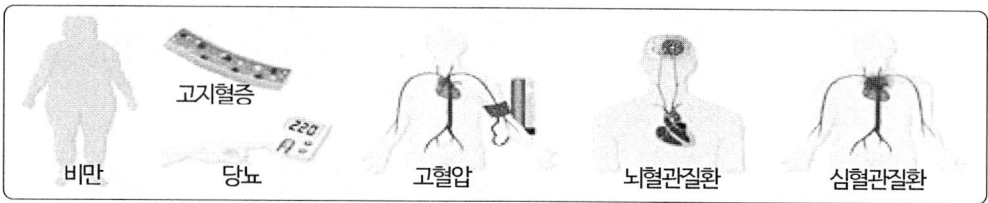

> **보충설명** 인슐린 감수성과 저항성
> 1) 인슐린 : 인체는 혈당을 에너지로 전환하기 위해 인슐린 호르몬을 이용하는데, 췌장의 β세포에서 분비된다. 혈당을 강하시키는 기능을 하며, 많은 조직과 기관에서 직·간접적으로 대사 조절에 관여한다.
> 2) 인슐린 저항성 : 혈당이 높아지는 상황이 반복되면 인슐린의 기능이 떨어진다. 이를 인슐린 저항성이라고 한다. 인슐린 저항성이 기준선을 넘어 약물의 도움 없이 혈당 조절이 안 될 때 제2형 당뇨병을 진단받는다.
> 3) 건강한 신체 : 인슐린 저항성을 낮추고, 인슐린 감수성을 높이는 것이다.

2) 대사증후군 진단 기준

① 기준의 분류 : 미국 NIC 교육프로그램과 IDF(국제당뇨재단), 세계보건기구(WHO)가 각각 제시한 기준을 사용하고 있다. 우리나라 보건복지부도 기준을 제시하여 많이 사용하고 있다.

  [용어해설] **NIC**(National Institute Of Cholesterol) : 미국 국립콜레스테롤연구소
  [용어해설] **NCEP**(National Cholesterol Education Program) : 미국 국립콜레스테롤연구소(NIC)의 콜레스테롤 교육프로그램이다.
  [용어해설] **IDF**(International Diabetes Federation) : 국제당뇨재단

② NCEP Ⅲ(2005)의 진단 기준[1]

	복부비만	중성지방	HDL-콜레스테롤	공복혈당	혈압
남자	서양인 102cm 동양인 90cm	150mg/㎗ 이상	40mg/㎗ 이하	• 110mg/㎗ 이상 or • 혈당 조절 약 복용 or • 인슐린 주사 맞는 자	130/85mmHg 이상
여자	서양인 88cm 동양인 80cm		50mg/㎗ 이하		

③ IDF(2005) 기준 : 허리둘레를 국가별로 제시하였고, 우리나라는 남자 90㎝, 여자 85㎝이다.
④ WHO(1998) 기준 : BMI가 $\geq 30kg/m^2$와 허리/엉덩이 지수 : 남자≥0.90, 여자≥0.85
⑤ 우리나라 보건복지부 기준 : NCEP Ⅲ 기준을 우리나라 수준에 맞추어 사용하는 것으로, 아래 구성 요소 중 3가지 이상일 경우 대사증후군으로 진단한다.
  ㉠ 복부비만 : 허리둘레 남자 90㎝, 여자 85㎝ 이상
  ㉡ 고중성지방혈증 : 중성지방 150mg/㎗ 이상
  ㉢ HDL 콜레스테롤 혈증 : 남자 40mg/㎗, 여자 50mg/㎗ 이하
  ㉣ 혈압 : 130/85mmHg 이상
  ㉤ 혈당 장애 : 공복혈당 110mg/㎗ 이상 또는 과거 당료 병력 또는 약물 복용

3) 대사증후군의 검사방법과 합병증

① 대사증후군 검사방법 : 금식 후 채혈 검사가 필요하며, 지질 검사 및 혈당 검사 시행
② 대사증후군의 합병증
  ㉠ 합병증으로 심혈관계 질환의 발병이 증가할 수 있다.
  ㉡ 당뇨병이 없는 대사증후군 환자의 경우 정상인보다 심혈관계 질환에 걸릴 확률이 평균 1.5~3배 정도 높고, 당뇨병이 생길 확률은 3~5배 가까이 증가한다.

---
[1] 기출 23-19 기출 21-10 기출 19-12 기출 18-11 기출 20-07 NCEP Ⅲ의 대사증후군 진단 기준 설명으로 틀린 것, 수치를 비틀어 놓은 것, 적합한 것만 묶인 것, ( )로 비워놓고 적합한 용어를 선택하는 유형 등이 출제되었다.

ⓒ 허혈성 심장질환 및 뇌혈관질환의 발병 위험이 현저히 큰 상태이다.
ⓔ 지방간이나 폐쇄성 수면 무호흡증 등의 질환이 발생하기도 한다.

4) 대사증후군의 치료와 예방
① 대사증후군의 치료
　ⓐ 현재 단일 치료법은 없고, 구성 질환에 대해 각각 치료가 필요하다.
　ⓑ 식이요법·운동요법을 포함한 생활 습관 개선으로 적정 혈당과 체중을 유지해야 한다.
② 대사증후군 질환자의 식이요법 : 열량섭취를 줄이는 것이 중요하므로, 열량이 높은 음식(달거나 기름진 음식)은 피하고, 신선한 채소와 과일, 식이섬유 등의 섭취를 늘리도록 한다.
③ 대사증후군 예방 방법1) : 건강한 식이를 유지하고, 규칙적인 운동이 필요하며, 유발 원인은 여러 가지가 있지만, 그중 교정이 가능한 요인인 생활 습관을 개선해야 한다.
④ 대사증후군 질환자의 운동 효과2)
　ⓐ 체중이 줄어든 후 다시 증가하지 않도록 하는 것이 중요하다.
　ⓑ 과체중에 대한 치료 효과를 위해서 매일 30분 정도의 운동이 필요하다.
　ⓒ 지속적 운동은 인체에 고밀도지단백 콜레스테롤(HDL-C)이 증가한다.
⑤ 대사증후군 개선 방법3) : 대동맥 혈압 감소, 인슐린 민감성 증가, 혈중 고밀도지단백 콜레스테롤 증가

다. 비만
1) 비만의 이해
① 비만의 개념 : 체내 지방조직이 과다] 상태로, 신체 비만 지수가 25 이상인 경우(서양인은 30 이상)
② 신체 비만 지수4)

　공식 $BMI = 몸무게(kg)/신장(m)^2$　용어해설 BMI : body mass index, 신체 비만 지수

③ 비만의 구분
　ⓐ 상체 비만 : 내장형과 피하지방형 비만으로 구분하며, 운동하면 쉽게 치료할 수 있다. 내장형 비만의 경우 합병증과 관련성이 높아 위험하다.
　ⓑ 하체 비만 : 하복부, 엉덩이, 허벅지 등에 피하지방이 많이 분포되는 경우이며, 운동해도 쉽게 치료되지 않는 특징을 갖고 있다.
　ⓒ 기타 비만 : 전신 비만 또는 복부 비만 등이다.

2) 비만의 예방과 치료
① 비만 질환자의 치료 방법5)
　ⓐ 식이요법, 운동요법, 행동요법, 약물요법, 수술요법 등이 있다.
　ⓑ 각 요법의 병행이 필요하다.
② 비만의 예방 방법 : 일상생활에서 활동량을 늘리기 위해 가까운 거리는 걷고, 승강기 대신 계단을 이용하는 것 등이 필요하다.

---

1) 기출 16-07 대사증후군의 예방과 치료 방법으로 옳은 것을 찾는 유형
2) 기출 23-04 기출 17-15 대사증후군 환자의 운동 효과로 옳은 것을 찾는 유형
3) 기출 18-12 대사증후군 개선목표가 아닌 것을 찾는 유형으로, '당 내성 감소'가 오답 찾기의 정답이다.
4) 기출 23-03 기출 19-20 체중과 신장을 제시하고, BMI의 계산 결과가 옳은 것을 찾는 유형
5) 기출 15-05 비만의 해소와 예방을 위한 방법으로 옳은 것과 옳지 않은 것을 찾는 유형으로, '여러 요법의 지속적 병행이 필요'하며, 한편 오답 찾기는 '식이요법만이 비만 해소에 적합하다.'라는 것이다.

③ 비만 원인 유발 질환1) : 비만으로 인해 제2형 당뇨병 및 고지혈증이 생길 가능성이 크고, 성 기능 장애 또는 성조숙증, 담석증, 혈우병(혈액 응고 인자 결함으로 인해 외상, 치아 발치, 외과적 수술 이후 계속 출혈이 일어나는 질환), 관절염, 심혈관계 질환(=고혈압, 이상지질혈증, 협심증, 심근경색, 뇌경색, 동맥경화 등이 있으며, 동시에 발병하기도 한다.)의 발병 위험이 커진다.

3) 비만 질환자의 운동 프로그램

① 비만 질환자의 운동 프로그램 설정 절차2)

❶ 체지방량 측정 → ❷ 체중 감량 판정 → ❸ 운동 종목 결정 → ❹ 체중 변화 진단

② 비만 질환자의 운동 지도 시 유의 사항3)
 ㉠ 먼저 체지방량을 측정하여 비만 정도를 파악해야 한다.
 ㉡ 운동하지 않는 경우가 많으므로 운동량을 서서히 늘려가는 방법이 좋다.
 ㉢ 목표 심박수 내에서 운동을 인지할 수 있도록 맥박측정방법을 숙지한다.
 ㉣ 매일 체중을 측정하여 체중 변화를 확인하도록 해야 한다.

③ ACSM의 비만 질환자를 위한 권장 프로그램
 ㉠ 성인의 경우 1일 1,200㎉ 이하의 열량을 섭취해야 한다.
 ㉡ 습관, 기호, 구입과 조리 방법 등을 고려하여 섭취하기 쉬운 식단을 구성해야 한다.
 ㉢ 대사 장애를 일으키지 않도록 감량 밸런스(1일 500~1,000㎉)를 유지해야 한다.
 ㉣ 최대 1주당 1kg 정도의 감량 목표를 설정해야 한다.
 ㉤ 영양부족을 일으킬 수 있는 식습관을 회피해야 한다.
 ㉥ 1일 300㎉ 이상 소비하는 운동을 해야 한다.
 ㉦ 새로운 식습관 신체활동을 계속 유지하는 방안을 마련해야 한다.

용어해설 ACSM : The American College of Sports Medicine, 미국대학스포츠의학회

④ 비만 질환자의 규칙적 운동 효과4)
 ㉠ 근육량 증가
 ㉡ 체지방 감소
 ㉢ 심혈관 기능개선
 ㉣ 기초대사량(BMR) 증가
 ㉤ 제지방률 증가
 ㉥ 지방세포 수 증가

용어해설 BMR(basal metabolic rate) : 기초대사량을 말하며, 체표면적 $1m^2$당 시간 단위 kcal로 표기

⑤ 비만 질환자의 운동 프로그램5)
 ㉠ 유산소 운동인 자전거 타기, 걷기, 수중운동 등이 효과적이다.
 ㉡ 노인의 경우 체중 부하가 적은 자전거 타기, 수중운동 등이 적합하다.

---

1) [기출 24-15] [기출 16-13] 비만으로 유발될 수 있는 질환으로 틀린 것을 찾는 유형으로, 24-15는 '혈우병'이, 16-13은 '제1형 당뇨병'이 오답 찾기의 정답이다. 비만으로 인해 제2형 당뇨병이 유발될 수 있다.
2) [기출 15-19] 비만 질환자의 운동 프로그램 설정 과정에서 가장 먼저 해야 하는 것을 찾는 유형으로, 체지방량 측정이 가장 먼저 해야 하는 순서이다.
3) [기출 17-09] 노인 비만 질환자의 운동에 대한 설명으로 옳은 것을 찾는 유형
4) [기출 19-03] 비만인의 운동 효과로 바르게 묶인 것을 찾는 유형
  [기출 20-02] 비만인의 규칙적 운동 효과에 대한 설명으로 틀린 것을 찾는 유형으로, '지방세포 수 감소'는 오답 찾기의 정답이다.
5) [기출 18-10] 비만인의 운동 방법으로 틀린 것을 찾는 유형으로, '한 가지 형태의 고강도 운동이 효과적이다.'라는 것이 오답 찾기의 정답이다.

ⓒ 유연성 운동인 스트레칭과 근력운동인 덤벨, 튜브, 중량을 이용한 트레이닝 등의 보조운동을 추가해야 한다.
ⓔ 한 가지 형태의 운동보다는 다양한 형태의 운동이 좋다.
ⓕ 운동을 지속하는 능력(근지구력, 전신 지구력)과 운동을 조정하는 능력(평형성, 유연성, 민첩성)은 향상되지만, 운동을 일으키는 능력(근력, 순발력)은 향상되지 않는다.
ⓖ 체중 감량 후 운동의 유지 또는 열량 섭취량에 따라 감량 전 상태로 돌아가면 요요현상이 발생할 수 있다.

[용어해설] 요요현상 : 체중 감량을 성공 후 다시 체중이 증가해 원래대로 돌아가거나, 원래 이상으로 늘어나는 현상

라. 당뇨병

1) 당뇨병 개요

ⓐ 포도당은 신체의 가장 기본적 에너지로, 혈액 속 포도당을 혈당이라고 한다.
ⓑ 혈당은 췌장에서 생산되는 인슐린과 글루카곤 두 가지 물질에 의해 일정한 수준으로 유지된다.
ⓒ 당뇨는 신체 내에서 혈당 조절에 필요한 인슐린의 분비나 기능장애로 인해 발생하며, 고혈당을 특징으로 하는 대사성 질환이다.
ⓓ 당뇨병으로 인한 만성적 고혈당은 신체 각 기관의 손상과 기능 부전을 초래한다. 특히 망막, 신장, 신경에 나타나는 미세혈관 합병증과 동맥경화, 심혈관, 뇌혈관질환과 같은 혈관 합병증을 유발하고 이로 인한 사망률이 매우 높다.
ⓔ 당뇨는 발에 문제를 많이 일으킨다. 당뇨병성 족부질환이란 발 부위의 신경 장애, 혈관 장애, 면역기능 장애, 궤양 등이 발생한다.

[보충설명] **인슐린(insulin)**
1) 인슐린의 개념 : 췌장(이자)에서 분비되는 호르몬으로, 혈액 속 포도당량을 일정하게 유지하는 역할을 한다. 인슐린의 합성과 분비가 잘 이루어지지 않거나, 역할을 충분히 하지 못하면 혈당이 세포로 들어가지 못하고 혈관 속에 남아 당뇨병이 발생한다.
2) 인슐린 저항성과 감수성
 ● 인슐린 저항성 : 인슐린에 대한 인체의 반응이 정상적 기준보다 낮춰진 경우
 ● 인슐린 감수성 : 인슐린에 대한 인체의 반응이 민감하게 작용하는 경우

2) 당뇨병의 구분

① 당뇨병 구분 이유 : 당뇨병을 제1형, 제2형으로 구분하는 것은 치료와 관리에 많은 차이가 있기 때문이다.
② 당뇨병의 구분[1]

구분	내용
제1형 당뇨병	췌장에서 인슐린이 분비되지 않아 발생한 당뇨병으로, 생존을 위해서는 인슐린 주사가 필요하다. 인슐린 의존형 당뇨병이라고도 한다.
제2형 당뇨병	인슐린 분비가 일부 되지만 여러 가지 원인에 의해 상대적으로 인슐린 저항성이 증가하여 발생하는 당뇨병으로, 저혈당 쇼크가 발생할 수 있으며, 예방을 위해 탄수화물을 많이 섭취해야 한다. 제1형 당뇨병보다 운동요법이 더욱 필요하다.
기타 당뇨병	임신성 당뇨병, 유전적 결함 당뇨병

---

[1] 기출 15-08 기출 16-08 당뇨병에 대한 설명이 바르게 된 것을 찾는 유형
기출 17-13 제2형 당뇨병 설명으로 옳은 것을 찾는 유형

3) 당뇨병 증상

❶ 다음(물을 많이 마심)　❷ 다식(많이 먹음)　❸ 체중감소　❹ 다뇨(잦은 소변)

4) 당뇨병 진단
① 당뇨병의 진단 기준
　㉠ 정상형 : 공복 시 혈당이 110mg/dℓ 또는 당 75g 섭취 후 2시간 경과 시점에 혈당이 140mg/dℓ 미만인 경우
　㉡ 당뇨병형 : 공복 시 혈당이 140mg/dℓ 또는 당 75g 섭취 후 2시간 경과 시점에 혈당이 200mg/dℓ 미만인 경우
　㉢ 당뇨병 경계형 : 정상 기준과 당뇨병 기준의 중간에 속한 경우
② 당뇨병 진단 : 당뇨병 기준에 포함되면서 갈증, 다음, 다뇨 현상이 나타나며, 체중이 감소하는 경우와 당화혈색소값이 0.5% 이상인 경우와 확실한 당뇨병 망막증이 나타나는 경우

보충설명 당뇨병 진단 기준

구분	110mg/dℓ	140mg/dℓ		공복 시 혈당
	정상형	당뇨병 경계형	**당뇨병형**	
	140mg/dℓ	200mg/dℓ		당 75g 섭취 2시간 후 혈당

③ 당화혈색소 진단
　㉠ 당화혈색소의 개념 : 혈액 속에는 헤모글로빈이라는 단백질 혈색소가 들어있는데 이는 최근 2~3개월 동안 혈당의 평균치를 나타낸다.
　㉡ 당화혈색소 진단 기준

구분	정상	당뇨 전 단계	당뇨
수치	5.7% 이하	5.7~6.4%	6.5% 이상

5) 당뇨병의 치료 및 예방
① 당뇨병의 치료[1]
　㉠ 식이요법, 운동요법, 약물요법 등이 있지만 먼저 식이요법으로 식품 섭취를 조절하고, 운동요법으로 당 대사를 촉진하는 방법이 좋다.
　㉡ 혈당 조절을 철저히 하면 합병증 발생률이 저하되고, 체중 감량, 투약 등으로 예방할 수 있다.
② 당뇨병의 운동 프로그램 적용과 금지 대상[2]
　㉠ 운동 프로그램 적용 대상 : 공복 혈당이 100mg/dℓ 이하이거나 식후 혈당이 250mg/dℓ인 경우 또는 당화혈색소가 10% 이하면 운동 프로그램이 적합하다.
　㉡ 당뇨병의 운동 프로그램 금지 대상(ACSM 권고사항)
　　• 케톤산혈증이 발생한 경우(고강도 운동 후 1~3시간 이후 발생)
　　• 심혈관 장애 또는 감염증을 합병하고 있는 경우

---

1) 기출 19-11 당뇨병 환자의 운동 및 식이요법으로 옳은 것을 찾는 유형
2) 기출 21-08 당뇨병 환자의 운동과 관련된 사항으로 틀린 것을 찾는 유형으로, 케톤산혈증 환자의 운동 금지 대상이지만 적극 운동을 권장한다는 것이 오답 찾기의 정답이다.

- 망막증에서 ScottⅢ 이상의 새로운 출혈이 일어나는 경우

용어해설 **케톤산혈증** : 고혈당으로 인한 합병증으로, 인슐린 부족으로 당을 사용하지 못하고 대신 지방을 에너지원으로 사용하면서 일어나는 증상이다.

용어해설 **망막증** : 눈의 망막에 지속적이거나 극심한 손상을 일으키는 증상

③ 당뇨병 질환자의 운동 프로그램 계획 시 주의 사항
  ㉠ 아래의 경우 프로그램 계획 시 세심한 주의가 필요하다.
   - 망막의 신생혈관 치료를 행한 경우
   - 신장 합병증이 나타나는 경우
   - 지속성 단백뇨가 있는 경우
   - 미세혈관 질환이 있는 경우
   - 투약에 의한 혈당 반응이 나타나는 경우
  ㉡ 족부궤양이 있으면 수중운동을 삼가야 한다.

용어해설 **족부궤양**(diabetic foot) : 당뇨 합병증의 하나로, 발의 혈류가 나빠져서 궤양이나 괴사가 생기는 병변

④ 당뇨병 질환자의 운동 프로그램[1]
  ㉠ 운동강도 : 저강도 운동에서 중·고강도로 서서히 증가시키는 것이 좋다.
  ㉡ 운동시간 : 1회 20~60분 정도가 적합하고, 식후 30~60분 경과 후 실시
  ㉢ 운동빈도 : 주 3~5회 이상

⑤ 당뇨병 환자의 운동 프로그램 유의사항[2]
  ㉠ 운동은 유산소 운동과 저항성 운동이 혈당의 대사적 조절 능력 개선 등의 효과가 크다.
  ㉡ 제2형 당뇨병 환자에게 운동은 더욱 중요하다.
  ㉢ 운동 전 운동부하 검사를 해야 한다.
  ㉣ 운동은 혈당 대사의 악화, 저혈당증, 심근경색 등의 예방에 도움이 된다.
  ㉤ 운동요법과 식이요법을 병행하는 것이 효과적이다.
  ㉥ 운동 전후 준비 및 정리운동을 실시해야 한다.
  ㉦ 고강도 운동, 장시간 운동 시 휴식 또는 보조식 섭취를 권장한다.

마. 고지혈증

1) 고지혈증의 이해

① 고지혈증의 개요[3]
  ㉠ 필요 이상의 많은 지방 성분이 혈액에 존재하면서 혈관 벽에 쌓여 염증을 일으키고 그 결과 심혈관계 질환을 일으키는 질병이다.
  ㉡ 비정상적인 혈액 내 지질 상태를 이상지질혈증이라고도 한다.

용어해설 **이상지질혈증** : 혈액 내에 총콜레스테롤, LDL-C, 중성지방 등이 증가한 상태거나 HDL-C 감소 상태이다. 비만, 당뇨병, 음주 또는 유전적 요인에 의해 발병한다.

② 고지혈증의 원인 : 유전적 요인으로 인해 혈액 내에 특정 지질이 증가하여 고지혈증이 발생하는 경우가 많지만, 비만이나 술, 당뇨병 등과 같은 다른 원인에 의해서도 고지혈증이 발병하기도 한다.

---

1) 기출 20-06 제2형 당뇨병 환자의 운동 방법으로 옳은 것을 모두 고른 것을 찾는 유형
   기출 15-15 당뇨병 환자의 운동 주의 사항이 아닌 것을 찾는 유형으로, '저혈당 방지를 위해 식전 운동을 시행하는 것이 효과적이다.'라는 것이 오답 찾기의 정답이다.
   기출 15-07 당뇨병 환자의 운동요법에 대한 설명이 바르게 된 것을 찾는 유형
2) 기출 23-02 기출 22-08 당뇨병 환자의 운동 유의사항으로 틀린 것을 찾는 유형
3) 기출 23-06 고지혈증에 관한 설명으로 틀린 것을 찾는 유형

③ 고지혈증의 증상
  ㉠ 대부분 증상이 없고, 합병증이 발생하면 그와 연관된 증상이 발생한다.
  ㉡ 일부 환자는 아킬레스건에 <u>황색종</u>이 생긴다.
  용어해설 **황색종**(xanthoma) : 콜레스테롤이나 이와 함께 다른 지질이 피부에 침착하여 생기는 황색의 종양
④ 고지혈증의 진단 및 검사
  ㉠ 혈액 내 콜레스테롤, 중성지방, HDL-콜레스테롤, LDL-콜레스테롤 수치를 측정한다.
  ㉡ 금식 후 시행하는 채혈 검사가 필요하다.
  ㉢ 중성지방 수치가 400mg/dℓ 이하이면 고지혈증으로 진단한다.
  ㉣ LDL-콜레스테롤 수치는 다음의 계산식으로 값을 얻을 수 있다.
     LDL-C=총콜레스테롤 수치-(중성지방 수치/5)-HDL-C 수치
  ㉤ 중성지방 수치가 400mg/dℓ를 넘는 경우 직접 LDL-콜레스테롤을 측정해야 한다.
⑤ 고지혈증의 치료 : 식사 조절, 운동으로 적절한 체중을 유지하는 것과 함께 약물치료도 병행한다.
⑥ 고지혈증의 합병증
  ㉠ 합병증은 심혈관계 질환이 증가한다.
  ㉡ 혈액 내의 중성지방 수치가 높은 경우 췌장염이 발생할 수 있다.

2) 고지혈증의 관리와 예방

① 고지혈증의 예방 : 식사 조절과 함께 적절한 운동을 통해 비만이 되지 않도록 해야 한다.
② 고지혈증 질환자의 생활 가이드[1]
  ㉠ 이상적 체중을 유지하도록 하고 적절한 식이요법과 운동요법이 필요하다.
  ㉡ 과체중 상태라면 점진적으로 체중을 줄여야 한다.
  ㉢ 혈중 고밀도 지단백 콜레스테롤(HDL-C)의 수치를 낮춰야 한다.
③ 고지혈증 질환자의 식이요법[2]
  ㉠ 섭취하는 지방량을 총 섭취 칼로리의 25~35%로 제한한다.
  ㉡ 탄수화물을 지나치게 많이 섭취하면 중성지방이 증가하여 HDL-콜레스테롤은 감소할 수 있으므로 주의해야 한다.
④ 고지혈증 질환자의 운동요법[3]
  ㉠ 중강도 유산소 운동이 권장된다.
  ㉡ 다른 질환이 없다면 건강한 성인의 운동 처방 기본 지침을 따른다.

3. 근골격계 질환과 운동

가. 근골격계 질환의 이해

① 근골격계 질환의 개요
  ㉠ 목, 어깨, 허리, 팔, 다리의 신경과 근육, 혹은 주변 신체조직에 나타나는 질환이다.
  ㉡ 부적절한 작업 자세 또는 무리한 힘을 계속해서 사용할 때 발생한다.
  ㉢ 예방을 위해서는 운동을 통해 근육을 튼튼하게 만들어야 한다.
② 근골격계의 중요 질환 : 만성 요통, 척추측만증, 관절염, 골다공증 등

---

1) **기출 16-05** 고지혈증의 예방과 관리에 대한 설명으로 옳은 것을 찾는 유형
2) **기출 20-10** 이상지질혈증 환자의 운동 방법으로 옳은 것을 보기에서 모두 고른 것을 찾는 유형
3) **기출 21-09** 고지혈증 환자의 운동요법으로 옳은 것을 모두 고른 것을 찾는 유형으로, 고지혈증 환자는 중강도 유산소 운동이 권장되고, 다른 질환이 없으면 일반 성인의 운동 처방 방법이 적합하다.

③ 운동이 근골격계에 미치는 영향[1] : 이동 능력이 향상되고, 무산소성 에너지를 증가시키며, 주변 고유 수용기의 기능이 향상된다.

나. 만성 요통

① 만성 요통의 개념[2]
　㉠ 골반과 척추를 포함한 허리 부위에 나타나는 통증이 6개월 이상 지속하는 질환이다.
　㉡ 척추질환 중 가장 많이 발생하며, 정확한 원인을 찾기 어려워 오랫동안 고생한다.
　㉢ 요통 환자의 95%는 3개월 이내 회복되지만, 약 5%는 3개월 이상 통증이 지속하므로 초기에 빠른 치료가 필요하다.
② 만성 요통의 원인[3] : 관절증후군, 척추측만증, 척수강 협착증, 추간판 탈출증, 척추세움근(척주기립근) 손상 등이 대표적인 원인이다.
③ 만성 요통 치료 방법 : 수술요법과 주사 요법으로 치료할 수 있다.
⑤ 만성 요통의 운동 방법[4]
　㉠ 요부 안정화 운동 : 허리와 관절을 보호하고, 적절한 체중 관리는 물론 몸 상태에 맞는 운동이 필수적이다.
　㉡ 맥킨지 운동법 : 신전(폄) 운동이 주를 이루며, 추간판 탈출증 환자에게 권장한다. 아래 그림 참조
　㉢ 윌리엄스 운동법 : 맥킨지 운동법이 신전과 관련된 것과는 반대로, 굴곡(굽힘) 운동이 주된 동작이다. 복부와 척추를 강화한다. 척추분리증, 척추협착증, 척추전방전위증 등의 질환자에게 적합하다.

---

1) 기출 23-15 운동이 근골격계에 미치는 영향에 대한 설명으로 틀린 것을 찾는 유형으로, 근섬유 수 감소가 오답 찾기의 정답이다.
2) 기출 16-09 만성 요통에 대한 설명으로 틀린 것을 찾는 유형으로, '만성 요통은 환경적인 요인보다 유전적인 요인에 기인한다.'라는 것이 오답 찾기의 정답이다.
3) 기출 18-17 보기로 제시된 질환 중 만성 요통의 원인이 되는 질환을 묶은 것을 찾는 유형
4) 기출 24-06 윌리엄스 운동법에 적합하지 않은 질환을 찾는 유형으로, 오답 찾기의 정답은 '추간판 탈출증'이며, 이는 맥킨지 운동법이 권장된다.
　기출 22-16 맥켄지의 운동법으로 개선되는 질환을 찾는 유형으로, 추간판 탈출증 환자에게 권장된다.
　기출 19-13 만성 요통의 치료와 운동 방법의 설명으로 옳은 것을 찾는 유형

[용어해설] **요부 안정화 운동** : 척추의 안정성과 자세 유지와 관련한 복부와 골반 주위의 근육 활성과 운동 조절 능력을 정상화하는 운동이다.

⑥ 만성 요통의 예방[1])
  ㉠ 잠잘 때 평평하고 단단한 침대 사용이 권장된다.
  ㉡ 잠잘 때 옆으로 누워 무릎 사이에 베개를 끼고 자도록 한다.
  ㉢ 규칙적 걷기운동이 필요하다.
  ㉣ 척추 기립근과 골반 심부 근육의 강화 운동이 필요하다.
  ㉤ 무거운 물을 들 때 물건을 몸에 최대한 가깝게 붙인다.
  ㉥ 물건을 위로 들어 올릴 때는 다리를 굽힌 상태에서 들어 올린다.
  ㉦ 장시간 서 있을 때는 다리를 벌리거나, 위치를 서로 바꾸거나, 한쪽 다리를 발판에 올려놓는다.
  [보충설명] **만성 요통 질환자의 나쁜 자세** : 바닥에 앉을 때 양반다리 자세는 만성 요통에 나쁜 영향을 준다.

⑦ 만성 요통 환자의 운동 효과 : 약한 근육을 강화하여 근육의 혈류를 증가시키고, 긴장된 근육을 이완하며, 척추의 압력을 감소시킨다.

다. 척추측만증

1) 척추측만증(scoliosis)의 이해

① 척추측만증의 개요[2])
  ㉠ 척추가 C자 또는 S자형으로 휘어져 몸이 좌우로 기울거나 돌아가 변형되는 증상
  ㉡ 척추의 만곡이 없어져 척추가 왼쪽 또는 오른쪽으로 기울어지는 현상이 나타나고, 골반 또는 어깨높이가 서로 다르거나 몸통이 한쪽으로 치우쳐 보인다.
  ㉢ 척추의 모양은 정면 또는 측면에서 모두에서 틀어져 보인다.
  ㉣ 근육 불균형 및 다리 길이 차이 등으로 발생한다.

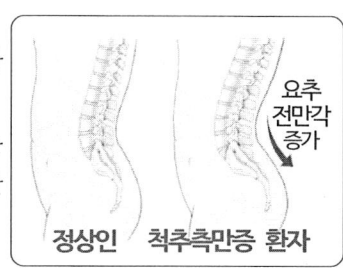

② 척추측만증의 증상
  ㉠ 서 있을 때 양측 어깨높이가 좌우 비대칭으로 차이가 나거나 골반의 높이가 좌우 비대칭인 경우, 한쪽 젖가슴이 다른 쪽에 비해 덜 발달한 경우
  ㉡ 서서 땅을 짚을 때 손바닥이 땅에 닿지 않고 한쪽 등이 튀어 올라오거나 등을 바닥과 평행하도록 앞으로 구부렸을 때 한쪽 등이나 엉덩이가 한쪽으로 치우쳐 있는 경우

③ 척추측만증을 유발할 수 있는 나쁜 자세
  ㉠ 짝다리로 서는 경우
  ㉡ 한쪽으로 무거운 가방을 드는 경우
  ㉢ 주머니 한쪽에만 지갑이나 휴대전화기를 넣고 다니는 경우
  ㉣ 의자에 앉을 때 한쪽으로 기대어 몸을 틀어서 앉는 경우

④ 척추측만증의 진단과 치료 : 콥 각도에 따른 방법, 추나요법 등으로 진단하거나 치료한다.

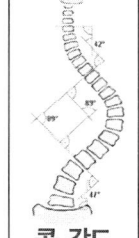

  [용어해설] **콥 각도(Cobb's angle)** : 측만을 이루는 각도가 10도 이하일 때 정상으로 판단하며, 10도 이상일 경우 교정하거나 수술이 필요할지를 판단하는 기준을 제시하는 측정 수단이다. 미국 정형외과 의사 이름에서 유래되었다.
  [용어해설] **추나요법** : 비뚤어진 척추뼈를 의사가 손으로 밀고 당기며, 바르게 교정하는 방법

---

1) [기출 23-16] 만성 요통 예방법으로 틀린 것을 찾는 유형으로, 앉을 때 양반다리 자세는 오답 찾기의 정답이다.
   [기출 20-15] [기출 17-17] 요통의 예방과 관리 방법으로 적합하지 않은 것을 찾는 유형
2) [기출 24-18] 척추측만증에 대한 설명으로 틀린 것을 찾는 유형으로, '머리가 전방에 위치하고 엉덩이 굽힘을 만드는 골반의 전방 이동이 나타난다.'가 오답 찾기의 정답이다. 이는 '골반 전반 경살'로 척추측만증과는 관련이 없다.

2) 척추측만증의 치료와 운동

① 척추측만증 치료의 개요
  ㉠ 잘못된 자세와 생활 습관의 개선은 척추측만증의 치료에 도움이 된다.
  ㉡ 척추의 좌우 균형을 잡아주고 근육과 인대를 튼튼하게 해주는 운동을 꾸준히 하면 악화를 막을 수 있다.

② 척추측만증에 좋은 생활 습관
  ㉠ 서 있을 때는 항상 머리와 척추, 어깨와 골반의 균형을 유지해야 한다.
  ㉡ 앉아있을 때는 의식적으로 허리를 의자 깊숙이 넣어 바르게 앉도록 한다.
  ㉢ 옆으로 누울 때는 무릎을 약간 구부린 상태에서 다리 사이에 쿠션이나 베개를 삽입한다.
  ㉣ 엎드려 자는 자세는 척추에 부담을 줄 수 있어 가능하면 피한다.
  ㉤ 무거운 가방은 부하가 양쪽 어깨에 분산되도록 배낭식 가방을 이용하며, 양손에 들 때는 비슷한 무게로 나누어 들도록 한다.

③ 척추측만증 환자의 운동 유의사항
  ㉠ <u>요방형근</u> 스트레칭의 효과가 높다.
  ㉡ 운동할 때 자세가 중요하다. 바른 자세를 유지하여 운동해야 한다.
  [용어해설] **요방형근** : 요추 아래쪽 횡돌기와 12번 갈비뼈와 엉덩뼈 위쪽으로 붙은 근육

라. 관절염

1) 관절염(arthritis)의 이해

① 관절염의 개요[1]
  ㉠ 뼈와 뼈를 연결하는 부위의 관절을 오랜 시간 반복적인 작업을 지속하여 체중 부하가 실리는 관절의 연골이 마모되어 염증과 통증이 발생하는 질환이다.
  ㉡ 근력과 고유수용성 감각 능력이 감소한다.

② 관절염의 구분[2]
  ㉠ 퇴행성관절염 : 고령자 또는 특정 직업 종사자에게 주로 발생하며, 장기간 오래 사용하므로 발생하는 연골 질환이다.
  ㉡ 류마토이드 관절염 : 흔히 류마티스 관절염이라고 하며, 연령과 관계없이 발생하며, 신체 좌우에 한꺼번에 발생한다. 바이러스와 같은 감염인자로 인한 면역체계 이상으로 발생한다.
  ㉢ 감염성 관절염 : 박테리아, 바이러스, 진균 등의 감염에 의한 관절염으로, 다른 부위의 감염이 무릎 등으로 이동되며, 붓기, 통증, 열 등을 유발한다.
  ㉣ 대사성 관절염 : 흔히 통풍이라고 하며, 고통스러운 요산이 관절에 축적되어 발생한다.

③ 관절염의 특성[3]
  ㉠ 관절의 부종이 있는 경우에는 관절운동 범위가 제한된다.
  ㉡ 류마토이드 관절염은 염증, 붓고 뻣뻣함, 화끈거림 등이 양측 사지에서 대칭적으로 나타난다.
  ㉢ 바이러스로 인해 면역체계에 이상이 생겨 발생한다.
  ㉣ 퇴행성관절염은 전신에 염증을 일으키며, 관상동맥과 연관이 있다.

⑤ 관절염의 치료
  ㉠ 연골의 마모를 완전히 차단할 방법은 없다.
  ㉡ 연골 이식법 등으로 관절염 발생을 억제하는 방법을 사용한다.

---

1) [기출 16-19] 관절염에 대한 설명으로 옳은 것을 찾는 유형으로, 관절염은 근력과 고유수용감각이 감소한다.
2) [기출 23-09] 류마토이드 관절염과 심부전 증상을 보기로 제시하면서 일부 ( )로 비워놓고, 적합한 용어를 찾는 유형
3) [기출 24-05] 퇴행성 관절염 설명이 바르게 된 것을 찾는 유형으로, '체중 부하가 가해지는 관절에 발생'이 정답이다.
   [기출 22-12] [기출 19-02] 관절염에 대한 설명이 바르게 된 것 또는 틀린 것을 찾는 유형으로, '관절염은 양측 사지에 대칭적으로 나타난다.'가 옳은 답이며, '퇴행성관절염은 관상동맥과 관련이 없다.'라는 것은 오답 찾기 정답이다.

ⓒ 관절에 부담이 되는 자세, 잘못된 운동 방법 등을 개선하면 악화를 방지할 수 있다.

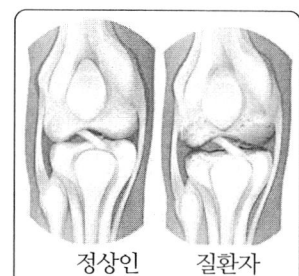
정상인 질환자
관절염 증상

 ←연부 연골
· 연골이 파괴되기 시작
· 염증과 통증 동반
· 관절 사용이 어려움
❶ 초기 단계

 ←뼛조각
· 연골 파괴의 지속
· 앉거나 일어나기 힘듦
· 자세를 바꿀 때 통증
❷ 중기 단계

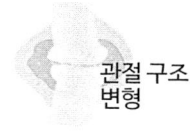 ←관절 구조 변형
· 연골 파괴의 만성화
· 관절 구조 변형
· 보행의 어려움
❸ 말기 단계

관절염 발전 단계

2) 관절염의 운동 프로그램[1]

① 관절염의 운동 적용 대상
  ㉠ 과거에는 운동을 금기하였지만, 최근 가벼운 운동을 권장하고 있다.
  ㉡ 질환 정도가 심한 경우 또는 급성이면 의사의 사전 상담이 필요하다.

② 관절염 질환자의 운동 형태
  ㉠ 유산소 운동 : 심폐기능을 강화하기 위해 질환 부위에 충격을 주지 않고 순환기계의 기능을 강화할 수 있는 수중운동 또는 고정식 자전거를 타기 등이 권장된다. 계단 오르내리기, 많은 보행이 필요한 동적 운동은 피하는 것이 좋다.
  ㉡ 근력운동 : 근골격계의 근력 강화를 위해 필요하며, 질환 부위의 사용을 최소화하며, 정적 근력 운동이 효과적이다.

③ 관절염 질환자의 운동강도[2] : 유산소 운동의 강도는 관절 상해·통증 악화 방지를 위해 저강도 운동을 반복적으로 시행하는 것이 효과적이다. 근력운동의 강도는 별도 정해진 것이 없다.

④ 관절염 질환자의 운동빈도
  ㉠ 유산소 운동 : 주 5회 이상 지속적으로 하는 것이 바람직하다.
  ㉡ 근력운동 : 주 2~3회 이상으로 하고, 준비운동을 반드시 해야 한다.

⑤ 관절염 질환자의 운동시간
  ㉠ 유산소 운동 : 주당 150분 이상을 권장한다. 1회 운동시간은 20~30분 정도로 하고 관절에 무리가 오지 않도록 중간중간 쉬는 것이 필요하다.
  ㉡ 근력운동 : 시간은 별도 정해진 것이 없다.

마. 골다공증

1) 골다공증의 이해

① 골다공증의 개요[3]
  ㉠ 뼈의 강도(골밀도)가 약해져 쉽게 골절되는 질환
  ㉡ 노년기 낙상 등에 의해서 많이 발생
  ㉢ 골밀도가 낮아지는 요인은 유전적 요인, 조기 폐경, 약물 영향 등
  [용어해설] 골밀도(bone density) : 뼈의 무기질 함량 척도

② 골다공증이 많이 발생하는 부위 : 손목뼈, 척추, 골반, 고관절 부위 등

---

1) [기출 21-11] 퇴행성관절염 환자의 운동 권고사항으로 적절하지 않은 것을 찾는 유형
2) [기출 20-16] 퇴행성관절염 환자의 운동 방법에 대한 설명으로 옳은 것을 찾는 유형으로, 퇴행성관절염 환자는 저강도 운동을 반복적으로 시행하는 것이 효과적이다.
3) [기출 17-11] 골다공증에 대한 설명으로 잘못된 것을 찾는 유형으로, '골다공증은 식습관을 통해 예방할 수 있지만, 운동을 통해서는 예방할 수 없다.'라는 것이 오답 찾기의 정답이다.

③ 골다공증 발병 위험인자[1] : 노화, 유전적 요인, 급작스러운 체중감소, 영양 상태의 불균형
④ 골다공증의 특성
  ㉠ 여성이 남성보다 골 손실 속도가 빠르므로 골다공증이 많이 발생한다.
  ㉡ 여성의 골밀도는 폐경기 이후 두드러지게 감소하므로 골다공증 위험이 커진다.
  ㉢ 다이어트 또는 체중의 무리한 감량 시 청소년도 발생한다.

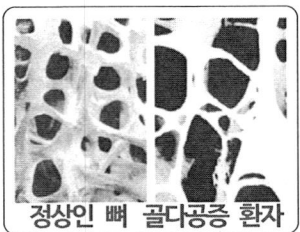
정상인 뼈 골다공증 환자

2) 골다공증 질환자의 관리와 치료
① 골다공증 질환자의 관리[2]
  ㉠ 조깅 등 뼈에 물리적인 자극이 가해지는 운동을 시행한다.
  ㉡ 체중 부하 운동은 골밀도를 향상하는 데 도움이 된다.
  ㉢ 유연성과 평형감각 운동은 낙상을 예방하여 골절 위험을 낮춘다.
  ㉣ 충분한 양의 칼슘과 비타민 D를 섭취해야 한다.
② 골다공증 질환자의 치료
  ㉠ 약물치료와 생활 습관의 개선과 운동을 통해 치료할 수 있다.
  ㉡ 약물치료는 1일 칼슘 1,000~1,200㎎과 비타민 D 400~500㎎ 단위를 권장한다.
③ 골다공증 발병요인 중 교정 가능 요인[3] : 신체활동 부족, 성호르몬 부족, 저체중

3) 골다공증 질환자의 운동
① 골다공증 질환자의 운동 적용
  ㉠ 합병증이 있는 경우를 제외하고 운동 프로그램을 모두 적용할 수 있다.
  ㉡ 낙상 위험 감소를 위해 평형성 향상에 필요한 하지와 몸통 근력을 강화가 필요하다.
  ㉢ 규칙적 걷기운동은 효과가 있고, 골절 위험이 따르는 과격한 운동은 피한다.
② 골다공증 환자의 운동 형태[4]
  ㉠ 골다공증 환자는 뼈에 적정 자극이 가해지는 운동이 권장된다.
  ㉡ 골다공증 환자의 운동 형태
    • 유산소 운동은 체중 부하량이 적은 수중운동 또는 걷기, 조깅, 줄넘기 등이 적합하다.
    • 근력운동 : 골밀도를 증가시킬 수 있는 저항성 근력운동이 필요하다.
  ㉢ 골다공증 환자의 운동강도
    • 초기에는 최대근력의 50~80% 수준에서 10~12회 반복
    • 초기운동이 적응되면 운동강도를 높이고, 반복 횟수를 줄여나가는 것이 좋다.
  ㉣ 골다공증 환자의 운동빈도
    • 유산소 운동 : 주 3~5회 이상 지속적으로 하는 것이 바람직하다.
    • 근력운동 : 주 3회 이상 하는 것이 바람직하다.

---

1) 기출 24-12 기출 15-09 골다공증 위험인자가 아닌 것을 찾는 유형으로, 24-12는 '생식샘기능항진증'이, 15-09는 '협심증'이 오답 찾기의 정답이다.
2) 기출 21-13 골다공증의 예방과 관리에 대한 설명으로 틀린 것을 찾는 유형
3) 기출 23-14 골다공증 위험 요인 중 교정 불가능 요인을 찾는 유형으로, 과거 골절력이 정답이다.
4) 기출 22-11 기출 20-19 골다공증 환자의 운동 방법으로 옳은 것을 찾거나, 틀린 것을 찾는 유형으로, 뼈에 적정한 자극이 가해지는 운동이 권장되고, 고강도 훈련은 피해야 한다.
  기출 19-14 골다공증 환자의 운동 방법으로 옳은 것을 찾는 유형
  기출 15-18 골량 증대 방안으로 틀린 것을 찾는 유형으로, '칼슘 섭취량을 일일 2,000mg으로 유지한다.'가 오답 찾기의 정답이다. 최대 골량을 증가시키기 위해 하루 어느 정도의 칼슘을 섭취해야 한다는 것은 정해진 것이 없다.

ⓗ 골다공증 환자의 운동시간 : 유산소 운동과 근력운동을 병행하면 1일 30~60분 정도가 적합하다.

> **보충설명 골량**
> 1) 골량의 개념 : 뼛속 칼슘양을 말하며, 칼슘이 많다는 것은 뼈가 튼튼하다는 의미이다. 최대 골량은 뼛속에 최대로 많은 칼슘을 저장하는 시기로, 이때가 가장 튼튼한 뼈를 형성하고 있는 시기이다.
> 2) 골량 증대 방안 : 골량은 유전적 영향을 많이 받으며, 골량을 증대시키기 위해서는 칼슘과 비타민 D를 많이 섭취하고, 규칙적 운동과 체중 부하 운동을 많이 한다.

4. 신경계 질환과 운동

가. 신경계 질환의 이해

1) 신경계의 개요

① 신경계의 역할 : 인체의 안팎에서 일어나는 움직임을 빠르게 전달하여 그에 대한 반응을 생성하는 기관으로, 뇌, 척수, 말초신경 등으로 구성되어 있다.

② 신경계의 구성 : 신경계는 수많은 신경세포로 이루어져 있는데, 그 기본 단위는 뉴런이다. 신경세포체와 신경 돌기로 구성되어 있다.

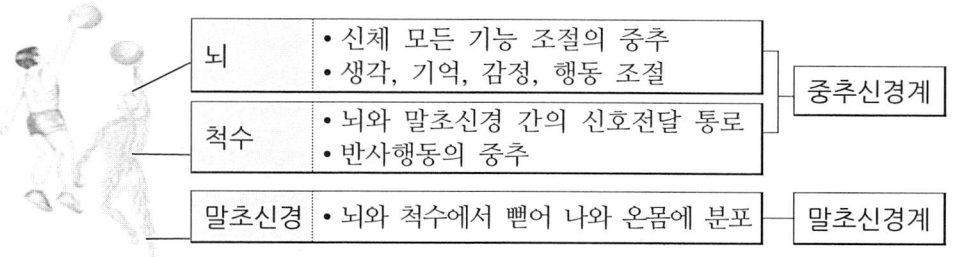

③ 뇌의 구성과 기능[1]
  ㉠ 뇌의 구성

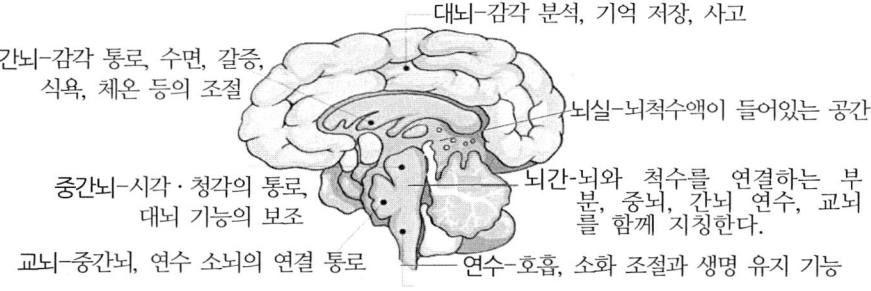

  ㉡ 뇌의 기능 : 운동기능, 감각 정보 처리 기능, 언어기능, 학습과 기억 기능(대뇌의 해마가 관여), 항상성 유지, 호르몬 분비
  ㉢ 뇌에서 분비되는 호르몬
    • 도파민 : 기분을 좋아지게 하는 역할을 하는 신경전달 물질로, 쾌감, 기쁨을 느낄 때 분비
    • 아드레날린 : 심박수와 혈압 증가 등으로 위험 대처 능력을 향상시킨다.
    • 엔돌핀 : 통증 경감, 행복감과 쾌감 증가, 스트레스, 우울증, 불안 감소 등의 영향을 미친다.
    • 코르티졸 : 스트레스 호르몬으로, 과다 분비 또는 부족하면 건강에 악영향을 미친다.

  [용어해설] 항상성 : 자극에 반응하여 세포의 상태를 일정하게 유지하려는 인체의 자연적 특성

④ 신경계 질환의 종류 : 뇌혈관질환, 간질, 치매, 두통, 신경계 감염성 질환, 탈수초화 질환, 척수질환, 운동 신경세포질환, 신경계 종양 등이다.

---

1) [기출 23-20] 뇌에서 분비되며, 고통 완화에 도움이 되는 호르몬은 무엇인지 묻는 유형으로, 정답은 엔돌핀이다.

[용어해설] **탈수초화** : 신경 말단의 절연체 역할을 하는 물질인 수초의 소실로 일어나는 질환이다. 수초는 신경이 뇌로부터의 메시지를 최대속도로 받아들이고 해석할 수 있도록 도와주는 기능을 한다.

⑤ 노년기에 유의해야 할 신경계 질환 : 노인성 치매, 알츠하이머병, 파킨슨병 등
⑥ 노화에 따른 신경계의 변화1)
  ㉠ 두뇌 피질에서 조직 상실이 나타난다.
  ㉡ 근섬유 위축이 속근(type Ⅱ)섬유에서 많이 나타난다.
  ㉢ 두뇌 무게가 감소하며, 척수 세포 수가 감소한다.

2) 신경계 환자의 운동 프로그램

① 노인성 신경계 환자의 운동 유의사항
  ㉠ 운동 기술에 대한 인지적 판단 부족이 일어날 수 있으므로 지도자의 각별한 주의 또는 보호자가 지켜보는 가운데 운동하는 것이 필요하다.
  ㉡ 특별한 합병증 또는 낙상 위험이 많은 경우를 제외하고는 운동 프로그램을 모두 적용할 수 있다.
② 신경계 환자의 운동 형태
  ㉠ 유산소 운동은 체중 부하량이 적은 수중운동 또는 걷기, 조깅, 줄넘기 등
  ㉡ 근력운동은 골밀도를 증가시킬 수 있는 저항성 근력운동이 필요
③ 신경계 환자의 운동강도
  ㉠ 초기에는 최대근력의 50~80% 수준에서 10~12회 반복
  ㉡ 초기운동이 적응되면 운동강도를 높이고, 반복 횟수를 줄여나가는 것이 좋다.
④ 신경계 환자의 운동빈도
  ㉠ 유산소 운동 : 주 3~5회 이상 계속 운동하는 것이 바람직하다.
  ㉡ 근력운동 : 주 3회 이상 하는 것이 바람직하다.
⑤ 신경계 환자의 운동시간 : 유산소 운동은 1일 30분, 근력운동은 주 2~3회 이상이 적당하다.

나. 치매

1) 치매의 이해

① 치매의 개요
  ㉠ 정상적으로 생활하던 사람이 노년기에 다양한 원인으로 뇌 기능이 손상되어 전보다 인지기능이 저하되어 생활에 상당한 지장이 일어나는 상태의 질병(=노망증)
  ㉡ 단일 질환을 가리키는 말이 아니고, 여러 가지 원인 질환에 의해 노년기에 발병하는 기억상실 증상을 총칭한다.
  ㉢ 노인성 치매의 70% 이상이 알츠하이머병이 원인이다.
② 치매의 증상 : 인지기능 저하 증상, 정신행동 저하 증상, 신경학적·신체적 기능 저하 증상
  [용어해설] **인지기능** : 기억력, 언어 능력, 시공간 파악 능력, 판단력 및 추상적 사고력 등 다양한 지적 능력을 말하며, 각 인지기능은 특정 뇌 부위와 밀접한 관련이 있다.
③ 치매의 진단 : 신체검사와 신경학적 검사, 정신상태 검사, 일상생활의 동작 평가, 혈액검사 등의 실험실 검사, 뇌 영상학 검사, 신경 심리검사 등을 통해 진단한다.
  [보충설명] **치매와 지적장애의 차이** : 증상은 거의 비슷하지만 태어날 때부터 지적 능력이 모자라면 지적장애이고, 정상적 생활을 하는 사람이 노년기에 발병하면 치매이다.
④ 치매의 치료
  ㉠ 약물치료와 비약물 치료의 병행이 필요하다.
  ㉡ 치매 질환자를 혼자 있게 하지 않도록 한다.

---

1) [기출 23-10] 노화에 따른 신경계 변화에 대한 설명으로 틀린 것을 찾는 유형

2) 치매의 예방과 운동

① 치매 예방[1]
  ㉠ 운동을 통해 인지기능을 향상하면 중추신경계가 활성화되며, 뉴런을 유지하고 보호할 수 있다.
  ㉡ 식이요법으로 등푸른생선, 견과류, 잡곡밥을 먹도록 해야 한다.
  ㉢ 원인 질환인 고혈압, 당뇨병 등의 예방에 주력해야 한다.
  ㉣ 매일 30분 이상의 걷기운동을 권장한다.
  ㉤ 정기적으로 건강진단을 받는 것이 좋다.

② 치매 환자의 운동 유의사항[2]
  ㉠ 운동 프로그램은 되도록 매일 실시한다.
  ㉡ 중증 환자는 새로운 운동 프로그램 적용 전 의사와 상의한다.
  ㉢ 운동 프로그램을 수행하는 동안 보호자가 동석하는 것이 좋다.
  ㉣ 인지기능이 저하된 환자는 운동수행 능력이 낮아 익숙한 동작도 반복하는 것이 필요하다.
  ㉤ 뇌의 혈류량을 증가시키는 운동이 필요하다.

③ 치매 환자의 운동 효과[3] : 인지기능 향상, 대뇌 혈류 증가, 중추신경계 활성화, 뉴런 유지와 보호

  [용어해설] 뉴런(neuron) : 신경계 단위로 자극과 흥분을 전달한다. 신경세포체와 같은 의미로 사용하기도 하고, 신경세포체와 거기서 나온 돌기를 합친 개념으로 사용하기도 한다.

다. 알츠하이머병

① 알츠하이머병의 개요

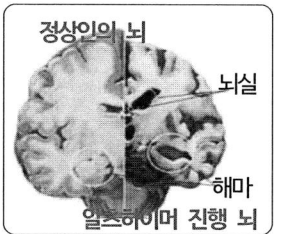

  ㉠ 노인성 치매의 가장 흔한 퇴행성 뇌 질환으로, 기억, 사고, 행동 등의 문제를 일으킨다.
  ㉡ 서서히 발병하여 점진적으로 악화하는 특징을 갖고 있다.

  [용어해설] 알츠하이머병 : 독일의 정신과 의사인 알츠하이머의 이름에서 유래하였다.

② 알츠하이머병의 증상[4]
  ㉠ 최근 일어난 일에 대한 기억력이 감퇴하며, 언어기능이나 판단력 등의 인지기능 이상이 나타나고, 증상이 심해지면 일상생활을 어렵게 한다.
  ㉡ 뇌 기능의 퇴화로 인해 움직임 조절이 어렵고, 인지기능 저하, 성격 변화, 우울증, 망상, 환각, 공격성 증가, 수면 장애 등의 정신행동 증상이 동반되며, 말기에는 신체 경직, 보행 이상 등의 신경학적 장애 또는 대소변 실금, 감염, 욕창 등 신체적 합병증이 나타난다.

③ 알츠하이머병의 진단 : 노인성 치매와 같다.
④ 알츠하이머병의 발병 위험 요인[5] : 환경 독소, 유전적 요인, 과거 머리 부상 병력
⑤ 알츠하이머병의 치료 : 약물치료와 비약물 치료의 병행이 필요하다.

---

1) [기출 15-17] 치매 환자의 치료와 예방법으로 옳지 않은 것을 찾는 유형으로, '혼자 있는 생활을 즐기도록 한다.'라는 것은 오답 찾기의 정답이다.
   [기출 17-12] 보기에서 치매 예방법을 모두 고른 것을 찾는 유형
2) [기출 20-14] 치매 환자의 운동 유의사항으로 옳은 것을 모두 고른 것을 찾는 유형
3) [기출 18-14] 치매 환자의 운동 효과가 아닌 것을 찾는 유형
4) [기출 24-11] 알츠하이머병에 대한 설명으로 보기에서 옳은 것을 모두 고른 것을 찾는 유형
5) [기출 23-13] 알츠하이머병의 발병 위험 요인이 아닌 것을 찾는 유형으로, '뇌 혈류량 증가'가 오답 찾기의 정답이다.

라. 파킨슨병

① 파킨슨병의 개념[1] : 뇌에 분포하는 도파민의 신경세포가 소실되어 발생하는 신경계의 만성 진행형 퇴행성 질환이다.

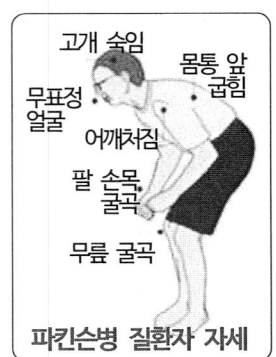
파킨슨병 질환자 자세

[용어해설] **파킨슨병** : 1817년 미국 신경과 의사 파킨슨의 이름을 따서 명명되었다.

[용어해설] **도파민** : 뇌를 중심으로 뉴런의 신경 전달 물질에서 방출되는 생체 분자이다. 뉴런은 신경세포로서 정보를 전달하는 역할을 한다.

② 파킨슨병의 증상[2]
   ㉠ 떨림, 경직, 느린 운동, 보행 불편 등을 느끼며, 자세가 불안정하다.
   ㉡ 초기에는 증상들이 신체의 한쪽에서 나타나지만, 병이 진행되면 양측으로 이전되며, 다리나 턱·혀 등에서도 떨림 현상이 나타난다.
   ㉢ 온도 조절 능력이 떨어지고 기립성 조절 장애가 있을 수 있으니 유의해야 한다.
   ㉣ 협응 장애 등이 안정성을 저해하므로 낙상에 유의해야 한다.

③ 파킨슨병 환자의 치료 : 생활 능력 개선에 중점을 두고 생활의 변화가 이루어져야 한다.

④ 파킨슨병 환자의 운동[3]
   ㉠ 유산소 운동(걷기, 자전거 타기, 에르고미터, 수영, 댄스 등)이 필요하다.
   ㉡ 잘못된 자세 예방과 몸통 강화를 위한 저항성 운동이 필요하다.
   ㉢ 유산소 운동은 최대 여유 심박수의 40~59% 강도로 권장한다.
   ㉣ 운동 통제가 어려우므로 갑작스럽게 움직이거나 멈추지 않는다.
   ㉤ 목 유연성 운동은 자세, 보행, 기능적 이동성의 개선에 영향을 주기 때문에 권장한다.

[용어해설] **에르고미터**(ergometer) : 에너지 단위인 에르그(erg)에서 유래된 단어로, 운동을 부하하고 양을 측정하는 기계장치이다. 자전거 에르고미터가 대표적이며, 트레드밀과 스텝 테스트도 같은 기능을 한다.

5. 호흡계 질환과 운동

가. 호흡계 질환의 이해

[보충설명] **호흡계 질환** : 출제 기준에 호흡계 질환은 포함되어 있지 않지만, 건강교육론에서 빠질 수 없는 중요한 부분이다. 특히 코로나 팬데믹 이후 호흡계 질환이 건강관리에 중요하게 작용하고 있어 수록한다. 출제 기준에 포함되지 않았기에 이제까지 시험에 출제된 일은 없는 부분이다.

① 호흡계의 구성 : 기체의 가스교환에 관여하는 기관들로, 입·인두·후두·기관·기관지·세기관지·폐·늑골 등이 호흡에 관여한다.

② 호흡계 질환의 구분
   ㉠ 감염 및 염증성 질환 : 급성기관지염, 폐렴, 결핵, 기관지확장증
   ㉡ 급성 및 외상성 질환 : 기흉, 혈흉
   ㉢ 만성 폐 질환 : 천식, 폐기종, 기관지염, 폐쇄성 폐질환

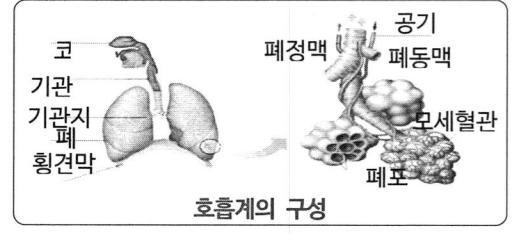
호흡계의 구성

③ 노년기에 유의해야 할 호흡계 질환 : 천식, 만성폐쇄성폐질환, 폐렴

---

1) [기출 22-13] 치매에 관한 내용을 보기로 들고, 질환명을 ( )로 비워놓고 적합한 용어를 선택하는 것과 파킨슨병의 주원인이 무엇인지 묻는 유형으로, 파킨슨병은 도파민 감소로 신경세포가 소실되어 발생한다.
2) [기출 21-12] 파킨슨 질환자의 증상으로 틀린 것을 찾는 유형
   [기출 19-17] 파킨슨병의 증상을 보기로 들고, 어떤 질환에 대한 설명인지 묻는 유형
3) [기출 20-17] [기출 18-15] 파킨슨 질환자의 운동 방법으로 옳은 것을 찾는 유형
   [기출 17-14] 파킨슨 질환자의 운동 방법을 보기에서 모두 고른 것을 찾는 유형
   [기출 19-08] 파킨슨 질환자의 운동 방법으로 틀린 것을 찾는 유형으로, '잘못된 자세를 예방하기 위해 몸통 굴곡 저항운동이 중요하다.'라는 것은 오답 찾기의 정답이다.

나. 호흡계 질환자의 운동 프로그램

1) 천식

① 천식의 개요
   ㉠ 기도의 협착 또는 염증으로 인해 발생하는 폐 질환
   ㉡ 유발 물질이 기도를 자극하면 그 반응으로 기도가 좁아지고, 기관지 경련 발생
   ㉢ 기침과 호흡수가 급격히 증가하며, 호흡곤란 증세

② 천식의 발병 원인 : 알레르기를 일으키는 원인 물질인 알리젠의 작용으로 발병

③ 천식의 종류
   ㉠ 감염경로에 따라 : 흡입성, 식사성, 감염성 천식 등
   ㉡ 운동 필요성에 따라 : 운동과 관련된 천식과 아닌 경우 등이 있다. 즉 운동 형태, 강도 등에 따라 운동 유발성 천식이 발병할 수 있다.

④ 천식의 치료 : 원인 제거, 대증요법, 심리요법, 단련요법, 운동요법 등

⑤ 천식 질환자의 운동요법 효과
   ㉠ 호흡 기능의 저하 방지
   ㉡ 호흡에 사용되는 근육군의 기능 강화
   ㉢ 전신 지구력 향상

⑥ 천식 질환자의 운동 프로그램
   ㉠ 운동 형태 : 수중운동(수영, 수중 댄스)을 권장하는데 이는 운동 유발성 천식이 발생하지 않는 환경에서 운동할 수 있기 때문이다.
   ㉡ 운동 강도 : 환기 역치 이하의 수준 또는 6분 보행 검사에서 얻어진 최대 보행속도의 60~70% 이하의 수준
   ㉢ 운동 빈도 : 주 2~3회, 짧게 자주 하는 것이 좋다.
   ㉣ 운동시간
      • 운동 지속시간은 20~30분 정도가 적당
      • 낮은 강도의 준비운동을 10~15분 수행 후 본 운동 시행

2) 만성폐쇄성폐질환

① 만성폐쇄성폐질환(COPD, chronic obstructive pulmonary disease)의 개요
   ㉠ 기도가 줄어들거나 폐쇄되어 호흡곤란을 느끼는 질환
   ㉡ 천식과 비슷하게 호흡곤란·기침·가래 등의 증상을 나타내다가 폐 기능을 악화시킨다.

② 만성폐쇄성폐질환의 발병 원인 : 90% 이상이 흡연에 기인한 것이며, 나머지는 미세먼지, 공해, 선천성 질환 또는 호흡기 감염 등

③ 만성폐쇄성폐질환의 종류
   ㉠ 만성기관지염 : 기관지에 염증이 발생하는 경우
   ㉡ 폐기종 : 산소와 이산화탄소가 교환되는 폐포의 파괴 또는 폐쇄로 발병

④ 만성폐쇄성폐질환의 치료 : 금연 및 약물요법과 운동요법 등

⑤ 만성폐쇄성폐질환자의 운동 프로그램
   ㉠ 운동 형태 : 호흡근 강화를 위한 저항성 트레이닝, 기관지 확장을 하는 유산소 운동을 병행하며, 하지를 주로 사용하는 자전거 타기, 걷기 등이 효과적이다.
   ㉡ 운동강도 : 저강도의 지속적 운동이 효과적이고, 증상이 나타나지 않으면 강도를 점진적으로 증가시키는 것이 좋다.

ⓒ 운동빈도
- 낮은 강도의 준비운동을 10~15분 수행 후 본 운동 시행
- 저강도 운동에서 호흡곤란, 기침, 현기증이 나타나지 않으면 운동강도의 점진적 증가

ⓔ 운동시간 : 운동 지속시간은 10~30분 정도가 적당

3) 폐렴

① 폐렴의 개요 : 폐에 발생한 감염증으로, 기침, 가래, 흉통, 호흡곤란, 구토, 오한 등의 증상이 나타나며 대부분 고열을 동반한다.

② 폐렴의 발병 원인 : 세균 감염이 가장 많으며, 세균 중에는 폐렴구균이 가장 흔하다. 바이러스와 곰팡이균도 원인이 될 수 있다.

③ 폐렴의 종류
  ㉠ 만성기관지염 : 큰 기관지에 염증이 발생하는 경우
  ㉡ 폐기종 : 산소와 이산화탄소가 교환되는 폐포의 파괴 또는 폐쇄로 발병

④ 폐렴의 치료 : 금연 및 약물요법과 운동요법 등

⑤ 폐렴 질환자의 운동 프로그램
  ㉠ 운동 형태 : 호흡근 강화를 위한 저항성 트레이닝, 기관지를 확장할 수 있는 유산소 운동을 병행하며, 하지를 주로 사용하는 자전거 타기, 걷기 등이 효과적이다.
  ㉡ 운동강도 : 저강도 운동의 지속적 운동이 효과적이고, 증상이 나타나지 않으면 강도를 점진적으로 증가시키는 것이 좋다.
  ㉢ 운동빈도
  - 낮은 강도의 준비운동을 10~15분 수행 후 본 운동 시행
  - 저강도 운동에서 호흡곤란, 기침, 현기증이 나타나지 않으면 운동강도의 점진적 증가
  ㉣ 운동시간 : 운동 지속시간은 10~30분 정도가 적당

제4장 스트레스와 건강관리

1. 스트레스의 이해

가. 스트레스의 개요

1) 스트레스의 개념

① 스트레스의 정의[1]
  ㉠ 정신적·육체적 안정과 균형을 깨뜨리는 자극인 변화에 대해 안정 상태를 유지하려는 인체의 반응을 말한다.(Hans Selye가 주장하였다.)
  ㉡ 스트레스를 일반 적응증후군(GAS, general adaptation syndrome)이라고도 한다.
  ㉢ 의학계의 정신과적 진단으로 정신장애라고 한다.

  [인명] **한스 세리에**(Hans Selye) : 헝거리 출신 캐나다 내분비학자로, 스트레스와 관련해 많은 연구 업적을 남겼다.

② 스트레스의 관련 용어의 구분
  ㉠ 스트레스 요인 : '상사가 스트레스를 준다.'라고 할 때의 스트레스
  ㉡ 스트레스 반응 : '요즘 스트레스의 연속이다.'라고 할 때의 스트레스
  ㉢ 일상에서 스트레스 요인과 반응이 혼용되어 사용되지만, 스트레스를 구분할 수 있다.

스트레스 요인과 증상

③ 스트레스의 기전[2]

| ❶ 단계 | 경고 반응 | → | ❷ 단계 | 저항 | → | ❸ 단계 | 탈진 |

  ㉠ 1단계 경고 반응(alarm reaction) : 인체가 스트레스에 대해 적극적으로 저항을 나타내는 시기로, 체온 및 혈압 저하, 저혈당, 혈액 응고 가속화, 코티졸 분비 등이 일어난다.
  ㉡ 2단계 저항(resistance stage) : 경고 반응 이후에도 계속 스트레스에 노출되면 저항이 가장 강하게 나타난다.
  ㉢ 3단계 탈진(exhaustion stage) : 스트레스 저항력이 떨어져 생체에 여러 증상이 나타난다.

  [용어해설] **코티졸** : 부신피질에서 생성되는 스테로이드 호르몬의 일종으로, 신체가 최대의 에너지를 만들어 낼 수 있도록 하는 과정에서 혈압과 포도당 수치를 높인다.

  [보충설명] **스트레스 기전에 대한 다른 학설** : 경고 단계→대응 단계→저항 단계→탈진 단계

④ 스트레스의 구분[3]
  ㉠ 긍정적 스트레스(eustress, 유스트레스) : 현재 부담스럽더라도 적절히 대응하여 자신의 향후 삶이 더 나아질 수 있는 스트레스 → 생활의 활력소로 작용한다.
  ㉡ 부정적 스트레스(disstress) : 자신의 대처나 적응에도 불구하고 지속되는 스트레스는 불안이나 우울 등의 증상을 일으키는 스트레스 → 질병으로 작용한다.

---

1) [기출 16-06] 스트레스에 대한 설명으로 틀린 것을 찾는 유형
2) [기출 24-07] 일반 적응증후군의 1단계 경계 단계의 인체 반응 설명으로 틀린 것을 찾는 유형으로, '동공 확장'은 경계 단계의 반응이 아니므로, 오답 찾기의 정답이다.
   [기출 19-15] [기출 18-18] 스트레스 기전 단계를 바른 순서로 연결된 것을 찾는 유형
3) [기출 21-15] 유스트레스(eustress) 상황에 해당하는 것을 찾는 유형으로, eustress는 긍정적 스트레스를 말하며, 여가를 활용한 스포츠 참여가 이에 해당한다.
   [기출 20-18] 스트레스를 구분하는 설명을 보기로 들고, 적합한 용어를 바르게 연결한 것을 찾는 유형

⑤ 스트레스의 특징
　㉠ 누구에게나 존재하며, 인체 면역세포에 영향을 준다.
　㉡ 변화로 인해 정신과 신체의 변화 또는 반응이 나타난다.
　㉢ 신체 기관이 영향을 받아 특이적 반응을 나타내며, 정신과 신체가 위협받는 상태로 적응이 필요하다.
　㉣ 고혈압, 뇌졸중, 위궤양 등의 발병 원인이 되기도 한다.
　㉤ 스트레스의 대처 방법은 개인의 특성에 따라 다르다.

2) 스트레스의 발생 요인
① 외적 요인1)
　㉠ 물리적 환경 : 소음, 빛, 열, 더위, 공간, 편리함의 감소 등이다.
　㉡ 사회적 환경 : 조직 환경(규정, 형식적 절차, 마감 시간 등)이 큰 영향을 준다.
　㉢ 개인적 사건 : 중요한 사건(질환, 경제, 실직, 사업 실패, 결혼 등)과 일상적 사건(출퇴근, 기계 고장, 열쇠 분실 등) 등이다.
　㉣ 생물학적 요인 : 세균, 바이러스
② 내적 요인
　㉠ 생활 습관 : 카페인, 흡연, 수면 부족, 과도한 일정 등이다.
　㉡ 왜곡된 인지 : 자기의 부정(비관적 생각, 과도한 분석), 생각의 함정(비현실적 기대, 사적 감정 개입, 극단적 사고, 과장, 극단적 사고), 개인적 특성(완벽주의, 일 중독 등) 등이다.

나. 스트레스가 인체에 미치는 영향
1) 일시적 스트레스가 인체에 미치는 영향
　㉠ 땀이 나거나, 심박수와 대사율이 증가하고, 소화 기능 저하 현상이 일어난다.
　㉡ 신경성 두통을 동반한다.

2) 장기적 스트레스가 인체에 미치는 영향
① 정신건강에 미치는 영향
　㉠ 불안 증상(초조, 걱정, 근심 등)이 발생하고 점차 우울 증상으로 바뀐다.
　㉡ 스트레스가 계속되면 이를 이겨낼 힘이 약화하여 정신질환으로 발전할 수 있다.
　㉢ 주로 적응 장애, 불안장애, 기분장애, 식이장애, 성기능장애, 수면 장애, 체형 장애, 알코올 및 물질 사용 장애 등이다.
② 신체 건강에 미치는 영향2)
　㉠ 스트레스가 신체 질환의 발생 원인이나 악화 요인으로 작용한다.
　㉡ 혈압을 증가시키며, 이는 고혈압, 뇌졸중, 위궤양 등의 병인이 될 수 있다.
　㉢ 구내염이나 괴사성 잇몸병을 유발한다.
　㉣ 두통의 유발과 지적 기능 또는 기억력 손상을 유발한다.
　㉤ 스트레스가 심하면 코티졸이 분비된다.
③ 면역기능에 미치는 영향
　㉠ 장기간 스트레스를 받으면 면역기능이 떨어져 질병에 걸리기 쉬운 상태가 된다.

---

1) 기출 21-14 스트레스의 생물학적 요인을 찾는 유형으로, 세균, 바이러스 등이 정답이다.
2) 기출 22-19 기출 20-20 스트레스로 인한 신체적 반응을 바르게 설명한 것을 찾는 유형
　 기출 17-18 스트레스로 인한 신체 반응을 보기에서 모두 고른 것을 찾는 유형

ⓒ 다양한 정신 신체장애의 발병과 악화는 물론이고 암과 같은 심각한 질환도 영향을 많이 주는 것으로 알려졌다.

2. 스트레스의 증상과 관리

가. 스트레스의 증상

① 심리적 증상 : 불안, 걱정, 근심, 신경과민, 성급함, 참지 못함, 짜증, 분노, 불만족, 건망증, 주의집중 장애, 우유부단, 좌절, 탈진, 우울 등의 증상이 나타나고, 혈압 상승이 일어난다.
② 신체적 증상1)
  ㉠ 근골격계 : 두통, 목이 뻣뻣함, 이갈이, 어깨통, 요통, 관절염 등의 증상이 나타난다.
  ㉡ 사지와 피부 : 손발의 차가움, 발한, 가려움증, 피부 발진 등의 증상이 나타난다.
  ㉢ 소화계 : 구토, 위산 과다, 속 쓰림, 변비, 설사, 복통, 장염 등의 증상이 나타난다.
  ㉣ 순환계 : 숨참, 과호흡, 천식 등의 증상과 혈압이 상승한다.
  ㉤ 기타 : 몸 떨림, 장시간 앉아있지 못함, 수면 장애, 피로, 성 기능 장애, 면역력 감소 현상이 나타난다.
③ 행동적 증상 : 안절부절, 손톱 깨물기, 발 떨기, 과식, 과음, 흡연, 폭력적 언행, 자해, 자살, 타해, 타살 등을 일으킬 수 있다.

나. 스트레스의 관리

1) 규칙적 생활 습관2)

① 규칙적 생활 습관 : 평소 규칙적인 생활 습관을 갖도록 해야 한다.
② 건강한 식사 습관
  ㉠ 음식물은 천천히, 편안하게, 골고루, 적당하게 섭취해야 한다.
  ㉡ 술, 카페인, 설탕, 소금, 간편식, 즉석식 등의 과량 섭취를 지양해야 한다.
③ 숙면 : 잠을 충분히 자야 하며, 일반적으로 6~8시간 정도가 적당하다.
④ 규칙적 운동 : 걷기운동이 효율적이며, 하루에 30~60분 정도, 일주일에 세 번 이상 운동을 권장하며, 규칙적인 운동을 하지 않았을 경우 점진적으로 횟수나 시간을 늘려야 한다.
⑤ 문제에 대한 적극적 대응
  ㉠ 스트레스 상태의 실체를 파악하고, 이를 해결하는 방안이 모색되어야 한다.
  ㉡ 마땅한 해결 방안을 찾지 못하면 스트레스를 수용하는 능력이 필요하다.
  ㉢ 문제에 대한 적극적 대응이 필요하다.

2) 스트레스 극복 방법

① 인지-행동 기법 : 과거 경험한 스트레스 반응을 기억해서 계획→연습→실행의 단계로 극복한다.
② 근육 이완과 복식 호흡 : 조용하고 간섭받지 않는 곳에서 편안한 자세로, 신체 각 부위의 근육을 긴장·이완시키며 깊고 천천히 숨을 쉬는 복식 호흡을 하거나 명상 등 실행한다.
③ 명상 : 스트레스 요인(감각, 심상, 행위)에 주의를 집중하는 집중 명상과 마음에서 일어나고 사라지는 모든 변화를 관찰하는 마음 챙김 명상으로 구별하며, 추월 명상, 선, 요가, 마인드컨트롤, 단전호흡 등이 명상에 포함된다.

---

1) 기출 15-11 스트레스 반응 시 호르몬 변화로 나타나는 인체 현상으로 옳은 것을 찾는 유형
2) 기출 21-19 보기에 제시된 내용 중 스트레스 해소 방법을 모두 고른 것을 찾는 유형
  기출 16-10 스트레스 대처 방법으로 틀린 것을 찾는 유형으로, '스트레스에 대처하는 방법은 모든 사람에게 같다.'가 오답 찾기의 정답이다. 스트레스를 관리하는 방법은 개인에 따라 다르기 때문이다.

④ 바이오피드백 : 정신-생리적 반응을 기구를 이용 확인하면서 능동적 조절을 할 수 있도록 하며, 지속적으로 훈련하는 방법이다.

보충설명 스트레스 극복 방법
❶ 인지-행동 기법   ❷ 근육 이완과 복식 호흡   ❸ 명상법   ❹ 바이오 피드백

3. 운동과 정신건강

가. 운동과 정신건강
① 스트레스 해소를 위한 운동법
  ㉠ 중강도 이하의 유산소 운동을 한다.
  ㉡ 개방적 공간에서 운동한다.
  ㉢ 관심이나 재미를 느낄 수 있는 운동을 한다.
② 운동이 정신건강에 미치는 영향[1]
  ㉠ 운동은 심리적 불안감과 우울증을 감소시키고, 자아존중감과 인지기능을 높인다.
  ㉡ 운동은 불안과 스트레스를 감소시키고, 자신감을 높인다.
  ㉢ 운동을 통해 증진된 체력 수준은 삶의 질을 높인다.

나. 운동을 통한 스트레스 극복
① 규칙적 운동이 스트레스에 미치는 영향[2]
  ㉠ 운동 시 엔도르핀 호르몬 분비가 증가하여 스트레스가 완화된다.
  ㉡ 운동을 통해 증진된 체력 수준이 스트레스에 대한 저항을 증가한다.
  ㉢ 스트레스에 대한 심리적인 압박이 감소하고 기분 전환 효과가 나타난다.
② 스트레스 개선을 위한 적절한 운동 방법[3]
  ㉠ 중강도 이하의 유산소 운동
  ㉡ 취침 직전 고강도 저항성 운동
  ㉢ 관심이나 재미를 느낄 수 있는 운동

---

1) 기출 23-11 운동이 정신건강에 미치는 영향에 대한 설명으로 틀린 것을 찾는 유형
2) 기출 17-10 규칙적 운동이 스트레스에 미치는 영향에 대한 설명으로 틀린 것을 찾는 유형
3) 기출 18-19 스트레스 개선을 위한 적절한 운동 방법을 보기에서 모두 고른 것을 찾는 유형

제5장 건강과 장수

1. 노화와 건강

가. 노화에 따른 질병

1) 노화 관련 용어의 개념

① 노화[1] : 나이가 들면 세포의 재생과 보수 능력이 떨어지면서 나타나는 생명의 자연스러운 퇴행 현상으로, 세포가 퇴화하여 제 기능을 다 하지 못할 때 나타나는 증상

② 노화의 의학적 진단 : 의학적으로 세포 손상이 70% 이상이면 질병으로 진단

③ 노화와 질병의 원인
  ㉠ 노화와 질병은 세포의 퇴화 또는 손상으로 발생한다.
  ㉡ 세포의 퇴화 또는 손상은 세포를 둘러싸고 있는 체액이 오염되어 세포의 정화 능력이 떨어지고, 세포에 산소와 영양소 공급이 부족하여 세포의 에너지 생산능력이 저하되거나, 체액 오염 또는 세포에 저산소증 현상이 나타나거나, 스트레스로 인해 세포가 경직되기 때문이다.

2) 노화 현상

① 노화의 중요 원인
  ㉠ 세포의 퇴화와 세포 수의 감소
  ㉡ 체내 활성산소의 증가
  ㉢ 근육량과 골밀도 감소

② 노화에 따른 신체적 변화[2]
  ㉠ 근육량 감소 등의 원인으로 근력이 감소한다. 근 감소는 <u>지근섬유</u>보다 <u>속근섬유</u>에서 더 많이 감소한다.
  ㉡ 신경전도 속도와 자극에 대한 민감도가 감소하며, 반응시간은 증가하고, 피부 민감도가 감소한다.
  ㉢ 여유 최대산소섭취량(VO_2Rmax)이 감소하여 호흡 능력이 감소한다.
  ㉣ 뇌에서 조직 손상이 나타나고, 두뇌 무게의 감소와 척수 세포 수가 감소한다.

  보충설명 **지근섬유와 속근섬유** : '제3과목 트레이닝론〉 제3장 체력 트레이닝〉 2. 근 기능 트레이닝' 참조

③ 노화 예방
  ㉠ 지속적 운동이 필요하다.
  ㉡ 규칙적 식사와 지방질이 많은 음식을 줄이고, 과일이나 채소를 많이 먹도록 해야 한다.(비타민C, E의 다량 섭취가 필요)
  ㉢ 근력 훈련과 평형성 훈련을 병행하면 낙상 위험이 감소한다.

④ 활성산소(ROS, reactive oxygen species)[3]
  ㉠ 활성산소의 개념 : 산소는 인체에 필요한 에너지를 만드는 역할을 하지만 이 과정에서 몸에 좋지 않은 산소인 활성산소가 생성되기도 한다. 활성산소는 체내 정상 세포를 공격하므로 노화나 각종 질병의 원인으로 작용한다.

---

1) 기출 16-14 노화에 대한 설명이 바르게 된 것을 찾는 유형
2) 기출 24-03 노화의 특성으로 옳은 것을 찾는 유형으로, '신경 자극 전도시간 증가'가 정답이다.
  기출 23-17 기출 21-16 기출 19-07 노화에 따른 신체 변화의 설명이 옳은 것 또는 틀린 것을 찾는 유형으로, '피부 자극에 대한 민감도가 증가', '혈중젖산 증가'가 오답 찾기의 정답이다.
3) 기출 22-10 운동 중에 발생하는 활성산소가 아닌 것을 찾는 유형으로, '백혈구'가 오답 찾기의 정답이다.
  기출 16-04 활성산소에 대한 설명으로 틀린 것을 찾는 유형으로, '스트레스와 활성산소는 무관하다.'가 오답 찾기의 정답이다. 스트레스는 활성산소를 만드는 데 역할을 하기 때문이다.

○ 활성산소를 증가시키는 요인 : 과식, 스트레스, 과 운동, 흡연, 배기가스, 미세먼지, 음주, 수면 부족, 과도한 자외선 노출 등
   ○ 운동으로 인해 생성되는 활성산소 : 수산화 라디칼(hydroxy radical), 과산화수소(H_2O_2), 초과산화물 라디칼(superoxide anion radical, 과산화물 음이온) 등
⑤ 항산화(antioxidation)
   ○ 항산화의 개념 : 인체의 산화를 억제한다는 의미로, 활성산소를 제거하는 것이 인체의 산화를 막는 방법이며, 이러한 인체 세포의 산화를 억제하는 것이 항산화 현상이다.
   ○ 항산화 현상
      • 인체에는 활성산소를 해가 없는 물질로 바꿔주는 효소(항산화 효소)가 있어, 활성산소의 무제한 증가를 막아준다.
      • 나이가 들수록 활성산소 제거 능력이 저하되므로 식품을 통해 항산화 물질을 섭취하는 것이 중요하다.
      • 대표적 항산화 물질로는 비타민C(키위, 양배추 등에 다량 함유), 비타민 E(아몬드, 해바라기씨 등에 다량 함유), 베타카로틴(당근, 토마토 등에 다량 함유), 셀레늄(각종 해산물에 다량 함유) 등이 있다.

3) 면역력

① 면역력(level of immunity)과 면역반응의 구분

구분	내용
면역력	외부에서 들어온 병원균 또는 내부의 이물질(항원)에 저항하거나 이기는 힘
면역반응	세포가 외래성 또는 내인성 항원에 대하여 일으키는 인체의 반응 현상

② 면역반응의 구분

구분	내용
특이적(적응성) 면역반응	항원에 대해 반응이 서서히 일어나는 면역
비특이적(선천성) 면역반응	항원에 대해 반응이 급격하게 반응을 일어나는 면역

③ 면역력의 특성[1]
   ○ 규칙적인 운동은 초기 및 적응성 면역반응을 촉진한다.
   ○ 적응성 면역반응은 다양성, 특이성, 기억성의 특성을 갖는다.
   ○ 면역반응은 세포 중 T세포가 담당한다.
   [용어해설] T세포와 β세포 : T세포(T cell)는 일반적인 면역 적응 세포로, T 림프구에서 따왔다. β세포(β-cell)는 인슐린을 만드는 세포이다.
④ 면역력을 기르는 방법 : 지속적 운동과 규칙적 식사와 지방질이 많은 음식을 줄이고, 과일이나 채소를 많이 먹도록 해야 한다.

나. 노인운동 프로그램

1) 노인운동 프로그램의 개요

① 운동 프로그램의 구성요소
   ○ 운동 프로그램은 운동빈도, 운동강도, 운동시간, 운동유형 등을 말한다.
   ○ frequency(운동빈도), intensity(운동강도), time(운동시간), type(운동유형) 등의 첫 글자를 따 FITT라고 한다.

---

[1] **기출 24-10** **기출 16-11** 면역력에 대한 설명으로 틀린 것을 찾는 유형으로, '적응성 면역반응은 β 세포가 주로 조절한다.'라는 것은 오답 찾기의 정답이다. 적응성 면역반응은 T세포가 담당한다.

② 노인운동 프로그램의 중요성
　㉠ 노화에 따른 생리적 기능 감퇴와 체력 향상, 건강 증진 등을 위한 프로그램을 만들어야 한다.
　㉡ 잘못된 운동 프로그램은 건강을 악화시킬 우려가 있다.
　㉢ 유산소 운동 전 낙상, 무릎 통증 등을 예방하기 위해 근력운동이 필요하다.
③ 노인운동 프로그램의 구성

| ❶ 사전 건강 검진 | → | ❷ 운동 위험군 분류 | → | ❸ 신체 능력 측정 및 평가 | → | ❹ 프로그램 설계 |

④ 노인운동 프로그램의 목적
　㉠ 노인의 건강 유지와 신체기능의 증진을 통한 노화의 지연
　㉡ 사회적 교류를 통한 친목 도모와 정보의 교환
　㉢ 사회적 역할 감소에 따른 심리적 위축의 극복
　㉣ 생활의 흥미를 느낄 수 있다.
⑤ 노인운동 프로그램 계획 시 고려 사항
　㉠ 노인의 특성을 고려하며, 노인의 요구를 충족할 수 있도록 해야 한다.
　㉡ 노인의 접근성과 주변 시설 등을 고려하여 실현할 수 있도록 해야 한다.
　㉢ 노인운동 프로그램 관련자 간 유기적 협력관계를 유지하여 상호 연관성이 있어야 한다.
⑥ 노년기 특성과 운동 처방 고려 사항[1]
　㉠ 운동 적응 및 회복 능력 부족 : 철저한 준비운동과 정리운동 실시
　㉡ 피로 증가 : 휴식 시간과 휴식 빈도 증가
　㉢ 상해 발생 가능성 증가 : FITT를 적정하게 운영
　㉣ 특성별 장애 발생 : 적절한 운동기구 사용

2) 노인운동의 기본원리

구분	내용
기능 관련성	일상생활에서 수행하는 여러 동작을 응용하여 신체기능 활동에 중점을 둔다.
개별화	개인별 차이가 있으므로 개인의 상태에 따라 조절해야 한다.
난이도 조절	개인 능력에 따라 운동 난이도를 조절해야 한다.
수용	통증 유발, 무리, 스스로 안전하다고 생각하는 수준을 넘지 않도록 수행해야 한다.
과부하	신체적 능력을 초과하는 부하가 일어나면 역효과가 발생할 수 있다.
특정성	운동 효과는 운동유형과 관련된 근육에만 효과가 나타난다.

[보충설명] **일반 운동의 기본원리** : 과부하의 원리, 점증 부하의 원리, 특이성의 원리, 반복성의 원리, 의식성의 원리, 전면성의 원리, 개별성의 원리, 가역성의 원리

3) 노인의 걷기운동
① 걷기운동의 이해
　㉠ 특별한 장비나 투자 없이도 할 수 있는 안전한 유산소 운동이다.
　㉡ 성인병의 예방과 치료 및 체지방률을 감소시키는 데에도 효과가 크다.
　㉢ 걷기는 자연스럽고 편안하게 한다.
　㉣ 천천히 걷기부터 시작하여 경쾌하면서도 약간 빠르게 해야 효과가 크다.

---

[1] 기출 22-20 노년기 특성과 운동 처방 고려 사항이 서로 잘못 연결된 것을 찾는 유형

② 걷기운동의 바른 동작
  ㉠ 양팔은 흔들면서 걷고
  ㉡ 발의 뒤꿈치부터 착지하며
  ㉢ 시선은 정면을 주시하되 좌우를 살펴야 한다.
③ 노인의 효율적 걷기 방법
  ㉠ 분당 보폭 수를 높여야 한다.
  ㉡ 보행 중 양발 지지 비율을 증가시켜야 한다.
  ㉢ 안정된 걷기를 위한 의식적 관여를 증가시켜야 한다.
  ㉣ 보폭과 활보장을 증가시켜야 한다.

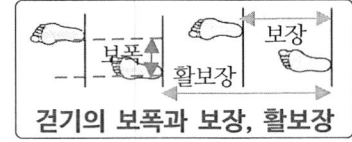
걷기의 보폭과 보장, 활보장

  [용어해설] 보장과 활보장 : 보장은 두 발 사이의 거리이고, 활보장은 우측 보장과 좌측 보장의 합이다.

4) 노인의 수중운동 유의사항
  ㉠ 근력이 부족한 노인은 수영, 수중 걷기, 수중 에어로빅 등이 적합하다.
  ㉡ 운동 전 충분한 준비운동을 실시한다.
  ㉢ 수영장의 입·퇴장 시 낙상에 주의
  ㉣ 안전관리를 위한 시설·인원 등의 확보

다. 노인 체력 검사

1) 노인 체력 검사의 이해
① 노인 체력 검사(SFT, senior fitness test)의 개념 : 노인의 정상적인 일상 활동을 하는 데 필요한 신체기능을 측정하고 평가하는 검사로, 미국의 리클리와 존스가 개발하였다.
② 리클리와 존스(Rikli & Jones)의 SFT 검사방법
  ㉠ 의자에서 일어섰다 앉기
  ㉡ 6분 걷기
  ㉢ 2분 제자리 걷기
  ㉣ 의자에 앉아 손 뻗기
  ㉤ 등 뒤로 두 손 모으기
  ㉥ 의자에 앉았다가 일어나 2.44m 왕복 걷기

2) 국민 체력 100의 노인 체력 검사
① 국민 체력 100의 개념
  ㉠ 국민의 체력 및 건강 증진을 목적으로, 체력 상태를 과학적 방법으로 측정·평가하여 운동 상담 및 처방하는 체육 복지서비스로, 국민체육진흥공단이 주관하고 있다.
  ㉡ 참가한 모든 사람에게 체력 수준에 따른 맞춤형 프로그램을 제공하고 꾸준하게 운동할 수 있도록 체계적으로 관리하며, 국민 체력 참가증을 발급하고 있다.
② 국민 체력 100의 노인 체력 검사방법[1]

구분	내용
신체 조성	신장, 체중 측정
상지근 기능	상대 악력
하지근 기능	의자에 앉았다 일어서기
보행 및 동적 평형성	의자에 앉았다가 일어서 3m 표적 돌아오기

---

1) [기출 21-17] 노인 체력 검사의 검사 항목에 해당하지 않는 것을 찾는 유형

유연성	앉아 윗몸 앞으로 굽히기
협응력	8자 보행
심폐지구력	2분 제자리 걷기, 6분 걷기

라. 운동과 노화

1) 운동과 노화의 관계
㉠ 노화로 신체적, 심리적, 사회적으로 많은 변화가 일어난다.
㉡ 운동은 신체적 기능(체격·체력)은 물론 정신적, 사회적 기능의 쇠퇴를 지연시키거나, 향상할 수 있다.

2) 노년기의 운동이 인체에 미치는 영향
① 노년기 운동 효과[1]
㉠ 노년기의 근력운동은 최대근력(1RM)을 증가시키며, 근 비대를 이룰 수 있다.
㉡ 노년기의 심폐 운동은 최대산소섭취량($\dot{V}O_2max$)을 증가시키며, 면역기능을 향상시킨다.

용어해설 RM : repetition maximum의 약어로, 반복할 수 있는 최대반복횟수를 말한다.

용어해설 $\dot{V}O_2max$: 운동강도가 최대에 이르렀을 때 단위시간 당 산소섭취량을 나타내는 용어

② 노년기 운동이 인체에 미치는 영향
㉠ 신체 조성의 변화
- 인체는 영양, 질병, 운동 등에 의해 영향을 받으며, 이는 질병, 면역성 등에 영향을 미친다.
- 적당한 운동은 식욕을 촉진한다.
- 저강도의 장시간 운동은 체중감소와 비만을 억제한다.
- 적당한 운동은 지방을 감소시켜, 신체 조성을 정상화한다.

㉡ 근·골격계의 변화
- 노화의 대표적인 변화는 골격근의 쇠퇴이다.
- 근력은 일상생활에서 기동성, 위기 대처 능력과 질적인 삶의 중요한 요소이다.
- 60세 이후에 근력이 급속히 약화하며, 이는 생리적, 심리적, 정서적으로 위축되어 총체적 노화 현상을 초래한다.

㉢ 근·골격계 노화의 지연
- 운동하면 근섬유가 비대하여, 근력이 증강하므로, 자신감이 회복되고, 삶의 질을 향상할 수 있다.
- 근 모세혈관의 발달로 근수축에 필요한 에너지원의 공급이 원활하게 되어, 대사 작용이 활발해지므로 대사증후군 질환을 예방하고, 건강을 유지할 수 있다.
- 근 발달 때문에 근력과 근지구력이 향상되어 기초대사량이 증가하며, 이는 비만 해소, 노화 방지, 체내 저항력 강화 등으로 이어진다.
- 운동으로 체내 저항력을 키워 각종 질병에 대한 면역성을 높일 수 있다.
- 운동은 뼈의 칼슘 부족 현상을 감소시켜 골격의 노화를 방지할 수 있다.

㉣ 심폐기능의 변화
- 운동은 심장근의 강화를 통해 각 말단 조직에 다량의 혈액 공급을 원활화하여 세포가 활성화되며, 신진대사가 활발히 진행된다.
- 운동은 심폐기능을 발달시켜 내장 기관의 기능을 높이며, 신경조직을 활성화하므로 기억력, 사고력, 학습 능력 등이 향상된다.

---

[1] 기출 22-15 기출 17-08 노년기 운동 효과에 대한 설명으로 옳은 것 또는 잘못된 것을 찾는 유형이며, 후자는 '근감소증 증가'가 오답 찾기의 정답이다.

ⓜ 신경전달 속도의 변화 : 운동은 신경, 내분비계의 기능을 개선하며, 중추신경계의 노화를 방지하고, 자극에 대한 반응시간을 단축하여 사고 방지에 도움이 된다.
　　ⓝ 심리적 변화 : 운동은 β-엔도르핀(정신적 스트레스를 완화)과 부신 피질 호르몬(육체적 스트레스를 완화)을 분비하여 기분을 좋아지게 한다.

마. 노인성 질환
① 노인성 질환의 개념 : 노인이 걸리기 쉬운 질환
② 노인성 질환의 종류[1]
　㉠ 중요 노인성 질환 : 노인장기요양보험법에서 장기 요양보험 등급을 받기 위한 대통령령으로 정한 노인성 질환으로, 치매, 파킨슨병, 뇌졸중, 관절염 등 4가지이다.
　㉡ 기타 노인성 질환 : 중요 노인성 질환 외 근감소증, 알츠하이머성 치매, 골다공증으로 인한 고관절 골절 등이 있다.
③ 노인성 질환의 예방
　㉠ 일반적 예방법 : 규칙적 식습관, 적절한 운동, 심리적 안정 등 방법이 필요하다.
　㉡ 질환별 예방법 : '제3장 만성 질환과 운동'에서 설명된다.

바. 병적 상태와 삶의 질 향상
1) 병적 상태의 개념
　㉠ 병적 상태는 건강하지 않은 것을 말하고, 대부분의 쇠약한 노인이 죽기 전에 겪는 상태
　㉡ 신체는 항상성 현상에 따라 약간의 기능손상(장애)은 회복되지만, 심한 병적 상태는 항상성만으로 극복이 어렵고, 장기간 치료가 필요하다.
　㉢ 병적 상태를 일으키는 주요 만성 질병은 동맥경화증, 암, 신경통, 당뇨병, 폐기종, 간 경변 등이다.

2) 삶의 질 향상
① Fries의 삶의 질(QOL, quality of life) 향상
　㉠ 6개월간 주 3회 1시간씩의 건강 증진 프로그램을 시행한 결과 : 건강 상태 10% 개선, 건강위험 요소의 19% 감소, 업무 능률의 향상, 의사를 방문하는 시간과 횟수 감소 등의 효과가 나타났다.
　㉡ 건강 증진 프로그램 참여는 병적 상태의 감소로 삶의 질 향상에 기여
② QOL의 구성
　㉠ 인지 및 감성적 기능의 활성화
　㉡ 경제적인 상태
　㉢ 사회적인 기능과 레크리에이션 차원
　㉣ 건강과 체력 차원
　보충설명 QOL : 1990년 Anna & Harry Borun의 연구 내용이다.
③ 건강 및 체력과 삶의 질의 관계
　㉠ 건강과 체력은 사람의 병적 상태를 감소한다.
　㉡ 좋은 습관과 규칙적 운동은 건강에 큰 도움이 된다.
　㉢ 건강은 사회활동과 경제활동에도 영향을 미친다.
　㉣ 노인기의 신체활동은 정상적 수행 능력 유지, 노화의 지연, 질적이고 풍요로운 삶을 누리게 하며, 일상생활에 필요한 생명력을 제공하고, 기동성과 비기동성, 독립성과 의존성, 생존과 죽음이 교차할 때 중요한 역할을 한다.

---
1) **기출 18-16** 보기에 제시된 질환 중 노인성 질환을 모두 고른 것을 찾는 유형

2. 건강과 기호품

가. 담배와 건강

1) 담배와 건강의 이해

① 흡연이 인체에 미치는 영향[1]
  ㉠ 흡연은 여러 가지 질환의 원인이 되며, 암 발생의 중요 원인으로, 호흡기, 소화기, 비뇨기계의 암 발생뿐만 아니라 간암, 대장암, 급성골수성 백혈병의 원인이 된다.
  ㉡ 만성폐쇄성폐질환(COPD) 등 호흡기질환, 관상동맥질환, 뇌졸중 등의 심혈관질환, 황반변성, 당뇨병, 폐결핵, 류마토이드 관절염 등의 발병요인이며, 면역기능에도 나쁜 영향을 준다.
  ㉢ 교감신경을 자극하고, 말초신경을 수축시켜 혈압과 심박수를 증가시킨다.
  ㉣ 운동능력 저하에 영향을 미친다.
  ㉤ 일산화탄소가 적혈구 내의 헤모글로빈과 결합하여 산소운반 능력을 낮춘다.
  ㉥ 폐 조직을 자극하여 염증을 유발한다.
  ㉦ 위장의 혈액순환을 방해하여 소화 기능을 약화시킨다.
  ㉧ 여성의 불임 또는 자궁외임신 등과 남성의 성 기능에 나쁜 영향을 준다.
  ㉨ 흡연으로 인한 유해 물질이 세포를 손상한다.
  ㉩ 환기를 위한 산소 소비량이 급속히 증가한다.
  ㉪ 혈액의 산소운반능력이 저하한다.

② 국민건강증진법의 흡연 관련 사항
  ㉠ 19세 미만 미성년자에게 담배 판매 금지
  ㉡ 담뱃갑 앞뒷면에 흡연의 건강 유해에 대한 문구 반드시 표기
  ㉢ 공중이용시설 소유자는 금연 구역과 흡연 구역을 구분하여 지정

③ 간접흡연[2]
  ㉠ 담배 연기의 구분
    • 주류연 : 흡연자가 연기를 흡입한 다음 코와 입을 통해 내뿜는 연기
    • 부류연 : 담배에 불이 붙은 채 흡입하지 않는 상태에서 나오는 연기(=생담배 연기)
  ㉡ 간접 흡연자의 피해 : 주류연보다 부류연에 발암성 화합 물질이 더 많이 함유되어 간접 흡연자가 직접 흡연자보다 건강에 더 해롭다.

2) 담배의 성분

① 니코틴(nicotine)[3]
  ㉠ 교감과 부교감 신경을 흥분시켜 쾌감을 얻거나, 신경마비로 환각 상태에 이르게 한다.
  ㉡ 각성 효과가 있어 일시적으로 정신을 맑게 하며, 흥분 시 일시적 진정 효과를 유발한다.
  ㉢ 말초혈관을 수축시키고, 맥박을 빠르게 하며, 혈압을 높인다.

② 타르(tar) : 유기물을 증류할 때 나오는 점성의 검은색 액체

---

1) [기출 24-09] 흡연으로 인한 인체 반응으로 옳은 것을 찾는 유형으로, '산소 소비량 증가'가 정답이다.
   [기출 20-12] [기출 18-20] [기출 17-19] [기출 16-18] 흡연이 인체에 미치는 영향으로 틀린 것을 찾는 유형
   [기출 19-16] 흡연이 인체에 미치는 영향을 보기로 들고, 옳은 것만 묶은 것을 찾는 유형
2) [기출 22-17] 흡연이 인체에 미치는 영향을 모두 고른 것을 찾는 유형으로, 부류연이 인체에 더 나쁘다는 것을 기억해야 한다.
3) [기출 21-18] 니코틴의 성분을 보기로 제시하고, 무엇인지 묻는 유형

나. 술과 건강

1) 술과 건강의 개요

① 음주의 일반적 사항
- ㉠ 술은 기호식품으로, 에너지원의 역할도 하지만 생리학적으로는 중추신경을 억제하며, 안정제나 마취제 역할을 한다.
- ㉡ 적당한 음주는 행동과 사고의 능동적 변화, 유쾌한 정서의 자극, 불안 완화 등 약리 및 심리적 효과가 있고, 심장 기능에도 도움을 주지만 지나친 음주는 건강에 해롭다.

② 음주와 건강[1]
- ㉠ 알코올 중독은 정신질환으로 분류된다.
- ㉡ 고온 또는 저온 상태에서 음주는 건강에 아주 해롭다.
- ㉢ 운동 중 음주는 운동기능을 저하한다.
- ㉣ 임신 중 음주는 태아 건강에 악영향을 미친다.

2) 알코올이 인체에 미치는 영향

① 과음이 인체에 미치는 영향[2]
- ㉠ 뇌의 중추신경계에 영향을 미쳐 협응력과 반사 능력이 저하된다.
- ㉡ 혈압을 상승시킨다.
- ㉢ 치매 발병의 원인이 된다.
- ㉣ 지방간과 간경화증을 유발한다.

② 알코올이 인체에 미치는 영향
- ㉠ 위벽을 자극하여 염증과 소화 불량을 유발한다.
- ㉡ 췌장염, 뇌졸중, 고혈압, 각종 암을 유발한다.
- ㉢ 이뇨 작용으로 탈수 및 전해질 불균형을 유발한다.
- ㉣ 위에 음식이 있으면 알코올의 인체 흡수 속도가 느려진다.

③ 혈중알코올농도
- ㉠ 혈중알코올농도는 간이 해독하는 속도보다 마시는 속도가 빠를 때 높아진다.
- ㉡ 알코올 흡수와 해독은 술의 도수, 양, 속도, 성별 등에 따라 차이가 난다.

③ 알코올의 체내 분해 과정[3]
- ㉠ 위장에 흡수된 에틸알코올(C_2H_5OH)은 간에 있는 알코올탈수소효소(alcohol deydrogenase)에 의해 아세트알데하이드(CH_3CH_2OH)로 바뀐다.
- ㉡ 아세트알데하이드는 독성이 있으므로 숙취의 주된 원인으로 작용한다.
- ㉢ 아세트알데하이드는 다시 간에 있는 알데하이드 탈수소효소(aldehyde dehydrogenase)에 의해 아세트산(CH_3COOH)으로 바뀐다.

---

1) 기출 24-17 과음이 인체에 미치는 영향으로 잘못된 것을 찾는 유형으로, '체내수분량 증가'가 오답 찾기의 정답이다.
   기출 18-13 음주와 건강에 대한 설명으로 옳은 것을 찾는 유형
2) 기출 22-18 기출 21-20 기출 16-16 기출 15-12 과음 또는 알코올이 인체에 미치는 영향이 아닌 것을 찾는 유형
3) 기출 19-01 알코올의 체내 분해 과정 일부를 (   )로 비워놓고, 적합한 용어를 찾는 유형

3) 과음 관련 질환[1]

① 과음 관련 간·뇌의 질환 : 알코올이 제일 많이 영향을 주는 장기는 간과 뇌이며, 간 손상으로 인한 질병은 지방간, 간염, 간경변증 등이다.
② 과음 관련 위장 질환 : 식도염증, 위염, 위궤양 등의 발병 원인이 된다.
③ 과음 관련 췌장 질환 : 급성복통, 체중감소 등의 특징적인 증상이 나타나고, 기타 구토, 장운동 마비, 만성 췌장염, 당뇨병의 원인이 된다.
④ 과음 관련 혈관 질환 : 알코올성 말초 신경염이 생길 수 있고, 자각증상으로는 발과 발바닥, 발등 등의 감각이 둔화하고, 무릎 아래 부위가 화끈거린다. 손이나 발을 아주 날카로운 것으로 콕콕 찌르는 것같이 아프고 증상이 심하면 잠을 잘 수 없을 정도이다.
⑤ 과음 관련 중추신경계 질환 : 치매의 원인이 되며, 기억력 손상, 판단력 장애가 오며 쉽게 흥분하거나 감정이 폭발하는 등 정서장애도 발생할 수 있다.

4) 알코올 중독

① 알코올 중독의 이해
  ㉠ 술에 대한 지나친 집착과 술을 조절해서 마실 수 없는 상태
  ㉡ WHO는 전통적 습관의 영역을 넘거나 혹은 지역사회 전체의 사회적 습관 음주의 범위를 넘어 음주하는 경우라고 정의하였다.
  ㉢ 알코올 중독은 술을 자주 마시려고 한다. 이에 따라 사회적 기능손상과 함께 악순환이 반복되는 경우이다.
  ㉣ 신체적 의존증이 생기고, 정서장애, 뇌 조직 파괴 현상, 간 손상, 남성의 수태 능력 저하, 여성의 생식과 수유에 손상을 주며, 암을 일으키기도 한다.
② 알코올 중독자 치료
  ㉠ 정신요법으로 건강한 사람이 될 수 있다는 자신감을 고취하고 불안, 공포, 갈등, 정서적 장애 등을 해소해 준다.
  ㉡ 정상적 사람의 생활 태도를 보이게 하며 금주에 대한 의지력을 갖게 한다.
  ㉢ 주위 환경에서 음주에 대한 자극적 요인을 제거해 준다.

5) 혈중알코올농도

① 혈중알코올농도의 개념 : 혈액 속에 있는 알코올양만 측정하는 것이 아니고, 체내 수분 함량 중 알코올의 양을 측정하는 방법으로, 알코올은 몸에 흡수되면 몸 전체로 퍼지기 때문에 몸의 수분량을 계산하여 전체 알코올양의 비율을 계산한다.
② 혈중알코올농도 계산 방법 : 소주 한 병(360mL, 20도)이면 순수 알코올의 양은 72mL고, 이를 무게로 환산하면 72mL×0.8g/ml=57.6g, 몸무게가 60kg, 수분 함량을 70%라고 가정하면 체중 중 42kg이 물이므로 혈중알코올농도는 57.6g/42,000g(체중 중 수분량)×100=0.14%

다. 기호식품과 건강

1) 기호식품의 이해

① 기호식품의 개념 : 음식물 중 곡류, 육류, 채소류 등은 속에 포함된 영양소를 이용하려는 필수 식품이지만, 차와 커피 등은 영양소와 관련 없이 향기와 맛을 즐기기 위한 식품

---

[1] 기출 20-09 음주와 관련된 질환에 대한 설명으로 옳은 것을 찾는 유형으로, 음주는 지방간, 간염, 간경변증 등의 원인이 되고, 식도염증, 위염, 위궤양 등의 발병 원인이 된다. 아울러 급성복통, 체중감소 등의 특징적인 증상이 나타나고 기타 구토, 장운동 마비, 만성 췌장염, 당뇨병의 원인이 된다.

② 기호식품의 종류
  ㉠ 음료
    - 알코올성 음료 : 곡류·과일 등을 원료로 한 약주·탁주·맥주·포도주와 이것을 다시 증류한 소주·위스키·진 등이 있다.
    - 비알코올성 음료 : 알코올 이외의 성분으로 기분을 좋게 하거나 식욕을 증진하는 것으로, 차·커피·콜라·사이다·광천수와 같은 청량음료, 천연 과즙 음료, 젖산균 음료와 과일·꽃·감미료 등을 섞어 맛과 청량감을 아울러 즐기는 화채나 수정과, 구기자차·인삼차 등이 있다.
  ㉡ 과자 : 쌀·콩·벌꿀 및 여러 과일을 함유하거나 우유·녹말·달걀·지방·과즙·젤라틴 등을 재료로 만든다.
  ㉢ 조미료 : 설탕, 천연 감미료, 인공감미료, 소금 등

3) 차와 커피
① 차와 커피의 유래
  ㉠ 차 : 중국에서 4,500년 전부터 재배하기 시작하여 유럽으로 전파되었다.
  ㉡ 커피 : 에티오피아의 Kaffa에서 재배를 시작하여 열대지방으로 전파되었다.
② 카페인의 특성[1]
  ㉠ 일부 식물이나 열매에 포함된 성분으로 특히 커피나 차에 많이 함유되어 있다.
  ㉡ 섭취하면 중추신경계와 반응하여 졸음을 감소시키고, 피로감을 둔화시킨다.
  ㉢ 배설을 촉진하여 지구력 운동의 지속시간을 증가시킨다.
  ㉣ 혈중 유리지방산 농도를 증가시키고, 아드레날린(=에피네프린) 분비를 자극한다.
  ㉤ 다량 섭취하면 내성으로 효과가 줄어들고, 중독 유발이 우려되므로 적정량을 섭취해야 한다.
③ 카페인이 인체에 미치는 영향[2]
  ㉠ 유리지방산 농도를 증가시켜 혈류의 양이 늘어나고, 속도가 빨라진다.
  ㉡ 호흡 빈도와 심도를 증가
  ㉢ 체내 열 생산량 10~20% 증가
  ㉣ 아드레날린(=에피네프린) 분비를 자극하여, 피로를 감소시킨다.
  ㉤ 소변 배설량 증가와 심장질환이나 신경계통에 영향을 미친다.
④ 카페인이 운동수행에 미치는 영향[3]
  ㉠ 포도당 동원을 증가시켜 에너지원으로 활용하므로, 피로 발생을 지연시킨다.
  ㉡ 카테콜라민 수준을 높여 지질의 동원을 증가시킨다.
  ㉢ 근섬유 내 칼슘 방출을 증가시켜 근 기능을 향상시킨다.
  ㉣ 운동자각도를 감소시킨다.
  ㉤ 카페인의 다량 섭취자가 경기력 향상과의 연관성에 대해 별도 보고된 내용은 없다.

---

[1] 기출 23-12 카페인에 대한 설명으로 틀린 것을 찾는 유형
[2] 기출 22-09 기출 15-13 카페인이 인체에 미치는 영향이 아닌 것을 찾는 유형으로, '카페인을 많이 마시면 수축기 혈압과 이완기 혈압이 떨어지는 효과가 나타난다.'가 오답 찾기의 정답이다. 카페인의 적정량 이상 섭취는 혈류의 양과 속도를 증가시키며, 혈압 상승 작용을 한다.
[3] 기출 24-04 카페인이 운동수행에 미치는 영향으로 틀린 것을 찾는 유형으로, '운동자각도 증가'가 오답 찾기의 정답이다.

2024~2020 기출문제
문 제 풀 이

세부목차

제1과목 운동상해 … 250

제2과목 체육측정평가론 … 272

제3과목 트레이닝론 … 291

제4과목 운동상해 … 311

2019~2015 기출문제 … 별책부록
　※ 별책부록은 아래 URL 또는 옆 QR 코드로
　　 내려받을 수 있습니다.
　　 https://cafe.daum.net/sports31/S5Lw/93

제1과목 운동상해

2024 기출문제

01. 회전근계(돌림근띠 군, rotator cuff group) 운동상해와 관련이 없는 근육은?
① 큰원근(teres major)
② 어깨밑근(subscapularis)
③ 가시위근(supraspinatus)
④ 가시 아래 근(infraspinatus)

정답 ① **해설** 회전근개는 가시위근(극상근), 가시 아래 근(극하근), 작은원근(소원근), 어깨밑근(견갑하근) 등으로 구성되어 있다. 대원근(큰원근)은 아래 그림의 ★표 부위로, 회전근개가 아니다.
참고 문제에서 회전근계는 회전근개의 오타이다.

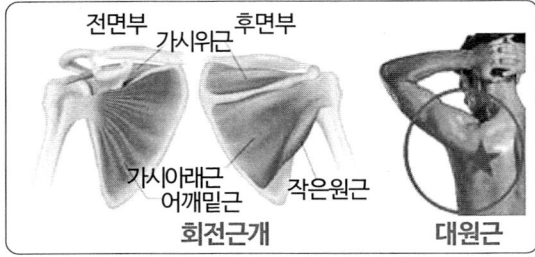

02. <보기>가 설명하는 골절 유형은?

> 힘줄(tendon)의 부착점에서 장력에 의해 뼛조각이 분리된 상태 골절

① 선단 골절(linear fracture)
② 피로 골절(stress fracture)
③ 견열골절(avulsion fracture)
④ 분쇄골절(comminuted fracture)

정답 ③ **해설** 뼈와 근육 또는 인대와 접합되는 부분에서 뼈 일부가 떨어져 나가는 골절은 견열골절이다. 견열골절은 골반, 팔꿈치, 발목 등에 많이 발생한다.

03. 조직 부하의 유형에 관한 설명으로 옳지 않은 것은?
① 장력(tension) : 조직을 당기거나 늘리는 힘
② 전단력(shearing) : 최대 장력이 나선 방향으로 발생
③ 비틀림(torsion) : 반대 방향으로 뒤틀림에 의해 발생
④ 압축(compression) : 양방향에서 서로의 표면을 향해 적용된 힘

정답 ② **해설** 전단력은 서로 평행을 유지하지만, 엇갈린 방향으로 작용하기 때문에 미끄럼 현상이 동반되며, 증가한 전단력에 의해 찰과상, 피부 손상, 디스크 손상 등이 유발될 수 있다. ②에서 장력이 나선 방향으로 발생하면 비틀림이다.

04. <보기>가 설명하는 운동 중 발생 가능한 의학적 상태는?

> - 기능적 장애로 인한 발작적 신경 기능장애이다.
> - 돌발적인 의식 상실, 경련, 정신 또는 감각 장애 증상이다.
> - 갑작스러운 경련 또는 발작 시 주변 위험 요소를 제거해야 한다.
> - 발작이 발생하는 원인 및 시기에 대해 인지하고 운동 참여시 참고해야 한다.

① 통풍(gout) ② 뇌전증(epilepsy)
③ 청색증(cyanotic) ④ 충수염(appendicitis)

정답 ② **해설** ① 통풍은 혈액 내에 요산 농도가 높아지면서 요산염 결정이 관절의 연골, 힘줄, 주위 조직에 침착되는 질병이다. ③ 청색증은 피부와 점막이 푸르스름한 색이 나타나는 질병으로, 입술·손톱·귀·광대 부위에 흔히 나타난다. ④ 충수염은 흔히 맹장염이라고 하는 질병이다.

05. 관절면 사이에서 일어나는 관절운동 형상학(arthrokinematics)의 움직임이 아닌 것은?

① 회전(spin)　　② 구르기(roll)
③ 굽힘(flexion)　④ 미끄러짐(slide)

정답 ③　**해설** 관절운동 형상학은 관절과 관절의 운동을 말하는 것으로, 구르기, 미끄러짐, 회전 등으로 구분한다.

06. <보기>가 설명하는 운동상해로 옳은 것은?

- 넙다리곧은근(rectus femoris), 가쪽넓은근(vastus lateralis), 안쪽넓은근, 중간넓은근(vastus intermedius)이 포함된다.
- 엉덩관절이 초기 폄될 때와 함께 무릎 굽힘 상태에서 갑작스럽고 강한 수축에 의해 발생한다.
- 근힘줄 연결부(musculotendinous junctions)에서 주로 발생한다.

① 볼기근 좌상(gluteus strain)
② 뒤넙다리근 좌상(hamstring strain)
③ 넙다리네갈래근 좌상(quadriceps strain)
④ 엉덩정강근막띠 충돌 증후군(IT band friction syndrome)

정답 ③　**해설** 넙다리네갈래근은 넙다리곧은근, 가쪽넓은근, 안쪽넓은근, 중간넓은근 등의 4갈래로 갈라져 있다. 넙다리네갈래근 좌상은 접촉성 운동 시 충돌에 의한 타박상으로, 엉덩관절이 초기 폄될 때와 함께 무릎 굽힘 상태에서 갑작스럽고 강한 수축 때문에 발생하며, 근힘줄 연결부에서 주로 발생한다.

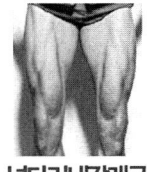
넙다리네갈래근

07. <보기>가 설명하는 운동 재활 방법은?

- 운동상해를 위한 재활프로그램 초기에 주로 사용되는 가장 안전한 운동 방법이다.
- 근육 길이의 변화가 없으며, 특별한 장비 없이 적용 가능한 운동 방법이다.

① 등척성(isometric) 운동
② 등속성(isokinetic) 운동
③ 신장성(eccentric) 운동
④ 단축성(concentric) 운동

정답 ①　**해설** 근육 길이 변화가 없고, 운동상해의 재활 초기에 사용되는 것은 등척성 운동이다.

08. <보기>의 운동상해에 해당하는 증상과 징후가 바르게 연결된 것만을 모두 고른 것은?

구분	운동상해	증상(symptom) 징후(sign)
ㄱ	머리뼈 골절 (skull fracture)	눈의 얼룩(반상) 출혈(raccon's eye)
ㄴ	2차 충격 증후군 (second impact syndrome)	확장된 동공, 정지된 눈, 혼수상태
ㄷ	망막박리 (retinal detachment)	충혈안(pinky eye), 화농성 분비물(눈곱)
ㄹ	바깥 귀염 (swimmer's ear)	해족종(keloid), 섬유조직의 증식(fibrosis)

① ㄱ, ㄴ　② ㄱ, ㄹ　③ ㄴ, ㄷ　④ ㄷ, ㄹ

정답 ①, ③　**해설** 가답안은 ①로 발표되었다가 ③도 추가되었다. ㄱ에서 머리뼈는 눈물뼈를 포함하고 있어 출혈이 일어날 수 있다. ㄷ에서 망막박리는 시각세포가 망막색소상피로부터 분리되는 질환이다. 운동상해로 인해 발생하는 경우는 드물며, 노인성 질환 또는 가족력 등이 병인으로 작용한다. 증상이나 징후가 희소한 경우가 많아 운동상해 관련 문제라기보다는 의학 관련 문제로 볼 수 있어, 운동상해 문제로 적합하다고 보기 어렵다.

오답해설 ㄹ 바깥 귀염은 외이도염이라고 한다. 외이도염의 증상이나 징후는 해족종(蟹足腫)과 연관이 없다. 해족종이란 켈로이드(keloid)라고 하며, 피부 결합조직이 병적으로 증식하여 양성종양이 일어나는 질환이다.

09. <보기>에서 환경 요인에 의한 운동상해에 관한 설명으로 옳은 것만을 모두 고른 것은?

> ㄱ. 열사병(heat stroke)은 열 질환 중 심각한 의학적 응급상태이다.
> ㄴ. 고지방 식단으로 고산병 감소 및 예방을 기대할 수 있다.
> ㄷ. 참호발(trenchfoot)은 장시간 덥고 습한 환경에 노출되었을 때 나타난다.
> ㄹ. 급성고산병(acute mountain sickness) 환자는 식욕 감퇴를 호소한다.

① ㄱ, ㄴ ② ㄱ, ㄹ ③ ㄴ, ㄷ ④ ㄷ, ㄹ

정답 ② **해설** ㄱ의 열사병은 체온 조절 실패로 인한 열 질환으로, 심각한 경우 사망할 수 있다. ㄹ에서 고산병은 두통, 수면 장애, 협응 장애, 어지럼증, 근육 약화, 피로, 가슴 답답함, 식욕 감퇴, 구역질과 구토, 갑작스러운 호흡곤란 증상 등이 나타난다.
오답해설 ㄴ에서 고산병 예방을 위해서는 탄수화물이 많이 함유된 음식을 섭취해야 한다. ㄷ에서 참호발은 장시간 차고 습한 환경에서 발생한다.

10. <보기>에서 통증(pain)에 관한 설명으로 옳은 것만을 모두 고른 것은?

> ㄱ. SOAP 기록 시 통증은 객관적(objective) 평가로 분류한다.
> ㄴ. 원심성(efferent) 신경은 신경 충격을 통각 수용기에서 척수로 전달한다.
> ㄷ. A-알파(α) 신경과 A-베타(β) 신경은 C 신경에 비해 직경이 넓은 편이다.
> ㄹ. 연관통(referred pain)은 실제 문제가 있는 부위에서 다소 떨어진 곳에서 나타난다.

① ㄱ, ㄴ ② ㄱ, ㄹ ③ ㄴ, ㄷ ④ ㄷ, ㄹ

정답 ④ **해설** ㄷ의 A-알파·A-베타 신경은 A-델타·C 신경과 비교하면 직경이 넓다. ㄹ 연관통은 실제 유발점이 아닌 다른 부위에서 통증을 느낄 수 있다.
오답해설 ㄱ의 통증은 주관적 증상이다. ㄴ 원심성 신경은 뇌에서 발생한 신호를 말초신경을 통해 근육으로 전달 기능의 신경이다. 구심성 신경이 신경 충격을 통각 수용기에서 척수로 전달한다.

11. 근육 분절(myotome)의 신경과 움직임 패턴 분류로 옳은 것은?

① C3 - 목 굽힘(neck flexion)
② C6 - 팔꿈치 폄(elbow extension)
③ L2 - 엉덩관절 굽힘(hip flexion)
④ L5 - 발바닥 쪽 굽힘(plantarflexion)

정답 ③ **해설** 근육 분절은 척수 신경의 해당 근육 움직임을 나타내는 것으로 내용은 아래와 같다. 한편 척추는 목뼈, 등뼈, 허리뼈, 엉치뼈 순이고, 이는 **경흉요천·추**이고, **CTLS**이다.
오답해설 ① C3는 목 옆 굽힘이고, ② C6는 팔꿈치 굽힘이고, ④ L5는 엄지발가락 폄이다.
참고 근육 분절

구분	C1, C2	C3	C4	C5
근육 분절	목 굽힘	목 옆 굽힘	어깨뼈 올림	어깨 외전

C6	C7	C8
팔꿈치 굽힘	팔꿈치 폄과 손목 굽힘	손가락 굽힘

T1	L1, L2	L3	L4
손가락 벌림	고관절 굽힘	무릎 폄	발목 배측 굴곡

L5	S1	S2
엄지발가락 폄	발목 저측 굴곡	무릎 굽힘

12. 원위 경비 인대 염좌(인대결합 염좌, syndesmotic ankle sprain)에 관한 설명으로 옳지 않은 것은?

① 높은(고도) 발목(high ankle) 염좌라고도 불린다.
② 뼈 사이막(골간막, interneseous membranel) 염좌가 동반 발생할 수 있다.
③ 앞 정강 종아리 인대(전경비 인대, anterior tibi-fibular ligament) 염좌가 동반 발생할 수 있다.
④ 주로 발바닥 쪽 굽힘과 목말뼈(거골, talus)의 안쪽돌림(internal rutation)에 의해 발생한다.

정답 ④ **해설** 원위 경비 인대(duawhkss)는 발목 외회전 또는 배측 굴곡 상태에서 외전되며 다치는 상태로, 단순 발목 염좌보다는 대부분 스포츠 손상이 원인이다. 높은(고도) 발목(high ankle) 염좌라고도 하며, 뼈 사이막 염좌가 함께 발생할 수 있고, 앞 정강 종아리 인대(전경비 인대) 염좌가 함께 발생할 수 있다.
오답해설 ④ 발바닥 쪽 굽힘과 목말뼈의 안쪽돌림에 의해 발생하는 염좌는 발바닥 근막증이다.

13. 발목 안쪽번짐 염좌(lateral ankle sprain)의 손상 기전과 움직임으로 바르게 연결된 것은?
① 엎침(pronation) : 발 등쪽 굽힘(dorsiflexion) + 안쪽 번짐(inversion)
② 엎침(pronation) : 발바닥 쪽 굽힘(plantarflexion) + 안쪽 번짐(inversion)
③ 뒤침(supination) : 발 등쪽 굽힘(dorsiflexion) + 안쪽번짐(inversion)
④ 뒤침(supination) : 발바닥쪽 굽힘(plantarflexion) + 안쪽 번짐(inversion)

정답 ④ **해설** 엎침은 발등 굽힘/가쪽 들림/모음이 합쳐진 동작이고, 뒤침은 발바닥쪽 굽힘/안쪽 들림/벌림이 합쳐진 동작이다.

14. <보기>에서 뇌진탕(concussion) 평가검사로 옳은 것만을 모두 고른 것은?

| ㄱ. 롬버그 검사(Romberg test) |
| ㄴ. 스포츠 뇌진탕 측정검사(sport concussion assessment tool 2) |
| ㄷ. 슬럼프 검사(slump test) |
| ㄹ. 스펄링 검사(Spurling test) |

① ㄱ, ㄴ   ② ㄱ, ㄹ   ③ ㄴ, ㄷ   ④ ㄷ, ㄹ

정답 ① **해설** 뇌진탕의 진단 방법은 롬버그 검사, 균형 유지 실패 점수 검사(=스포츠 뇌진탕 측정검사, 신경 심리검사, CT, MRI 촬영 등이 있다.

15. <보기>의 설명과 관련성이 가장 높은 상해는?

• 니어 검사(Noer's test)에서 양성반응을 나타낸다.
• 케네디 호킨스 검사(Kennedy-Hawkins test)에서 양성반응을 나타낸다.

① 어깨충돌증후군(shoulder impingement syndrome)
② 오목위팔관절(상완와관절, glenchumeral joint)의 불안정성(instability)
③ 위팔세갈래근(상완삼두근, triceps brachii) 손상
④ 팔꿈치가 쪽 위관절 융기염(테니스엘보, lateral epicondylitis)

정답 ① **해설** Neer Test, Kennedy Hawkins Test, Empty can Test 등은 어깨 충돌 증후군 검사 방법이다

16. 쇼크(shock)의 주요 징후에 관한 내용으로 옳지 않은 것은?
① 식은땀이 난다.
② 혈압이 높아진다.
③ 맥박이 빠르고 약하다.
④ 피부가 창백하고 차가워진다.

정답 ② **해설** 쇼크는 심한 타박상, 추락, 외상, 정신적 충격 등이 원인이 되어 일어나며, 활력이 현저히 감퇴한다. 심장 고동과 심음이 약해지며, 맥박이 고르지 못하고 혈압이 내려가며, 피부가 창백해지고, 체온도 내려 몸이 차가워지며 식은땀이 난다. ②가 정답으로 발표되었지만 ③도 정답이 될 수 있다. 맥박이 빨라지는 것이 아니고, 고르지 못하기 때문이다.

17. 증상 또는 징후의 의미와 예를 바르게 연결한 것은?
① 증상 - 주관적인 표시 - 통증
② 증상 - 객관적인 표시 - 통증
③ 징후 - 주관적인 표시 - 통증
④ 징후 - 객관적인 표시 - 통증

정답 ① **해설** 증상은 환자의 주관적 불편을 말하고, 징후는 전문가의 관찰 또는 객관적 자료를 기반으로 한다. 통증은 환자의 주관적 표시이다.

18. 호만 검사(Homan's sign)에 관한 설명으로 가장 적절한 것은?

① 피험자 자세는 무릎 굽힘 자세이다.
② 피험자의 발을 발바닥쪽 굽힘 시킨다.
③ 혈전정맥염(thrombophlebitis)을 측정하기 위한 검사이다.
④ 발바닥 촉진을 통해 주요 압통이 발바닥에서 나타나면 양성 간주한다.

정답 ③ **해설** 호만 검사는 혈전정맥염 검사방법이다.

19. 급성 근육 좌상 시 가장 적합한 초기 처치에 해당하는 것은?

① 냉찜질을 한다.
② 온열치료를 한다.
③ 손상 부위 보호가 필요 없다.
④ 신장성 수축 근력운동을 바로 시작한다.

정답 ① **해설** 과도한 장력 또는 힘으로 근육의 과다 폄이 발생하여 나타나는 근육 좌상의 초기 처치 방법은 냉찜질이다.

20. 무릎(knee) 상해에 관한 설명으로 옳지 않은 것은?

① 예거슨 검사(Yergason test)는 무릎 상해 평가 중 하나이다.
② 여성들이 남성들보다 비접촉 앞 십자인대(전방십자인대, anterior cruciate ligament) 손상률이 높다.
③ 안쪽 반달(내측 반월, medial meniscus)의 크기는 가쪽 반달(외측 반월, lateral meniscus)보다 크다.
④ 뒤 십자인대(후방 십자인대, posterior cruciate ligament)는 앞 십자인대에 비해 운동상해 빈도가 낮다.

정답 ① **해설** ② 앞 십자인대는 여성이 남성보다 손상 확률이 높다. 이는 남녀 간에 Q-angle 크기가 다르기 때문이다. ③ 반달 연골은 내측과 외측으로 구분하는데, 내측 반달 연골이 외측보다 크다. ④ 앞 십자인대는 뒤 십자인대보다 상해 발생 빈도가 높다.
오답해설 ① Yergason Test(예거슨 검사)는 위팔두갈래근 손상 여부를 위한 검사이다.

2023 기출문제

01. <보기>에서 운동상해의 원인을 고른 것은?

┌─────────────────────────────┐
│ ㉠ 과도한 훈련을 실시한 경우   │
│ ㉡ 신체 구조의 이상이 있는 경우   │
│ ㉢ 관절의 기능적 안정성이 있는 경우 │
│ ㉣ 관절의 기계적 안정성이 있는 경우 │
└─────────────────────────────┘

① ㉠, ㉡   ② ㉡, ㉢   ③ ㉢, ㉣   ④ ㉠, ㉣

정답 ① **해설** 운동상해 대부분은 신체 유연성 부족, 지나친 운동 또는 과사용·과훈련 등으로 발생한다.
오답해설 관절의 기능적·기능적 안정성 확보는 운동 상해 예방에 도움이 된다.

02. <보기>에서 등속성 운동(isokinetic exercise)을 고른 것은?

┌─────────────────────────────┐
│ ㉠ 일정한 각속도로 근수축이 이루어진다. │
│ ㉡ 최대 저항으로 6초간 유지(hold)하는 운동이다. │
│ ㉢ 근육 길이의 변화 없이 힘을 낼 수 있는 수축 형태이다. │
│ ㉣ 근육군의 전체 운동 범위(ROM)에서 최대 근수축을 유도할 수 있다. │
└─────────────────────────────┘

① ㉠, ㉢   ② ㉠, ㉣   ③ ㉡, ㉢   ④ ㉡, ㉣

정답 ② **해설** 등속성 운동은 일정한 각속도로 근수축이 일어나며, 전체 운동 범위에서 최대 근수축을 유도할 수 있다. 재활프로그램의 마지막 단계에 주로 사용되며 선수의 복귀 판단 기준으로 많이 사용한다.

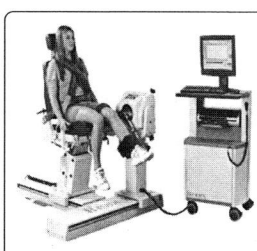

일정한 속도나 무게로 운동하도록 하는 근력운동이다. 운동 속도가 고정되어 있고 저항이 가해진 힘에 맞추어 작용하는 근수축의 형태로, 주로 회복과 물리치료에 사용된다.

등속성 운동

03. <보기>에서 염증 단계(inflammatory phase)의 특성을 고른 것은?

┌─────────────────────────────┐
│ ㉠ 섬유 증식(fibroplasia)   │
│ ㉡ 혈액 응고(coagulation)   │
│ ㉢ 혈관수축(vasoconstriction)   │
│ ㉣ 육아조직(granulation tissue) 생성 │
└─────────────────────────────┘

① ㉠, ㉡   ② ㉡, ㉢   ③ ㉢, ㉣   ④ ㉠, ㉣

정답 ② **해설** 손상 치유의 첫 단계인 염증 단계는 혈액 응고와 혈관수축이 일어나고, 부종·발열·발적·통증을 동반하며, 일부 기능이 손실된다.

04. <보기>에서 설명하는 발목관절 특수검사(special test)는?

┌─────────────────────────────┐
│ • 아킬레스 힘줄 파열을 평가하기 위한 검사이다. │
│ • 검사자가 장딴지근(비복근, gastrocnemius)을 압박하면서 발목관절의 발바닥 굽힘(저측 굴곡, plantar flexion)이 발생하는지를 확인한다. │
└─────────────────────────────┘

① 엘리검사(Ely's test)
② 르네검사(Renne's test)
③ 패트릭검사(Patrick's test)
④ 톰슨검사(Thompson's test)

정답 ④ **해설** 아킬레스건 파열검사는 톰슨검사이다. 장딴지근을 압박할 때 발바닥 굽힘이 일어나지 않으면 아킬레스건 파열이다.

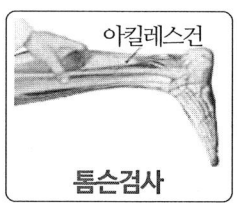

톰슨검사

05. <보기>에서 설명하는 질환은?

- 척추관 또는 척추 사이 구멍이 좁아져 신경이 눌리는 질환
- 주원인은 고령에 따른 인대와 관절의 퇴행성 변화
- 증상은 걷거나 계단 오를 때 다리 통증 증가
- 슬럼프 검사(slump test)에서 양성반응
- 쪼그려 앉아있으면 통증 감소

① 척추분리증(spondylolysis)
② 척추관협착증(spinal stenosis)
③ 척추전방전위증(spondylolisthesis)
④ 추간판 탈출증(herniated intervertebral disc)

정답 ② 해설 척수 신경이나 신경근이 지나가는 통로인 척추관이 좁아져 신경이 눌리는 질환은 척추관협착증이다. 척추관협착증은 슬럼프 검사에서 양성반응이 나타난다.

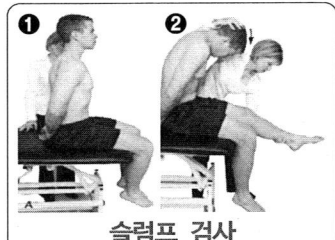
슬럼프 검사

06. 손상평가 정보(SOAP) 중 주관적 정보인 것은?
① 통증 정도   ② 자세 평가
③ 특수검사   ④ 부종 관찰

정답 ① 해설 통증 정도는 주관적 정보이다.

07. <보기>에서 엉덩관절 굽힘근(고관절 굴곡근, hip flexor)의 긴장도 평가를 위한 특수검사인 것을 고른 것은?

㉠ 니어 검사(Neer's test)
㉡ 켄달 검사(Kendall's test)
㉢ 토마스 검사(Thomas' test)
㉣ 예가손 검사(Yergason's test)

① ㉠, ㉡ ② ㉡, ㉢ ③ ㉢, ㉣ ④ ㉠, ㉣

정답 ② 해설 엉덩관절 굽힘근 긴장도 평가는 토마스 검사이다. 켄달 검사는 근육 길이 검사방법이지만 엉덩관절 굽힘근 평가에도 활용할 수 있어 ②가 정답이다.

08. 반달연골(반월상 연골, meniscus) 손상에 해당하는 특수검사는?
① 맥머레이 검사(McMurray's test)
② 갓 플레이 검사(Godfrey's test)
③ 라크만 검사(Lachman test)
④ 오베르 검사(Ober's test)

정답 ① 해설 반달연골 손상 검사는 맥머레이 검사이다.

보충 맥머레이 검사방법 : 뼈마디와 슬관절을 완전히 구부리게 한 후 외측 또는 안쪽으로 돌리면서 무릎을 서서히 편다. 어느 각도에서 딸깍 소리와 함께 통증을 호소한다.

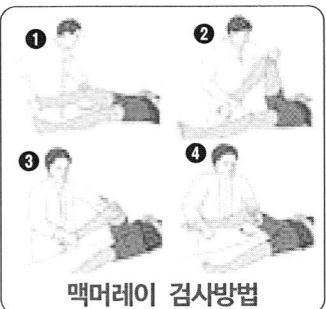
맥머레이 검사방법

09. <보기>의 내용이 원인이 되어 발생할 수 있는 운동상해는?

- 과훈련(over-training)
- 손상이나 질병 이후 경기로의 빠른 복귀
- 습관 또는 환경 변화(예 : 달리기 지면, 비탈진 트랙)

① 딴 곳 뼈 되기(이소성 골화증, heterotopic ossification)
② 피로 골절(스트레스 골절, stress fracture)
③ 뼈 돌출증(외골증, exostosis)
④ 개방골절(open fracture)

정답 ② 해설 근수축에 의한 과부하, 근 피로에 의한 스트레스, 지면 반발력 변화, 반복적인 스트레스 유발 동작 등이 피로 골절의 원인이다. 관절 가동범위는 정상으로 나타나지만, 근력 검사를 통해 골절 상태를 파악할 수 있다.

10. <보기>에서 설명하는 것은?

- 빗장밑동맥(쇄골하동맥, subclavian artery), 빗장밑 정맥(쇄골하정맥, subclavian vein) 및 팔신경얼기(완신경총, brachial plexus)에 비정상적인 압박으로 발생한다.
- 감각 이상과 통증, 차가운 감각, 손가락 혈액 순환의 손상, 근력 저하, 근육 위축, 노신경(요골신경, radial nerve) 마비를 포함한 다양한 증상이 발생한다.

① 어깨 윤활낭염(주머니 염, bursitis)
② 어깨 충돌 증후군(impingement syndrome)
③ 위팔두갈래근 힘줄 윤활막염(건초염, tenosynovitis)
④ 가슴문 증후군(흉곽 출구 증후군, thoracic outlet syndrome)

정답 ④ **해설** 흉곽 출구 증후군(TOS)은 빗장밑동맥과 신경얼기가 목갈비근(앞목갈비근과 중간 목갈비근 사이), 빗장뼈 아래(빗장뼈와 제1 갈비뼈 사이), 작은가슴근(소흉근 아래)을 지나며 상지로 가는 경로의 비정상적 압박으로 발생한다.

11. <보기>에서 응급처치 초기에 수행되는 일차적 검사를 고른 것은?

㉠ 혈압 확인   ㉡ 호흡수 확인
㉢ 심한 출혈 확인   ㉣ 쇼크(shock) 확인

① ㉠, ㉡   ② ㉠, ㉣   ③ ㉡, ㉢   ④ ㉢, ㉣

정답 ④ **해설** 응급처치는 1·2차 검사로 나누는데, 1차 검사는 심한 출혈이나 쇼크, 무호흡, 기도 폐쇄 등이다.

12. <보기>에서 하지 PNF 패턴 중 D2 폄(신전, extension)에 관한 엉덩관절(고관절, hip joint) 움직임 조합에 포함되는 것을 고른 것은?

㉠ 굽힘(굴곡, flexion)
㉡ 폄(신전, extension)
㉢ 모음(내전, adduction)
㉣ 벌림(외전, abduction)
㉤ 안쪽돌림(내회전, medial rotation)
㉥ 가쪽 돌림(외회전, lateral rotation)

① ㉠, ㉢, ㉥   ② ㉠, ㉣, ㉤
③ ㉡, ㉢, ㉥   ④ ㉡, ㉣, ㉤

정답 ③ **해설** PNF 패턴의 D2에서 엉덩관절의 움직임은 폄-모음-가쪽 돌림이다.

13. 운동상해의 분류가 바른 것은?
① 외상(급성) – 피로 골절
② 과사용 손상(만성) – 타박상
③ 과사용 손상(만성) – 골관절염
④ 외상(급성) – 반복적인 달리기로 인한 힘줄염

정답 ③ **해설** 피로 골절과 골관절염, 힘줄염 등은 만성 손상이고, 타박상은 급성 손상이다.

14. 운동 중 <보기>와 같이 발생한 골절의 유형은?

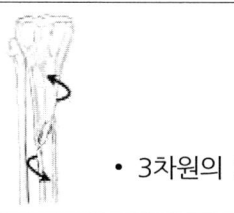
- 3차원의 S자 형태로 발생

① 나선골절(spiral fracture)
② 선단골절(linear fracture)
③ 견열골절(avulsion fracture)
④ 분쇄골절(comminuted fracture)

정답 ① **해설** S자 형태의 골절은 나선골절이다. 골절의 형태는 옆 난(←)의 그림과 같다.

요점정리  골절 형태(문제 14번 관련)

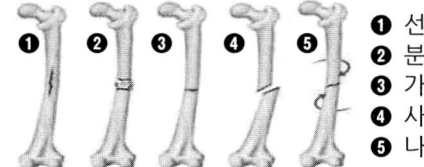

❶ 선단골절
❷ 분쇄골절
❸ 가로골절
❹ 사선골절
❺ 나선골절

15. <보기>와 같은 형태의 조직 부하(tissue loading) 유형은?

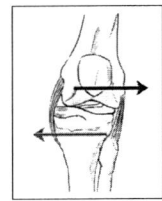

① 장력(tension)
② 굽힘력(bending)
③ 전단력(shearing)
④ 압축력(compression)

정답 ④ 해설 아래 그림에서 압축력은 아래위로 작용하고, 반작용으로 문제 그림과 같이 양옆으로 힘이 전달된다.

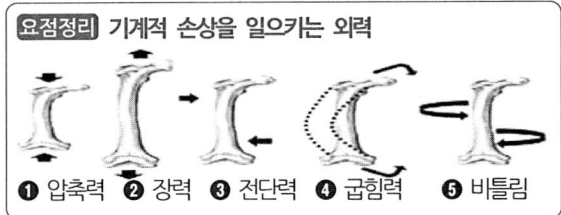

16. 운동 중 발목 안쪽번짐(내번, inversion)으로 인해 주로 손상되는 가쪽(외측, lateral) 발목 인대는?
① 정강 발꿈치 인대(경종 인대, tibiocalcaneal ligament)
② 앞 정강 목말 인대(전경 거인데, anterior tibiotalar ligament)
③ 뒤 정강 목말 인대(후경 거인데, posterior tibiotalar ligament)
④ 앞 목말 종아리 인대(전거 비인대, anterior talofibular ligament)

정답 ④ 해설 발목 안쪽 번짐으로 인해 발생하는 발목 인대는 앞 목발 종아리 인대

17. <보기>의 운동 손상평가 방법에 해당하는 어깨관절 움직임은?

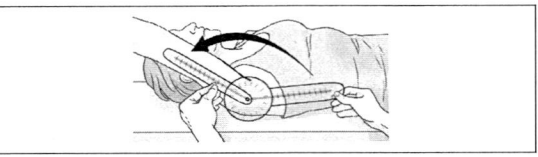

① 굽힘(굴곡, flexion)   ② 모음(내전, adduction)
③ 폄(신전, extension)   ④ 벌림(외전, abduction)

정답 ① 해설 서거나, 앉거나, 누운 자세에서 손을 중립 위로 향하게 하여 머리 위로 높이 올려 귀에 닿게 하는 운동은 굴곡이다. 관절 가동범위는 140~180도이다.

18. <보기>의 재활 운동에 해당하는 관절 움직임은?

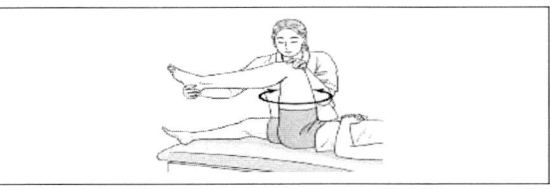

① 무릎관절 굽힘(굴곡, flexion)과 폄(신전, extension)
② 엉덩관절 굽힘과 폄
③ 무릎관절 안쪽돌림(내회전, medial rotation)과 가쪽 돌림(외회전, lateral rotation)
④ 엉덩관절 안쪽돌림과 가쪽 돌림

정답 ④ 해설 그림은 엉덩관절의 안쪽돌림과 가쪽 돌림을 나타낸다.

19. 뇌진탕의 직접적인 증상 및 징후에 해당하지 않는 것은?
① 운동장애   ② 기억상실
③ 피부발진   ④ 의식 수준 혼란

정답 ③ 해설 뇌진탕은 외부 힘으로 신경 기능의 일시적 손상을 말한다. 의식 상실·방향감각 장애·기억상실증·어지러움 등이 나타나며, 원인은 일시적 혈액 공급 장애와 관련된다.

20. 응급처치 중 압박(compression)에 대한 설명으로 옳지 <u>않은</u> 것은?

① 부종을 억제하는 데 효과적이다.
② 급성 손상의 경우 얼음찜질 및 올림(거상, elevation)과 함께 중요한 처치이다.
③ 손상 부위에 압박을 가하는 것은 부기가 쌓일 수 있는 공간을 역학적으로 증가시킨다.
④ 찬물에 미리 넣어 붕대를 사용할 경우 압박을 가하는 동시에 얼음찜질 효과도 나타낸다.

정답 ③ **해설** 압박은 냉각 처치 후 또는 냉각 처치와 동시에 탄력 붕대를 이용한 올바른 압박은 냉각 치료 효과를 증가시킬 수 있다.

2022 기출문제

01. PNF 패턴의 어깨관절 움직임에 관한 설명으로 옳은 것은?
① D1 굽힘 : 굽힘-모음-가쪽 돌림
② D1 폄 : 폄-모음-안쪽돌림
③ D2 굽힘 : 굽힘-벌림-안쪽돌림
④ D2 폄 : 폄-벌림-가쪽 돌림

정답 ① **해설** PNF 대각선 패턴의 어깨관절 움직임은 D1 굽힘 : 굽힘-모음-가쪽 돌림이다. 자세한 내용은 제3과목 트레이닝론〉 제3장 체력 트레이닝〉 3. 유연성 트레이닝을 참고해야 한다.

02. 앞 십자인대(전방십자인대, anterior cruciate ligament) 특수검사(special test)인 것은?
① 앞당김 검사(anterior drawer test)
② 갓 플레이 검사(Godfrey test)
③ 맥머레이 검사(McMurray test)
④ 애플리 압박검사(Apley compression test)

정답 ① **해설** Anterior Drawer Test(전방 전위 검사, 90도 굽힌 앞당김 검사) : 앞 십자인대 손상 여부 확인 검사로, 90도 굽힘에서 앞당기면 검사를 말하며, 7mm 이상이면 양성이다.
오답해설 ② 갓플레이 검사(Godfrey test)는 뒤 십자인대(PCL) 검사방법이고, ③ 맥머레이 검사(McMurray test), ④ 애플리 압박검사(Apley compression test)는 무릎 반달연골 검사방법이다.

03. <보기>에서 닫힌 사슬(closed kinetic chain) 운동으로 옳은 것을 모두 고른 것은?

> ㉠ 런지(lunge) ㉡ 레그익스텐션(leg extension)
> ㉢ 푸쉬업(push-up) ㉣ 레그컬(leg curl)

① ㉠, ㉡ ② ㉠, ㉢ ③ ㉡, ㉣ ④ ㉢, ㉣

정답 ② **해설** 닫힌 사슬 운동은 심장에서 먼 쪽(몸통에서 멀리 떨어진 부위를 일컫는 용어로, 주로 손과 발을 의미한다.)을 고정한 상태의 운동을 말이다. 런지는 종아리와 코어 근육 근력을 강화하는 운동이고, 푸쉬업은 팔 근육을 강화하는 닫힌 사슬 운동이다.
오답해설 레그익스텐션과 레그컬은 하체 운동의 대퇴사두근을 강화하는 관절운동으로, 열린 사슬 운동이다.

04. <보기>에서 열사병(heat stroke) 증상으로 옳은 것을 모두 고른 것은?

> ㉠ 41℃ 이상의 심부 온도 ㉡ 습하고 차가운 피부
> ㉢ 낮은 혈압 ㉣ 건조하고 뜨거운 피부

① ㉠, ㉡ ② ㉠, ㉣ ③ ㉡, ㉢ ④ ㉢, ㉣

정답 ② **해설** 열사병 증상은 심부 체온이 40℃ 이상으로, 피부가 건조한 상태에서 뜨겁고 홍조를 띠며, 혈압이 상승한다.

05. <보기>에서 발목관절 인대 손상 특수검사로 옳은 것을 모두 고른 것은?

> ㉠ 앞당김 검사(anterior drawer test)
> ㉡ 목말뼈 기울기 검사(talar tilt test)
> ㉢ 호만 징후(Homan's sign)
> ㉣ 티넬 징후(Tinel's sign)

① ㉠, ㉡ ② ㉢, ㉣ ③ ㉠, ㉢ ④ ㉡, ㉣

정답 ① **해설** 앞 목발 종아리 인대(ATFL) 손상을 말하는 것으로, ATFL 손상의 검사방법은 Anterior drawer Test(앞당김 검사), 목말뼈 기울기 검사(talar tilt test) 등이다.
오답해설 **호만 징후(Homan's sign)** : 호만 검사라고도 하며, 심부정맥혈전증의 검사를 위한 방법이다. 무릎을 구부리고 발목을 천천히 등 쪽으로 굽힐 때 생기는 장딴지 통증과 다리 정맥의 혈전을 검사할 수 있다. 티넬 징후(Tinel's sign)는 손목 터널 증후군 검사방법이다.

06. <보기>가 설명하는 손(hand)과 손목(wrist) 특수검사로 옳은 것은?

>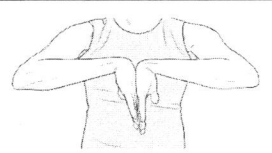
>
> - 손목굴증후군(carpal tunnel syndrome)을 평가하기 위한 검사이다.
> - 환자가 두 손목을 굽혀 손등을 마주하고 밀어 눌러 약 1분간 자세를 유지한다.

① 라크만 검사(Lachman test)
② 토마스 검사(Thomas test)
③ 팔렌 검사(Phalen's test)
④ 예거슨 검사(Yergason test)

정답 ③ **해설** 손목굴증후군 검사방법은 팔렌 검사이다. 검사방법은 양손을 90도로 꺾어 손등 또는 손바닥을 맞댄 후 약 40초~1분 동안 유지하면서 통증 정도 등을 검사한다.

팔렌 검사방법

07. 존스(Jones) 골절이 발생하는 부위는?
① 첫 번째 발허리뼈 기저부(metatarsal base)
② 첫 번째 발허리뼈 머리(metatarsal head)
③ 다섯 번째 발허리뼈 기저부
④ 다섯 번째 발허리뼈 머리

정답 ③ **해설** 존스 골절은 발의 5번째 중족골 기저부와 골간부에 골절이 일어난다. 5번째 중족골은 가장 작은 발가락에 연결되는 발 바깥쪽의 긴 뼈이다.

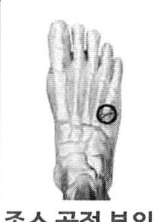
존스 골절 부위

08. 〈보기〉와 같은 골절은?

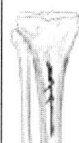
① 나선 골절(spiral fracture)
② 선단 골절(linear fracture)
③ 분쇄 골절(comminuted fracture)
④ 사선 골절(oblique fracture)

정답 ② **해설** 뼈의 길이 방향으로 발생한 골절은 선단 골절이다.
보충.명 골절의 형태

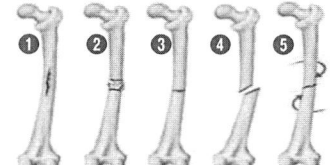
❶ 선단골절
❷ 분쇄골절
❸ 가로골절
❹ 사선골절
❺ 나선골절

09. 〈보기〉와 같은 외력(external force)은?

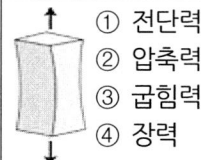
① 전단력
② 압축력
③ 굽힘력
④ 장력

정답 ④ **해설** 길이가 늘어나는 외력은 장력이다.
보충.명 외력의 종류

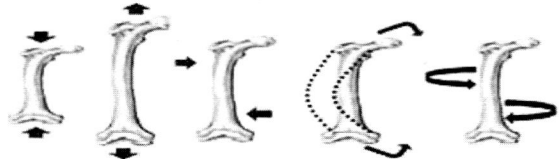
❶ 압축력 ❷ 장력 ❸ 전단력 ❹ 굽힘력 ❺ 비틀림

10. 손상평가 정보(SOAP) 중 객관적(objective) 기록에 해당하지 않는 것은?
① 촉진(palpation) ② 통증 정도(pain scale)
③ 특수 검사(special test) ④ 부종(swelling)

정답 ② **해설** 객관적 기록은 의료인의 육안검사와 촉진, 능동적, 수동적 움직임과 관절의 안정성 및 특수검사 결과를 기록한다. 통증 정도는 주관적인 것으로 객관적 기록이 아니다.

11. 〈보기〉의 응급처치 과정의 이차적 검사(secondary inspection)에 해당하는 것을 모두 고른 것은?

⊙ 병력 확인	ⓒ 기도 폐쇄 확인
ⓒ 손상 기전 재확인	ⓔ 쇼크(shock) 확인

① ⊙, ⓒ ② ⊙, ⓔ
③ ⓒ, ⓒ ④ ⓒ, ⓔ

정답 ① **해설** 응급처치는 1, 2차 검사로 나누는데, 1차 검사는 심한 출혈이나 쇼크, 무호흡, 기도 폐쇄 등을 검사하고, 2차 검사는 생명이 위협하지 않는 손상일 때 정확한 검사를 말한다. 2차 검사는 1) 의식 수준 2) 심박수 3) 호흡수 4) 혈압 5) 체온 6) 피부색 7) 동공 8) 움직임 9) 병력과 손상 기전 등을 검사한다.
오답해설 기도 폐쇄와 쇼크 확인은 1차 검사 사항이다.

12. 뒤넙다리근(hamstring) 상해에 해당하지 않는 근육은?
① 넙다리두갈래근(biceps femoris)
② 반막모양근(semimembranosus)
③ 반힘줄 모양근(semitendinosus)
④ 가자미근(soleus)

정답 ④ **해설** 뒤넙다리근 좌상 발생 부위는 넙다리두갈래근, 반막모양근, 반힘줄 모양근 등이다.
오답해설 가자미근은 종아리에 있는 아킬레스건이다.

13. <보기>에서 설명하는 운동상해는?

> • 이전 손상 증상이 회복되기 전 발생한 손상이 주된 원인이다.
> • 일반적으로 20세 미만의 운동선수에게 주로 발생한다.
> • 충격이 미미하거나 전혀 없는 경우에도 발생할 수 있다.
> • 생명이 위험한 응급상황으로 분류된다.

① 뇌진탕 후 증후군　② 신장 좌상
③ 이차 충격 증후군　④ 비장 손상

정답 ③ **해설** 뇌진탕 후 증후군은 뇌진탕이 발생한 후에 수일 이내 발생하는 증상이며, 2차 충격 증후군은 뇌 손상을 입은 선수가 완전히 회복되기 전 작은 충격 또는 충격이 없더라도 발생하는 상해이다.

14. 중간볼기근(gluteus medius)의 약화(weakness) 평가를 위한 특수검사는?
① 르네 검사(Renne's test)
② 오베르 검사(Ober's test)
③ 겐슬렌 검사(Gaenslen's test)
④ 트렌델렌버그 검사(Trendelenburg's test)

정답 ④ **해설** 중간볼기근의 약화 평가 방법은 트렌델렌버그 검사이다.

15. 상해 부위와 특수검사가 바르게 연결된 것은?
① 앞 목말 종아리 인대 – 스펄링 검사
② 위팔세갈래근 힘줄 – 니어 검사
③ 아킬레스 힘줄 – 톰슨 검사
④ 위팔두갈래근 힘줄) – 패트릭 검사

정답 ③ **해설** 아킬레스건 파열과 염좌의 검사방법은 Thompson Test이다.
[오답해설] ① 앞 목말 종아리 인대는 Anterior drawer Test(앞당김 검사), 목말뼈 기울기 검사(talar tilt test) 등이다. ② 위팔세갈래근 힘줄 검사방법은 초음파·컴퓨터 단층촬영(CT)·자기공명영상(MR I) 촬영 등이고, ④ 위 팔 두갈래근 힘줄염 검사방법은 Yergason Test이다.

16. <보기>에서 설명하는 운동상해는?

> • 제1발허리뼈의 머리 부분에서 발생한다.
> • 제1발허리뼈의 활액낭에 염증이 생기고 두껍게 변형된다.
> • 일반적으로 너무 좁거나 작은 신발을 착용하는 여성에게 발생비율이 높다.

① 종자뼈염(sesamoiditis)
② 발바닥근막염(plantar fasciitis)
③ 무지외반증(hallux valgus deformity)
④ 발허리뼈 피로 골절(metatarsal stress fracture)

정답 ③ **해설** 엄지발가락이 두 번째 발가락 쪽으로 과도하게 휜 상해는 굽 높은 하이힐을 신는 여성들에게 잘 발생하는 무지외반증이다.

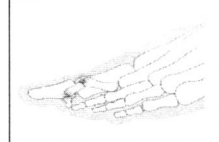
무지외반증

17. <보기>에 제시된 운동상해는?

① 망치 발가락(hammer toe)
② 말렛 발가락(mallet toe)
③ 갈퀴 발가락(claw toe)
④ 터프 발가락(turf toe)

정답 ③ **해설** 보기에 제시된 그림은 발가락이 갈퀴 모양으로 변형된 갈퀴 발가락이다. 아래 그림을 참고해야 한다.

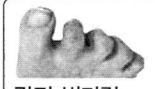  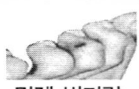
갈퀴 발가락　망치 발가락　말렛 발가락
발가락뼈 변형

18. <보기>에서 설명하는 척추 상해는?

- 요통 또는 하지 방사통 호소
- 20대에서 50대 사이에 주로 발생
- 허리를 앞으로 숙이는 동작에서 증상 악화
- 하지 직거상 검사(straight leg raise test)에서 양성반응
- L4-5, L5-S1에서 가장 흔하며, 섬유 테의 퇴행, 파열 및 균열 유발

① 척추측만증(scoliosis)
② 후관절증후군(facet syndrome)
③ 압박골절(compression fracture)
④ 추간판 탈출증(herniated of intervertebral disc)

정답 ④ **해설** 보기는 추간판 탈출증을 설명하고 있다. 추간판 탈출증은 ㉠ 요통과 하지 방사통이 나타난다. ㉡ 자고 일어난 아침에 통증이 심하고, 몸체를 앞으로 숙이면 통증이 증가한다. ㉢ 20~50대 사이에 주로 발생한다. ㉣ 요추(허리뼈) 4~5 사이, 요추 5~천추 1 사이에서 주로 발생한다. ㉤ 섬유 테의 퇴행 또는 파열을 유발한다. 하지 직거상 검사에서 양성반응이 나타난다.

19. <보기>에서 무릎뼈힘줄염(patella tendonitis)에 관한 설명으로 옳은 것을 모두 고른 것은?

㉠ Jumper's knee로 불린다.
㉡ Runner's knee로 불린다.
㉢ 무릎뼈 아래 부위에 통증이 유발된다.
㉣ 반복적이고 강한 무릎 굽힘 동작이 원인이다.

① ㉠, ㉢ ② ㉠, ㉣ ③ ㉡, ㉢ ④ ㉡, ㉣

정답 ① **해설** 무릎뼈힘줄염은 넙다리네갈래근의 강하고 반복적인 무릎을 펴는 힘으로 발생한다. 심할 경우 무릎힘줄이 완전하게 찢어지기도 한다. Jumper's knee라고도 한다.

20. 염좌(sprain)에 관한 설명으로 옳지 않은 것은?

① 장력에 의해 주로 발생한다.
② 힘줄(tendon)에서 주로 일어난다.
③ 심각도는 1도, 2도, 3도로 분류한다.
④ 3도는 완전 파열이다.

정답 ② **해설** 염좌는 근육 좌상을 일컫는 용어로 인대에서, 주로 장력에 의해 발생한다. 염좌는 1~3도로 구분하며, 1도는 인대파열은 없지만, 미세 손상이 있어 종창(부기), 통증이 있고, 2도 염좌는 인대의 부분적 파열, 3도 염좌는 완전 파열 상태를 말한다.

오답해설 힘줄은 인대와 기능은 다르지만 유사한 구조이다. 힘줄은 뼈에 골격근을 연결하여 골격근의 장력을 뼈로 전달할 수 있어서 관절의 움직임이 가능하게 한다.

2021 기출문제

01. <보기>에서 설명하는 손상은?

| 통증부위 | • 골프 스윙 시 공 대신 땅을 친 후 손목 통증 발생
• 골프클럽을 잡을 때 그립력 감소 및 통증 발생 |

① 갈고리뼈(유구골, hamate) 골절
② 손배뼈(주상골, scaphoid) 골절
③ 먼쪽 노뼈(원위 요골, distal radius) 골절
④ 큰마름뼈(대능형골, trapezium) 골절

정답 ① **해설** 새끼손가락 쪽 손바닥 편평한 부위에 갈고리뼈가 있고, 라켓을 사용하는 골프, 야구, 테니스, 배드민턴 등의 운동 시 잘 발생한다.

02. <보기>에서 설명하는 손상은?

• 과도한 신장력(tensile stress)이 발생하는 달리기 또는 점핑과 같은 동작을 반복할 때 발생
• 장딴지근(gastrocnemius) 혹은 가자미근(soleus)의 유연성 감소 시 증상 악화
• 운동시간과 강도를 올리면 증상 악화

① 아킬레스힘줄염(achilles tendinitis)
② 박리성골연골염(osteochondritis dissecans)
③ 발목굴증후군(tarsal tunnel syndrome)
④ 안쪽번짐 염좌(inversion sprain)

정답 ① **해설** 아킬레스건의 파열 또는 염좌는 과도한 신장력이 발생하는 달리기 또는 점핑과 같은 동작을 무리하게 진행하면 발생한다. 아킬레스건은 혈관분포가 적어 퇴행성 변화가 많이 일어나는데, 점핑이나 발목의 갑작스러운 발바닥굽힘 후 발생하며, 발꿈치뼈의 2~6cm 위에서 파열 또는 염좌가 발생한다. 장딴지근과 가자미근의 유연성이 감소하면 증상이 악화한다.

03. 발바닥근막염(족저근막염, plantar fasciitis)에 관한 설명으로 옳은 것은?

① 편평족(pes planus foot)을 가진 사람에게서 발생 위험이 높다.
② 발꿈치 통증을 가장 많이 호소하기 때문에 딱딱한 운동화 착용을 권장한다.
③ 발가락 폄과 상관없이 강한 발바닥 쪽 굽힘 시 발생한다.
④ 임상적 진단은 환자의 과거력과 상관없이 의사의 검진을 통해 이루어진다.

정답 ① **해설** 족저근막염의 발병 원인은 평발(편평족, pes planus foot)이거나 너무 오목하게 굴곡진 경우, 과체중이거나 하이힐을 자주 신은 경우, 발뒤꿈치의 지방 패드가 적어지는 중년 이후, 평소 걷기나 운동을 잘 하지 않는 경우 등이다.

04. 과훈련 증후군(over training syndrome)에 관한 설명으로 옳지 않은 것은?

① 지속적 피로 또는 근육통이 나타날 수 있다.
② 초기 치료를 위해 운동 강도를 증가시킨다.
③ 과훈련 증후군 진단 후 충분한 휴식을 권장한다.
④ 예방을 위해 자가 분석(self-analysis)법을 사용한다.

정답 ② **해설** 과훈련 증후군은 훈련이 과하여 만성피로가 지속되는 현상이 나타난다. 훈련 시간과 휴식 시간이 올바르게 균형을 이루어야 한다. ②에서 훈련 강도의 증가는 바람직하지 않다.

05. <보기>에서 설명하는 부위는?

> • 손상 시 관절면의 부하 증가
> • 맥머레이 검사(McMurray's test)로 평가 가능
> • 정강뼈(tibia)와 넙다리뼈(femur)의 충격 흡수

① 무릎뼈(patella)
② 엉덩정강근막띠(iliotibial band)
③ 반달연골(meniscus)
④ 활액막추벽(synovial plica)

정답 ③ **해설** 반달연골이 손상되면 관절에 부하가 증가한다. 반달연골 손상은 맥머레이 검사로 판정할 수 있다.

06. 환자의 생명을 위협하는 응급상태가 <u>아닌</u> 것은?
① 기도 폐쇄　② 호흡 정지
③ 심정지　　④ 요통

정답 ④ **해설** 요통은 허리 통증을 말하는 것으로, 생명을 위협하는 상황은 아니다.

07. 뇌 신경(CN, cranial nerve)과 기능의 연결이 옳은 것은?
① CN Ⅰ : 동공 수축
② CN Ⅴ : 듣기와 균형
③ CN Ⅹ : 얼굴의 감정표현
④ CN Ⅻ : 혀의 움직임

정답 ④ **해설** ① CN Ⅰ은 후각 기능을 수행하며, ② CN Ⅴ는 삼차신경으로, 얼굴·구강 등의 감각기능 수행, ③ CN Ⅹ는 미주신경으로, 운동을 수행한다. ④ CN Ⅻ는 혀밑 신경은 혀 움직임을 담당한다. 뇌 신경은 뇌를 전문의 수준에서 필요한 지식이지만 필기시험에 출제되었다.

08. <보기>의 손상 직후 부목(splint) 지침에 관한 설명 중 옳은 것으로만 묶인 것은?

> ㉠ 어깨 복합체(shoulder complex) 주위 골절은 팔을 몸에 단단히 밀착하여 삼각건과 붕대로 고정한다.
> ㉡ 부목 부위에 추가로 온찜질을 한다.
> ㉢ 부목 후 지속적으로 손가락의 색 변화와 혈액순환을 확인한다.
> ㉣ 골반 골절 손상은 척추 보드(spine board)로 부목하고 운반할 것을 권장한다.
> ㉤ 골절 변형을 일으킬 수 있을 경우에는 공기 부목(air splint)을 권장한다.

① ㉠, ㉡, ㉢　② ㉠, ㉢, ㉣
③ ㉡, ㉣, ㉤　④ ㉢, ㉣, ㉤

정답 ② **해설** 견갑대 주위 골절을 당했을 때 상지를 몸에 밀착시켜 삼각대와 붕대로 고정하고, 골반 골절은 척추 보드로 부목하고 운반할 것을 권장하며, 부목 후 지속적으로 손가락, 발가락 등의 색깔 변화와 혈액순환을 확인한다.

09. 손상 부위와 평가 방법이 옳은 것은?
① 엉덩관절 굽힘 구축(hip joint flexion contracture) : 토마스 검사(Thomas's test)
② 위팔세갈래근파열(triceps brachii tear) : 니어 검사(Neer's test)
③ 허리 원반 탈출(lumbar disc herniation) : 패트릭 검사(Patrick's test)
④ 위팔두갈래근 파열(biceps brachii tear) : 오브라이언 검사(O'Brien's test)

정답 ① **해설** 엉덩관절 굽힘 구축은 토마스 검사로 평가한다. 여기서 구축이란 관절운동이 다른 사람이나 외부의 힘 의해 비정상적으로 제한되는 경우를 말한다.

10. 충격이 발생한 반대 지점에서 일어나는 골절은?
① 견열골절(avulsion fracture)
② 피로 골절(stress fracture)
③ 함몰골절(depressed fracture)
④ 반충골절(contrecoup fracture)

정답 ④ **해설** 발생 부위가 충격점의 반대편에 발생하는 골절은 반충골절이다.

11. <보기>에서 설명하는 검사방법은?

- 노동맥과 자동맥의 혈액 공급을 검사하는 방법이다.
- 환자는 손을 강하게 쥐었다 폈다를 3~4번 반복한다.
- 환자가 마지막으로 주먹을 쥔 상태에서 검사자는 각각의 동맥에 손가락으로 압박을 가하고 이때 환자는 주먹을 편다.

① 앨런 검사(Allen's test)
② 팔렌 검사(Phalen's test)
③ 집기 검사(pinch grip test)
④ 핑켈스타인 검사(Finkelstein's test)

정답 ① **해설** 보기는 앨런 검사방법이다. 혈액 공급 동맥의 열림 여부를 검사하는 방법이다.

12. <보기>에서 설명하는 검사방법은?

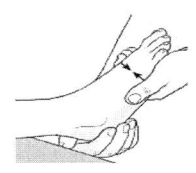
- 발허리뼈(metatarsal bone)의 피로 골절 또는 신경종(neuroma) 여부를 알아보기 위한 검사

① 티넬 사인 검사(Tinel's sign test)
② 호만 사인 검사(Homan's sign test)
③ 몰턴 검사(Morton's test)
④ 목말뼈 경사 검사(talar tilt test)

정답 ③ **해설** 그림은 발허리뼈의 골절 상태를 검사하는 몰턴 검사이다.

13. <보기>의 내용 중 스포츠 현장으로의 복귀 기준으로 옳은 것으로만 묶인 것은?

㉠ 부종 없음
㉡ 관절의 불안정성 증가
㉢ 관절 가동범위의 완전한 회복
㉣ 고유수용감각과 근 신경 협응 불충분

① ㉠, ㉡ ② ㉠, ㉢ ③ ㉡, ㉣ ④ ㉢, ㉣

정답 ② **해설** 재활 운동 후 스포츠 복귀 기준은 연부 조직의 치유, 통증의 회복, 유연성과 고유감각 회복, 관절 가동범위의 회복, 심혈관계 단련도, 심리적 안정 상태 등이다.

14. 손상의 명칭과 사례가 옳지 <u>않은</u> 것은?
① 급성 손상 : 야구선수의 타박상
② 급성 손상 : 농구선수의 피로 골절
③ 만성 손상 : 마라토너의 힘줄염
④ 만성 손상 : 노인의 골관절염

정답 ② **해설** 피로 골절은 만성 손상이다.

15. <보기>에서 설명하는 조직 부하(tissue stress) 형태는?

- 급성적인 기전에 의해 나타날 수 있다.
- 반복적인 점프 동작에 의한 척추 디스크 손상을 유발한다.
- 특정 조직이 힘을 더 이상 흡수할 수 없을 때 손상이 발생한다.

① 전단력(shear force)
② 신장력(tensile force)
③ 회전력(torsion force)
④ 압축력(compression force)

정답 ④ **해설** 서로 마주 보는 방향으로 작용하는 힘으로 발생하는 상해는 압축력이며, 반복적 점프 동작으로 척추 디스크 손상을 유발할 수 있다.

16. 고정(immobilization)으로 인한 조직 크기의 감소를 의미하는 용어는?
① 비후(hyperplasia)   ② 비대(hypertrophy)
③ 위축(atrophy)   ④ 화생(metaplasia)

정답 ③ 해설 근 위축은 근육을 오래 사용하지 않거나 병적인 변성으로 근육의 크기가 줄어든 상태를 말한다.

17. 재활 운동 초기 단계의 목표로 옳은 것은?
① 부종 및 통증 조절 ② 순발력과 민첩성 향상
③ 근력과 근지구력의 향상 ④ 근파워의 향상

정답 ① 해설 재활 운동의 단기적 목표는 통증, 염증, 부종 등의 경감이다.

18. 신경세포(neuron)의 구성요소가 아닌 것은?
① 핵(nucleus)   ② 트로포닌(troponin)
③ 수상돌기(dendrite)   ④ 세포체(cell body)

정답 ② 해설 신경세포는 핵, 핵소체, 세포체, 수상돌기, 축삭 등으로 구성되어 있다.

19. <보기>에서 설명하는 것은?

> • 통증을 동반하는 불수의적 근수축
> • 전해질 불균형에 따른 수축과 이완의 반복

① 반상출혈(ecchymosis)
② 근육 좌상(muscle strain)
③ 근육경련(muscle cramp)
④ 근육 약화(muscle weakness)

정답 ③ 해설 보기는 근 경련으로, 수분 손실로 인한 전해질의 균형이 깨져 발생한다.

20. <보기>에서 설명하는 손상은?

> • 팔꿈 관절의 과도한 단축성 혹은 신장성 수축이 원인
> • 손상 부위에서 "딱"하는 소리와 함께 통증 호소
> • 팔꿈 관절을 굽히고 아래팔을 뒤 침하는 근력이 약화

① 어깨 윤활낭염(shoulder bursitis)
② 관절와순 파열(glenoid labrum tear)
③ 위팔두갈래근 파열(biceps brachii tear)
④ 오목위팔관절 탈구(glenohumeral joint dislocation)

정답 ③ 해설 상완이두근 파열 원인은 팔꿈 관절의 과도한 단축 또는 신장성 수축이 원인으로, 손상 시 부위에서 딱 소리와 함께 통증이 나타난다.

2020 기출문제

01. 운동 중 갑자기 쓰러진 사람에 대한 1차 응급 처리로 옳지 않은 것은?
① 기도 확보　② 인공호흡
③ 혈압 측정　④ 가슴 압박

정답 ③ **해설** 1차 응급 처리는 기도 확보, 인공호흡, 가슴 압박 등을 실시한다.

02. 스포츠의학팀에 대한 설명으로 적절하지 않은 것은?
① 스포츠의학 관련 다양한 전문가들이 상호협력을 한다.
② 운동참여자를 보호하고 운동수행 능력 향상을 고려한다.
③ 코치는 손상을 의학적으로 진단하고 처치 과정을 결정한다.
④ 스포츠의학팀 구성 인원은 현장 상황에 따라 다양하게 구성한다.

정답 ③ **해설** 손상의 진단·확진 등은 의사가 한다.

03. 스포츠 손상의 원인이 아닌 것은?
① 과도한 훈련을 실시한 경우
② 신체 구조의 이상이 있는 경우
③ 장비 및 시설의 문제가 있는 경우
④ 관절의 기계적 안정성이 있는 경우

정답 ④ **해설** 관절의 기계적 안정성은 스포츠 손상과 관련이 없다.

04. 염증 반응에 대한 설명으로 옳은 것은?
① 조직은 손상 발생 후 빠르게 치유과정이 시작된다.
② 초기 염증 반응은 전체 치유과정에서 중요하지 않다.
③ 조직 손상은 연부조직의 세포 손상을 일으키지 않는다.
④ 특징적인 징후로는 부종과 압통이 있으나 기능 손실은 없다.

정답 ① **해설** 염증 반응은 손상조직을 치유하는 초기 단계이다.

05. <보기>의 골절에 대한 설명을 바르게 고른 것은?

㉠ 분쇄 골절(comminuted fracture) : 골절 부위에 세 개 이상의 조각들이 발생한다. ㉡ 견출 골절(avulsion fracture) : 뼈의 끝이 연부조직을 뚫고 나와 개방손상을 일으킨다. ㉢ 피로 골절(stress fracture) : 낙상 시 발생되고, 외상 부위의 반대 지점에서 발생한다. ㉣ 생목 골절(greenstick fracture) : 골화되지 않은 뼈에서 발생하는 불완전골절이며, 청소년에게 잘 나타난다.

① ㉠, ㉡　② ㉡, ㉢　③ ㉢, ㉣　④ ㉠, ㉣

정답 ④ **해설** ㉡은 개방골절이고, ㉢ 피로 골절은 골절의 과부하 등으로 발생한다.

06. 머리 및 목뼈 손상을 입은 환자에 대한 조치로 옳지 않은 것은?
① 의식불명이면 머리 및 목뼈 손상의 가능성을 항상 고려한다.
② 바로 누운 자세로 숨을 쉴 경우 의식불명에서 깨어날 때까지 가까이에서 지켜본다.
③ 헬멧을 착용 중인 경우 목과 척추의 손상을 확인할 수 있도록 헬멧을 즉시 제거한다.
④ 엎드린 상태에서 숨을 쉬지 않을 경우 조심스럽게 통나무 굴리듯(log roll) 바로 눕힌다.

정답 ③ **해설** 헬멧 등 보호장구를 착용하면 손상이 명확해질 때까지 탈착시키지 않아야 한다.

07. 수중 재활 운동을 하는 이유로 옳은 것은?
① 근 긴장도가 감소된다.
② 기능적 능력이 감소된다.
③ 부력에 의해 체중 부하가 증가된다.
④ 물의 부력과 압력으로 협응력이 감소된다.

정답 ① **해설** 수중운동은 근 긴장도를 줄여주어 재활 운동에 적합하다.

08. <보기>에 해당하는 척추의 자세 평가로 옳은 것은?

- 척추의 비정상적인 측면 굽힘이다.
- 잠재적인 기능적 원인은 근육 불균형 및 다리 길이 차이 때문이다.
- 후면에서 관찰 시 등뼈(흉추)와 허리뼈(요추)에 'C' 또는 'S' 형태로 나타난다.

① 척추전만증(lordosis) ② 척추측만증(scoliosis)
③ 척추후만증(kyphosis) ④ 척추만곡증(swayback)

정답 ② **해설** 척추가 측면으로 굽어졌으면 척추측만증이다.

09. 손상평가 과정에 대한 설명으로 옳은 것은?
① 문진(history)은 주된 불편함에 대한 정보를 수집한다.
② 관찰(observation)은 손으로 압통 부위를 확인한다.
③ 촉진(palpation)은 수동적 관절운동 범위 확인을 위한 이학적 검사이다.
④ 특수검사(special test)는 눈으로 부종, 발적, 변색을 확인한다.

정답 ① **해설** ② 관찰은 표정 등을 살피는 행위이고, ③ 촉진은 손으로 만져 진단하며, ④ 특수검사는 관절 각도 평가, 도수 근력 평가, 신경학 검사 등을 실시한다.

10. 다음 그림의 측정방법에 해당하는 관절 움직임은?

① 무릎관절 가쪽 돌림(lateral rotation)
② 무릎관절 안쪽돌림(internal rotation)
③ 엉덩관절 가쪽 돌림(lateral rotation)
④ 엉덩관절 안쪽돌림(internal rotation)

정답 ④ **해설** 위 그림은 엉덩관절의 안쪽돌림 측정방법이다. 책 내용에 없는 부분이다.

11. <보기>에서 설명하는 운동 손상은?

- 노뼈 및 자뼈 편위를 요구하는 동작 시 통증 증가
- 핀켈스타인 검사(Finkelstein test)로 양성반응 확인
- 후긴엄지벌림힘줄(장무지외전건, abductor pollicis longus tendon)과 짧은 엄지 폄 힘줄(단무지신전건, extensor pollicis brevis tendon)의 건초염을 말함.

① 발목굴증후군(tarsal tunnel syndrome)
② 드퀘르뱅 증후군(De Quervain syndrome)
③ 가슴문 증후군(thoracic outlet syndrome)
④ 무릎 넙다리 통증 증후군(patellofemonal pain syndrome)

정답 ② **해설** 엄지 폄근(노뼈)과 엄지 벌림근(자뼈)의 염증 발생으로 통증이 있으면 손목건초염으로, 핀켈스타인 검사를 하는 경우는 드퀘베인 병 또는 프랑스어로 드퀘르뱅 병이다.

12. 팔꿈치 가쪽 위관절 융기염(외측상과염, lateral epicondylitis)에 대한 설명으로 옳지 않은 것은?
① 테니스엘보로 불리기도 한다.
② 손목폄근의 과사용으로 인한 손상이다.
③ 코센 검사(Cozen's test)로 양성반응을 확인한다.
④ 손목 폄 시 저항을 주면 가쪽 위 관절 융기에 통증이 감소한다.

정답 ④ **해설** 팔꿈치 가쪽 위관절 융기염은 테니스엘보라고도 하며, 코센 검사로 가능하며, 손목의 과도한 사용으로 인한 손상이다.

13. 손상 부위와 운동 손상평가 방법의 연결이 옳은 것은?
① 아킬레스 힘줄(Achilles tendon)-바깥돌림 검사(Kleiger's test)
② 전방십자인대(anterior cruciate ligament)-스펄링 검사(Spurling test)
③ 목뼈 추간 원반(cervical intervertebral disc)-라크만 검사(Lachman test)
④ 앞뒤 상관절 테두리(superior labrum anterior to posterior)-능동 압박검사(O'Brien test)

정답 ④ **해설** ① 아킬레스건은 Thompson Test(톰슨 검사) ② 전방십자인대는 Lachman Test, Anterior Drawer Test ③ 목뼈 추간 원반은 Kernig Test로 검사한다. 어깨관절 테두리 손상은 관절 테두리 손상(SLAP 병변)은 O'brien Test 또는 Grind Test이다.

14. 등속성 운동 검사의 설명으로 옳지 않은 것은?
① 검사 전에 실제 검사 각속도보다 높거나 낮은 각속도로 연습한다.
② 전 운동 범위(ROM)에서 해당 근육군의 최대 근수축을 유도할 수 있다.
③ 검사 후 통증이나 기타 불편함이 나타나면 얼음찜질 등으로 응급처치를 시행한다.
④ 각속도를 선택할 때는 피험자의 병리학적인 상황뿐 아니라 근력과 심장 기능을 고려한다.

정답 ① **해설** 등속성 운동 검사의 특징은 운동 범위 내 사용 근육군의 최대 근수축을 유도할 수 있으며, 각속도를 선택할 때 피험자의 병리학적 상황과 근력·심장 기능을 고려할 수 있으며, 검사 후 통증 등이 발생하면 응급처치할 수 있다.

15. <보기>에서 상지 PNF 패턴 중 D2 굽힘(flexion)에 관한 어깨관절 움직임의 조합으로 바르게 묶인 것은?

㉠ 굽힘(flexion)
㉡ 폄(extension)
㉢ 안쪽돌림(internal rotation)
㉣ 가쪽 돌림(lateral rotation)
㉤ 모음(adduction)
㉥ 벌림(abduction)

① ㉠ - ㉢ - ㉤
② ㉠ - ㉣ - ㉥
③ ㉡ - ㉢ - ㉤
④ ㉡ - ㉣ - ㉥

정답 ② **해설** PNF 대각선 패턴의 어깨관절 움직임은 D2 굽힘 : 굽힘-벌림-가쪽 돌림이다. 자세한 내용은 제3과목 트레이닝론〉제3장 체력 트레이닝〉3. 유연성 트레이닝을 참고해야 한다.

16. 신경근 훈련에 대한 설명으로 옳지 않은 것은?
① 발목 염좌의 염증 반응을 낮추는 데 효과가 있다.
② 관절의 위치 감각적 협응력에 영향을 미칠 수 있다.
③ 무릎의 전방십자인대(ACL) 손상 예방에 효과가 있다.
④ 고유수용감각으로부터 신경 자극의 분절 내 전달 기능을 향상시킬 수 있다.

정답 ① 해설 신경근 훈련은 관절 간 협응력을 향상하고, 무릎 전방십자인대 손상 예방 효과, 고유수용감각의 신경자를 전달 기능을 향상시킨다.

17. 재활 운동 프로그램 내용으로 옳지 않은 것은?
① 객관적 평가를 기반으로 목표를 설정한다.
② 장기적인 목표는 손상 전 수준으로 회복하는 것이다.
③ 플라이오메트릭 운동을 근력운동보다 우선적으로 실시한다.
④ 신체적 및 정신적으로 완전히 회복한 후 스포츠 현장으로 복귀한다.

정답 ③ 해설 손상된 조직의 기능 회복을 위해서 근력, 지구력, 파워의 회복이 중요한 요소이다.

18. <보기>에서 설명하는 운동은?

- 근육의 길이가 변한다.
- 단축성 수축 및 신장성 수축이 가능하다.
- 일반적으로 웨이트 트레이닝이 해당한다.

① 등척성 운동(isometric exercise)
② 등장성 운동(isotonic exercise)
③ 등속성 운동(isokinetic exercise)
④ 안정성 운동(stability exercise)

정답 ② 해설 근육 길이가 변화하는 동안 힘을 생성시키는 동작은 등장성 운동이다.

19. 근육 불균형에 대한 설명으로 옳지 않은 것은?
① 근육 불균형은 기능장애를 예방한다.
② 양쪽 다리의 근력 불균형은 스포츠 손상의 원인이 된다.
③ 근육 길이의 불균형은 움직임 패턴과 자세에 영향을 미친다.
④ 넙다리네갈래근(quadriceps)과 뒤넙다리근(hamstring)의 근력 비율(H/Q ratio) 불균형은 스포츠 손상의 원인이다.

정답 ① 해설 근육 불균형은 스포츠 손상의 원인이 된다.

20. 재활 운동 프로그램 진행 시 운동 범위(ROM)를 제한하는 요인이 아닌 것은?
① 골절된 뼈 ② 손상된 인대
③ 장기간 고정된 관절 ④ 탄성력이 높은 근육

정답 ④ 해설 재활 운동 프로그램 진행의 제한요인은 뼈 골절, 손상 인대, 관절 이상 등이다.

제2과목 체육측정평가론

2024 기출문제

01. <보기>의 ㉠과 ㉡에 들어갈 용어가 순서대로 바르게 제시된 것은?

- (㉠)평가 : 훈련 기간 중 선수들의 훈련 상태에 대한 문제점을 파악하고 보완점을 제시할 수 있다.
- (㉡)평가 : 훈련 종료 후 선수들의 훈련 목표 도달 여부나 성취 수준을 종합적으로 평가할 수 있다.

① 진단, 형성   ② 형성, 총괄
③ 형성, 진단   ④ 진단, 총괄

정답 ② **해설** 1) 진단평가는 학습 또는 훈련이 진행되기 전에 학습자와 훈련자의 위상 또는 수준을 구분하기 위한 평가이고, 형성평가는 학습 또는 훈련 과정에 영향을 미치는 요인을 찾아내어 보다 효과적으로 목표를 달성할 방안을 찾기 위한 평가이고, 종합평가(=총괄평가)는 학습 또는 훈련 과정이 끝난 시점에 실시하는 평가로, 목표 달성 정도를 측정하기 위함이다.

02. <보기>에서 설명하는 척도는?

- 분류와 서열의 기능을 가짐
- 가(+), 감(-)의 수리적 조작이 가능
- 절대영점이 없음

① 등간척도   ② 비율척도
③ 서열척도   ④ 명명척도

정답 ① **해설** 각 범주 사이에 일정한 거리의 척도로, 숫자는 더하고, 빼고는 하지만 곱하기, 나누기는 의미가 없다. 절대영점의 속성을 가지면 비율척도이다.

03. 히스-카터(Heath-Carter)의 체형평가에 사용되는 인체측정 변인이 아닌 것은?
① 대퇴 길이   ② 종아리 둘레
③ 위팔뼈 너비   ④ 어깨뼈 하단 피부 두겹 두께

정답 ① **해설** 히스와 카터의 인체측정 변인은 위팔 등 쪽 부위, 어깨뼈 아래 끝 부위, 엉덩뼈 윗부위와 팔·다리 관절돌기의 너비, 구부린 위팔 둘레, 종아리 중앙부위의 둘레 등을 이용한다.
오답해설 ① 대퇴는 다리의 무릎관절 윗부분으로, 체형평가에 사용되지 않는다. 한편 ③에서 위팔뼈 너비가 아니고, 위팔 너비의 오타로 봐야 한다.

04. 신체활동 측정에 관한 설명으로 옳지 않은 것은?
① 객관적 측정 도구에는 가속도계가 있다.
② 준거 검사에는 간접열량 측정계가 있다.
③ 주관적 측정 도구에는 생체전기저항법이 있다.
④ 측정 변인에는 형태, 강도, 빈도, 지속시간이 있다.

정답 ③ **해설** 생체전기저항법은 인체에 미세한 전류를 흘려 저항을 측정하는 방법이다. 인체에 전류를 흘리면 전기는 전도성이 높은 신체 수분을 따라 흐르고, 인체의 저항은 신체 수분의 과다에 따라 달라지는 것을 이용하는 것으로, 주관적 측정 도구가 아니다.

05. <보기>의 ㉠~㉢에 들어갈 용어가 순서대로 바르게 제시된 것은?

- (㉠) : 상대적으로 근골격이 우세한 체형
- (㉡) : 상대적으로 지방이 많은 체형
- (㉢) : 상대적으로 체격이 길고 마른 체형

① 외배엽, 중배엽, 내배엽
② 내배엽, 외배엽, 중배엽
③ 외배엽, 내배엽, 중배엽
④ 중배엽, 내배엽, 외배엽,

정답 ④ **해설** 근골격이 우세하면 중배엽형이고, 지방이 많으면 내배엽형, 길고 마른 유형은 외배엽형이다.
암기 **스포츠에 이상적 체형 : 중배엽**이다. 내배엽은 뚱보, 외배엽은 멸치로 기억하자. 출제 다빈도 부분이다.

06. <보기>에서 신체 구성 측정방법을 모두 고른 것은?

ㄱ. 피부 두겹법	ㄴ. 자기 보고법
ㄷ. 심박수 측정법	ㄹ. 수중 체중법
ㅁ. 이중에너지 X선 흡수법	ㅂ. 보행 계수법

① ㄱ, ㄴ, ㅁ
② ㄱ, ㄹ, ㅁ
③ ㄴ, ㄷ, ㅁ
④ ㄷ, ㄹ, ㅂ

정답 ② **해설** 신체 구성을 측정하는 방법은 여러 가지가 있다. 체지방률을 측정할 때 피부 두겹 두께 측정법을 사용하며, 그 외에도 수중 측정법, 생체 전기저항 측정법, 이중 X선 흡수계측법 등이 활용된다.

07. <보기>에서 설명하는 측정오차의 유형은?

- 모든 대상에게 동일한 원인으로 인해 발생하는 오차이다.
- 타당도와 관련된다.

① 무선적 오차 ② 비체계적 오차
③ 체계적 오차 ④ 측정의 표준오차

정답 ② **해설** 측정 도구를 사용하여 얻는 값은 측정값이라고 하며, 측정값은 도구에 따라 참값과 가깝지만, 참값은 아니다. 측정값에서 참값을 뺀 값을 측정 오차라고 하며, 비체계적 오차(=무작위 오차)는 모든 대상에서 같은 원인으로 방향성 없이 발생한다.

08. 아래 표는 K선수의 100m 달리기 관련 정보를 나타내고 있다. 결과에 대한 해석으로 옳은 것은?

	K 선수의 기록	소속 팀 선수들의 기록	
		평균	표준편차
100m 달리기(초)	13.0	15.0	2.0

① K 선수의 기록은 상위 약 16%이다.
② K 선수의 기록을 T 점수로 변환하면 50이다.
③ K 선수의 기록을 Z점수로 변환하면 +1.5이다.
④ 소속 팀 선수들과 비교했을 때, K 선수의 기록은 저조한 편이다.

정답 ① **해설** 표준편차의 경험적 법칙에 따라 측정치의 약 68%가 평균의 1 표준편차 사이에 포함되고, 나머지는 상위 약 16% 또는 하위 약 16%에 해당하므로, K 선수는 상위 약 16%이다.
오답해설 ② T 점수는 원점수 분포를 평균 50, 표준편차 10으로 하는 점수 분포로 변환시켜 놓은 환산 점수이다. 공식 T 점수=10{(X-X̄)/δ}+50을 적용하면 T=10{(13-15)/2.0}+50=51이다.
③ Z점수는 단위가 서로 다른 검사에서 얻은 점수를 비교할 때 사용되는 변환 점수이다. 공식 Z점수=(X-μ)/δ를 적용하면 Z=(13-15)/2.0=-2이다.
④ K 선수는 소속 팀 평균보다 빠른 편이다. T점수, Z점수 공식을 암기하고 적용하는 것은 어려운 일이다. 그러나 아래 암기는 기억해야 한다.
암기 **표준편차의 경험적 법칙** : 측정치의 약 68%가 평균의 1 표준편차 사이에 포함된다.(X±1δ)

09. 아래 표는 준거 지향검사의 신뢰도 추정을 위해 반복측정을 수행한 결과이다. 일치도 계수(p)로 옳은 것은?

		1차 검사	
		합격	불합격
2차 검사	합격	40명	20명
	불합격	10명	30명

① .20   ② .50   ③ .60   ④ .70

정답 ④ **해설** 일치도(=합치도)는 공식은 (p)=(A+D) /100이다. A 영역은 위 표에서 1차 검사 합격이고, D 영역은 2차 검사 불합격이다. ∴(40+30) /100=0.7이다.

참고 일치도 계수 유관표

		1차 검사	
		합격	불합격
2차 검사	합격	A	B
	불합격	C	D

10. <보기>는 표준편차 방법을 활용한 심폐지구력 평가 내용이다. 결과의 해석으로 옳은 것은?

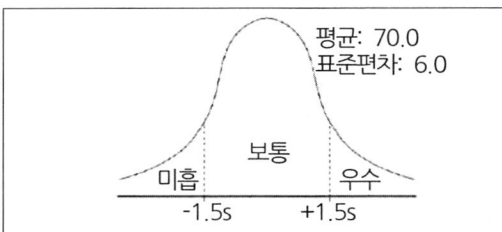

- 심폐지구력 평가를 위해 20m 왕복 오래달리기를 측정함
- 측정 결과는 평균 70.0회, 표준편차 6.0으로 나타남
- 평가 기준은 +1.5s 이상 '우수' -1.5s 미만 '미흡' 등급으로 설정함

① 77회는 상위 약 5%에 해당하는 기록이다.
② 67회 미만을 기록하면 미흡 등급에 속한다.
③ 79회 이상을 기록하면 우수 등급에 속한다.
④ 보통 등급의 기록 범위는 63회 이상, 76회 미만이다.

정답 ③ **해설** 보기에서 평균이 70회이고, 표준편차는 6이다. 그러므로 미흡은 -1.5s를 적용하면 -9이고, 우수는 +1.5s를 적용하면 +9이다. 즉 61회 미만이면 미흡이고, 79회 이상이면 우수이다.

11. <보기>에서 집중 경향치에 대한 설명으로 옳은 것만을 모두 고른 것은?

> ㄱ. 평균은 극단적인 값에 영향을 받지 않는다.
> ㄴ. 점수분포의 흩어진 정도를 고려하여 산출한다.
> ㄷ. 정규분포일 때 최빈치, 중앙치, 평균치는 동일하다.
> ㄹ. 중앙치는 자료를 크기 순서로 나열했을 때 가운데에 위치

① ㄱ, ㄴ   ② ㄱ, ㄹ   ③ ㄴ, ㄷ   ④ ㄷ, ㄹ

정답 ④ **해설** 집중 경향치는 정규분포에서는 최빈치, 중앙치, 평균치 등이 모두 같으며, 최빈치는 가장 많이 나타나는 값이고, 중앙치는 자료를 크기로 나열했을 때 가운데에 위치하는 값이다.

12. <표>의 턱걸이 점수 결과에 대한 해석으로 옳은 것은?

구분	A 집단	B 집단
평균	22개	20개
표준편차	3개	6개

① A 집단이 B 집단보다 턱걸이를 잘하고, 더 동질적이다.
② A 집단이 B 집단보다 턱걸이를 잘하고, 더 이질적이다.
③ B 집단이 A 집단보다 턱걸이를 잘하고, 더 동질적이다.
④ B 집단이 A 집단보다 턱걸이를 잘하고, 더 이질적이다.

정답 ① **해설** 표준편차는 집단의 평균치로부터 떨어져 있는 편차를 기초로 하여 분포의 변산 정도를 나타낸다. A 집단이 턱걸이를 잘하고, 표준편차가 적으므로 동질성이 강하다.

13. <보기>에서 설명하는 용어는?

> • 평가자 간 신뢰도를 의미한다.
> • 평가자가 주관적으로 점수를 부여하는 상황 (예: 검사, 선발)에서 매우 중요하다.

① 적합도 ② 정확도 ③ 객관도 ④ 타당도

정답 ③ **해설** 채점의 일관성 정도를 의미하며, 채점자(=평가자) 신뢰도라고도 한다. 평가자 내 또는 평가자 간의 반복측정 결과에 대한 일치 정도를 나타내며, 평가자가 주관적으로 점수를 부여하는 상황이므로, 검사, 선발 등에서 매우 중요하다.

14. 규준지향검사의 신뢰도에 대한 설명으로 옳은 것은?
① 신뢰도가 높으면 타당도도 높다.
② 측정의 시행 횟수는 신뢰도에 영향을 미치지 않는다.
③ 신뢰도 계수 1은 관찰점수와 오차점수가 같음을 의미한다.
④ 측정의 안정성, 일관성, 예측 가능성 등으로 표현할 수 있다.

정답 ④ **해설** 신뢰도는 안정성, 일관성, 예측 가능성 등으로 표현되며, 측정치 오차와 관련이 있다.

15. 상관계수 r에 대한 설명으로 옳지 않은 것은?
① 측정 단위가 없다.
② 상관계수의 범위는 1에서 +1이다.
③ 두 변수 간의 인과관계를 나타낸다.
④ 두 변수가 서로 독립적이면 r=0이다.

정답 ③ **해설** 상관계수의 범위는 1.0에서 +1.0 사이이다. 부호에 상관없이 숫자의 절댓값이 클수록 관련성이 더 크다. 즉 상관계수 부호는 관계의 방향을 나타내며, 계수의 절댓값은 관계의 정도를 표현한다. r이 0이면 두 변수가 서로 독립적으로, 인과관계가 없다.
[오답해설] ③에서 상관계수는 둘 이상 변인이 변하는 방향과 정도를 수치로 표시한 것으로, 변수의 인과관계를 나타내는 것이 아니다.

16. 새로 개발된 검사를 타당도가 높다고 알려진 기존 검사와 비교하여 검증하는 타당도는?
① 내용 타당도   ② 판별 타당도
③ 준거 타당도   ④ 논리 타당도

정답 ② **해설** 새로 개발된 검사를 타당도가 높다고 알려진 기존 검사와 비교하여 검증할 때 사용하는 타당도는 판별 타당도(=변별 타당도, 확산 타당도)이다.

17. 체력에 대한 설명으로 옳지 않은 것은?
① 인간이 일상생활을 영위해 나가는 데 필요한 능력이다.
② 민첩성은 자세나 방향을 바꾸며 빠르게 움직이는 능력이다.
③ 건강 관련 체력의 요인은 근력, 유연성, 평형성, 민첩성, 심폐지구력이다.
④ 체력을 측정하는 목적에 따라 강조되는 체력 요인의 구성이 달라질 수 있다.

정답 ③ **해설** ③에서 민첩성, 평형성은 운동 수행 관련 체력이다.

암기 체력의 구분

구분	내용
건강 관련 체력	유산소 능력(심폐지구력), 신체 구성, 유연성, 근력, 근지구력
운동 수행 관련 체력	순발력, 속도, 민첩성, 반응시간, 협응성, 평형성

18. <보기>에서 순발력 검사를 모두 고른 것은?

ㄱ. 서전트 점프	ㄴ. 지그재그 달리기
ㄷ. 부메랑 달리기	ㄹ. 사이드 스텝
ㅁ. 제자리멀리뛰기	ㅂ. 메디신볼 던지기

① ㄱ, ㄷ, ㄹ   ② ㄱ, ㅁ, ㅂ
③ ㄴ, ㄷ, ㅁ   ④ ㄴ, ㄹ, ㅂ

정답 ② **해설** 순발력 검사방법은 제자리높이뛰기(=서전트 점프, 수직 점프), 제자리멀리뛰기, 계단 뛰기, 메디신볼 던지기, 수직 높이뛰기, 수직 발 뻗기 검사 등이다.

19. 심폐지구력에 대한 설명으로 옳은 것은?
① 짧은 시간에 폭발적인 힘을 낼 수 있는 능력이다.
② 훈련된 운동선수는 일반인에 비해 무산소성 역치 수준이 낮다.
③ 노인 체력 검사(SFT)의 대표 측정 항목에는 1마일 달리기가 있다.
④ 심폐지구력을 평가하는 대표적인 생리학적 지표는 최대산소섭취량이다.

정답 ④ 해설 심폐지구력 측정의 대표적 방법이 드레드 밀, 자전거 엘르고 미터를 이용한 최대산소섭취량 측정이다.

20. <보기>에서 설명하는 변산도는?
- 분포가 편포되었을 때 사용한다.
- 집중 경향치로 중앙치가 제시되었을 때 함께 사용한다.
- 점수분포의 75 백분위 점수와 25 백분위 점수의 차이를 2로 나누어 산출한다.

① 사분위편차　　② 표준편차
③ 범위　　　　　④ 빈이게수

정답 ① 해설 자료집단의 통계치를 작은 값에서 큰 값의 순서대로 나열했을 때 1/4번째의 자룟값과 3/4번째에 해당하는 자룟값의 차이를 2로 나눈 값은 사분위편차이다. 사분위편차는 자료집단 내 존재하는 극단치의 값에 따라 범위가 큰 차이로 나타날 수 있지만, 사분위편차는 극단치의 값에 미치는 영향이 미약하다.

2023 기출문제

01. 체력 측정의 목적으로 옳지 않은 것은?
① 심리상태 확인
② 체력 상태 진단
③ 건강 체력 수준 확인
④ 체력 증진을 위한 동기부여

정답 ① 해설 심리상태 확인은 체력 측정의 목적이 아니다.

02. <보기>의 ㉠, ㉡에 들어갈 용어를 바르게 연결한 것은?

(㉠)은 근육이 (㉡)하면서 발휘되는 최대의 힘을 의미하며, 악력이나 배근력 등을 통하여 측정한다.

① 근력, 수축　　　② 근력, 이완
③ 근지구력, 수축　④ 근지구력, 이완

정답 ① 해설 근력은 근수축에 의해 발생하는 물리적 운동에너지로, 모든 신체활동은 근력에 의해 일어난다.

03. 절대평가에 대한 설명으로 옳지 않은 것은?
① 평가의 기준설정이 중요하다.
② 집단 내에서 개인의 위치를 확인하기 어렵다.
③ 도달 기준을 설정해 놓고 개인 성적을 평가한다.
④ 개인의 성적을 집단 전체의 성적과 비교하여 평가한다.

정답 ④ 해설 절대평가는 성취도를 평가하기 위하여 절대적 기준에 따라 평가하는 방법이다. 스포츠지도사 필기시험은 과목당 40점 이상 평균 60점 이상을 취득하면 합격하는 절대평가 방식이다. 상대평가보다 자신의 목표에 집중할 수 있도록 만든다.
오답해설 개인 성적을 집단 전체 성적과 비교하여 평가하면 상대평가이다.

04. <보기>에서 설명하는 체형은?

- 뼈와 근육이 충분히 균형 있게 발달되어 있다.
- 주로 힘이 강한 운동선수들이 해당된다.

① 내배엽형 ② 중배엽형
③ 상배엽형 ④ 외배엽형

정답 ② **해설** 근육이 잘 발달하여 전신이 균형 있게 발달하고, 건강하게 보이는 형태로, 스포츠에 이상적인 체형은 중배엽형이다.

05. 체력 요소에 관한 설명으로 옳지 않은 것은?
① 순발력은 순간적인 힘을 발휘하는 능력이다.
② 심폐지구력은 심장, 폐, 혈관 등 순환계의 능력이다.
③ 유연성은 근육이 운동을 오랫동안 지속할 수 있는 능력이다.
④ 민첩성은 몸의 자세나 방향을 바꾸며 빠르게 움직이는 능력이다.

정답 ③ **오답해설** 근육을 오랫동안 지속할 수 있는 능력은 근지구력이다.

06. 인체측정 시 측정의 정확도를 높이는 요인은?
① 대상자의 체형
② 대상자의 표준 자세
③ 대상자의 체질량지수
④ 대상자의 검사 전 음식 섭취량

정답 ② **해설** 인체 계측의 정확도를 높이기 위한 고려사항은 측정 시 자세, 측정의 일관성, 공인된 측정 도구 사용 등이다.

07. <보기>에서 설명하는 척도는?

- 사칙연산(+, -, ×, ÷)이 불가능하다.
- 분류와 순서의 기능은 있지만, 수치 간에 거리가 일정하지 않은 척도이다.

① 서열척도 ② 동간척도
③ 비율척도 ④ 절대척도

정답 ① **해설** 사칙연산이 불가능하고, 수치 간 거리가 일정하지 않으며, 범주 간 비교가 가능하도록 서열을 부여하는 방법은 서열척도이다.

08. <보기>에서 설명하는 용어는?

- 한 집단 내에서 상대적인 위치를 나타내는 점수이다.
- 원점수에서 평균을 뺀 값을 표준편차로 나눈 점수이다.

① 진점수 ② 차이점수 ③ 표준점수 ④ 관찰점수

정답 ③ **해설** 한 집단 내에서의 상대적인 위치를 나타내는 점수는 표준점수이다.

09. <보기>에서 신체 활동량의 측정 요소만을 고른 것은?

| ㉠ 빈도 | ㉡ 강도 | ㉢ 피로도 |
| ㉣ 습도 | ㉤ 지속시간 | ㉥ 기온 |

① ㉠, ㉡, ㉤
② ㉠, ㉢, ㉥
③ ㉡, ㉢, ㉣
④ ㉢, ㉣, ㉥

정답 ① **해설** 신체 활동량 측정 요소는 활동 빈도, 활동 강도, 활동 시간, 활동 유형 등이다. 이는 운동 프로그램 구성요소인 FITT 즉 frequency(운동빈도), intensity(운동강도), time(운동시간), type(운동유형) 등과 같다.

10. <보기>에서 설명하는 규준지향검사 신뢰도는?

- 내용과 형식이 유사한 두 가지 검사를 같은 집단에 시행하여 두 검사점수의 상관계수로 추정한다.
- 같은 검사를 반복하여 측정할 수 없을 때 사용하며, 추정된 값은 내적 합치도를 말한다.

① 검사-재검사 신뢰도
② 반분 검사 신뢰도
③ 동형검사 신뢰도
④ 크론바흐 알파 계수(Cronbach's α)

정답 ③ **해설** 같은 집단에 대해서 다른 두 가지에 각각 다른 검사를 시행하여 얻은 점수 간의 상관관계를 측정하는 방법은 동형검사 신뢰도이다.

11. <보기>에서 규준지향평가의 타당도만을 고른 것은?

| ㉠ 내용 타당도 ㉡ 영역 타당도 ㉢ 공인 타당도 |
| ㉣ 예측 타당도 ㉤ 결정 타당도 |

① ㉠, ㉡, ㉢
② ㉠, ㉢, ㉣
③ ㉡, ㉣, ㉤
④ ㉢, ㉣, ㉤

정답 ② **해설** 규준지향평가의 타당도는 구인 타당도, 내용 타당도, 예측 타당도, 공인 타당도, 논리 타당도 등이다.

12. 분산도(변산도)에 관한 설명으로 옳은 것은?
① 측정 도구의 측정 오차를 설명한다.
② 범위는 분산도(변산도)를 기술하는 통계치로 타당성이 높다.
③ 표준편차는 측정치가 동간 혹은 비율척도인 경우에만 계산이 가능하다.
④ 분산은 명명척도로 측정된 자료의 흩어진 정도를 계산하는 방법이다.

정답 ③ **해설** 분산도는 측정치가 집단의 평균치로부터 떨어져 있는 편차를 기초로 하여 분포의 변산 정도를 나타낸다. **오답해설** ① 측정 오차는 타당도와 신뢰도로 설명된다. ② 범위는 계산하기 쉬운 장점이 있지만, 분산도를 나타내는 통계치는 아니다. ④ 분산은 변수의 흩어진 정도를 계산하는 지표이다.

13. 보기에서 설명하는 신체 활동량 측정 도구는?

- 시간에 따른 속도의 변화로 측정한다.
- 엉덩이, 허리, 발목 등에 부착하여 모니터링한다.
- 활동 유형(예 : 걷기, 달리기 등)에 의해 영향을 받는다.

① 만보계 ② 가속도계 ③ 메트로놈 ④ 고니오미터

정답 ② **해설** 시간에 따른 속도의 변화인 가속도를 측정하는 도구는 가속도계이다.

14. 신체 구성을 평가하는 이유로 옳지 않은 것은?
① 성장과 발달, 성숙 및 노화에 따른 변화 파악
② 체지방량을 통한 건강위험 유무 확인
③ 운동의 효과 확인
④ 신체 자세 판별

정답 ④ **해설** 신체 구성 평가 목적은 성장과 발달, 성숙 정도 파악, 건강관리와 노화에 따른 변화 파악, 체지방량을 통한 건강위험 유무 확인, 운동 효과 확인 등이다.

15. 인체측정에서 측정자의 숙련 정도를 나타내는 지표가 아닌 것은?
① 정밀도 ② 신뢰도 ③ 실용도 ④ 정확도

정답 ③ **해설** ③ 실용도는 측정 도구의 실용적 가치 정도를 나타내는 것으로 숙련자의 숙련 정도를 나타내지 않는다.

16. <표>는 턱걸이 검사 결과이다. 점수분포의 중앙치는?

선수	A	B	C	D	E	F	G	H
턱걸이(회)	4	4	6	8	10	14	14	14

① 8회 ② 9회 ③ 10회 ④ 14회

정답 ② **해설** 중앙치는 자료를 크기 순서대로 나열했을 때 가장 중앙에 위치하는 값이다. 여기서는 D, E의 가운데 값인 9가 중앙치이다.

17. <보기>에서 건강 체력 요소를 모두 고른 것은?

㉠ 심폐지구력 ㉡ 근력 ㉢ 유연성 ㉣ 신체 구성

① ㉠ ② ㉠, ㉡ ③ ㉠, ㉡, ㉢ ④ ㉠, ㉡, ㉢, ㉣

정답 ④ **해설** 건강 체력 요소는 유산소 능력(심폐지구력), 신체 구성, 유연성, 근력, 근지구력 등이다.

18. <보기>의 그래프에 대한 설명으로 옳은 것은?

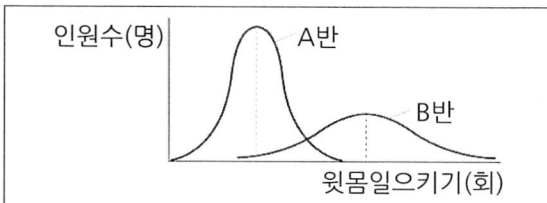

- A반 100명, B반 100명
- A반, B반 검사 결과는 정상 분포를 나타냄

① A반의 평균이 B반의 평균에 비해 높다.
② A반의 분산이 B반의 분산에 비해 크다.
③ A반 백분위 50의 점수가 B반 백분위 50의 점수에 비해 높다.
④ A반 백분위 25의 점수가 B반 백분위 25의 점수에 비해 낮다.

정답 ④ **해설** 그래프를 보면 B반의 평균은 A반보다 높고, 분산 또한 B반이 크다. 백분위 25의 점수는 A반이 낮다.

19. 허리-엉덩이 비율(WHR)과 동일한 척도가 아닌 것은?

① 체질량지수 ② 1분간 심박수
③ 최대산소섭취량 ④ 순위(등수)

정답 ④ **해설** 척도는 사물의 특성을 분류 혹은 측정하기 위해 사용하는 도구를 말한다. ④ 순위는 차례를 나타내는 것으로, 다른 척도와 구분한다.

20. 심폐지구력 검사에 해당하지 않는 것은?

① 서전트 점프 검사
② YMCA 3분 스텝 검사
③ 오래달리기/걷기 검사
④ 20m 왕복 오래달리기 검사

정답 ① **해설** 심폐지구력 검사방법은 최대산소섭취량, Harvard step test, 빨리 걷기, 오래달리기 등이다. 서전트 점프 검사는 순발력 검사방법이다.

2022 기출문제

01. 규준(norm)과 준거(criterion)에 대한 설명으로 옳지 않은 것은?

① 규준 : 비교를 통한 분류나 선발의 기능을 하는 것
② 규준 : 집단 내 상대적 위치에 대한 정보를 구하는 것
③ 준거 : 점수를 반복 측정하여 상대적 변산을 구하는 것
④ 준거 : 절대적 기준에 근거하여 목표 달성 여부를 판단하는 것

정답 ③ 해설 변산은 여러 점수가 분포된 정도를 나타내는 것으로, 변산과 준거는 연관이 없다.

[보충설명] **진단·평가에서 사용하는 용어의 개념**

구분	치료 방법
측정	행동·사건 등의 증거를 수집하여 계량화하거나 정보를 얻는 활동
검사	일정 조건을 정한 후 대상을 관찰하고 평가하는 방법
평가	측정보다 넓은 개념으로, 질적·양적 측정과 결과에 따른 가치판단도 포함
진단	현재 상태를 여러 방법을 통해 밝히는 과정
준거	측정 결과를 평가하는 기준
규준	비교하고자 하는 집단의 검사점수 분포

02. 근지구력을 측정하는 방법으로만 묶인 것은?

① 팔굽혀펴기 – 윗몸 말아 올리기 – 턱걸이
② 윗몸일으키기 – 팔굽혀펴기 – 사이드 스텝 검사
③ 윗몸일으키기 – 팔굽혀펴기 – 부메랑 달리기
④ 팔굽혀펴기 – 윗몸 말아 올리기 – 두드리기 검사

정답 ① 해설 근지구력 측정방법은 턱걸이, 팔굽혀펴기, 윗몸일으키기, 평행봉에서 팔굽혀 펴기, 손 짚고 다리 펴서 일어나기 등이다. ②의 사이드 스텝 검사 ③의 부메랑 달리기는 민첩성 측정방법이다.

03. 비만도 평가 방법의 하나인 허리 - 엉덩이 비율(WHR)을 구하는 공식은?

① $\dfrac{Waist}{Hip}$ ② $\dfrac{Waist}{Hip^2}$ ③ $\dfrac{Hip}{Waist}$ ④ $\dfrac{Hip}{Waist^2}$

정답 ① 해설 WHR로 표기되었지만 정확한 표기는 HWR(hip to waist ratio)이고, 이는 허리둘레/엉덩이둘레이다. HWR 값이 여성 0.85 이상, 남성 0.9 이상이면 비만으로 진단한다.

04. <보기>는 특정 선수집단의 운동기능검사 점수 분포도이다. ㉠~㉢에 해당하는 명칭이 순서대로 바르게 묶인 것은?

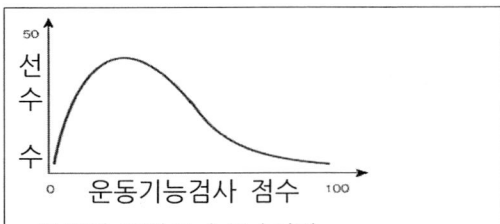

- 분포의 모양은 (㉠)이다.
- 분포의 집중 경향치는 (㉡)를 적용하는 것이 적절하다.
- 분포의 분산도는 (㉢)를 적용하는 것이 적절하다.

① 정적편포, 평균치, 표준편차
② 정적편포, 중앙치, 사분편차
③ 부적편포, 중앙치, 사분편차
④ 부적편포, 평균치, 표준편차

정답 ② 해설 왼쪽 빈도가 높고, 오른쪽 빈도가 낮으므로 정적 분포를 이루며, 집중 경향치는 중앙치이고, 분포 분산도는 사분편차를 이루고 있다.

05. <보기>의 ㉠과 ㉡에 해당하는 용어가 순서대로 바르게 묶인 것은?

- (㉠): 상대적으로 근육과 골격이 우세한 체형
- (㉡): 상대적으로 팔과 다리가 길고 마른 체형

① 내배엽형, 중배엽형 ② 중배엽형, 외배엽형
③ 중배엽형, 내배엽형 ④ 내배엽형, 외배엽형

정답 ② **해설** 셀던의 체형 요소에 의하면 근육 발달이 현저하여 전신이 균형 있게 발달하였으며, 건강하게 보이는 형태로, 스포츠에 이상적인 체형은 중배엽형이며, 상대적으로 팔다리가 길고 마른 체형은 외배엽형이다.

06. 규준지향검사 신뢰도에 대한 설명으로 옳지 않은 것은?

① 신뢰도 계수의 범위는 0에서 10이다.
② 신뢰도는 상관계수의 산출로 추정이 가능하다.
③ 신뢰도 추정은 진·오차점수 이론에 근거한다.
④ 동형검사법에 의한 신뢰도는 두 검사점수 간의 차이로 추정할 수 있다.

정답 ① **해설** 신뢰도란 동일한 조건(측정자, 피검자, 검사 도구)에서 2회 이상 측정을 하였을 때 동일한 결과를 획득할 수 있는 정도를 말한다. 신뢰도 계수의 범위는 0에서 1이다.

07. <보기>에서 설명하는 운동기능검사의 유형은?

- 주어진 기술을 빠른 시간 내에 수행하는 검사이다.
- 기술과 빠른 움직임, 방향 전환 등을 평가한다.
- '농구 드리블' 검사가 대표적인 평가 방법이다.

① 정확성 검사 ② 반복 수행 검사 ③ 신체 움직임 검사 ④ 거리 또는 힘 수행 검사

정답 ③ **해설** 주어진 기술을 정해진 시간 또는 이른 시간 수행 여부와 기술 수행과 빠른 움직임, 방향 전환 등을 평가하는 것은 신체활동 검사이다.

08. <보기>에서 설명하는 준거 지향검사의 기준 설정 방법은?

- 수집된 자료를 근거로 기준을 설정한다.
- 준거 측정치의 수집이 가능할 경우 적용할 수 있다.
- 준거집단 모형, 대비집단모형, 경례집단모형 등을 통해 기준을 설정할 수 있다.

① 내용적 방법 ② 경험적 방법
③ 판단적 방법 ④ 정량적 방법

정답 ② **해설** 준거 지향평가의 기준설정 방법은 판단적 설정, 경험적 설정, 혼합적 설정 등의 방법이 있는데 보기는 경험적 설정 방법이다.

09. <보기>의 괄호에 들어갈 신체 구성요소는?

신체 구성 2요소 모형 : 체중 = 지방량 + (   )

① 수분량 ② 근육량 ③ 골질량 ④ 제지방량

정답 ④ **해설** 신체 구성 2요소 모형에서 체중은 체지방과 제지방으로 구분한다. 제지방량에서 제(除)는 제외한다는 뜻이다.

10. <보기>에서 설명하는 개념은?

- 한 개인의 점수에 대한 신뢰성을 판단하는 지수이다.
- 개인의 관찰점수에 대한 오차 수준을 나타내는 정도이다.
- 개인의 관찰점수에 대한 변동성을 나타내며, 절대 신뢰도라고도 불린다.

① 측정의 표준오차 ② 일치도 계수
③ 표준화 점수 ④ 변이계수

정답 ① **해설** 표준오차(standard error)는 표준편차(standard deviation)의 다른 표현이다. 보기는 표준편차를 설명하고 있다.

11. 다음 〈표〉는 A 선수의 체력 검사 기록이다. 검사 결과에 대한 해석으로 옳지 않은 것은?

종목	A 선수	팀 평균	표준 편차	Z점수
제자리멀리뛰기(cm)	240	220	10	2
악력(kg)	45	40	5	1
윗몸일으키기(회)	45	50	5	-1

① 상대적으로 잘한 종목은 제자리멀리뛰기이다.
② 윗몸일으키기 기록의 백분위 점수가 가장 낮다.
③ 제자리멀리뛰기 기록을 T 점수로 변환하면 60이다.
④ A 선수보다 악력 기록이 높은 선수들은 약 16%이다.

정답 ③ **해설** ① 제자리멀리뛰기는 팀의 표준편차보다 더 크므로 상대적으로 잘한 종목이다. ② 표준점수(Z)는 단위가 서로 다른 검사에서 얻은 점수를 비교할 때 사용되는 변환 점수이다. Z점수는 윗몸일으키기가 -1로 가장 낮다. ③ T 점수는 원점수 분포를 평균 50, 표준편차 10으로 하는 분포로 변환시켜 놓은 환산 점수이다. 제자리멀리뛰기의 T 점수 계산 공식은 $10\{(X-\bar{X})/\sigma\}+50$이다. 공식에 수치를 적용하면 $10\{(240-220)/10\}+50=70$이다.

12. 〈보기〉의 두 가지 검사 결과에 대한 분류 정확 확률은?

		준거 검사	
		비만 집단	정상 집단
현장 검사	비만 집단	40명	10명
	정상 집단	20명	30명

① 40% ② 50% ③ 60% ④ 70%

정답 ④ **해설** 분류 정확 확률은 비만 집단이 현장 검사에서는 40명이고, 정상 집단은 10명이므로, 비만 집단이 80%로 조사되었고, 정상 집단은 준거 검사에서 10명이었지만 현장검사에서 30명이므로 정확 확률은 60%이다. 비만 집단과 정상 집단의 정확 확률은 (80+60)%/2이므로 70%이다.

13. 히스-카터(Heath-Carter)의 체형평가에 대한 설명으로 옳은 것은?
① 인체 계측과 사진 촬영법을 통해 측정한다.
② 신체 밀도 추정을 통해 체지방률을 평가한다.
③ 준거 측정방법으로는 생체전기저항법이 있다.
④ 신체 질량지수는 가장 일반화된 평가 방법이다.

정답 ① **해설** Heath와 Carter의 체형평가 방법은 인체 계측과 사진 촬영법을 통해 측정한다.

14. 체력요인에 따른 검사방법으로 적절한 것은?
① 민첩성 - 서전트 점프
② 근력 - 제자리멀리뛰기
③ 순발력 - 하버드 스텝 검사
④ 심폐지구력 - 20m 왕복 오래달리기

정답 ④ **해설** ① 민첩성은 신체를 빠르게 움직이거나 빠른 방향 전환 능력으로, 신체 반응·부메랑 달리기·왕복 또는 지그재그 달리기·sidestep test 등을 사용한다. ② 근력은 1RM법 등을 사용한다. ③ 순발력은 근육의 빠른 이완·수축으로 일어나며, 제자리높이뛰기·제자리멀리뛰기·계단 뛰기 등이 검사방법이다. ④ 심폐지구력은 운동 지속 능력으로, 최대산소섭취량·20m 왕복 오래달리기 등으로 검사한다.

15. 생체전기저항법에 따른 신체 구성 측정 시 주의 사항으로 옳은 것은?
① 측정 전 물을 마신다.
② 측정 전 용변을 본다.
③ 측정 전 이뇨제를 복용한다.
④ 측정 전 땀이 나는 격렬한 운동을 한다.

정답 ② **해설** 생체전기저항법은 인체에 미세한 전류를 흘려 저항을 측정하는 방법으로, 측정 전 용변을 보도록 하는 것이 좋다.

16. 측정에 대한 설명으로 옳지 않은 것은?
① 도구를 이용하여 자료를 수집하는 과정
② 어떠한 사물이나, 현상, 행동을 수량화하는 과정
③ 일정한 규칙에 따라 대상의 특성에 숫자를 부여하는 과정
④ 수집된 자료를 가치판단에 비추어 질적으로 판단하는 과정

정답 ④ **해설** ④는 평가에 대한 설명이다.

17. 인체 계측 부위에 따른 측정용 도구로 적절하지 않은 것은?
① 위팔 둘레: 줄자(tape measure)
② 가슴 폭: 촉각계(spreading caliper)
③ 가슴너비: 피지후계(skinfold caliper)
④ 어깨-팔꿈치 길이:활동계(large sliding caliper)

정답 ③ **해설** 가슴너비는 촉각계를 사용한다.

18. 〈보기〉의 상관분석 결과에 대한 해석으로 옳은 것은?

악력과 100m 달리기 기록의 상관계수(r)는 -.80으로 나타났다.

① 두 종목은 낮은 상관관계이다.
② 두 종목은 정적인 상관관계이다.
③ 두 종목의 관련 정도는 64%이다.
④ 두 종목의 인과관계는 높은 수준이다.

정답 ③ **해설** 관련 정도를 나타내는 결정계는 r^2이므로, ③ 두 종목의 관련 정도는 64%이다. 두 종목은 높은 상관관계이고, 부적 상관관계이다.

보충설명 상관계수 해석 기준

구분	해석 기준
.90 ~ 1.00	아주 높은 상관관계
.70 ~ .90	높은 상관관계
.50 ~ .70	보통 상관관계
.30 ~ .50	낮은 상관관계
.00 ~ .30	아주 낮은 상관관계

19. 〈보기〉의 검사 도구를 활용하여 측정하는 요소는?

• 가속도계 • 자기 보고 기록지 • 만보계 • 심박수 모니터링법

① 근지구력 ② 신체 구성
③ 유연성 ④ 신체 활동량

정답 ④ **해설** 신체 활동량을 조사하는 방법은 가속도계, 만보기 등을 사용하거나, 심박수 모니터링법을 사용하며, 신체활동 측정 설문지(IPAQ)를 간접 추정할 수 있다.

20. 평형성 측정방법으로 옳지 않은 것은?
① 평균대 걷기 ② 운항지휘실 검사
③ 직선 보행 검사 ④ 눈감고 외발 서기

정답 ② **해설** 평형성은 신체 균형을 유지하는 능력으로, 평형성 측정방법은 아래와 같다.

구분		내용
정적 평형성	기구 미사용	한 발로 서서 균형 잡기, 좌우 찍기
	기구 사용	막대 위 균형 잡기, 볼 균형 잡기, 의자 또는 패드 밟고 균형 잡기, 짐볼 위 앉아 균형 잡기
동적 평형성	기구 미사용	직선 보행 검사
	기구 사용	평형대 걷기, 스케이트·인라인스케이트 타기

2021 기출문제

01. <보기>에서 설명하는 평가의 유형은?

> - 훈련 기간 중 실시하는 평가로 훈련의 적절성을 파악할 수 있다.
> - 훈련 기간 중 수시로 진행할 수 있으므로 선수들의 훈련 상태에 대한 보완점을 찾을 수 있다.
> - 훈련의 문제점을 파악하여 교정하고 훈련 동기를 유발할 수 있는 평가 방법이다.

① 형성평가　　② 진단평가
③ 총괄평가　　④ 규준지향평가

정답 ① **해설** 형성평가는 훈련 과정에 영향을 미치는 요인을 찾아내어 보다 효과적으로 목표를 달성할 방안을 찾기 위한 평가를 말한다.

02. <보기>의 ㉠, ㉡에 해당하는 용어가 순서대로 바르게 나열된 것은?

> - (㉠)척도 : 분류, 순서, 동간성, 절대영점의 특성을 지닌 척도
> - (㉡)척도 : 분류와 순서의 성격을 지니고 동간성이 없는 척도

① 서열, 동간　　② 서열, 비율
③ 비율, 명명　　④ 비율, 서열

정답 ④ **해설** 범주 사이에 일정한 비율을 적용하는 척도로, 절대영점의 속성이 있으면 비율척도, 범주 간 비교가 가능하도록 서열을 부여하는 것은 서열척도이다.

03. <보기>에서 상대평가에 관한 설명을 모두 고른 것은?

> ㉠ 한정된 인원을 선발할 때 유용한 평가 방법이다.
> ㉡ 선발적 교육관에 기초한 평가 방법이다.
> ㉢ 성취목표 기준을 설정하고 목표 도달 여부를 판단하는 평가 방법이다.
> ㉣ 개인 점수를 집단 구성원의 점수와 비교하는 평가 방법이다.

① ㉠, ㉣　② ㉡, ㉢　③ ㉠, ㉡, ㉣　④ ㉡, ㉢, ㉣

정답 ③ **해설** 상대평가는 기준이 없이 서열로 평가하는 방법으로, 개인별 차이 판별에 유리하며, 선발적 교육관에 기초한 방법이다. 개인 점수를 전체 구성원과 비교한다.

04. <보기>에서 설명하는 타당도는?

> - 논리적, 주관적 판단에 의해 평가함
> - 검사와 측정 목적과의 일치 정도를 전문가가 판단함

① 내용 타당도　　② 예언 타당도
③ 구인 타당도　　④ 공인 타당도

정답 ① **해설** 내용 타당도는 논리적 사고에 입각한 주관적인 타당도로서, 검사가 측정하고자 하는 분야의 전문가에 의해 이루어진다.

05. <보기>에서 유연성 측정방법으로 옳은 것으로만 묶인 것은?

> ㉠ 앉아 윗몸 앞으로 굽히기
> ㉡ 엎드려 상체 들어 올리기
> ㉢ 윗몸 말아 올리기
> ㉣ 등 뒤 손잡기
> ㉤ 두드리기 검사

① ㉠, ㉡, ㉣　　② ㉠, ㉢, ㉣
③ ㉠, ㉢, ㉤　　④ ㉡, ㉣, ㉤

정답 ① **해설** 유연성 측정방법은 앉아서 윗몸 앞으로 굽히기, 등 뒤로 손잡기, 윗몸 앞으로 굽히기, 엎드려 상체 젖히기, 뒷짐 지고 몸통 뒤로 젖히기 등의 방법을 사용한다.

06. 체지방률 측정방법이 아닌 것은?
① 이중에너지 X선 흡수법 ② 생체 전기저항법
③ 가속도측정법   ④ 피부 두겹 두께 측정법

정답 ③ **해설** 체지방률 측정방법은 수중 측정법, 피부 두겹 두께 측정법, 생체 전기저항 측정법, 이중 X선 흡수계측법 등을 사용한다. ③ 가속도측정법은 체지방률 측정과 관련이 없다.

07. 측정과 평가에 관한 설명으로 적절하지 않은 것은?
① 측정은 사물이나 사건에 점수를 부여하는 것
② 측정은 대상으로부터 수량화된 정보를 얻는 것
③ 평가는 특정한 조건 하에서 대상을 관찰하는 것
④ 평가는 성취 정도를 결정하는 가치를 판단하는 것

정답 ③ **해설** 측정이란 행동·사건 등의 증거를 수집하여 계량화하거나 정보를 얻는 활동이고, 평가는 질적·양적 측정과 결과의 판단이다. ③은 잘못된 것이다.

08. <보기>의 ㉠~㉣에 관한 설명으로 옳지 않은 것은?

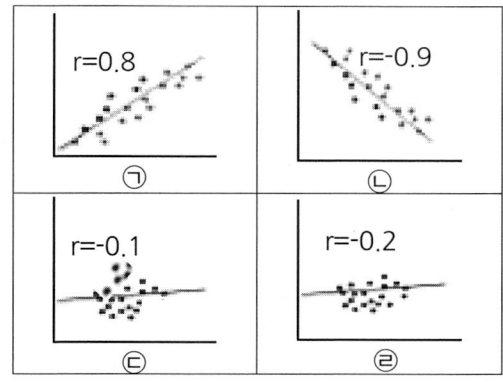

① ㉠은 높은 수준의 상관관계를 보인다.
② ㉡은 ㉠에 비해서 상관이 낮다.
③ ㉢의 결정계수(r^2)는 0.01이다.
④ ㉣은 ㉡에 비해서 상관이 낮다.

정답 ② **해설** ㉡은 ㉠과 비교하면 부적 상관관계이지만 상관성은 높다. 상관계수 r의 절댓값이 크기 때문이다.

09. 히스-카터(Heath-Carter)의 체형평가에 사용되는 측정 항목이 아닌 것은?
① 허리둘레   ② 위팔뼈 너비
③ 몸무게   ④ 종아리 피부 두겹 두께

정답 ① **해설** Heath-Carter의 체형평가 측정 항목은 위팔 등 쪽 부위, 어깨뼈 아래 끝 부위, 엉덩뼈 윗부위, 팔·다리 관절돌기의 너비, 구부린 위팔 둘레, 종아리 중앙부위의 둘레, 폰더랄 지수(신장과 체중 적용)를 적용한다. ① 허리둘레는 측정하지 않는다.

10. 인체 계측 시 정확도를 높이기 위해 고려해야 할 사항으로 적절하지 않은 것은?
① 측정 시 자세   ② 안정 시 심박수
③ 측정의 일관성   ④ 공인된 측정용 도구

정답 ② **해설** 인체 계측에서 심박수는 대상이 아니다.

11. 체력요인과 검사방법이 바르게 연결된 것은?
① 근력 – 제자리높이뛰기, 메디신볼 던지기
② 심폐지구력 – 1.6km 달리기, 3분 스텝 검사
③ 순발력 – 완력 검사, 전신 반응검사
④ 근지구력 – 팔굽혀펴기, 20m 왕복 오래달리기

정답 ② **해설** ① 근력은 1RM법, 악력 등이며, ③ 순발력은 제자리높이뛰기, 제자리멀리뛰기, 메디신볼 던지기 등이며, ④ 근지구력은 턱걸이, 팔굽혀펴기, 평행봉에서 팔굽혀펴기 등이다.

12. 스포츠 규칙에 관한 검사지를 개발할 때 고려해야 할 사항으로 적절하지 않은 것은?
① 타당도 ② 몰입도 ③ 난이도 ④ 변별도

정답 ② **해설** 검사지를 개발할 때 타당성, 신뢰성, 적절성, 변별력, 난이도 등을 고려해야 한다.

13. 운동기능검사의 측정 요인으로 적절하지 않은 것은?
① 시간 ② 거리 ③ 속도 ④ 온도

정답 ④ **해설** 운동기능검사 측정 요인은 시간, 거리, 횟수, 정확도, 폼 등이다.

14. <보기>에서 민첩성 검사방법으로 적절한 것을 모두 고른 것은?

㉠ 윗몸일으키기	㉡ 사이드 스텝
㉢ 제자리멀리뛰기	㉣ 부메랑 달리기
㉤ 제자리높이뛰기	㉥ 지그재그 달리기

① ㉠, ㉡
② ㉠, ㉣, ㉤
③ ㉡, ㉣, ㉥
④ ㉡, ㉣, ㉤, ㉥

정답 ③ **해설** 민첩성 측정은 전신반응, 선택반응, 손 반응, 발 반응, tapping & stepping, 부메랑 달리기, 왕복달리기, 지그재그 달리기, jump step, burpee test, sidestep test 등이다.

15. 다음 <표>는 팔굽혀펴기검사의 점수분포이다. 점수분포의 범위(range)는?

점수	빈도	점수	빈도
35	1	19	5
65	1	23	6
33	4	37	8
24	1	20	6
43	3	26	7
27	5	38	9

① 41 ② 43 ③ 45 ④ 47

정답 ④ **해설** 범위 공식은 R=(최댓값-최솟값)+1 이다. ∴65-19+1=47

보충설명 **범위 공식에서 +1을 하는 이유** : 1을 더하는 이유는 최곳값 상한계에서 최솟값 하한계까지의 거리가 범위가 되기 때문이다.

16. 척도별 예시로 옳지 않은 것은?
① 명명척도 - 성별, 거주지역, 나이
② 비율척도 - 무게, 속도, 거리
③ 동간척도 - 온도, 지능지수
④ 서열척도 - 순위, 등급

정답 ① **해설** 명명척도는 명목척도를 달리 표현한 것이다. 명명척도는 범주에 수치를 부여한 것으로 단순히 순서만 나타내지만, 나이 등은 명명척도가 아니다.

17. <보기>에서 설명하는 신뢰도는?

한 번 시행한 검사점수를 두 부분으로 나눈 뒤 두 점수의 상관계수로 추정하는 신뢰도

① 검사-재검사 신뢰도 ② 반분 검사 신뢰도
③ 동형검사 신뢰도 ④ 크론바흐 알파 계수

정답 ② **해설** 한번 시행한 검사점수를 두 부분으로 나누어 두 부분 검사점수에 대한 측정의 유사성을 추정하는 방법은 반분 검사 신뢰도이다.

18. 미국대학스포츠의학회(ACSM)의 운동강도 분류에서 중강도 기준은?
① 1.0~3.9 METs ② 2.0~4.9 METs
③ 3.0~5.9 METs ④ 5.0~7.9 METs

정답 ③ **해설** 미국대학스포츠의학회(ACSM) 운동강도 분류는 아래 표와 같다.

암기 **운동 강도 비교표(ACSM)**

METs	1.1~2.9	3.0~5.9	6.0 METs 이상
구분	저강도 운동	중강도 운동	고강도 운동

19. <보기>의 수중 체중 측정에 관한 설명 중 옳은 것을 모두 고른 것은?

> ㉠ 신체 밀도가 높다는 것은 지방이 많다는 것을 의미한다.
> ㉡ 지방조직의 밀도는 물과 제 지방조직의 밀도보다 낮다.
> ㉢ 폐잔기량은 키, 성별, 나이를 고려하여 산출한다.
> ㉣ 신체 밀도 추정 공식에는 공기 중 체중 값, 물밀도, 수중 체중 값 등이 포함된다.

① ㉠, ㉡
② ㉢, ㉣
③ ㉠, ㉡, ㉢
④ ㉡, ㉢, ㉣

정답 ④ **해설** 수중 체중 측정법은 지방의 밀도는 물과 제 지방조직의 밀도보다 낮음을 이용하며, 폐잔기량은 간접방법을 이용하되 키·성별·나이 등을 고려해서 산출하고, 신체 밀도 추정 공식에는 공기 중 체중 값, 물밀, 수중 체중 값 등이 포함된다.

20. <보기>의 ㉠, ㉡에 들어갈 내용으로 옳은 것은?

K 선수		소속 팀 선수들의 체질량지수(BMI)	
신장(cm)	체중(kg)	평균	표준편차
150.0	45.0	23.0	3.0

- K 선수의 체질량지수(body mass index)는 (㉠)이다.
- 소속 팀 선수들과 비교했을 때, K 선수의 체질량지수는 상대적으로 (㉡) 편이다.

① ㉠ 20.0, ㉡ 높은
② ㉠ 20.0, ㉡ 낮은
③ ㉠ 23.0, ㉡ 높은
④ ㉠ 23.0, ㉡ 낮은

정답 ② **해설** BMI 공식은 몸무게(kg)/신장(m)^{2}이다. K 선수의 BMI는 $45/(1.5)^2=20$이고, 다른 선수들의 BMI 평균은 23.0이므로 K 선수는 다른 선수들에 비해 낮은 편이다.

2020 기출문제

01. 훈련 시작 전에 선수의 상태를 정확하게 파악하기 위하여 실시하는 평가는?
① 진단평가
② 형성평가
③ 총괄평가
④ 수행평가

정답 ① **해설** 훈련 진행 전 훈련자의 위상 또는 수준을 구분하기 위한 평가는 진단평가이다.

02. 상대평가에 대한 설명으로 옳은 것은?
① 학생들의 개인차 판별에 유리한 방법
② 교육목표에 근거하여 결과를 해석하는 방법
③ 자격취득 시험에서 특정적 수(예 : 80점) 이상이 되면 자격을 부여하는 방법
④ 높이뛰기 측정에서 179㎝를 넘으면 100점, 165㎝를 넘으면 90점으로 평가하는 방법

정답 ① **해설** 상대평가는 기준 없이 서열로 평가하는 방법으로, 개인별 차이 판별에 유리하다.

03. 측정과 평가에 대한 설명 중 옳지 <u>않은</u> 것은?
① 측정-기구를 이용하여 정보를 얻는 과정
② 평가-자료를 질적으로 판단하는 과정
③ 측정-정보를 얻기 위한 도구
④ 평가-점수를 이용한 가치판단

정답 ③ **해설** 측정이란 행동·사건 등의 증거를 수집하여 계량화하거나 정보를 얻는 활동이다. 정보를 얻기 위한 도구는 아니다.

04. 다음 표의 하버드 스텝 검사 결과에 대한 설명으로 옳은 것은?

대상	운동 지속 시간(초)	3회 심박수 합계 (회)	신체 효율지수 (PEI)
(가) 학생	300	220	68.18
(나) 학생	300	180	83.33
(다) 학생	300	160	93.75
(라) 학생	300	200	75.00

※ 단, 모든 학생은 중간에 그만두지 않고 끝날 때까지 운동을 지속함

① (가) 학생이 (다) 학생보다 심폐지구력이 우수하다.
② (다) 학생이 (가) 학생보다 심폐지구력이 우수하다.
③ (나) 학생이 (다) 학생보다 심폐지구력이 우수하다.
④ (라) 학생이 (나) 학생보다 심폐지구력이 우수하다.

정답 ② **해설** 하버드 스텝 검사에서 체력 지수(PEI)는 {운동 지속시간/(2×3회의 맥박수 합계)}×100이다. (다) 학생이 가장 우수한 PEI를 갖고 있다.

05. <보기>에서 설명하는 신체 활동량의 측정방법은?

- 에너지 소비량을 측정하기 위하여 호흡 가스 분석법을 사용한다.
- 단체 내 산소 소비량 및 이산화탄소 생성량을 측정한다.

① 자기 보고법 ② 직접관찰법
③ 간접열량측정법 ④ 심박수 모니터링법

정답 ③ **해설** 신체 활동량 측정을 위해 에너지 소비량, 산소 소비량, 이산화탄소 생성량 등을 측정하기 위한 호흡 가스 분석법을 사용하거나, 산소 소비량 및 이산화탄소 생성량을 측정하는 것은 간접열량측정법이다.

06. 신체 구성의 준거 측정방법이 아닌 것은?
① 신체 질량 지수법 ② 이중에너지 X선 흡수법
③ 수중 체중법 ④ 자기공명영상법

정답 ① **해설** 신체 질량 지수법(BMI)은 규준지향 측정방법이다.

07. 척도 유형과 자료가 바르게 연결된 것은?
① 등간척도 – 100m 달리기 순위
② 서열척도 – 선수의 거주지 구분
③ 명목척도 – 오래 매달리기 기록(sec)
④ 비율척도 – 제자리멀리뛰기 기록(cm)

정답 ④ **해설** 제자리멀리뛰기 기록은 비율척도가 아니다.

08. 다음 표의 검사-재검사 신뢰도 산출 결과에 대한 해석으로 옳은 것은?

대상	A종목 선수집단	B종목 선수집단
50m 달리기	.92	.79
제자리멀리뛰기	.75	.90

① 제자리멀리뛰기의 재검사 신뢰도는 A 종목 선수집단이 더 높다.
② 50m 달리기의 의존 가능성은 B 종목 선수집단이 더 높다.
③ 제자리멀리뛰기의 안정성은 B 종목 선수집단이 더 높다.
④ 50m 달리기의 일관성은 B 종목 선수집단이 더 높다.

정답 ③ **해설** 검사-재검사 신뢰도는 동일한 검사를 동일한 집단에 두 번 실시해 얻은 점수 간의 상관계수를 사용하여 추정하는 신뢰도를 말한다. 검사-재검사 신뢰도가 1일 경우 신뢰성이 완벽한 것이며, 수치가 1에 가까울수록 안정적이라는 것을 의미한다. 그러므로 제자리멀리뛰기에서 B 종목 선수집단이 A 종목 보다 안정적이다.

09. 준거 관련 타당도에 대한 설명으로 옳지 않은 것은?
① 두 검사점수 간의 상관계수로 타당도를 추정할 수 있다.
② 타당성이 인정되는 검사점수와 실제 측정치의 일치 정도이다.
③ 검사에서 측정된 점수로 미래의 준거 행동을 예측하는 정도이다.
④ 검사 내용을 전문가가 논리적 판단에 근거하여 주관적으로 결정한다.

정답 ④ **해설** 준거 타당도는 검사 도구에 의해 측정된 점수와 어떤 준거 간의 상관 정도를 말하는 것으로, 전문가의 논리적 판단에 근거하여 주관적으로 결정하는 것이 아니다.

10. 다음 표의 체력 측정 결과에서 선수들의 능력 차이가 가장 크게 나타난 측정 항목은?

측정 항목	배근력 (kg)	100m 달리기 (sec)	제자리 높이뛰기 (cm)	앉아 윗몸 앞으로 굽히기 (cm)
평균	94	14	70	15
표준편차	12	1.5	10	2

① 배근력　　　　② 100m 달리기
③ 제자리높이뛰기　④ 앉아 윗몸 앞으로 굽히기

정답 ① **해설** 표준편차가 큰 것은 능력 차이가 크다는 것을 의미한다. 그러므로 배근력이 가장 크다. 그러나 정답은 ③으로 발표되었고, 이후 정정되지 않았다.

11. 공인 타당도 검증을 위한 준거 검사와 현장 검사가 바르게 연결되지 않은 것은?
① 수중 체중법-가속도계
② 이중에너지 X선 흡수법(DXA)-생체전기저항법(BIA)
③ 운동부하 검사-1.6km 달리기
④ 원 게이트 검사-100m 달리기

정답 ① **해설** 수중 체중법은 신체 밀도, 체지방률 등의 측정에 활용되므로, 가속도와는 연관이 없다. ② 이중에너지 X선 흡수법은 생체전기저항법의 한 분야이다. ④ 원 케이트 검사는 책에 실리지 않은 내용으로, 무산소성 지구력 측정 도구이다.

12. 신체 활동량의 객관적 측정 도구는?
① 자가 보고 기록지　② 가속도계
③ 관찰　　　　　　　④ 국제 신체활동 질문지

정답 ② **해설** 자가 보고 기록지, 관찰, 국제 신체활동 질문지법 등은 간접 측정으로 객관성이 약하다.

13. 윗몸일으키기(회), 턱걸이(회), 윗몸 앞으로 굽히기(cm)의 3가지 체력 검사를 한 후 종합적인 체력 상태를 알아보려는 방법으로 옳은 것은?
① 각 종목의 기록을 합산한다.
② 각 종목의 기록을 종목별 평균치로 나눈 후 합산한다.
③ 각 종목의 기록을 표준점수로 변환한 후 합산한다.
④ 각 종목의 기록을 제곱한 후 합산한다.

정답 ③ **해설** 단위가 서로 다른 검사에서 얻은 점수를 비교할 때 사용되는 변환 점수를 표준점수라고 한다. 표준점수로 변환하여 합산해야 한다.

14. 다음 표는 준거 검사와 현장검사 간의 상관계수이다. ㉠~㉣ 중 가장 타당한 현장검사는?

검사 종류	㉠	㉡	㉢	㉣
상관계수	0.5	0.6	0.7	0.8

① ㉠   ② ㉡   ③ ㉢   ④ ㉣

정답 ④ **해설** 상관계수의 범위는 -1.0에서~ +1.0이다. 부호에 상관없이 숫자의 절댓값이 클수록 관련성이 더 크므로, 타당성이 높다.

15. 노인 체력측정검사(SFT)의 체력요인과 측정항목의 연결이 옳지 않은 것은?
① 전신 지구력-6분 걷기(6-minute walk)
② 민첩성-등 뒤로 손 맞잡기(back scratch)
③ 상체 근력-아령 들기(30-second arm curl)
④ 하체 근력-30초 의자에서 일어섰다 앉기 (30-second chair stand)

정답 ② **해설** SFT 검사 항목은 의자에서 일어섰다 앉기, 아령 들기, 6분 걷기, 2분 제자리 걷기, 의자에 앉아 손 뻗기, 등 뒤로 손 맞잡기, 의자에 앉았다 일어나 2.44m 왕복 걷기 등이다. 등 뒤로 손 맞잡기는 유연성을 측정한다.

16. 선수들의 심리상태 확인을 위한 검사지를 개발할 때 고려해야 할 사항으로 옳지 않은 것은?
① 신뢰성   ② 타당성   ③ 적절성   ④ 변동성

정답 ④ **해설** 심리상태 검사지 개발에서 변동성을 고려하지 않는다.

17. 신장 170cm, 체중 60kg인 대학생의 신체 구성에 대한 설명으로 옳은 것은?
① 과체중이다.   ② 고도비만이다.
③ 내배엽 체형이다.   ④ 신체 질량지수는 약 21이다.

정답 ④ **해설** 신체 질량지수(BMI) 공식은 몸무게(kg)/신장(m)²이다. 이를 계산하면 20.76이므로 정상 체중이다. 그러므로 ④가 정답이다. BMI 계산 공식을 기억해야 한다.

18. 극단 값(outlier)의 영향을 최소화하기 위한 대푯값은?
① 중앙값   ② 평균값   ③ 최빈값   ④ 변이계수

정답 ① **해설** 극단치의 영향을 최소화할 수 있는 대푯값은 중앙치이다.

19. 절대평가와 상대평가에 대한 설명으로 옳지 않은 것은?
① 상대평가는 경쟁이 강조된다.
② 상대평가는 강화이론에 합치한다.
③ 상대평가는 선수선발에 적합하다.
④ 절대평가는 목표 달성 여부의 확인이 목적이다.

정답 ② **해설** 상대평가는 경쟁심을 유발하며, 선수선발에 적합하다. 절대평가는 목표 달성에 유리하다.

20. <보기>에서 순발력 검사를 바르게 고른 것은?

㉠ 제자리멀리뛰기	㉡ 전신 반응시간
㉢ 50m 달리기	㉣ 사이드 스텝
㉤ 제자리높이뛰기	㉥ 지그재그 달리기

① ㉠, ㉡, ㉢   ② ㉠, ㉢, ㉤
③ ㉡, ㉣, ㉥   ④ ㉣, ㉤, ㉥

정답 ② **해설** 순발력은 제한된 짧은 시간에 많은 양의 운동을 할 수 있는 능력을 말한다. 높이뛰기, 멀리뛰기, 멀리 던지기 등의 육상, 씨름, 레슬링, 유도 등 근육의 힘과 스피드와 관련되어 순발력은 매우 중요하다.

제3과목 트레이닝론

2024 기출문제

01. 유연성 트레이닝의 효과가 아닌 것은?
① 운동수행력 향상
② 관절 가동범위(ROM) 증가
③ 지연성 근육통(DOMS) 감소
④ 근육과 힘줄의 신장성 감소

정답 ④ **해설** 유연성 트레이닝 기대 효과는 관절 가동범위 증가, 통증 및 상해 감소, 운동수행력 향상, 자세 개선 등이다.
오답해설 ④는 근력운동의 효과이다.

02. <보기>에서 평형성 향상을 위한 트레이닝 방법에 관한 설명으로 옳은 것만을 모두 고른 것은?

ㄱ. 단순한 동작부터 시작하여 복잡한 동작으로 진행
ㄴ. 불안정한 지면부터 시작하여 안정된 지면으로 진행
ㄷ. 눈을 뜬 동작으로 시작하여 눈을 감은 동작으로 진행

① ㄱ, ㄴ ② ㄱ, ㄷ ③ ㄴ, ㄷ ④ ㄱ, ㄴ, ㄷ

정답 ② **해설** 단순 동작부터 시작하여 복잡 동작으로, 눈을 뜬 동작으로 시작하여 눈을 감은 동작으로, 안정된 지면에서 시작하여 불안정한 지면으로 진행해야 한다.

03. <보기>에 나타난 문제를 극복하기 위한 트레이닝의 원리는?

특정 부하로 오랜 기간 운동을 실시하면 초기에는 운동능력이 향상되지만, 일정 기간이 지나면 더 이상 향상되지 않고 고원(platean) 현상이 발생한다.

① 점증 부하의 원리 ② 의식성의 원리
③ 특수성의 원리   ④ 가역성의 원리

정답 ① **해설** 보기는 트레이닝의 원칙 중 점증 부하의 원리를 설명하고 있다.

04. <보기>에서 운동과 목적이 바르게 연결된 것만을 모두 고른 것은?

ㄱ. 준비운동 - 활동근으로 유입되는 혈액량 증가
ㄴ. 준비운동 - 효소 활성도 감소
ㄷ. 정리운동 - 정맥혈 회귀량 감소
ㄹ. 정리운동 - 피로물질 분해 촉진

① ㄱ, ㄷ ② ㄱ, ㄹ ③ ㄴ, ㄷ ④ ㄴ, ㄹ

정답 ② **해설** 준비운동 효과는 관절 가동범위 증가, 근육 탄성 증가, 활동근으로 유입되는 혈액 증가, 에너지 대사에 필요한 효소 활성 증가 등이며, 정리운동 효과는 혈액의 정맥 환류 촉진, 피로 유발 물질인 젖산 제거, 지연성 근육통 예방 등이다.

05. <보기>에서 지근섬유의 특징을 모두 고른 것은?

ㄱ. ATPase 활성도가 낮음
ㄴ. 모세혈관 밀도가 높음
ㄷ. 무산소 해당 능력이 낮음
ㄹ. 미토콘드리아 밀도가 낮음

① ㄱ, ㄴ, ㄷ ② ㄱ, ㄴ, ㄹ
③ ㄱ, ㄴ, ㄹ ④ ㄴ, ㄷ, ㄹ

정답 ① **해설** 속근섬유가 지근섬유와 비교하면 미토콘드리아 밀도가 낮으므로 ㄹ을 제외한 나머지가 지근섬유의 특징이다.

06. 장기간 저항성 트레이닝 효과에 관한 설명으로 옳지 않은 것은?
① Type Ⅱx 근섬유 증가
② mTOR 단백질 활성화로 근육 단백질합성 증가
③ 트레이닝 초반 근력의 증가는 근신경계 활성화가 원인
④ 트레이닝 초반 근력의 증가는 근섬유의 횡단면적 증가가 원인

[정답] ① [해설] 장기간 저항성 운동은 mTOR 단백질 활성화로 근육 단백질의 합성이 증가하며, 근신경계 활성화와 근섬유의 횡단 면적이 증가하므로 근력이 향상된다.

07. 지구력 트레이닝이 최대산소섭취량을 증가시키는 요인이 아닌 것은?
① 동정맥 산소 차 증가
② 전부하(preload) 감소
③ 심장 이완기 말(EDV) 용적 증가
④ 활동 근육의 교감신경계 활성도 감소

[정답] ② [해설] 지구력 트레이닝이 최대산소섭취량을 증가시키는 요인은 동정맥 산소 차 증가, 전부하 증가, 심장 이완기 말 용적 증가, 활동 근육의 교감신경계 활성도 감소 등이 요인이다.
[오답해설] ② 전부하(preload) 감소는 전부하 증가가 옳다.

08. 트레이닝의 목적이 아닌 것은?
① 전술 강화   ② 운동 기술 숙달
③ 정신력 강화   ④ 인슐린 저항성 증가

[정답] ④ [오답해설] 인체는 혈당을 에너지로 사용하기 위해 인슐린 호르몬을 이용하는데, 혈당이 높아지는 상황이 반복되면 인슐린의 기능이 떨어진다. 이를 인슐린 저항성이라고 한다. 인슐린 저항성이 기준선을 넘어 약물의 도움 없이 혈당 조절이 안 될 때는 제2형 당뇨병이 진행된다. 트레이닝은 인슐린 저항성을 증가시키는 것이 아니고, 감소시킨다.

09. <보기>가 설명하는 트레이닝 방법은?

| • 실제 경주 거리보다 짧거나 긴 거리를 여러 번 달리는 훈련 |
| • 경기에 대비한 선수의 의지력 향상에 효과적 |
| • 실제 경주 거리의 4~8배로 계획하여 실시 |
| • 스피드가 요구되는 무산소 능력 향상이 목적 |

① 어시스티드(assisted) 트레이닝
② 레지스티드(resisted) 트레이닝
③ 랜드마인(landmine) 트레이닝
④ 반복(repetition) 트레이닝

[정답] ④ [해설] 반복 트레이닝은 높은 강도의 운동을 충분한 휴식을 취하면서 반복적으로 실시하는 트레이닝으로, 선수의 의지력 향상에 효과적이다.

10. 파워 트레이닝에 관한 설명으로 옳지 않은 것은?
① 속근섬유보다 지근섬유 동원율 증가
② 개인의 근력 수준을 고려한 초기강도 설정
③ 점프 동작 시 안전을 고려한 장소에서 실시
④ 새로운 종목 선택 시 저강도에서 정확한 자세부터 습득

[정답] ① [해설] 파워 트레이닝은 짧은 시간 내 동원되는 운동단위의 증가와 속근섬유의 동원력을 향상하기 위한 트레이닝 방법이다.
[오답해설] ① 파워 트레이닝은 지근섬유가 동원된다.

11. 고강도 운동 후 나타나는 근력 저하의 원인이 아닌 것은?
① 수소(H^+) 증가로 십자교(cross-bridge) 형성 감소
② 근형질세망(SR)에서 칼슘(Ca^{2+}) 분비 감소
③ 칼륨(K^+)과 트로포마이오신 결합 증가
④ 무기 인산염(Pi) 생성 증가

[정답] ③ [해설] ③을 제외한 나머지는 고강도 운동 후 근력 저하의 원인이다.
[오답해설] ③에서 트로포마이오신은 근육의 근원섬유 속에 들어있는 단백질의 일종이다. 운동 후 칼륨과 결합하여 근수축을 강화하는 역할을 한다.

12. 고지대 환경에서 나타나는 즉각적인 변화가 아닌 것은?
① 혈액량 감소
② 최대 유산소 능력 감소
③ 스프린트 경기력 감소
④ 헤모글로빈의 산소포화도 감소

정답 ③ 해설 혈액량과 최대산소섭취량이 줄어들고, 헤모글로빈은 증가하지만, 헤모글로빈의 산소포화도는 감소한다. 스프린트의 경기력 감소는 즉각 변화가 아니다.

13. <보기>가 설명하는 근력 트레이닝의 주기화 단계는?

- 트레이닝 효과가 상실되지 않도록 4주 이상 구성하지 않는다.
- 시합기 동안 사용하지 않은 근육을 발달시키도록 운동을 한다.
- 운동 부하, 반복 횟수, 세트 수를 자유롭게 정해 실시한다.

① 전이기   ② 최대 근력기
③ 근 비대기   ④ 조직 적응기

정답 ① 해설 연중 모든 경기가 종료된 후부터 다음 해의 준비기 훈련에 들어가기 전까지의 기간은 전이기로, 연간 훈련 및 경기로 인한 신체적 정신적 피로를 해소하고 다음 해의 트레이닝을 준비하며, 시합기 동안 사용하지 않은 근육을 발달시키도록 운동을 한다.

14. <보기>에서 고온 환경 적응을 위한 트레이닝 효과를 고른 것은?

ㄱ. 발한 시 염분 손실 증가
ㄴ. 유산소성 운동수행력 감소
ㄷ. 혈장량 증가
ㄹ. 발한 능력 증가

① ㄱ, ㄴ ② ㄴ, ㄷ ③ ㄱ, ㄹ ④ ㄷ, ㄹ

정답 ④ 해설 혈장량 증가와 발한 능력 향상을 골라야 한다.
오답해설 ㄱ. 발한 시 염분 손실 증가, ㄴ. 유산소성 운동수행력 감소 등은 반대로 제시되었다.

15. <보기>가 설명하는 것은?

- 훈련으로 인한 부상 회복을 목적으로 실시
- 고갈된 근육 글리코겐 재합성을 위한 시간 제공
- 시합 며칠 전 운동 부하와 운동시간의 일시적 감소

① 아이싱(icing)   ② 테이핑(taping)
③ 압박(compression)   ④ 테이퍼링(tapering)

정답 ④ 해설 고갈된 글리코겐을 재합성할 수 있는 시간 확보하는 것은 테이퍼링이다.

16. 성인과 비교하여 아동(6~11세)에게 높게 나타나는 것은?
① 최대심박출량   ② 체중당 체표면적
③ 헤모글로빈 농도   ④ 근육 글리코겐 농도

정답 ② 해설 아동은 성인과 비교했을 때 최대심박출량·체온 조절 능력·혈중 헤모글로빈 농도와 근육 글리코겐 농도 등은 낮다. 최대하 운동 시 분당 호흡수와 체중당 체표면적은 높게 나타난다.

17. 과훈련(overtraining)에 의해 증가하지 않는 것은?
① 체중   ② 감염 위험성
③ 운동 중 심박수   ④ 혈중 코티졸(cortisol)

정답 ① 해설 과훈련은 운동 중 심박수와 혈중 코티졸이 증가하고, 감염 위험성이 높아진다. 과훈련이 지속되면 체중은 감소할 수 있다.

18. <보기>에서 장시간 유산소 트레이닝으로 인한 혈장량 증가의 원인을 모두 고른 것은?

> ㄱ. 알부민(albumin) 증가
> ㄴ. 항이뇨호르몬(ADH) 분비 증가
> ㄷ. 알도스테론(aldosterone) 분비 증가

① ㄱ, ㄴ ② ㄱ, ㄷ ③ ㄴ, ㄷ ④ ㄱ, ㄴ, ㄷ

정답 ④ **해설** 장시간 유산소 운동은 알부민이 증가하고, 항이뇨호르몬과 알도스테론의 분비가 증가하여 혈장량이 증가한다. 그러므로 보기에서 모든 것을 선택한 것이 정답이다.

19. <보기>에서 수중환경(수온 약 25°C의 실내수영장)의 특성으로 옳은 것은?

> ㄱ. 대기보다 열전도율이 높다.
> ㄴ. 대기보다 열 손실이 느리다.
> ㄷ. 복사가 열전달의 주된 방법이다.
> ㄹ. 대사율이 낮은 사람은 더 빠른 저체온증의 위험이 있다.

① ㄱ, ㄴ ② ㄱ, ㄹ ③ ㄴ, ㄷ ④ ㄷ, ㄹ

정답 ② **해설** 수중에서는 대기보다 열전도율이 높고, 대사율이 낮은 사람은 저체온증의 위험에 노출된다.

20. <보기>의 ㉠, ㉡, ㉢에 해당하는 에너지 시스템은?

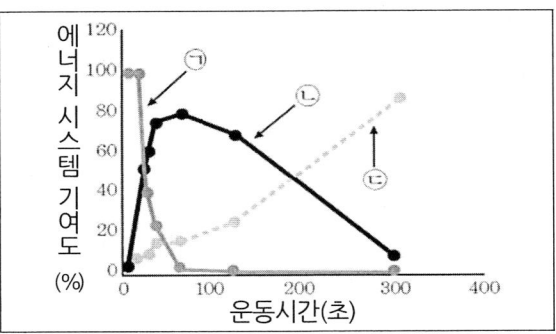

① 무산소성 해당 과정, ATP-PC, 산화적 인산화
② 산화적 인산화, 무산소성 해당 과정, ATP-PC
③ ATP-PC, 무산소성 해당 과정, 산화적 인산화
④ ATP-PC, 산화적 인산화, 무산소성 해당 과정

정답 ③ **해설** ㉠은 ATP-Pcr 시스템이고, ㉡은 무산소성 해당 과정이며, ㉢은 유산소성 산화 시스템이다.

암기 에너지 시스템

	❶ ATP-PCr 시스템	❷ 무산소성 해당 과정	❸ 유산소성 (산화) 시스템
산소 사용	무산소성	무산소성	유산소성
ATP 생산 소요 시간	매우 빠름	빠름	느림
에너지 공급원	화학적 연료 : PC	탄수화물	지방, 탄수화물, 단백질
ATP 생산능력	극히 한정된 ATP 생산	한정된 ATP 생산	거의 무한정 ATP 생산
운동 형태	고강도, 단시간 운동	1분 이내 짧은 운동	지구성, 장시간 운동

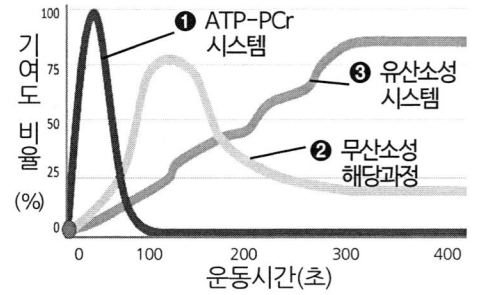

2023 기출문제

01. <보기>에서 트레이닝의 목적에 해당되는 것을 모두 고른 것은?

| ㉠ 기술적 향상 | ㉡ 체력적 향상 |
| ㉢ 심리적 강화 | ㉣ 상해의 예방 |

① ㉠, ㉡
② ㉢, ㉣
③ ㉠, ㉡, ㉢
④ ㉠, ㉡, ㉢, ㉣

정답 ④ **해설** 트레이닝 목적은 체력 향상과 부상 예방, 건강 유지, 기술력·전술력 향상, 심리적 측면의 강화 등이다.

02. <보기>의 트레이닝 계획 중 ㉠~㉣을 질적 요소와 양적 요소로 순서대로 바르게 구분한 것은?

심폐지구력 향상을 위해 ㉠ 최대심박수의 60%로 ㉡ 조깅을 ㉢ 주 5회, ㉣ 12주 동안 실시한다.

① ㉠·㉡, ㉢·㉣
② ㉠·㉢, ㉡·㉣
③ ㉡·㉣, ㉠·㉢
④ ㉢·㉣, ㉠·㉡

정답 ① **해설** 질적 요소는 운동 강도와 운동 형태이며, 양적 요소는 운동시간과 운동빈도이다. ㉠과 ㉡은 운동 강도와 형태이며, ㉢과 ㉣은 운동빈도를 나타낸다.

03. <보기>의 밑줄 친 부분이 위반하고 있는 트레이닝의 원리는?

"저는 비만인 것 같아서 아버지가 처방받으신 체중 관리 운동 프로그램을 아버지와 함께하고 있어요. 유명한 건강운동관리사가 만든 거라서요."

① 다양성의 원리
② 특이성의 원리
③ 의식성의 원리
④ 개별성의 원리

정답 ④ **해설** 밑줄 부분은 개별성의 원리를 나타낸다.

04. 고강도 인터벌 트레이닝에 대한 설명으로 옳지 않은 것은?

① 부하기와 불완전 휴식기의 반복 수행
② 부하기의 주요 에너지 시스템은 ATP-PCr 및 해당 과정
③ 빠르게 달리기를 반복하면서, 그사이 휴식 또는 가벼운 운동을 포함
④ 심폐지구력 강화를 위한 대표적 저강도 지속(long slow distance) 달리기 훈련

정답 ④ **해설** 인터벌 트레이닝은 높은 강도의 운동 사이에 불완전 휴식을 넣어 일련의 운동을 반복하는 방법으로, 체력 수준에 따라 세트 수를 조절할 수 있고, 마라톤, 크로스컨트리, 스키 등 유산소 지구력 향상을 위한 트레이닝으로 적합하다.

05. <보기>에서 젊은 여성 운동선수들의 3대 건강 위협요인(female athlete triad) 고른 것은?

| ㉠ 무월경 | ㉡ 식이장애 |
| ㉢ 체지방 증가 | ㉣ 골 무기질 손실 |

① ㉠, ㉡, ㉢
② ㉠, ㉡, ㉣
③ ㉠, ㉢, ㉣
④ ㉡, ㉢, ㉣

정답 ② **해설** 여성 운동선수의 3 징후는 섭식장애, 무월경, 골밀도 감소와 골다공증이다.

06. 장기간 규칙적 유산소성 운동에 따른 골격근의 적응 현상으로 옳지 않은 것은?

① 미토콘드리아 수 증가
② 모세혈관 밀도 증가
③ 속근섬유 비율 증가
④ 혈류량 증가

정답 ③ **해설** 장기간 유산소성 운동은 미토콘드리아 수와 모세혈관 밀도, 혈류량 등을 증가시키지만 속근섬유 비율을 증가시키지는 않는다.

07. <보기>의 신체 열 손실 유형은?

> - 적외선 형태의 열 손실이다.
> - 적정 환경(21°C)에서는 안정 시 열 손실의 약 60%를 차지한다.
> - 한 물체의 표면에서 다른 물체의 표면으로의 물리적 접촉이 없는 열전달을 의미한다.

① 복사(radiation) ② 전도(conduction)
③ 대류(convection) ④ 증발(evaporation)

정답 ① **해설** 물리적 접촉 없이 일어나는 열 손실은 복사이다.

08. <보기>에서 과훈련(over-training) 예방에 대한 설명으로 옳은 것을 모두 고른 것은?

> ㉠ 주당 10% 이상의 훈련 강도 증가 지양
> ㉡ 주기화(periodization)에 따른 운동 부하 관리
> ㉢ 주 1회 이상 수동적 휴식(passive rest) 부여

① ㉠, ㉡ ② ㉠, ㉢ ③ ㉡, ㉢ ④ ㉠, ㉡, ㉢

정답 ④ **해설** 과훈련 예방을 위해서는 1) 주당 10% 이상의 훈련 강도를 증가시키지 않아야 하고, 2) 주 1회 이상 수동적 휴식을 취하며, 3) 훈련 주기화를 통해 운동 부하를 관리해야 한다.

09. <보기>에서 저항성 훈련의 생리적 효과에 대한 설명으로 옳은 것을 모두 고른 것은?

> ㉠ 신경적응에 따른 주동근 활성은 훈련 초기 근력 향상의 원인이 된다.
> ㉡ 근섬유의 지름이 증가하는 근 증식(hyperplasia)이 나타난다.
> ㉢ 근섬유의 수가 증가하는 근 비대(hypertrophy)가 나타난다.

① ㉠ ② ㉠, ㉡ ③ ㉡, ㉢ ④ ㉠, ㉡, ㉢

정답 ① **오답해설** ㉡ 근 증식은 근섬유의 세포 수가 늘어나는 것이다. ㉢ 근 비대는 근섬유의 횡단면적이 증가하는 것이다. ㉡, ㉢의 설명이 서로 바뀌어 있다.

10. 고온 환경에서의 운동에 관한 설명으로 옳지 않은 것은?

① 열 손상은 실무율(all-or-none)의 법칙이 적용된다.
② 열 손상은 열경련, 열 실신, 열 탈진, 열사병을 포함한다.
③ 체력 수준이 높은 선수는 열 손상의 상대적 위험성이 낮다.
④ 운동 중 수분 보충 시 이온 음료, 탄산 이온 음료로 대체하는 것은 문제가 없다.

정답 ① **해설** 실무율(all or none law)이란 어떤 자극을 받았을 때 일정 크기 이상의 자극을 가해야 하며, 자극을 느낄 수 있는 일정 크기 이상의 자극이 주어지면 반응의 크기는 한 최댓값을 유지하며 더 이상 커지지 않고 일정한 값을 갖는다는 법칙이다. 인체 흥분성 기관 또는 세포에 적용되는 것으로, 열 손상과 관련이 없다.

11. 플라이오메트릭 트레이닝 중 신전 단축 주기(stretch-shortening cycle)에 대한 설명으로 옳지 않은 것은?

① 신장성 단계에서는 근방추가 자극된다.
② 단축성 단계에서는 주동근 섬유의 수축이 일어난다.
③ 단축성 단계 – 이행 단계(transition phase) – 신장성 단계로 구성된다.
④ 짧은 시간에 근육 동원을 최대로 증가시키기 위하여 신전반사를 이용한다.

정답 ③ **해설** SSC는 신장성 단계(shorting phase) → 이행 단계(transition phase) → 단축성 단계(stretch phase)로 이루어진다.

12. 해부학적 면에 따른 움직임과 운동 종목이 순서대로 바르게 제시된 것은?

해부학적 면	움직임	운동 종목
① 시상면(sagittal)	굽힘(flexion)·폄(extension)	스쿼트(squat)
② 이마면(frontal)	굽힘·폄	골프 스윙(golf swing)
③ 이마면	모음(adduction)·벌림(abduction)	프런트 런지(front lunge)
④ 가로면(transverse)	모음·벌림	사이드 런지(side lunge)

정답 ① 해설 '제1과목 운동상해〉제5장 스포츠 손상의 의학적 치료'에서 다루어진 부분이다. 시상면은 인체를 해부학적으로 좌우로 나누는 것을 말하며, 스쿼트는 바로 선 자세에서 웅크리고 앉았다가 일어서는 운동으로, 굴곡(flexion, 굽힘)과 신전(extension, 폄)은 시상면의 대표적인 운동이다.

13. 주요 트레이닝 부위와 복합세트(compound set) 운동 종목이 순서대로 바르게 연결된 것은?

트레이닝 부위	복합세트 운동 종목
① 등	랫 풀 다운(lat pull-down), 카프 레이즈(calf raise)
② 어깨	데드리프트(dead-lift), 숄더 프레스(shoulder press)
③ 다리	레그 프레스(leg press), 스쿼트(squat)
④ 가슴	벤치 프레스(bench press), 런지(lunge)

정답 ③ 해설 복합 세트법은 한 부위에 두 가지 운동을 연속적으로 해주는 방법이다. 레그 프레스는 누운 상태에서 다리로 무게를 들어 올리는 운동이고, 스쿼트는 앉았다·일어났다가 하는 운동으로 하체 근력 강화의 기본운동이다. 다리 근육의 복합세트법으로 적합하다.
오답해설 ① 등은 랫 풀 다운과 시티드 로우(seated row)가 적합하고, ② 어깨는 숄더 프레스와 사이드 레이즈(side raise)가 적합하다. ④ 가슴은 벤치 프레스와 덤벨(dumbbell)이 적합하다.

14. 장시간 지구성 운동 시 동원되는 에너지 시스템의 순서가 바르게 나열된 것은?

① ATP-PCr → 산화적 인산화 → 해당 과정
② ATP-PCr → 해당 과정 → 산화적 인산화
③ 해당 과정 → ATP-PCr → 산화적 인산화
④ 산화적 인산화 → 해당 과정 → ATP-PCr

정답 ② 해설 지구성 운동 때 동원되는 에너지 시스템은 ATP-PCr→해당 과정→산화적 인산화이다. 책 이론편에서 ATP-PCr→무산소성 해당 과정→유산소성(산화) 시스템으로 설명되어 있다.

15. 건강 체력 요소와 운동(기능) 체력 요소가 순서대로 바르게 제시된 것은?

건강 체력 요소	운동 체력 요소
① 스피드	평형성
② 반응시간	근력
③ 신체 구성	민첩성
④ 근지구력	유연성

정답 ③ 오답해설 ① 스피드를 높이기 위해서는 근력과 근지구력, 심폐지구력이 필요하고, ② 반응시간은 민첩성과 유연성이 필요하다. ④ 근지구력은 근지구력과 심폐지구력이 연관되어 있다. 아래 내용은 제4과목 건강교육론에서 다루어지는 내용으로, 전문과 장애인 스포츠지도사는 암기해야 한다.

암기 운동 체력 요소

구분	내용
운동 발현 능력	근력, 순발력
운동 지속 능력	근지구력, 심폐지구력
운동 조절 능력	민첩성, 평형성, 협응성, 유연성

16. <보기>에서 설명하는 트레이닝의 원리는?

> 트레이닝은 운동 형태, 강도 등에 따라 각기 다른 효과가 나타난다. 예를 들어, 무거운 중량의 저항성 운동은 최대근력을 발달시키며, 가벼운 중량의 저항성 운동은 근지구력을 발달시킬 수 있다.

① 과부하의 원리 ② 특이성의 원리
③ 점진성의 원리 ④ 가역성의 원리

정답 ② **해설** ㉠ 트레이닝은 종류·강도·양·빈도 등을 선택하여 종목별 트레이닝 조건에 적합하도록 내용을 결정하는 원리는 특이성의 원리이다.

17. 고지대 환경에서의 심폐기능 변화에 대한 설명으로 옳지 <u>않은</u> 것은?
① 동정맥 산소 차 감소
② 호흡근 피로도 감소
③ 동맥혈 산소함량 감소
④ 헤모글로빈 산소포화도 감소

정답 ② **해설** 고지 환경에서 호흡근은 피로도가 증가한다.

18. <보기>에서 설명하는 트레이닝의 운동강도 설정 방법은?

> • 보그(Borg)에 의하여 개발되었다.
> • 척도의 범위는 6~20까지로 구성된다.
> • 최대산소섭취량, 젖산 역치, 심폐 체력과 높은 상관성이 있다.

① 최대근력(1RM) ② 운동자각도(RPE)
③ 여유심박수(HRR) ④ 최대심박수(HRmax)

정답 ② **해설** 운동강도를 스스로의 지각적 판단에 의한 결정하는 것으로 운동 대상자의 힘든 정도를 파악하는 데 주로 사용한다. Borg가 개발한 Borg Scale을 사용하며, 척도 범위는 6~20까지로 구성되고, 최대산소섭취량, 젖산 역치, 심폐 체력과 높은 상관성을 갖고 있다.

19. 장기간 고강도 저항성 훈련에 따른 생리적 효과로 옳지 <u>않은</u> 것은?
① 항산화 능력 향상
② 골 무기질 함량 증가
③ Type Ⅰ 근섬유 비율 증가
④ 힘줄과 인대의 강도 향상

마라톤 등 지구력에 필요

정답 ③ **해설** 장기간 고강도 저항성 운동은 지근섬유(Type Ⅰ)보다 속근섬유(Type Ⅱ)의 비율이 증가한다.

20. 운동 피로 회복을 위한 방법으로 옳지 <u>않은</u> 것은?
① 냉요법(cryotherapy)
② 저강도 운동성 회복
③ 수분 및 전해질 보충
④ 저압 산소요법(hypobaric oxygen therapy)

정답 ④ **해설** 저압 저산소 트레이닝은 심폐기능과 혈중 산소운반능력을 강화하는 방법으로, 이는 피로 해소와 연관이 없다.

2022 기출문제

01. 복부비만을 판정할 수 있는 항목은?
① 골밀도　　② 제지방량
③ 체질량지수　④ 허리-엉덩이둘레 비율

정답 ④ **해설** 비만 측정방법은 ㉠ 신체 질량 지수법(BMI) ㉡ 기구 사용법 ㉢ 이상 체중법 ㉣ 브로카(Broca) 지수 이용법 ㉤ 허리-엉덩이둘레 비율 등이다. 이중 복부비만 판정은 허리-엉덩이둘레 비율을 주로 사용한다. 허리-엉덩이둘레 비율에 대해서는 '제2과목 체육측정평가론〉 제6장 신체 구성〉 2. 신체 구성의 측정'에서 자세히 설명되어 있다.

02. 〈보기〉가 설명하는 체력 요소는?

> 농구 경기에서 링을 맞고 튀어 오른 공을 강하게 점프하여 리바운드할 수 있는 능력

① 평형성　② 순발력　③ 유연성　④ 지구력

정답 ② **해설** 제한된 짧은 시간에 많은 양의 운동을 할 수 있는 능력은 순발력이다.

03. 준비운동과 정리운동의 효과가 바르게 제시되지 않은 것은?
① 준비운동 - 심박수, 체온 증가
② 준비운동 - 효소 활성도 증가
③ 정리운동 - 피로물질 합성 증가
④ 정리운동 - 정맥혈 회귀량 증가

정답 ③ **해설** 정리운동은 혈액의 정맥 환류, 피로 유발 물질인 젖산 제거, 지연성 근육통 예방 등의 효과가 있다.

04. 한스 셀리(Hans Selye)가 제안한 트레이닝 적응 원리인 일반 적응증후군(General Adaptation Syndrome)의 1단계는?
① 피로(fatigue)　② 경고(alarm)
③ 저항(resistance)　④ 탈진(exhaustion)

정답 ② **해설** 일반 적응증후군은 지속적으로 스트레스가 가해지면 발생하는 반응을 일컫는다. 캐나다 내분비학자인 Hans Selye는 스트레스 기전은 아래와 같다고 주장하였다. 생활 스포츠지도사는 건강교육론에서 다루어진다. 전문·장애인 응시자는 암기해야 한다.

보충설명 **스트레스의 기전**

❶ 단계 경고 반응 → ❷ 단계 저항 → ❸ 단계 탈진

05. 점증 부하 트레이닝 중 〈보기〉의 ㉠에 해당하지 않는 것은?

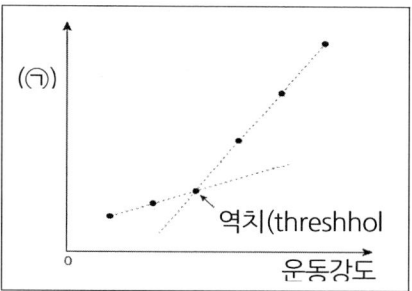

① 환기량　　② 산소섭취량
③ 혈중젖산 농도　④ 이산화탄소 생성량

정답 ② **해설** 자극에 따라 반응이 일어날 때 자극 강도가 일정 크기 이하에는 반응이 나타나지 않는다. 이 최소 자극의 강도를 역치라고 한다. 산소섭취량에는 역치가 없다.

06. <보기>에서 장기간 웨이트 트레이닝 효과로 옳은 것을 모두 고른 것은?

> ㉠ 제지방량 증가
> ㉡ 안정 시 대사율 증가
> ㉢ 인슐린 저항성 증가
> ㉣ 근육 내 항산화 효소 활성도 감소

① ㉠, ㉡ ② ㉠, ㉣ ③ ㉡, ㉢ ④ ㉢, ㉣

정답 ① **해설** 장기간 웨이트 트레이닝은 제지방량 증가와 안정 시 대사율을 증가시키지만, 인슐린 저항성 감소를 억제할 수 있고, 근육 내 항산화 효소를 증가시킨다.

07. <보기>에서 여성 운동선수들의 골밀도 감소 원인을 모두 고른 것은?

> ㉠ 에너지 가용성(availability) 증가
> ㉡ 에스트로겐 분비 증가
> ㉢ 식이장애
> ㉣ 무월경

① ㉠, ㉡ ② ㉡, ㉢ ③ ㉢, ㉣ ④ ㉠, ㉣

정답 ③ **해설** 체조, 발레, 다이빙, 피겨스케이팅 등 체형이 중요한 요소로 작용하는 종목 선수 또는 체급별 경기 종목에 참여하는 여성 선수에게 많이 나타나는 여성 선수 3 징후는 섭식장애, 무월경 및 골밀도 감소와 골다공증 등이다.

08. 노화에 따른 심혈관계 변화가 아닌 것은?
① 심박출량 감소   ② 전체 혈액량 감소
③ 혈관 탄성도 감소 ④ 후부하(afterload) 감소

정답 ④ **해설** 노화는 최대산소섭취량 감소, 최대심박수와 심박출량 감소, 동정맥 산소 차 감소, 혈압 상승과 혈류량 감소, 심실 벽 두께와 크기 증가, 폐활량 감소 등이 일어난다. 후부하는 증가한다.

보충설명 **전부하와 후부하**
1) 전부하(preload) : 이완기 말 심실의 혈액량이 받는 압력
2) 후부하(afterload) : 좌심실이 혈액을 내보내는 데 필요한 힘으로, 노화가 일어나면 후부하가 증가한다.

09. 장기간 유산소 트레이닝의 효과가 아닌 것은?
① 인슐린 저항성 증가
② 안정 시 심박수 감소
③ 미토콘드리아 밀도 증가
④ 안정 시 수축기 혈압 감소

정답 ① **해설** 장기간 유산소 트레이닝은 인슐린 저항성을 감소시킨다.

보충설명 **인슐린 감수성과 저항성의 용어 해설**
1) 인슐린 : 췌장의 β 세포에서 분비되는 호르몬으로, 혈당을 강하시키는 기능을 하며, 많은 조직과 기관에서 직·간접적으로 대사 조절에 관여한다.
2) 인슐린 저항성 : 인슐린에 대한 신체 반응이 정상 기준보다 감소한 경우
3) 건강 : 인슐린 저항성을 낮추고, 인슐린 감수성을 높이는 것이다.

10. <보기>의 ㉠, ㉡에 해당하는 트레이닝 원리를 순서대로 고른 것은?

> ㉠ 선수의 성별, 연령, 운동능력, 잠재력 등을 고려
> ㉡ 단조로움, 지루함을 극복하기 위한 새로운 트레이닝 프로그램 계획

① 특이성, 다양성   ② 개별성, 다양성
③ 다양성, 특이성   ④ 개별성, 특이성

정답 ② **해설** ㉠은 개별성의 원리이며, ㉡은 다양성의 원리이다.

암기 **트레이닝의 8 원리** : 과부하의 원리, 특이성의 원리, 가역성의 원리, 점진성의 원리, 개별성의 원리, 반복성의 원리, 전면성의 원리, 의식성의 원리

11. <보기>에서 등속성 근수축에 관한 설명으로 옳은 것을 모두 고른 것은?

> ㉠ 관절의 각도 변화 없이 장력 발생
> ㉡ 관절의 모든 운동 범위에서 동일한 속도 유지
> ㉢ 관절의 모든 운동 범위에서 최대근력운동 가능
> ㉣ 관절의 각도에 따라 발휘되는 근육의 장력 변화

① ㉠, ㉡   ② ㉡, ㉢   ③ ㉢, ㉣   ④ ㉠, ㉣

정답 ② **해설** 등속성 근수축은 속도가 일정하게 유지되는 상황에서 근력이 발생하는 수축으로, 정해진 속도로 최대근력운동이 가능하다.

12. 움직임의 면(plane) 중 이마면(전두면, frontal plane)에서 이루어지는 동작은?
① 프런트 런지(front lunge)
② 바이셉스 컬(biceps curl)
③ 사이드 런지(side lunge)
④ 트라이셉스 푸쉬다운(triceps push-down)

정답 ③ **해설** 이마면이란 해부학에서 인체를 전후면으로 나눌 때(제5장 스포츠 손상의 의학적 치료 마지막 부분 참조) 등 쪽이 아닌 배 쪽 방향을 말하며, 액면, 전두면이라고도 한다. 이마면에서 이루어지는 동작은 사이드 런지이다.

13. <보기>가 설명하는 개념은?

> 특정 중량으로 최대반복 횟수까지 운동을 수행한 후 부하를 5~10% 낮추어 휴식 없이 최대반복 횟수까지 운동 실시

① 드롭 세트   ② 슈퍼 세트
③ 싱글 세트   ④ 멀티플 세트

정답 ① **해설** 보기는 드롭 세트법을 설명하고 있다.
오답해설 ② 슈퍼 세트는 두 가지 운동이 각각의 주동근과 길항근을 자극하는 운동 방법, ③ 싱글 세트는 각 엑서사이즈에 대해 1세트마다 휴식을 취하면서 시행하는 방법, ④ 멀티플 세트는 1엑서사이즈 당 휴식을 취하면서 여러 세트 연속하는 방법이다.

14. <보기>의 ㉠, ㉡, ㉢에 들어갈 용어가 순서대로 바르게 연결된 것은?

> 정적 스트레칭은 근육이 천천히 늘어날 때 근육과 힘줄 간의 장력이 증가되고, 힘줄의 긴장도가 증가되면 (㉠)을/를 자극하여 (㉡)의 작용을 억제함으로써 근육을 이완시키게 되는 (㉢) 기전을 적용한 것이다.

① 근방추, 골지 건기관, 자가 억제
② 근방추, 골지 건기관, 상호억제
③ 골지 건기관, 근방추, 자가 억제
④ 골지 건기관, 근방추, 상호억제

정답 ③ **해설** 정적 스트레칭은 느린 상태의 일정한 속도로 스트레칭 동작을 수행한다. 근육이 늘어날 때 장력이 향상하고, 힘줄 긴장도가 증가하면 골지 건기관을 자극하여 근방추 작용을 억제하여 근육을 이완시키는 자가 억제 기전을 적용한 것이다. 자세한 내용은 '제1과목 운동상해〉 제1장 스포츠 손상의 예방〉 2. 스포츠 손상의 예방과 치료'에 설명되어 있다.

보충설명 **골지 건기관(GTO)** : GTO는 golgi tendon organ의 약어로, 건의 긴장도를 감수하고, 협조적 근 운동이나 자세 반사에 필요한 지각정보를 중추신경으로 보내는 지각장치 역할을 수행한다.

15. <보기>에서 트레이닝 주기화에 관한 설명으로 옳은 것을 모두 고른 것은?

> ㉠ 트레이닝 계획의 기본 단위는 장주기, 중주기, 단주기로 구분할 수 있다.
> ㉡ 근 비대기 트레이닝은 트레이닝 국면에서 최대 근력기 이전에 실시한다.
> ㉢ 최대 근력기 트레이닝은 고강도 운동 부하로 자극이 가해져야 중추신경계 적응력과 속근섬유 동원 능력을 향상시킬 수 있다.
> ㉣ 최대 근력기에서 증가된 근력을 각 종목에 맞는 파워로 전환시키는 방법은 플라이오메트릭 트레이닝이 대표적이다.

① ㉠, ㉡   ② ㉠, ㉢, ㉣   ③ ㉡, ㉢, ㉣   ④ ㉠, ㉡, ㉢, ㉣

정답 ④ **해설** 트레이닝 주기화는 소요 기간에 따라 단·중·장주기로 구분한다. ㉡ 근 비대기 트레이닝은 최대 근력기 이전에 시행한다. ㉢ 최대 근력기 트레이닝은 고강도 운동 부하로 자극이 가해져야 중추신경계 적응력과 속근섬유 동원 능력을 향상시킬 수 있다. ㉣ 최대 근력기에서 증가된 근력을 각 종목에 맞는 파워로 전환시키는 방법은 플라이오메트릭 트레이닝이 대표적이다. 그러므로 모두를 선택해야 한다.

16. 운동성 피로의 원인으로 적절하지 않은 것은?
① 글리코겐 고갈   ② 고체온증과 탈수
③ 크레아틴인산 감소   ④ 수소이온 생성 감소

정답 ④ **해설** 운동성 피로의 원인은 글리코겐 고갈, 크레아틴인산 감소, 고체온, 탈수 등이 원인이다. 갑상선 기능 저하, 당뇨, 뇌하수체 기능 부전, 부갑상선 기능 항진증, 고칼슘혈증, 에디슨씨병, 만성 신부전증, 간 기능 부전증

17. 고지대 트레이닝에 관한 설명으로 옳지 않은 것은?
① 적혈구와 모세혈관의 수를 증가시킨다.
② 헤모글로빈과 마이오글로빈 생성을 증가시킨다.
③ 고지대 트레이닝의 적정 고도는 해발 500~1,000m이다.
④ "고지대 체류 – 저지대 트레이닝"은 저산소 환경에 대한 적응력을 향상시킨다.

정답 ③ **해설** 통상적으로 해발 2,000m 이상 고지에서 시행하는 훈련을 일컫는다.

18. 생애주기별 트레이닝에 관한 설명으로 옳지 않은 것은?
① 아동기(6~10세) 최대심박수는 성인보다 높다.
② 아동기(6~10세)는 고강도 웨이트 트레이닝을 지양한다.
③ 노인은 사전 운동 검사 없이 고강도 운동을 실시할 수 있다.
④ 노인은 규칙적인 웨이트 트레이닝을 통하여 근감소증을 개선할 수 있다.

정답 ③ **해설** 노인기에는 사전 운동 검사를 통해 고강도 운동 가능성을 파악한 후 시행해야 한다.

19. 운동 후 피로 회복에 관한 설명으로 옳지 않은 것은?
① 고압 산소요법은 인체조직 회복 촉진
② 냉요법은 체온을 낮추고 중추신경 흥분 완화
③ 경기 후 마사지는 지연성 근육 통증 완화
④ 충분한 수면은 이화 호르몬(catabolic hormone) 분비 촉진

정답 ④ **해설** 피로 해소를 위한 의학적 치료는 ㉠ 의사 처방에 따른 약물 투약 ㉡ 대기압보다 높은 기압환경을 조성하여 고농도 산소를 흡입시키는 고압 산소요법 ㉢ 인체 온도를 낮추기 위한 냉요법 사용 ㉣ 마사지를 통한 지연성 근육 통증을 완화하는 방법이 있다.

20. 더운 환경의 열 스트레스 지표와 관련이 없는 것은?

① 피부(skin) 온도
② 건구(dry bulb) 온도
③ 습구(wet bulb) 온도
④ 복사(black globe) 온도

정답 ① **해설** 열 스트레스 지표 적용 온도는 건구 온도, 습구 온도, 복사 온도 등이다. 피부 온도는 적용하지 않는다.

> **보충설명** **온도의 구분**
> 1) **건구 온도** : 공기에 직접 노출된 온도계로 잰 온도로, 현재 기온과 같다.
> 2) **습구 온도** : 온도계 온도 감지 부위를 얇은 물 또는 얼음으로 싸고 직사 일광이 닿지 않게 공기 중에 노출하여 측정한 온도로, 습도를 적용한 온도이다.
> 3) **복사 온도** : 물체로부터 방출되는 복사의 밀도 또는 양을 측정한 온도

2021 기출문제

01. <보기>의 ㉠, ㉡에 들어갈 용어가 순서대로 바르게 연결된 것은?

> 플라이오메트릭스는 점프(jump), 홉(hop) 및 스킵(skip) 등의 동작으로 구성되며, 착지할 때 발생하는 (㉠) 수축과 빠른 (㉡) 수축으로 연결되어 폭발적이고 강력한 움직임을 만들어 내는 운동이다.

① 신장성, 등속성   ② 신장성, 단축성
③ 단축성, 등척성   ④ 단축성, 신장성

정답 ② **해설** 플라이오메트릭스는 신장-단축 사이클을 부드럽고 효율적으로 되돌리는 능력을 개선하고, 점프력, 순발력과 파워를 높임으로 운동능력을 향상시킨다.

02. <보기>의 트레이닝 적응 원리에 관한 설명 중 옳은 것을 모두 고른 것은?

> ㉠ 운동량은 점진적으로 증가시켜야 한다.
> ㉡ 동일한 부하의 지속적 적용은 훈련 효과의 정체를 초래할 수 있다.
> ㉢ 트레이닝 전 체력 수준이 높은 사람이 낮은 사람에 비해 트레이닝 효과가 크다.
> ㉣ 근력 향상을 위해서는 저부하·고반복, 근지구력 향상을 위해서는 고부하·저반복으로 실시한다.

① ㉠, ㉡   ② ㉠, ㉣   ③ ㉡, ㉢   ④ ㉠, ㉢, ㉣

정답 ① **해설** ㉢ 체력 수준이 낮은 사람이 높은 사람에 비해 트레이닝 효과가 크게 나타난다.
㉣ 근력 향상을 목적으로 할 때 고부하·저반복, 근지구력 향상을 위해서는 저부하·고반복이 필요하다.

03. <보기>에서 설명하는 스트레칭 방법은?

- 폭발적인 최대근력 발휘에 부정적인 영향을 미칠 수 있다.
- 근방추의 민감성을 억제하여 근육이 충분히 이완되도록 한다.
- 강한 통증이 느껴지지 않는 범위에서 10~30초간 스트레칭 자세를 유지한다.

① 탄성 스트레칭   ② 동적 스트레칭
③ 정적 스트레칭   ④ PNF 스트레칭

정답 ③ **해설** 통증이 느껴지지 않는 범위 내에서 스트레칭 자세를 유지하고, 근육을 충분히 이완시키며, 최대근력 발휘에는 도움이 되지 않는 것은 정적 스트레칭이다.

04. 체력요인별 트레이닝 방법으로 적절하지 않은 것은?
① 순발력 : 메디신볼(Medicine ball) 던지기
② 민첩성 : 케틀벨 스윙(Kettlebell swing)
③ 유연성 : 고유수용성 신경근촉진(PNF) 스트레칭
④ 평형성 : 보수 볼(bosu ball) 위에서 균형 잡기

정답 ② **해설** ① 메디신볼은 농구공과 비슷한 크기로 던지기 등을 통해 순발력을 향상시킨다. ② 케틀벨 스윙은 근력 강화에 효과가 좋은 운동이다. ④ 보수 볼은 볼이 크므로 위에 올라탈 수 있으며, 이를 통해 균형성을 향상시킨다.

메디신볼　케틀벨　보수 볼
트레이닝 도구

05. 심폐지구력 트레이닝의 강도를 설정하는 기준이 아닌 것은?
① 최대호흡수   ② 최대심박수
③ 여유 심박수   ④ 최대산소섭취량

정답 ① **해설** 심폐지구력 트레이닝 강도 설정 기준은 최대산소섭취량, 안정 시 심박수, 최대심박수, 여부 심박수, 운동자각도 등이다.

06. 심폐지구력 트레이닝이 최대산소섭취량을 증가시키는 요인으로 적절하지 않은 것은?
① 최대심박출량 증가   ② 동정맥 산소 차 증가
③ 근육 혈류량 증가   ④ 후부하(afterload) 증가

정답 ④ **해설** 후부하란 심근수축 중 심근에 걸려 있는 부하량에서 전 부하량을 뺀 양을 말한다. 후부하가 증대할수록 심근수축량은 감소한다.

07. 2년 동안 규칙적인 마라톤 트레이닝을 한 남자 선수에게 나타날 수 있는 근육 내 변화가 아닌 것은?
① 최대하 운동 시 지방 대사 능력 향상
② 최대하 운동 시 포도당 사용 감소
③ 미토콘드리아의 수 증가
④ 베타산화 효소 감소

정답 ④ **해설** 베타산화란 탄소 원자가 연속적으로 산화됨으로써 지방산이 아세틸-CoA로 분해되는 과정을 말한다. 심폐지구력 트레이닝은 베타산화 효소를 증가시킨다.

08. <보기>에서 장기간 웨이트 트레이닝의 효과로 옳은 것을 모두 고른 것은?

㉠ 액틴과 마이오신 증가
㉡ 근육세포 핵(my onuclei) 증가
㉢ 근육 내 항산화 효소 활성도 증가

① ㉠, ㉡   ② ㉠, ㉢
③ ㉡, ㉢   ④ ㉠, ㉡, ㉢

정답 ④ **해설** 장기간 근력 트레이닝은 근육 내 액틴과 마이오신, 근육세포 핵, 근육 내 항산화 효소 등이 증가한다.

09. 다음 〈표〉는 A, B 선수의 백 스쿼트(back squat) 실시 내용이다. 두 선수의 근파워(kgm/sec)를 A 선수, B 선수 순으로 바르게 연결한 것은?

구분	A 선수	B 선수
성별	여성	남성
체중(kg)	50	75
수행시간(sec)	1	2
바벨 무게(kg)	100	150
바벨 이동 거리(m)	1	1

① 100, 100 ② 100, 75 ③ 50, 75 ④ 50, 25

정답 ② **해설** 파워(W)=일량(J)×거리(m)=힘(N)×거리(m)÷시간(sec)이다.
∴ A 선수의 파워는 100kg×1m÷1sec=100,
B 선수의 파워는 150kg×1m÷2sec=75이다.

10. 근지구력 향상을 위한 웨이트 트레이닝 방법으로 옳지 않은 것은?
① 운동강도 : 80~100% 1RM
② 세트 간 휴식 시간 : 1~2분
③ 반복 횟수 : 15~25회
④ 세트 수 : 3세트

정답 ① **해설** ① 운동강도 : 80~100% 1RM은 근력 향상 트레이닝 방법이다.

11. 〈보기〉에서 장기간 고지 환경 노출 시 일어나는 인체의 적응 현상을 모두 고른 것은?

| ㉠ 모세혈관 밀도 증가 |
| ㉡ 헤모글로빈 생성 증가 |
| ㉢ 마이오글로빈 생성 증가 |
| ㉣ 적혈구 생성 증가 |

① ㉠, ㉡
② ㉠, ㉢, ㉣
③ ㉡, ㉢, ㉣
④ ㉠, ㉡, ㉢, ㉣

정답 ④ **해설** 고지 환경 장시간 노출 때 일어나는 인체의 적응 현상은 헤모글로빈 증가, 폐 환기량 증가, 적혈구 생성 증가, 모세혈관 밀도 증가, 마이오글로빈 생성 증가, 산화효소 증가 등의 급·만성 반응이 발생한다. 위 보기의 모든 사항이 포함된다.

12. 성인과 비교한 아동의 체온 조절 능력에 관한 설명으로 옳은 것은?
① 발한율이 높다.
② 열 적응력이 뛰어나다.
③ 추위에 대한 내성이 강하다.
④ 수중에서 체온 저하가 빠르다.

정답 ④ **해설** 아동은 성인보다 추위나 더위에 대한 적응력이 부족하고, 발한율이 낮으며, 수중에서 체온 저하가 빠르다.

13. 〈보기〉에서 설명하는 저항 트레이닝의 주기화 단계는?

| • 레크리에이션 활동을 실시한다. |
| • 일반적으로 4주를 넘지 않도록 권장한다. |
| • 고강도의 운동은 피하고 신체적, 정신적으로 휴식을 취할 수 있도록 한다. |

① 적응기 ② 최대 근력기
③ 파워 전환기 ④ 회복기

정답 ④ **해설** 레크리에이션 활동 시행과 4주를 넘지 않도록 권장하는 것은 회복기 또는 전이기라고 한다.

14. 아동기(6~11세)의 저항성 운동 효과로 옳지 않은 것은?
① 골밀도 증가 ② 근력 증가
③ 성장판의 골화 촉진 ④ 운동단위 동원의 증가

정답 ③ **해설** 아동기 저항성 운동 효과는 근력 증가, 골밀도 증가, 운동단위 동원의 증가, 성장판 활동 활성화 등의 효과가 있다.

15. <보기>의 ( ) 안에 공통적으로 들어갈 용어는?

> - ( )은/는 인체와 접촉한 공기나 물 분자에 의한 열 손실의 형태이다.
> - 빠른 속도로 자전거를 타면 느린 속도로 타는 것보다 ( )로 인한 열 손실이 증가한다.

① 전도　② 대류　③ 복사　④ 증발

정답 ② **해설** 유체의 움직임에 의해 열이 손실되는 현상은 대류이다. 자전거를 탈 때 속도가 빠르면 대류에 의해 열 손실이 많이 일어난다.

16. 육상 400m 달리기경기 후 근육 내에 축적되는 물질이 아닌 것은?

① 수소(H+)
② 무기인산(Pi)
③ 아데노신이인산(ADP)
④ 칼슘(Ca2+)

정답 ④ **해설** 인원질 과정(ATP-Pcr) 이후에 아데노신이인산(ADP), 무기인산(Pi), 수소(H+) 등이 근육에 저장된다.

17. <보기>의 ( ) 안에 들어갈 용어는?

> 수중운동 시 ( )은 인체에 작용하는 힘으로, 중력에 대립하여 위로 작용하는 힘을 의미한다.

① 부력(buoyancy)　② 궁력(bow force)
③ 응집력(cohesive force)　④ 견인력(drag force)

정답 ① **해설** 부력은 몸을 뜨게 만드는 힘으로, 중력과 반대 방향으로 작용하므로 수중 몸무게를 감소시킨다.

18. <보기>의 내용과 같은 열 손상의 유형은?

> 여름철 축구 시합 직후 A 선수가 코치에게 현기증을 호소하였다. 코치가 선수의 상태를 확인하기 위해 간단한 질문을 해보니 인지기능이 저하되어 있었고, 선수의 체온은 40℃나 되었다.

① 열경련(heat cramp)
② 열 탈진(heat exhaustion)
③ 열사병(heat stroke)
④ 열 실신(heat syncope)

정답 ③ **해설** 열사병의 증상은 열사병 발병 직전에 두통, 어지러움, 구역질, 경련, 시력 장애, 의식과 인지기능이 저하되며, 심부 체온이 40℃ 이상으로, 피부가 뜨겁고 붉어지며, 혈압이 상승한다.

19. 체력 검사 시 가장 먼저 실시해야 하는 항목은?

① 신체 조성　② 근력
③ 심폐지구력　④ 유연성

정답 ① **해설** 체력 검사는 신체 조성을 가장 먼저 시행하는 것으로, 이는 제2과목 체육측정평가에서 다루어지는 부분이다.

20. <보기>의 ㉠, ㉡에 해당하는 트레이닝 원리가 순서대로 바르게 연결된 것은?

> ㉠ 운동강도를 점차적으로 증가시킨다.
> ㉡ 주로 이용하는 에너지 시스템을 고려하여 트레이닝 프로그램을 실시한다.

① 과부하의 원리, 다양성의 원리
② 특이성의 원리, 다양성의 원리
③ 다양성의 원리, 특이성의 원리
④ 과부하의 원리, 특이성의 원리

정답 ④ **해설** ㉠은 점증 부하의 원리, ㉡은 특이성의 원리이다. 그러나 제시된 지문에는 이에 해당하는 것이 없고, ㉠을 과부하의 원리, ㉡은 특이성의 원리인 ④번을 정답으로 했다. 학자에 따라 3원리와 5원칙으로 나눈 이론을 근거로 하면 ④번이 정답이다.

2020 기출문제

01. <보기>에서 트레이닝 목적에 해당하는 것을 모두 고른 것은?

㉠ 건강 유지	㉡ 기술 향상
㉢ 체력 향상	㉣ 부상 예방

① ㉠, ㉡   ② ㉢, ㉣   ③ ㉡, ㉣   ④ ㉠, ㉡, ㉢, ㉣

정답 ④ **해설** 트레이닝의 목적은 체력 향상과 부상 예방, 건강 유지, 기술력·전술력 향상, 심리적 측면 강화 등이다.

02. <보기>에서 설명하는 용어는?

> 트레이닝의 효과를 최적화하기 위하여 일정한 기간을 관리하기 쉬운 단위로 나누어 체계적으로 세분화하는 과정

① 파트렉(fartlek)
② 주기화(periodization)
③ 스플릿 루틴(split routine)
④ 서킷 트레이닝(circuit training)

정답 ② **해설** 경기에서 최고의 운동수행 능력을 발휘하기 위하여 트레이닝 프로그램을 체계적으로 조직화하는 활동은 트레이닝 주기화이다.

03. <보기>에서 설명하는 트레이닝 원리는?

> 체력 수준과 부상 경력에 따라 선수들의 트레이닝 강도를 구분하여 실시한다.

① 특이성의 원리   ② 과부하의 원리
③ 개별성의 원리   ④ 가역성의 원리

정답 ③ **해설** 체력은 개인별 차이가 있으므로 개인의 상태(목적, 나이, 성별, 체력 수준, 신체 능력)에 맞춰 프로그램을 수립해야 하는 개별성의 원리이다.

04. <보기>의 트레이닝 계획 중을 질적 요소와 양적 요소로 바르게 구분한 것은?

> 근지구력 향상을 위해 ㉠ 1RM의 30%로 ㉡ 프리 웨이트 트레이닝을 ㉢ 주 3회 ㉣ 6개월 동안 실시한다.

① 질적 요소 ㉠, ㉡   양적 요소 ㉢, ㉣
② 질적 요소 ㉠, ㉢   양적 요소 ㉡, ㉣
③ 질적 요소 ㉡, ㉣   양적 요소 ㉠, ㉢
④ 질적 요소 ㉢, ㉣   양적 요소 ㉠, ㉡

정답 ① **해설** 트레이닝의 요소는 질적 요소와 양적 요소로 나누는데, 질적 요소는 운동 강도, 운동 형태이고, 양적 요소는 운동시간과 운동빈도이다.

05. 정적 유연성 트레이닝에 대한 설명으로 옳지 않은 것은?
① 가동범위 증가에 효과적이다.
② 가능한 매일 실시하는 것이 좋다.
③ 근방추에 자극이 가지 않도록 실시한다.
④ 반동을 충분히 이용하여 가동범위를 늘려나간다.

정답 ④ **해설** 정적 유연성 트레이닝은 움직이지 않는 자세 즉 근육의 움직임 없이, 서서히 부드럽게 실시하여 근육 신전 반응을 통한 근육을 이완시키는 트레이닝을 말한다. 반동을 이용하는 트레이닝은 동적 유연성 트레이닝이다.

06. 체력 요소 중 스피드(speed)에 대한 설명으로 옳지 않은 것은?
① 속근 운동단위가 많을수록 유리하다.
② 스피드 지구력이란 최대속도를 유지하는 능력이다.
③ 유산소 대사가 주요 에너지 시스템으로 동원된다.
④ 가속력 향상을 위해 근파워 트레이닝이 활용된다.

정답 ③ **해설** 스피드는 일정 거리를 빠른 속도로 이동하는 능력으로, 속근 운동단위를 많이 활용하고, 가속력 향상을 위해 근파워 트레이닝이 활용된다.

07. 아동기의 유산소성 트레이닝 효과로 옳지 않은 것은?
① 비만 위험성을 낮춘다.
② 심폐지구력을 향상시킨다.
③ 제Ⅱ형 당뇨병 유발위험을 낮춘다.
④ 성장판의 골화(ossification)를 촉진한다.

정답 ④ **해설** 아동기의 유산소성 트레이닝은 성장판 골화 촉진과는 관련이 없다.

08. 고온 환경에 대한 열 순응(acclimation) 효과로 옳은 것은?
① 혈장량 감소
② 발한량 감소
③ 염분 손실 증가
④ 열충격단백질 합성 증가

정답 ④ **해설** 열 순응 효과는 발한시점의 조기화와 발한율 증가, 전해질 손실을 최소화하여 균형 유지, 열 충격으로 인한 단백질 생성 증가 등이다.

09. 임신 중 수중 트레이닝의 장점이 아닌 것은?
① 고체온증 예방
② 수분 손실 예방
③ 출산 후 회복 촉진
④ 임신성 당뇨병 예방

정답 ② **해설** 임신부의 수중 트레이닝은 고체온증 예방, 출산 후 회복 촉진, 임신성 당뇨병 예방 효과가 있다.

10. <보기>에서 고지대에 대한 설명으로 옳은 것만을 고른 것은?

> ㉠ 공기의 밀도가 높다.
> ㉡ 대기의 산소 분압이 낮다.
> ㉢ 헤모글로빈의 산소 포화도가 낮다.
> ㉣ 고산소증(hyperoxia)이 발생할 수 있다.

① ㉠ ② ㉡, ㉢ ③ ㉡, ㉢, ㉣ ④ ㉠, ㉡, ㉢, ㉣

정답 ② **해설** 고지에서는 기압이 평지의 3/4 이하로 줄고, 대기의 산소 분압이 낮아 호흡곤란으로 숨쉬기가 어렵고, 혈중 헤모글로빈의 산소 포화도가 낮아진다.

11. <보기>에서 심폐지구력 트레이닝에 대한 순환계의 변화를 바르게 고른 것은?

> ㉠ 후부하(afterload) 증가
> ㉡ 정맥혈 회귀량(venous return) 증가
> ㉢ 이완기 말 용적(end-diastolic volume) 증가
> ㉣ 안정 시 심근 산소 소비량(double product) 증가

① ㉠, ㉡ ② ㉡, ㉢ ③ ㉢, ㉣ ④ ㉠, ㉣

정답 ② **해설** 심폐지구력 트레이닝에 따른 순환계의 적응 현상은 동정맥의 산소 차 증가, 심장 근수축력 증가, 최대산소섭취량 증가, 정맥 회귀량 증가, 이완기 말 용적 증가 등이다.

12. 운동성 근 피로의 원인이 아닌 것은?
① 수소이온 증가
② 무기 인산염 증가
③ 자유 유리기 감소
④ 젖산 제거율 감소

정답 ③ **해설** 근 피로란 근육을 많이 사용하여 근육의 수축과 이완이 불안정한 상태로, 신체적으로 수소이온과 무기 인산염이 증가하고 젖산 제거율이 낮아진다.

13. 근력에 관한 설명으로 옳지 않은 것은?
① 장기간 근력 트레이닝에 따른 근 비대는 성별 차이가 없다.
② 십자형교(cross-bridge) 수가 많을수록 근력이 높다.
③ 속근이 지근보다 단위면적당 최대근력이 높다.
④ 운동단위가 클수록 근력이 높다.

정답 ① **해설** 근 비대는 성별로 차이가 있다. 나머지는 옳은 설명이다.

14. <보기>에 제시된 대상자의 심박출량(L/min)은?

- 신장 : 170cm
- 체중 : 65kg
- 나이 : 30세
- 안정 시 심박수 : 60회/min
- 1회 박출량 : 100mL/회
- 수축기 혈압 : 120mmHg

① 1   ② 3   ③ 6   ④ 12

정답 ③ **해설** 심박출량은 심박수×1회 박출량이다. $60 \times 100mL = 600mL/min = 6L/min$이다.

15. <보기>에서 설명된 현상의 원인에 해당하는 용어는?

스트레스 호르몬인 코르티솔(cortisol)의 분비 증가로 면역기능이 저하되어 상기도 감염(URIT) 위험률이 증가하였다.

① 과훈련(over training)
② 근 증식(hyperplasia)
③ 근 비대(hypertrophy)
④ 골 형성(bone formation)

정답 ① **해설** 과훈련 증후군은 코르티솔(cortisol)의 분비 증가로 면역기능이 저하되어 기도 감염 위험이 증가하며, 성 기능 호르몬인 테스토스테론이 감소하고, 크레아틴 인산염이 증가한다.

16. <보기>의 주기화 프로그램이 설명하는 것은?

- 올림픽을 대비하기 위한 4년의 계획
- 트레이닝 프로그램을 계획할 때 년 또는 월 단위로 구분하는 기간

① 이중주기(bicycle)   ② 단주기(microcycle)
③ 중주기(mesocycle)   ④ 장주기(macrocycle)

정답 ④ **해설** 연간 계획은 트레이닝 주기화에서 장주기로 분류한다.

17. 준비운동의 효과가 아닌 것은?
① 관절 가동범위 증가
② 소화기관으로의 혈류량 증가
③ 체온 상승에 따른 근육 탄성 증가
④ 에너지 대사에 필요한 효소 활성 증가

정답 ② **해설** 준비운동은 관절 가동범위를 증가시키고, 근육 탄성 증가와 에너지 대사에 필요한 효소 활성 증가의 효과가 나타난다.

18. 장기간 근력 트레이닝 중단(detraining)에 따른 변화로 옳은 것은?
① 마이오신 감소   ② 근 위축 감소
③ 근파워 증가   ④ 액틴 증가

정답 ① **해설** 마이오신이 감소하여 근감소증, 근육 통증 등이 나타난다.

19. <보기>에서 설명하는 체력요인은?

테니스 경기 중 날아오는 공의 위치와 속도를 인지하여, 라켓에 정확히 맞추어 네트를 넘기는 능력

① 협응성   ② 민첩성   ③ 평형성   ④ 유연성

정답 ① **해설** 신체 운동능력은 각각의 특징에 따라 하나의 독립된 개체로 분류되지 않고, 신체의 전반적인 능력과 각 요소의 협응에 따라 결정된다는 협응력을 설명하고 있다.

20. <보기>에서 설명하는 트레이닝은?

> - 체력 수준에 따라 세트 수 조절
> - 운동과 짧은 회복을 반복적으로 구성
> - 운동시간과 회복 시간의 조절에 따라 유/무산소성 능력 향상

① 스플릿 루틴(split route)
② 플라이오메트릭스(plyometrics)
③ 인터벌 트레이닝(interval training)
④ 슈퍼 세트 트레이닝(super training)

정답 ③ **해설** 높은 강도의 운동 사이에 불완전 휴식을 넣어 일련의 운동을 반복하는 방법으로, 체력 수준에 따라 세트 수를 조절할 수 있으며, 마라톤, 크로스컨트리, 스키 등 유산소 지구력 향상을 위한 트레이닝은 인터벌 트레이닝이다.

제4과목 건강교육론

2024 기출문제

01. 세계보건기구(WHO)에서 규정한 건강의 영역에 해당하지 않은 것은?
① 신체적 건강　② 유전적 건강
③ 사회적 건강　④ 정신적 건강

정답 ② **해설** WHO 규정 건강의 영역은 신체적 건강, 정신적 건강과 사회적 건강이다.

02. 건강을 위한 올바른 생활 습관으로 옳지 않은 것은?
① 좌식생활　② 충분한 수면
③ 스트레스 관리　④ 적절한 체중 유지

정답 ① **해설** 좌식생활은 올바른 생활 습관이 아니다.

03. 노화의 특성으로 옳은 것은?
① 제지방량 증가　② 속근섬유 증가
③ 피부 민감도 증가　④ 신경 자극 전도시간 증가

정답 ④ **해설** 노화로 제지방량이 감소하며, 근육량 감소 등의 원인으로 근력이 감소한다. 근 감소는 지근섬유보다 속근섬유에서 더 많이 감소한다. 아울러 피부 민감도가 감소한다.

04. 카페인이 운동수행에 미치는 영향으로 옳지 않은 것은?
① 피로 발생 지연
② 근육 수축력 증가
③ 운동자각도(RPE) 증가
④ 혈장 유리지방산 농도 증가

정답 ③ **해설** 카페인은 피로 발생을 지연시키고, 근육 수축력 증가, 혈장 유리지방산 농도를 증가시키며 동시에 운동자각도를 감소시킨다.

05. 퇴행성 관절염에 대한 설명으로 옳은 것은?
① 자가면역체계 이상으로 발병
② 양측 사지에서 대칭적으로 발생
③ 체중 부하가 가해지는 관절에 발생
④ 관절 활액막 염증으로 인한 통증 발생

정답 ③ **해설** 퇴행성 관절염은 체중 부하가 심한 관절에 발생한다.
오답해설 ①, ②는 류마토이드 관절염 증상이다. ④는 연골 부위에서 발생하는 염증이다.

06. 요통 환자를 위한 윌리엄스(Williams) 운동이 적합하지 않은 질환은?
① 척추분리증　② 척추협착증
③ 추간판 탈출증　④ 척추전방전위증

정답 ③ **해설** 추간판 탈출증 질환자는 윌리엄스 운동법보다 맥킨지 운동법이 권장된다.

07. 한스 셀리에(Hans Selye)의 일반 적응증후군(general adaptation syndrome, GAS) 중 경계 단계(alarm stage)에서 인체의 반응으로 옳지 않은 것은?
① 동공 축소
② 혈액 응고 가속화
③ 코티졸 분비 증가
④ 근육에 대한 신경 자극 증가

정답 ① **해설** 일반 적응증후군은 스트레스를 말하며, 경계 단계는 스트레스에 대해 적극적인 저항을 나타내는 시기로, 체온 및 혈압 저하, 혈액 응고 가속화, 코티졸 분비 등의 징후가 나타난다.

08. 규칙적인 운동이 아동기와 청년기에 미치는 신체 적응 현상이 <u>아닌</u> 것은?
① 환기 역치점 감소
② 안정 시 심박수 감소
③ 최대산소섭취량 증가
④ 동일부하 시 젖산 감소

정답 ① **해설** 환기 역치란 환기량이 산소섭취량의 증가에 비례하지 않고 급격히 늘어나는 지점을 말한다. 규칙적 운동은 환기 역치점을 증가시킨다.

09. 흡연에 의한 신체 반응으로 옳은 것은?
① 기도 저항 감소
② 혈액의 산소운반능력 증가
③ 니코틴에 의한 도파민 감소
④ 환기를 위한 산소 소비량 증가

정답 ④ **해설** 흡연은 암을 비롯한 여러 질환의 원인을 제공한다. 아울러 인체의 산소 소비량을 증가시킨다.

10. 면역반응에 대한 설명으로 옳지 <u>않은</u> 것은?
① 운동은 초기 및 적응성 면역반응을 활성화한다.
② 적응성 면역반응은 β 세포가 주관하여 조절한다.
③ 초기 면역반응은 외부 침입에 대한 즉각적인 반응이다.
④ 적응성 면역반응은 다양성, 특이성, 기억력 등의 특성을 가진다.

정답 ② **해설** 적응성 면역반응은 세포 중 T세포가 담당한다.

11. 알츠하이머병에 대한 설명으로 옳은 것만을 모두 고른 것은?

> ㄱ. 액체로 채워진 뇌실의 위축이 일어남
> ㄴ. 뇌 혈류량을 증가시키는 운동을 적극 권장함
> ㄷ. 새로운 기억의 형성에 중요한 해마 부분이 확장됨
> ㄹ. 소뇌가 퇴화하고 자신의 움직임 조절이 어려워짐
> ㅁ. 기억, 사고, 행동 등에 문제를 일으키는 노인성 치매의 일종

① ㄱ, ㄴ, ㄹ
② ㄱ, ㄷ, ㅁ
③ ㄴ, ㄹ, ㅁ
④ ㄷ, ㄹ, ㅁ

정답 ③ **해설** 알츠하이머병은 노인성 치매의 가장 흔한 퇴행성 뇌 질환으로, 기억, 사고, 행동 등의 문제를 일으킨다.
오답해설 ㄱ 뇌실은 뇌척수액이 들어있는 공간으로, 뇌실 위축은 뇌졸중의 원인이 된다. ㄷ 해마는 단기 기억을 처리하는데, 알츠하이머병은 해마가 축소되거나, 손상될 때 일어나는 질환이다.

12. 골다공증 발병의 위험요인으로 옳지 <u>않은</u> 것은?
① 생식샘기능항진증
② 부갑상샘기능항진증
③ 10% 이상의 체중감소
④ 골다공증 골절의 가족력

정답 ① **해설** ② 항진이란 병세가 심해지는 현상을 말한다. 부갑상샘기능항진증에서 갑상샘과 부갑상샘이 목 부위의 비슷한 위치에 있다. 갑상샘은 성장, 발육, 생식, 운동, 체온 등 신체의 전반적인 기능을 조절하고, 부갑상샘은 신체의 칼슘 대사에 관여하는 호르몬을 분비하므로 기능이 항진되면 골다공증을 비롯한 고칼슘혈증으로 인한 여러 가지 증상이 나타난다.
오답해설 ① 생식샘기능항진증은 골다공증과 무관하다.

13. <보기>에서 설명하는 피아제(J. Piaget)의 아동 인지 발달 단계는?

• 주요 성격이 형성되는 시기이다.
• 다음에 일어날 동작을 상상할 수 있으며, 공상과 현실을 구분할 수 있다.
• 문제해결 능력이 향상되며, 연속성, 가역성, 도덕성, 조직 등에 대한 사고를 습득한다.

① 전조작기　　　② 감각운동기
③ 구체적 조작기　④ 형식적 조작기

정답 ③ **해설** 피아제의 인지 발달 단계에서 성격이 형성되는 시기로, 공상과 현실을 구분할 수 있고, 문제해결 능력이 향상되며, 연속성, 가역성, 도덕성, 조직 등에 대한 사고를 습득하는 단계는 구체적 조작기이다.

14. 대한고혈압학회(2022) 기준으로 안정 시 혈압이 165/105mmHg인 성인의 고혈압 단계에 해당하는 것은?
① 고혈압 전 단계
② 건강 또는 정상단계
③ 1단계 고혈압(고혈압 1기)
④ 2단계 고혈압(고혈압 2기)

정답 ④ **해설** 아래 표를 보면 2단계 고혈압이다.
설명 혈압의 분류

		수축기	구분	확장기
정상 혈압		<120	그리고	<80
주의 혈압		120~129	그리고	<80
고혈압 전 단계		130~139	또는	80~89
고혈압	1기	140~159	또는	90~99
	2기	≥160	또는	≥100
수축기 단독 고혈압		≥140	그리고	<90

※ 자료출처 : 대한고혈압학회, 2022

15. 비만이 유발하는 질환으로 옳지 <u>않은</u> 것은?
① 담석증　② 뇌경색　③ 혈우병　④ 성조숙증

정답 ③ **해설** 비만으로 인해 제2형 당뇨병 및 고지혈증이 생길 가능성이 크고, 성 기능 장애 또는 성조숙증, 담석증, 관절염, 심혈관계 질환(=고혈압, 이상지질혈증, 협심증, 심근경색, 뇌경색, 동맥경화 등)의 발병 위험이 커진다.
오답해설 ③ 혈우병은 혈액응고 인자 결함으로 인해 외상, 발치, 외과적 수술 이후 계속 출혈이 일어나는 질환으로, 비만과 연관성이 적다.

16. 아동기 성장과 발달에 관한 특징으로 옳은 것은?
① 몸무게 변화는 남아와 여아가 큰 차이를 보인다.
② 최대산소섭취량은 아동기와 청년기에 걸쳐 남녀 모두 증가한다.
③ 뼈는 5~11세까지 꾸준히 성장하다가 12세 이후에 성장이 느려진다.
④ 근육은 몸통에서 가까운 부위보다 먼 부위에서 더 왕성하게 발달한다.

정답 ② **오답해설** ① 아동기 몸무게는 남녀 사이의 큰 차이가 없다. ③ 뼈는 20세 전후로 발달이 멈춘다. ④ 두부에서 미부로 발달하며, 중심에서 말초로 발달한다.

17. 과도한 음주가 인체에 미치는 영향으로 옳지 <u>않은</u> 것은?
① 혈압 상승
② 체내수분량 증가
③ 중추신경계 마비
④ 지방간 및 간 경화증 유발

정답 ② **해설** 과음은 뇌의 중추신경계에 영향을 미쳐 협응력과 반사 능력이 저하되며, 혈압을 상승시키고, 치매 발병의 원인이 되며, 지방간과 간경화증을 유발한다.

18. 척추측만증에 대한 설명으로 옳지 않은 것은?
① 척추의 비정상적인 측면 굽힘이다.
② 근육 불균형 및 다리 길이 차이 등으로 발생한다.
③ 후면에서 관찰 시 등뼈와 허리뼈에 'C' 또는 'S' 형태로 나타난다.
④ 머리가 전방에 위치하고 엉덩이 굽힘을 만드는 골반의 전방 이동이 나타난다.

정답 ④ **해설** 척추측만증은 척추의 비정상적인 측면 굽힘 상태로, 등뼈와 허리뼈가 'C' 또는 'S' 형태로 나타나며, 근육 불균형 및 다리 길이 차이 등으로 발생한다.
오답해설 ④ 골반의 전방 이동은 '골반 전반 경사'라고 하며, 후방 이동은 '골반 후반 경사'라고 한다. 이는 척추측만증과 연관이 없는 질환이다.

19. 아동의 운동발달 프로그램 구성 시 발달 단계적 고려 사항으로 옳지 않은 것은?
① 물체 조작
② 기분 상태
③ 신체 척도
④ 이동 운동

정답 ② **해설** 아동기의 운동 프로그램 구성 시 발달 단계 고려 사항은 신체 조성, 안정성 운동, 조작 운동, 이동 운동이다.
오답해설 ② 기분 상태는 고려 대상이 아니다.

20. 건강교육에 대한 설명으로 옳지 않은 것은?
① 자신의 건강을 스스로 관리할 수 있는 능력을 배양한다.
② 건강과 질병에 대한 지식을 갖게 하는 계획된 교육 과정이다.
③ 지역사회 집단보다 개인의 건강 유지, 증진 및 재활을 목표로 한다.
④ 지역사회 활동에 동참하게 하여 의존적인 삶이 아닌 적극적인 삶을 유도한다.

정답 ③ **오답해설** ③ 건강교육은 개인·집단·지역사회에 대해 질병 관련 지식과 건강 상태를 유지할 수 있도록 하고, 건강에 대한 지식·태도·행위를 바람직한 방향으로 유도하는 교육 과정이다.

2023 기출문제

01. 운동 체력 요소에 해당하지 않는 것은?
① 유연성 ② 스피드 ③ 순발력 ④ 반응시간

정답 ① **해설** 유연성은 건강 체력이다.
보충설명 행동성 체력의 구분

건강 체력	근력, 근지구력, 심폐지구력, 유연성, 신체 조성
운동 체력	순발력, 민첩성, 평형성, 협응성, 스피드, 반응시간

02. 당뇨병 환자의 운동 시 고려해야 할 사항으로 옳지 않은 것은?
① 지속적인 운동은 인슐린 감수성을 개선한다.
② 신경병증 동반 시 발에 무리가 되는 운동은 하지 않는다.
③ 운동 전 혈당이 $250\,mg\cdot d\ell^{-1}$ 이상이면 케톤뇨증을 확인한다.
④ 운동을 많이 하는 부위에 인슐린을 주사하는 것이 효과적이다.

정답 ④ **해설** 인슐린 주사는 췌장에서 인슐린이 분비되지 않는 제1형 당뇨병 환자에게 필요한 것으로, 운동 부위와 관련이 없다.

03. <보기>에 제시된 정보로 산출한 체질량지수는?

• 나이 47세	• 신장 170cm	• 체중 80kg
• 제지방량 56kg		

① 14.2 ② 24.0 ③ 27.7 ④ 30.3

정답 ③ **해설** 신체 질량지수 BMI 공식은 몸무게(kg)/신장(m)²이다. ∴ $80/(1.70)^2 = 27.68$
공식 $BMI = 몸무게(kg)/신장(m)^2$

04. 규칙적인 운동이 대사성 질환자에게 미치는 영향으로 옳은 것은?
① 당화혈색소(HbA1C) 증가
② 기초대사량 감소로 체중 감량 효과 증가
③ 고밀도지단백 콜레스테롤(HDL-C) 증가
④ 저밀도지단백 콜레스테롤(LDL-C) 증가

정답 ③ **해설** 고밀도지단백 콜레스테롤은 흔히 말하는 좋은 콜레스테롤이고, 저밀도지단백 콜레스테롤은 나쁜 콜레스테롤이다. 고밀도지단백 콜레스테롤은 규칙적 운동으로 증가한다.

05. 스캐몬(Scammon)의 발육형에 대한 설명으로 옳지 않은 것은?
① 생식형은 정소, 난소와 같은 생식 조직의 발육이다.
② 신경형은 척수나 감각기관과 같은 신경조직의 발육이다.
③ 림프형은 흉선이나 편도선과 같은 림프 조직의 발육이다.
④ 일반형은 신장, 골격, 대뇌와 같은 신체조직의 발육이다.

정답 ④ **해설** 일반형은 골격과 근육 등의 발달이 일어난다. 스캐몬의 신체 발달 곡선은 '제3과목 트레이닝론, 제6장 성장 발달과 트레이닝'에 설명되어 있다.

06. 고지혈증에 대한 설명으로 옳지 않은 것은?
① 아킬레스건에 황색종을 발생시킨다.
② 혈액 내 비정상적인 지질 상태를 의미한다.
③ 장시간 중강도 운동은 지질량을 증가시킨다.
④ 유전적 요인으로 혈액 내 특정 지질이 증가한다.

정답 ③ **해설** 고지혈증은 대부분 증상이 없고, 합병증이 발생하면 관련 증상이 발생한다. 일부 환자는 아킬레스건에 황색종이 생긴다. 중강도 운동이 권장된다.

07. 고혈압 환자의 운동 방법 및 효과에 대한 설명으로 옳은 것은?
① 운동하는 날에는 혈압약을 복용하지 않는다.
② 소근육 운동이 대근육 운동보다 효과적이다.
③ 운동 직후에는 이완기 혈압이 낮아지는 효과가 나타난다.
④ 운동실조, 어지럼증 증상이 나타나면 운동을 실시하지 않는다.

정답 ④ **해설** 고혈압 환자가 운동 중 어지럼증이나 운동실조 증상이 나타나면 운동을 중단하는 것이 좋다.

08. <보기>에서 관상동맥질환의 위험인자(ACSM, 2022)를 모두 고른 것은?

| ㉠ 남성 54세 |
| ㉡ 간접흡연 |
| ㉢ 당화혈색소 5.3% |
| ㉣ 총콜레스테롤 180mg·dl⁻¹ |

① ㉠, ㉡ ② ㉠, ㉢, ㉣ ③ ㉠, ㉢, ㉣ ④ ㉡, ㉢, ㉣

정답 ① **오답해설** ㉢ 당화혈색소가 수치가 5.7% 이하이면 정상이고, ㉣ 총콜레스테롤 수치가 200 mg/dl이면 정상이다.

09. <보기>의 ㉠, ㉡에 들어갈 용어를 순서대로 바르게 제시한 것은?

- (㉠)은 혈액을 박출하는 펌프의 장애로 일어나며, 평상시에는 증상이 없다가 활동을 시작하면 호흡곤란이나 피로감이 유발된다.
- (㉡) 관절염은 바이러스와 같은 감염인자로 인한 면역체계 이상으로 발생한다.

① 심부전증, 류마티스성
② 협심증, 류마티스성
③ 심부전증, 퇴행성
④ 협심증, 퇴행성

정답 ① **해설** 심장의 펌프 기능장애는 심부전증이고, 류마티스성 관절염은 바이러스 감염인자에 의한 면역체계 이상에서 발생한다.

10. 노화와 관련된 신경계의 변화로 옳지 않은 것은?
① 전두엽, 두정엽, 측두엽의 피질에서 조직 상실이 나타난다.
② 근섬유의 위축은 속근(type Ⅱ)섬유에서 특징적으로 나타나며, 지근(type Ⅰ)섬유에서는 관찰되지 않는다.
③ 신경 자극의 전도시간은 탈수초화로 인해 길어지며, 기능적 운동단위의 수가 증가한다.
④ 두뇌 무게의 감소뿐 아니라 척수에 있는 세포의 수도 감소한다.

정답 ③ **해설** 노화는 뇌에서 조직 손상이 나타나고, 두뇌 무게의 감소와 척수 세포 수가 감소한다. 속근섬유가 지근섬유보다 위축이 빠르다. ③ 노화로 인해 기능적 운동단위의 수가 감소하는 경향이 나타난다. **참고** 탈수초화란 특정 질환으로 인해 말초신경의 일부 손실로 일어나는 질환이다.

11. 운동이 정신건강에 미치는 영향에 관한 설명으로 옳지 않은 것은?
① 불안은 고강도 운동 직후에 일시적으로 감소하지만, 10분 정도 후에는 증가하는 경향을 보인다.
② 운동의 우울 감소 효과는 나이, 건강 상태, 인종, 사회경제적 지위, 성별과 관계없이 나타난다.
③ 운동은 불안을 감소시키고, 자신감을 높인다.
④ 운동을 통해 증진된 체력 수준은 심리적 스트레스에 대한 저항을 증가시킨다.

정답 ① **해설** 운동은 스트레스와 우울감·불안감 등을 줄여주고, 자아존중감과 인지기능 등을 높인다.
[오답해설] 고강도 운동 10분 정도 후 불안감이 증가한다는 것은 보고되지 않았다.

12. 카페인에 대한 설명으로 옳지 않은 것은?
① 혈장 유리지방산 농도를 증가시킨다.
② 운동 초기 근 글리코겐의 사용을 증가시켜 지방 산화를 촉진한다.
③ 피로에 대한 자극을 둔화시켜 지구력 운동의 지속시간을 증가시킨다.
④ 에피네프린 분비를 자극한다.

정답 ② **해설** 카페인을 섭취하면 유리지방산 농도를 증가시켜 혈류의 양이 늘어나고, 속도가 빨라지며, 호흡 빈도와 심도를 증가시키고, 체내 열 생산량을 증가시킨다. 아드레날린(=에피네프린) 분비를 자극하여, 피로를 감소시키며, 소변 배설량 증가와 심장질환이나 신경계통에 영향을 미친다.

13 알츠하이머병(Alzheimer's Disease)의 발병 위험을 증가시키는 요인이 아닌 것은?
① 환경 독소   ② 유전
③ 뇌 혈류량 증가   ④ 머리 부상 병력

정답 ③ **해설** 알츠하이머병의 발병 위험 증가 요인은 환경적 요소, 유전적 요인, 과거 머리 부상 병력 등이다.

14. 골다공증의 위험요인 중 교정이 가능하지 않은 것은?
① 신체활동 부족   ② 낮은 수준의 성호르몬
③ 저체중   ④ 골절 과거력

정답 ④ **해설** 골다공증 위험요인 중 교정이 어려운 질환은 과거 골절력은 교정할 수 없다.

15. 신체활동과 운동을 통한 근골격계의 적응·반응 현상이 아닌 것은?
① 근섬유 수 감소
② 이동 능력 향상
③ 주변 고유 수용기 기능 향상
④ 무산소 에너지 저장 증가

정답 ① 해설 운동은 근골격계의 근섬유 수를 증가시킨다.

16. 요통을 예방하는 자세가 아닌 것은?
① 옆으로 누워 무릎 사이에 베개를 끼고 잠자는 자세
② 바닥에 양반다리로 앉는 자세
③ 다리를 굽혀 물건을 들어 올리는 자세
④ 다리를 벌려 서 있는 자세

정답 ② 해설 만성 요통 예방 자세는 잠잘 때 평평하고 단단한 침대를 사용하고, 잠잘 때 옆으로 누워 무릎 사이에 베개를 끼고 자며, 물건을 위로 들어 올릴 때는 다리를 굽힌 상태에서 들어 올리며, 서 있을 때 다리를 벌린 상태로 선다.

17. 노화에 따른 신체기능 변화로 옳지 않은 것은?
① 최대 혈중젖산의 증가
② 최대 호흡 능력의 감소
③ 신경전도 속도의 감소
④ 반응시간의 증가

정답 ① 해설 노화에 따른 신체기능 변화는 근육량 감소 등에 따른 근력 감소, 신경전도 속도와 자극에 대한 민감도가 감소하며, 반응시간은 늘어나고, 여유 최대산소섭취량(VO_2Rmax)이 감소하여 호흡 능력이 감소한다.

18. 골관절염 예방을 위한 대퇴 근육 강화 운동 효과가 아닌 것은?
① 보행 기능 향상
② 근육 내 혈류량 감소
③ 관절 가동범위 증가
④ 균형감각 향상

정답 ② 해설 골관절염 예방을 목적으로 대퇴 근육 강화 운동은 근육 내 혈류량을 증가시키므로 혈류량 감소가 오답 찾기의 정답이다.

19. 대사증후군 판정 요인이 아닌 것은?
① 혈당 ② 혈압 ③ 복부 둘레 ④ 체질량지수

정답 ④ 해설 대사증후군의 보건복지부 기준은 복부 비만, 중성지방, HDL-C, 혈당, 혈압 등 5가지 요인 중 3가지를 동시에 지녔을 때 판정한다. 다만 어느 기준에 의한 것인지가 없는 상태이므로 ④가 반드시 옳은 답은 아니다. WHO의 기준에는 BMI(체질량지수)도 포함된다.

20. 고통을 완화하기 위해 뇌에서 분비되는 물질은?
① 테스토스테론
② 아드레날린
③ 엔돌핀
④ 코티솔

정답 ③ 해설 엔돌핀은 뇌에서 분비되며, 고통을 완화하는 역할을 한다.
오답해설 ① 테스토스테론은 정소에서 분비되는 남성 호르몬으로, 근육과 생식기관의 발육을 촉진하고 이차 성징을 나타나게 한다. ② 아드레날린은 부신에서 분비되는 호르몬으로, 교감신경을 흥분시키고 혈당량의 증가, 심장 기능 강화에 의한 혈압 상승, 기관 확장 등의 작용을 한다. ④ 코티솔은 부신에서 분비되는 호르몬으로, 항염 작용을 한다.

2022 기출문제

01. 건강교육에 대한 설명으로 옳지 <u>않은</u> 것은?
① 지역사회 집단보다는 개인의 건강 유지, 증진 및 재활을 목표로 한다.
② 건강과 질병에 대한 지식을 갖게 하는 계획된 교육 과정이다.
③ 건강 상태를 유지 및 증진할 수 있는 자기관리 능력을 함양하도록 한다.
④ 질병을 예방하고 극복하는데 필요한 건강 행위를 스스로 실행할 수 있도록 돕는다.

정답 ① **해설** 건강교육은 개인의 건강 유지와 함께 사회적 건강을 목표로 한다.

02. <보기>에서 운동 부족이 원인이 되어 나타날 수 있는 질환을 모두 고른 것은?

> ㉠ 비만과 암
> ㉡ 요통과 신경통
> ㉢ 골다공증과 퇴행성 질환
> ㉣ 당뇨병과 순환기계 질환

① ㉠, ㉢
② ㉠, ㉡, ㉣
③ ㉡, ㉢, ㉣
④ ㉠, ㉡, ㉢, ㉣

정답 ④ **해설** 보기의 모든 질환은 운동 부족이 원인이다.

03. 아동의 성장과 발달에 대한 설명으로 옳지 <u>않</u>은 것은?
① 근육의 발달은 몸통에서 먼 부위부터 왕성하게 일어난다.
② 키에 대한 머리의 비율은 연령이 증가할수록 감소한다.
③ 폐기관 발달은 몸 전체의 성장에 비례하여 일어난다.
④ 키는 성적 성숙이 이루어지는 시기 전까지 지속적으로 증가한다.

정답 ① **해설** 아동의 성장 발달은 두부에서 미부로 발달하며, 중심에서 말초로 발달한다.

04. 발육 발달에 대한 설명으로 옳지 <u>않은</u> 것은?
① 성장 : 양적인 변화를 의미
② 성숙 : 질적인 변화를 의미
③ 성장 : 기관이나 조직의 기능 변화를 의미
④ 발달 : 성장과 성숙을 포함한 개념

정답 ③ **해설** ③의 기관이나 조직의 기능 변화는 발육이다.

05. <보기>에 제시된 갤러휴(Gallahue, 1982)의 운동발달 단계를 바른 순서대로 나열한 것은?

> ㉠ 기초적인 동작(fundamental movement)
> ㉡ 반사적 동작(reflexive movement)
> ㉢ 초보적인 동작(rudimentary movement)
> ㉣ 스포츠와 관련된 동작(sport-related movement)

① ㉠-㉡-㉢-㉣
② ㉡-㉠-㉢-㉣
③ ㉡-㉢-㉠-㉣
④ ㉢-㉡-㉠-㉣

정답 ③ **해설** 갤러휴의 운동발달 단계는 반사 운동단계→초보 운동단계→기초 운동단계→전문 운동단계이다.

06. 미국스포츠의학회(ACSM, 2018)에서 권장하는 심부전 예방과 관리를 위한 운동 지침으로 옳은 것은?
① 유연성 운동은 주 1~2회만 실시하도록 권장된다.
② 머신 운동보다는 자기 체중 부하나 프리웨이트를 이용한 저항운동이 적극 권장된다.
③ 운동 검사 자료가 있는 환자는 여유 심박수(HRR) 80~90%의 운동강도가 권장된다.
④ 운동 검사 자료가 없는 환자는 운동자각도 11~14 척도에서의 유산소 운동이 권장된다.

정답 ④ **해설** 심부전 질환자는 걷기, 조깅, 자전거 타기 등의 유산소 운동이 권장된다. ACSM은 Borg scale 지수 11~14에서 운동할 것을 권장한다.

보충설명 **운동자각도** : 운동강도를 스스로의 지각적 판단에 따른 결정을 말하며, 지수 11~14는 숨이 깊어지지만 편안하게 대화할 수 있거나, 대화를 계속하면 숨쉬기가 다소 힘들어지는 상태에 해당한다.

07. <보기>에서 관상동맥질환에 대한 운동 효과를 모두 고른 것은?

> ㉠ 체중과 혈압의 감소
> ㉡ 운동 내성과 인슐린 민감성 감소
> ㉢ 저밀도 지단백질 콜레스테롤(LDL-C) 감소
> ㉣ 부교감 신경 활성도 증가와 심근 산소요구량 감소

① ㉠, ㉡
② ㉠, ㉢, ㉣
③ ㉡, ㉢, ㉣
④ ㉠, ㉡, ㉢, ㉣

정답 ② **해설** ㉡에서 인슐린 민감성을 증가시키므로, 이를 제외한 모두 운동 효과이다.

08. 당뇨병 관리에 대한 설명으로 옳지 <u>않은</u> 것은?
① 주당 150분의 중강도 유산소 운동이 권장된다.
② 고혈당과 케톤 증상이 나타나면 운동은 연기되어야 한다.
③ 혈당 관리를 위해 유산소와 저항운동보다 유연성 운동이 권장된다.
④ 운동 전 혈당이 100mg/dL 이하일 때는 운동 참여 전에 탄수화물을 섭취할 필요가 있다.

정답 ③ **해설** 당뇨병 질환자의 운동 프로그램은 저강도 운동에서 중·고강도로 서서히 증가시켜야 하고, 운동시간은 1회 20~60분 정도, 식후 30~60분 경과 후 실시하며, 운동빈도는 주 3~5회 이상이다. 유산소 운동과 저항성이 운동이 권장된다.

09. 카페인이 운동수행에 미치는 영향으로 옳지 <u>않은</u> 것은?
① 포도당 동원을 증가시켜 에너지원으로 활용한다.
② 카테콜라민 수준을 높여 지질의 동원을 증가시킨다.
③ 근섬유 내 칼슘의 방출을 증가시켜 근 기능을 향상시킨다.
④ 경기력 향상은 매일 카페인을 마시는 선수에게서 더 크게 나타난다.

정답 ④ **해설** 카페인은 포도당 동원을 증가시켜 에너지원으로 활용하며, 카테콜라민 수준을 높여 지질의 동원을 증가시키고, 근섬유 내 칼슘의 방출을 증가시켜 근 기능을 향상시킨다. 카페인의 다량 섭취자가 경기력 향상과의 연관성에 대한 별도 보고된 내용은 없다.

10. 운동 중에 발생하는 활성산소가 <u>아닌</u> 것은?
① 백혈구(leukocyte)
② 과산화물 음이온(superoxide anion)
③ 수산화라디칼(hydroxyl radical)
④ 과산화수소(hydrogen peroxide)

정답 ① **해설** 산소는 인체에 필요한 에너지를 만들지만, 이때 몸에 좋지 않은 활성산소(ROS, reactive oxygen species)가 생성되기도 한다. 운동으로 생성되는 활성산소는 수산화라디칼(hydroxy radical), 과산화수소(H_2O_2), 초과산화물 라디칼(superoxide anion radical, 과산화물 음이온) 등이다. 백혈구는 감염원으로부터 신체를 보호하는 면역계의 세포이다.

11. 골다공증에 관한 설명으로 옳은 것은?
① 뼈에 적정 자극이 가해지는 운동을 실시한다.
② 청량음료, 설탕 등 당분류는 뼈 형성을 촉진한다.
③ 체격이 큰 남성은 여성에 비해 골 손실 속도가 빠르다.
④ 성장기에 있는 청소년은 골다공증이 유발되지 않는다.

정답 ① 해설 칼슘과 비타민 D가 뼈 형성을 촉진하며, 골다공증은 여성이 남성보다 골 손실 속도가 빠르므로 골다공증이 많고, 체중의 무리한 감량 시 청소년에게서도 발생한다.

12. 관절염에 관한 설명으로 옳은 것은?
① 관절염 환자는 고유수용성 감각 능력이 증가한다.
② 퇴행성 관절염은 바이러스 감염으로 발생한다.
③ 급성염증이 있는 경우에는 중강도 운동을 실시한다.
④ 류마티스성 관절염은 양측 사지에서 대칭적으로 나타난다.

정답 ④ 해설 류마토이드 관절염은 염증, 붓고 뻣뻣함, 화끈거림 등이 양측 사지에서 대칭적으로 나타나며, 바이러스로 인해 면역체계에 이상이 생겨 발생한다.

13. <보기>의 ㉠, ㉡에 들어갈 용어를 ㉠ ㉡ 순으로 바르게 제시한 것은?

> • (㉠)은/는 진행성 만성 질환으로 기억상실, 인지 손상을 비롯하여 언어, 운동 및 판단 능력이 상실되어 일상생활이 불가능하게 되는 상태를 이르는 질환이다.
> • 파킨슨병은 신경세포들이 소멸하게 되어 뇌 기능의 이상을 일으키는 질환으로 신경전달물질인 (㉡)의 감소로 인해 질환이 유발된다.

① 치매, 도파민   ② 치매, 아세틸콜린
③ 기흉, 도파민   ④ 기흉, 아세틸콜린

정답 ① 해설 정상적으로 생활하던 사람이 노년기에 다양한 원인으로 뇌 기능이 손상되어 전보다 인지기능이 저하되어 생활에 상당한 지장이 일어나는 상태의 질병은 치매이다. 뇌에 분포하는 도파민의 신경세포가 소실되어 발생하는 신경계의 만성 진행성 퇴행성 질환은 파킨슨병이다.

14. 요통 치료를 위한 운동 효과로 옳지 <u>않은</u> 것은?
① 근육 혈류 감소   ② 약한 근육 강화
③ 긴장된 근육 이완   ④ 척추의 압력 감소

정답 ① 해설 요통 질환자는 운동을 통해 근육의 혈류를 증가시킬 수 있다.

15. 노년기 운동의 효과로 옳지 <u>않은</u> 것은?
① 면역기능 향상   ② 근감소증 증가
③ 암 위험의 감소   ④ 골다공증 감소

정답 ② 해설 노인기의 운동 효과는 면역기능이 향상되고, 근감소증 발병과 암 발생 위험, 골다공증 발생 위험 등이 감소한다.

16. 맥켄지(McKenzie)의 신전 운동으로 개선되는 질환은?
① 척추협착증 ② 척추분리증
③ 추간판 탈출증 ④ 척추측만증

정답 ③ **해설** 맥킨지 운동법은 엎드려 팔을 굽히고, 다시 허리를 굽히면서 팔을 펴 일어나는 신전(폄) 운동이다. 추간판 탈출증 환자에게 권장한다.

17. <보기>에서 흡연의 영향으로 옳은 것을 모두 고른 것은?

> ㉠ 위장관 역류나 소화성 궤양 위험성이 높다.
> ㉡ 임신 중 흡연은 유산이나 영아돌연사증후군과 관련이 높다.
> ㉢ 간접흡연은 어린이와 성인의 조기 사망 및 질환과 관련이 높다.
> ㉣ 직접 흡연 시 주류연은 간접흡연 때 부류연보다 니코틴, 타르, 일산화탄소의 농도가 높아 더 해롭다.

① ㉠, ㉡
② ㉠, ㉡, ㉢
③ ㉡, ㉢, ㉣
④ ㉠, ㉡, ㉢, ㉣

정답 ② **해설** 흡연자가 삼켰다 내뿜는 연기는 주류연이고, 담배에 불이 붙은 채 흡입하지 않은 상태에서 생담배로 탈 때 나오는 연기는 부류연이다. 부류연이 주류연보다 발암성 화학물질이 더 많이 함유되어 간접 흡연자가 더 해롭다.

18. 알코올이 인체에 미치는 영향으로 옳지 않은 것은?
① 위를 자극하여 염증과 소화 불량을 유발한다.
② 췌장염, 뇌졸중, 고혈압, 각종 암을 유발한다.
③ 위에 음식이 있으면 알코올 흡수가 빨라진다.
④ 이뇨 작용으로 탈수 및 전해질 불균형을 유발한다.

정답 ③ **해설** 위에 음식이 있으면 알코올의 인체 흡수가 느려진다.

19. 스트레스에 대한 설명으로 옳은 것은?
① 구내염이나 괴사성 잇몸병을 유발하지 않는다.
② 위협적인 상황에서 코티졸이 분비된다.
③ 일반 적응증후군은 저항-경고-탈진의 단계를 거친다.
④ 두통 증상과 지적 기능 및 기억력 손상을 유발하지 않는다.

정답 ② **해설** 스트레스는 신체 질환의 발생 원인이나 악화 요인으로 작용하며, 혈압이 증가하고, 구내염이나 괴사성 잇몸병 유발, 두통 동반, 지적 기능 또는 기억력 손상을 유발한다. 스트레스가 심하면 인체에서 코티졸이 분비된다. ③에서 스트레스는 경고 단계 → 저항 단계 → 탈진 단계를 거친다.

20. 노년기 특성과 운동 처방 시 고려 사항으로 옳지 않은 것은?
① 피로 증가 : 휴식 시간의 빈도 증가
② 시각 및 청각장애 : 고정식 자전거 에르고미터 사용
③ 운동 적응 및 회복 능력 부족 : 장시간의 준비 및 정리운동
④ 근육통 및 상해 발생 가능성 증가 : 빠른 방향 전환 동작 훈련

정답 ④ **해설** 근육통 및 상해 발생 가능성 증가는 FITT를 적정하게 운영해야 한다.

2021 기출문제

01. 웰니스(wellness)의 개념에 포함되는 건강 영역으로 적절하지 않은 것은?
① 지적 건강   ② 신체적 건강
③ 정치적 건강   ④ 사회적 건강

정답 ③ **해설** 건강의 구성요소는 ① 신체적 건강, ② 정신적 건강, ③ 사회적 건강 등이다.

02. 건강 관련 체력 요소로만 묶인 것은?
① 순발력, 민첩성, 유연성
② 근지구력, 심폐지구력, 신체 구성
③ 심폐지구력, 순발력, 신체 구성
④ 근지구력, 평형성, 유연성

정답 ② **해설** 행동성 체력은 건강 체력과 방위 체력으로 구분하고, 건강 체력은 근력, 근지구력, 심폐지구력, 유연성, 신체 조성 등이다. 지문에서는 신체 구성으로 되어있지만, 일반적으로 신체 조성을 사용하고 있다.

03. <보기>에서 설명하는 피아제(J. Piaget)의 아동 인지발달 단계는?

- 언어소통이 가능해지는 시기로서, 기초적인 시술들을 학습하는 단계이다.
- 2~4세에는 어떤 것을 표현할 때 상징을 사용하기 시작하여, 역할 놀이 등이 가능하다.
- 4~7세에는 직접 보는 것을 통해 대상을 이해하기 시작하며, 또래와의 상호작용이 증가한다.

① 형식적 조작기   ② 구체적 조작기
③ 전조작기   ④ 감각운동기

정답 ③ **해설** 피아제의 인지발달이론에서 전조작기는 지각운동 시기로, 사물과 사건의 관계를 인식하는 사고능력이 발달하기 시작하지만, 자기중심적이고, 게임을 할 때 일반적 규칙이나 전략을 사용할 수 있지만 완전하지는 못한 상태이다.

04. 아동기의 성장과 발달에 관한 설명으로 옳은 것은?
① 뼈의 성장은 남아가 여아보다 빠르다.
② 근육은 남아가 여아보다 2배 빠르게 발달한다.
③ 몸무게 변화는 남아와 여아가 비슷한 경향을 보인다.
④ 신경계는 7~8세에 거의 성인 수준으로 발달한다.

정답 ③ **해설** 소아기 몸무게는 남녀 간 비슷하다.

05. 아동기의 운동 방법으로 권장하지 않는 것은?
① 근력보다는 조정력 향상 운동을 한다.
② 특정 종목의 운동을 집중적으로 실시해야 한다.
③ 주 3회 이상의 고강도 유산소 운동을 실시한다.
④ 속도감과 정확성이 발달하므로 다양한 형태의 운동을 경험하도록 한다.

정답 ② **해설** 아동기의 운동은 지속적 활동을 통한 모든 신체의 기능적 향상(신경, 근육, 호흡, 순환기 등)을 도모하므로 특정 종목의 운동을 집중적으로 실시하는 것은 바람직하지 않다.

06. 성인과 비교할 때 아동의 생리학적 특성으로 옳지 않은 것은?
① 호흡수가 많다.   ② 분당 환기량이 낮다.
③ 분당 심박출량이 낮다.   ④ 호흡 교환율이 높다.

정답 ④ **해설** 성인과 비교할 때 아동은 호흡수가 많고, 이는 호흡 교환율이 낮음을 의미한다.

07. 심혈관 질환자를 대상으로 한 운동 프로그램 적용 시 고려 사항으로 옳지 않은 것은?
① 이뇨제를 복용하는 환자는 체액량 증가의 위험이 있다.
② 운동자각도(RPE)로 운동강도를 적용할 수 있다.
③ 저항성 운동 중 반복 횟수의 목표치에 쉽게 도달하면 운동부하량을 증가시킨다.
④ 허혈 역치가 나타나는 환자에게는 허혈 역치보다 낮은 수준의 심박수와 운동량을 적용해야 한다.

정답 ① 해설 이뇨제는 소변량을 늘려 체내 불필요한 수분의 배출을 촉진하는 약제이다. 이뇨제 복용 환자는 체액량 감소 위험을 고려해야 한다.

08. 당뇨병 예방과 관리를 위한 운동에 관한 설명으로 옳지 않은 것은?
① 전신을 이용한 유산소 운동이 권장된다.
② 고혈당과 케톤산증이 나타나면 적극적으로 운동을 실시한다.
③ 근육량 감소 예방을 위해 적당한 근력운동이 추천된다.
④ 급성 합병증이 있는 경우 운동 참가 전에 전문의와 상담한다.

정답 ② 해설 케톤산혈증은 고혈당으로 인한 합병증으로, 인슐린이 절대적으로 부족해져 당을 사용하지 못하고 대신 지방을 에너지원으로 사용하면서 일어나는 증상으로, 운동을 삼가야 하는 대상이다.

09. <보기>의 고지혈증 예방과 관리 방법 중 옳은 것으로만 묶인 것은?

> ㉠ 유연성과 저항성 운동을 주로 한다.
> ㉡ 영양 밀도가 높은 고열량 음식을 섭취한다.
> ㉢ 주당 150분 이상의 중강도 유산소 운동이 권장된다.
> ㉣ 동반 질환이 없다면 건강한 성인의 운동 처방 기본 지침을 따른다.

① ㉠, ㉡   ② ㉡, ㉢   ③ ㉡, ㉣   ④ ㉢, ㉣

정답 ④ 해설 고지혈증 환자는 중강도 유산소 운동이 권장되고, 다른 질환이 없으면 일반 성인의 운동 처방 방법이 적합하다.

10. 미국심장학회(American Heart Association)의 콜레스테롤 교육프로그램(National Cholesterol Education Program Adult Treatment Panel Ⅲ, NCEP/ATP Ⅲ)에서 제시한 대사증후군 판단 항목의 기준으로 옳지 않은 것은?
① 중성지방 ≥ 180mg/dL
② 복부비만(서양인 남성 허리둘레) > 102cm
③ 남성 고밀도지단백 콜레스테롤(HDL-C) < 40 mg/dL
④ 혈압(수축기/이완기) ≥ 130/85 mmHg

정답 ① 해설 NCEP Ⅲ 기준으로 중성지방은 150 mg/dl 이상이다.

11. 퇴행성 관절염 환자를 위한 운동 권고사항으로 적절하지 않은 것은?
① 운동 후 적절한 휴식을 통해 관절의 부종을 예방한다.
② 유연성 운동은 통증이 유발되지 않는 관절 가동범위에서 실시한다.
③ 급성염증(열감 및 통증)이 있는 경우, 고강도 운동을 금지한다.
④ 심혈관 기능의 검사법으로 자전거 에르고미터보다는 트레드밀 검사가 적절하다.

정답 ④ **해설** 퇴행성 관절염 환자는 심혈관 기능검사와는 무관하다.

12. 파킨슨병의 주요 증상으로 옳지 않은 것은?
① 보폭의 감소
② 고음으로 변성
③ 균형감각 장애
④ 움직임의 둔화

정답 ② **해설** 파킨슨병의 증상은 떨림, 경직, 느린 운동, 보행의 불편 등을 느끼며, 자세가 불안정하고, 움직임이 둔화된다.

13. 골다공증 예방과 관리를 위한 설명으로 옳지 않은 것은?
① 조깅 등 뼈에 물리적인 자극이 가해지는 운동을 실시한다.
② 체중 부하 운동은 골다공증 관리에 효과가 미흡하다.
③ 유연성과 평형감각 운동은 낙상을 예방하여 골절 위험을 낮춘다.
④ 충분한 양의 칼슘과 비타민 D를 섭취해야 한다.

정답 ② **해설** 체중 부하 운동은 골밀도를 향상하는 데 도움이 된다.

14. 스트레스의 원인 중 생물학적 요인에 해당하는 것은?
① 온도, 빛, 소리, 과로, 수면 부족
② 흡연, 알코올, 기호식품
③ 직장, 가정, 대인관계
④ 세균, 바이러스

정답 ④ **해설** 세균, 바이러스 등의 생물학적 요인이다.

15. 유스트레스(eustress) 상황에 해당하는 것은?
① 갑작스러운 소화 불량
② 여가를 이용한 스포츠 활동
③ 가까운 가족의 죽음
④ 해야 할 일 미루기

정답 ② **해설** 유스트레스는 긍정적 스트레스(eustress)를 말한다.

16. <보기>의 노화에 관한 설명 중 옳은 것으로만 묶인 것은?

> ㉠ 상대적 여유 최대산소섭취량(VO_2Rmax)이 감소한다.
> ㉡ 근육량 감소는 지근섬유에서 높게 나타난다.
> ㉢ 안정 시 심박수의 변화는 없다.
> ㉣ 저항성 운동은 노화에 따른 근섬유 횡단 면적 감소를 예방할 수 없다.

① ㉠, ㉡ ② ㉠, ㉢ ③ ㉡, ㉢ ④ ㉡, ㉣

정답 ② **해설** ㉡ 근 감소는 지근섬유보다 속근섬유에서 더 많이 감소한다. ㉣ 저항성 운동은 근섬유 횡단 면적 감소를 줄일 수 있다. 그러므로 ㉠, ㉢이 옳은 것이다.

17. 노인 체력 검사(Senior Fitness Test)의 검사 항목에 해당하지 <u>않는</u> 것은?
① 30초 동안 의자 일어서기(하체 근력)
② 의자에 앉아 몸앞으로굽히기 검사(유연성)
③ 2분 제자리 걷기 검사(심폐지구력)
④ 윗몸일으키기 검사(근지구력)

정답 ④ **해설** 국민 체력 100의 노인 체력 검사에서 근지구력 검사는 포함되지 않는다.

18. <보기>에서 설명하는 담배의 성분은?

> - 교감 및 부교감 신경을 흥분시켜 쾌감을 얻게 하거나, 신경을 마비시켜 환각 상태에 이르게 한다.
> - 각성 효과가 있어서 일시적으로 정신을 맑게 하며, 흥분 시 일시적인 진정 효과를 유발한다.
> - 말초혈관을 수축시키고, 맥박을 빠르게 하며, 혈압을 높인다.

① 일산화탄소(CO) ② 타르(Tar)
③ 나프탈렌(Naphthalene) ④ 니코틴(Nicotine)

정답 ④ **해설** 보기는 니코틴 성분을 설명하고 있다.

19. <보기>의 스트레스 해소를 위한 방법 중 옳은 것을 모두 고른 것은?

> ㉠ 충분한 수면을 취한다.
> ㉡ 가벼운 걷기나 조깅을 통해 근육의 긴장을 해소시킨다.
> ㉢ 명상이나 이완 요법을 통해 심리적 안정을 취한다.
> ㉣ 스트레스 요인을 줄일 수 있도록 적절한 강도의 운동을 실시한다.

① ㉠, ㉡
② ㉠, ㉡, ㉢
③ ㉡, ㉢, ㉣
④ ㉠, ㉡, ㉢, ㉣

정답 ④ **해설** 보기에 제시된 내용은 모두 스트레스 해서 방법이다.

20. 알코올 섭취가 인체에 미치는 영향으로 적절하지 <u>않은</u> 것은?
① 혈압 저하   ② 탈수 현상
③ 위장 장애   ④ 심박수 증가

정답 ① **해설** 음주는 혈압을 상승시키는 요인으로 작용한다.

2020 기출문제

01. 세계보건기구(WHO, 1948)가 정의한 건강 영역이 아닌 것은?
① 감성적 ② 신체적 ③ 정신적 ④ 사회적

정답 ① **해설** WHO는 신체에 병이 없고 허약하지 않으며, 신체적·정신적·사회적으로 완전히 행복한 상태라고 정의하였다.

02. 비만 성인이 장기간 규칙적인 운동을 한 후 나타나는 생리적 변화로 옳지 않은 것은?
① 제지방률 증가   ② 산소섭취량 증가
③ 지방세포 수 감소 ④ 기초대사량((BMR) 증가

정답 ③ **해설** 비만 성인의 규칙적 운동은 근육량 증가, 체지방 감소와 제지방률 증가, 심혈관 기능 개선, 기초대사량(BMR) 증가, 지방세포 수 증가 등의 현상이 나타난다.

03. 아동의 운동 시 주의 사항으로 옳지 않은 것은?
① 골 강화 운동은 피해야 한다.
② 적절한 온도 및 습도가 유지되는 환경에서 실시해야 한다.
③ 과도한 운동은 골 손상을 유발하여 성장판의 조기 종결을 일으킬 수 있다.
④ 과체중 아동은 신체활동 빈도 및 시간을 점진적으로 증가시켜야 한다.

정답 ① **해설** 아동기 운동에서 뼈 강화 운동이 필요하다.

04. 고혈압 관리에 대한 설명 중 옳지 않은 것은?
① 저항운동 시 발살바 메뉴버(Valsalva manever)는 피해야 한다.
② 항고혈압제 처치는 운동 부하 후 혈압의 급격한 저하를 유발할 수 있다.
③ 중·저강도의 지속적 유산소 운동보다 고강도의 저항성 운동을 권장한다.
④ 과체중의 경우 열량섭취 감소와 열량 소비 증가를 통한 체중 감량이 필요하다.

정답 ③ **해설** 고혈압 관리로 고강도 저항성 운동을 권장하면 안 된다.
참고 발살바 조작(Valsalva maneuver) : 심호흡 뒤에 입과 콧구멍을 막고 숨을 내뱉으려고 배에 힘을 주는 조작을 말한다.

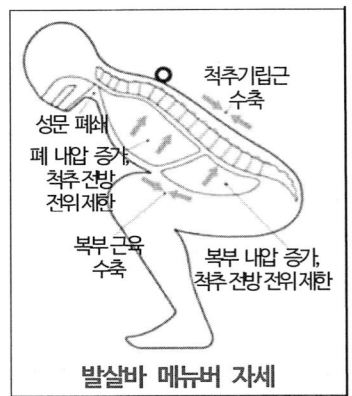

발살바 메뉴버 자세

05. 고강도 운동 시 성인과 비교하여 아동에게 나타나는 생리적 변화로 옳지 않은 것은?
① 아동의 혈압 증가 폭이 더 크다.
② 아동의 심박수 증가 폭이 더 크다.
③ 아동의 분당 호흡수 증가 폭이 더 크다.
④ 아동의 최대심박출량 증가 폭이 더 크다.

정답 ① **해설** 고강도 운동 시 성인과 비교한 아동의 생리적 변화는 1) 유연성이 낮고 2) 체온 조절 능력이 높고 3) 최대 산소섭취량이 적고 4) 파워가 약하고 5) 혈압 증가 폭이 낮고 6) 심박수 증가 폭이 크며 7) 분당 호흡수 증가 폭과 최대심박출량 증가 폭이 크다.

06. <보기>에서 제Ⅱ형 당뇨병 환자의 운동 방법에 대한 설명으로 옳은 것은?

> ㉠ 저혈당 위험은 운동 중은 물론 운동 후 12시간 이후에도 발생할 수 있다.
> ㉡ 유연성 운동은 혈당 조절에 영향을 주지 못하기에 권장되지 않는다.
> ㉢ 족부궤양이 있는 당뇨병 환자의 경우 수중운동을 추천한다.
> ㉣ 인슐린을 처방받는 경우 운동 중에는 물론 운동 전후에도 관찰이 필요하다.

① ㉠, ㉡ ② ㉢, ㉣ ③ ㉡, ㉢ ④ ㉠, ㉣

정답 ④ **해설** 유연성 운동도 혈당 조절에 영향을 주며, 족부궤양이 있는 당뇨병 환자는 수중운동을 하지 말아야 한다.

07. <보기>의 괄호 안에 들어갈 용어를 ㉠~㉢ 순으로 바르게 나열한 것은?

> (㉠)은 1988년 Dr. Reaven에 의해 심혈관계 질환 위험인자들이 복합적으로 나타나는 경우를 일컬어 'Syndrome X'라고 소개되면서 알려졌으며, 판정 기준에는 혈당, 혈압, 복부 둘레, (㉡), (㉢)이/가 포함된다.

① 대사증후군, HDL-C, 중성지방
② 대사증후군, HDL-C, 혈관 탄력도
③ 관상동맥질환, LDL-C, 중성지방
④ 관상동맥질환, LDL-C, 혈관 탄력도

정답 ① **해설** 대사증후군은 1988년 Dr. Reaven에 의해 심혈관계 질환 위험인자들이 복합적으로 나타나는 경우를 일컬어 증후군(Synd-rome) X라고 소개되었다. 대사증후군 판정 기준은 복부 비만, 중성지방, HDL-C, 혈당, 혈압, BMI 등이다.

08. <보기>에서 제시된 대상자의 유산소 운동강도 설정 시 사용되는 기준으로 옳은 것은?

> • 성별 : 남성
> • 나이 : 85세
> • 신장 : 168cm
> • 체중 : 72kg
> • 병력 : 고혈압
> • 운동력 : 최근 3년간 규칙적 운동경력 없음

① 1RM ② RPE
③ $\dot{V}O_2max$ ④ $\dot{V}O_2peak$

정답 ② **해설** ① 1RM은 반복 가능한 최대반복횟수로, repetition maximum의 약어이다. ② RPE는 rating of perceived exertion, 운동자각도 이용 방법이다. ③ $\dot{V}O_2max$는 최대산소섭취량 ④ $\dot{V}O_2peak$도 최대산소섭취량이다. 보기는 운동자각도 이용 방법이다. 자세한 내용은 제3과목 트레이닝론, 제3장 체력 트레이닝에 설명되어 있다.

09. 음주와 관련된 설명으로 옳은 것은?
① '알코올 금단'은 알코올을 사용한 정신건강 문제 대처법이다.
② 알코올의 대사 물질인 히스티딘은 뇌졸중 및 췌장염의 원인이 된다.
③ 세계보건기구(WHO)는 술을 2등급 발암물질로 분류한다.
④ 지나친 음주는 구강암, 식도암의 원인이 된다.

정답 ④ **해설** 음주는 지방간, 간염, 간경변증 등의 원인이 되고, 식도염증, 위염, 위궤양 등의 발병 원인이 된다. 아울러 급성복통, 체중감소 등의 특징적인 증상이 나타나고, 구토, 장운동 마비, 만성 췌장염, 당뇨병의 원인이 된다.

10. <보기>에서 이상지질혈증을 앓는 사람을 위한 미국스포츠의학회(ACSM)의 최신 FITT 권고 사항으로 옳은 것은?

> ㉠ 머신 운동, 프리웨이트, 체중 부하 운동을 한다.
> ㉡ 유산소 운동 강도는 여유 심박수(HRR)의 40~75%로 한다.
> ㉢ 체중 감량 유지 또는 촉진을 위해 매일 50~60분 이상의 유산소 운동을 한다.
> ㉣ 유산소 운동을 주 3회 실시하고, 에너지 소비를 최소화한다.

① ㉠, ㉡, ㉢ ② ㉡, ㉢, ㉣
③ ㉠, ㉢, ㉣ ④ ㉠, ㉡, ㉣

정답 ① **해설** 이상지질혈증 환자는 일 또는 운동을 통해 에너지 소비를 최대화해야 한다.

11. 신체의 발육 발달 원리에 대한 설명으로 옳은 것은?
① 일정한 순서가 있어 능숙한 반사를 하다가 초보적 반사운동의 형태로 진행한다.
② 발달은 일정한 연속성이 있는 것이 아니라, 단순한 것과 복잡한 것이 불규칙적으로 교차하며 성장한다.
③ 유아기에는 발달이 매우 느리게 진행되다가, 점점 빨라져 아동기 초반에는 그 속도가 최고조에 이른다.
④ 두부(頭部)에서 미부(尾部)로 발달하며, 중심에서 말초 방향으로 발달한다.

정답 ④ **해설** ④만 바르게 설명되었고, 나머지는 반대로 설명하고 있다.

12. 흡연이 인체에 미치는 영향으로 옳지 <u>않은</u> 것은?
① 산소운반능력 저하 ② 뇌 혈류량 감소
③ 심박수 증가 ④ 혈압 저하

정답 ④ **해설** 흡연은 혈압을 상승시킨다.

13. <보기>의 관상동맥질환 위험요인에 관한 설명으로 옳은 것은?

> ㉠ 흡연은 혈관 내벽의 지방축적을 촉진시킨다.
> ㉡ 만성적인 고혈압은 혈관의 탄력성을 증가시킨다.
> ㉢ 신체활동은 혈중 중성지방과 LDL콜레스테롤을 감소시킨다.
> ㉣ 엉덩이-허리둘레 비율 증가는 관상동맥질환의 발병 위험을 증가시킨다.
> ㉤ 노화는 동맥의 플라크 침작과 관계가 없다.

① ㉠, ㉢, ㉣ ② ㉠, ㉢, ㉤
③ ㉡, ㉣, ㉤ ④ ㉡, ㉢, ㉣

정답 ① **해설** 관상동맥질환은 흡연, 과음, 고지혈증, 좌식생활과 HDL-C) 수치가 낮은 경우가 위험요인이다. ㉡과 ㉤은 반대로 설명되었다.

14. 치매(dementia) 환자의 운동 시 고려 사항으로 옳은 것은?

> ㉠ 운동 프로그램은 가급적 매일 실시한다.
> ㉡ 중증 환자는 새로운 운동 프로그램 적용 전 의사와 상의한다.
> ㉢ 운동 프로그램 수행하는 동안 보호자는 동석하지 않는 것이 좋다.
> ㉣ 인지기능이 저하된 환자는 운동수행 능력이 낮으므로 익숙한 동작을 반복시키는 것을 병행하는 것이 바람직하다.

① ㉠, ㉡, ㉢ ② ㉡, ㉢, ㉣
③ ㉠, ㉢, ㉣ ④ ㉠, ㉡, ㉣

정답 ④ **해설** 치매 환자의 운동 프로그램은 가급적 매일 실시하고, 중증 환자는 새로운 운동 프로그램 적용 전 의사와 상의하는 것이 좋다.

15. 요통의 예방 및 관리를 위한 운동으로 옳지 않은 것은?
① 규칙적인 걷기운동
② 척주기립근 강화 운동
③ 골반 심부 근육 강화 운동
④ 요추의 과신전 및 굴곡 운동

정답 ④ **해설** 요통의 예방과 관리를 위해 잠잘 때 평평하고 단단한 침대를 사용하고, 규칙적 걷기운동, 척주기립근과 골반 심부 근육의 강화 운동과 무거운 물건 운반 시 물건을 몸에 최대한 가깝게 붙이고, 장시간 서 있으면 다리 위치를 서로 바꾸거나 한쪽 다리를 발판에 올려놓도록 한다.

16. 퇴행성관절염 환자를 위한 운동에 대한 설명으로 옳은 것은?
① 규칙적인 저강도 반복 저항운동을 실시한다.
② 수중운동 시 수온은 10~15℃가 적당하다.
③ 하루 중 통증이 심한 시간대에 운동한다.
④ 급성 발작과 염증기에도 운동을 지속적으로 하여야 한다.

정답 ① **해설** 퇴행성 관절염 환자의 유산소 운동의 강도는 관절 상해·통증 악화 방지를 위해 저강도 운동을 반복적으로 시행하는 것이 효과적이다. 근력운동의 강도는 별도 정해진 것이 없다.

17. 파킨슨병 환자를 위한 운동 방법으로 옳은 것은?
① 줄넘기   ② 암 에르고미터
③ 눈감고 외발 서기   ④ 플라이오메트릭스

정답 ② **해설** 파킨슨병 환자는 유산소 운동인 걷기, 자전거 타기, 암 에르고미터, 수영, 댄스 등이 좋다. 아울러 잘못된 자세 예방과 몸통 강화를 위한 저항성 운동이 필요하다.

18. <보기>는 한스 셀리에(Hans Selye)의 스트레스에 관한 설명이다. 괄호 안에 들어갈 용어를 바르게 ㉠, ㉡, ㉢ 순으로 나열한 것은?

- 스트레스는 개인의 신체적·정신적 상태에 유익한 결과를 가져오는 (㉠) 스트레스와 유해한 결과를 가져오는 (㉡) 스트레스로 분류된다.
- 일반 적응증후군(general adaptation syndrome, GAS)은 경계 - (㉢) - 탈진의 세 단계로 구성된다.

① 긍정적, 반항적, 저항   ② 긍정적, 부정적, 저항
③ 발전적, 부정적, 대비   ④ 발전적, 반항적, 대비

정답 ② **해설** 스트레스는 긍정적·부정적 스트레스로 분류하며, 스트레스의 기전은 경고 반응 → 저항 → 탈진으로 구성된다.

19. 골다공증 환자의 운동 방법으로 옳지 않은 것은?
① 골절 위험이 있는 과격한 운동은 피한다.
② 반복되고 과도한 비틀림 동작은 피한다.
③ 고강도의 건파워 트레이닝을 실시한다.
④ 규칙적인 걷기운동을 실시한다.

정답 ③ **해설** 규칙적 걷기운동은 효과가 있고, 골절 위험이 있는 과격한 운동은 피한다.

20. 급성 스트레스에 의한 신체적 변화로 적절한 것은?
① 코티솔 분비 감소   ② 신경성 두통 증가
③ 위산 분비 감소   ④ 숙면 시간 증가

정답 ② **해설** 땀이 나거나, 심박수와 대사율이 증가하고, 소화 기능 저하 현상이 일어나며, 신경성 두통을 동반한다.

편 집 후 기

꼭 합격하시어 위대한 1급 스포츠지도사가 되십시오.

우리나라는 1988 서울올림픽, 2002 한일월드컵, 2011 대구세계육상, 2018 평창동계올림픽 등 세계적 스포츠 대회를 모두 개최하여, 스포츠 이벤트의 그랜드 슬램을 달성한 세계 5번째 국가입니다. 이러한 스포츠 이벤트의 성공적 개최를 통해 국위를 선양하였고, 아울러 경제 발전에도 크게 이바지하였습니다. 한편 세계무대에서 활약하고 있는 우리 선수들의 승전보는 많은 국민에게 기쁨과 자긍심을 심어주고 있습니다. 문화와 언어가 다르고, 관습이 다르더라도 세계인들이 함께 관심을 두고 참여하는데 스포츠와 비교할만한 것은 찾기 어려울 것입니다. 이러한 스포츠의 현상을 이해하고, 1급 스포츠지도사가 되기 위한 발걸음을 내디디고 있습니다.

많은 노력에도 불구하고 분량이 많으므로 본의 아니게 오·탈자도 나올 수 있고, 인쇄가 끝난 후 살펴보면 논리적 모순도 발생할 수 있습니다. 이러한 오류가 발견되면 알리는 방법은 다음 카페의 '스포츠자격시대(http://cafe.daum.net/ sports31)'와 카카오 채널 '일급 스포츠지도사'에 게시합니다. 아울러 별책부록 또한 위 2곳에서 내려받을 수 있습니다. 다른 장점 중의 하나가 저자와의 직접 커뮤니케이션이 가능하다는 것입니다. 저자의 전화번호가 공개되어 있으므로, 전화·문자 메시지·카톡 등 여러 채널을 통해 대화할 수 있습니다. 합격을 위한 어드바이스를 게을리하지 않겠습니다. 필요한 경우 이를 이용하십시오.

이 책으로 공부하시는 분들이 필기 검정에 합격하시고, 이후 전개되는 실기·구술검정과 연수과정을 무난히 마치어 위대한 스포츠지도자가 되십시오. 아울러 우리나라 스포츠 발전을 위해 함께 머리를 맞댈 기회가 있기를 기원합니다. 꼭 합격하시어 위대한 일급 스포츠지도사가 되십시오.

2025년 1월 일

저자 장승규·이용환 드림

시 리 즈 도 서 소 개

**시리즈 ❷
1급 스포츠영양학**

- 도서명 : 일급 스포츠영양학
- 대상 : 1급 전문스포츠지도사
- 정가 : 18,000원

**시리즈 ❸
1급 장애인스포츠론**

- 도서명 : 일급 장애인스포츠론
- 대상 : 1급 장애인스포츠지도사
- 정가 : 22,000원